I0799660

BAUEN AM LIMIT

TRADITIONEN UND TRANSFORMATIONEN EINES HOCHMODERNEN LEITBILDS

KULTURERBE KONSTRUKTION 01

Texte zum baulichen Erbe der Hochmoderne

Herausgegeben von Werner Lorenz und Roland May

WERNER LORENZ, ROLAND MAY (Hg.)

BAUEN AM LIMIT

TRADITIONEN UND TRANSFORMATIONEN EINES HOCHMODERNEN LEITBILDS

BIRKHÄUSER
BASEL

Publiziert mit Unterstützung der Deutschen Forschungsgemeinschaft (DFG) im Rahmen des Schwerpunktprogramms 2255 „Kulturerbe Konstruktion – Grundlagen einer ingenieurwissenschaftlich fundierten und vernetzten Denkmalpflege für das bauliche Erbe der Hochmoderne" (SPP 2255).

Gefördert durch

DFG Deutsche Forschungsgemeinschaft

SPP 2255 KULTURERBE KONSTRUKTION

Konzept und Koordination: Werner Lorenz und Roland May
Layout, Satz und Covergestaltung: Simone Claudia Hamm
Korrektorat: Ulrich Schmidt
Bildrechtsrecherche: Salmane Doumi
Assistenz: Irmhild Baron
Druck und Bindung: Beltz Grafische Betriebe GmbH, Bad Langensalza
Umschlagabbildung: Kragdach der Fußumbauung und Fernsehturm Berlin, 2020. (Foto: Stephan Laude / Adobe Stock, bearb. von Miriam Bergmann).

Den Autor*innen war es freigestellt, ob und in welchem Umfang sie eine gendergerechte Sprache verwenden. In jenen Texten, in denen das generische Maskulinum verwendet wurde, beziehen sich sämtliche Personenbezeichnungen auf alle Geschlechter.

Library of Congress Control Number: 2025951199

Bibliografische Information der Deutschen Nationalbibliothek
Die Deutsche Nationalbibliothek verzeichnet diese Publikation in der Deutschen Nationalbibliografie; detaillierte bibliografische Daten sind im Internet über https://dnb.dnb.de abrufbar.

ISBN 978-3-0356-2860-9
e-ISBN (PDF) 978-3-0356-2861-6

DOI: https://doi.org/10.1515/9783035628616

Im Westfeld 8, 4055 Basel, Schweiz
Ein Unternehmen der Walter de Gruyter GmbH, Berlin/Boston

9 8 7 6 5 4 3 2 1

www.birkhauser.com

Inhalt

Werner Lorenz, Roland May

BAUEN AM LIMIT
Traditionen und Transformationen eines hochmodernen Leitbilds

> „Welche Art von Konstruktion ist für den Menschen innerhalb der Grenzen des von ihm bewohnten Planeten noch unmöglich? Die Höhen? ... sie gehören ihm. Der Eiffelturm steigt 300 Meter in die Vertikale und beweist uns, dass dies nichts weiter als eine Etappe ist; was man 300 Meter hoch gemacht hat, kann man noch viel höher machen. [...] Die Spannweite? ... sie gehört ebenfalls uns. Die geschwungenen Binder des Maschinenpalastes überwinden 110 Meter in der Horizontalen, und dieser Sprung ist weit davon entfernt, das Metall zu überfordern, es ist allzu bereit, sich noch weiter zu strecken, immer weiter ..., es bedarf nur eines menschlichen Befehls. [...] Lassen Sie uns einen Moment bei diesem Gedanken verweilen – er eröffnet uns eine Ahnung von der Zukunft, die Eisen und Stahl im Bereich der Baukonstruktionen vorbehalten ist."[1]
>
> Arthur Vierendeel, 1890

Unter dem frischen Eindruck der Pariser Weltausstellung von 1889 (Bild 1) verfasste der belgische Ingenieur Arthur Vierendeel die voranstehenden Reflektionen. Sie stehen nahezu programmatisch für eine Haltung, die gegen Ende des 19. Jahrhunderts das Selbstverständnis der Bauschaffenden zunehmend prägen und im Verlauf des 20. Jahrhunderts dann als ein wesentliches Leitbild bestimmen sollte – das Streben nach immer neuen, zuvor für unerreichbar gehaltenen Weiten und Höhen bei gleichzeitiger Minimierung des Materialeinsatzes. Wenn wir dieses Streben als ein „hochmodernes Leitbild" benennen, beziehen wir uns damit auf eine seit knapp zwei Jahrzehnten in den Geschichtswissenschaften diskutierte neue Periodisierung der jüngeren deutschen Geschichte: Sie gliedert das Jahrhundert zwischen etwa 1880 und 1980 nicht mehr nach den aus den beiden Weltkriegen abgeleiteten Kategorien der Vor-, Zwischen- und Nachkriegszeit, sondern versteht es allen Umbrüchen und Katastrophen zum Trotz als eine historische Einheit, als geschichtliche Epoche, die sich unter dem Namen „Hochmoderne" zusammenfassen lässt. Ihren Anfang nahm sie mit der beginnenden Hochindustrialisierung, ihr Ende fand sie mit der wachsenden Erkenntnis, dass das ökologische Gleichgewicht gerade durch die Folgen der Industrialisierung global aus den Fugen zu geraten begann. Die verbindende große Erzählung der Epoche war ein unerschütterliches Versprechen, über alle Systemgrenzen und Ideologien hinweg: Was auch geschieht, der Lauf der

1 Vierendeel 1890, S. 8f. („Qu'est-ce qui est encore impossible à l'homme comme construction dans les limites de la planète qu'il habite? Les hauteurs? ... elles sont à lui. La Tour Eiffel escalade trois cents mètres sur la verticale et nous prouve que ce n'est qu'une étape; ce qui s'est fait à trois cents mètres peut se faire bien plus haut encore. [...] L'étendue? ... elle est à nous également. Les sommiers cintrés du Palais des machines franchissent 110 mètres sur l'horizontale, et ce bond est loin d'avoir essouffle le métal, il est tout prêt à s'élancer plus loin, plus loin encore ..., il suffit que l'homme commande. [...] Arrêtons-nous un instant sur cette pensée, elle nous permettra d'entrevoir tout l'avenir réservé au fer et à l'acier en matière de constructions architecturales.")

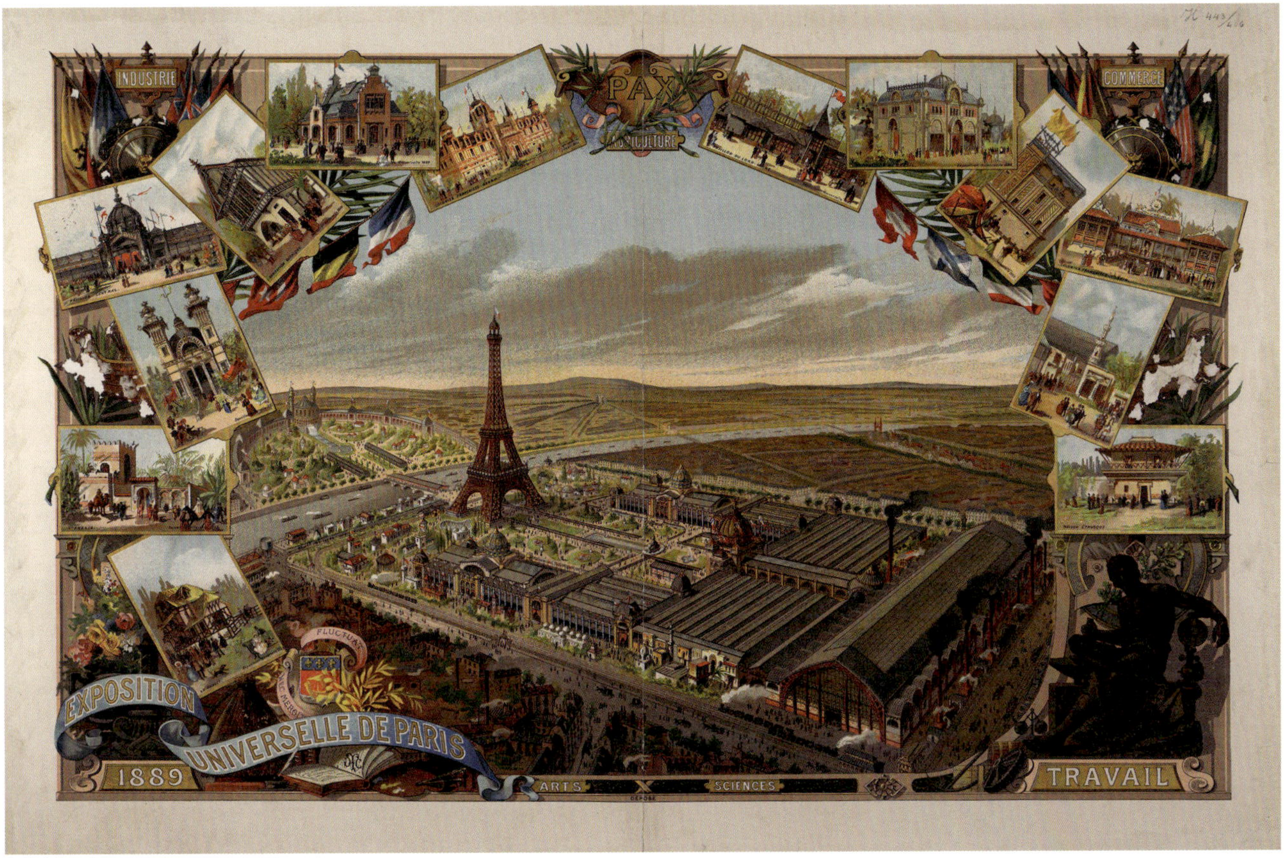

Bild 1 Vogelschau der Weltausstellung 1889 in Paris mit Eiffelturm und Galerie des Machines („Maschinenpalast“, rechts vorne).

Geschichte ist gewiss, die Menschheit schreitet fort zum stetig Besseren, und der Schlüssel dazu liegt in den immer neuen Errungenschaften einer verwissenschaftlichten Technik. Technik generiert Fortschritt: Ein technokratisch geprägtes Urvertrauen in die Planbarkeit aller Lebenswelt ist der durchgehende Nenner des hochmodernen Weltverständnisses.

Die genauere Darlegung jener veränderten Epochenzuweisung ist dem ersten Beitrag dieses Bandes von Ulrich Herbert vorbehalten, eben jenes Historikers, der sie 2007 mit einem Aufsatz im *Journal of Modern European History* in die Diskussion eingebracht hat.[2] Die erste und elementare Frage, die sich daran aus unserem Zusammenhang stellt, ist die nach der Übertragbarkeit jener Epochenzuweisung auf das Teilgebiet der Bau- und im Besonderen der Konstruktionsgeschichte: Kann man auch in der Entwicklung des Konstruierens, des Denkens und Handelns der Bauingenieure eine der Hochmoderne entsprechende Epoche ausmachen und überzeugend abgrenzen? Lassen sich auch heruntergebrochen auf das Bauingenieurwesen, rund um die 1880er zum einen und die 1970er Jahre zum anderen, jene „dynamisierenden Modernisierungsschübe“[3] ausmachen, die als prägende Indikatoren für Beginn und Ende der Hochmoderne gelten?

2 Herbert 2007.

3 Hänseroth 2011, S. 96.

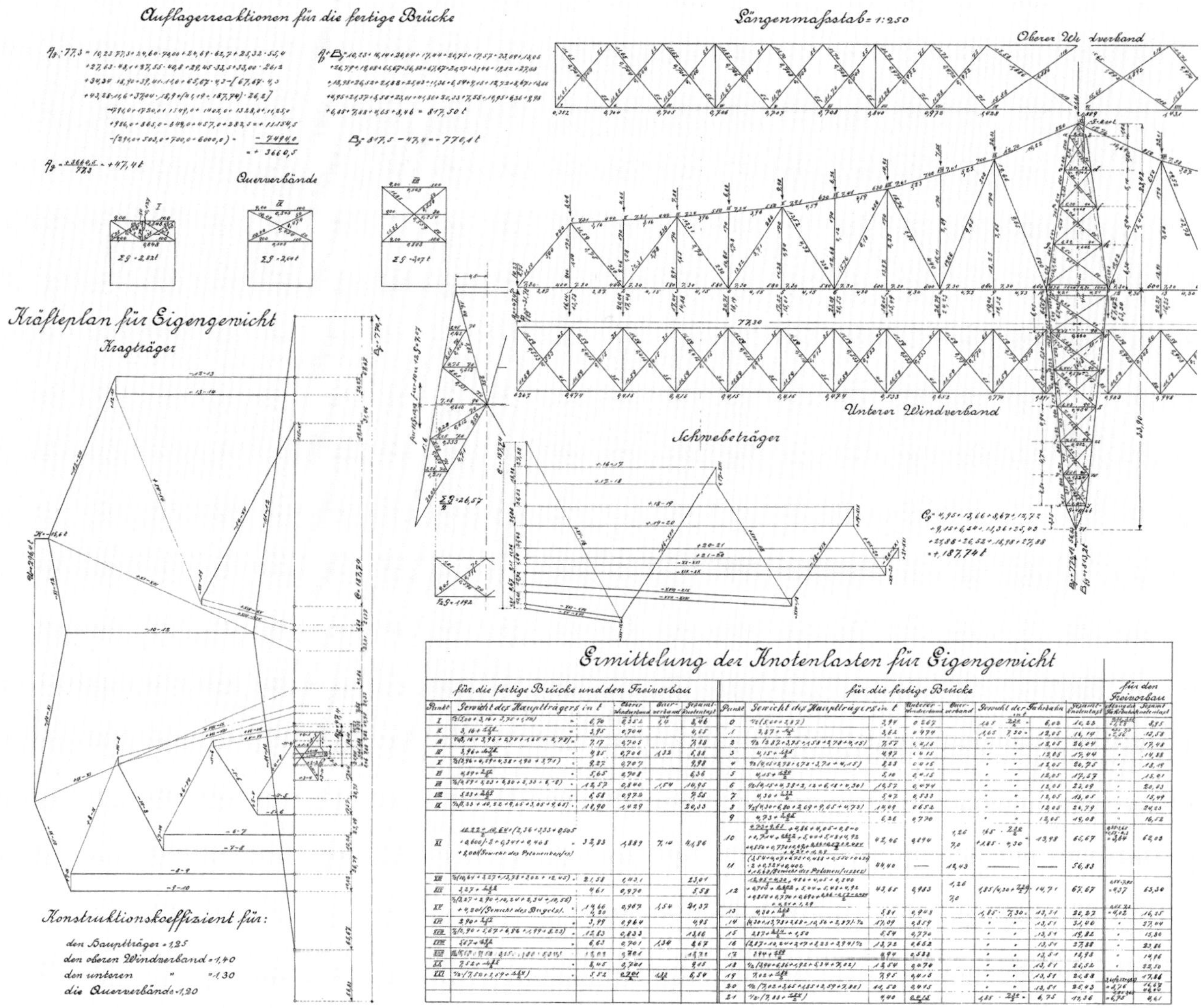

Bild 2 Eisenbahnhochbrücke Rendsburg, Ermittlung der Stabkräfte mittels Cremonaplänen, 1910.

DIE HOCHMODERNE – EINE EPOCHE AUCH IN DER BAUTECHNIKGESCHICHTE?

Schauen wir zunächst auf ihre „formative Phase“[4] in der späten Kaiserzeit, so spricht Vieles dafür. In gleich mehrfacher Hinsicht zeichnet sich im ausgehenden 19. Jahrhundert im Bauingenieurwesen tatsächlich ein Epochenwandel ab, auf der wissenschaftlichen Seite ebenso wie im Bereich der Baustoffe und der Konstruktion.

So veröffentlichte Heinrich Müller-Breslau 1886 und 1887 unmittelbar nacheinander seine beiden Hauptwerke, die zu Meilensteinen in der Geschichte der

4 Vgl. hierzu den Beitrag von Thomas Hänseroth in diesem Band.

Baustatik werden sollten: *Die neueren Methoden der Festigkeitslehre und der Statik der Baukonstruktionen* sowie *Die graphische Statik der Baukonstruktionen*.[5] Mit dem analytischen Zweig auf der einen und dem grafischen auf der anderen Seite adressierten sie die beiden Hauptrichtungen des seit Beginn des 19. Jahrhunderts stetig angewachsenen Methodenfundus zur wissenschaftlich begründeten Bemessung von Tragstrukturen. Ersterer reicht von (im Bauingenieurwesen) vertrauten Namen wie Claude Louis Marie Henri Navier (dem „Vater der Baustatik")[6] über James Clerk Maxwell und Enrico Betti („Sätze von Maxwell und Betti")[7] bis hin zu Otto Mohr („Prinzip der virtuellen Kräfte").[8] Für letzteren, den grafischen Zweig, stehen Pioniere wie Karl Culmann[9], August Ritter („Ritterschnitt")[10] oder Luigi Cremona („Cremonaplan", Bild 2)[11].

Sie und viele mehr prägten im 19. Jahrhundert das, was Karl-Eugen Kurrer später als die „Disziplinbildungsphase" der Baustatik benannte.[12] Eben diese Phase kam mit Müller-Breslau, dem „Vollender der klassischen Baustatik", zu ihrem Abschluss: Indem er die zahlreichen Ansätze und Methoden erstmals systematisch zu zwei klaren und klar anwendbaren Theoriegebäuden verdichtete, stellte er den Bauingenieuren ein leistungsfähiges Portfolio für zuverlässige ingenieurwissenschaftliche Modellierungen des Tragverhaltens selbst komplexer Strukturen bereit. Die Baustatik war reif geworden. Das ausgehende 19. Jahrhundert markiert den Beginn einer neuen Qualität baustatisch fundierten Bemessens und Konstruierens.

Vergleichbares lässt sich auf der Materialseite beobachten. So bildete die ebenfalls im Jahr 1886 erschienene Publikation eines nur wenige Zeilen umfassenden Näherungsverfahrens zur Berechnung von „Monierschen Cementplatten" durch Mathias Koenen[13] eine zentrale Grundlage für die zunächst noch langsame, bald schon aber immer machtvollere Entfaltung des Stahlbetonbaus, jenes neuartigen Verbundbaustoffs, der sich in der Folge zu einem zentralen Element hochmodernen Bauens entwickeln sollte. Flankiert wurden die theoretischen Arbeiten von einem zunehmend professionalisierten Versuchswesen in den nun eingerichteten staatlichen Materialprüfungsanstalten. Die praktische Umsetzung lag in den Händen einer sich gleichzeitig aus bescheidenen Anfängen stürmisch entfaltenden privatwirtschaftlichen Bauindustrie. Neben staatlichen Akteuren wie den 1920 in der Reichsbahn aufgegangenen Eisenbahnen der deutschen Länder oder den rasch anwachsenden Technischen Hochschulen entwickelten sich hierbei die Konstruktionsbüros von Massivbaufirmen wie Wayss & Freytag und Dyckerhoff & Widmann oder der Stahlbauanstalten Johann Caspar Harkort und M.A.N., Werk Gustavsburg, zu eigenständigen Innovationstreibern.

Werfen wir kurz einen etwas genaueren Blick auf den Leitwerkstoff der Industrialisierung schlechthin, den Stahl. Ein Jahrhundert lang war er im Puddelofen erzeugt worden. Nun aber, um 1880, standen mit dem Siemens-Martin-Verfahren (1864) und dem Thomas-Verfahren (1878) neue Methoden bereit, mit denen sich Stahl nicht nur signifikant schneller, sondern auch in deutlich höherer Qualität erzeugen ließ (Bild 3). Der Weg zu einer neuen Dimension der Massenfertigung von Stahl war bereitet. Der Siegeszug des Flussstahls nahm seinen Lauf, schon um die Jahrhundertwende sollte er den Puddelstahl vollständig abgelöst

5 Müller-Breslau 1886; Müller-Breslau 1887. Beide Werke erschienen noch bis ins 20. Jahrhundert hinein in zahlreichen weiteren Auflagen.

6 Navier 1826.

7 Maxwell 1864; Betti 1872.

8 Mohr 1874.

9 Culmann 1864.

10 Ritter 1863.

11 Cremona 1872.

12 Kurrer 2016b; das Buch wird seit seinem ersten Erscheinen im Jahr 2002 im Wechselspiel mit englischsprachigen Auflagen kontinuierlich erweitert.

13 Koenen 1886.

haben. Die beiden eingangs von Vierendeel benannten Großbauten stehen exemplarisch für diese Epochenwende: Während Gustave Eiffel zögerte und sich für seinen 1889 vollendeten Turm noch auf den zwar weniger leistungsfähigen, aber bewährten Werkstoff aus dem Puddelofen verließ, entschieden sich die Konstrukteure des in Sichtweiten gelegenen zweiten Sensationsbaus der Pariser Weltausstellung, die Galerie des Machines, bereits ebenso für den neuen Flussstahl wie jene der im folgenden Jahr nahe Edinburgh eröffneten und heute noch betriebenen Eisenbahnbrücke über den Firth of Forth. Und nur drei weitere Jahre später war die 1892/93 errichtete Weichselbrücke bei Fordon das erste große Brückenbauwerk im damaligen Deutschen Reich, dessen Überbauten nach umfangreichen Vorprüfungen ganz aus Flussstahl konstruiert waren; für die Halbparabelträger der Stromöffnungen kam Siemens-Martin-Stahl, für die parallelgurtigen Überbauten der Vorlandbrücken Thomas-Stahl zur Anwendung.[14]

Wie aber steht es um das Auslaufen der Hochmoderne und des mit ihr verbundenen Fortschrittsparadigmas: Lässt sich dessen Verabschiedung in den 1970er Jahren auch in den Praktiken und Denkweisen der Bauingenieure ausmachen? Tatsächlich waren jene Jahre im Bauingenieurwesen durch einen neuerlichen Modernisierungsschub gekennzeichnet. Einer der Impulse resultierte aus dem Übergang von der elastizitäts- zur plastizitätstheoretisch begründeten Dimensionierung von Stahltragwerken auf Grundlage des „Traglastverfahrens“. Bis dahin hatten Ingenieure sich auf für zulässig erklärte Spannungen bezogen, die mit entsprechenden Sicherheitsbeiwerten von der Grenze des noch elastischen Werkstoffverhaltens abgeleitet waren. Nun begann man die plastischen Materialreserven, die bei weiterer Laststeigerung jenseits der Elastizitätsgrenze aktiviert werden, als zusätzlichen Sicherheitsbereich in die Bemessung miteinzubeziehen. Indem man nicht mehr nur einzelne kritische Querschnitte, sondern das Tragwerk als Ganzes bewertete, konnten zudem vorhandene Redundanzen für die Bemessung ausgeschöpft werden. Schon in den 1950er Jahren waren die theoretischen Grundlagen dafür vor allem in Großbritannien entwickelt worden – eine Grenzverschiebung im unmittelbaren Sinn: Der „ultimate limit state“ („Grenzzustand der Tragfähigkeit“) wurde zum neuen Ankerpunkt des Sicherheitskonzepts. Die „plastic design revolution“ kam einem Paradigmenwechsel gleich; der Wandel im Bemessungsdenken erschloss dem Stahlbau zuvor ungenutzte Traglastreserven.[15]
Parallel dazu eröffnete die Digitalisierung der Baustatik grundlegend veränderte Optionen schon in der statischen Berechnung, die der Bemessung vorausgeht. „Computational Mechanics“ auf Basis numerischer Mathematik ersetzten die analytischen Verfahren. Der Umbruch war noch weitreichender als jener ein knappes Jahrhundert zuvor: Mit den neuen Möglichkeiten der Strukturmodellierung taten sich neue Freiheiten auch für den Strukturentwurf auf. So leistungsfähig nämlich die bisherigen baustatischen Verfahren auch gewesen waren, so sehr hatten sie doch den Denk- und Handlungsraum der Konstrukteure auf subtile Weise eingeschränkt: Für eine verlässliche Bemessung mussten nämlich die Tragwerke den berechenbaren Modellen der Statik möglichst gut entsprechen. Durch diverse

14 ZdB 1891; Mehrtens 1892.

15 Vgl. Addis 1990, S. 97–112, hier S. 97. Während das Traglastverfahren in Großbritannien bereits Ende der 1950er Jahre eingeführt wurde, fand es in Deutschland erst in den 1980er Jahren Eingang in die Stahlbaunormung, vgl. Kurrer 2016b, S. 121–138.

Bild 3 Thomasstahlwerk Hörde, Beschickung eines Thomaskonverters mit flüssigem Roheisen, Aufnahme 1930.

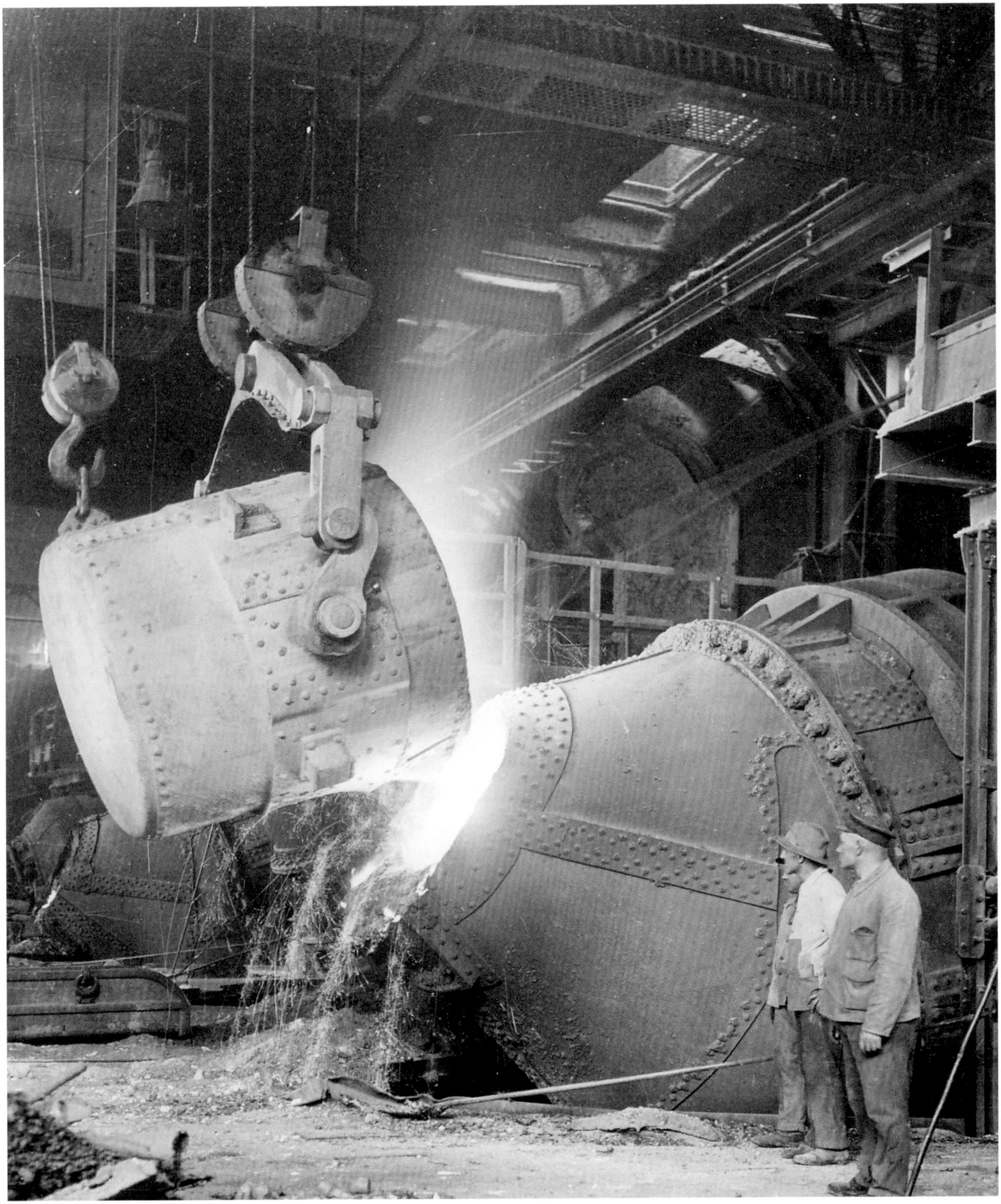

Gelenke, verschiebliche Lager, verborgene Trägerroste etc. hatte man sie gefügig gemacht, bis sie zu materialisierten Ebenbildern ihrer abstrakten statischen Modelle geworden waren. Exemplarisch dafür steht der preußische Bauingenieur Johann Wilhelm Schwedler, der seit den 1850er Jahren wesentlich zum Fundus der hochmodernen Baustatik beigetragen und mit der Brahebrücke bei Czersk schon 1860/61 eine erste Fachwerkbrücke sogar mit dezidiert als Gelenk ausgeführten Knoten entworfen hatte.[16]

Scheinbar selbstverständlich hatte der Grundsatz „design to calculation"[17] ein Jahrhundert lang das Entwerfen der Ingenieure bestimmt. Mit dem Wechsel von analytischen zu numerischen Verfahren, allen voran den Finite Elemente Methoden (FEM), kehrte er sich um: Rechnergestütztes „calculation to design" ließ nun selbst zuvor allenfalls näherungsweise berechenbare Tragwerke verlässlich bemessen und dimensionieren. Ein faszinierendes Werkzeug mit verführerischen Perspektiven, zugleich aber auch mit fragwürdigen Konsequenzen für die weitere Entwicklung der Architektur: Nahezu alles ließ sich nun irgendwie berechnen, das hochmoderne Leitbild einer „ehrlichen Konstruktion" war zumindest in statischer Hinsicht obsolet geworden.

16 Schwedler 1861; zu Schwedlers Bedeutung allgemein siehe Kurrer 2016a.

17 Hier formuliert in Anlehnung an den in der Produktentwicklung etablierten Leitsatz „design to cost", bei dem die Kostenoptimierung den maßgeblichen Parameter darstellt.

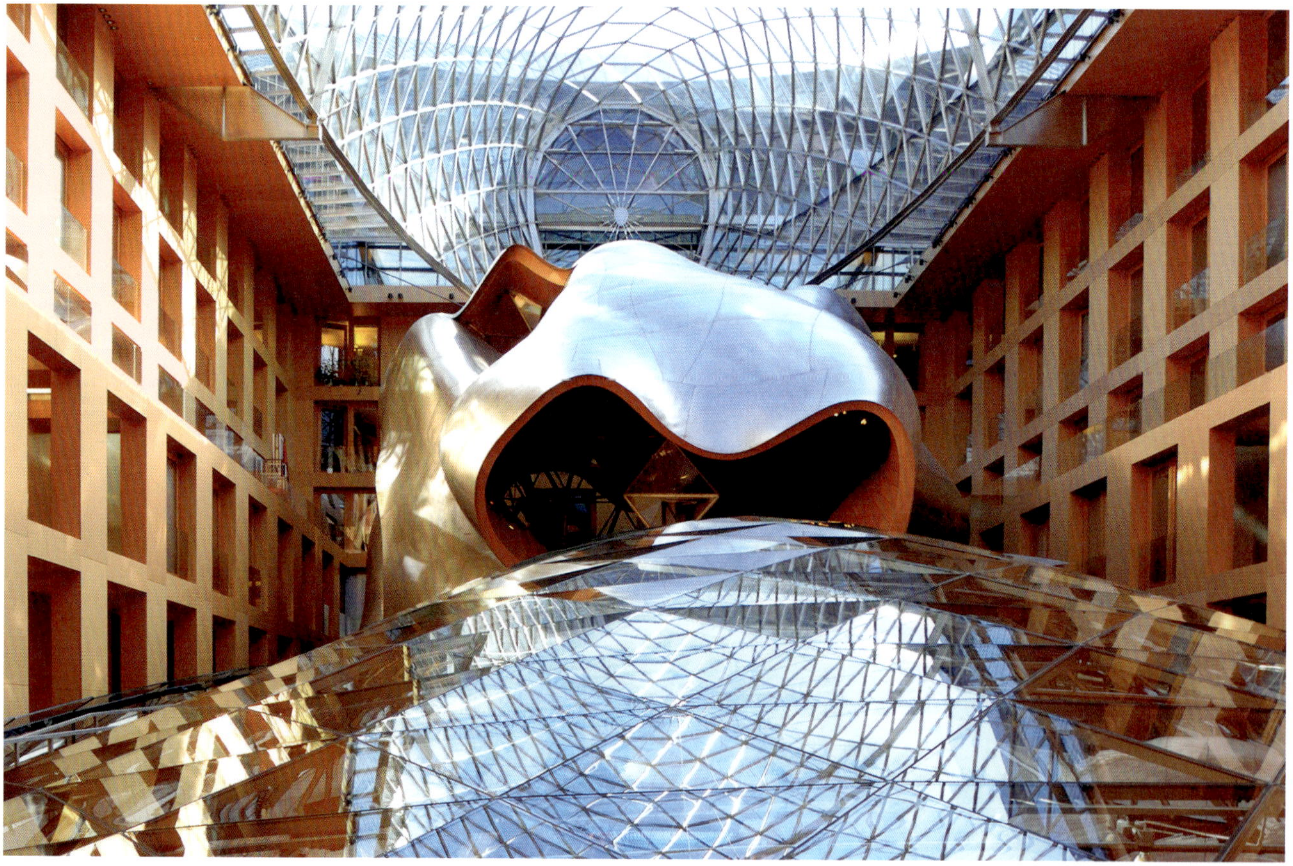

Bild 4 Innenhof der DZ Bank in Berlin mit geometrisch komplexer Gitterschale, darunter der „freigeformte" Konferenzbau, 2018.

Als Pendant sprengten „computer-aided design“ bzw. „... manufacturing“ (CAD / CAM) auf dem Feld der Konstruktion und Fertigung die bisher geltenden Grenzen serieller Produktion von Bauelementen, indem sie den individuellen und doch automatisierten Zuschnitt jedes einzelnen Werkstücks ermöglichten. Prototypisch für beide Umbrüche, in der Berechnung wie auch der Konstruktion, stehen die seit den 1980er Jahren entstandenen Glasdächer mit geometrisch komplexen Gitterschalen, so etwa über den Innenhöfen des Museums für Hamburgische Geschichte (vollendet 1989) oder der DZ-Bank am Pariser Platz in Berlin (vollendet 2000, Bild 4).[18]

Als Gegenbewegung zu diesen technologischen Revolutionen zeichneten sich auf dem Feld der Konstruktion erste Risse im bis dahin so fortschrittsgewissen Selbstbild des Bauingenieurwesens ab. So brach sich zunehmend die ernüchternde Erkenntnis Bahn, dass die als Inbegriff modernen, wissenschaftlich fundierten Konstruierens gefeierte Spannbetonbauweise manche Anfälligkeiten aufwies; im Mai 1980 sollten sie im Teil-Einsturz der (West-) Berliner Kongresshalle ihren ersten paradigmatischen Ausdruck finden. Und auch der in den 1970er Jahren erwachende Diskurs um die „Grenzen des Wachstums“[19] hinterließ unter den Bauingenieuren erste Spuren. Vordenker wie Jörg Schlaich erkannten die besondere Bedeutung und Verantwortung, die gerade dem Bauwesen für eine nachhaltige Ressourcenbewirtschaftung und die Reduzierung diverser Emissionen zukommt[20] – Ansätze, die gerade in Stuttgart als Schlaichs Wirkungsstätte später etwa mit dem Wirken von Werner Sobek fortgeschrieben werden sollten.[21]

Offenkundig spricht vieles dafür, auch der Geschichte des Konstruierens eine „Hochmoderne“ als prägnante historische Phase zuzuweisen. Das Herunterbrechen auf dieses Teilgebiet eröffnet – wie schon in der Allgemeingeschichte – neue und anregende Perspektiven. Diese können im vorliegenden Band freilich nur am Rande gestreift werden. Dem Leitbegriff des Bandes entsprechend soll das Augenmerk hier allein auf der Überprüfung der Hypothese liegen, dass das Streben nach immer neuen, zuvor für unerreichbar gehaltenen Weiten und Höhen bei gleichzeitiger Minimierung des Materialeinsatzes in der langen Geschichte der Bautechnik ein besonderes Charakteristikum gerade dieser Hochmoderne gewesen sei.

BAUEN AM LIMIT – DIE HOCHMODERNE ALS NEUER MÖGLICHKEITSRAUM

Dass der Übergang zur Hochmoderne mit signifikanten Grenzverschiebungen in der Bautechnik einherging, ist offenkundig. Allein die Dimensionssprünge der bereits benannten Großbauten der 1880er Jahre zeigen dies bereits eindrücklich auf. Die Spannweite der Galerie des Machines (Bild 5) übertraf mit 110,6 m[22] jene des bisherigen Rekordhalters unter den Tonnenhallen, der 1868 vollendeten Bahnsteighalle der Londoner St. Pancras Station, auf einen Schlag um mehr als die Hälfte. Die Höhe des Washington Monuments, dessen Rohbau 1884 gerade erst als weltweit höchstes Bauwerk vollendet worden war, wurde vom Eiffelturm nur fünf Jahre später nahezu verdoppelt. Im Bereich der festen Brücken stieß die

18 Schlaich / Schober 1992; Schober 2015.

19 Der zu einem der Leitbegriffe der aufkommenden Ökologiebewegung gewordene Terminus war der Titel der deutschen Übersetzung des im März 1972 erschienenen Berichts über ein vom Club of Rome initiiertes und von der Volkswagenstiftung mit einer Million D-Mark finanziertes Forschungsprojekt am Massachusetts Institute of Technology (MIT), in dem unter Nutzung computergestützter Methoden in zuvor unbekannten Dimensionen die Folgen eines weiteren exponentiellen Anwachsens der Weltwirtschaft erstmals systematisch untersucht worden waren, vgl. Meadows et al. 1972.

20 Eine Zusammenstellung der diesbezüglichen Publikationen Jörg Schlaichs findet sich in Holgate 1997, S. 279.

21 Sobek 2022; Sobek 2023. Der letzte Band der Trilogie soll demnächst erscheinen.

22 In der Literatur und insbesondere im Internet findet sich immer wieder auch die Angabe von 115 m. Sie steht aber nicht für die Spannweite der Binder von Fußgelenk zu Fußgelenk, sondern für die Gesamtbreite des Hauptschiffs.

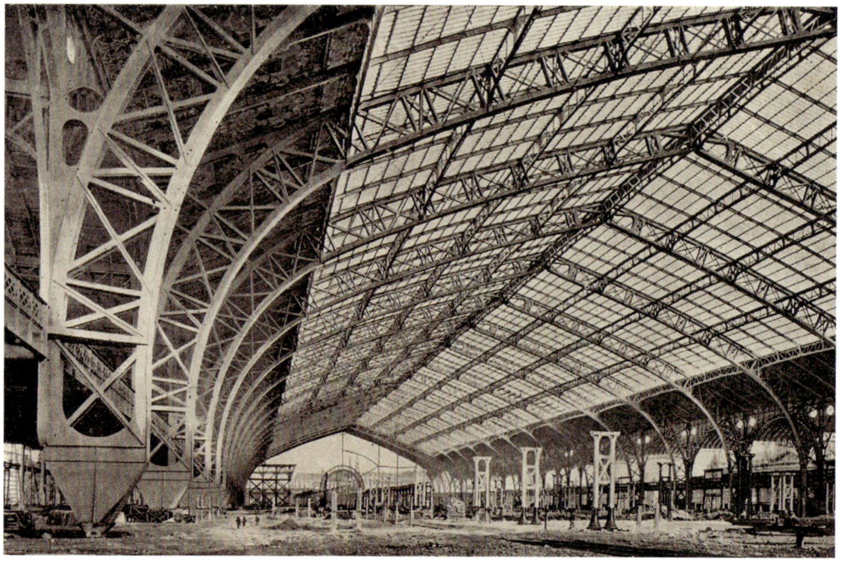

Bild 5 Galerie des Machines in Paris vor der Fertigstellung, Januar 1889.

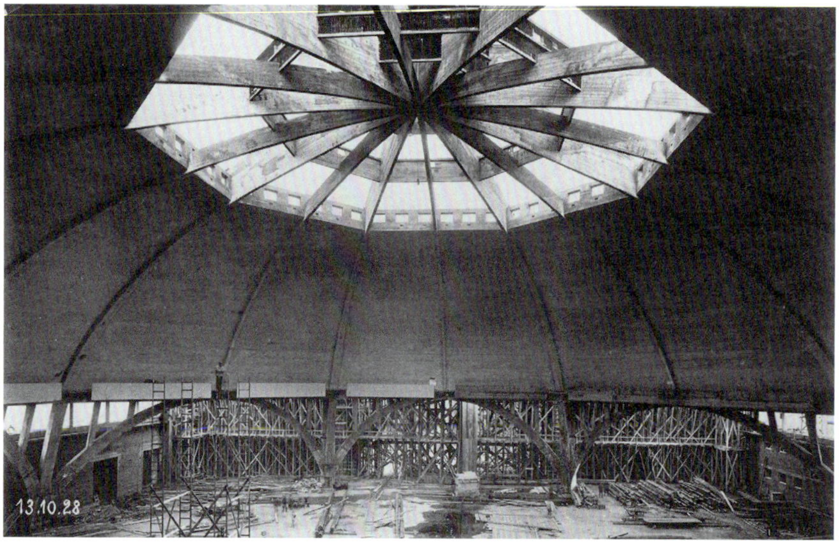

Bild 6 Großmarkthalle Leipzig vor der Fertigstellung, Oktober 1928.

Forth Rail Bridge 1890 in zuvor unvorstellbare Dimensionen vor und ließ sogar schwere Eisenbahnzüge in ihren beiden Hauptöffnungen jeweils über einen halben Kilometer weit freischwebend über die Fjordmündung hinweggleiten; dass sie noch vor der Eröffnung vom Vordenker der Arts & Crafts-Bewegung William Morris als „the supremest specimen of all ugliness" geächtet wurde,[23] sei hier nur am Rande bemerkt. Unter den Hängebrücken schließlich hatte kurz zuvor die New Yorker East River Bridge bei der Einweihung im Jahr 1883 mit ihrer 486 m weiten Mittelöffnung ein vergleichbares neues „Limit" gesetzt. Dieses Erkunden, Setzen und Überschreiten immer neuer Grenzen in Höhen und Spannweiten sollte sich im 20. Jahrhundert tatsächlich ungebremst fortsetzen.

23 Industries 1890.

Ohne alle jeweils neuen Rekorde im Einzelnen beschreiben zu wollen, sei hier nur auf einige spektakuläre und bekannte Leitbauten verwiesen. So demonstrierte der noch junge Stahlbetonbau mit der über 65 m stützenfreien Rippenkuppel der Breslauer Jahrhunderthalle (1911–13) schon früh sein maßstabssprengendes Potenizal; sie erhielt eineinhalb Jahrzehnte später in den jeweils noch rund 10 m weiter spannenden, dafür aber nur ein Drittel so schweren Zwillingskuppeln der Leipziger Großmarkthalle (1927–29, Bild 6) ein ebenso epochales Pendant im Schalenbau. In der NS-Zeit kam es zur Apotheose der neuen technischen Möglichkeiten mit den (allerdings nicht verwirklichten) Kuppelplanungen für eine „Große Halle" in Berlin (Bild 7) und den neuen Hauptbahnhof in München.[24] Doch selbst deren gigantische Weiten waren nicht zu groß, um nach 1945 andernorts nicht doch realisiert zu werden. Genannt sei nur die lediglich auf drei Punkten im Abstand von je 218 m gelagerte Stahlbeton-Dachschale des Centre des Nouvelles Industries et Technologies (CNIT) in Paris-La Defense (1956–58), die noch heute als die größte Betonschale der Welt (in Bezug auf die überdachte Fläche je Auflager) gilt. Maßstabsetzend, was maximale Höhen und Weiten anging, waren aber insbesondere die USA, wo in den 1930er Jahren mit der New Yorker George Washington Bridge (1067 m) und der Golden Gate Bridge (1280 m) die vorherigen Rekorde für Spannweiten von Hängebrücken ebenso deutlich gesteigert wurden wie jene für das höchste Gebäude mit dem Empire State Building (381 m). Diese Bestmarken sollten erst zum Ende der Hochmoderne hin neuerlich übertroffen werden.

Ebenfalls in der ausklingenden Hochmoderne entstanden mit der Rheinbrücke Emmerich (1962–65, 500 m) und dem Berliner Fernsehturm (1965–69, 365 m) die bis heute gültigen Rekordhalter für Hängebrücken und Hochbauten in Deutschland. Hier markieren diese Bauwerke anschaulich das Ende der hochmodernen Epoche. Insbesondere in Ländern, die nicht zu den traditionellen Industrienationen gehören, geht die Jagd nach neuen Bestmarken ungebrochen weiter. Längst werden die Rekorde der ehemals führenden Staaten neuerlich deutlich

24 Vgl. zu Letzterem den Beitrag von Christiane Weber in diesem Band.

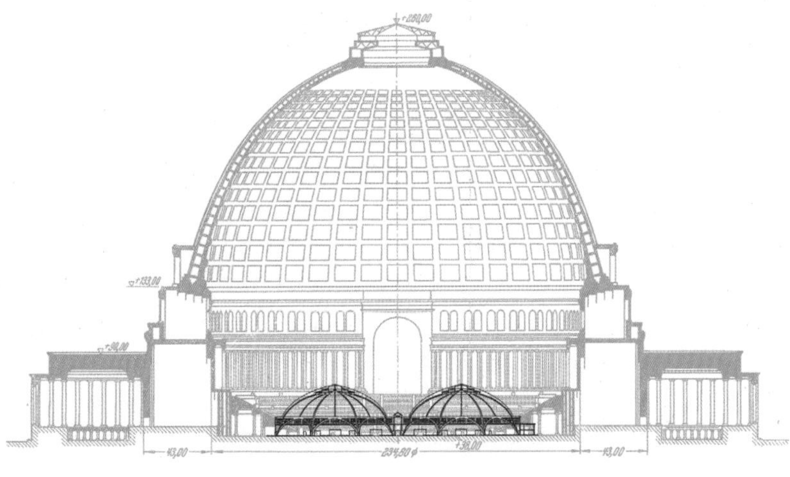

Bild 7 Entwurf zur „Großen Halle" in Berlin mit Massivkuppel, 1938 (in blau die Leipziger Großmarkthalle (Bild 6) zum Vergleich).

übertrumpft. Offensichtlich ist hochmodernes Denken in unterschiedlichen kulturellen und entwicklungsgeschichtlichen Kontexten in voneinander abweichenden Zeiträumen verortet.
Ist dieses „Weiter! Höher! Leichter!“ aber wirklich eine Besonderheit speziell hochmodernen Konstruierens? Ist es nicht vielmehr charakteristisch, ja konstituierend für die Entwicklungsgeschichte des Bauens und Konstruierens schlechthin? Wurden nicht immer Grenzen erkundet und verschoben?
Gewiss – doch offenkundig zeigte die Intensität der Grenzverschiebung zeitlich und regional immer wieder deutliche Unterschiede. Unübersehbar markiert etwa das 13. Jahrhundert in Mittel- und Westeuropa mit den immer kühneren gotischen Kathedralbauten eine solche „Sturm und Drang“-Phase. Eine weitere ist wenig später verbunden mit der Entwicklung der Großkuppeln während der italienischen Renaissance. Besonders aufschlussreich in Hinblick auf das Aufkommen solcher Phasen aber ist ein Blick auf die hundert Jahre vor dem Übergang zur Hochmoderne.
Da entwarf im vorrevolutionären Frankreich der zweiten Hälfte des 18. Jahrhunderts ein Jean-Rodolphe Perronet Natursteinbrücken von höchster Qualität, mit wissenschaftlich fundierter Sorgfalt unter Nutzung der Stereotomie geplant und ausgeführt. Bereits 1747 hatte Perronet mit der École Royale des Ponts et Chaussées die erste Ingenieurhochschule der Welt begründet; sein Werk weist ihn als einen der besten Ingenieure seiner Zeit aus. Doch das seit Jahrhunderten nur von wenigen Ausnahmen übertroffene Spannweiten-„Limit“ von etwa 40 m für steinerne Gewölbebrücken überschritt auch er nicht. Das Möglichkeitsniveau dieser Bauweise sollte erst in der frühen Hochmoderne mit Bauten wie der 1903/04 in Bruchstein-Zementmörtel-Mauerwerk errichteten Friedrich-August-Brücke in Plauen (heute Friedensbrücke) nochmals deutlich erweitert werden (Bild 8).

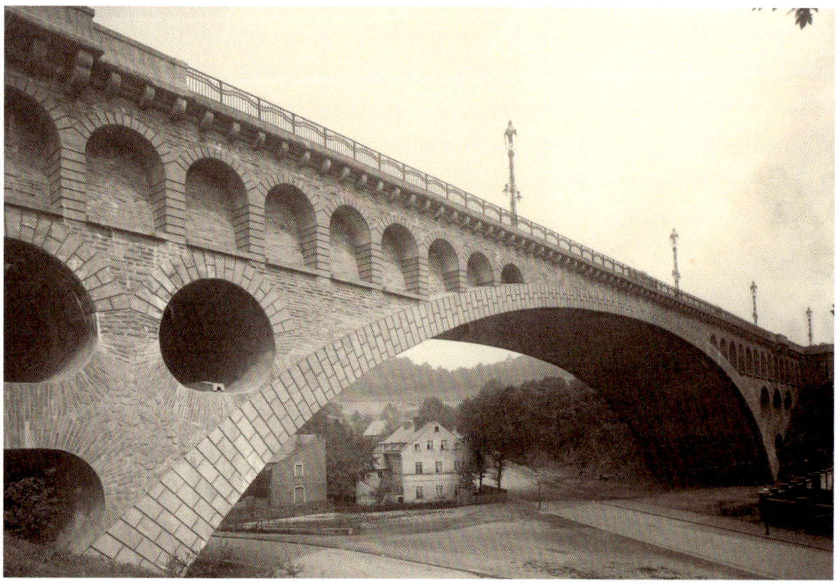

Bild 8 Friedensbrücke in Plauen, Aufnahme um 1907. Mit 90 m Spannweite war sie für mehrere Jahrzehnte Weltrekordhalter unter den Steinbogenbrücken.

Als Gegenstück zu Perronets virtuos optimierten steinernen Bogenbrücken hatten sich auf der anderen Seite des Ärmelkanals mit den ersten eisernen Brückenbauten freilich bereits die Anfänge einer neuen Phase hochdynamischer Entwicklung abgezeichnet. Zur Mitte des Jahrhunderts verdoppelte dann die Britannia Bridge (1846–50) mit ihren bis zu 142 m freitragenden, sogar schon für den Eisenbahnverkehr ausgelegten Kastenträgern aus Puddelstahl auf einen Schlag die Spannweite der Londoner Southwark Bridge (1815–19) – deren bis zu 73 m weit gespannte Bögen aus Gusseisen zu ihrer Zeit wiederum noch als Rekordmaß bewundert worden waren. Ähnliche Maßstabssprünge lassen sich in der Entwicklung der zunächst gusseisernen, dann stählernen Bogentragwerke für Tonnenhallen und Kuppeln beobachten, bis hin zu der auf elliptischem Grundriss (67 x 56,5 m) errichteten flachen Kuppel der Londoner Royal Albert Hall (1867–71) oder der Kegelkuppel der „Rotunde" der Wiener Weltausstellung (1872/73) mit gar 108 m frei überspannter Weite.

Die Anfänge der vom Eisenbau entfachten neuen Dynamik der Grenzverschiebungen zeichnen sich also bereits Jahrzehnte vor dem Übergang zur Hochmoderne ab. Und doch lassen sie sich eher als die Vorbereitungsphase einer Entwicklung lesen, die erst um 1880 mit der Konsolidierung des eingangs beschriebenen neuen Niveaus in Bemessung und Konstruktion zum vollen Durchbruch kam. Die neuen, nun menschgemachten Baustoffe vom Stahl bis zum Spannbeton auf der einen und die immer zuverlässigeren, ingenieurwissenschaftlich fundierten Methoden zur Abbildung des Tragverhaltens auch komplexer Strukturen auf der anderen Seite hatten ein Bezugssystem geschaffen, in dem neue Limits verlässlich kalkulierbar wurden. Im Gegenzug eröffneten die Grenzüberschreitungen neue Optionen für strukturelle Innovationen, die das Bauwesen nachhaltig prägen sollten.

In diesem neu definierten Möglichkeitsraum und zusätzlich befördert durch die begleitende Professionalisierung und Aufwertung der akademischen Ingenieurausbildung gingen von da an Generationen von Bauingenieuren daran, der Geschichte der Grenzverschiebungen ein Kapitel mit nie zuvor gesehenen Maßstabssprüngen hinzuzufügen. Ihre Praktiken, Denkmuster und Haltungen waren geprägt durch ein technokratisches Verständnis von Fortschritt, das sich in konkreten Leitbildern wie umfassender Planbarkeit, rationalisierter Bauproduktion oder auch „ehrlichen Konstruktionen" niederschlug. Immer höher, immer weiter, immer leichter, immer schneller: Das Bauen am Limit wurde zum Fetisch des hochmodernen Ingenieurs (Bild 9). Die immer neuen Erfolge gaben dem noch jungen Berufsstand allen Grund für den Glauben an die Beherrschbarkeit der Materie und die Logik dieses Fortschritts, dessen Takt er selbst vorgab. Ein Jahrhundert lang fand sich die „Generation Hochmoderne" sicher eingebettet in die große Erzählung einer Epoche, die den Blick eben des Ingenieurs zum Schlüssel ihres Weltbildes gemacht hatte.

Indes war der neue Möglichkeitsraum nicht etwa entgrenzt. Der Übergang zur Hochmoderne ging in der Bautechnik einher mit dem Aufkommen einer zweiten, bislang nicht erwähnten Einflussgröße, die den Fluss des Baugeschehens bis heute und ohne absehbares Ende kanalisieren sollte: der Ausformung eines

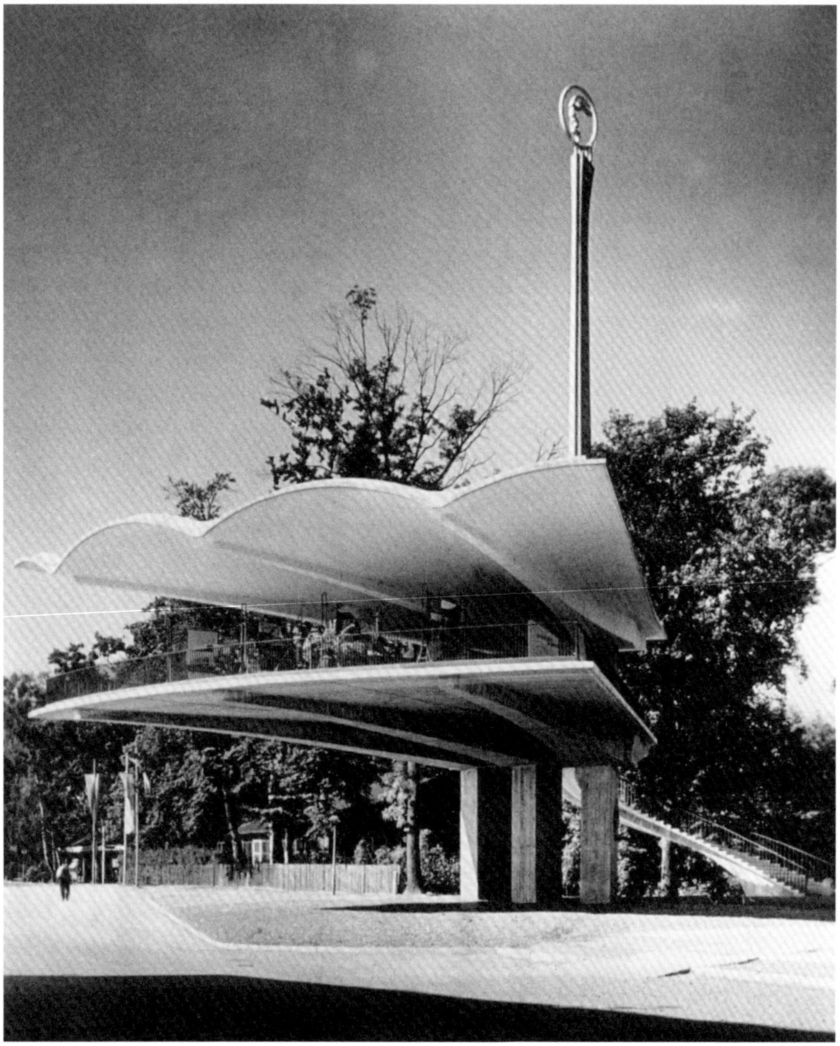

Bild 9 Bauwerk der Zementindustrie auf der „Constructa" in Hannover, 1951. Ulrich Finsterwalder und Lutz Pistor demonstrierten hier die scheinbar unbegrenzten Möglichkeiten des neuen Baumaterials Spannbeton.

allumfassenden Regelungsapparats aus Richtlinien, Standards, Normen und Vorschriften (Bild 10). Im Rückblick stellt sich dessen Entwicklung gerade in Deutschland als eine beeindruckende gesellschaftliche Leistung im Zusammenspiel der Interessenvertreter von Industrie, Fachverbänden und staatlicher Verwaltung dar. Ein allgemein anerkanntes Regelungsgefüge war unverzichtbar für eine Bauproduktion, die in der atemlosen Dynamik der Hochmoderne für den Alltag der Planungspraxis vor allem klare und verlässliche Vorschriften brauchte. Erst Standardisierung und Normung gaben dem Möglichkeitsraum sein Koordinatensystem, oder anders: Der Bezug auf genormte Sicherheit machte das Wagnis kalkulierbar.
So stand dem Erkunden struktureller Grenzen am Limit des bisher Denkbaren zugleich die wachsende Eingrenzung des strukturellen Denkens in kodifizierte Limits des Zulässigen gegenüber. Bauen *am* Limit und Bauen *im* Limit definierten

das Kraftfeld, in dem sich hochmodernes Konstruieren zu positionieren suchte. Die Schattenseite dieses bipolaren Bezugssystems ist bekannt: Statt Orientierung zu geben, droht jeder, aber insbesondere ein ausufernder Regelungsapparat Handlungsspielräume einzuschränken und innovative Grenzgänge zu erschweren, ja zu verhindern. Zu klären, wann genau und wie im Einzelnen sich diese – in der Hochmoderne eben auch zu beobachtende – schleichende Entmutigung durch ubiquitäre Verregelung vollzog, wäre eine genauere Untersuchung wert.

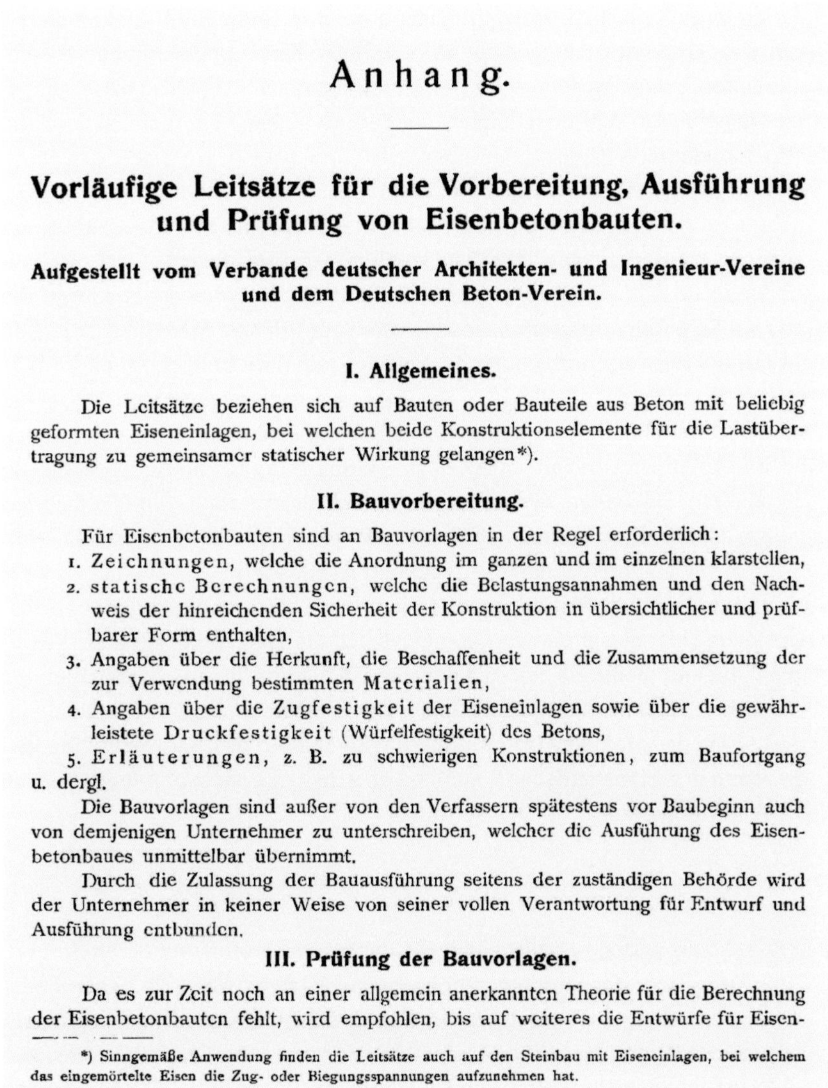

Anhang.

Vorläufige Leitsätze für die Vorbereitung, Ausführung und Prüfung von Eisenbetonbauten.

Aufgestellt vom Verbande deutscher Architekten- und Ingenieur-Vereine und dem Deutschen Beton-Verein.

I. Allgemeines.

Die Leitsätze beziehen sich auf Bauten oder Bauteile aus Beton mit beliebig geformten Eiseneinlagen, bei welchen beide Konstruktionselemente für die Lastübertragung zu gemeinsamer statischer Wirkung gelangen*).

II. Bauvorbereitung.

Für Eisenbetonbauten sind an Bauvorlagen in der Regel erforderlich:
1. Zeichnungen, welche die Anordnung im ganzen und im einzelnen klarstellen,
2. statische Berechnungen, welche die Belastungsannahmen und den Nachweis der hinreichenden Sicherheit der Konstruktion in übersichtlicher und prüfbarer Form enthalten,
3. Angaben über die Herkunft, die Beschaffenheit und die Zusammensetzung der zur Verwendung bestimmten Materialien,
4. Angaben über die Zugfestigkeit der Eiseneinlagen sowie über die gewährleistete Druckfestigkeit (Würfelfestigkeit) des Betons,
5. Erläuterungen, z. B. zu schwierigen Konstruktionen, zum Baufortgang u. dergl.

Die Bauvorlagen sind außer von den Verfassern spätestens vor Baubeginn auch von demjenigen Unternehmer zu unterschreiben, welcher die Ausführung des Eisenbetonbaues unmittelbar übernimmt.

Durch die Zulassung der Bauausführung seitens der zuständigen Behörde wird der Unternehmer in keiner Weise von seiner vollen Verantwortung für Entwurf und Ausführung entbunden.

III. Prüfung der Bauvorlagen.

Da es zur Zeit noch an einer allgemein anerkannten Theorie für die Berechnung der Eisenbetonbauten fehlt, wird empfohlen, bis auf weiteres die Entwürfe für Eisen-

*) Sinngemäße Anwendung finden die Leitsätze auch auf den Steinbau mit Eiseneinlagen, bei welchem das eingemörtelte Eisen die Zug- oder Biegungsspannungen aufzunehmen hat.

Bild 10 Vorläufige Leitsätze des Verbandes deutscher Architekten- und Ingenieur-Vereine (VDAI) und des Deutschen Beton-Vereins (DBV).

ZUM INHALT

Das vorliegende Buch erscheint als erster Band der Schriftenreihe des von der Deutschen Forschungsgemeinschaft (DFG) finanzierten Schwerpunktprogramms „Kulturerbe Konstruktion – Grundlagen einer ingenieurwissenschaftlich fundierten und vernetzten Denkmalpflege für das bauliche Erbe der Hochmoderne" (SPP 2255). Der Titel benennt die drei zentralen Alleinstellungsmerkmale des Programms – die Fokussierung auf die Konstruktion als ein bislang gesellschaftlich und selbst denkmalwissenschaftlich kaum beachtetes Wesenselement des Bauens, die Konzentration auf die Epoche der Hochmoderne sowie den konsequent disziplinübergreifenden Charakter des Forschungsverbunds. Neben dem an der BTU Cottbus-Senftenberg angesiedelten Koordinationsprojekt umfasst er in zwei Förderphasen (2021–26) insgesamt 19 über Deutschland verteilte Teilprojekte, in denen interdisziplinär angelegte Teams unter den Leitbegriffen „Erforschen – Bewerten – Erhalten" an insgesamt 45 verzahnten Forschungsvorhaben zusammenarbeiten. In bislang einmaliger Weise eröffnet das SPP 2255 so neue, kooperative Wege für den künftigen Umgang mit dem komplexen bautechnischen Erbe der Hochmoderne.[25]

Zur Beförderung des transdisziplinären Diskurses richtet das Cottbuser Koordinationsbüro im Rahmen des Programms jährlich „Denkwerkstätten" aus. In diesen Workshops werden ausgewählte Schlüsselthemen und -begriffe aus den verschiedenen im SPP 2255 vertretenen Blickwinkeln eingehend betrachtet. Die Bände der Schriftenreihe greifen diese Themen auf. Sie beschränken sich jedoch nicht nur auf die Verschriftlichung der Vorträge, sondern bereichern deren Wiedergabe um ergänzende Beiträge in zwei bewusst anderen Formaten. Weder die Denkwerkstätten noch die daraus entwickelten Publikationen können und wollen dabei den Anspruch erheben, ihr jeweiliges Thema in Breite und Tiefe umfassend zu bearbeiten. Sie werfen vielmehr einzelne Schlaglichter auf den fokussierten Gegenstand, die aber gerade durch ihre disziplinäre Vielfalt die Möglichkeit eröffnen, ihn in seinen unterschiedlichen Facetten zu erfassen.

Den Auftakt machte im November 2021 eine Denkwerkstatt zu eben jener plakativen Maxime, der dieser Band gewidmet ist – „Bauen am Limit". Als erste Veranstaltung ihrer Art diente sie zugleich der grundsätzlichen Verständigung über den für die Konzeption des Schwerpunktprogramms zentralen Begriff der „Hochmoderne" sowie dessen Relevanz und Übertragbarkeit auf das Bauwesen. Die Vorträge waren in drei thematische Sektionen unterteilt, die wir in der Kapitelteilung des Buches aufgreifen.

Konstruieren in der Hochmoderne: Charakteristika, Denkmuster und Haltungen

Den Auftakt des ersten Kapitels bildet ein Aufsatz des Historikers Ulrich Herbert, der den Begriff der Hochmoderne vor knapp zwei Jahrzehnten als neuen Periodisierungsvorschlag in die deutschsprachige Geschichtsschreibung eingebracht hat. In seinem Beitrag „Kennzeichen der Hochmoderne – Zur Geschichte der klassischen Industriegesellschaft in Europa" legt er dar, warum es zu einem besseren

25 Ausführliche Informationen zu Ansatz, Teilprojekten, Beteiligten, Aktivitäten und Veröffentlichungen des SPP 2255 aktuell unter www.kulturerbe-konstruktion.de. Umfassende Einblicke in die Arbeit des Schwerpunktprogramms bieten zudem Lorenz / May 2024; Lorenz / May 2025.

Verständnis der jüngeren Geschichte beiträgt, die Jahre zwischen etwa 1880 und 1980 als eigenständige Epoche zu fassen. Verbindendes Charakteristikum waren ihre ungeheure, gleichermaßen technische und ökonomische wie gesellschaftliche und kulturelle Dynamik, vor allem aber die Wirkmacht daraus erwachsener industriemoderner Leitbilder. Nach Herbert prägten ab dem letzten Viertel des 19. Jahrhunderts für rund ein Jahrhundert bestimmte Kernvorstellungen nicht nur die deutsche, sondern nahezu alle europäischen Gesellschaften, und zwar unabhängig von ihrer politischen Ordnung oder wirtschaftlichen Ausprägung. Fortschrittsglaube, Rationalisierung, Industrialisierung oder technischer Machbarkeitsoptimismus wurden als übergreifende Leitbilder nahezu unangefochten akzeptiert und trugen zur Ausbildung eines kollektiven Selbstverständnisses der klassischen Industriegesellschaft bei. Erst mit dem strukturellen Bedeutungsverlust der Schwerindustrie und der zunehmenden ökologischen Kritik am Industrialisierungsparadigma verlor dieses seine hegemoniale Kraft.
Thomas Hänseroth wählte für seinen Beitrag den Titel „Der Wissenschaft verpflichtete altruistische Bürgen des Fortschritts: Selbst- und Fremdbilder von Ingenieuren in der formativen Phase der Hochmoderne in Deutschland". Er rückt damit die für das hochmoderne Bauwesen zentrale Berufsgruppe der Ingenieure und die Konstruktion ihrer professionellen Identität im deutschen Kaiserreich in den Mittelpunkt. Die damalige gesellschaftliche Wahrnehmung der Ingenieure – häufig reduziert auf die Rolle technokratischer „Fachmenschen ohne Geist" – löste eine kollektive Gegenreaktion der technischen Eliten aus. Die „Technikerbewegung" suchte nach gesellschaftlicher Anerkennung und einem neuen Selbstverständnis, das Technik nicht nur als praktisch-funktionales Handlungsfeld, sondern auch als wissenschaftlich fundierte und kulturell bedeutungsvolle Praxis legitimierte. Im Zentrum dieser anderen Erzählung stand die Figur des Ingenieurs als altruistischer Garant des Fortschritts – ein Citoyen, der sich in den Dienst der Allgemeinheit stellt und sein Handeln an einer höheren wissenschaftlich-technischen Ethik orientiert.
Reinhold Bauer schließlich thematisiert in seinem Aufsatz „Innovationen – in Grenzen Neues" den ambivalenten Charakter des Innovationsbegriffs, der im Selbstverständnis der Hochmoderne als zentrale Triebkraft des Fortschritts gilt. Bauer dekonstruiert dieses Idealbild als stark vereinfachend. In der Realität verlaufen technologische Entwicklungen selten linear oder gar kontinuierlich. Vielmehr sind sie von Brüchen, Rückgriffen und langfristigen Beharrungskräften geprägt. Innovationen setzen sich nicht allein aufgrund ihrer Neuartigkeit durch, im Gegenteil: Die Chance auf breite Akzeptanz wächst, wenn das Neue nicht zu neu ist, wenn es an Bekanntes anschließt, kompatibel bleibt mit bestehenden Strukturen und sich graduell in das Bewährte einfügt. In der Dialektik von Innovation und Tradition unterläuft die komplexe Gemengelage technischer Entwicklungsprozesse simplistische, vorschnelle Fortschrittserzählungen.
In ihrer Zusammenschau unterstreichen die einleitenden Beiträge, dass die Hochmoderne zwar von einem linearen Fortschrittsverständnis geprägt war, jedoch nicht etwa als „monolithische" Epoche missverstanden werden darf. In ihrer historischen Entwicklung offenbaren sich vielmehr vielfältige Spannungsfelder zwischen

Innovation und Beharrung, gesellschaftlichen Zuschreibungen und professioneller Selbstbehauptung oder auch technischer Effizienz und kultureller Bedeutung.

Konstruieren in der Hochmoderne: Theorien, Methoden, Praktiken

Der zweite Themenschwerpunkt lenkt den Blick auf zeitgenössische Ansätze und Strategien, um die in der Hochmoderne auf den Markt drängenden neuen Bauweisen und die ihnen innewohnenden Potenziale und Risiken praktisch, methodisch und normativ zu fassen. Er fragt nach den Bedingungen, Denk- und Arbeitsweisen, die Konstruktionen an der Grenze des Machbaren erst ermöglichten, aber ebenso nach den sozialen, institutionellen und kulturellen Kontexten, unter denen sie entstanden. Neben dem Entwurfs- und Bauprozess selbst rücken die Entwicklung von Normen, die Nutzung von Modellen sowie divergierende internationale Perspektiven auf das technisch Mögliche in den Fokus. Eindrücklich zeigt sich, dass sich das „Konstruieren am Limit" nicht nur in der konkreten Projektierung, sondern ebenso in Normungsgremien, Laboren, Modellhallen und unterschiedlichen Entwurfskulturen manifestierte.
Der einleitende Beitrag „Ein Denkmal des Bauens in der Hochmoderne – Die Sendehalle Europe 1 in Berus" ist das Ergebnis der Zusammenarbeit einer von Thomas Schuetz und Peter Schneider koordinierten Autor*innengruppe, die sich im September 2021 im Rahmen des ersten Strategien- und Methoden-Labors (SUMupLAB) des SPP 2255 mit diesem komplexen hochmodernen Bauwerk und seiner Geschichte auseinandergesetzt hatte.[26] Die 1954/55 im saarländischen Berus errichtete Halle mit ihrer spektakulären Dachschale erzählt auf beeindruckende Weise von den Hoffnungen, Risiken und Brüchen des „Bauens am Limit" in der Hochmoderne: von visionären Konzepten und spektakulären Misserfolgen, vom eingeschränkten technischen Verständnis des schwierigen Tragverhaltens und vom heutigen Umgang mit einem Erbe am technischen Limit.
Mit Mario Rinkes Text „Aushandlung des Limits – Frühe Normen im Stahlbetonbau in der Schweiz und Deutschland" wechselt der Fokus auf die Frühzeit des Bauens mit Stahlbeton und eine vergleichende Analyse der Entstehung normativer Grundlagen. Der Autor zeigt, wie sich in der ersten Hälfte des 20. Jahrhunderts in „Kontaktzonen" zwischen Akteuren, Institutionen und Technologien neues Wissen und neue Regelwerke entwickelten, und damit auch die Grenzen des jeweils Erlaubten und Machbaren neu gefasst wurden. Dabei stellt er markante Unterschiede zwischen der Schweiz und Deutschland heraus: Während Deutschland früh auf detaillierte Regelungen setzte, entwickelte sich in der Schweiz ein mitunter zwar diffus reguliertes, aber stärker praxisgeleitetes Normensystem.
Bill Addis ergänzt den internationalen Blick in seinem Aufsatz „Building at the limit: A moving target" um eine britisch geprägte Perspektive auf die Hochmoderne – oder besser: auf das, was dort unter „High Modernism" verstanden wird. Der Begriff steht in Großbritannien auch und eher für ein kulturelles und berufliches Ideal, das bereits seit dem frühen 19. Jahrhundert eng mit dem Selbstverständnis der dortigen Bauingenieure verknüpft ist. Addis verfolgt die Rolle der britischen Ingenieure bei der Einführung neuer Materialien und Konzepte, analysiert

26 Thomas Schuetz, Peter Schneider, Richard Blum, Jens Fischer, Konrad Frommelt, Annkathrin Heinrich, Johanna Monka-Birkner, Tobias Nolteklocke, Franziska Rehde, Alexandra Schmölder, Mareike Stöber und Ruth Tenschert.

das wechselvolle Verständnis von Sicherheit sowie strukturellen Grenzen und beschreibt ein Regelsystem, das noch heute mehr individuelle Freiheiten als etwa in Deutschland erlaubt, zugleich freilich größere Eigenverantwortung einfordert.
Im letzten Beitrag des Kapitels widmet sich schließlich Christiane Weber unter dem Titel „Verheißung Modellstatik – Bemessung jenseits des Berechenbaren" einem Thema, das in den letzten Jahren in der Bautechnikgeschichte breitere Beachtung gefunden hat. Es waren vor allem die monumentalen NS-Großprojekte mit Spannweiten jenseits aller herkömmlichen Vorstellungen, die deutsche Ingenieure in den 1930er Jahren dazu veranlassten, zur Bewertung der Tragfähigkeit in Ergänzung zur statischen Berechnung auch physische Modelle in beachtlichen Abmessungen zu entwickeln und zu nutzen. Besonders in den 1960er Jahren schrieben die (zum Teil selben) Bauingenieure diese Methoden weiter, nun aber für die neuen Repräsentationsbauten der Bundesrepublik, die filigranen, geschwungenen Seilnetztragwerke etwa der Münchener Olympiadächer. Der Beitrag zeigt, wie Modelle halfen, Unwägbarkeiten zu erkennen, Vertrauen in neue Strukturen zu schaffen und so das technisch noch Unerprobte am Rande des Limits realisierbar zu machen.

Konstruieren nach der Hochmoderne: Traditionen, Brüche und Transformationen

Eines der Wesenselemente des SPP 2255 ist die Verbindung von historischer Analyse mit heutigem und zukünftigem Handeln im Umgang mit dem Kulturerbe Konstruktion. Dazu gehört es auch, gegenwärtige Positionen und Praktiken des Bauens als Fortschreibung hochmodernen Konstruierens zu verstehen und kritisch zu hinterfragen. Folglich beschränkte sich die Konzeption der ersten Denkwerkstatt nicht allein auf historische Beiträge. Sie fragte auch nach dem Fortwirken der hochmodernen Denkfigur des „Bauens am Limit" in der heutigen Bautechnik und ihrer möglichen Transformationen für die Bautechnik der Zukunft. Ist die hochmoderne Epoche in Bauwesen und speziell in der Bautechnik überhaupt schon an ihr Ende gekommen? Und wie steht es mit dem Ideal des „Bauens am Limit", mit dem kühnen Ausreizen materieller und statischer Grenzen und einer konstruktiven Ästhetik des Extrems, in dem hochmoderner Fortschrittsglauben und die Innovationslust dieser Epoche in besonders anschaulicher Weise reflektiert werden? Welche Spuren hat es in der Gegenwart hinterlassen – und wie reagieren heutige Ingenieurinnen und Planerinnen auf die ökologischen, sozialen und kulturellen Umbrüche, die das Bauen im 21. Jahrhundert prägen? Die beiden Beiträge in diesem Kapitel richten ihren Blick auf dieses Themenfeld.
Christoph Gengnagel widmet sich in seinem Beitrag „Robustheit, Vielfalt und Zirkularität – Neue (alte) Entwurfsziele und Grenzen im konstruktiven Entwurf" der Frage, wie sich die Leitbilder des Bauens in Zeiten ökologischer Krisen neu justieren. Das „Bauen am Limit" wird hier nicht mehr als heroischer Entwurf am Rande des technisch Machbaren verstanden, sondern als gestalterische Praxis unter Anerkennung planetarer Grenzen. Aus einer folgerichtig global ausgerichteten Perspektive richtet Gengnagel dabei den Blick auf das um 1950 einsetzende Phänomen der „Großen Beschleunigung", das aus dem Bauen endgültig eines

der zentralen Umweltprobleme machte. Gengnagel zeigt, wie sich mit den Paradigmen der Zirkularität und der Lebenszyklusorientierung neue Grenzlinien abzeichnen – nicht zwischen technischer Leistung und Scheitern, sondern zwischen ökologischer Tragfähigkeit und Ressourcenüberschreitung. Anhand eigener Projekte reflektiert er die Potenziale eines entschleunigten, robusten und zukunftsoffenen Bauens, das Kontinuitäten zur Hochmoderne ebenso aufweist wie markante Brüche.

Florian Scheible hingegen fokussiert in „Das Bauen neu denken – Wie Ressourcenverknappung und Klimawandel das planerische Bezugssystem verändern" insbesondere auf die strategischen und kulturellen Verschiebungen im Selbstverständnis des heutigen Bauens. Entlang der eigenen Karriere als Planer reflektiert er eine zunehmende Verschiebung von der hochmodernen Gleichsetzung von Innovation mit technischer Grenzleistung zu einem kontinuierlich wachsenden Bewusstsein, dass auch die Reduktion und das Umdenken zentrale Formen des Fortschritts darstellen können. Ebenfalls anhand eigener Projekte zeigt Scheible dabei, wie sich die Idee des „Bauens am Limit" transformiert: weg vom Machbarkeits- und Effizienzideal, hin zu einem Bauen innerhalb ökologischer Spielräume, das nicht weniger ambitioniert ist – aber anders. Innovation sucht hier nicht mehr nur das Neue, sondern das Notwendige, weniger das neu Machbare als vielmehr das Verantwortbare.

Beide Texte zeigen auf je eigene Weise, dass das Ideal vom „Bauen am Limit" in der Gegenwart nicht etwa obsolet geworden ist, sondern neu verhandelt wird. Die Hochmoderne wirkt dabei gleichermaßen als Bezugspunkt und Gegenbild. Ihre Denkfiguren sind weiterhin wirksam, ihre Grenzen aber bewusst geworden. Vor der Folie ökologischer Realitäten und gesellschaftlicher Anforderungen verschiebt sich das Verständnis von Grenzüberschreitung hin zu einer konstruktiven Ethik der Begrenzung. Sie interpretiert die Idee des Limits neu – nicht als technisches Ziel, sondern als kulturelle Aufgabe.

Wegmarken hochmodernen Konstruierens

Die drei Kapitel mit den verschriftlichten Vorträgen der Denkwerkstatt werden ergänzt durch zwei weitere mit davon abweichenden Formaten – eine Bereicherung, die für alle Bände der Schriftenreihe „Kulturerbe Konstruktion" vorgesehen ist und zusätzliche Perspektiven auf das bauliche und gedankliche Erbe der Hochmoderne eröffnen soll.

Das erste dieser ergänzenden Formate sind Kurzporträts von „Wegmarken hochmodernen Konstruierens". An fünf konkreten Objekten demonstrieren sie exemplarisch unterschiedliche Ausprägungen des hochmodernen „Bauens am Limit". Die Auswahl zielt nicht auf allseits bekannte internationale Meilensteine wie etwa Eiffelturm und Forth Rail Bridge, Schalen von Torroja, Nervi und Candela oder räumliche Stabwerke von Buckminster Fuller. Vielmehr richtet sich das Augenmerk hier auf kaum bekannte und mitunter auch akut gefährdete Beispiele aus Deutschland, die sich teilweise erst auf den zweiten Blick als „am Limit gebaut" zu erkennen geben. In ihrer Vielfalt demonstrieren sie eindrucksvoll, wie sehr hochmoderner Pioniergeist und kontinuierliche Grenzauslotung als bautechnischer Zeitgeist sich auch in scheinbar alltäglichen und oftmals übersehenen Konstruktionen oder gar Hilfsobjekten materialisiert haben.

Den Reigen der insgesamt fünf Objekte eröffnet ein von Philipp Grillich und Roland May vorgestelltes Ensemble fast unwirklich erscheinender Demonstrationsbauten, die 1879 von der Zementfabrik W. Feege & Gotthard für die Hessische Landes-Gewerbeausstellung in Offenbach am Main errichtet wurden. Eindrucksvoll bezeugen sie die bereits hohen Erwartungen an die technischen und wirtschaftlichen Potenziale des neuen, zunächst überhaupt noch nicht mit Eisen bewehrten Baustoffs Beton.

In einem zweiten Beitrag widmet sich Roland May im Anschluss dem „Mast 17" in Königs Wusterhausen bei Berlin. Als Teil eines Ensembles von insgesamt sieben Masten trug die 1924 errichtete, rund 215 Meter hohe Stahlkonstruktion unter anderem die Antennen eines der frühesten deutschen Langwellensender. Heute ist der Mast nicht nur ein bedeutendes Zeugnis aus der Pionierzeit des Rundfunks, sondern als ältester noch erhaltener Großmast Deutschlands auch beredter Ausdruck des konstruktiven Wagemuts jener Jahre.

Mit der Sternbrücke in Hamburg-Altona stellt Werner Lorenz danach ein spannendes (gleichwohl aktuell dem Abriss geweihtes) Beispiel für die Erprobung innovativer Grenzgänge im Stahlbau der 1920er Jahre vor: Die Nutzung des höherfesten Stahls St 48 erlaubte höhere Beanspruchungen, und durch einen anspruchsvollen Bauablauf ließen sich die Sperrzeiten der stark befahrenen Bahnstrecke drastisch reduzieren.

Iris Engelmann lenkt den Blick anschließend auf zwei Holzdachstühle, die unter Nutzung der 1938 patentierten „Kroher-Rippen" für die Autobahnmeisterei München-West errichtet wurden. Als typische Beispiele einer auf Materialersparnis ausgerichteten (Vor-)Kriegsbauweise überzeugen diese für Dach- und Deckenträger eingesetzten Nagelbinder noch heute durch ihre einfache, aber effektive Konstruktion.

Den Abschluss bildet ein Beitrag von Benjamin Schmid, Christiane Weber und Roland May zum Modell der 1973 vollendeten Alsterschwimmhalle Hamburg. Das noch erhaltene Messmodell steht exemplarisch für das Ende einer Epoche, in der die Grenzen des technisch Machbaren auch durch modellstatische Untersuchungen ausgelotet wurden – ein Ansatz, den wenig später der Siegeszug digitaler Nachweismethoden obsolet machen sollte.

Zeitzeugen im Gespräch

Als ein zweites, die Vorträge ergänzendes Format enthält die Schriftenreihe Gespräche mit Menschen, die in hochmodernes Konstruieren noch selbst aktiv eingebunden waren oder aber sich schon früh in besonderer Weise des Konstruktionserbes der Epoche angenommen haben. Die persönlichen Rückblicke eröffnen eine „Nebenbühne" mit ganz eigenen, üblicherweise nicht verschriftlichen Beobachtungen zu Strukturen, Herausforderungen, Erfolgen und Niederlagen des Konstruierens in der Hochmoderne.

Das erste dieser Zeitzeugengespräche führte Werner Lorenz unter dem Titel „Bauingenieur in der DDR" mit dem Tragwerksplaner Rolf Heider. 1967 übertrug man ihm im Alter von gerade einmal 27 Jahren die Verantwortung für Entwurf und Bemessung der Fußumbauung des (Ost-)Berliner Fernsehturms, des seinerzeit mit Abstand bedeutendsten Bauvorhabens der DDR. Das Gespräch gibt spannende und zum Teil unerwartete Einblicke in das Bauingenieur-Werden und -Sein im seinerzeit sozialistischen Teil Deutschlands. Höchst anschaulich erzählt Heider von seinem Studium des Konstruktiven Ingenieurbaus im Zeichen der Hochmoderne in Cottbus und Weimar. Vor allem aber entfaltet sich in seinen Schilderungen das Panorama einer Arbeitswelt, in der Wagnis, Risiko, Beharrungskräfte und politische Einflussnahme eng beieinanderlagen – und in der „Bauen am Limit" die Herausforderung bedeutete, mit begrenzten Mitteln große Ideen zu realisieren.
Das zweite Gespräch mit Rainer Graefe, dem langjährigem Ordinarius für Baugeschichte an der Universität Innsbruck, ist „Drei Pioniere[n] hochmodernen Bauens" gewidmet. Als erster dieser Pioniere steht der Bauingenieur und Architekt Frei Otto im Mittelpunkt, der seit den 1950er Jahren mit der Entwicklung zugbeanspruchter Netztragwerke weltweit für Aufsehen sorgte. Rainer Graefe ging 1969 als Wissenschaftliche Mitarbeiter an Frei Ottos schon legendäres Stuttgarter „Institut für leichte Flächentragwerke". Das Arbeiten für und mit Frei Otto prägte dann maßgeblich seinen weiteren Weg. Die dort entwickelten Ansätze einer neuen, bautechnisch fokussierten Geschichtsschreibung sowie seine Dissertation zu antiken Zeltdächern führten ihn schließlich zu intensiven, über Jahrzehnte währenden Forschungen zu Vladimir G. Šuchov und Antoni Gaudí als den beiden weiteren im Gespräch fokussierten Pionieren hochmodernen Bauens. Wie bei Frei Otto stehen auch ihre Arbeiten exemplarisch für Grenzüberschreitungen. Bei Šuchov sind hier vor allem, aber nicht nur materialoptimierte Netztragwerke aus Stahl zu nennen, bei Gaudí seine innovativen Erkundungen neuer Möglichkeiten für den traditionsreichen Wölbbau. Im Gespräch mit Graefe wird anschaulich deutlich, wie sich in beiden Biografien ein spezifisches Denken am Rand des Machbaren herausbildete, ein Denken, das nicht nur konstruktiv, sondern auch kulturell Maßstäbe setzte, und das sich später ebenso in Frei Ottos großartiger experimenteller Offenheit wiederfand.

DANK

Abschließend möchten wir all jenen danken, die durch ihre engagierte Mitwirkung dazu beigetragen haben, dass dieser erste Band der Schriftenreihe nun erscheinen kann. Gedankt sei zuallererst den Autor*innen und vielen Gesprächspartnern für ihre neue und anregende Perspektiven eröffnenden Beiträge. Wichtige inhaltliche Impulse brachte die kritische Kommentierung durch Matthias Beckh (Dresden), Bernard Espion (Brüssel), Andreas Kahlow (Berlin), Karl-Eugen Kurrer (Berlin), Marcus Popplow (Karlsruhe), Clara Jiva Schulte (Berlin) und Volker Wetzk (Cottbus). Unser großer Dank geht ebenso an Katja Richter und ihren Kolleginnen aus dem Birkhäuser-Verlag und der Verlagsgruppe de Gruyter Brill für zahlreiche Gespräche, konstruktive Kritik und nachsichtige Geduld auf dem langen Weg der Konzeption und Gestaltung dieses Bandes und der Schriftenreihe allgemein. In der Cottbuser Koordinationsstelle gilt der Dank vor allem unserer Assistentin Irmhild Baron für ihren maßgeblichen Anteil an der Vorbereitung der ersten Denkwerkstatt des SPP 2255 unter den schwierigen Bedingungen der Corona-Pandemie, sowie Simone Claudia Hamm für ihr immer wieder begeistertes Engagement in der Entwicklung des Layouts und der Vorbereitung des druckreifen Satzes. Und nicht zuletzt danken wir den beiden Institutionen, die überhaupt erst den Rahmen für die Entstehung der Schriftenreihe geschaffen haben – der Deutschen Forschungsgemeinschaft (DFG) für die Einrichtung des Schwerpunktprogramms, aber auch unserer Heimat-Hochschule, der Brandenburgischen Technischen Universität (BTU) Cottbus-Senftenberg, für die Bereitstellung der Infrastruktur und die kontinuierliche begleitende Unterstützung.

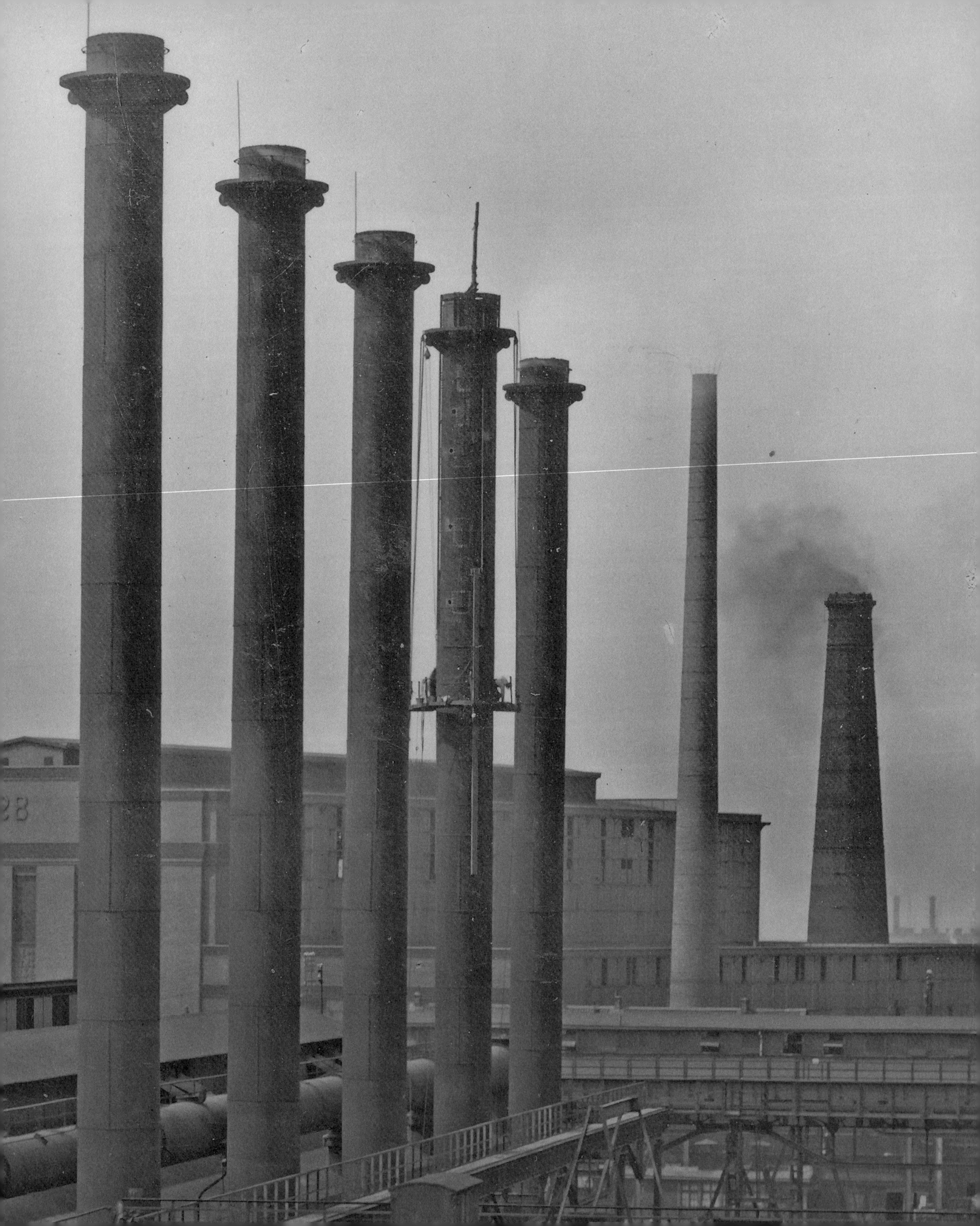

KONSTRUIEREN IN DER HOCHMODERNE

Charakteristika, Denkmuster und Haltungen

Ulrich Herbert

KENNZEICHEN DER HOCHMODERNE

Zur Geschichte der klassischen Industriegesellschaft in Europa

Für ein Jahrhundert und über alle gesellschaftlichen Systeme hinweg galten die Kernelemente der industriellen Moderne ab etwa 1880 als unbestrittene Leitbilder. Mit dem Ende der Dominanz der Schwerindustrie und der ökologischen Kritik am Industrialismus aber verloren sie ihre Wirkungsmacht. Ein Plädoyer für das Epochenmodell Hochmoderne.

Ein vergleichender Blick auf die europäischen Gesellschaften verrät uns, dass bis in die späten 1880er Jahre hinein in vielen Ländern Europas die Kräfte der Tradition, der überlieferten Ordnung in Wirtschaft und Gesellschaft noch das Übergewicht besaßen. Erst danach senkte sich die Waage endgültig zugunsten der Kräfte des Neuen, der Industriewirtschaft und allem, was damit zusammenhing, insbesondere ihrer Hauptträger, des Bürgertums und der Arbeiterschaft.[1]

Seit der Mitte des Jahrhunderts hatten sich in vielen Ländern des Kontinents, vor allem im Westen, bereits zahlreiche Merkmale der sich entfaltenden industriellen Gesellschaft herausgebildet – die Ablösung der Standesgruppen durch Marktklassen setzte ein, erste industrielle Kernzonen entstanden, Elemente eines freien Kapitalmarktes bildeten sich heraus. Sie waren aber (außer in Großbritannien, wo sich die Industrialisierung dreißig Jahre früher durchsetzte als auf dem europäischen Festland) auf bestimmte Regionen oder gar Städte konzentriert, die Landwirtschaft dominierte sowohl bei der Wertschöpfung wie bei der Zahl der Beschäftigten noch bei weitem.

Erst in den letzten zehn bis fünfzehn Jahren des 19. Jahrhunderts begrenzten sich die der modernen Industriegesellschaft innewohnenden Tendenzen in den am meisten entwickelten Ländern nicht mehr nur auf spezifische Gruppen und wenige Regionen. Vielmehr verwandelte sich nun innerhalb einer Generationenspanne und so grundlegend wie nie zuvor in der Geschichte das Leben nahezu aller Menschen in diesen Ländern – durch Prozesse der Hochindustrialisierung, Urbanisierung und Massenwanderung, der umfassenden Technisierung und Rationalisierung aller Lebensbereiche, der Verwissenschaftlichung und vor allem des Siegeszugs der Naturwissenschaften, die mit ihrem umfassenden Welterklärungsanspruch in Konkurrenz zur Religion traten, sowie schließlich der Massenkultur und Massenöffentlichkeit.

Die Errungenschaften und Prinzipien, die wirtschaftlichen und sozialen Strukturen sowie die Lebensweisen, die in diesen zweieinhalb Jahrzehnten entwickelt wurden, prägten, ja definierten diese Gesellschaften etwa einhundert Jahre lang,

1 Das Folgende ist ein Substrat vom Verfasser erstmals 2007 publizierter Überlegungen (Herbert 2007), vgl. auch Herbert 2020. Ausführlich dazu Herbert 2014; für Belege und Literatur wird auf diese Veröffentlichung verwiesen.

und zwar quer durch alle politischen Formationen von der liberal-autoritären Gesellschaft des späten 19. Jahrhunderts über die Demokratien der 1920er Jahre, Faschismus und Bolschewismus hinweg bis in die Zeit der sozialen Demokratien der 1970er und 1980er Jahre. Diese Phase von den späten 1880er bis in die frühen 1980er Jahre nennen wir Hochmoderne, weil in dieser Phase die Kernelemente der industriellen Moderne als unhinterfragtes Leitbild Geltung besaßen und erst mit dem Ende der Dominanz der Schwerindustrie, der ökologischen Kritik am Industrialismus und der Auflösung der Arbeiterklasse abgelöst wurden.

DER AUFTAKT: EIN NIE ZUVOR GEKANNTER WANDLUNGSPROZESS

In den 25 Jahren vor Beginn des Ersten Weltkriegs waren ein enormes wirtschaftliches Wachstum, die Durchsetzung der Industrieproduktion und der Anstieg der Pro-Kopf-Einkommen gesamteuropäische Phänomene. Dabei wiesen einige kleinere europäische Staaten – Belgien, Dänemark, Schweden und die Schweiz – beim Bruttosozialprodukt die höchsten Zuwächse auf. Unter den größeren Staaten war, welchen Indikator man auch heranzieht, Deutschland immer unter den Ländern mit den höchsten Wachstumsraten. So stieg es in den beiden Jahrzehnten vor und nach der Jahrhundertwende zu einer der drei weltweit führenden Wirtschaftsnationen neben den USA und dem Vereinigten Königreich auf.

Mit ein paar Zahlen möchte ich die Entwicklung am deutschen Beispiel erläutern. Die industrielle Produktion versechsfachte sich hier zwischen 1870 und 1913. Die Wertschöpfung verdreifachte sich von 16,3 Milliarden auf 48,4 Milliarden Mark. Der Anteil von Industrie, Handwerk und Bergbau stieg dabei von knapp 20% auf 44%, der des Agrarbereichs sank von 41% auf 23%. Die jährliche Steinkohleförderung stieg im gleichen Zeitraum von 8 Millionen Tonnen auf 114 Millionen Tonnen, die Roheisenproduktion von 1,6 Millionen Tonnen auf 14,8 Millionen Tonnen.

Kennzeichen der Jahrhundertwende waren jedoch bereits die neuen Industrien: der Chemie- und der Elektrobereich, die als Leitsektoren der zweiten Industrialisierungsphase jene außerordentliche Dynamik und Wachstumsintensität bestimmten, die für diese Periode charakteristisch waren. In der elektrotechnischen Industrie boten sich durch die Elektrifizierung der öffentlichen und privaten Beleuchtung, durch Elektromotoren und die Durchsetzung der elektrisch betriebenen Straßen- und U-Bahnen außerordentliche Wachstumsfelder. Ähnlich wie bei der chemischen Industrie kam dabei der engen Verbindung zwischen Wissenschaft, Technologie und Industrie eine ausschlaggebende Bedeutung zu, sodass neue Erfindungen, etwa im Bereich der Starkstromtechnik, in kurzer Zeit in industrielle Produkte umgesetzt werden konnten. Bereits um 1910 waren alle Großstädte und ein großer Teil der ländlichen Regionen an das Stromnetz angeschlossen. Ein Drittel der elektrotechnischen Weltproduktion entfiel zu dieser Zeit auf die deutschen Firmen. Entsprechend hoch waren die jährlichen Wachstumsraten, die 1890 bei 9%, 1900 bei 16% lagen.

Neben der explosionsartigen Ausdehnung der Industrie war es vor allem die systematische Verbindung von Wissenschaft und Technik, welche diese Epoche kennzeichnete. Die Ergebnisse dieser Verbindung veränderten das Leben und die Wahrnehmung der Zeitgenossen in vordem nicht für möglich gehaltener Weise. Nie zuvor und nie mehr seither hat sich ein wissenschaftliches Weltbild in so kurzer Zeit so stark und mit solchen Auswirkungen gewandelt wie in den drei Jahrzehnten vor dem Ersten Weltkrieg. Die Kunststoffe wurden entwickelt, zugleich gelangen der Durchbruch zur systematischen Pharmazie und damit die Entwicklung der modernen Chemo-Pharmaka. In der Physik waren zunächst die Entfaltung der elektromagnetischen Theorie, die Erschließung der Elektronen, schließlich die Erforschung der Strahlung von ausschlaggebender Bedeutung. Besonders spektakulär war die Entdeckung der X-Strahlen durch Konrad Röntgen, deren Entstehung mit den bisherigen Theorien nicht erklärbar war.

Die in diesem Kontext von Max Planck entwickelte Quantentheorie verwies bereits auf die Grenzen der klassischen Mechanik. Hier haben die Fragen nach dem Aufbau und Zerfall des Atoms ihren Ursprung – die Jahrhundertwende war auch die Geburtsstunde der Atomphysik. Im Bereich der Biologie hatten sich schon früh die Theorien Charles Darwins durchgesetzt; naturimmanente und kausale Erklärungsweisen für die Geheimnisse des Lebens verdrängten in ihrem Gefolge Theologie und Metaphysik. Zellforschung und Evolutionstheorie mündeten in die neu entstehende Genetik. Biochemie und Verhaltensforschung kamen auf und revolutionierten die herkömmlichen Vorstellungen vom Leben und vom Menschen.
Als sensationellste Veränderungen jedoch wurden die neuen Möglichkeiten der Medizin empfunden, die ja auch die unmittelbarsten Auswirkungen auf das Leben der Zeitgenossen besaßen. Grundlage dieser revolutionären Entwicklung war die Durchsetzung des naturwissenschaftlichen Denkens in der Medizin. Der hier begonnene Aufbau einer systematischen Medizin zeitigte bald überragende Erfolge. So wurden im Bereich der Physiologie und Zellforschung Hormone, Vitamine und Blutgruppen klassifizierbar; mit der Entdeckung der Mikroorganismen konnten nun auch die Erreger zahlreicher Krankheiten identifiziert und mithilfe von Antistoffen erfolgreich bekämpft werden. Mit der Entdeckung der Erreger von Milzbrand, Tuberkulose und Cholera setzte seit den 1870er und 1880er Jahren der Siegeszug gegen die großen Volkskrankheiten ein, später gelang das Gleiche bei Gonorrhöe, Typhus, Diphtherie, Lungenentzündung und Syphilis. Und schließlich wurden mit der Verbesserung der Anästhesie bis dahin undenkbare Operationen möglich: Blinddarm, Niere, Gallenblase waren nun operativ entfernbar.
Wissenschaftliche Erfolge schlugen sich außerdem in technischen Innovationen nieder, die das Alltagsleben auf tiefgreifende und zum Teil verblüffende Weise veränderten. Das galt besonders für die rasche Verbreitung des elektrischen Lichts, das seit Einführung der Metallfadenlampe aus Wolfram preisgünstig und relativ gefahrlos zu nutzen war. Kaum etwas hat die Wahrnehmung des Lebens in den Städten so sehr verändert wie die helle Beleuchtung von Straßen, Plätzen und Häusern bei Nacht. Damit einher ging die Durchsetzung des Elektromotors als Voraussetzung für die Produktion von elektrischen Haushaltsgeräten ebenso wie

von elektrischen Straßenbahnen, die sich in Deutschland nun rasch auszubreiten begannen. Mit den ebenfalls in diesen Jahren entwickelten Verbrennungsmotoren begann zudem die Erfolgsgeschichte des Automobils, wobei Autofahren in Deutschland bis in die frühen 1950er Jahre hinein das Privileg der begüterten Oberschichten blieb. Hier fuhren etwa im Jahre 1913 nur 70.000 Kraftfahrzeuge – in den USA hingegen bereits mehr als 1,2 Millionen und in Großbritannien immerhin schon 250.000.

Die 25 Jahre vor dem Ersten Weltkrieg sind also als Phase eines intensiven, in diesem Ausmaß und dieser Schnelligkeit nie zuvor gekannten Wandlungsprozesses erkennbar, der erhebliche Teile der europäischen Gesellschaften direkt, nahezu alle anderen indirekt ergriff und langfristige Folgen nach sich zog, die bis ins letzte Drittel des 20. Jahrhunderts reichten.

KONKURRENZ DER ENTWÜRFE ZUR ORDNUNG DER HOCHMODERNEN WELT

Die Wunderwerke von Technik und Organisation waren nur die eine Seite der Wahrnehmung der neuen Zeit. Zugleich standen die neuen Großstädte, und Berlin zumal, für die soziale Not der Industriearbeiter, für das verbreitete Wohnungselend, für wachsende Gegensätze zwischen Arm und Reich. Die „soziale Frage" stand zur Jahrhundertwende im Mittelpunkt der öffentlichen Debatten im deutschen Kaiserreich ebenso wie in Frankreich, Belgien und Holland, der Schweiz, den USA und dem Vereinigten Königreich. Die Zerreißung der Gesellschaft und der damit einhergehende Kampf zwischen den sozialen Klassen wurden gerade im Bürgertum als einschneidendster Nachteil der modernen Zeit angesehen, und schon früh entwickelten sich Überlegungen, wie man einer solchen Tendenz der Klassenspaltung durch Betonung von nationaler Gemeinschaft entgegentreten könne.

Die neuen städtischen Agglomerationen zerstörten die Landschaft, sie konzentrierten Tausende und Abertausende von Menschen auf engem Raum, produzierten Abfälle und Gestank. Zugleich wurden auch die gewohnten Lebens- und Wahrnehmungsweisen der Menschen verändert. Geschwindigkeit, Organisation, Planung, erweiterte Arbeitsteilung, die veränderte Wahrnehmung von Zeit und Raum stellten neue Anforderungen und wurden vielfach als Überforderung empfunden.

Die Neuerschaffung der Welt durch Technik, Wissenschaft und Kapital in diesen Jahren ging ohne Zweifel mit einem Verlust an Sicherheit und Vertrauen einher, mit der Auflösung auch privater Bindungen, mit wirtschaftlicher Unsicherheit und sozialer Instabilität – zugleich aber auch mit wachsenden Chancen und Aufstiegsmöglichkeiten. Kennzeichnend für die Jahrhundertwende war also beides – Fortschrittsoptimismus und Zukunftspessimismus; Erleichterung über die Befreiung von alten Konventionen und Verängstigung durch den Einbruch des Neuen in die gewohnte Lebenswelt.

Ob im Bereich der sozialen Frage, der Problematik von Nationalstaat und multiethnischen Reichen, ob im Umgang mit den neuen Erkenntnissen der Naturwissenschaften, der Frage nach den Folgen der sich beschleunigenden

Säkularisierung, in Auseinandersetzung mit der neuen Kunst, welche sich mit der radikal veränderten Gegenwart selbst radikal veränderte und die vorgefundenen Formensprachen in kurzer Zeit revolutionierte, ob in der Rechtsprechung, in der Wirtschaft oder in der Literatur: eine rastlose Aktivität, eine nie da gewesene Politisierung, eine Unzahl von politischen und sozialen Experimenten waren Ausdruck dieser fieberhaften Suche nach den richtigen Antworten auf die neuen Herausforderungen.

Dabei verkörperten Nationalsozialismus und Bolschewismus als Regimes radikale Alternativen zum liberalkapitalistischen Weg in die Moderne – keine „antimodernen" Gesellschaftsformationen, sondern andere Entwürfe zur Ordnung der modernen Welt, in denen der liberale Dreiklang aus freier Wirtschaft, offener Gesellschaft und wertbezogenem Universalismus auf je spezifische Weise durchbrochen wurde. Aber bei allen grundlegenden Unterschieden zwischen liberaler Demokratie, Faschismus und Nationalsozialismus sowie Kommunismus – gemeinsam war ihnen die Basis der modernen industriellen Welt, die grundlegende Bedeutung von Industrie und industrieller Massenarbeit. Faschismus und Kommunismus sind also zu verstehen als komprimierte Antworten auf die seit der Jahrhundertwende sich beschleunigende Wandlungsdynamik, radikalisiert durch die Erfahrungen des Ersten Weltkriegs und durch die Auseinandersetzungen mit den je konkurrierenden Ordnungsentwürfen.

Der Sieg der Antihitlerkoalition 1945 setzte der einen dieser radikalen Alternativen ein Ende, womit zugleich die vollkommene Delegitimierung des rechtsradikalen Gegenentwurfs verbunden war. Die andere radikale Alternative zum liberalen System hingegen, der sowjetische Kommunismus, war durch die Zusammenarbeit mit dem Westen, durch den siegreichen Krieg gegen Deutschland und vor allem durch die verheerenden Verluste des Landes in erheblichem Maße aufgewertet worden und schien auch als Ordnungsentwurf große Zukunft zu haben: als die bessere Form des Übergangs in die industrielle Moderne, die deswegen gerade für die damals sogenannten Entwicklungsländer große Attraktivität besaß.

Es gehört zu den paradoxen Folgen des Zweiten Weltkriegs und seiner Auswirkungen, dass sich trotz der verheerenden Zerstörungen des Kontinents der Industrialismus als dominante Wirtschafts- und Sozialformation in Europa nahezu flächendeckend durchsetzte. In Nazi-Deutschland waren am Ende des Krieges mehr als 50% der Beschäftigten als Industriearbeiter tätig, unter ihnen beinahe die Hälfte ausländische Zwangsarbeiter. Ähnlich hoch war die Zahl der Industriebeschäftigten in Großbritannien, etwas niedriger in Frankreich und Italien und den Benelux-Staaten. Die Zahl der im primären Sektor tätigen Personen sank in den folgenden Jahren rapide ab, un- oder angelernte Industriearbeiter wurden zur prägenden Sozialfigur.

Dies galt umso mehr für jene Staaten, die nun dem sowjetischen Modell folgten, wo das bereits in den 1920er und 1930er Jahren mit Terror und Massengewalt gegen die Traditionen der bäuerlichen Ökonomie durchgesetzte Prinzip der Schwerindustrie und des schwerindustriellen Massenarbeiters die Basis dafür gelegt hatte, den Krieg gegen Nazideutschland zu gewinnen. Die gewalttätige Verwandlung der Sowjetunion von einer agrarischen in eine industrielle Gesellschaft innerhalb einer Generation galt fortan als Vorbild für die Transformation rückständiger Gesellschaften, nicht zuletzt in den dekolonialisierten Ländern des globalen Südens und vor allem in China.

Der Höhepunkt des entfalteten Industrialismus in Europa lag in der ersten Hälfte der 1960er Jahre, als der im produzierenden Gewerbe erwirtschaftete Anteil am Bruttosozialprodukt zwischen 45% und 55% erreichte – mit der Höchstmarke in Westdeutschland, wo der besonders hohe Industrieanteil auf den erheblichen Nachholbedarf infolge der Kriegsschäden zurückzuführen war, aber auch auf die Exporterfolge der Industrieunternehmen. Diese Industrieorientierung spiegelte sich in den meisten westeuropäischen Ländern in dem hohen Anteil ungelernter und körperlicher Arbeit, der relativ niedrigen Zahl weiblicher Beschäftigter und in der großen Bedeutung der Gewerkschaften. Das traditionelle Familienmodell war Mitte der 1960er Jahre noch fast konkurrenzlos gültig, die Zahl der Ehescheidungen niedrig. Ähnlich auch im Bildungsbereich: Anfang der 1960er Jahre war der Anteil der Schüler, die eine weiterführende Schule besuchten, nur wenig höher als in den Vorkriegsjahren, allerdings mit einigen Unterschieden in den verschiedenen europäischen Ländern. Zwei Drittel bis drei Viertel erhielten nur eine einfache, acht- bis neunjährige Schulausbildung, in Italien 70%, in Großbritannien, in Deutschland und Frankreich knapp 60%.

Die 1960er Jahre sind als Höhepunkt des industriellen Fortschrittsdenkens zu erkennen. Die Durchsetzung des automobilen Individualverkehrs, die Entstehung großer Autobahnnetze, der Bau riesiger uniformierter Wohnanlagen waren Ausdruck eines außerordentlich optimistischen Zukunftsbilds, das die erheblichen, überwiegend durch die Industrie erreichten Wachstumszahlen auf Jahrzehnte weiter fortschrieb. Durch nichts wird dieser Fortschrittsoptimismus so deutlich markiert wie durch die Euphorie gegenüber der friedlichen Nutzung der Atomenergie, die nicht nur bei den Unternehmern, sondern vor allem auch in den Arbeiterparteien die Hoffnung auf das endgültige Ende sozialer Not in Europa, ja auf der ganzen Welt hervorrief. „Wenn es aber gelingt", so rief ein westdeutscher SPD-Funktionär bei einem Parteitag 1956 euphorisch, „die Kernenergie planmäßig und sinnvoll einzusetzen, dann können damit der Reichtum eines Volkes vermehrt, die sozialen Spannungen abgebaut, ja sogar die Kriege verhindert werden."[2]

VON DER DEINDUSTRIALISIERUNG ZUR GLOBALISIERTEN HIGH-TECH-WIRTSCHAFT

Umso härter war dann der Schock in den 1970er Jahren, als die bis dahin unangefochtene Stellung von Industrie und industrieller Massenarbeit als Grundlage der europäischen Gesellschaften ins Rutschen geriet, als die Nachfrage nach industriellen Massengütern aus dem Montanbereich weitgehend befriedigt war, als das Öl die Kohle ersetzte und Länder mit viel niedrigeren Lohnhöhen in der Lage waren, die mit einfachen Technologien herzustellenden Produkte erheblich billiger zu produzieren als die Europäer.

2 Zit. nach Brandt 1956, S. 3f.

Im Vereinigten Königreich hatte bereits in der Mitte der 1960er Jahre ein Deindustrialisierungsprozess eingesetzt, der sich insbesondere in den Montanregionen in Wales und Mittelengland auswirkte. Kohlezechen wurden geschlossen, die Werftindustrie war im Niedergang, und die Textilindustrie löste sich nahezu auf. Mit der Ölpreiskrise von 1973/74 verschärfte sich diese ohnehin schwierige Lage, und so wurden die 1970er Jahre hier zu einer Dekade der Dauerkrise mit dem Höhepunkt des Winters 1978/79, als die Zahl der Arbeitslosen auf 1,6 Millionen stieg und das industrielle System am Ende schien. Ähnlich war die Lage in Frankreich, in Italien, in den skandinavischen Ländern, in der Bundesrepublik: Überall sanken die Wachstumszahlen, nahm die Arbeitslosigkeit zu, stieg die Staatsverschuldung.
Es war vor allem eine Krise der Industrie, insbesondere der Schwerindustrie. In der Bundesrepublik ging zwischen 1973 und 1976 die Zahl der Beschäftigten in der Industrie um 1,4 Millionen zurück; betroffen waren überwiegend, teilweise nahezu ausschließlich an- und ungelernte Arbeiter. Zwischen 1970 und 1983 sank hier die Bruttowertschöpfung im Bergbau um 42%, im Schiffsbau um 13%, in der eisenschaffenden Industrie um 10%.
In den großen Industrieregionen Europas brachte der Strukturwandel tiefgreifende soziale und topografische Veränderungen mit sich. Ob in den englischen Midlands, in Nordfrankreich, in Südbelgien, im Ruhrgebiet oder im Saarland – überall sah man nun verlassene Fabriken, Industriebrachen und verödete Innenstädte. Kommunen gerieten in akute Finanznöte, in den Arbeitervierteln in der Nähe stillgelegter Anlagen lebten bald überwiegend Arbeitslose und Frührentner. Einige Städte verloren in weniger als fünfzehn Jahren mehr als ein Drittel ihrer Einwohner.
Einigen immerhin gelang es nach längerer Zeit, neue Branchen anzusiedeln und eine neue Dynamik zu entwickeln, wobei Verwaltung, Finanzwirtschaft und Wissenschaft meist im Vordergrund standen. Aber die meisten ehemaligen Montanregionen, in Westeuropa und in Großbritannien ebenso wie in den USA, blieben für Jahrzehnte Residuen des Verfalls.
Es dauerte lange, bis sich die Einsicht durchsetzte, dass es sich diesmal nicht um eine konjunkturelle Abschwächung handelte, die bald wieder durch einen Aufschwung abgelöst würde, sondern um grundlegende strukturelle Veränderungen, um den Beginn der Erosion der bestehenden, am Ende des 19. Jahrhunderts entstandenen Wirtschaftsstrukturen. Nicht der „Nachkriegsboom" ging hier zu Ende, also das europäische Wirtschaftswunder der Nachkriegszeit, sondern die klassische, auf Schwerindustrie gestützte Industriegesellschaft, die Europa seit mehr als achtzig Jahren geprägt hatte.
In der Konsequenz setzte in den westeuropäischen Gesellschaften ein forcierter Wandlungsprozess ein, der von den einzelnen Regierungen in unterschiedlicher Weise abgemildert wurde. Während in Frankreich und Deutschland der Abbau der schwerindustriellen Kapazitäten, die Veränderung des sozialpolitischen Modells des Industrialismus und der Ausbau des Dienstleistungsbereichs sowie die Förderung neuer Technologien zeitlich gestreckt und vom Staat massiv subventioniert wurden, setzte die Regierung in Großbritannien einen rapiden, zum Teil mit Polizeigewalt erreichten Abbau der Montanindustrie, insbesondere des Bergbaus,

innerhalb weniger Jahre durch und etablierte ein auf High-Tech und Finanzwirtschaft aufbauendes Modell. Im Ergebnis führten beide Modelle zum radikalen Abbau der schwerindustriellen Potenziale, zum Zerfall der alten Industrieregionen und zur Auflösung der Arbeiterklasse.

Damit gerieten aber auch die politischen, sozialen und kulturellen Grundlagen einer Gesellschaftsformation ins Wanken, die sich in den beiden Jahrzehnten vor der Jahrhundertwende herausgebildet hatte und auf deren Ordnung und Ausgestaltung sich die politischen Auseinandersetzungen in den Jahrzehnten seither konzentriert hatten: Auch die sozialdemokratisch-gewerkschaftliche Option, die auf Wachstum, Fortschritt und keynesianische Wirtschaftslenkung gerichtet war und in den Jahren zuvor manche Erfolge gefeiert hatte, stand nun ersichtlich am Ende ihrer Möglichkeiten.

Das zeigte sich auch im sozialen Bereich. Der Dienstleistungssektor mit seinem höheren Qualifikationsbedarf begann sich auszudehnen, die Zahl der Angestellten und der weiblichen Erwerbstätigen nahm ebenso deutlich und rasch zu wie jene der verbesserten Bildungsabschlüsse. Von Anfang der 1960er bis Ende der 1970er Jahre war der Anteil der Schüler mit Hochschulreife in der Bundesrepublik von unter 7% auf fast 20% gestiegen. In den Niederlanden, Belgien und der Schweiz, auch in Frankreich und Großbritannien lag er noch höher. Darin spiegelten sich bereits die abnehmende Bedeutung der ungelernten Massenarbeit und die Tendenz zu höheren Berufsqualifikationen auf breiterer Ebene. Zugleich stieg der Anteil der Mädchen in den weiterführenden Schulen deutlich an, ebenso der Anteil der Frauen in qualifizierten Berufen. Das Modell des männlichen Alleinernährers und der Frauen als Hausfrauen und Mütter begann seine überragende Bedeutung zu verlieren.

Neue Probleme schoben sich in den Vordergrund. Kennzeichnend war, dass sie nicht mehr vom Industrialismus und seinem Grundwiderspruch von Kapital und Arbeit gekennzeichnet waren, außerdem bewegten sie sich zugleich nationenübergreifend und jenseits der politischen Lager des Kalten Krieges. Das Ausmaß der Naturzerstörung im Zuge der Industrialisierung hatte beängstigende Ausmaße angenommen; die Regelungsinstanz Nationalstaat verlor angesichts der supranationalen Zusammenschlüsse und der beginnenden Globalisierung des Waren- und Kapitalverkehrs an Bedeutung. Die Auswirkungen der innereuropäischen, dann der globalen Migrationsströme, die sich verändernden Geschlechterrollen, aber auch die zunehmende Überforderung der Sozialsysteme, der staatlichen Vorsorge, stellten nun die vorrangigen Probleme dar.

Der Einschnitt, den die 1970er Jahre in der Geschichte der Industriegesellschaften darstellen, wird noch deutlicher, wenn wir die Entwicklung in den sozialistischen Staaten betrachten. Hier hatte die starke Ausrichtung auf die Schwerindustrie in den Nachkriegsjahren erhebliche quantitative Erfolge mit sich gebracht, die anderen Wirtschaftszweige aber waren vernachlässigt worden. Insbesondere zeigte sich bereits in den 1960er Jahren, dass entgegen den Erwartungen und Hoffnungen der technologische Rückstand gegenüber den kapitalistischen Wirtschaften des Westens immer größer wurde. Die Versuche, dies durch entsprechende Konzentration auf Zukunftstechnologien auszugleichen, hatten eine weitere

Verschlechterung vor allem im Konsumgüterbereich zur Folge, die seit den späten 1960er Jahren die Unzufriedenheit in den Bevölkerungen deutlich anwachsen ließ, wie besonders in Polen und der Tschechoslowakei spürbar wurde.
Die Strukturkrise der Schwerindustrien traf die sozialistischen Staaten dann noch stärker als die westlichen, weil ihr Wirtschaftsmodell nahezu ausschließlich auf die Schwerindustrie ausgerichtet gewesen war und man sich nicht in der Lage zeigte, dieses Modell grundständig zu verändern, das ja nicht nur ökonomisch, sondern auch politisch auf der Industriearbeiterschaft basierte. In der Sowjetunion war der wirtschaftliche Verfall spätestens 1982, mit dem Tod Leonid Breschnews, nicht mehr zu kaschieren; er hatte Ausmaße angenommen, die mit den herkömmlichen Mitteln des sowjetischen Staates nicht mehr auszugleichen waren. Eine Umsteuerung auf eine postmontane, technologisch innovative Industriewirtschaft war mit der auf Stahl, Bergbau und Tonnenideologie ausgerichteten Wirtschaftslenkung der Sowjetunion nicht möglich. In der DDR hatten die Wirtschaftsfachleute der SED intern bereits im Jahr 1980 die Zahlungsunfähigkeit des Landes erklärt, Mit den Reformen Michail Gorbatschows wurde die Talfahrt der sowjetischen Wirtschaft noch beschleunigt und endete im Zusammenbruch der Sowjetunion und ihres Imperiums.
Vergleicht man beide Entwicklungen, die im Westen und die im Osten, so wird erkennbar, dass in den 1970er Jahren das in drei Jahrzehnten vor dem Ersten Weltkrieg entwickelte und dann immer weiter ausgreifende System der industriellen Ordnung an sein Ende gekommen war. Während aber der kapitalistische Westen, mit zum Teil harschen Methoden, in der Lage war, sich so weit zu wandeln, dass die kapitalistische Wirtschaft als Dienstleistungs- und Hightech-Wirtschaft ohne schwerindustrielle Basis fortleben konnte und kann, war der sowjet-sozialistische Teil der Welt dazu nicht in der Lage. Ohne Schwerindustrie keine Industriearbeiter, ohne Industriearbeiter kein Sozialismus.

UND NACH DER HOCHMODERNE?

Wenn wir also das Jahrhundert von den 1880ern bis zu den 1980ern unter den genannten Gesichtspunkten als Einheit verstehen und mit dem Begriff „Hochmoderne“ versehen, bleibt die Frage offen, wie wir die Zeit nach 1990 einordnen. Das ist schwierig, schon wenn wir bedenken, was sich bereits seit dem 1970er-Jahrzehnt tatsächlich grundlegend verändert hat:
> Natürlich zuerst das Verschwinden der Schwerindustrie und mit ihr der klassischen Industrieregionen. Zugleich die Durchsetzung des tertiären Bereichs als Leitsektor. Damit verbunden das Verschwinden der traditionellen Industrie-Arbeiterklasse und ihre Ersetzung durch große Gruppen des individualisierten Prekariats im Dienstleistungsbereich.
> Dann die Globalisierung, obwohl die Tendenz zur regionalen Entgrenzung auch schon vor den 1970er Jahren erkennbar ist, aber beileibe nicht in diesem Ausmaß. Dazu gehört auch die transnationale und transkontinentale Massenmigration.
> Dann das Ausmaß der weltweiten vernetzten Finanzwirtschaft mit dem Höhe-

punkt der Weltfinanzkrise von 2008, die die Welt beinahe in den Abgrund geführt hat. Und immer stärker: das Ausmaß der ökologischen Bedrohung, oder besser: das Maß, in dem diese Bedrohung als existenzgefährdend angesehen wird.
> Und unübersehbar die Digitalisierung, die unser gesamtes System der Wissensproduktion, der Kommunikation, der technischen Entwicklung, auch der sozialen Vergemeinschaftung verändert hat und weiter verändert.
> Schließlich die Veränderungen im kulturellen Bereich: der massive Bedeutungsrückgang der traditionellen Familie, die stark veränderte Rollenzuschreibung der Geschlechter, vor allem der Frauen, der massive Bildungsaufstieg, der bereits die deutliche Mehrheit der Gesellschaften umfasst. Die Multi-Kulturalisierung der europäischen Gesellschaften, der sukzessive Bedeutungsverlust der Nationalstaaten als autonome, handlungsfähige politische Einheiten.

Mit dem Absinken der klassischen Industriegesellschaft entstanden auch die Begriffe, die diesen Wandel beschrieben. Die Postmoderne etwa, die in den frühen 1970er Jahren verkündet wurde, war eine kulturelle Bewegung, die vor allem mit der Orientierung auf ein klares Ziel, auf eine einlinige Abfolge von aufeinander aufbauenden, teleologisch ausgerichteten Schritten brach: dem Wachstum des Bruttosozialprodukts, der Verbesserung der Lebensumstände, der Eindeutigkeit der Entwürfe. Dem wurden eine Gleichzeitigkeit und Vielfalt von Entwürfen gegenübergestellt, und mit dieser Vielfalt zerbrachen auch die Hingabe und der Enthusiasmus des politischen Engagements. Und mit ihnen der zukunftsgewisse Radikalismus der Vertreter jener politischen und sozialen Gegenentwürfe aus den Jahren vor und nach dem Ersten Weltkrieg, die dieses Jahrhundert auf so markante und schreckliche Weise geprägt haben.
Kurz, die Hochmoderne begann nicht und endet nicht mit einer zeitlich jeweils eindeutig erkennbaren Epochenscheide, wie es etwa 1914 als Beginn des Ersten Weltkriegs oder 1990 mit dem Untergang des Sowjetreiches wären, sondern eher in Transformationsphasen, in denen die grundlegenden Prinzipien der klassischen Industriegesellschaft an Bedeutung gewannen bzw. verloren. Ebenso setzten sich neue, unsere Lebenswelt grundstürzend verändernde Entwicklungen nicht schnell und ereignisbezogen durch, sondern sukzessive, prozessbezogen und regional uneinheitlich.
Am Ende steht die Frage, wozu wir derartige konzeptionelle Einordnungen, Periodisierungsversuche und Krisendiagnosen benötigen. Sie dienen vor allem der Verständigung als Chiffren der Interpretation. Periodisierungen bieten Deutungsrahmen, innerhalb derer historische Befunde eingeordnet, verglichen, bewertet werden können. Indem wir die Jahrzehnte zwischen den 1880er und den 1980er Jahren wirtschafts-, kultur- und gesellschaftsgeschichtlich als relative Einheit fassen, erkennen wir die Zusammenhänge zwischen Industrialisierung, den Weltkriegen, den Weltanschauungsdiktaturen und ihren Massenverbrechen sowie dem Kalten Krieg genauer und können kurz- und mittelfristige Trends und Wandlungsprozesse in Kultur, Wirtschaft, Gesellschaft und Politik präziser in längerfristige Prozesse einordnen.

Thomas Hänseroth

DER WISSENSCHAFT VERPFLICHTETE ALTRUISTISCHE BÜRGEN DES FORTSCHRITTS

Selbst- und Fremdbilder von Ingenieuren in der formativen Phase der Hochmoderne

Auf die verbreitete gesellschaftliche Abwertung zu „Fachmenschen ohne Geist" reagierte die „Technikerbewegung" im Deutschen Kaiserreich mit einer Emanzipationsstrategie, die Technik gleichermaßen als wissenschaftsgeleitet wie kulturschaffend deklarierte. Zugleich etablierte sie das Narrativ vom Ingenieur als altruistischem Diener des Fortschritts.

Die Auffassung, Technik sei zu sich selbst findende Vernunft oder gar Materialisierung wissenschaftlicher Gesetzmäßigkeiten, wurde längst ins Museum der Fachgeschichte verabschiedet. Daher zählen zu den notwendigerweise zu analysierenden Aspekten der Entstehungs- und Verwendungsgeschichte von Technik auch die Zeitumstände, die ihre Akteure geprägt haben. Ist doch Technik jeweils zugleich Produkt und Potenzial einer historisch-räumlich verwurzelten Kultur, die – unter den beschränkenden Bedingungen verfügbaren Wissens und Könnens sowie einsetzbarer natürlicher Ressourcen – ihren Selbstbeschreibungen, Geltungsgeschichten und kulturellen Normen folgend, Technik entwickelt und nutzt.[1]

Das Bemühen, sich diese Kontexte aus allgemeinhistorischen Studien zu erschließen, stößt jedoch rasch an Grenzen. Hier tauchen Ingenieure lange Zeit, wenn überhaupt, meist klischeebehaftet abgebildet auf und stellen eine eher unverstandene soziale Gruppe dar. Erst in jüngster Zeit wächst auch unter Allgemeinhistorikern die Einsicht, dass Ingenieure mit Anbruch der Hochmoderne zu Schlüsselfiguren historischen Wandels geworden sind. Einigen Historikern gelten sie inzwischen sogar mit ihrer Überzeugung, die Welt durch Technik in verbessernder Absicht planbar gestalten zu können, und mit ihrer Fixierung auf die praktische Umsetzung von Lösungen als eine die Zeitläufte dynamisierende, Fortschrittsideen verkörpernde Leitfigur der Hochmoderne.[2]

Zweifellos nahmen dabei Bauingenieure einen exponierten Platz ein. Doch über diese Gruppe wissen wir noch wenig. Studien zur Geschichte der Ingenieurprofession im 19. und 20. Jahrhundert in Deutschland fokussieren vornehmlich unter Negierung der genuin polysemen Berufsbezeichnung mit einer Vielzahl darunter zu subsumierender heterogener Tätigkeiten und sich immer weiter ausdifferenzierender Fachkulturen wenig differenzierend „die" Ingenieure.[3] Ausnahmen in

1 Wengenroth 2015, S. 1f.

2 Vgl. bspw. Nolte 2011, S. 245; Leucht 2011, S. 283–285 et passim; Obertreis 2016, S. 673.

3 Für den deutschsprachigen Raum vgl. bes. Hortleder 1970; Sonntag 1988; Gispen 1989; Jarausch 1990, Lundgreen / Grelon 1994; Dietz / Fessner / Maier 1996a; Dienel 1998; von Plato 1998; Rohkrämer 2003; Kaiser / König 2006; Zachmann 2006; Augustine 2007; Engels / Hertzog 2011; Fraunholz / Wölfel 2012a; Paulitz 2012; Sander 2021. Für europabezogene Studien vgl. Schattenberg 2004; Kaiser / Schot 2014; Kohlrausch / Trischler 2014; Leucht 2015.

Bezug auf die Fachkultur des Bauens bilden einige verdienstvolle, gleichwohl inzwischen in die Jahre gekommenen Arbeiten, die sich zudem bei der Ausleuchtung prägender Zeitumstände in der Regel an der Literatur zur allgemeinen Ingenieurgeschichte orientieren.[4] Daneben gibt es zahlreiche biografische Studien, die jedoch soziokulturellen Kontexten wenig Beachtung schenken.[5]
Das vergleichsweise geringe Interesse an Bauingenieuren mag auch darauf zurückzuführen sein, dass Studien zur Ingenieurgeschichte im Industriezeitalter in Deutschland bislang meist jene Teilgruppen im Blick hatten, die sich traditionell unter dem Dach des 1856 gegründeten Vereins Deutscher Ingenieure, gelegentlich auch des Vereins Deutscher Eisenhüttenleute (1860/1880), des Vereins Deutscher Chemiker (1867/1896) und der Elektrotechnischen Vereine (ab 1879) bzw. des Verbands Deutscher Elektrotechniker (1893) versammelten.[6] Bauingenieure sahen dagegen ihre fach- und berufspolitische Interessenvertretung seit dem Kaiserreich überwiegend im beamtenlastigen Verband Deutscher Architekten- und Ingenieurvereine. Dieser umfasste bei seiner Gründung 1871 rund 3500 Mitglieder.[7] Während des „Dritten Reichs" wurde er 1934 als Fachgruppe 5 „Deutsche Gesellschaft für Bauwesen" in die schließlich 1938 aufgelöste Reichsgemeinschaft der technisch-wissenschaftlichen Arbeit eingegliedert. Als weitere Interessenvertretung entstand 1920 die Deutsche Gesellschaft für Bauingenieurwesen, die ebenso 1938 aufgelöst wurde.[8]
Dieses geringe Interesse an Bauingenieuren verwundert, war doch diese Teilgruppe quantitativ stets eine der größten. Im betrachteten Zeitraum meldete das Bauwesen sogar den umfangreichsten Bedarf an ausgebildeter technischer Expertise an und war vor dem Maschinenbau und den statistisch gemeinsam erfassten Bereichen Hüttenwesen und Chemie größter Arbeitgeber für Ingenieure.[9]

In Anbetracht fehlender belastbarer kultur- und sozialhistorisch fundierter Untersuchungen zu Bauingenieuren in der Hochmoderne werden im Folgenden mit der Zielstellung, auch für diese Gruppe Gültiges herauszuarbeiten, allgemein Ingenieure fokussiert. Die These ist, dass – ungeachtet einiger in Ansatz zu bringender Besonderheiten – die von der historischen Forschung für die Ingenieurprofession im Allgemeinen herausgearbeiteten Befunde im Großen und Ganzen auch auf Bauingenieure übertragen werden können.
Gleichwohl gilt es, Spezifika bewusst zu halten. Dazu zählen erstens die erwähnten unterschiedlichen Vereinspräferenzen bis in die Zeit des Nationalsozialismus hinein. Zweitens blieb während der formativen Phase der Hochmoderne zwischen den 1880er Jahren und dem Ersten Weltkrieg der Staatsdienst bevorzugter Beschäftigungsort für Bauingenieure, während sich die übrigen Teilgruppen seit dem ausgehenden 19. Jahrhundert auf die Industrie orientierten. Drittens gab es nur im Bauwesen einen relevanten Anteil selbständiger Ingenieure. Ansonsten waren sie dominant als Angestellte tätig.[10]
Viertens ist die sich spätestens nach 1850 entwickelnde arbeitsteilige Zusammenarbeit von Architekten und Bauingenieuren ins Kalkül zu ziehen.[11] In der öffentlichen Wahrnehmung wurde traditionell der Anteil Letzterer an der Planung und Errichtung von Bauwerken marginalisiert oder sogar invisibilisiert.

4 Verwiesen sei besonders auf Ekardt 1981; Bolenz 1991; Ricken 1994.

5 Vgl. bspw. Ricken 1998a; Stiglat 2004; Kurrer 2018.

6 Beispielhaft: Hortleder 1970; Sonntag 1988; Gispen 1989; Jarausch 1990; Lundgreen / Grelon 1994; Dienel 1998; von Plato 1998; Rohkrämer 2003; Kaiser 2006; König 2006; Engels / Hertzog 2011; Fraunholz / Wölfel 2012b; Paulitz 2012; Sander 2021.

7 Bolenz 1991, S. 138.

8 Ebd., S. 132–141; Ricken 1998b, S. 118f.

9 König 2006, S. 204.

10 Lundgreen 1994, S. 22; Klages / Hortleder 1994, S. 275; König 2006, S. 195–211.

11 Vgl. u. a. Bolenz 1991, S. 252–283 et passim; Ricken 1994, S. 164–184 et passim; Binding 2004; Saint 2008; Flury 2012, Pfammatter 2012; May 2022.

Baugeschichtliche Studien folgten und folgen teilweise noch heute diesem Muster und haben Bauingenieure oft „herausgeschrieben". Auch populärkulturelle Repräsentationen nahmen diese Marginalisierung auf.[12] Bauingenieure empfanden die ihnen zugewiesene Position des sachkundigen, aber anonymen „Zuarbeiters" als Zurücksetzung und kultivierten Minderwertigkeitsgefühle gegenüber den weitaus stärker im Licht der Öffentlichkeit stehenden und höheren Sozialstatus genießenden Architekten.
Schließlich ist fünftens noch auf eine Besonderheit hinzuweisen, die zwar im betrachteten Zeitraum noch ein generelles Charakteristikum der Ingenieurprofession bildete, sich gleichwohl nach dem Zweiten Weltkrieg jenseits von Bauingenieuren allmählich etwas abschwächte: Die Gruppe war sowohl hinsichtlich des Geschlechts als auch der kulturellen Codes stark männlich geprägt.[13] Für Bauingenieure gilt die Persistenz der sozial wie kulturell geformten Geschlechtermatrix durch Formierungs- und Perpetuierungsprozesse bürgerlicher Männlichkeit während der ganzen Hochmoderne. Dies trifft trotz jahrzehntelanger staatlicher Frauenfördermaßnahmen[14] selbst für die DDR-Zeit zu. Um 1970 waren nur 12 % der Beschäftigten im DDR-Bauwesen Frauen, in der Bundesrepublik sogar nur 5,5 %.[15]

12 *Langford / Robson 2003.*

13 *Zachmann 2004, S. 116–165 et passim; Paulitz 2012.*

14 *Zachmann 2004, S. 249–276 et passim.*

15 *Anteil der Frauen 1996 (1969), S. 126. Ich danke Dr. Anke Woschesch für den Literaturhinweis.*

LEITFRAGE

Ingenieurgeschichte wird überwiegend aus drei, letztlich nur heuristisch zu trennenden Perspektiven verfasst: erstens als Professionalisierungsgeschichte,

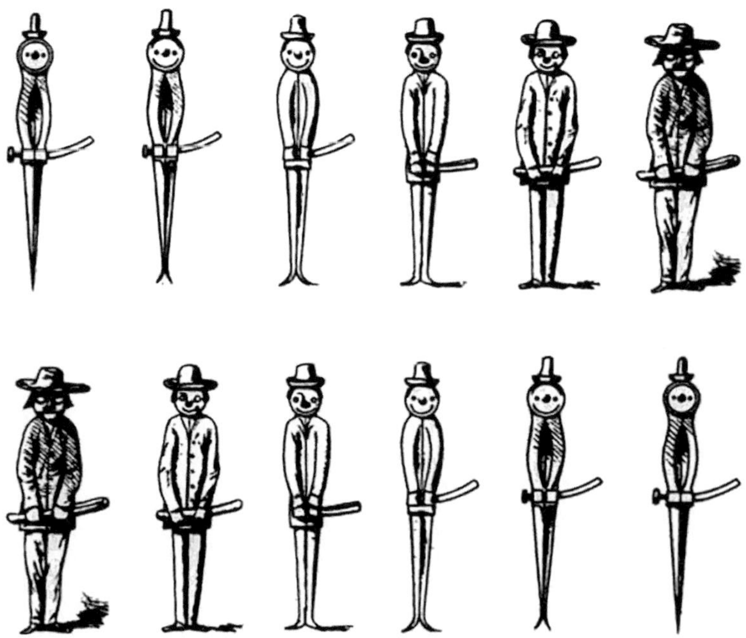

Bild 1 Der Ingenieur als optimistischer Zeichenknecht. Anonyme Karikatur um 1900.

zweitens als Wissensgeschichte und drittens als Geschichte von Tätigkeitsbereichen. Vorliegender Aufsatz fokussiert Aspekte der Professionalisierungsgeschichte im Kontext von Kultur und Gesellschaft.

Die Entwicklung der Leitfrage folgt der Prämisse, dass Produzenten von Technik nicht in separaten Welten leben, sondern sich zu jeweils in der Zeit dominierenden Welt- und Menschenbildern positionieren müssen. Dies erfolgt mittels der kulturell geleiteten Konstruktion von Selbst- und Fremdbildern als kollektiven Sinndeutungen sowie darauf rekurrierender Repräsentationen und Bedeutungszuweisungen. Ihnen kommt, sofern sie gruppentypisch sind, wesentliche Bedeutung zu.

Selbst- und Fremdbilder werden durch die Verknüpfung der Aneignung von Wirklichkeit mit Selbst- und Fremddeutungen geformt. Ihre normative Struktur produziert und reproduziert individuelles und kollektives Selbstverständnis, stiftet und verfestigt Ideologien, leitet gemeinschaftliche Sinnzuweisung an, filtert und ordnet Wahrnehmung, beeinflusst Verhalten durch Ausbildung einer Orientierungs- und Handlungsmatrix und generiert Geltungsgeschichten. Auf diese Weise gestalten sie als „weiche Faktoren“, etwa über Gruppenidentitäten, Verhaltenskodizes und Leitbilder, technisches Handeln und generieren bzw. stabilisieren Pfadabhängigkeiten.

Empirisch sind sie dort aufzusuchen, wo sie vergesellschaftet werden, also in Diskursen der Gruppe und ihrer Standesvertretungen über Stellung und Rolle von Ingenieuren in Gesellschaft und Kultur.[16] Daher wird nach Rahmenbedingungen, diskursiven Strategien und Ergebnissen der Hervorbringung und Stabilisierung von Selbst- und Fremdzuschreibungen in der formativen Phase der Hochmoderne gefragt. Hinsichtlich Fremdbildern ist zu unterscheiden zwischen erstens der Einschätzung durch andere und zweitens dem Gesellschaftsbild der Ingenieure, d. h. wie die Gruppe Fremdeinschätzungen wahrgenommen und gedeutet hat.

ZUR FORMATIVEN PHASE DER HOCHMODERNE IN DEUTSCHLAND

Vorliegender Beitrag geht von der These aus, dass die während der formativen Phase der Hochmoderne[17] entwickelten Selbst- und Fremdbilder der Gruppe grosso modo im gesamten Zeitraum der Hochmoderne perpetuiert und von Zeit zu Zeit, mit einigen Modifikationen, vitalisiert wurden.

Die formative Phase der Hochmoderne umfasst die rund drei Jahrzehnte vor dem 1. Weltkrieg. In der Technik- und Wirtschaftsgeschichte wird sie üblicherweise als Zeitraum der Hochindustrialisierung, gelegentlich auch als Zweite industrielle Revolution bezeichnet. Sie gilt als kultur-, sozial-, technik-, wissenschafts- und wirtschaftsgeschichtliche „Sattelzeit“ der Hochmoderne im Sinne einer Wetterküche langer Jahrzehnte des 20. Jahrhunderts und ist durch eine „tiefgreifende Veränderungsdynamik“[18] charakterisiert.

Diese war vornehmlich Ergebnis einer historisch beispiellosen Häufung von Entwicklungssprüngen in der Technik sowie in den Technik-, Natur-, Lebens- und Wirtschaftswissenschaften.

16 Vgl. Lundgreen 1994, S. 17f.; Kehrt 2002, S. 49; Wagner-Kyora 2009, S. 38–56; Schwarz 2012, S. 7f.

17 Das Epochenkonstrukt „Hochmoderne“ geht auf Ulrich Herbert zurück. Vgl. dessen Beitrag in diesem Band sowie Herbert 2007; Herbert 2020. Verweise auf die ausufernde Literatur zu den Epochenkonstrukten „Moderne“ und „Hochmoderne“ können hier nicht gegeben werden. Zusammenfassend vgl. Wengenroth 2015, S. 1–33; Dipper 2018.

18 Herbert 2014, S. 13.

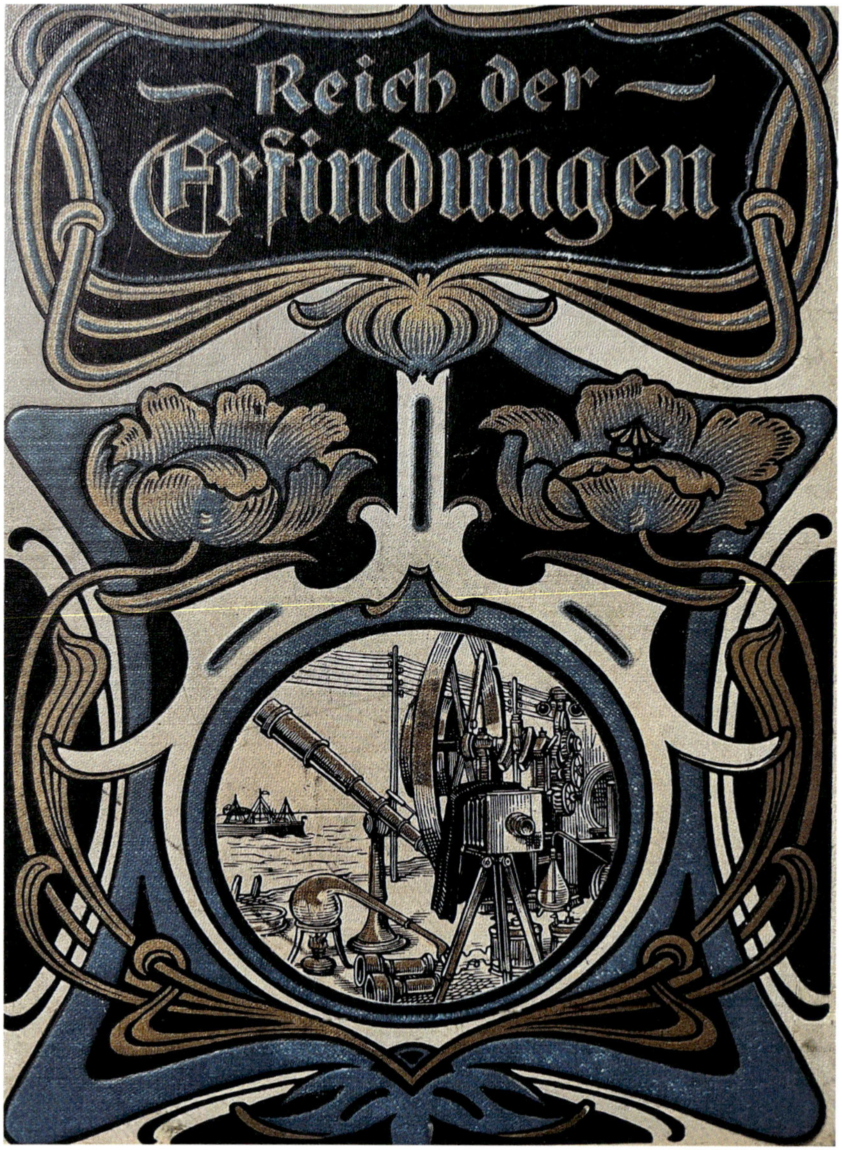

Bild 2 Umschlag eines Sammelbandes über den Stand der Technik, 1909. Ein Ergebnis der Flut technischer und wissenschaftlicher Entwicklungssprünge war die Herausbildung des neuen Genres populärer Technikdarstellungen, die seit den 1880er Jahren in auflagenstarken, oft üppig ausgestatteten Ausgaben erschienen.

Während die Wissenschaften um 1900 in Abgrenzung zur Religion in die Position der zentralen Weltdeutungsinstanz einrückten, weitete sich das menschliche Universum um eine Vielzahl neuer Artefakte, Technologien und Wissensbestände aus. Ebenso stießen die westlichen Wachstumsgesellschaften in neue Dimensionen der Massenproduktion vor.

So wurden zwischen den 1880er Jahren und dem Ersten Weltkrieg Europa und Nordamerika elektrifiziert und über die Dampfmaschine hinaus motorisiert, die Synthesechemie aus dem Labor in die Großproduktion überführt, Stahl, Beton und Stahlbeton zu Domänen des Ingenieurbaus, Telegrafie, Telefon, Funktechnik, Film, Farbfotografie und Radio erfunden oder kommerzialisiert, Automobile, Motorflugzeuge, Luftschiffe und vermehrt Untergrundbahnen eingeführt sowie die Passagierschifffahrt auf den Weltmeeren veralltäglicht, eine rationalisierte Massenproduktion bis hin zur Fließbandfertigung entwickelt, Haushaltstechnik kommerzialisiert, Massenprintmedien technisch ermöglicht, Radioaktivität und Röntgenstrahlen entdeckt, Virologie begründet und Bakteriologie immens avanciert sowie erstmals Pharmaka und Impfstoffe in größeren Mengen hergestellt. Doch ebenso wurden neue Waffensysteme mit der Tendenz zu Massenvernichtungswaffen entwickelt, deren Herstellung angesichts der Überwindung von in vorindustriellen Zeiten obwaltenden Beschränkungen materieller Produktion nunmehr keine Grenzen gesetzt waren.

Dies führte gleichsam zu einer „Neuerfindung der Welt“[19] und formte die Technizität moderner Gesellschaften. Zudem rückte die neue Technikwelt in den Erwartungshorizont einer möglichen individuellen Alltagsnutzung ein. Das Ausbrechen industrieller Technik aus den Knochenmühlen der Fabriken bildete ein kollektives Faszinosum, ließ Technik zum Ereignis werden und offenbarte die vergnügliche Facette von Industrialisierung und Technisierung.

19 *Ebd., S. 30. Vgl. auch Osterhammel 2016, S. 928–1055 et passim.*

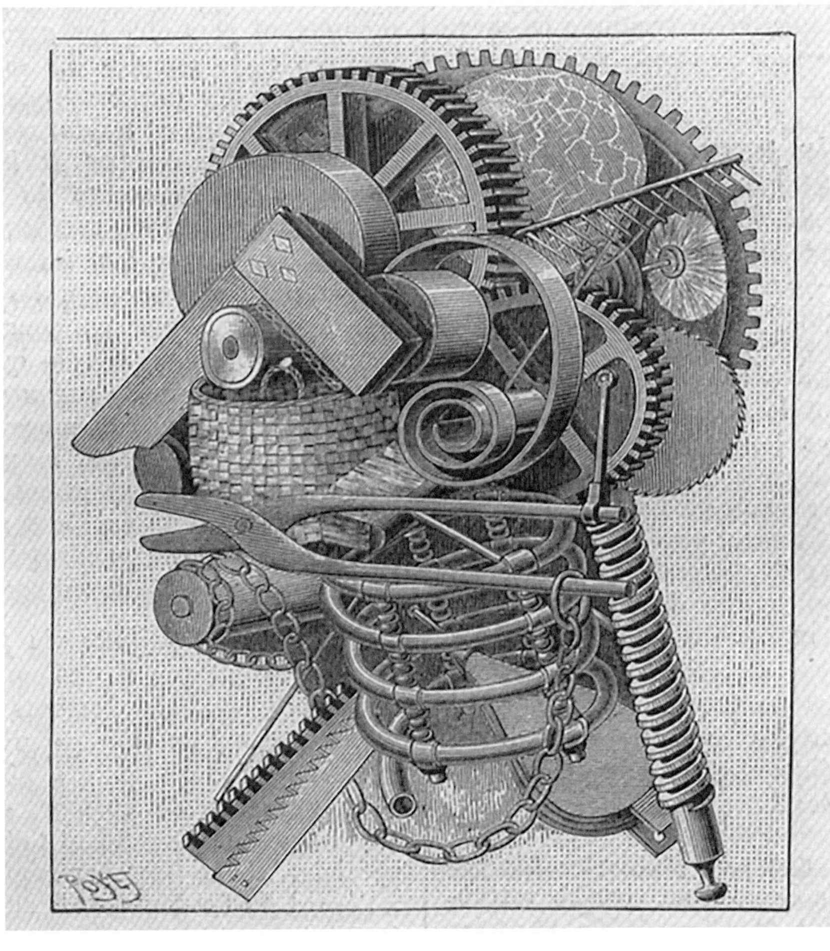

Bild 3 Der Kopf des Erfinders, Karikatur von Louis Poyet, 1890.

Die dadurch ausgelöste Dynamisierung von Gesellschaft, Kultur, Wirtschaft und Politik, die auch die Ambivalenzen der Moderne vollends zum Durchbruch brachte, war ungeachtet aktueller, vor allem auf Digitalisierung verweisende Revolutions- und Disruptionsrhetorik in der Geschichte bis heute ohne Beispiel. Sie führte zu der sich in vielfältigen Umbruchsdiskursen artikulierten kollektiven Überzeugung, zwischen den Zeiten zu leben und Zeuge einer Zeitenwende zu sein. Im Kraftfeld dieser Wandlungsdynamik standen Zukunftsvertrauen und Fortschrittsoptimismus Zukunftsängsten gegenüber, mischte sich Aufbruchsstimmung mit Endzeitängsten, wobei in summa eine positive Grundstimmung deutlich überwog.[20] All dies markiert die Zeit um 1900 als Kulturschwelle.[21]

DIE TECHNIKERBEWEGUNG IM LETZTEN DRITTEL DES 19. JAHRHUNDERTS

Ingenieure formierten sich in Deutschland vergleichsweise spät in den 1870er und 1880er Jahren zu einer zwar heterogen zusammengesetzten, gleichwohl hinreichend konturierten Berufsgruppe.[22] Sie befanden sich damit in der wenig komfortablen Situation, Nachzügler unter den klassischen bürgerlichen Berufen zu sein und stießen auf eine überaus ambivalente Perzeption durch die Deutungs- und die politische Elite.[23]

Einerseits fand der Beitrag der Technik zum ökonomischen Aufstieg des Kaiserreichs vor dem Hintergrund dessen Großmachtambitionen Würdigung. Andererseits fühlten sich Ingenieure in mehrfacher Hinsicht zurückgesetzt. Im von Geburtseliten und Bildungshumanismus geprägten Kaiserreich dominierte der Adel bei der Besetzung politischer und militärischer Positionen, Juristen beherrschten mittels des „Juristenmonopols" die Staatsverwaltungen und in Unternehmen hatten zunehmend Kaufleute das Sagen. Das Bildungsbürgertum hegte tiefes Misstrauen gegenüber den kulturellen Wirkungen der Technik. Dieses war der

20 Vgl. bspw. Dienel 1998, S. 16 et passim; Rohkrämer 1999, S. 50 et passim; Kocka 2001, S. 24f.; Reulecke 2004; Doering-Manteuffel 2004; Hård 2008, S. 683; Nolte 2011, S. 238–242; Herbert 2014, S. 42–55; Richter / Stamm-Kuhlmann 2018.

21 Vgl. instruktiv Doering-Manteuffel 2004; Nolte 2011, S. 238–242; Hübinger 2014, S. 8–13 et passim; Herbert 2014, S. 30–42; Hölscher 2016, S. 164–174.

*22 Aus der Fülle an Literatur vgl.: Gispen 1989; König 2006, S. 198–211; Radkau 2008, S. 184–188.
Professionalisierung wird verstanden als Vorgang, in dem Berufsgruppen durch die Systematisierung von Wissensbeständen, die Formalisierung von Ausbildung und Berechtigung sowie die auf Qualifikation gründende Homogenisierung der Berufszugehörigkeit die Wahrnehmung spezifischer Funktionen und Positionen in der Gesellschaft sowie spezifische Einkommensquellen beanspruchen und dies mit ihrem Wissen, ihrer Ausbildung oder ihrem Status begründen. So schaffen sie sich eigene fachspezifische Räume und markieren zugleich Außengrenzen, die durch Mechanismen der „Akkreditierung" gesichert werden. Akkreditierungsagenturen sind in Staaten mit einer auf Teilarbeitsmärkte orientierten Schulkultur besonders eine normierte Ausbildung mit Bildungspatenten, über Bildungspatente zugängliche Teilarbeitsmärkte und Berufsvereinigungen, deren Mitgliedschaft sich wiederum über Bildungspatente organisiert. (...)*

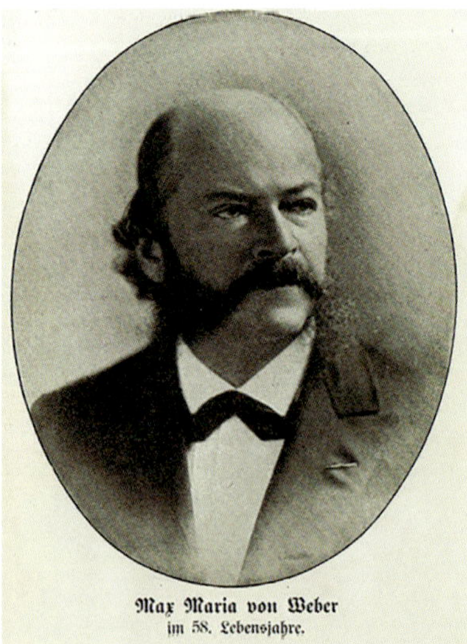

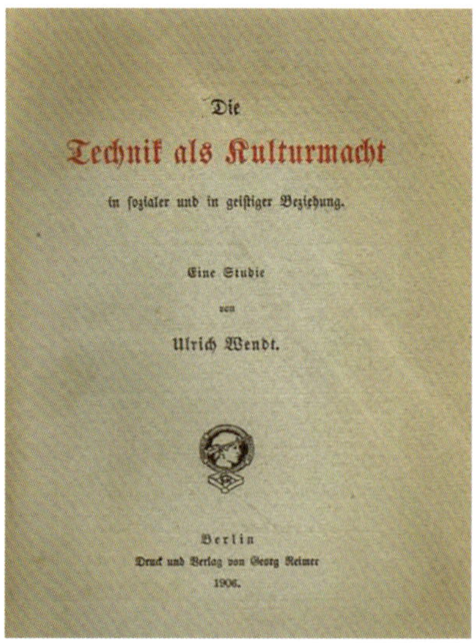

Die

Technik als Kulturmacht

in sozialer und in geistiger Beziehung.

Eine Studie

von

Ulrich Wendt.

Berlin

Druck und Verlag von Georg Reimer

1906.

Bild 4 Max Maria von Weber (1822–1881), Sohn des Komponisten Carl Maria von Weber.

Bild 5 Titelblatt eines Sachbuchs über die Technik als „Kulturmacht", 1906. Die bildungsbürgerliche Kritik am fehlenden „Kulturwert" der Technik forderte um 1900 zahlreiche Gegendarstellungen heraus.

(...) Professionen sind zumindest bis in das frühe 20. Jahrhundert hinein weniger als ökonomische Interessengruppen, sondern eher als symbolisches und kulturelles Kapital akkumulierende Gruppen zu betrachten, die gemeinsame Werte haben, Gemeinschaft schaffen und an Orten der Vergemeinschaftung entstanden sind. In Deutschland haben besonders Hochschulen und Berufsvereinigungen zusammengearbeitet, um gemeinschaftsstiftende Werte und Identitäten für Berufe zu generieren. Vgl. Bolenz 1991, S. 8–10; Stichweh 1996; Siegrist 2004; Ehmer et al. 2009; Paulitz 2012, S. 28–40; Müller / Siegrist 2014.*

23 Im Folgenden vgl. Lundgreen 1994, Dietz / Fessner / Maier 1996b; Hänseroth 2003a; Hänseroth 2003c; König 1999; König 2006, S. 208–210; Sander 2021, S. 95–144.

typisch deutschen Dichotomisierung von Kultur und Zivilisation geschuldet. Semantischer Kern „bloßer Zivilisation" war seit der Mitte des 19. Jahrhunderts die Technik, gegen die ein in jener Zeit aufkommender Kulturbegriff als Entdeckung und Rechtfertigung einer spezifisch deutschen „geistigen" Kultur in Stellung gebracht wurde.[24] Der Technik lastete man das vermeintliche Voranschreiten des „seelenlosen" und entfremdenden sowie „Innerlichkeit" verhindernden Materialismus in Gesellschaft, Kultur und Alltag an. Während „Wunder der Technik" von einer breiten Öffentlichkeit gefeiert wurden, sahen sich die „Wundertäter" stärker als in anderen Industrieländern mit gravierenden Statusproblemen konfrontiert und wurden als kulturlose Parvenüs wahrgenommen.

Der sächsische Eisenbahningenieur Max Maria von Weber (Bild 4) konstatierte, Techniker seien Emporkömmlinge im Völkerleben, die alten Stände wüssten sie nicht in ihre Reihen einzurangieren, die Fakultäts-Wissenschaften betrachteten sie als Eindringlinge, den Regierungen seien sie ein unbequemes Neu-Element im Staatsmechanismus, alle fühlten sich von ihrer wachsenden Bedeutung bedrängt und würden sie ein notwendiges Übel nennen. Allgemein verbreitet sei die Anschauung, Technik wäre wenig mehr als ein mit wissenschaftlichen Schleiern drapiertes Handwerk.[25]

Otto Mohr, Professor für Technische Mechanik an der TH Dresden, beklagte, dass unter je hundert Familien der gebildeten Stände sich mindestens neunzig befänden, die es als Unglück betrachteten, wenn einer ihrer Söhne einen technischen Beruf erwählen würde.[26] Beim Berliner Professor für Maschinenbau, Alois Riedler, schien bereits die Denkfigur der zwei Kulturen auf: Er sah eine „Kluft zwischen den wesentlich nur intellektuell Gebildeten und der schaffenden Welt" und monierte die „ungeheure Überschätzung der Gelehrsamkeit gegenüber der Anwendung der Erkenntnis".[27] Der Ingenieur und Dichter Max Eyth schmollte, der „sogenannten gebildeten Welt" gelänge es nicht, die Schönheit einer Lokomotive oder eines Webstuhls zu erkennen.[28]

Schließlich spielte auch der Zusammenhang zwischen Zurücksetzung der Ingenieure und Hochschätzung humanistischer Bildung eine wichtige Rolle in den Diskursen. Oskar Schlömilch, stellvertretender Direktor der Dresdener Polytechnischen Schule, stellte resignativ fest, schon der jüngste Arzt würde zu den wissenschaftlich Gebildeten zählen, während selbst der Obermaschinenmeister einer Eisenbahn nur als höherer Schlossermeister gelte. Die Deutschen beurteilten den Wert eines Menschen nicht nach den Scheinen seines Geldbeutels, sondern nach der Art seiner Bildung.[29]

Vornehmlich der Bildungshumanismus sparte gegenüber Ingenieuren nicht mit der Artikulation von Invektiven. So hielt Jacob Burckhardt „Erfinder und Entdecker im gewerblichen Bereich", denen er immerhin eine ganze „Länder prägende Wirkmacht" attestierte, auch wenn sie noch so brave und aufopfernde Leute gewesen seien, nicht für Repräsentanten des Geistes und für schlicht austauschbar. Andere wären später auf dieselben Resultate gekommen. Dagegen sei jeder einzelne Künstler, Dichter und Forscher schlechthin unersetzlich.[30] Max Weber, der wohl bedeutendste Begründer der modernen Soziologie, sah die Gefahr einer

24 Vgl. hierzu und im Folgenden Albrecht 1993; Lundgreen 1994, S. 18; Gispen 1995, S. 196–198; Dietz / Fessner / Maier 1996b, S. 1f.; Radkau 2008, S. 172f.

25 von Weber 1877, S. 5, 12.

26 Mohr 1886, Sp. 475.

27 Riedler 1898, S. 17f.

28 Eyth 1905, S. 11.

29 Oskar Schlömilch: Reorganisation der polytechnischen Schule. Schreiben an das Innenministerium, 1869. HStA Dresden, Ministerium für Volksbildung, Nr. 15105, Bl. 156a–157a.

30 Burckhardt 1905, S. 202f.

„Parzellierung der Seele" im Gehäuse „rationalistischer Gesetzmäßigkeiten".[31] Für ihn zählten Techniker zu den „Fachmenschen ohne Geist […]: dies Nichts bildet sich ein, eine nie vorher erreichte Stufe des Menschentums erstiegen zu haben".[32] Derartige bildungshumanistische Vorbehalte hielten sich noch länger. Als z.B. der Romanist Ernst Robert Curtius 1920 das Angebot bekam, von einer außerordentlichen Professur an der Universität Bonn auf eine ordentliche Professur an die TH Aachen zu wechseln, lehnte er dies mit der Begründung ab, er wolle auf dem Gang nicht von einem „Professor für Heizung und Lüftung" mit „Herr Kollege" angesprochen werden.[33]

Aus dieser Konstellation sozialer Herabsetzung entwickelte sich im letzten Drittel des 19. Jahrhunderts eine Emanzipationsbewegung der Ingenieure, die sogenannte Technikerbewegung. Sie war eng verflochten mit der zeitgleichen Aufstiegsbewegung höherer technischer Schulen zu universitätsgleichen Institutionen.[34] Ziel war, den Status der Ingenieurtätigkeit zu fixieren, um sowohl die technikpessimistische Kulturkritik zu kontern als auch Ingenieuren in der sich rasant wandelnden technisierten Arbeitswelt eine professionelle Identität zu geben. Während Bestrebungen, beruflichen Verunsicherungen der Gruppe zu begegnen, in allen hochindustrialisierten Ländern nachweisbar sind, bildete das Ringen um Sozialaufstieg eine deutsche Spezifik.

31 Weber 1988 (1909), S. 413.

32 Weber 1988 (1905), S. 204.

33 Zit. nach Hornbostel 2014, S. 103.

34 Im Folgenden vgl. wie Anm. 23.

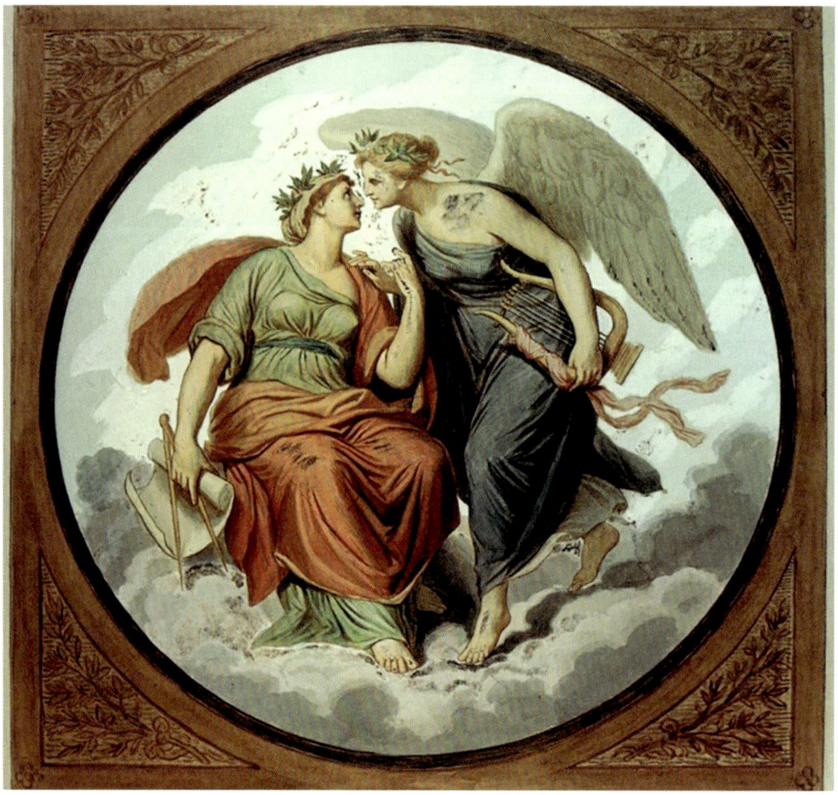

Bild 6 Technik als materialisierte Wissenschaft: Vereinigung von Wissenschaft und Kunst. Allegorisches Deckengemälde von Anton Dietrich in der Aula des Polytechnikums Dresden am Bismarckplatz, 1875.

Zwecks erstrebter Sozialemanzipation brachte die Gruppe der Ingenieure Sinnzuweisungen der Profession und Selbstbilder in Anschlag, die besonders auf Berufsverständnis und Berufsethos, gesellschaftliche Rollenbestimmung und das eigene Bild von der Fremdeinschätzung der anderen rekurrierten. Ihre Aufstiegsstrategie verband, der sozialpsychologisch ambivalenten kollektiven Identität der Gruppe Rechnung tragend, das Minderwertigkeitsbewusstsein gesellschaftlicher Nachzügler einschließlich der Selbstverortung als nicht zur Bildungselite gehörende Sozialaufsteiger, die durch Leistung überzeugen müssen, mit dem Anspruch, Hauptakteur technischen Fortschritts und damit Sachwalter einer Zukunftstechnik zu sein.

Die zwiespältige Selbsteinschätzung ließ die Technikerbewegung zwei soziale Integrationsstrategien verfolgen. Sie suchte einerseits im Sinne einer Assimilation noch einen Platz im alten Kosmos der im Kaiserreich revitalisierten ständischen Bedeutungs- und Berechtigungsstrukturen zu finden und andererseits in distinktiver Absicht zugleich die neue Welt der Industrie zu gewinnen.

DIE ZWEI SÄULEN DER EMANZIPATIONSSTRATEGIE

Die Emanzipationsstrategie ruhte auf zwei Säulen. Erstens reklamierten Ingenieure, wissenschaftlich ausgebildet und wissenschaftsgeleitet tätig zu sein. Ergänzt wurde der Ausbildungsaspekt temporär um Bestrebungen, humanistische Inhalte in die Lehre zu integrieren. Damit wurde auf die Bedeutung humanistischer Bildung für bürgerliches Selbstverständnis Bezug genommen. Obwohl sich höhere technische Bildungsstätten in den letzten Jahrzehnten des 19. Jahrhunderts immerhin sogenannte Allgemeine Abteilungen mit humanistischen Fächern angliederten, gelang es nicht, humanistische Inhalte verpflichtend in die Lehrpläne zu integrieren.[35]

Eine Folge des Insistierens auf wissenschaftlicher Ausbildung waren rigide Akademisierungsbestrebungen höherer technischer Bildungsstätten. Diese überlagerten sich sowohl mit der säkularen Tendenz zur Verwissenschaftlichung von Technik als auch mit seinerzeit in den Technikwissenschaften kultivierten szientistischen Leitbildern.[36]

All dies wandelte die „Rechtfertigungsordnung"[37] technischen Handelns. Spätestens seit dem ausgehenden 19. Jahrhundert ersetzte der Rekurs auf „Wissenschaftlichkeit" zunehmend traditionelle, meist auf Reputation und Können individueller Akteure sowie bewährte technische Lösungen Bezug nehmende Praktiken der Legitimation technischen Handelns. Dies bewirkte eine Entindividualisierung von Verantwortung und zugleich eine Immunisierung technischen Handelns gegenüber Kritik. Mit der Ausbreitung der neuen Rechtfertigungsordnung erhielt Technik im kollektiven Erwartungshorizont mehr und mehr die Zuschreibung, Materialisierung wissenschaftlichen Wissens mit einer Funktionsgarantie zu sein. Ingenieure wandelten sich im Selbst- und Fremdbild zu vermeintlich wissenschaftsgeleitet Tätigen, welche die Folgerichtigkeit technischen Handelns auf die Korrektheit des wissenschaftlichen Nachweises zu reduzieren verstanden.

35 Vgl. Hänseroth 2003a. Zu Bildung als zentralem Element bürgerlichen Selbstverständnisses vgl. Kocka 1981, S. 109 et passim. Einige Autoren vertreten die Auffassung, in den ersten Jahrzehnten des 20. Jahrhunderts habe sich eine Neugewichtung emanzipationsstrategischer Ziele vollzogen, die mit einer Selbstaufwertung und damit einem Selbstbildwandel korrelierte. Es sei zu einer Dominanz der Distinktionsstrategie gekommen. Ingenieure hätten nun betont, auf das Hervorbringen von Neuem fokussierte „Männer der Tat" zu sein, um sich als exponierte Ausnahmefigur ihrer Zeit zu präsentieren. Bildungsbürgertum und humanistische Bildungsgüter hätten dagegen keine Referenzpunkte mehr dargestellt. Vgl. Paulitz 2012, S. 256, 259; Dipper 2017, S. 10. Dies kollidiert gleichwohl mit dem Befund, dass nach dem Untergang des „Dritten Reichs" Wortführer der Gruppe ihre Selbstmobilisierung im Nationalsozialismus fehlender humanistischer Bildung und bildungsbürgerlicher Orientierung anlasteten. Vgl. Hänseroth 2001, S. 303; Zachmann 2006, S. 273.

36 Zum Folgenden vgl. Hänseroth 2003c; Wengenroth 2012; Buschmann / Hänseroth 2013, S. 133f.; Wengenroth 2014; Wengenroth 2015, S. 123–138.

37 Boltanski / Thévenot 2007.

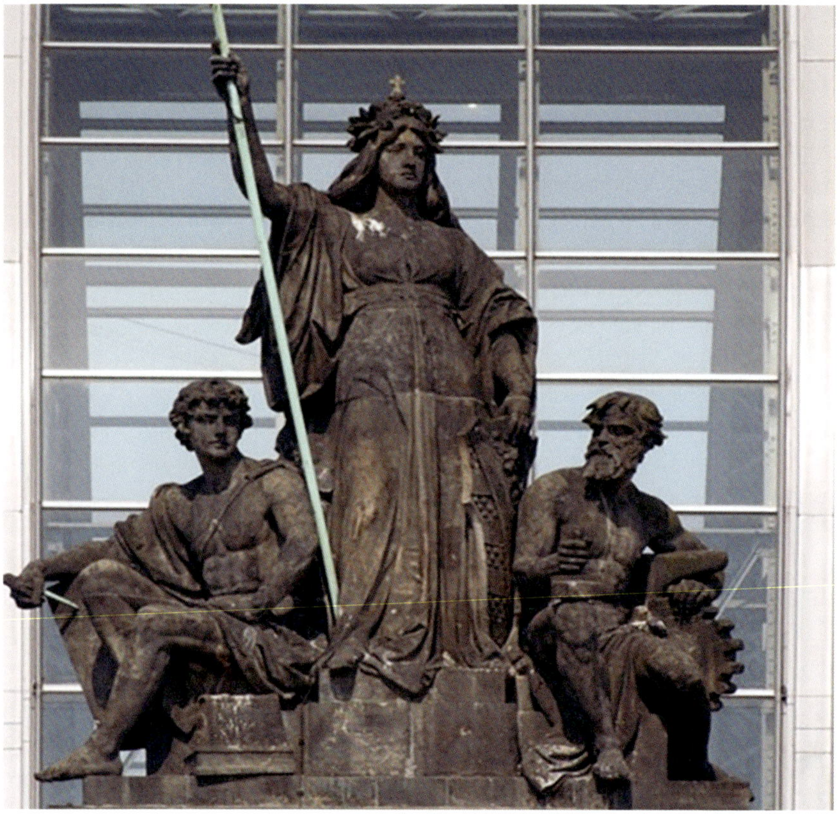

Bild 7 Technisierter, wissenschaftsgestützter Fortschrittsglaube um 1900: Saxonia wird flankiert von der jungen Wissenschaft (links) und der reifen Technik (rechts). Figurengruppe von Friedrich Rentsch über dem Hauptportal des Hauptbahnhofes Dresden, 1895.

Starke Impulse empfing dieser Wandel aus dem Streben höherer technischer Lehranstalten nach Universitätsgleichheit. Die behauptete Akademisierung von Forschung und Lehre sollte durch die Nutzung zeitgenössisch als „wissenschaftlich" akzeptierter epistemischer Praktiken belegt werden, die es ins Zentrum sowohl des technikwissenschaftlichen Methodenarsenals als auch der reklamierten Verwissenschaftlichung technischen Handelns zu stellen galt. Zu diesem Zweck nahmen die klassischen Technikwissenschaften Maß am Methodenideal rechnend-experimentell und theorieorientiert betriebener Naturwissenschaften.
Die Folge war eine Fokussierung der Wissenschaftsorientierung auf konstruktive Aspekte, da das epistemische Leitbild im Bereich der Konstruktion sehr viel besser umzusetzen war als bei Fertigungsprozessen. Konstruktive Aspekte galten als wissenschaftlicher Deutung zugänglich und akademisch lehrbar. Problemstellungen der Fertigung entzogen sich dagegen noch geraume Zeit weitgehend stringenter Modellbildung und möglichst mathematisch-theoretischer Deutung. Sie entsprachen ganz und gar nicht den Leitbildern epistemischer Absicherung und Evidenzproduktion.
Obwohl der sogenannte Methodenstreit in den Technikwissenschaften im späten 19. Jahrhundert zu einer Abkehr von theoretischen und mathematischen Höhenkammwanderungen führte, verfestigte sich das konstruktionsfokussierte Verwissenschaftlichungs- und Ausbildungsmuster besonders im Bauwesen

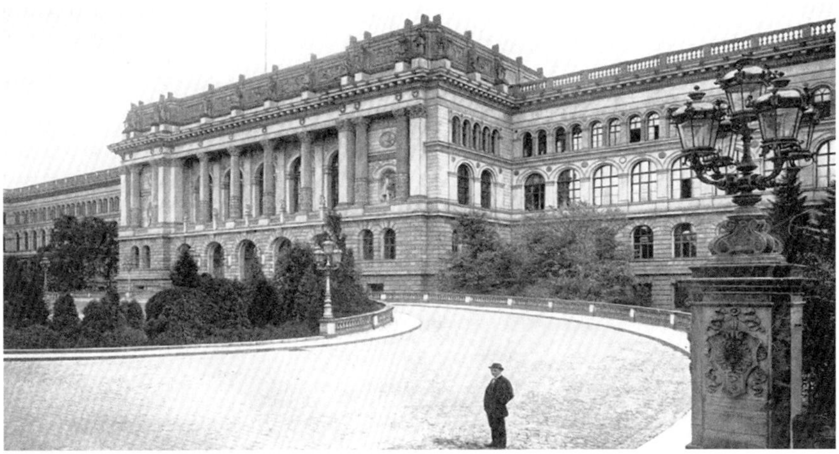

Bild 8 Nordfront des Hauptgebäudes der Königlich Technischen Hochschule Berlin, Architekt Richard Lucae, fertiggestellt 1884, Aufnahme um 1890.

und im Maschinenbau zu einer Pfadabhängigkeit. Sorgten doch die Technischen Hochschulen als Sozialisationsagenturen der wissenschaftlich ausgebildeten Ingenieurkultur mit ihrer auf die Konstruktion als vermeintlich vornehmste Aufgabe technischen Schaffens orientierten Lehre für dessen Perpetuierung.
Auch wenn den Akteuren zwangsläufig bewusst war, dass zur Verfügung stehende wissenschaftliche Grundlagen oft unvollständig oder widersprüchlich, teils gänzlich unbrauchbar waren und erfolgreiches technisches Handeln nach wie vor wesentlich auf rationalisiertem Erfahrungswissen sowie Können gründete und insofern Ingenieurtätigkeit in einem Spannungsfeld mit den Polen tastenden Erprobens und sukzessive anhebender Wissenschaftsorientierung situiert war, präsentierten Ingenieure die im Kontext der neuen Rechtfertigungsordnung hervorgebrachte Technik und technisches Handeln bevorzugt als materialisierte Wissenschaft.
Gleichwohl blieb prominenter Widerspruch nicht aus. Otto Mohr monierte die wissenschaftsgläubig geleitete schematische Anwendung von Bemessungsvorschriften technischer Regelwerke: „Diese auffallende Erscheinung kann nur mit dem Zauber erklärt werden, welcher das Wörtchen ‚Gesetz' auf deutsche Gemüther auszuüben pflegt."[38] In den Maschinenwissenschaften zog besonders Alois Riedler über Jahrzehnte gegen Szientismus und Exaktheitsanspruch der Technikwissenschaften zu Felde und verwies etwa darauf, dass technisches Handeln, vergleichbar einem Feldherrn, inmitten von Wahrscheinlichkeiten situiert sei.[39]

Die zweite Säule der Emanzipationsstrategie rekurrierte auf den zeitgenössischen Technikoptimismus. Der vom Bildungshumanismus konstruierte Gegensatz zwischen Kultur und Zivilisation und die Geringschätzung technischen Schaffens sollten durch das Arrivieren von Technik zum „Kulturhebel" und „Kulturfaktor" gekontert werden.[40] Dies führt uns zu den vergangenen Zukünften der Hochmoderne.
In den letzten Jahrzehnten des 19. Jahrhunderts wurden Technisierung und Fortschrittsidee zunehmend enger aufeinander bezogen. Der Bewegungsbegriff

38 Mohr 1881, Sp. 3f.

39 Riedler 1900b, S. 4.

40 Vgl. zahlreiche Aufsätze in Dietz / Fessner / Maier 1996a. Bspw. sollten in den Jahrzehnten vor dem 1. Weltkrieg errichtete repräsentative Bauten Technischer Hochschulen mit hohem architektonischen Anspruch nicht nur Universitätsgleichheit, sondern ebenso den exponierten kulturellen Status der Technik symbolisieren. Vgl. Lippert 2003.

„Fortschritt“ kann als „zeitlich progressive Differenz zwischen Erfahrung und Erwartung“[41] gefasst werden. Fortschrittsdenken hatte sich seit dem ausgehenden 18. Jahrhundert in Erwartungshorizonte der westlichen Gesellschaften eingeschrieben.[42] Die Emphase des Fortschritts gilt als „wichtigste oder zumindest auffälligste Eigenart des westlichen historischen Denkens“.[43] Für Max Weber war mit der Aufklärung der Fortschrittsglaube an die Stelle des Gottglaubens getreten, um dem „religiös entleerten Ablauf des Menschheitsschicksals einen diesseitigen und dennoch objektiven ‚Sinn‘ zu verleihen“.[44]

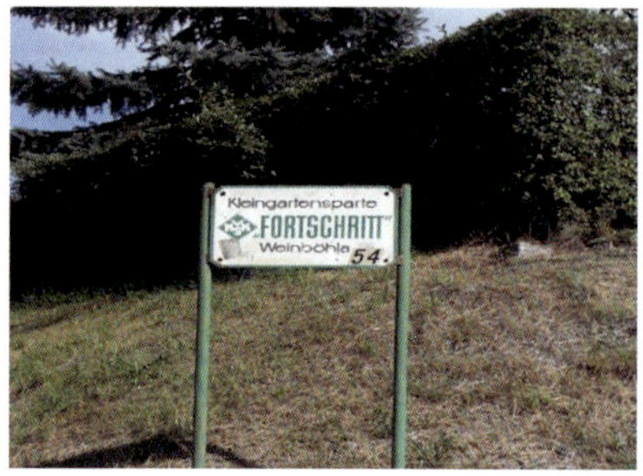

Bild 9 Kleingartensparte „Fortschritt“, Weinböhla bei Meißen.

Die jenseits des kleinen, vor allem vom Bildungshumanismus besetzten zukunfts- und modernitätsskeptischen Reservats in weiten Teilen der Gesellschaft unhinterfragte Fortschrittsidee war mit ihrer Verheißung einer besseren Zukunft moralische Schlüsselkategorie und zentrale Geltungsgeschichte des „Projekts Moderne“. Sie bezeichnet zusammen mit dem vom ihr heraufgeführten Konzept aktiver Zukunftsgestaltung das Wesen und die Identität der Ersten Moderne selbst, da sie gleichermaßen ihr Produkt und ihre Sinnstiftung war. Auf diese Weise geriet Zukunftsorientierung zu einer handlungsleitenden kulturellen Norm. Fortschrittsoptimismus und programmatisches Richten des Blicks in die Zukunft galten, mit Irritationen um 1900 sowie während und nach beiden Weltkriegen, bis in die 1970er Jahre hinein in einem breiten gesellschaftlichen Konsens als Ausdruck von „modern sein“. Auf dieser Grundlage entwickelte sich eine kollektive Verfasstheit, die sich in ihrer empathischen Zukunftsfixierung nie selbst genügte und eine Kultur steten „Verbessern-müssens“ heraufführte. Der Philosoph Karl Joël formulierte in diesem Sinne 1909: „Heute ist das Neue das Heilige, und das Heilige das Neue. [...] Heute ist der ‚Fortschritt’ das allein Selbstverständliche, der Wert an sich, auf den alles zurückgeführt wird, das erste und letzte Argument, der Ersatz aller Logik.“[45]

Und mehr noch: In der formativen Phase der Hochmoderne baute sich ein szientistisch befeuertes Fortschrittsversprechen von Technik auf, das an zentraler Stelle Platz in Vorstellungen über wünschbares Fortschreiten fand. Auf diese Weise geriet technischer Wandel zum „empirischen Kern der Progressivität“[46] mit der Folge einer Technisierung des Fortschrittsglaubens.[47] Das „Gut-sein“ technischen Fortschritts zählte zu den Seinsgewissheiten der Hochmoderne. Technischer Wandel wurde in den Handlungsmodus westlicher Gesellschaften als Beleg und Selbstvergewisserung steten Fortschreitens eingeschrieben. Unterstützung fand dies durch das Vertrauen in Wissenschaft, die als vermeintlicher Progressionstreibriemen Fundament der westlichen Fortschrittsidee war.

In der Tendenz implizierten die an technischen Wandel gehefteten Hoffnungsüberschüsse die Umdeutung des Kollektivsingulars „Technik“ von einer Ziel-Mittel-Relation zur Triebfeder der Menschheitsgeschichte schlechthin. Bereits der Verfasser der ersten philosophisch-anthropologischen Technikdeutung, Ernst Kapp, subsumierte 1877 seine Studie unter den Leitgedanken: „Die ganze Menschengeschichte, genau geprüft, löst sich zuletzt in die Geschichte der Erfindung besserer Werkzeuge auf.“[48] Einer seiner Nachfolger, Friedrich Dessauer, seit 1908 Essays zum Techniklob verfassend, trieb diese Aufwertung mit der Aussage, Technik sei „im tiefsten Wesen Fortsetzung der Schöpfung“[49] bis zu einem nicht mehr

41 Koselleck, 1975, S. 410.

42 Im Folgenden nach Hänseroth 2013. Dort auch Hinweise auf die Fülle an Literatur zur Thematik. Vgl. zudem Graf 2016; Graf 2017; Hölscher 2017.

43 Burke 1999, S. 35.

44 Weber 1973 (1903), S. 33, Anm. 2.

45 Joël 1911, S. 130f.

46 Koselleck 1975, S. 422.

47 Im Folgenden nach Hänseroth 2013. Vgl. auch Berghoff 2000; Hölscher 2016, S. 164–174.

48 Kapp 1877, S. I.

49 Dessauer 1926, S. 14.

steigerungsfähigen Punkt. Zugleich nationalisierte er die Sublimierung von Technik: Diese lege „Zeugnis ab von deutschem Ernste und deutscher Kraft".[50]

Kurzum: Am Beginn der Hochmoderne verdichtete sich das Vertrauen darauf, dass technischer Fortschritt, weit über sich hinausweisend, auch soziale, politische und kulturelle Problemlagen würden lösen können, zu einem weithin geteilten gesellschaftlichen Konsens. Nachdem technischer Wandel im Verlauf des 19. Jahrhunderts zunächst als Symbolisierung möglichen Fortschreitens in eine bessere Zukunft begriffen und insofern gleichsam zum Sakrament der Fortschrittsidee geworden war, bedurfte er um 1900 der überwölbenden Fortschrittsidee immer weniger, wurde mit ihr schließlich in eins gedacht und damit selbst als Heilsbringer transzendiert. Im Ergebnis der Reduktion des Fortschrittsdenkens auf seine technisch-materielle Facette barg Technik seither ein sozialutopisches Element, das Versprechen einer besseren Zukunft.

In diesem Kontext erlangten zeitgenössische Spitzentechniken den Status eines materiellen Symbolsystems der Fortschrittsverheißung. Sie wurden bspw. zu „Kathedralen der Technik" bzw. „Kathedralen des Fortschritts" überhöht und mit Zukunftsversprechen aufgeladen, die den Erwartungshorizont technikbestimmter Gesellschaften abbildeten (Bild 10). Obwohl in den Diskursen des Bildungshumanismus und der schönen Künste technikkritische Positionen dominierten, hieße es, diese fortzuschreiben, wenn sie als Spiegel gesamtgesellschaftlicher Wahrnehmung gedeutet würden. Ganz im Gegenteil teilten breite Kreise der Gesellschaft diese Kritik keineswegs und ließen sich kaum verunsichern in ihrem Glauben an technikinduzierten zivilisatorischen Fortschritt. Stefan Zweig beschrieb das um 1900 obwaltende technikgestützte Zukunftsvertrauen pointiert:

50 Dessauer 1908, S. 289, zit. nach Berghoff 2000, S. 56.

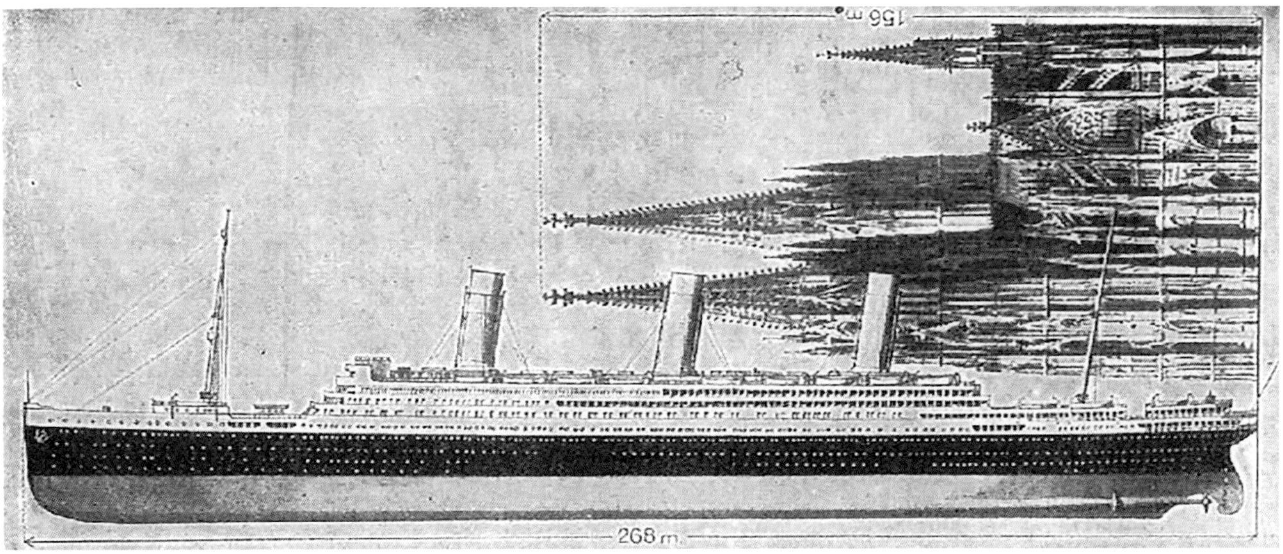

Bild 10 Bedeutungsaufladung von Spitzentechnik als „Kathedralen der Technik" und Monumente technisierten Fortschrittsglaubens: Größenvergleich des Luxusliners „Imperator" der Hapag mit dem Kölner Dom in einer populären Technikdarstellung, 1913 (Abbildung gegenüber dem Original um 90 Grad gedreht).

„Jetzt aber war es doch nur eine Angelegenheit von Jahrzehnten, bis das letzte Böse und Gewalttätige endgültig überwunden sein würde, und dieser Glaube an den ununterbrochenen, unaufhaltsamen Fortschritt hatte für jenes Zeitalter wahrhaftig die Kraft einer Religion; man glaubte an diesen ‚Fortschritt' schon mehr als an die Bibel, und sein Evangelium schien unumstößlich bewiesen durch die täglich neuen Wunder der Wissenschaft und Technik."[51]

SELBSTLOSE DIENER DES FORTSCHRITTS: DAS ALTRUISMUS-NARRATIV

Ingenieure suchten die technisch grundierte Zukunftszuversicht für ihre Emanzipationsbestrebungen zu nutzen.[52] Sie präsentierten sich als gegenüber Neuem aufgeschlossene, zupackende Avantgarde einer allgemeinen Fortschrittsbewegung. Zugleich boten sie sich als neue gemeinwohlorientierte Kulturelite an und suchten damit die Lücke um 1900 erschütterter kultureller Gewissheiten zu füllen, die als Folge der vom Bildungshumanismus und den schönen Künsten ausgerufenen Krise der Moderne entstanden war. Die behauptete Gemeinwohlorientierung bewirkte auch, dass sich Wortführer der Gruppe und ihre wichtigste Standesvertretung, der VDI, bis zum Ende des Ersten Weltkrieges einer öffentlichen Interessenpolitik enthielten. Deren Absenz sollte symbolisieren, dass selbst die Standesvertretung ausschließlich dem Gemeinwohl verpflichtet war.
Das Insistieren auf Gemeinsinn verbanden Ingenieure mit dem Reklamieren selbstlosen Aufreibens für technischen Fortschritt. Zu diesem Zweck brachten sie als zentrale Geltungsbehauptung ein Altruismus-Narrativ[53] in Ansatz, das Ingenieurtätigkeit als Dienst am Nächsten sublimierte. Im Kontext dieses Narrativs wurden Kernelemente eines Berufsethos generiert, das auf die Dominanz von Pflicht- und Akzeptanzwerten, wie selbstloses Handeln, Dienen, Pflichterfüllung, Leistung und Disziplin, rekurrierte. Bezugnehmend auf idealtypischen Kategorien sozialen Handelns[54] kann die Altruismus-Behauptung als Umdeutung des für Ingenieure charakteristischen zweckrationalen Handelns in wertrationales Handeln gefasst werden.
Das schließlich habitualisierte Altruismus-Narrativ steht im Gegensatz zu einer in den Geistes- und Sozialwissenschaften verbreiteten Forschungsmeinung, Ingenieure seien „zielreflexionsabstinent"[55]. Sie begriffen sich vielmehr in der Hochmoderne als säkulare Missionare ideologisch grundierter Weltverbesserung durch Technik, die im Gegensatz zum in der Außendarstellung kultivierten Selbstbild des unpolitischen Sachwalters wertfreier Instanzen keineswegs gesellschaftlicher und politischer Indifferenz zu zeihen sind, sondern sich als altruistisch dienende wohltätige Techniker einer guten Gesellschaft sahen. Insofern waren sie mitnichten unpolitische Experten, sondern hatten eine spezifische, an technischen Maßstäben orientierte, tendenziell von Technokratie-Vorstellungen geleitete Auffassung von Politik, die häufig konservativ unterlegt und von einem autoritären Staatsverständnis getragen war.[56]
Im Horizont der Altruismus-Behauptung entwickelte die Gruppe Selbstbild-Konstrukte, die politisch neutrale Gemeinwohlausrichtung und strikte Sach-

51 Zweig 1985 (1944), S. 17.

52 Im Folgenden nach Hänseroth 2013. Vgl. auch Kocka 2012.

53 Altruismus als eine Manifestation von Gemeinsinn wird verstanden als willentliche Verfolgung der Interessen oder des Wohls anderer bzw. des Gemeinwohls. Er wurde bereits von Auguste Comte als säkularer Religionsersatz gefasst. Vgl. Margolis 1982; Lumer 2000; Fehr / Fischbacher 2005.

54 Weber 1980 (1922).

55 Lübbe 2000, S.119 et passim.

56 Vgl. bspw. Mai 1989, S. 87, Mai 2011, S. 130–177. Zur Technokratie vgl. Taylor 1995, S. 11 et passim; Lübbe 2000; Nolte 2011, S. 243 et passim; van Laak 2012; Wöhrle 2013.

orientierung mit dem Insistieren auf Aufgeschlossenheit gegenüber Neuem, Dynamik, Phantasie, Kreativität, Ausdauer sowie Gewissheits- und Exaktheitsansprüchen zusammenführten.

Verknüpft wurde dies mit der Entwicklung von Affinitätsbehauptungen und Abgrenzungsstrategien gegenüber anderen Berufsgruppen. Unter Bezug auf die Gemeinsinns-Verpflichtung wurden Ähnlichkeiten mit Soldaten und Ärzten reklamiert. Hinsichtlich des Anspruchs auf Phantasie und Kreativität gerieten Künstler zur Projektionsfolie. Mit Naturwissenschaftlern glaubte man Gewissheits- und Exaktheitsansprüche zu teilen, setzte sich jedoch als „Männer der Tat“ von diesen ab. Ökonomische Berufe gerieten, auch als Folge des Kampfes um Führungspositionen in Unternehmen, zum Feindbild. Kaufleuten mit ihrem kultivierten Konkurrenzdenken wurde unterstellt, technischen Fortschritt zu verhindern. Kooperation statt Konkurrenz lautete dagegen das Credo der Ingenieure. So entwickelte Rudolf Diesel die Vision einer Gesellschaft, die ohne Konkurrenz auskam und durch Charakteristika wie Gerechtigkeit, Liebe, Brüderlichkeit, Barmherzigkeit, Friedfertigkeit und Wahrhaftigkeit geprägt war (Bild 11).[57]

Daneben sahen sich Ingenieure auch in einer Frontstellung gegenüber Juristen. Letztere versperrten ihnen nicht nur den Aufstieg in höhere Ämter des öffentlichen

57 *Diesel 1903.*

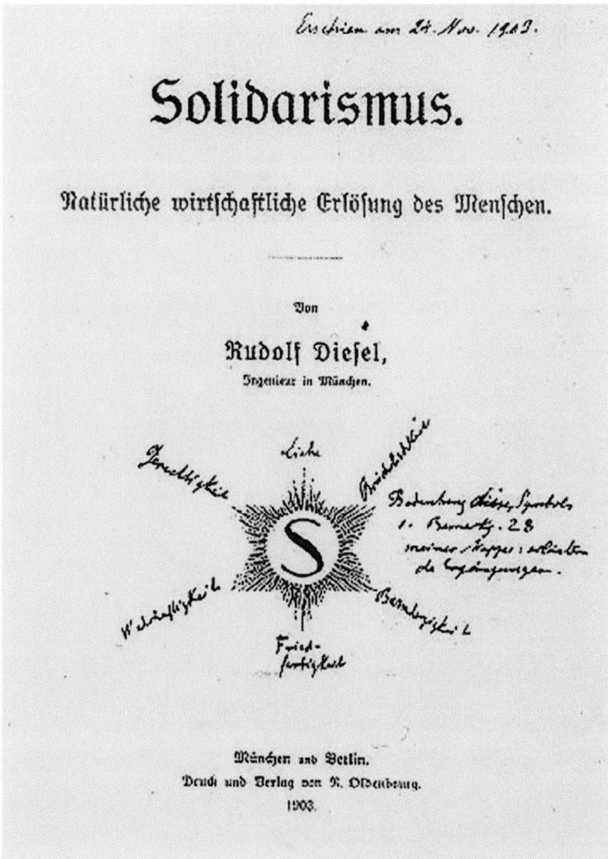
Solidarismus.

Natürliche wirtschaftliche Erlösung des Menschen.

Von

Rudolf Diesel,

Ingenieur in München.

München und Berlin.

Druck und Verlag von R. Oldenbourg.

1903.

Bild 11 Titelblatt einer Publikation Rudolf Diesels über die „Erlösung des Menschen“ durch den Ingenieur mit handschriftlichen Ergänzungen Diesels, 1903.

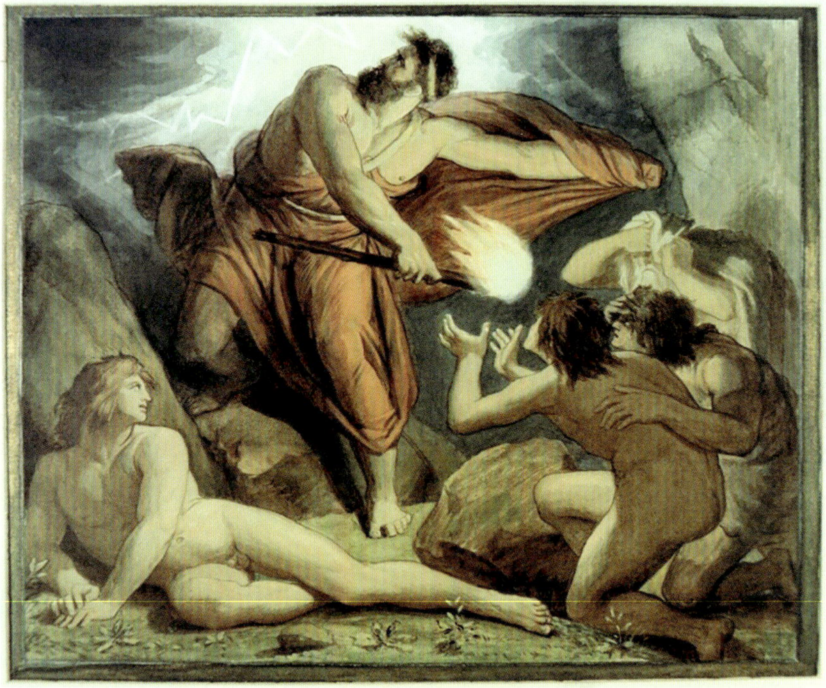

Bild 12 Darstellung von Technik als Kulturleistung und des Technikers als Kulturbringer: Prometheus bringt das Feuer. Allegorisches Wandgemälde von Anton Dietrich in der Aula des Polytechnikums Dresden am Bismarckplatz, 1875.

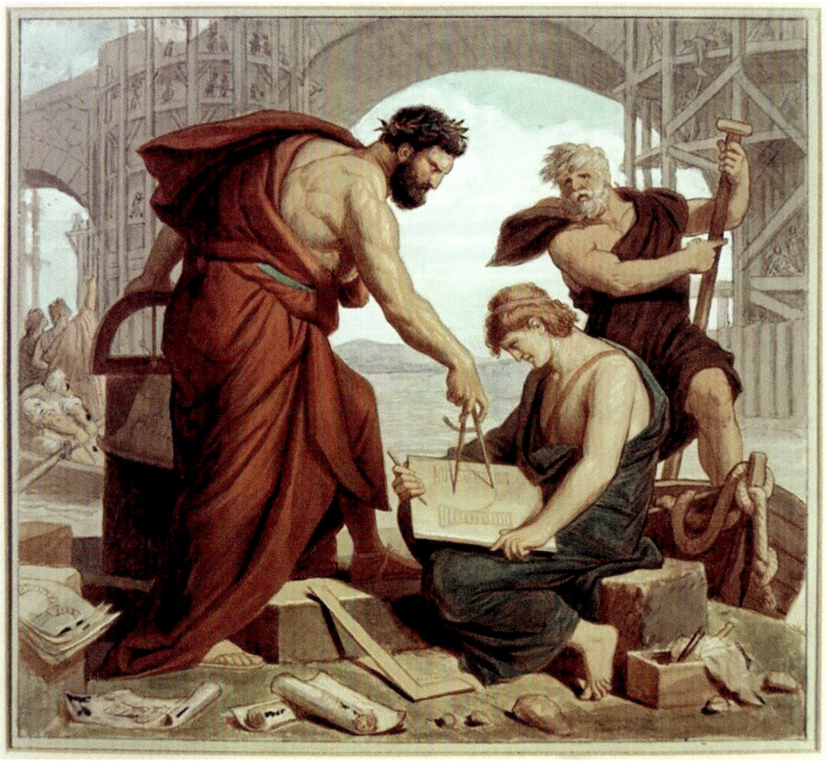

Bild 13 Prometheus lehrt den Brückenbau. Allegorisches Wandgemälde von Anton Dietrich in der Aula des Polytechnikums Dresden am Bismarckplatz, 1875.

Dienstes, sondern hingen auch dem Paradigma einer Regulierung durch staatliche Intervention an. Stattdessen setzten Ingenieure auf das Modell autonomer Selbstregulierung durch eigene Expertise. Schließlich grenzten sie sich scharf ab vom Bildungshumanismus mit seiner Überschätzung geisteswissenschaftlicher Gelehrsamkeit gegenüber der auf praktische Dinge gerichteten Anwendungsbezogenheit von Wissen.

In summa präsentierten Wortführer der Technikerbewegung um 1900 Ingenieure in pathosreicher Sprache als selbstlose Märtyrer für den Fortschritt.

So zeigte sich Werner Siemens, technischen und menschlichen Fortschritt in eins setzend, überzeugt, „dass unsere Forschungs- und Erfindungstätigkeit die Menschheit höheren Kulturstufen zuführt, sie veredelt und idealen Bestrebungen zugänglicher macht, [...] sie besser, glücklicher und mit ihrem Geschick zufriedener machen wird [...], und sie nicht erniedrigen kann, sondern sie auf eine höhere Stufe des Daseins erheben muss!“[58] Alois Riedler bestand in einer Rektoratsrede zum Anbruch des neuen Jahrhunderts darauf, dass historischer Fortschritt nie das Werk großer Männer oder die Massen mobilisierender Ideen gewesen sei, sondern schlicht Ergebnis technischer Entwicklung als bewegender Kraft der Menschheitsgeschichte.[59]

Ebenso sublimierten sogenannte Dichteringenieure, wie Max Eyth oder Max Maria von Weber, Ingenieure zu den dringend aufwertungsbedürftigen, eigentlichen Helden der Zeit, die der Menschheit in Demut rastlos dienten (Bild 14).[60]

Einige Protagonisten der Emanzipationsbewegung gingen noch weiter. Unter der Prämisse, Technik würde bald die Hegemonie in allen Lebensbereichen übernehmen, verhieß der die Techniker gleichermaßen als „Diener und Prometheus“[61] feiernde Ingenieur Ludwig Brinkmann: „Wir bahnen unseren [...] Enkeln die größeren besseren Zeiten an, die Zukunft, welche dem Ingenieur gehört“.[62] Aus dieser Geltungsbehauptung leitete er sodann einen Führungsanspruch ab, der sich selbst auf das Militärische bezog. Die Tage seien nicht mehr fern, da Ingenieure fast ausschließlich den Wehrstand bilden würden, in dem die Kriegsführung ein Spezialzweig der Technik geworden sei.[63] Mit der Formulierung des Führungsanspruchs ließ der Autor, anders als die meisten seiner Berufsgenossen in öffentlichen Verlautbarungen, gleichwohl die Katze der Altruismus-Behauptung aus dem Sack: Der Ingenieur, so Brinkmann, dürfe sich nicht in das Korsett eines dienenden Spezialisten pressen lassen, sondern müsse als allgemein gebildeter Kulturmensch auftreten, als Herr (Bild 15).[64]

Die immer offensiver vorgetragenen Geltungsbehauptungen der Ingenieure stießen im Bildungshumanismus auf Widerspruch. So sah sich Max Weber zu der Replik veranlasst, Techniker seien allen Ernstes zu dem Glauben gelangt, die Technik und ihre Evolution sei das „ausschließlich führende Element in unserer Kulturentwickelung“.[65] Ebenso wies er die Vorstellung zurück, Glück ließe sich simpel durch Technik gewinnen. Daran würden nur „große Kinder“ glauben.[66]

Alles in allem wiesen sich Ingenieure nicht nur eine innovative Funktion zu, sondern beanspruchten, indem sie technischem Handeln per se Gemeinwohl-

58 Siemens 1891, S. 499.

59 Riedler 1900a, S. 3 et passim.

60 Vgl. von Weber 1882; von Weber 1907; Eyth, 1899; Eyth 1904–05; Eyth 1905.

61 Brinkmann 1908, S. 85.

62 Ebd., S. 82f.

63 Ebd.

64 Ebd.

65 Weber 1980 (1922), S. 451f.

66 Weber 1985 (1919), S. 598.

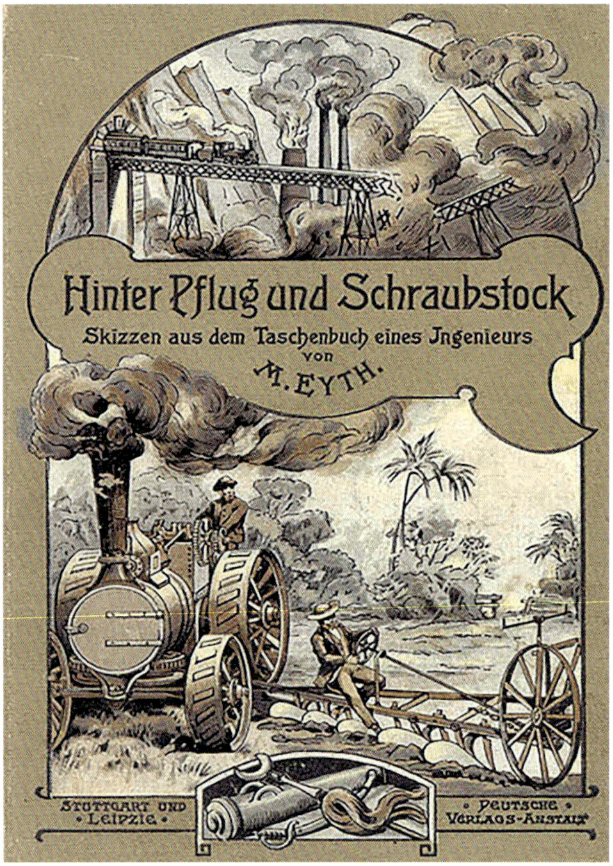

Bild 14 Max Eyth: Ingenieure als Helden und rastlose Diener ihrer Zeit (Stuttgart 1899).

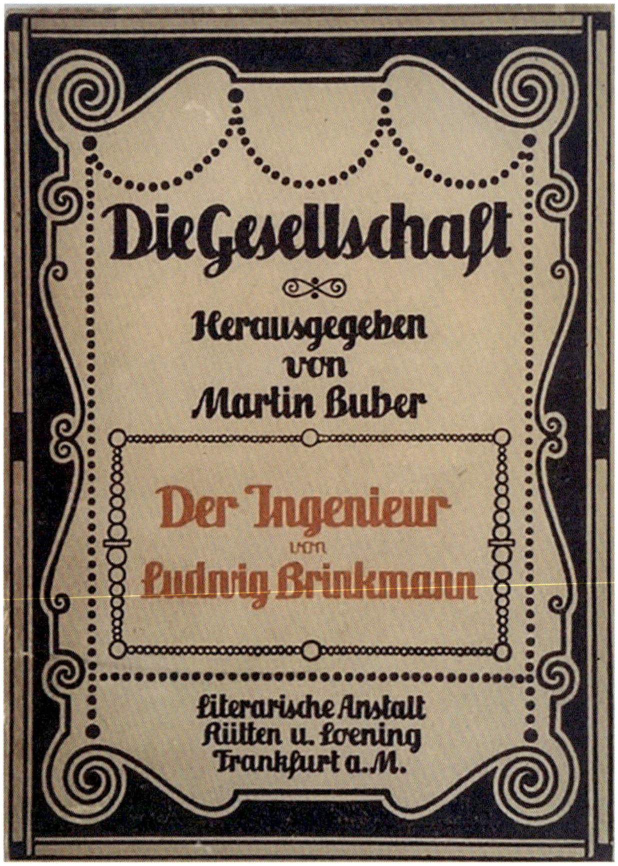

Bild 15 Ludwig Brinkmann: Der Ingenieur ist mehr als ein dienender Spezialist (Frankfurt a. M. 1908).

orientierung unterstellten, ebenso eine karitative und kurative Funktion. Partikulare und durchaus eigensinnige Interessen der Ingenieure wurden damit zu einer Altruismus-Behauptung transformiert, die einerseits auf Statuserhöhung und Anmelden gesellschaftlicher Führungsansprüche, andererseits auf Akzeptanzbeschaffung und Vertrauensbildung für technisches Handeln zielte.

Plausibilisiert wurde dies durch eine doppelte Gerichtetheit der Altruismus-Konstruktion.[67] Ingenieure reklamierten nicht nur das Sich-Aufreiben für das Allgemeinwohl. Sie kultivierten ungeachtet sehr heterogener Interessenlagen innerhalb des Berufstandes auch einen gruppenbezogenen Altruismus. Deutsche Ingenieure einte die Überzeugung, dass Kompetenz und Innovativität nicht nur durch Konkurrenz gefördert werden, sondern sich gleichermaßen durch Zusammenarbeit in einer sich gemeinschaftlich verbunden fühlenden und Erfahrungswissen austauschenden Gruppe einstellen. Dieser gruppenfixierte Gemeinsinn gilt als deutsche Spezifik.[68]

Auch in diesem Kontext gewann der die Hochmoderne prägende Szientismus Bedeutung als stützendes Phänomen. Das Insistieren der Ingenieure auf der An-

67 Im Folgenden nach Hänseroth 2013.

68 Vgl. Gispen 1995; Dienel 2005; Radkau, 2008, S. 390, 400.

wendung vermeintlich „objektiver“, wissenschaftlich generierter Wissensbestände erfolgte keineswegs nur in legitimatorischer Absicht. Ebenso sollte wissenschaftsgeleitetes Handeln für das sachzwangartige Hervorbringen alternativloser Lösungen unabhängig von Interessen des im Einzelfall Handelnden sorgen. Insofern wurde Wissenschaft mit ihrem Objektivitäts- und Gewissheitsversprechen in den Status eines „Konsensgenerators“ eingesetzt. Erstmals scheint dies bereits 1729 in einer Gründungsschrift der Technikwissenschaften auf. Ihr Autor verwies im Kontext der Rechtfertigung wissenschaftsorientierter Vermittlung von Wissen auf die konsensualen Effekte wissenschaftsgestützter Praktiken: „Doch verhoffentlich wird eine Zeit kommen, da die Meßkünstler, die Naturforscher, die Kriegs- und bürgerlichen Baumeister bey nahe einerley Sinnes seyn werden.“[69]

Dieser doppelte Altruismus brachte offenkundig weite Teile der Gesellschaft zu der Überzeugung, dass die Berufsgruppe Interessen der Allgemeinheit vertritt. Insofern geriet das kollektive Selbstbild von Ingenieuren als individuelle Ambitionen zurückstellenden altruistischen Dienern der Menschheit auch zum Fremdbild. In diesem Sinne wurden seit dem späten 19. Jahrhundert Ingenieure verbreitet als an der Verbesserung der Gesellschaft arbeitende Gruppe wahrgenommen. Der Sachbuchautor Georg Biedenkapp befand 1910, die Technikgeschichte biete „vorbildliche Charaktere und erhabene Meistergestalten […], deren ethischer Wert das von der Literatur Gebotene vielleicht beträchtlich überstrahlt.“[70]
Widergespiegelt wurde das Fremdbild auch in Filmen der Zwischenkriegszeit, die Technik zum Gegenstand künstlerischer Reflexion hatten. Ingenieure agierten hier stereotyp als zwar reichlich langweilige, aber extrem arbeitsame und letztlich die Handlung zum Guten lenkende Pflichtmenschen. Auch im entstehenden Genre des deutschsprachigen Zukunftsromans verhalfen üblicherweise unpolitische, herzensgute und auf schlichten Lebensstil bedachte Ingenieure mit überlegenem Können und Durchsetzungsvermögen ihrem Vaterland zu weltpolitischer Überlegenheit.[71]
Aufs Ganze gesehen bildete sich ein wechselseitiges Stabilisierungsverhältnis zwischen technisiertem Fortschrittsglauben und Altruismus-Behauptung der Ingenieure heraus, die zugleich Legitimationsressource und Mobilisierungsstrategie

69 Bélidor 1757 (1729), Buch II, S. 46.

70 Biedenkapp 1910, S. 25.

71Woschech 2019.

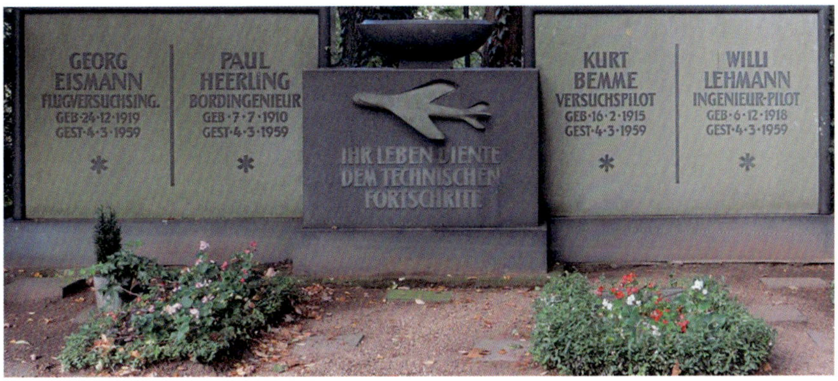

Bild 16 „Ihr Leben diente dem technischen Fortschritt“. Grabmal für die Crew der am 4.3.1959 auf einem Testflug abgestürzten „152 V1“, des ersten in Deutschland entwickelten Passagier-Strahltriebwerksflugzeugs, auf dem Friedhof Dresden-Klotzsche.

füreinander waren. Die damit vorgenommene Absicherung gegenwärtiger Entwicklungen aus kollektiven Erwartungshorizonten künftiger Zustände vermochte tendenziell technisches Handeln gegenüber gesellschaftlicher Kritik unverfügbar zu stellen.

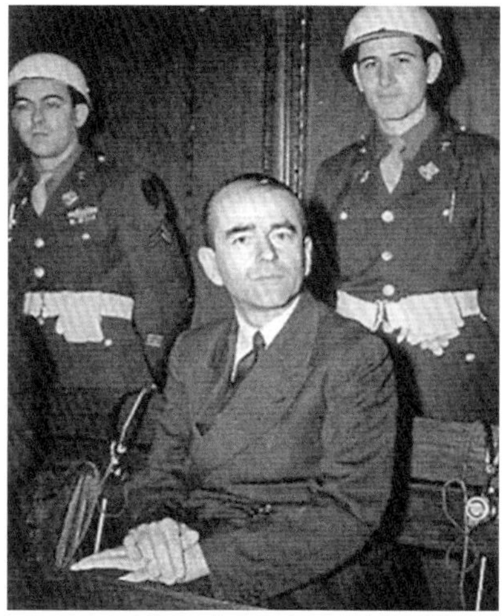

Bild 17 Albert Speer als Angeklagter der Nürnberger Prozesse, 1945/46.

FAZIT UND AUSBLICK

Die als wesentliches Element einer Emanzipationsstrategie im ausgehenden 19. Jahrhundert vorgenommene Zusammenführung von Altruismus-Narrativ und technisierter Fortschrittsidee wurde in der Hochmoderne auf Dauer gestellt und erlangte den Status einer zentralen Geltungsbehauptung und Identitätsbestimmung von Ingenieuren. Einst im Konsens gesetzte kulturelle Prägungen vermochten mithin im Sinne von Prädispositionen wertbezogene Wahrnehmungs- und Handlungsmuster sowie Leitbilder mittel- bis langfristig einzufrieren. Das Professionsethos verband einerseits das Sich-Berufen auf wissenschaftsgeleitete Kompetenz im Umgang mit der vermeintlich wertneutralen, allein der Sachlogik unterliegenden Technik mit selbstloser Pflichterfüllung im Gemeinwesen andererseits.

Ingenieure gaben vor, ihr Ich zu suspendieren und sich im Kontext der jeweils obwaltenden politischen Ordnung in den Dienst des „Vaterlandes“, der „Nation“, des „Volkes“, der „Volksgemeinschaft“, der „Rasse“, der „Gesellschaft“, der „Klasse“, des „Sozialismus/Kommunismus“ oder auch, losgelöst von Referenzobjekten, schlicht des dann frei von überformenden ideologischen Implikationen gedachten technischen Fortschritts zu stellen. Fallweise präsentierten sie sich als Akteure gesellschaftlichen Fortschritts, Heiler sozialer Krisen und unparteiische Problemlöser, Garanten außenpolitischer Machtentfaltung sowie innenpolitischer Stabilität, Friedensstifter und nicht zuletzt Kulturbringer. Die Verknüpfung der Altruismus-Formel mit den ebenso verbreiteten wie unzutreffenden Postulaten, Techniker seien unpolitisch und Technik sowie Wissenschaft seien wertfrei, vermochte während der Hochmoderne offenkundig das Vertrauen breiter Kreise der Gesellschaft in die „Segnungen“ von Technik zu stützen.

Die Doppelhelix von technisiertem Fortschrittsversprechen und Altruismus-Behauptung erfuhr angesichts sich gleichwohl perpetuierender Legitimations- und Integrationszwänge der Gruppe während der Hochmoderne wiederholt revitalisierende Konjunkturen. Vornehmlich in von der Auflösung des Selbstverständlichen charakterisierten Umbruchzeiten setzte das Reden über den verinnerlichten Altruismus wieder ein. Die Verbindung von Technikoptimismus und Altruismus-Behauptung fungierte offenkundig wie eine Art Stammhirn der Gruppe: Im „Normalbetrieb“ weitgehend unsichtbar und überlagert von anderen Schichtungen, trat sie in Zeiten krisenhafter Neuorientierung umso deutlicher hervor. Jeweils unter Anpassung an sich wandelnde politische und soziale Kontexte wurden Altruismus-Formel und technisierte Fortschrittsverheißung in Ansatz gebracht, um

Gestaltungs- und Machtansprüchen Nachdruck zu verleihen sowie die Unverfügbarkeit technischen Handelns für gesellschaftliche Kritik zu sichern. Nicht zuletzt wurde das reklamierte unpolitische Dienen nach dem Zusammenbruch der beiden deutschen Diktaturen als zentrales Element von Exkulpations-Rhetoriken der in Kollaborationsverhältnissen verwickelten Akteure genutzt.[72] Eine Blaupause derartiger Sprechakte lieferte Albert Speer, der sich vor dem Internationalen Militärgerichtshof Nürnberg (1945/46) zum lediglich der Technik dienenden Akteur stilisiert hatte und dies später in seinen „Erinnerungen" aufgriff: „Entscheidende Jahre meines Lebens habe ich der Technik gedient, geblendet von ihren Möglichkeiten."[73] (Bild 17)

Das Stabilisierungsverhältnis von Technikgläubigkeit und Altruismus-Behauptung löste sich in der alten Bundesrepublik erst seit den 1970er Jahren im Zuge der Erosion von Fortschrittsglauben und Zukunftsoptimismus auf.[74] In der DDR hatte es, so die These, bis zu deren Zusammenbruch Bestand – ungeachtet oder auch gerade angesichts der sukzessiven Delegitimation des sozialistischen Zukunftsversprechens.[75]

72 Vgl. von Plato 1998; Hänseroth 2001, Kaiser 2006, S. 234f.; Zachmann 2006, S. 272f.; Hänseroth 2020, S. 264. Zum Umbruch nach 1989 vgl. Hänseroth 2001, S. 328f.

73 Speer 1969, S. 525. Vgl. Schröder 2016.

74 Aus der Fülle an Literatur vgl. Lübbe 2004; Doering-Manteuffel / Raphael 2008, S. 10f. et passim; Engels / Hertzog 2011; Assmann 2013, S. 280–285 et passim; Herbert 2014, S. 912–922 et passim; Seefried 2016; Doering-Manteuffel / Raphael / Schlemmer 2016; Radkau 2017, S. 289–296 et passim; Sabrow 2019, S. 24 et passim. Als instruktiv Fortschritts- und Niedergangsdiskurse der 1970er Jahre reflektierende Quelle vgl. Dahrendorf 1979. Doch ebenso, wie Fortschrittsglaube und Zukunftsoptimismus während der Hochmoderne nie ungebrochen waren, sind sie seither keineswegs verschwunden. Vgl. zusammenfassend Graf 2016.

75 Hänseroth 2020, S. 264.

Reinhold Bauer

INNOVATIONEN
In Grenzen Neues

Im Fortschrittskonzept der Hochmoderne ist Innovation ein Schlüsselbegriff. Der Fortschrittspfad freilich verläuft alles andere als gerade, und einfache, lineare Modelle von Innovation als Triebfeder der Technikentwicklung greifen zu kurz. Die Beharrungskräfte des Alten sind mächtig: Die Erfolgsaussichten des Neuen steigen, wenn es nicht zu neu ist.

Der britische Kulturhistoriker Peter Burke hat Ende der 1990er Jahre versucht, Wesen und Charakter der westlichen Geschichtswahrnehmung in idealtypischer Form zu umreißen. Er wies dabei dem Fortschrittsgedanken einen entscheidenden Platz zu. So kommt Burke zu dem Ergebnis, dass die „wichtigste, oder zumindest auffälligste Eigenart des westlichen historischen Denkens, [...] die Betonung von [...] Fortschritt, mit anderen Worten die ‚lineare' Sicht der Vergangenheit [ist]".[1] Bekanntlich ist das hier von Burke thematisierte Fortschrittsdenken eines der zentralen Charakteristika gerade der Hochmoderne. Gemeint ist damit, dass die Weltwahrnehmung durch Fortschrittsnarrative oder – grundsätzlicher – durch ein nicht hinterfragtes und nicht hinterfragbares optimistisches Fortschrittsparadigma geprägt wurde. Dieses Fortschrittsparadigma wiederum besagt, dass sich die Welt vom „Schlechteren" zum „Besseren" entwickle,[2] dass sich die Probleme der Menschheit durch technischen, medizinischen, gesellschaftlichen, kulturellen Fortschritt lösen ließen.[3]

Die Entwicklung zum Besseren vollzieht sich dabei freilich nicht automatisch, sondern sie setzt willentliche und gezielte Veränderungen voraus. Diese Veränderungen wiederum werden gemeinhin als *Innovationen* bezeichnet.

Das Konzept der Innovation ist ausgesprochen eng mit dem normativen Fortschrittskonzept der Hochmoderne verknüpft, und dieses wiederum ist in der populären Imagination geradezu nahtlos mit dem Narrativ eines linearen *Fortschrittspfeils*[4] verwoben. Technische Entwicklung verläuft innerhalb dieses Denkens entlang eines geraden, rationalen Pfades aus der Vergangenheit in die Gegenwart.Es wird im Folgenden darum gehen, ein wenig über die Fallstricke dieses Fortschritts- und Innovationskonzeptes nachzudenken, wobei zunächst einmal die Entwicklung der historischen Innovationsforschung selbst knapp skizziert werden soll. Die Eingangsthese lautet dabei, dass das Innovationskonzept zwar eng mit dem Fortschrittsnarrativ verwoben ist, die Innovationsforschung aber gerade ein Kind der Krise der Hochmoderne war. Eine zweite These schließt daran an und lautet, dass die Innovationsforschung zwar Kind der Krise war, das

1 Burke 1999, S. 35. Vgl. auch Berkhofer 1995; Gibas / Hadler / Middell 2000, S. 21f.

2 Selbstverständlich ist es de facto häufig so, dass ein und dieselbe Entwicklung unter bestimmten Aspekten als Verbesserung, unter anderen hingegen als hoch problematisch interpretiert werden kann. Bei der Definition und Diagnose von „Verbesserung" respektive „Verschlechterung" wenden unterschiedliche Gruppen sehr unterschiedliche Kriterien an. Grundsätzlich ist eine Einigung darüber, welche Entwicklungen welcher Kategorie zuzuordnen ist, immer nur innerhalb einer mehr oder minder großen Gruppe möglich. Schon das stellt einfache Fortschrittsnarrative sofort in Frage (Bauer 2006, S. 15).

3 Dazu zusammenfassend Speich Chassé 2012, passim.

4 Zur Idee des Fortschrittspfeils u.a. Rohbeck 2010, S. 127; Weber 2019, S. 123.

Bild 1 Werbewirksamer Zukunftsoptimismus zu Beginn der Hochmoderne: Die Elektrotechnik befreit Prometheus von seinen Ketten.

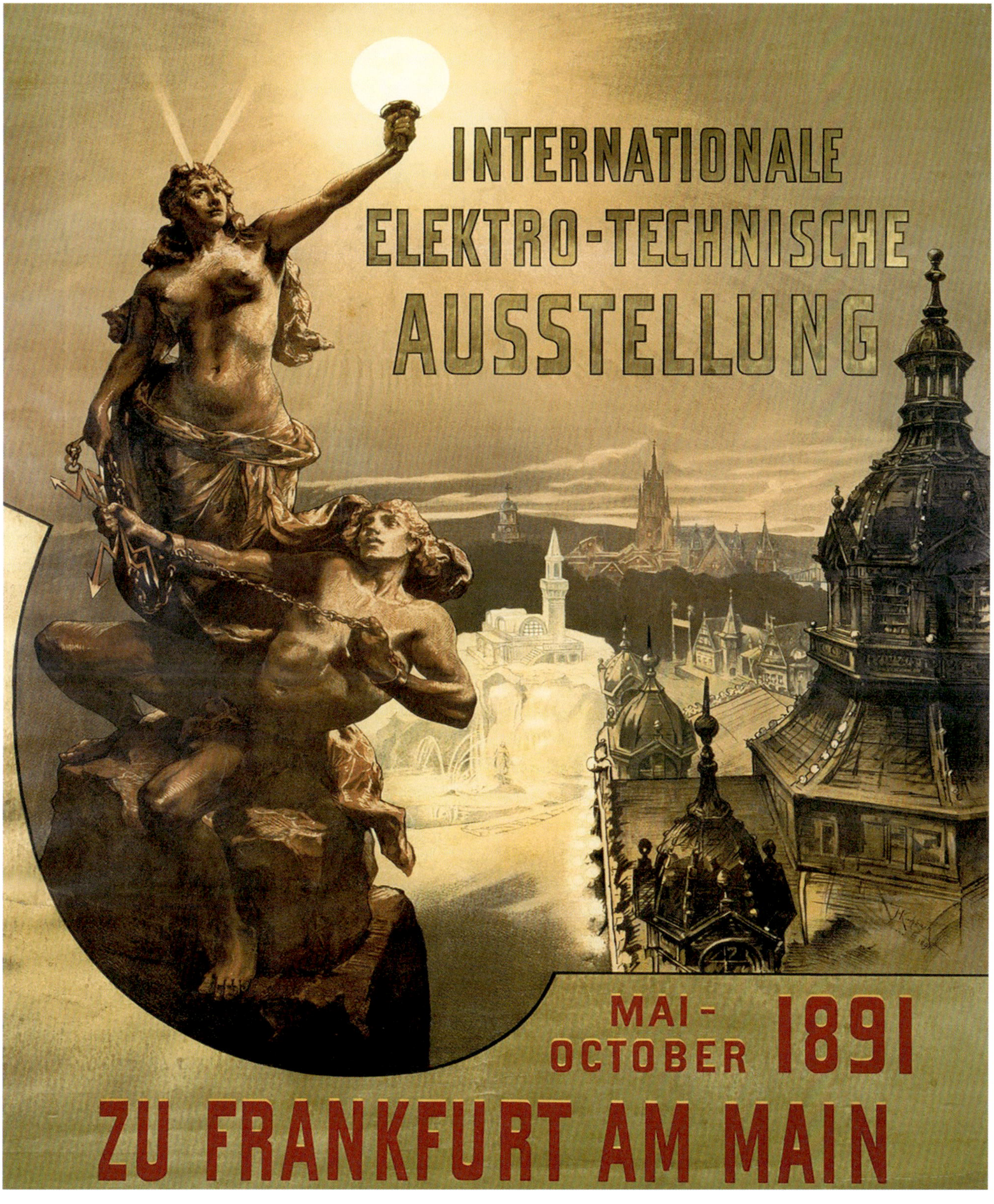
INTERNATIONALE
ELEKTRO-TECHNISCHE
AUSSTELLUNG
MAI-
OCTOBER 1891
ZU FRANKFURT AM MAIN

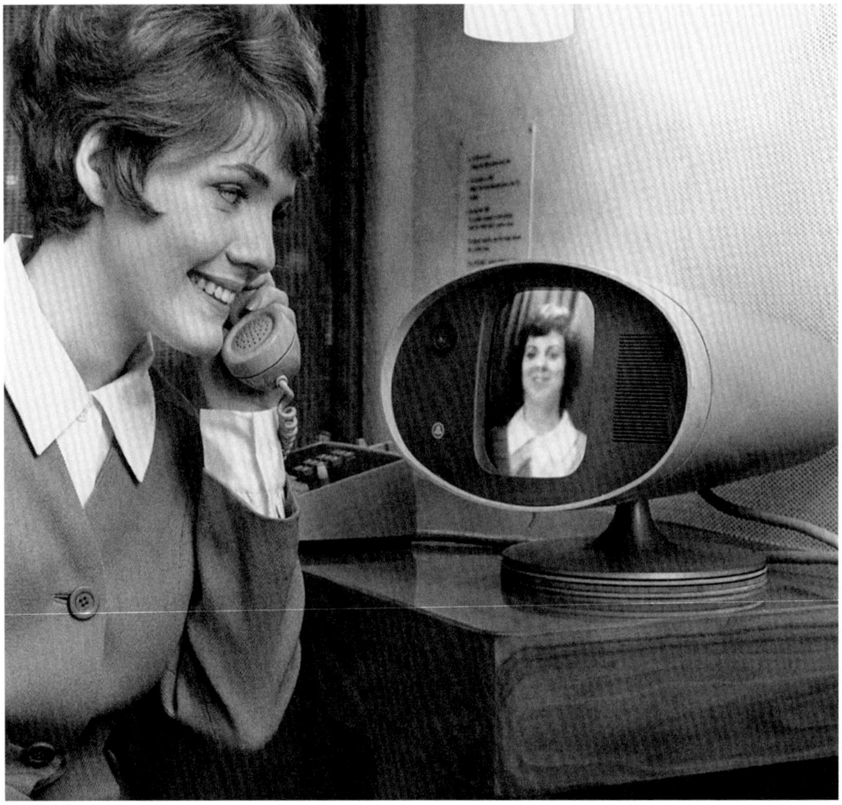

Bild 2 Gescheiterter Innovationsversuch der 1970er Jahre I: Das Bildtelefonsystem „Picturephone" von AT&T.

Innovationskonzept und der heute ja omnipräsente Innovationsbegriff[5] allerdings bisweilen den linearen Fortschrittspfeil gleichsam durch die Hintertür wieder in den Diskurs zurückbringen, aber dazu später mehr.

Im Zentrum dieses Beitrags wird also gar nicht so sehr das „Bauen am Limit" selbst stehen, sondern eher basale Überlegungen zum Phänomen der Innovation und zur historischen Innovationsforschung. Der Anknüpfungspunkt ergibt sich allerdings unmittelbar aus der Frage nach dem „Konstruieren in der Hochmoderne", die rasch zum Phänomen der Innovation führt. Wenn hier von Innovationen die Rede ist, dann sind in erster Linie technische Innovationen in ihrem Charakter als planvolle, zielgerichtete Veränderungs- bzw. Entwicklungsprozesse gemeint, die zur erstmaligen wirtschaftlichen Verwertung einer neuen Problemlösung führen. Innovationen zeichnen sich durch ihre praktische Verwendung bzw. wirtschaftliche Verwertung aus. Erst durch diesen Verwertungsaspekt wird aus einer Erfindung, also einer Invention, tatsächlich eine Innovation.[6] Der Friedhof für Inventionen, die es nie bis zur erfolgreichen Innovation gebracht haben, ist gerammelt voll:[7] Er beherbergt etwa das Bildtelefonsystem „Picturephone" der US-amerikanischen AT&T-Company (Bild 2) ebenso wie das „Cabinentaxi" von Demag und Messerschmitt-Bölkow-Blohm (Bild 3). Durchaus typisch ist, dass beide Entwicklungen zunächst als überzeugende technische Antworten auf mehr oder minder drängende Gegenwartsprobleme stürmisch gefeiert worden waren.

5 Benoit Godin hat im Rahmen seiner begriffsgeschichtlichen Arbeiten wiederholt darauf hingewiesen, dass der heutige, meist positiv konnotierte Innovationsbegriff relativ neu ist. Erst im Laufe des 19. Jahrhunderts bildet sich die positive Aufladung langsam heraus, und vor allem im letzten Drittel des 20. Jahrhunderts stieg der Begriff der Innovation dann zu einem Slogan der öffentlichen Kommunikation auf. Seine Geschichte ist aber sehr viel älter und ausgesprochen wechselvoll. Über Jahrhunderte wurde der Begriff keineswegs positiv gedeutet. Insbesondere in der Frühen Neuzeit denunzierte man mit dem Begriff des Innovators den gefährlich abweichenden Denker, den Ketzer, Betrüger und Revolutionär (vgl. insbes. Godin 2015).

6 Bauer 2017, S. 315.

7 Frei nach Bernard Réal: „Le cimitière des innovations non difussées est plein a craquer" (Réal 1990, S. 26).

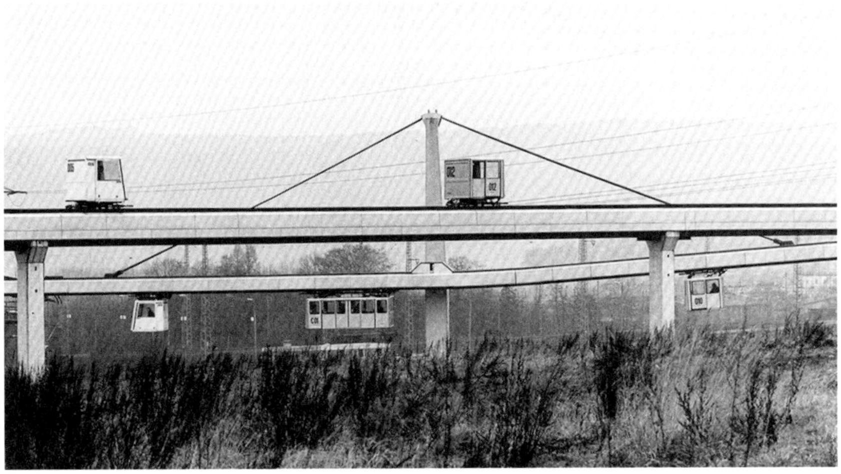

Bild 3 Gescheiterter Innovationsversuch der 1970er Jahre II: Das „Cabinentaxi“ von Demag und Messerschmitt-Bölkow-Blohm.

INNOVATONSFORSCHUNG

Solange das Vertrauen in Wissenschaft und Technologie als Mittel zur Neuordnung der sozialen und natürlichen Welt anhielt und also das Fortschrittskonzept im Großen und Ganzen unangetastet blieb, solange spielte die Frage, wie genau denn eigentlich das Neue in diese Welt hinein kam, keine so große Rolle. Erst mit dem Ende des von Eric Hobsbawm so genannten „Goldenen Zeitalters“ des westlichen Aufstiegs begann einerseits der Fortschrittsglaube zu bröckeln und andererseits die Karriere des Innovationsbegriffs und der Innovationsforschung.[8]

Es war die erste Rezession der Nachkriegszeit, die in der zweiten Hälfte der 1960er Jahre zu einem deutlichen Aufschwung der Auseinandersetzung mit dem Phänomen der Innovation in den Wirtschaftswissenschaften und dann nachfolgend auch in den Geschichtswissenschaften führte. Wesentlich geprägt wurde dieser Aufschwung von der Wiederentdeckung des österreichisch-amerikanischen Ökonomen Joseph Alois Schumpeter, dessen Anfang des 20. Jahrhunderts veröffentlichte Arbeiten zum Zusammenhang von Innovation, Wettbewerbsfähigkeit und Konjunkturzyklen nun die Grundlage der modernen Innovationsforschung bildeten.[9] Wesentlich verstärkt wurde das Interesse an Schumpeter durch die sich nach der Ölpreiskrise von 1973 formierende Konjunktur- und anhaltende Wachstumskrise bzw. durch das sich nun manifestierende vehemente Krisenbewusstsein. Die Krise wurde nämlich ganz wesentlich auch als das Ergebnis unzureichender Innovationsfähigkeit in den altindustriellen Staaten Europas und Nordamerikas interpretiert.[10]

Mit der „Schumpeter-Renaissance“ expandierte zunächst die ökonomische Innovationsforschung in großer Breite. Gefragt wurde danach, wie Innovationen generiert, implementiert und genutzt werden. Zunächst stand das Unternehmen als Ort der Innovation im Mittelpunkt. Insbesondere ab den späten 1970er, frühen 1980er Jahren erweiterte sich der Blick auf den Einfluss unternehmensexterner Rahmenbedingungen. Hier formierte sich das Konzept des Innovationssystems, mit dem

8 Hobsbawm 1995.

9 Schumpeter 1911; Schumpeter 1939.

10 Zusammenfassend u.a. Reith 2006, S. 12; Trischler / Steiner 2008, S. 458; Fraunholz / Hänseroth 2012; Belitz / Schrooten 2008.

die Unternehmen in größeren systemischen Zusammenhängen verortet wurden. Ausgesprochen einfluss- und ertragreich war dabei der Untersuchungsansatz der nationalen Innovationssysteme, der über die Unternehmen hinaus staatliche Akteure sowie wissenschaftliche Institutionen in ihrem Einfluss auf das Innovationsgeschehen untersuchte (Bild 4).[11] Innovationen wurden nun innerhalb einer je länderspezifischen Trias aus Unternehmen / Industrie, Staat / Verwaltung sowie Forschungsinstitutionen verortet.[12]

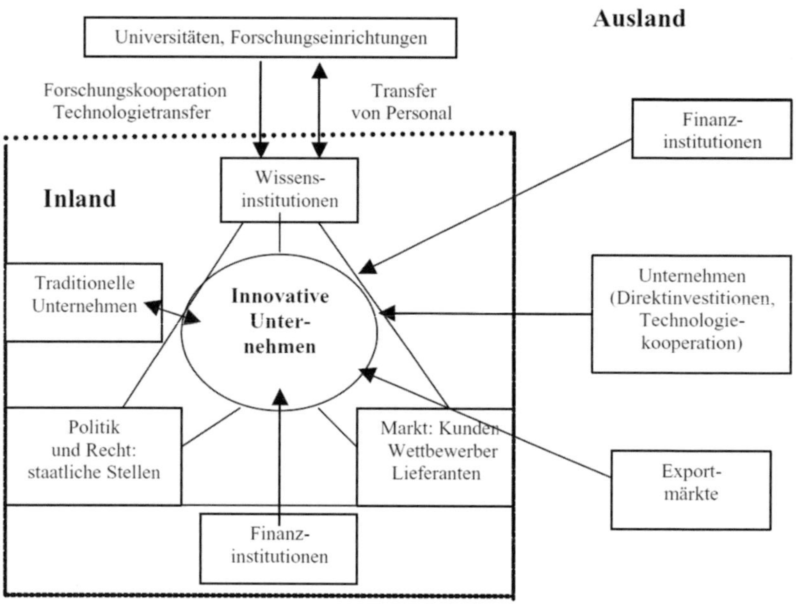

Bild 4 Das Innovationssystem als institutionelles Netzwerk.

TECHNIKHISTORISCHE INNOVATIONSFORSCHUNG

In der Etablierungsphase der modernen Innovationsforschung war explizit auch die damals rasch expandierende technikhistorische Forschung aufgerufen, sich zu beteiligen. Innovationen erschienen als die „Mikroeinheiten der technischen Entwicklung"[13] von besonderer Relevanz für die Technikgeschichte und für deren Frage danach zu sein, wie denn „das Neue" in die Welt kommt. Nicht nur die am Innovationsgeschehen beteiligten individuellen und kollektiven Akteure wurden eingehender untersucht, vor allem musste das Innovationsgeschehen in größeren gesellschaftlichen Zusammenhängen verortet werden. Es ging einerseits darum, am historischen Beispiel Innovationsprozesse zu untersuchen und diese auf ihr transtemporales Lernpotenzial hin zu befragen. Andererseits ging es um die Suche nach typischen Verlaufsformen sowie unterschiedlichen Idealtypen von Innovationen, also etwa Produkt- oder Prozessinnovationen, Basis- oder Verbesserungsinnovationen (Bild 5) und auch angebots- oder nachfrageinduzierte Innovationen (Bild 6). Auch die technikhistorische Forschung nahm das Konzept

11 Reith 2006, S. 14f.; Trischler / Steiner, S. 463. Zentral für die Formationsphase der wirtschaftswissenschaftlichen Innovationsforschung u.a. Schmookler 1966; Hägerstrand 1967; Freeman 1974.

12 Zur Trias Unternehmen / Industrie, Staat / Verwaltung, Forschungsinstitutionen siehe auch Kurrer 1997; Kurrer 2011.

13 König 2009, S. 64.

der nationalen Innovationssysteme auf. Sie setzte sich mit deren Etablierung und Entwicklung auseinander, fragte nach den Wechselwirkungen zwischen Innovations- und Wissenssystemen sowie nach dem Einfluss der Innovationssysteme auf die Innovationsstrategien einzelner Branchen.[14]

Mit dem Aufstieg von „Kultur" zum neuen, auch geschichtswissenschaftlichen Leitbegriff deutete sich seit den 1990er Jahren eine Erweiterung des Konzepts der Innovationssysteme an, in dem nun auch die Berücksichtigung der handlungs- und entscheidungsleitenden kulturellen Prägungen, also der Normen und Werte von institutionellen und individuellen Akteuren zumindest angemahnt wurde. Anders ausgedrückt: Das Konzept der Innovationssysteme sollte zu einem Konzept der Innovationskulturen erweitert werden, in dem „harte" (systemische) mit „weichen" (kulturellen) Einflussfaktoren verschränkt werden sollen.[15]

Kritisiert wurde damals auch, dass die Vorstellung von Innovationssystemen zu sehr auf den Einfluss klassischer institutioneller Akteure sowie auf quantitativ messbare und politisch beeinflussbare Rahmenbedingungen fokussiere.

14 Zusammenfassend König 2009, S. 60–67; Trischler / Steiner 2008, S. 458–460. Zum Innovationssystem siehe insbesondere auch: Trischler 2001; Marsch 2000; Grupp / Dominguez-Lacasa / Friedrich-Nishio 2002.

15 Zur Definition „Innovationskultur" siehe Wieland 2006. Einflussreich war der von Ulrich Wengenroth geleitete BMBF-Forschungsverbund „Innovationskultur in Deutschland". Vgl. Fraunholz / Schramm 2005; Wengenroth 2001, passim; Wengenroth 2002; Reith 2006, S. 19; Trischler / Steiner 2008, S. 463f.

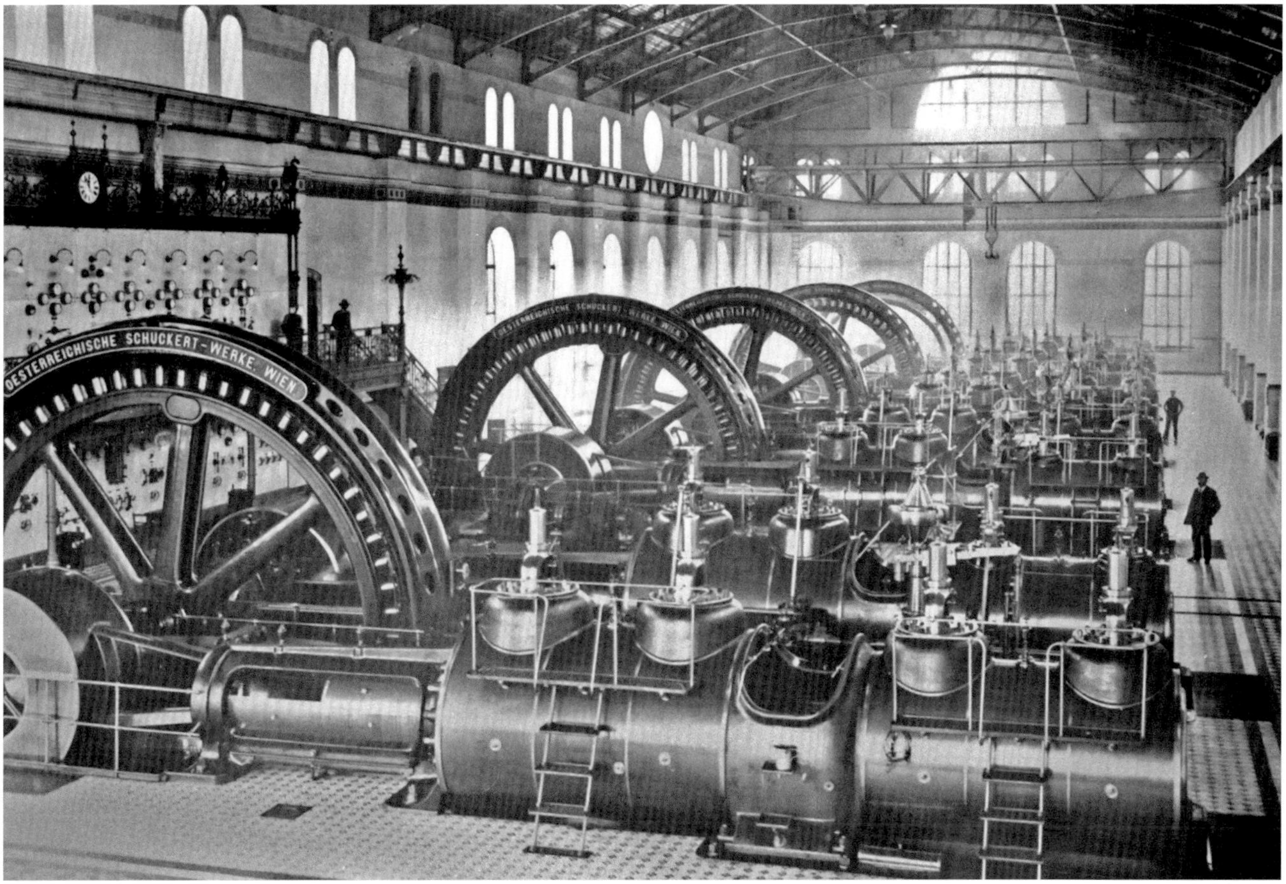

Bild 5 Starkstrom-Dynamomaschine als Basisinnovation der sich formierenden Hochmoderne: Maschinenhalle des Kraftwerks Wien-Simmering mit fünf dampfmaschinengetriebenen Generatoren.

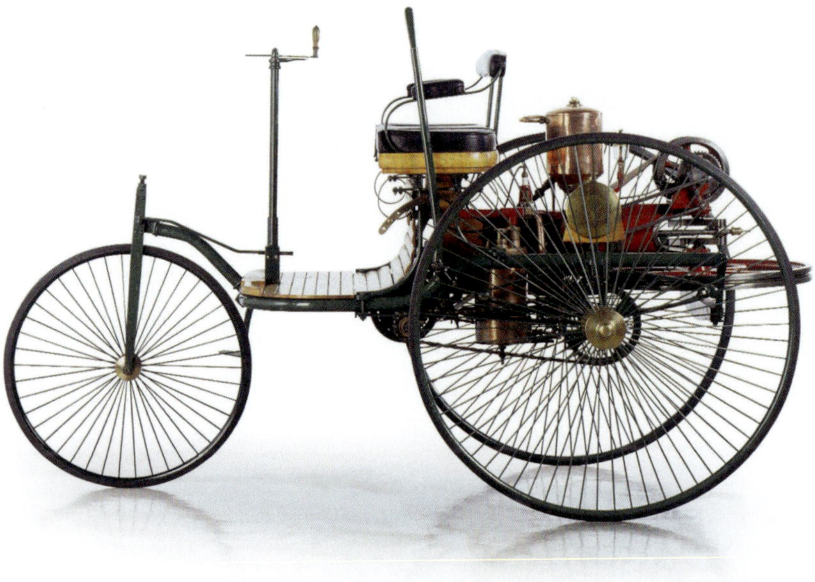

Bild 6 Benz Patent-Motorwagen von 1886: Das Straßenkraftfahrzeug mit Verbrennungsmotor als Beispiel für eine angebotsinduzierte Innovation, die nicht als Reaktion auf eine erkennbare Nachfrage entwickelt wurde.

Schließlich wurde darauf verwiesen, dass nicht nur nationale, sondern etwa auch regionale oder branchenspezifische Innovationssysteme untersuchenswert seien. Überzeugend erschien diese partielle Abkehr vom Nationalstaat als zentralem Akteur insbesondere in einer Phase der rasch voranschreitenden Globalisierung.[16] Die technikhistorische wie auch die techniksoziologische Innovationsforschung haben in den vergangenen etwa vier Jahrzehnten zunehmend differenziertere Innovationsmodelle erarbeitet. Insgesamt sind dabei vor allem die Komplexität und auch die Fragilität von Innovationsprozessen deutlich geworden. Einfache lineare Modelle von Invention, Innovation und Diffusion oder simple Unterscheidungen zwischen inkrementellen und disruptiven Innovationen werden dieser Komplexität nicht gerecht. Ein vielleicht erwartungskonformes Ergebnis ist dabei auch, dass es eben nicht allein die technische Leistungsfähigkeit des Neuen respektive seine relative Vorteilhaftigkeit ist, die über Erfolg oder Misserfolg entscheiden.[17] Naheliegenderweise spielt für Erfolg oder Misserfolg die bereits angesprochene Interaktion zwischen den zahlreichen an Innovationsprozessen beteiligten individuellen und institutionellen Akteuren eine zentrale Rolle. Ebenso entscheidend und eng damit verknüpft ist das politische, wirtschaftliche und auch kulturelle Entwicklungsumfeld, innerhalb dessen sich Innovationsprozesse vollziehen. Die Innovationsforschung hat zudem deutlich gemacht, dass sich das Ergebnis von Innovationsprozessen nicht ausschließlich durch „harte" Faktoren wie etwa Können, Kosten oder Konkurrenzsituation erklären lässt. Zu erkennen sind vielmehr andere Faktoren wie etwa der wesentliche Einfluss des jeweiligen Innovationszeitpunkts oder das Verständnis für Nutzerbedürfnisse und Verwendungskulturen.

16 Reith 2006, S. 16f.

17 Dazu Bauer 2017, S. 321–325.

Entscheidend für die Erfolgsaussichten des Neuen ist nicht zuletzt, dass dieses Neue keine zu hohen Anpassungserfordernisse an seine potenziellen Produzenten oder künftigen Nutzerinnen und Nutzer stellen darf. Gemeint ist damit, dass der „Neuheitsgrad" oder auch die „Radikalität" einer Innovation nicht zu groß sein darf. Bei zu großer Radikalität passt nämlich das Neue häufiger gar nicht in die herrschende Produktions-, Produkt- oder Verwendungskultur. Seine Herstellung, Verbreitung oder Nutzung erfordern dann zu aufwendige technische, soziale oder eben auch mentale Veränderungen. Das heißt, dass die Anpassungskosten – ob nun im wörtlichen oder übertragenen Sinne – zu hoch zu werden drohen.[18] Das Neue darf also tatsächlich nur „in Grenzen" neu sein, es darf sich dem Limit gar nicht zu sehr annähern, da genau das seine Durchsetzbarkeit zu gefährden droht. Mit Limit kann somit nicht allein das Limit des jeweils technisch Beherrschbaren gemeint sein, da die Grenze des Durchsetzbaren auch von ganz anderen Faktoren limitiert wird. Und noch etwas anderes ist mit dem „in Grenzen Neuem" gemeint: Die Technikhistorikerin Heike Weber hat jüngst noch einmal auf die Persistenz des Alten hingewiesen und damit darauf, dass selbst das erfolgreiche Neue das Alte in der Regel weder rasch noch reibungslos, noch gar vollständig substituiert. Es komme de facto eher zu „Überlagerungen, zu graduellen Ablösungen und zu Verschiebungen"[19] und mitunter zu einer langanhaltenden Koexistenz von Neuem und Alten. Das gilt selbst für den Fall sogenannter disruptiver Innovationen, die sich ja gerade dadurch auszeichnen, dass sie einen ganz neuen Technikpfad eröffnen.[20] Auch hier bleibt es zunächst in der Regel bei einem Nebeneinander vom alten etablierten und neuen Pfad, ja mitunter zunächst bei einer Weiterentwicklung des Alten in Reaktion auf die neue Herausforderung. Eines der sicher bekanntesten Beispiele für dieses Phänomen ist das 1885 vom österreichischen

18 Bauer 2017, S. 323; Bauer 2006, S. 277–279.

19 Weber 2019, S. 123.

20 Weber 2019, S. 123–127; Weber 2021b, S. 405–407.

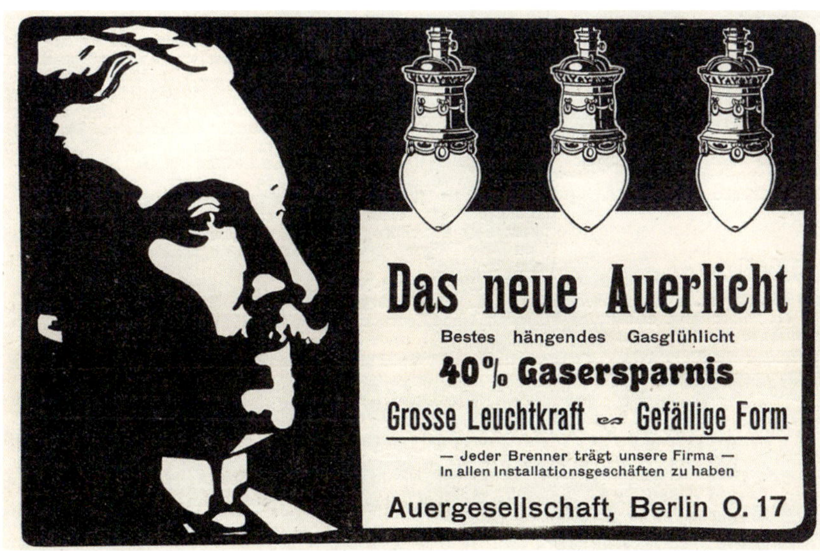

Bild 7 Das 1885 entwickelte Auer-Gasglühlicht sicherte die Konkurrenzfähigkeit des Gaslichts gegenüber der neuen elektrischen Beleuchtung.

Chemiker und Unternehmer Carl Auer von Welsbach entwickelte Gas-Glühlicht, bei dem mit Hilfe einer Gasflamme ein „Glühstrumpf" aus unterschiedlichen Oxiden zum Leuchten gebracht wurde (Bild 7). Bei geringem Gasverbrauch und somit niedrigeren Kosten brachte das sogenannte Auerlicht einen hohe Lichtausbeute, was die Konkurrenzfähigkeit des Gaslichts gegenüber der neuen elektrischen Beleuchtung noch über Jahrzehnte sicherte.[21]

Der Wirtschaftshistoriker Nathan Rosenberg untersuchte den Zusammenhang zwischen der Weiterentwicklung des Alten und der Konkurrenz durch das Neue in den 1970er Jahren, und er bezeichnete den entsprechenden Effekt als „Sailing Ship Effect". Diese Bezeichnung geht darauf zurück, dass Rosenberg das Phänomen am Beispiel des Segelschiffs festgemacht hat. Segelschiffe, so Rosenberg, seien in Reaktion auf die aufkommende Konkurrenz durch die radikale Innovation des Dampfschiffs weiterentwickelt worden, sodass hydrodynamisch optimierte, teilmechanisierte Segelschiffe mit eisernen Rümpfen entstanden, die zumindest für bestimmte Transportaufgaben bis in die Zwischenkriegszeit hinein konkurrenzfähig blieben (Bild 8).[22]

Also: Die Erfolgsaussichten des Neuen steigen, wenn es nicht *zu* neu ist.[23] Und selbst im Erfolgsfall des radikal Neuen bleibt das Alte häufig noch relativ lange konkurrenzfähig und präsent. Weber bemerkt dazu: „Aufgrund der Beharrungskraft von technischen Systemen und Infrastrukturen und den damit zusammenhängenden Wissensbeständen, Praktiken, Akteuren, Ökonomien, Strukturen und Mentalitäten führen selbst sogenannte radikale Innovationen immer wieder Elemente aus der bereits etablierten Technik fort, auch wenn dies ökonomisch oder technisch unnötig oder suboptimal erscheint."[24] Wir haben es hier letztlich mit Pfadabhängigkeiten[25] zu tun, die die Durchsetzungs*fähigkeit*, *-geschwindigkeit* und *-breite* des Neuen limitieren.

ABKEHR VON EINFACHEN FORTSCHRITTSNARRATIVEN

Der Fokus nicht nur von Technikhistoriker*innen auf das Neue, auf erfolgreiche Innovationen und Innovativität, lässt mitunter ein verzerrtes Bild technischer Entwicklung entsteht. Es scheint dann so, als sei der historische Prozess ohne Umwege und Sackgassen gleichsam entlang eines „roten Fadens" auf die heutige Welt als dem präzisen Zielpunkt der Entwicklung ausgerichtet gewesen. Eine solche Geschichtsschreibung reproduziert notwendigerweise einfache Fortschrittsnarrative, wo es doch diesen geraden Entwicklungsweg tatsächlich nie gegeben hat. Die Vorstellung, vermeintlich objektive technikwissenschaftliche Kriterien, ökonomische Rationalität oder die „Weisheit des Marktes" würden garantieren, dass sich stets die jeweils – in welchem Sinne auch immer – „beste" Technik durchgesetzt hat, muss als reiner Mythos zurückgewiesen werden.[26]

Die Konzentration auf das Neue verführt darüber hinaus dazu, dass die alte, die existierende Technik als vermeintlich unerheblich ausgeblendet wird. Gerade in jüngerer Zeit richtet sich die Aufmerksamkeit in der technikhistorischen Forschung aber stärker auf das langfristige Benutzen, auf das Reparieren, das Mo-

21 Adunka / Orna 2018, insb. S. 74–78.

22 Die Zusammenhänge wurden erstmals bereits von Gilfillan 1935 beschrieben, aber erst, nachdem Rosenberg sie wieder thematisiert und unter dem griffigen Label „Sailing Ship Effect" beschrieben hatte, breiter thematisiert (Gilfillan 1935, hier insb. S. 156; Rosenberg 1972, S. 23–28; Rosenberg 1976, S. 205). Inzwischen gibt es eine kaum mehr überschaubare Fülle von Veröffentlichungen, die sich auf Gilfillans Beispiel und Rosenbergs „Sailing Ship Effect" beziehen. Einen knappen Überblick bieten Liesenkötter / Schewe 2014, S. 10–13.

23 Bauer 2017, S. 323.

24 Weber 2021b, S. 406.

25 Zum Konzept der Pfadabhängigkeit und der langfristigen Präsenz vermeintlich veralteter oder suboptimaler Technologien siehe auch Wieland 2009.

26 Bei meinen eigenen Untersuchungen zum Phänomen der gescheiterten Innovation bzw. des gescheiterten Innovationsversuchs ging es mir nicht zuletzt auch darum, das so erzeugte bzw. immer wieder bestätigte Fortschrittsnarrativ zu problematisieren (Bauer 2017, S. 17; Bauer 2019, S. 11).

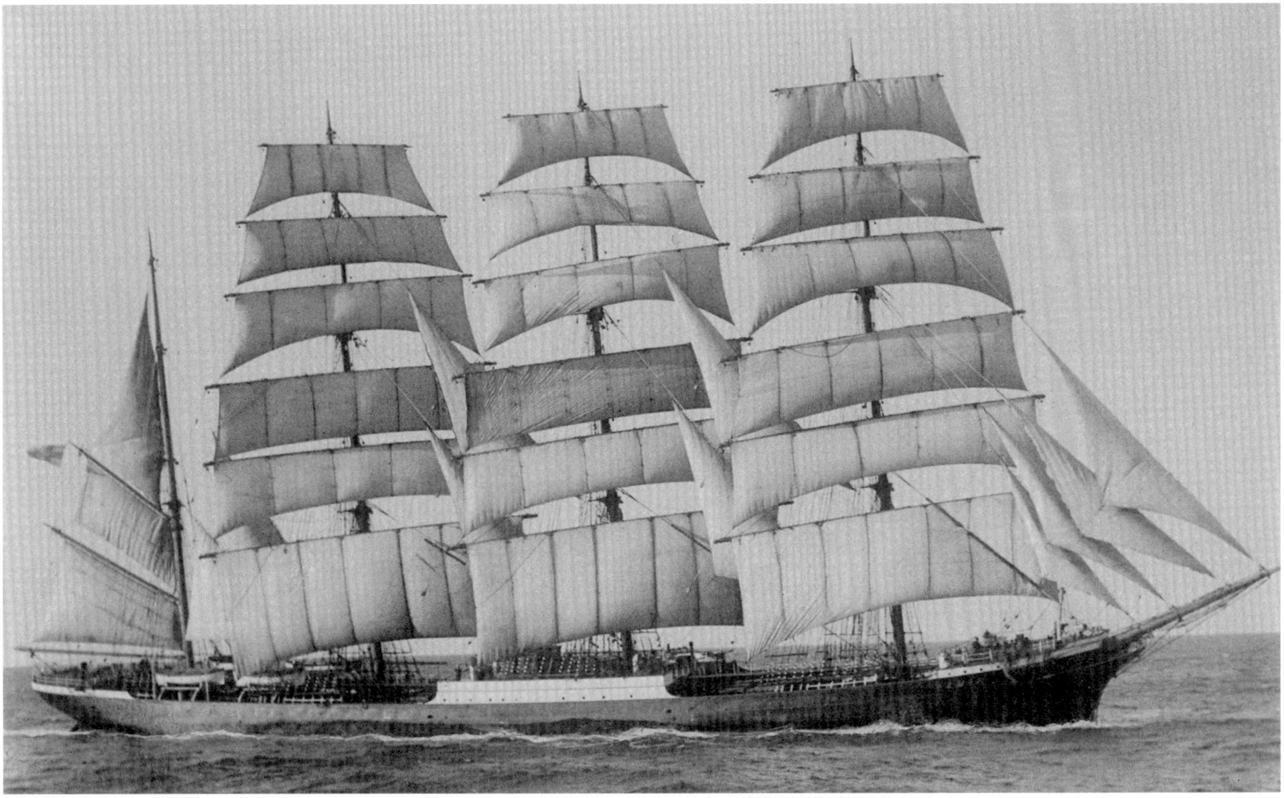

Bild 8 Die 1905 in Hamburg gebaute Viermastbark „Pamir“. Das Schiff transportierte noch in der Zwischenkriegszeit Salpeter von Chile nach Europa. Sie lief ab 1931 unter finnischer Flagge.

difizieren, Umrüsten und Instandhalten alter Technik und in diesem Zusammenhang auch auf die Persistenz überholt geglaubter Technologien.[27] Kurz gesagt: Die Aufmerksamkeit wendet sich der Technikentwicklung und Techniknutzung jenseits der Innovationsphase zu. Großen Einfluss auf diese Entwicklung hatte das 2006 erschienene Buch des britischen Historikers David Edgerton *The Shock of the Old. Technology and Global History since 1900.* Edgerton problematisiert darin die etablierte innovationszentrierte Perspektive auf die Technikgeschichte und plädiert dafür, sehr viel stärker die tatsächliche Nutzung und zwar auch die anhaltende alltägliche Nutzung vermeintlich veralteter Technik in den Blick zu nehmen. Es geht ihm also nicht um den Siegeszug des Neuen, sondern um die Beharrungskraft des Alten.[28]

Insgesamt entwirft die neuere Technik- und Innovationsgeschichte ein Bild technischen Wandels, das weit entfernt ist von der ursprünglichen Vorstellung einer steuerbaren, chronologisch linearen Technikentwicklung als Antwort auf ökonomische, soziale oder heute insbesondere auch ökologische Krisen. Betont werden vielmehr die Unsicherheit, die Langwierigkeit und auch die Unvorhersehbarkeit technischen Wandels. Innovationsprozesse zeichnen sich gerade dadurch aus, dass die beteiligten Akteure den Bereich des Bekannten und sicher Beherrschten

27 Reith / Stöger 2012; Krebs / Schabacher / Weber 2018; Krebs / Weber 2021.

28 Edgerton 2006. Interessant ist in diesem Zusammenhang auch Christian Zumbrägels Arbeit zur anhaltenden Nutzung von Wasserrädern in deutschen Mittelgebirgsregionen: Zumbrägel 2018.

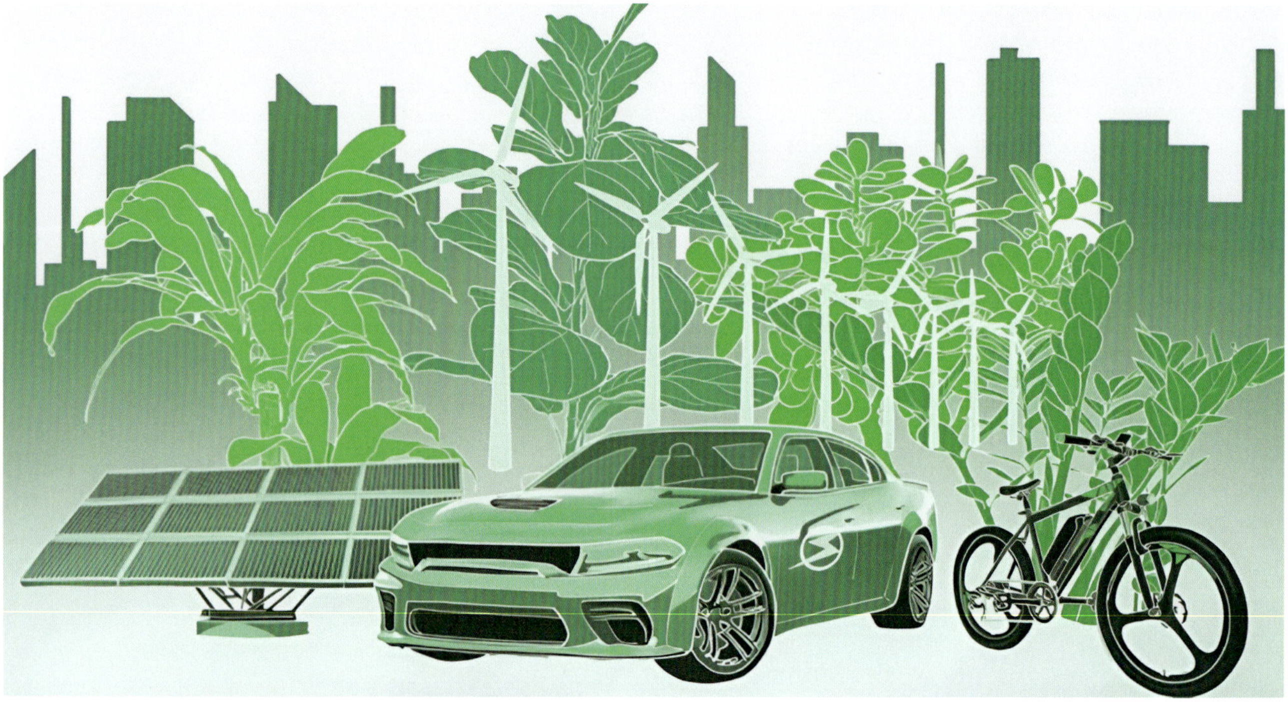

Bild 9 Zukunftsoptimismus 2021: „Instead of Panicking, Fight Climate Change with Innovation". „Technological fixes" sollen den Klimawandel beherrschbar machen.

verlassen. Egal, ob diese letztlich erfolgreich enden oder nicht, sie beruhen immer darauf, nicht vollständig überschaubar und nicht vollständig planbar zu sein. Innovationsprozesse beruhen also immer auf Handeln unter Informationsmangel, unter unklaren Bedingungen. Unsicherheiten sind angesichts dieser unklaren Bedingungen „endemisch", das Risiko des Misserfolgs ist also immer gegeben.[29]
Das Limit spielt bei all dem insofern eine Rolle, als Limitierungen oder Knappheiten auf diese „heterogenen Dynamiken"[30] technischen Wandels durchaus (beschleunigend) einwirken können und umgekehrt durch technischen Wandel selbstverständlich auch Limits bzw. Grenzen verschoben werden können. Mit der eindeutigen Ausrichtbarkeit, Steuerbarkeit und Planbarkeit ist es allerdings schwierig, und auch die Geschwindigkeit der Durchsetzbarkeit wird mitunter überschätzt. Der Fortschrittspfeil fliegt also weder gerade, noch fliegt er stets so schnell, wie vielleicht gewünscht und erwartet.
Damit kehre ich zurück zur Beharrungskraft des Alten, die den Vertreterinnen und Vertretern der Bautechnikgeschichte und insbesondere der Baudenkmalpflege wohl wesentlich präsenter war und ist, als das in der lange Zeit stärker auf das Neue, auf Innovationsprozesse fixierten Technikgeschichte der Fall war. Vielleicht könnten sich Bautechnik- und allgemeine Technikgeschichte gerade im Format einer kritischen Innovationsgeschichte begegnen und dabei gegenseitig befruchten. Die Agenda einer solchen Begegnung wäre sicher noch zu diskutieren, aber gerade

29 Bauer 2017, S. 325.

30 Weber 2021b, S. 403.

diese beiden, ihrem Wesen nach interdisziplinär ausgerichteten Fächer könnten im Dialog eine Historiografie entwickeln, die eben nicht in Gefahr läuft, die einfachen Fortschritts- oder Heldennarrative der Hochmoderne zu reproduzieren.

Dass das nach wie vor nötig ist, zeigt ein öffentlicher und nicht zuletzt auch politischer Diskurs, in dem auch heute noch mitunter unterkomplexe Vorstellungen von Innovativität und Innovationsprozessen sehr präsent sind.[31] Hier findet sich noch die Denkfigur einer mehr oder minder einfach zu steuernden Entwicklung, die technische Antworten auf komplexe Fragen zu geben vermag (Bild 9). „Technological fixes" sollen die drängenden ökonomischen und vor allem auch ökologischen Probleme lösen, ohne dass weitergehende Änderungen von Produktion und Konsumtion, von Gesellschaft oder Kultur nötig werden. Der „Mythos Innovation" ist also durchaus noch lebendig, und mit Hilfe des Innovationsbegriffs betritt so auch das alte Konzept des linearen Fortschritts wieder die Bühne.

31 Wirklich nur eines von vielen möglichen Beispielen bietet der im Dezember 2021 veröffentlichte Koalitionsvertrag zwischen SPD, Bündnis 90 / Die Grünen und FDP, in dem noch ganz selbstverständlich von Fortschritt und dessen Gestaltung durch Innovationen die Rede ist und auch davon, dass aus technologischem Fortschritt gesellschaftlicher „gemacht" werden wird (Koalitionsvertrag 2021, passim und hier insb. S. 15).

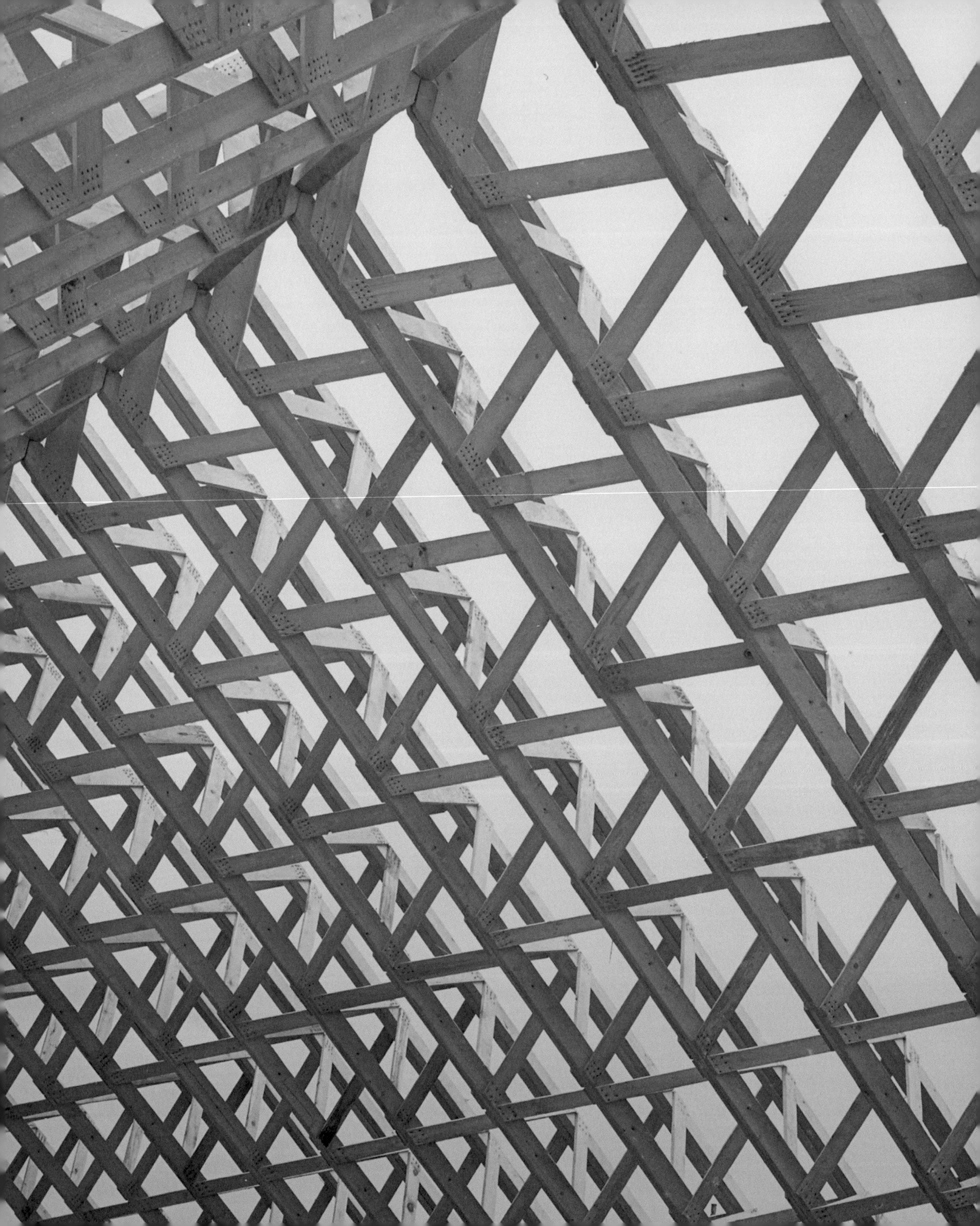

WEGMARKEN HOCHMODERNEN KONSTRUIERENS

Philipp Grillich, Roland May

BETON-DEMONSTRATIONSOBJEKTE IN OFFENBACH

Konstruktionsgeschichtlich sind es Kleinode, errichtet 1879 für die Hessische Landes-Gewerbeausstellung: Noch heute erzählen die Ausstellungsobjekte der Zementfabrik W. Feege & Gotthard von den seinerzeit schier grenzenlosen Erwartungen an die technischen wie geschäftlichen Potenziale des neuen Bauens mit (noch unbewehrtem) Beton.

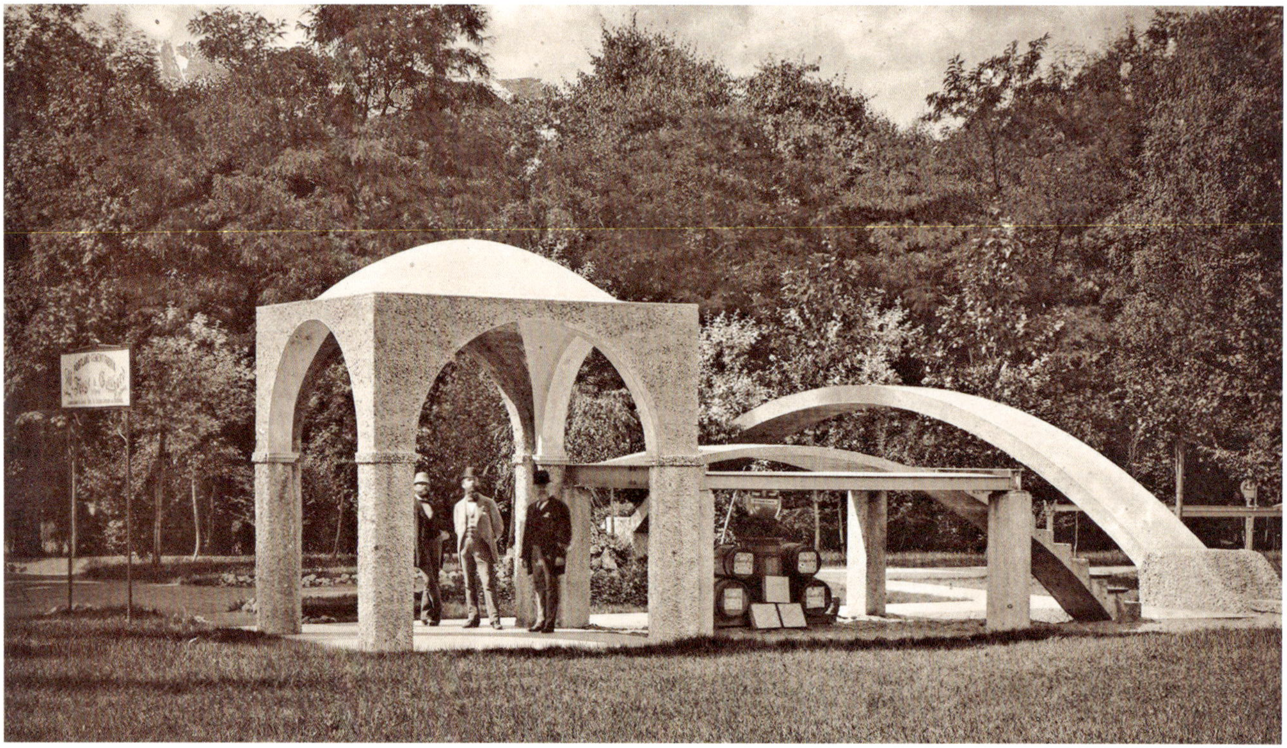

Bild 1 Die Demonstrationsbauten auf der Hessischen Landes-Gewerbeausstellung, 1879.

Die Erfindung und rasche Optimierung des Portlandzements im Laufe des 19. Jahrhunderts schuf entscheidende Grundlagen für das Bauen mit Beton. Anfänglichen Vorbehalten gegenüber dem neuen Baustoff begegnete die junge Bauindustrie mit zahlreichen Demonstrationsbauten auf Gewerbe- und Industrieausstellungen. Zwei besonders frühe Beispiele entstanden 1879 für die Hessische Landesgewerbeausstellung in Offenbach. Sie sind bis heute an ihrem ursprünglichen Standort erhalten.

Verantwortlich für die Konstruktionen zeichnete die erst wenige Jahre alte Zementfabrik W. Feege & Gotthard. Versehen mit einem launigen Leitspruch („Als gut bereits zur Römerzeit erkannt / Und heutzutage noch so wenig angewandt"), präsentierten die Bauwerke nicht nur die konstruktiven Möglichkeiten von Beton. Unterschiedliche Arten der Oberflächenbehandlung demonstrierten zugleich seine gestalterischen Potenziale. Architekturformen zeigt allerdings nur ein auf quadratischem Grundriss errichteter und mit einer Stutzkuppel überdachter Pavillon mit Seitenlängen von ca. 3,5 m. Zwei mögliche Deckenausbildungen demonstriert ein halbhoher seitlicher Anbau, der über eine Betontreppe betreten werden kann. Auf eisernen Randträgern ruhen eine etwa 4 m weit gespannte, schlanke Gewölbekappe und – quer dazu – eine 1,6 m weit spannende Flachdecke. Ergänzend dazu überwölbt zwischen akzentuierten Widerlagerkörpern ein „Cementbetongewölbe" einen Parkweg. Bei einer lichten Weite von 16 m weist es eine Stärke von lediglich 28 cm auf.

Noch auf heutige Betrachter wirken die ohne jede Bewehrung konzipierten Betongebilde „federnd und fiebrig" (Dieter Bartetzko). Eben deshalb hatte W. Feege & Gotthard seinerzeit an Bögen, deren Maße und Spannweite der hier gezeigten Gewölbekappe entsprachen, Belastungsversuche durchführen lassen. Die Ergebnisse schienen überzogene Erwartungen an die Leistungsfähigkeit des Betons ebenso zu bestätigen wie ein Belastungstest an dem Betongewölbe nach Ende der Ausstellung. Im folgenden Jahr stürzte dann aber nach wenigen Monaten Standzeit eine Brücke mit 22 m Spannweite ein, die von W. Feege & Gotthard für die große Düsseldorfer Gewerbeausstellung errichtetet worden war. Als Einsturzursache wurden mangelhaft gegründete Fundamente ausgemacht, die sich unter dem Schub des Bogens im durch Dauerregen aufgeweichten Boden verschoben hatten.

Ein ähnliches Schicksal hätte auch die Offenbacher Bauten ereilen können, die sich ebenso optimistisch an den Grenzen des Machbaren entlanghangelten. In zahlreichen Sanierungskampagnen musste man im Laufe der Zeit alle Bogenelemente mit Zugbändern sichern, die Fundamente verstärken und beschädigte Bauteile reparieren oder ersetzen. Aktuell droht abermals Einsturzgefahr, und temporäre Stützkonstruktionen sichern die Betonmodelle nun schon seit einigen Jahren. Im Moment dauern die Diskussionen darüber an, wie diese einzigartigen Zeugnisse der deutschen Anfänge des Betonbaus für die Zukunft gesichert und für die Öffentlichkeit wieder voll zugänglich gemacht werden können.

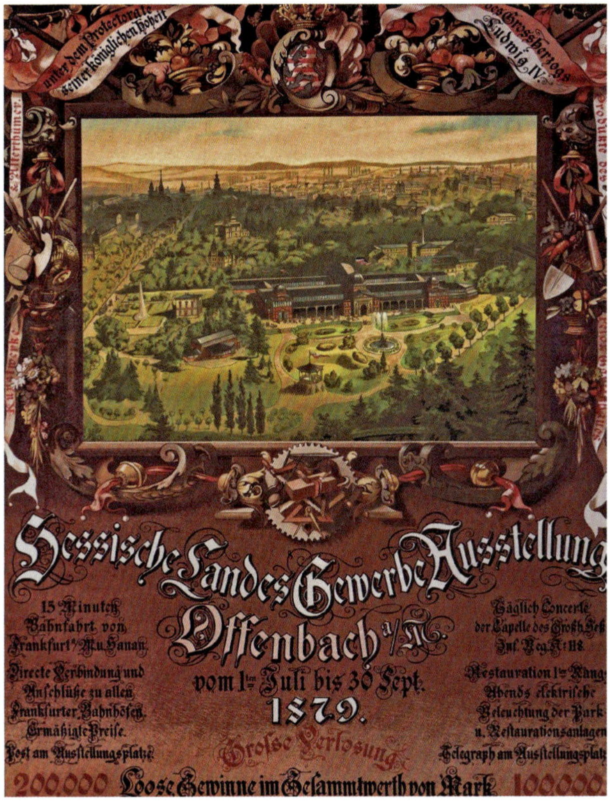

Bild 2 Werbeplakat für die Hessische Landes-Gewerbeausstellung von 1879 in Offenbach.

Kenndaten

Lage Dreieich-Park, Dreieichring, 63067 Offenbach am Main | **Bauzeit** 1879 | **Sanierungen** 1912, 1970, 1984, 2006 | **Tragwerksplanung** vermutl. Bernhard Löhr | **Ausführung und Planung** Portland-Cement-Fabrik W. Feege & Gotthard | **Denkmalstatus** Eintragung in die Denkmalliste als Teil der Gesamtanlage Anlagenring Stadt Offenbach 1986.

Zum Weiterlesen

[Carl] B[ernhard] Löhr: „Ueber Belastungsproben von Gewölbbögen". In: *Deutsche Bauzeitung* 13 (1879), Nr. 71, S. 358–361.

Knut Stegmann: *Das Bauunternehmen Dyckerhoff & Widmann. Zu den Anfängen des Betonbaus in Deutschland 1865–1918*. Tübingen / Berlin 2014, S. 68.

Philipp Grillich, Michael Auras: „Die Betonmodelle in Offenbach". In: *Industriekultur* 30 (2024), Nr. 1, S. 6f.

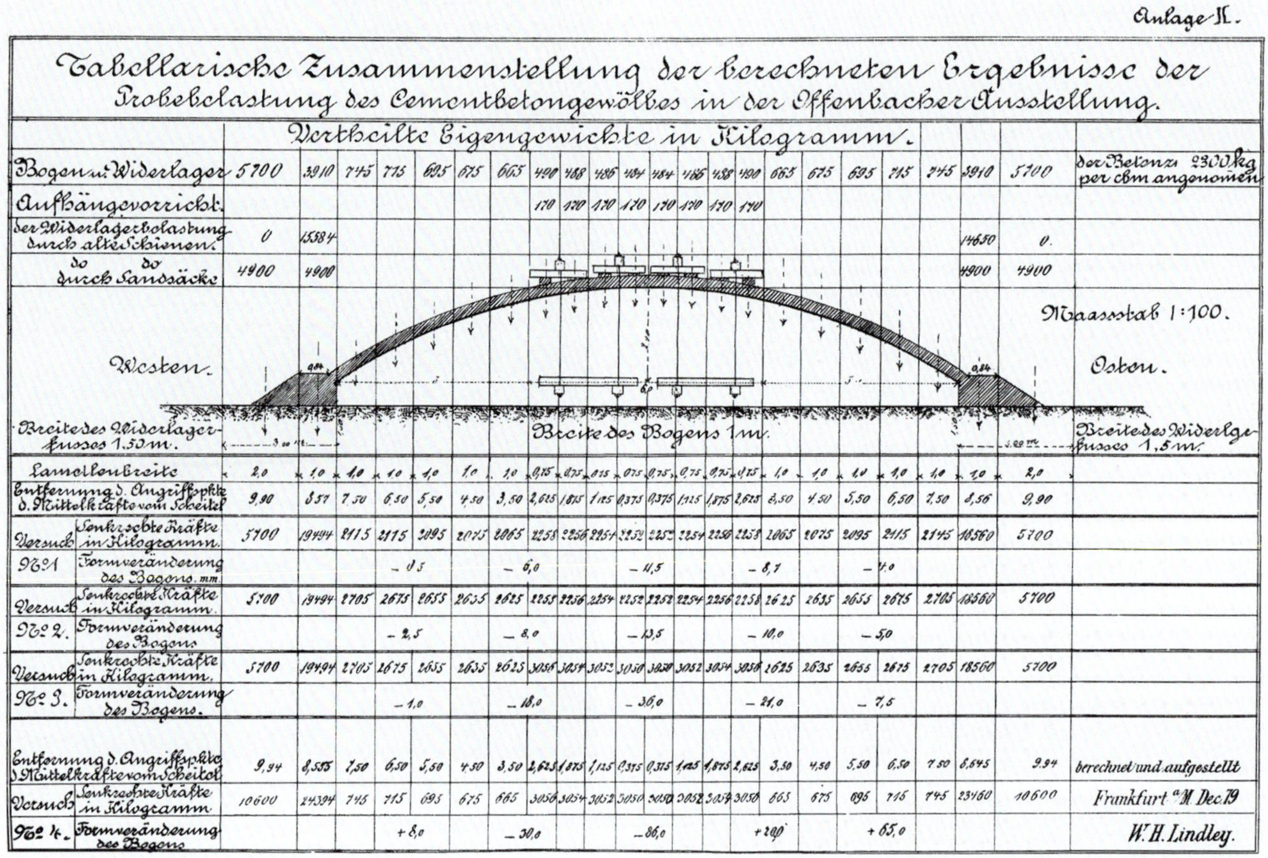

Anlage II.

Tabellarische Zusammenstellung der berechneten Ergebnisse der Probebelastung des Cementbetongewölbes in der Offenbacher Ausstellung.

Vertheilte Eigengewichte in Kilogramm.

Bogen u. Widerlager		5700	3910	745	715	695	675	665	490	488	486	484	484	486	488	490	665	675	695	715	745	3910	5700	der Beton zu 2300 kg per cbm angenommen
Aufhängevorricht.									170	170	170	170	170	170	170	170								
der Widerlagerbelastung durch alte Schienen.		0	15584																			14650	0.	
do do durch Sandsäcke		4900	4900																			4900	4900	
Lamellenbreite		2,0	1,0	1,0	1,0	1,0	1,0	1,0	0,75	0,75	0,75	0,75	0,75	0,75	0,75	0,75	1,0	1,0	1,0	1,0	1,0	1,0	2,0	
Entfernung d. Angriffspkte d. Mittelkräfte vom Scheitel		9,90	8,57	7,50	6,50	5,50	4,50	3,50	2,625	1,875	1,125	0,375	0,375	1,125	1,875	2,625	3,50	4,50	5,50	6,50	7,50	8,56	9,90	
Versuch	Senkrechte Kräfte in Kilogramm.	5700	19494	2115	2115	2095	2075	2065	2258	2256	2254	2252	2252	2254	2256	2258	2065	2075	2095	2115	2145	18560	5700	
No 1	Formveränderung des Bogens. mm				– 0,5			– 6,0				– 11,5					– 8,7			– 4,0				
Versuch	Senkrechte Kräfte in Kilogramm.	5700	19494	2705	2675	2655	2635	2625	2255	2256	2254	2252	2252	2254	2256	2258	2625	2635	2655	2675	2705	18560	5700	
No 2.	Formveränderung des Bogens				– 2,5			– 8,0				– 13,5					– 10,0			– 5,0				
Versuch	Senkrechte Kräfte in Kilogramm.	5700	194,94	2705	2675	2655	2635	2625	3056	3054	3052	3050	3050	3052	3054	3056	2625	2635	2655	2675	2705	18560	5700	
No 3.	Formveränderung des Bogens.				– 1,0			– 18,0				– 36,0					– 21,0			– 7,5				
Entfernung d. Angriffspkte d. Mittelkräfte vom Scheitel		9,94	8,555	7,50	6,50	5,50	4,50	3,50	2,625	1,875	1,125	0,375	0,375	1,125	1,875	2,625	3,50	4,50	5,50	6,50	7,50	8,645	9,94	berechnet und aufgestellt
Versuch	Senkrechte Kräfte in Kilogramm	10600	24394	745	715	695	675	665	3056	3054	3052	3050	3050	3052	3054	3050	665	675	695	715	745	23460	10600	Frankfurt a/M Dec. 79
No 4.	Formveränderung des Bogens				+ 8,0			– 30,0				– 86,0					+ 20,0			+ 65,0				W. H. Lindley.

Bild 3 Präsentation der Ergebnisse der Probebelastung des großen Bogens am 16. Oktober 1879 in einer Firmenschrift von W. Feege & Gotthard.

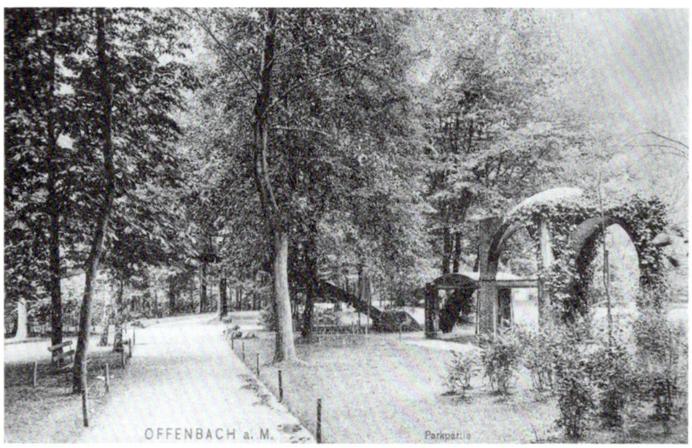

Bild 4 Blick auf die Baugruppe vor der Durchführung erster Sicherungsmaßnahmen, um 1910.

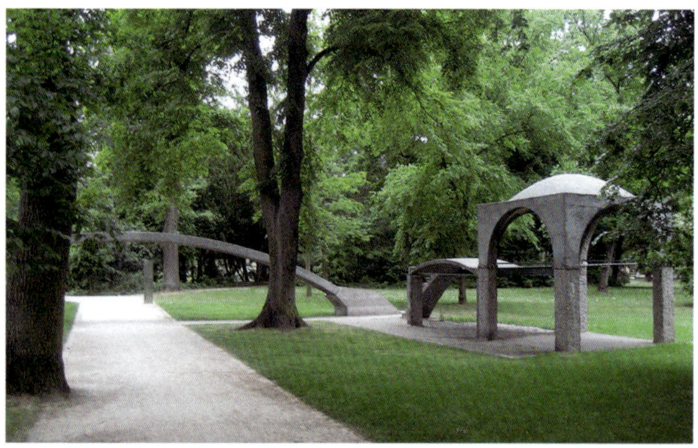

Bild 5 Blick auf die Baugruppe nach der bislang letzten Sanierung, um 2010.

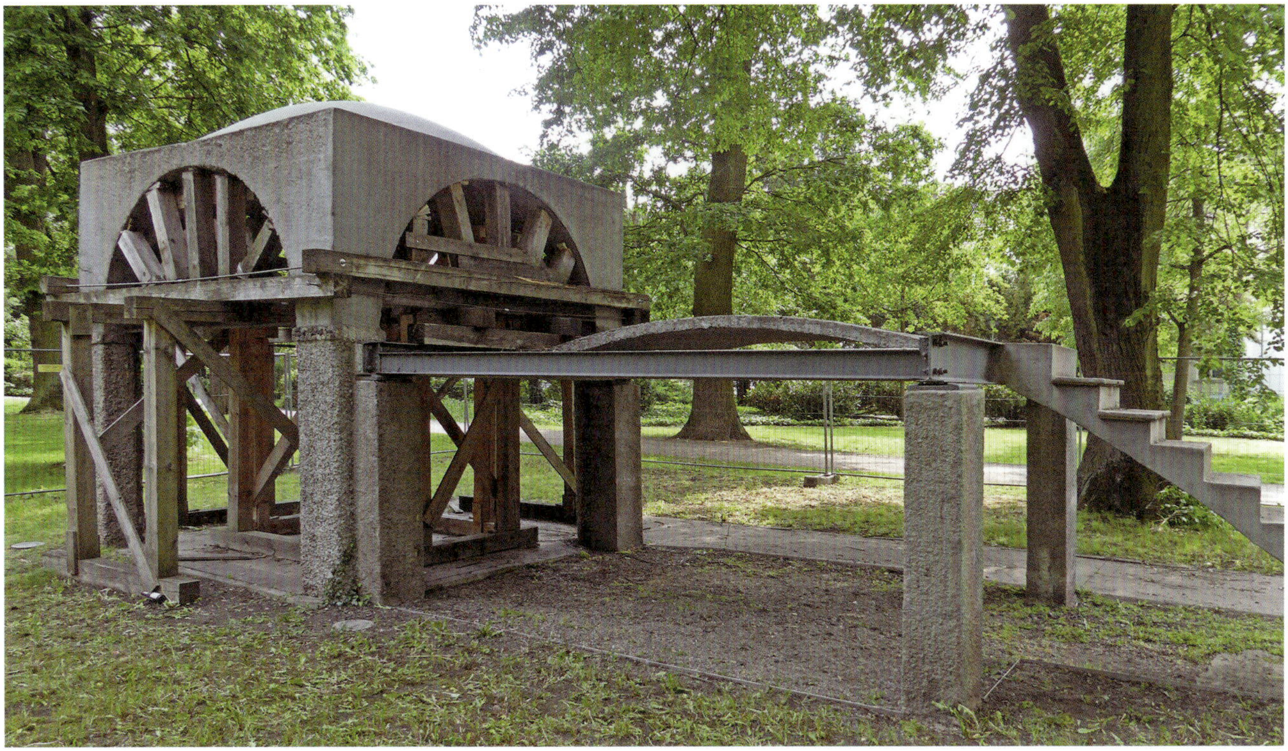

Bild 6 Pavillon mit Sicherungsgerüst und Anbau, 2019.

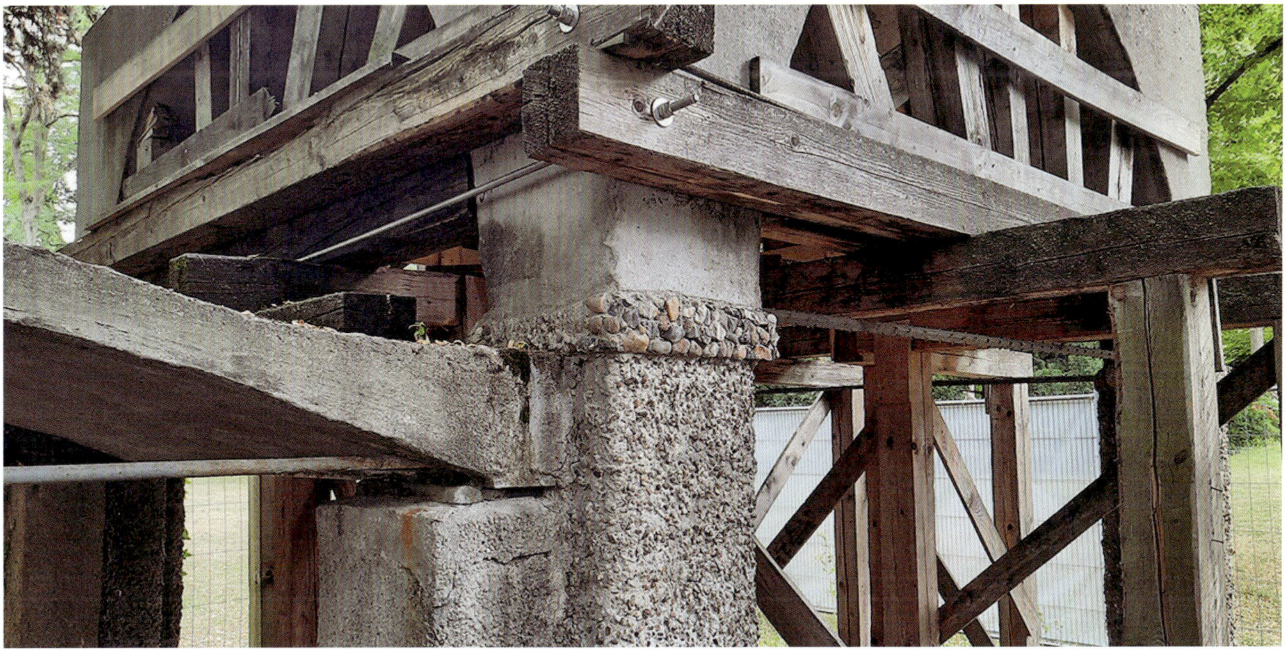

Bild 7 Detail der unterschiedlichen Oberflächenbehandlung des Betons am Übergang zwischen Pavillon und Anbau zur Demonstration der gestalterischen Potenziale des neuen Werkstoffs, 2022.

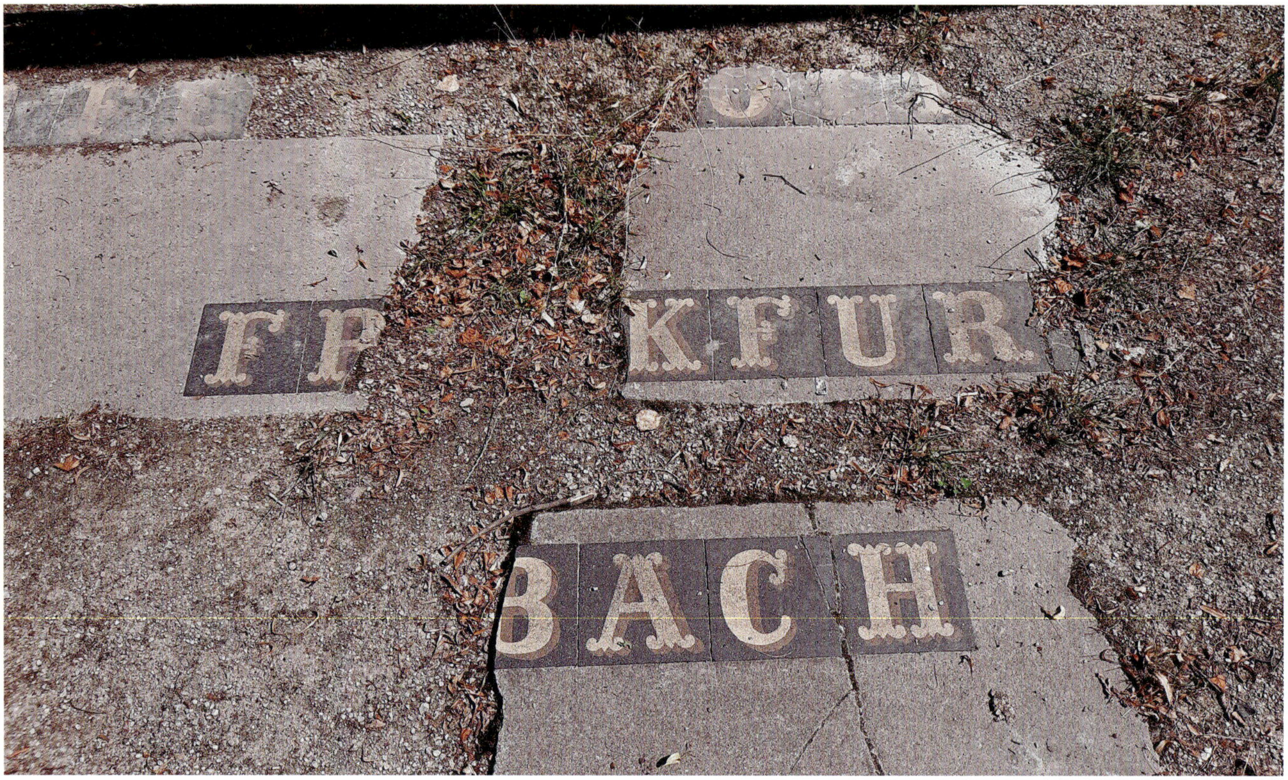

Bild 8 Überreste von Betonkacheln der Firma W. Feege & Gotthard aus der Zeit der Landes-Gewerbeausstellung, 2022.

> Bild 9 Blick längs des mittlerweile ebenfalls mit einem Sicherungsgerüst versehenen großen Bogens, 2022.

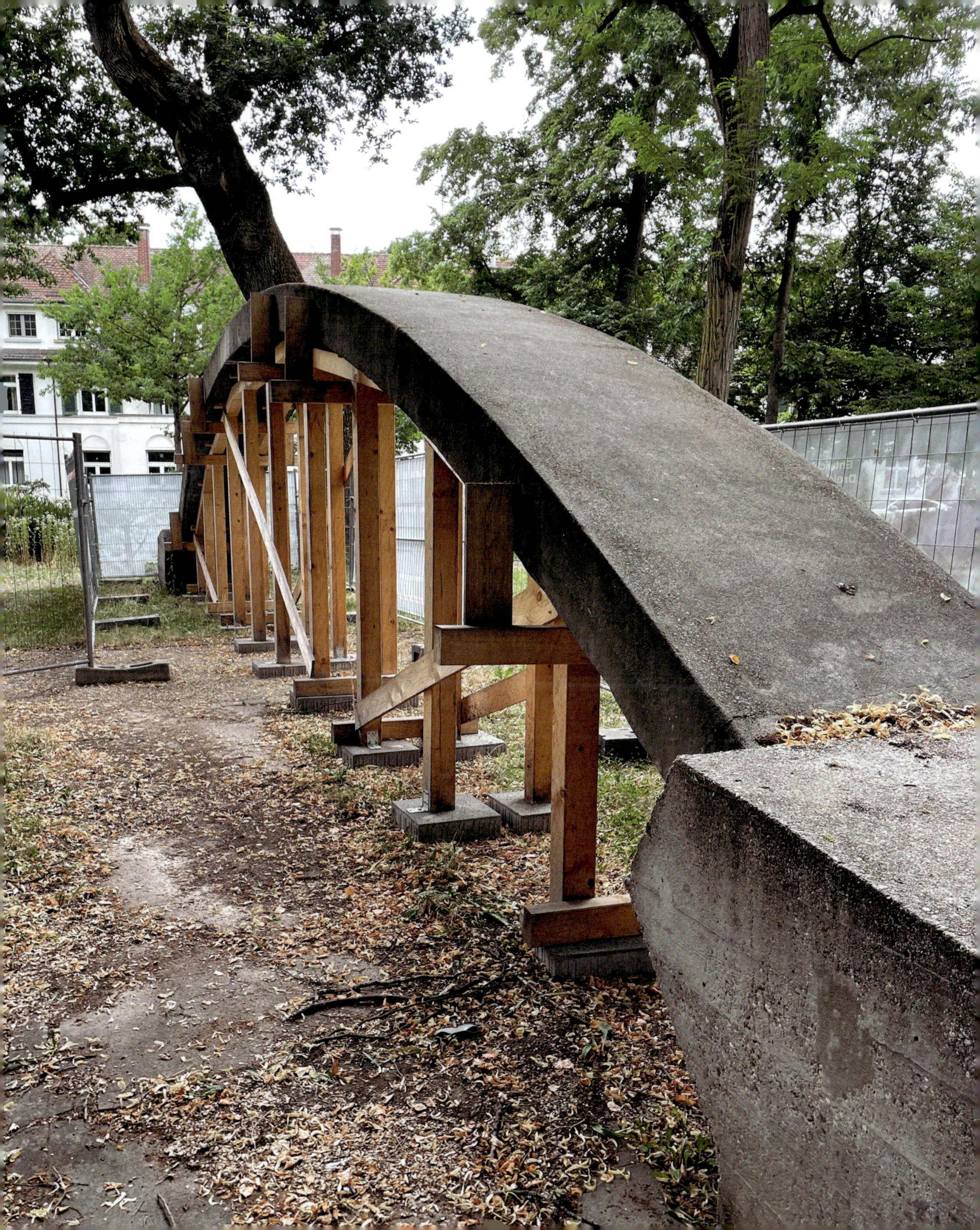

Roland May

MAST 17 IN KÖNIGS WUSTERHAUSEN

Zusammen mit fünf weiteren Masten und einem freistehenden Turm im Zentrum trug der Ende 1924 errichtete „Mast 17" die Antennen des neuen Langwellensenders Königs Wusterhausen. Heute ist der knapp 215 m hohe "Skyscraper" ein einzigartiges Zeugnis nicht nur aus den Pionierjahren des Rundfunks.

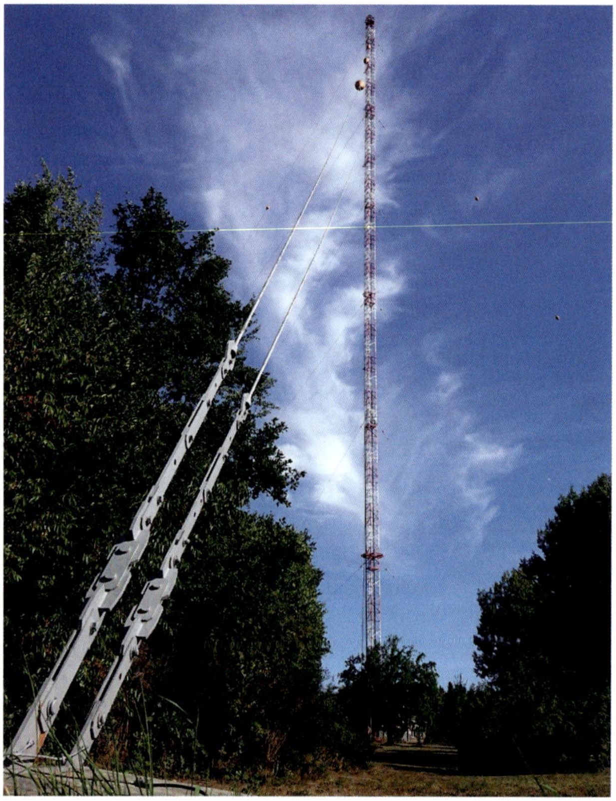

Bild 1 Blick von Süden auf Mast 17 vom Ankerpunkt der beiden äußeren Pardunen, 2021.

Ein Ende Dezember 1920 von der „Hauptfunkstelle" Königs Wusterhausen ausgestrahltes Weihnachtskonzert gilt als Nukleus des deutschen Rundfunks. Mit rund 20 Telegrafie- und Telefonie-Sendern, deren Antennen zwischen sieben, bis zu 150 m hohen Trägermasten spannten, platzte die Anlage bald darauf schon aus allen Nähten. Von 1922 bis 1925 erfolgte in zwei Bauphasen eine großzügige Erweiterung. Deren augenfälligstes Element war ein gewaltiger Stahlturm, den sechs je gut knapp 215 m hohe Gittermasten in einem unregelmäßigen Sechseck umstanden. Gemeinsam trugen sie die riesigen Antennen für die Langwellensender der neuen Sendehäuser 2 und 3.

Nach dem Eiffelturm war der sogenannte Mittelturm mit 243 m (geplant waren sogar 280 m) das zweithöchste freistehende Bauwerk seiner Zeit, mit 700 t wog er aber lediglich ein Zehntel des französischen Weltrekordlers. Verantwortlich für das waghalsige Bauwerk zeichnete die Honnefwerke AG, die zudem die Masten 1 und 4 errichtete. Auf Konzepten des schwedischen Ingenieurs Karl Ljungberg basierten die Masten 2, 3 und 5 (letzterer befand sich anfangs anstelle des Mittelturms im Zentrum). Im Zuge eines zweiten Erweiterungsschritts steuerte die renommierte Berliner Stahlbauanstalt Hein, Lehmann & Co. schließlich nach eigenem Entwurf noch den Mast 6 bei; gut möglich, dass sie bereits auch die Masten 2, 3 und 5 errichtet hatte.

Mit Tragmasten für die Antennen der gerade erst erfundenen drahtlosen Telegrafie beschäftigte sich das Unternehmen bereits seit 1904. Unter anderem entwickelte Hein, Lehmann & Co. zusammen mit der Firma Telefunken die welterste Großfunkanlage in Nauen, westlich von Berlin. Dort schälten sich einige Grundprinzipien für die rasch immer höher ragenden Antennenträger heraus: schlanker Stahlfachwerkkorpus mit mehreren Abspannungen (Pardunen), gelenkiges Punktlager zum Ausgleich von Schwingungen, Isolation gegen die Erde durch Porzellankörper sowie beweglich gelagerte und durch Betongewichte stets gleichmäßig gespannte Antennenkabel. Während man in Nauen noch auf dreieckige Querschnitte gesetzt hatte, wiesen sämtliche Masten in Königs Wusterhausen Quadratform auf. Dies galt auch für den mit Kantenlängen von 2,30 m aufwartenden Mast 6, obwohl er aus Platzgründen nach lediglich drei Seiten abgespannt werden konnte. 1924 fügte man ihn innerhalb von zwei Monaten aus rund 90 t Winkelstählen zusammen und sicherte ihn mit 18 bis zu 280 m langen Pardunen.

Ende der 1930er Jahre ragten auf dem „Funkerberg“ von Königs Wusterhausen stattliche 22 Antennenträger in den Himmel. 15 Jahre später war ihre Zahl bereits auf die Hälfte reduziert. Weitere Demontagen verursachten ein verringerter Bedarf sowie Sorgen um die Standsicherheit, nachdem der Mittelturm Ende 1972 während eines Orkans kollabiert war. Zwischenzeitlich in Mast 17 umbenannt, blieb schlussendlich nur der ehemalige Mast 6 erhalten, weil er noch bis 1995 als Träger einer Schrägdrahtantenne für einen Langwellensender benötigt wurde. Um seinen Erhalt und die zahlreichen weiteren Relikte der Rundfunkgeschichte auf dem Funkerberg kümmert sich seitdem ein rühriger Förderverein. Aktuell wird eine umfangreiche Sanierung des ältesten großen Antennenträgers in Deutschland vorbereitet.

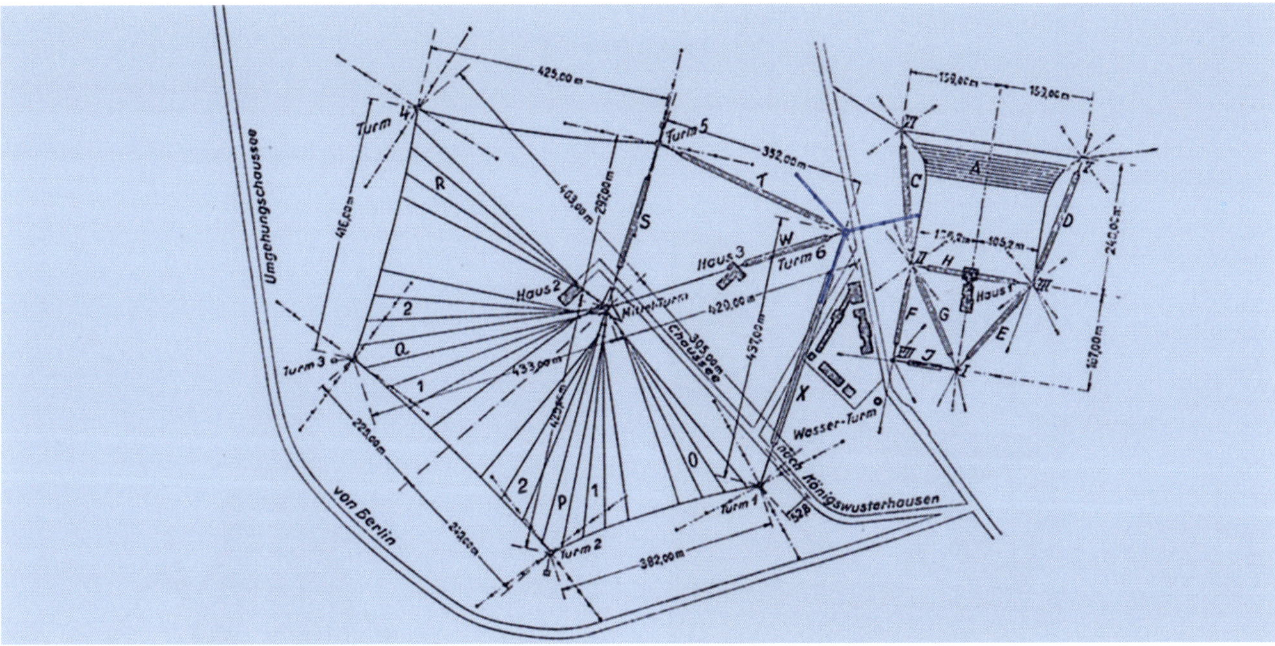

Bild 2 Lageplan der „Hauptfunkstelle Königs Wusterhausen“ im Jahr 1928. „Turm 6“ (später Mast 17) blau hervorgehoben.

Kenndaten

Lage Königs Wusterhausen, Funkerberg | **Bauzeit** 1924/25 | **Sanierungen** 2007, 2009/10 | **Tragwerksplanung** Hein, Lehmann & Co. AG, Berlin-Reinickendorf (Leitung: Franz Bräckerbohm) | **Denkmalstatus** Eintragung in die Denkmalliste des Landes Brandenburg 1994.

Zum Weiterlesen

W[alter] Meyer: *Telefunken in Königswusterhausen*. 3. Aufl., Berlin 1928.

Otto Lemke: „Königs Wusterhausen. Von der militärischen Zentralfunkstation zur postalischen Hauptfunkstelle“. In: *Archiv für das Post- und Fernmeldewesen* 20 (1968), Nr. 2, S. 115–163.

Gerd Klawitter (Hg.): *100 Jahre Funktechnik in Deutschland: Funksendestellen rund um Berlin*. 3. Aufl., Dessau 2004, S. 61–92.

Christine Oliwkowski: „Die Hauptfunkstelle Königs Wusterhausen – ‚[...] wegen ihrer Vielgestaltigkeit die interessanteste Funkstation der Welt‘“. In: Felix Engel, Kristina Hübener (Hg.): *Königs Wusterhausen. Eine Stadtgeschichte*. Berlin 2020, S. 267–297.

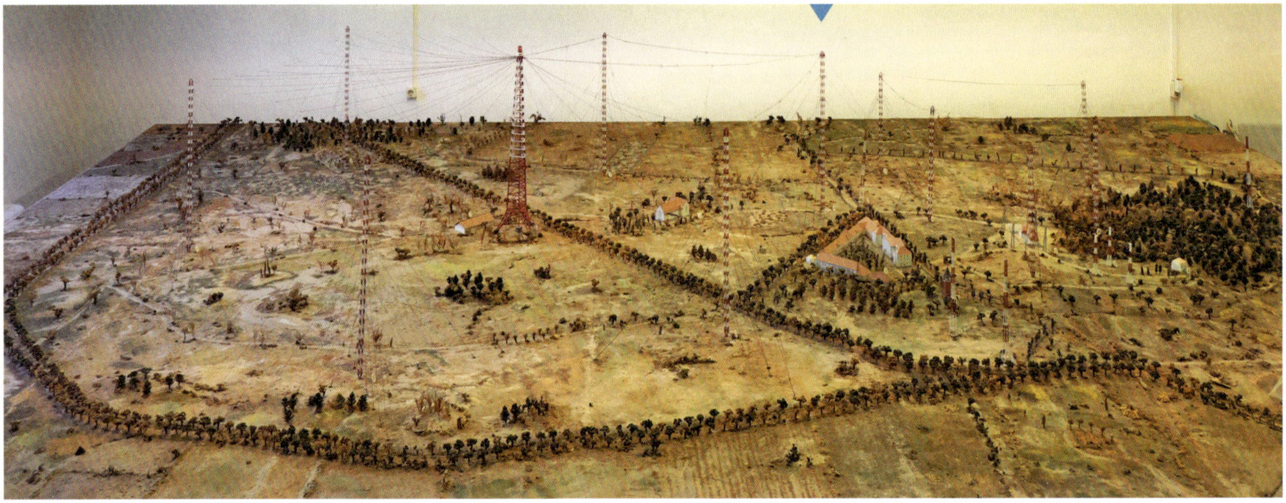

Bild 3 Modell des Funkerbergs in den Jahren 1938/39. Mast 17 befindet sich in der Bildmitte oberhalb des trapezförmigen Baukomplexes der ehemaligen Funkerkaserne, markiert durch das blaue Dreieck.

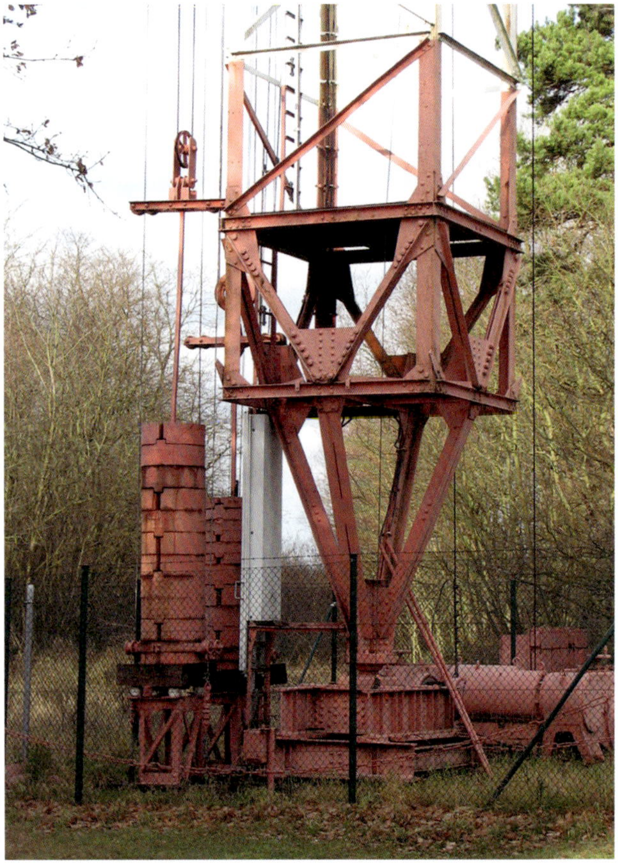

Bild 4 Fußpunkt von Mast 17 mit Gegengewichten des ehemaligen Antennenkabels, 2007.

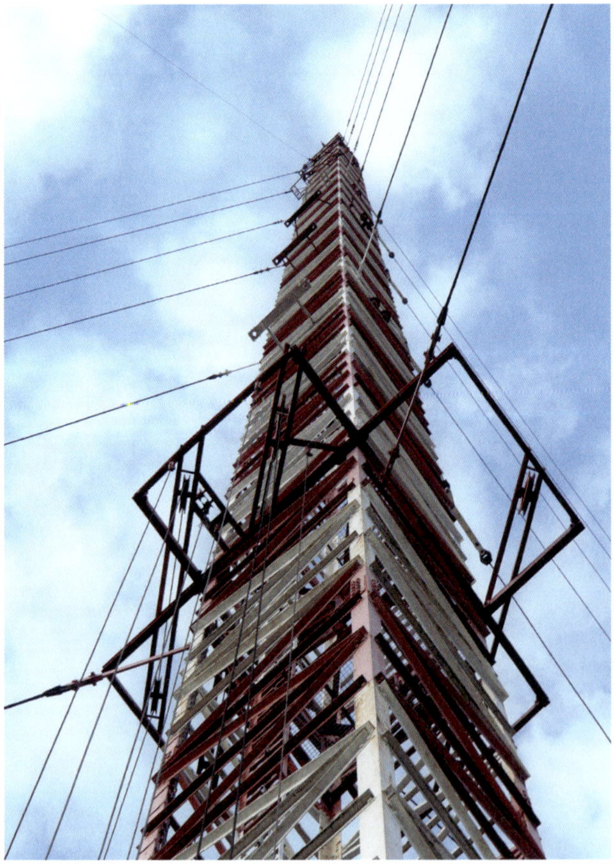

Bild 5 Aufblick zur Spitze von Mast 17, 2006.

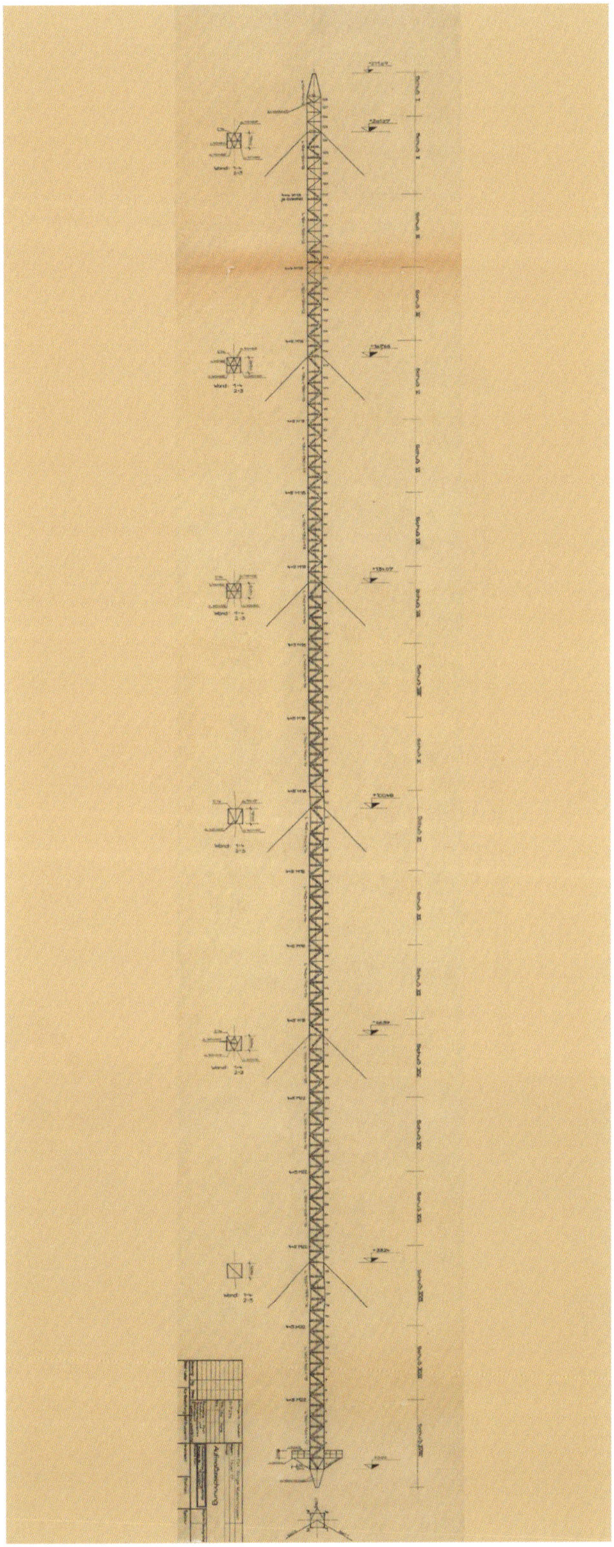

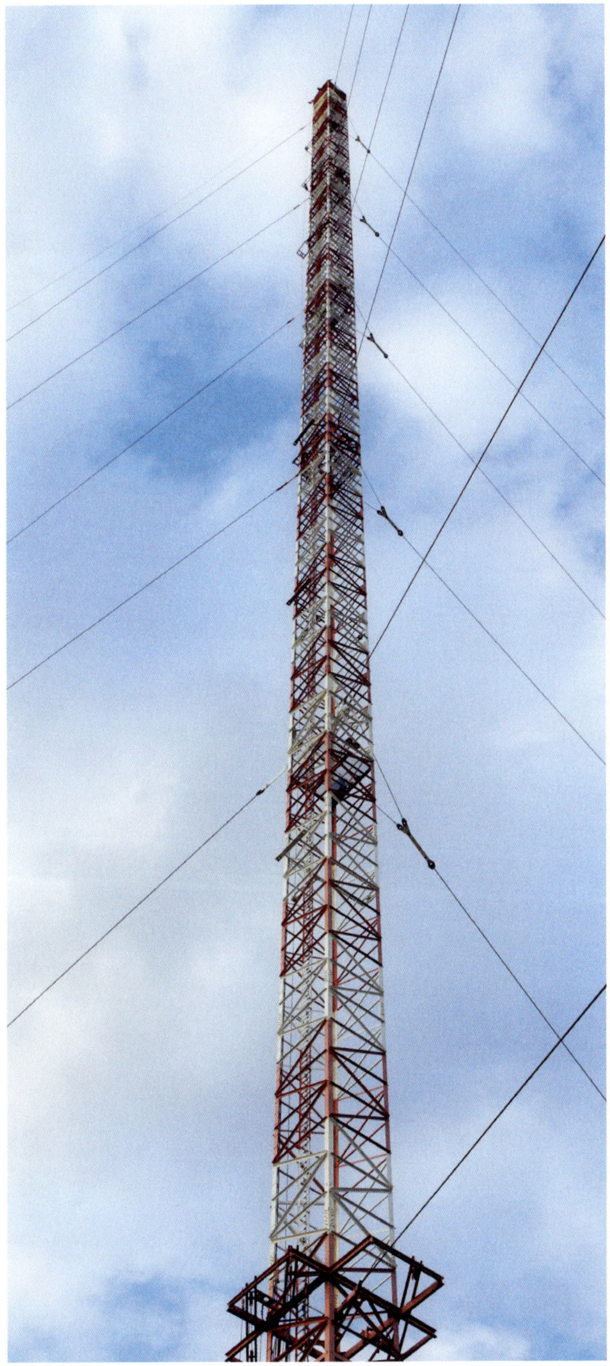

< Bild 6 Mast 17 (früher Mast/Turm 6), Ansicht und Querschnitte, Aufmaß 1970.

∧ Bild 7 Mast 17 aus südwestlicher Richtung, 2006.

> Bild 8 Panorama des Funkerbergs von Südosten, ca. 1926.

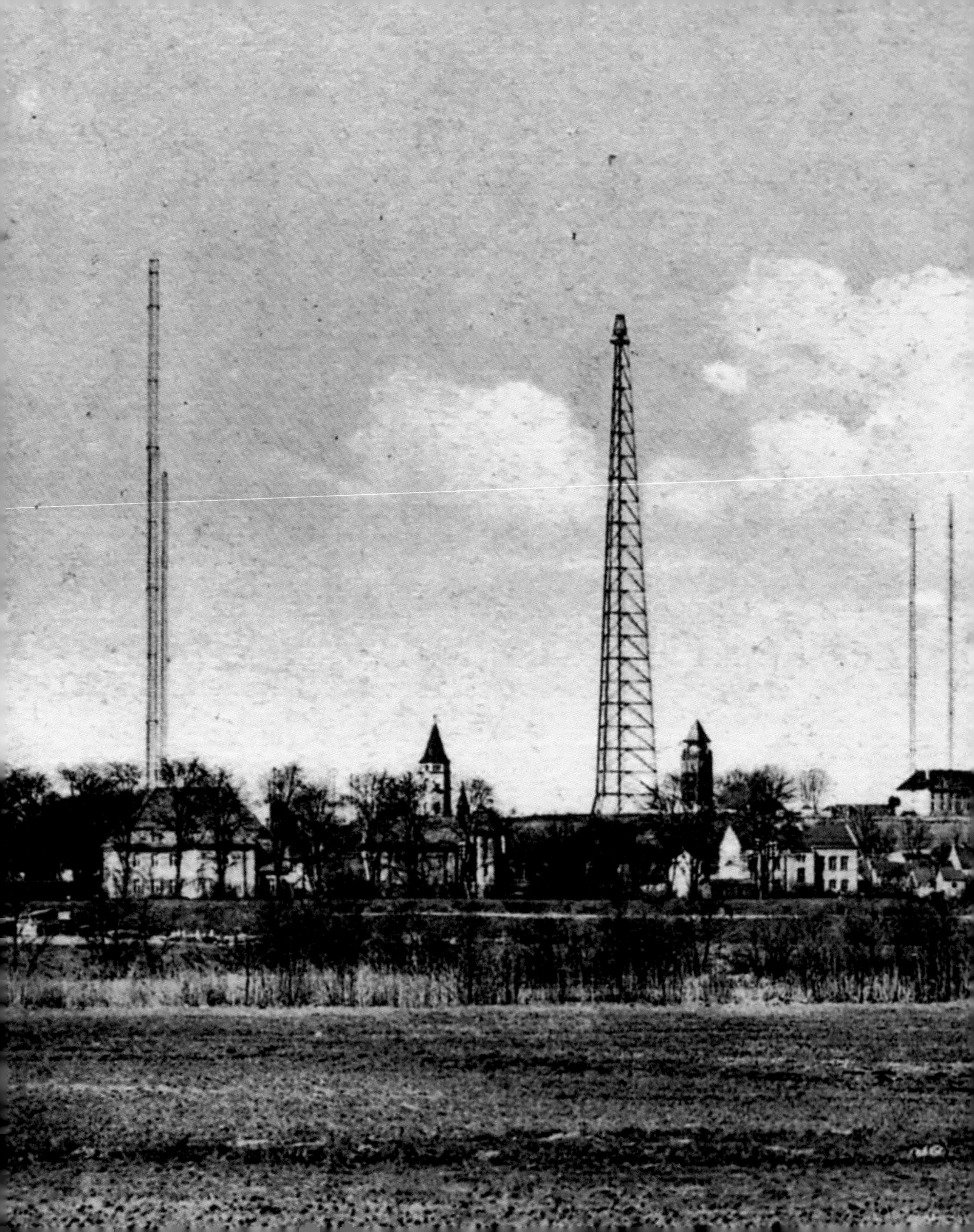

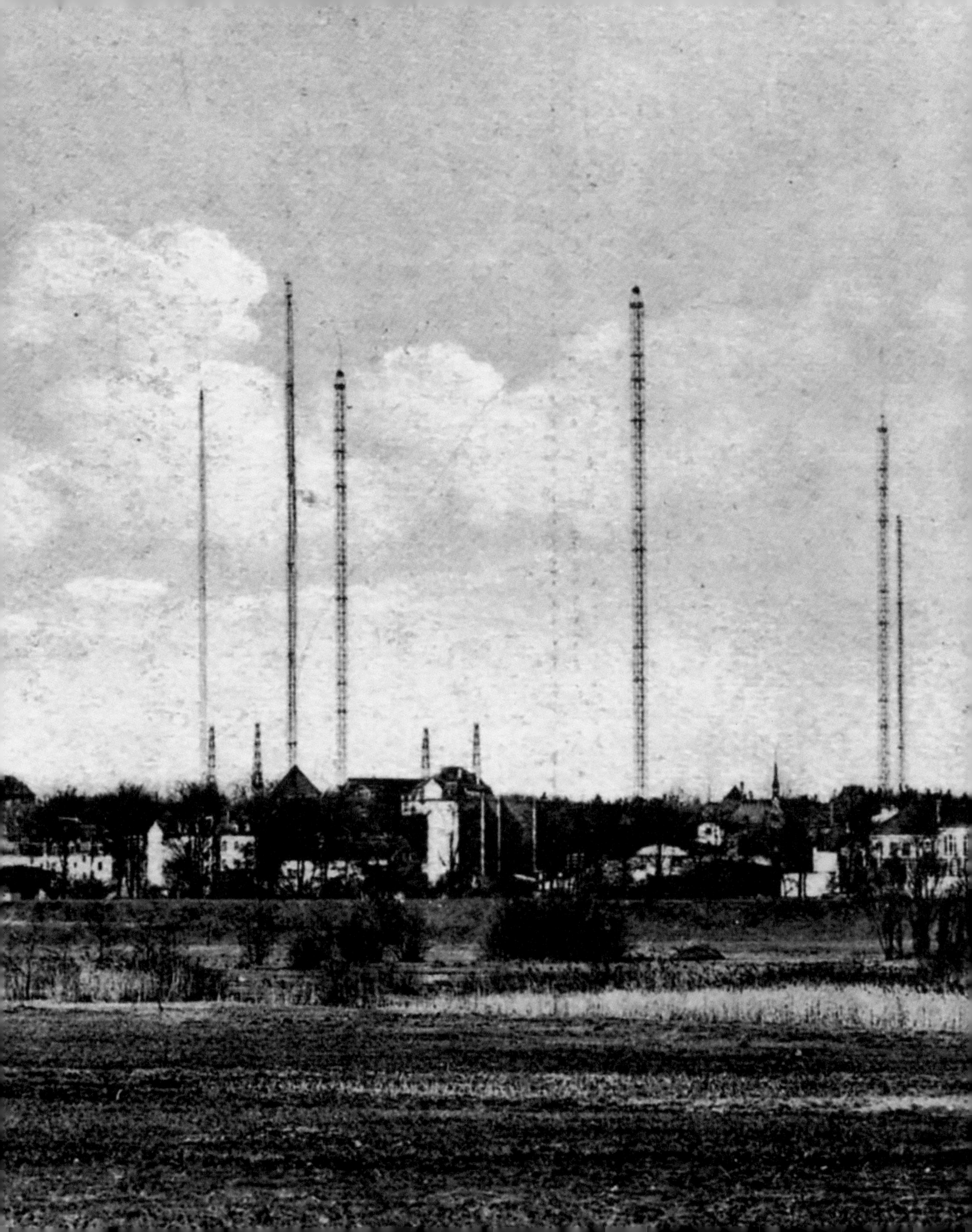

Werner Lorenz

STERNBRÜCKE HAMBURG-ALTONA

In doppelter Hinsicht steht die Sternbrücke exemplarisch für die Erkundung neuer „Limits" im Stahl-Brückenbau der 1920er Jahre. Die von der Reichsbahn forcierte Einführung des höherfesten Baustahls St 48 erlaubte eine höhere Auslastung. Eine gewagte Lösung im Bauprozess minimierte die Sperrzeiten der hochbefahrenen Strecke.

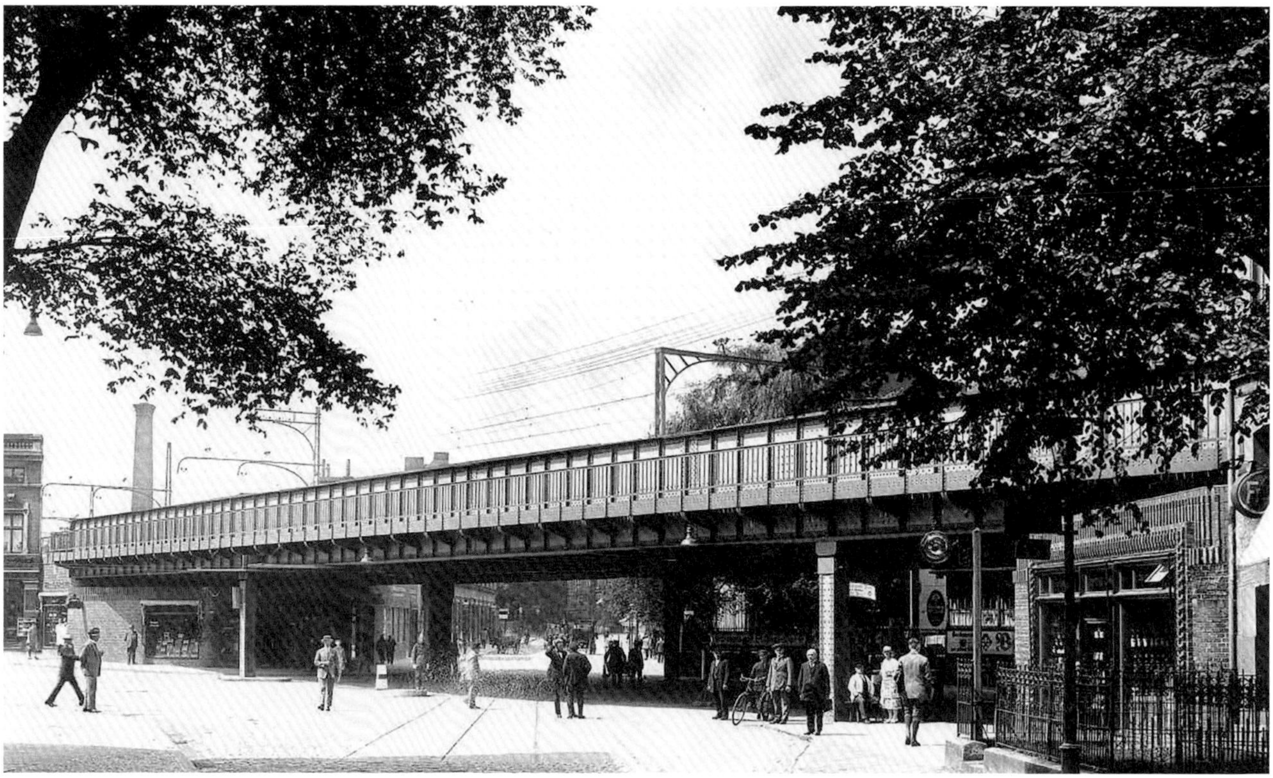

Bild 1 Ansicht nach der Eröffnung, um 1926.

Die Hamburger Sternbrücke verläuft diagonal über eine als „Stern" bezeichnete Kreuzung, in die der Verkehr aus insgesamt sieben Richtungen einmündet. In der heutigen Fassung wurde sie 1925/26 als Ersatz für einen Vorgängerbau errichtet. Jeweils zwei Gleise für den Fernverkehr und für die S-Bahn liegen in den beiden getrennten stählernen Überbauten. Bis zu 75 m lang und 2,80 m hoch, prägen sie maßgeblich das Erscheinungsbild des Bauwerks. Statisch konzipiert sind sie als Durchlaufträger mit jeweils zwei Zwischenstützen, deren Positionierung auf die Straßenführung Rücksicht nehmen musste. Die daraus resultierenden, sehr ungleichen Feldlängen führten zu einer besonderen Eigenheit: Da die Enden der nur sehr kurzen Randfelder bei jeder Zugüberfahrt kurzzeitig abzuheben drohten, wurden unter den Endauflagern – verborgen durch die Wände der Widerlager – schwere Beton-Kontergewichte angeordnet. In gleich doppelter Hinsicht steht die Sternbrücke exemplarisch für richtungsweisende Entwicklungen des hochmodernen Stahl-Brückenbaus und die damit verbundene Ausweitung traditioneller „Limits". In der Konstruktion eröffnete die von der Reichsbahn forcierte Etablierung neuer, höherfester Stähle (hier St 48) die Möglichkeit einer höheren Auslastung der Querschnitte. Für den Bauprozess erforderte die hochbefahrene Strecke eine Minimierung der Montagezeiten: Im Ergebnis wurden die neuen Überbauten unmittelbar über und neben der noch genutzten alten Brücke vormontiert, um sie dann in äußerst kurzen Sperrzeiten einheben bzw. einschieben zu können. Unabhängig davon ist zudem die aufwendige Gestaltung der Widerlager und Kasematten unter Rückgriff auf örtliche Traditionslinien der Backsteinarchitektur hervorzuheben, die in einen prägnanten Dialog mit der stringenten Eleganz des stählernen Überbaus tritt.

Anlässlich der Eröffnung wurde das Bauwerk als „Glanzleistung deutscher Technik" gefeiert. Ein Jahrhundert später steht sein Ersatz durch einen Neubau an. Nicht nur dessen grundsätzliche Notwendigkeit ist umstritten. Auf breite Kritik stößt darüber hinaus die Ausführung als Stabbogenbrücke, deren gewaltige Scheitelhöhe von ca. 26 m den historisch gewachsenen städtebaulichen Kontext grundlegend ignorieren wird.

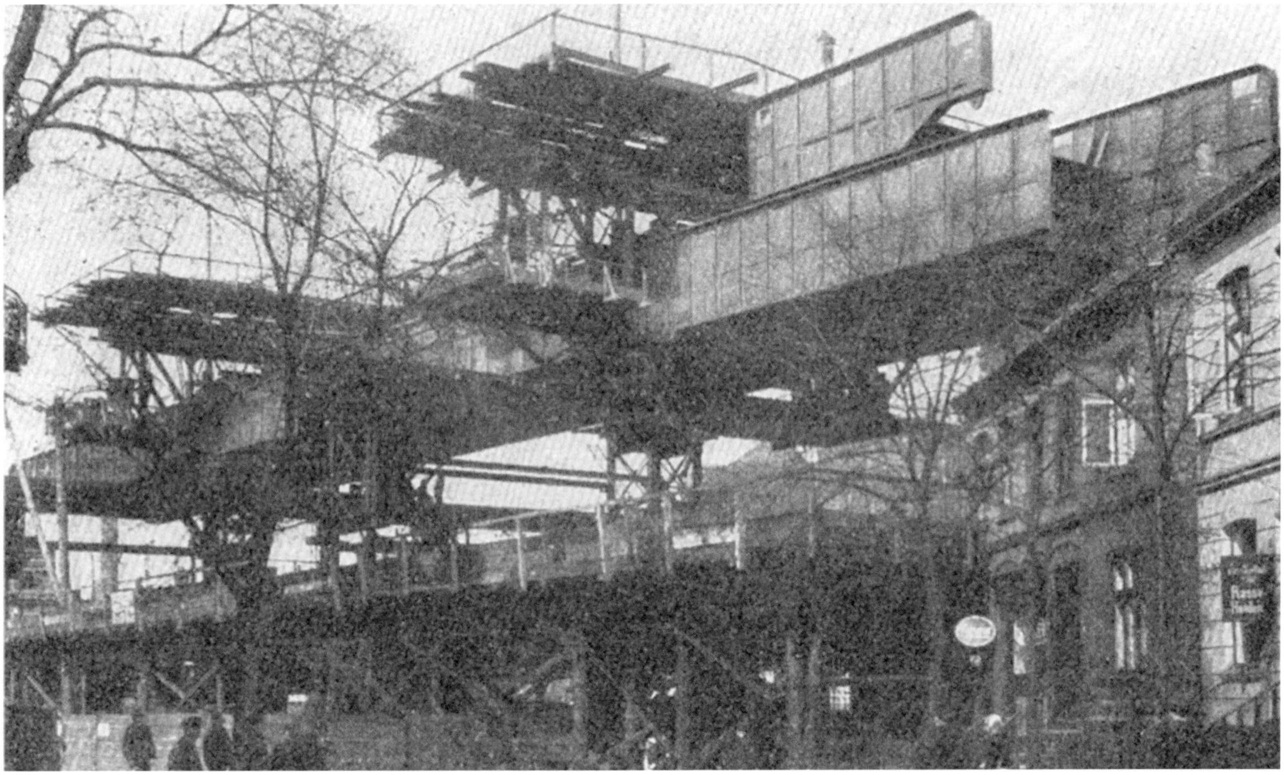

Bild 2 Montage der Überbauten, 1926.

Kenndaten

Lage Hamburg-Altona | **Bauzeit** 1925/26 | **Tragwerksplanung** Reichsbahndirektion Altona (Otto Blunck und Hans Kilian) | **Gesamtplanung** Reichsbahndirektion Altona | **Ausführung** Louis Eilers, Fabrik für Eisen-, Hoch- und Brückenbau, Hannover-Herrenhausen | **Denkmalstatus** Eintrag in die Hamburger Denkmalliste 2015.

Zum Weiterlesen

Otto Blunck: „Umbau der Sternbrücke in Altona". In: *Stahl und Eisen* 47 (1927), Nr. 6, S. 235.
Sven Bardua: *Brückenmetropole Hamburg. Baukunst – Technik – Geschichte bis 1945* (Schriftenreihe des Hamburgischen Architekturarchivs; 25). Hamburg 2009, S. 20f., 157.
Werner Lorenz: „Von der Notwendigkeit des Weiterbauens". In: Eva Maria Froschauer u.a. (Hg.): *Vom Wert des Weiterbauens* (Kulturelle und technische Werte historischer Bauten; 4). Basel 2020, S. 117–132.

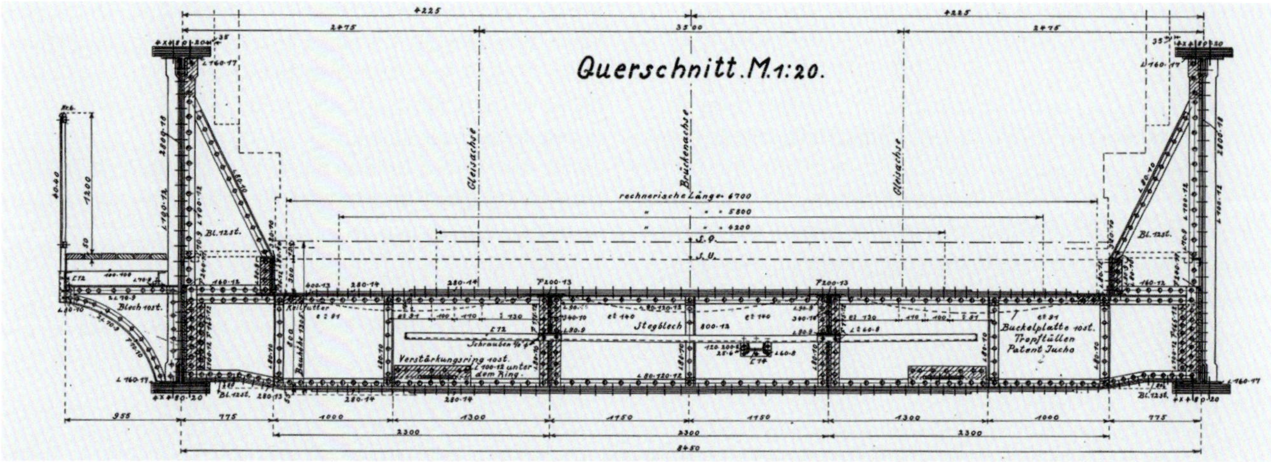

Bild 3 Querschnitt des südlichen Überbaus.

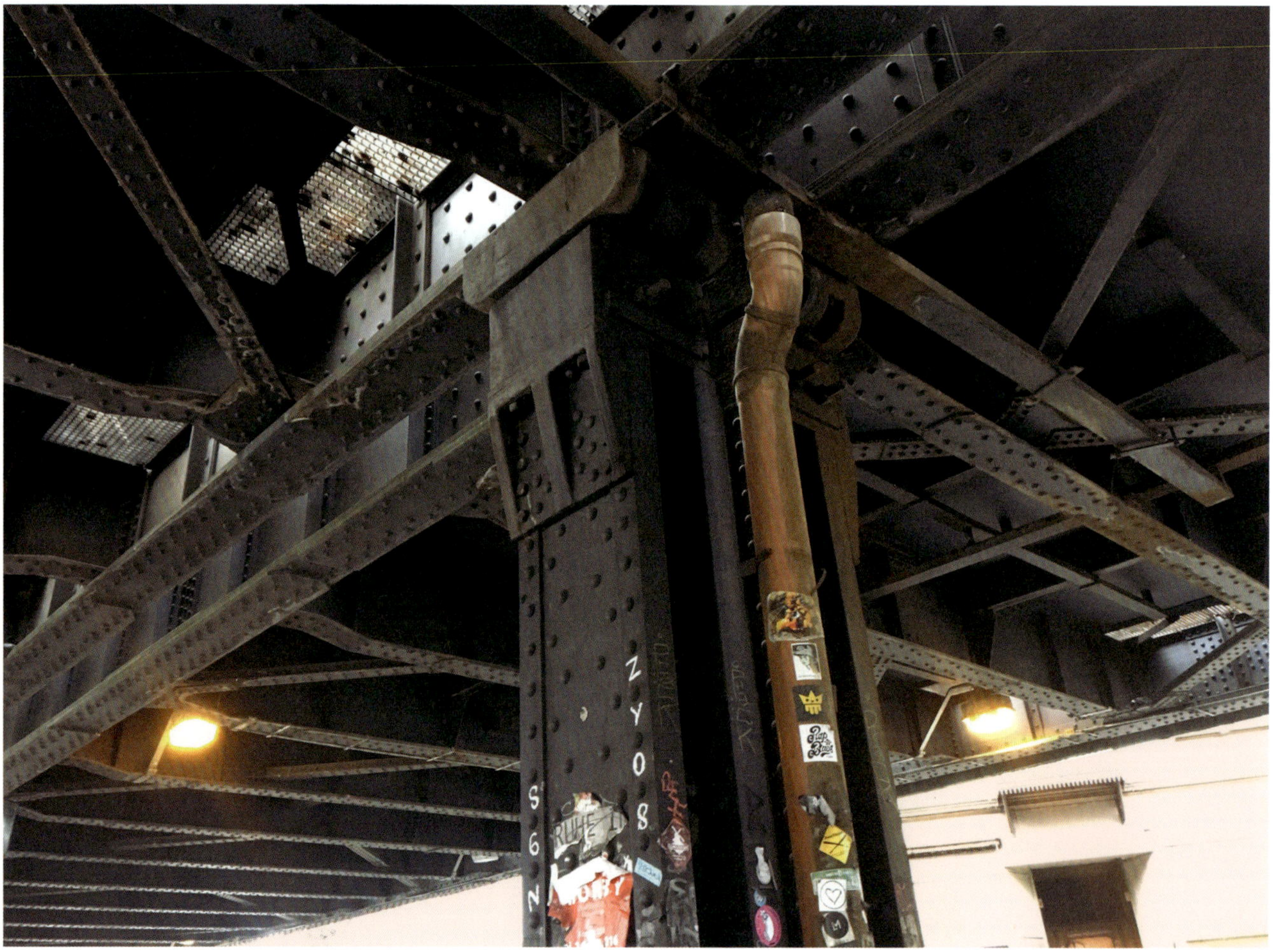

Bild 4 Zwischenstützen-Auflager, 2017.

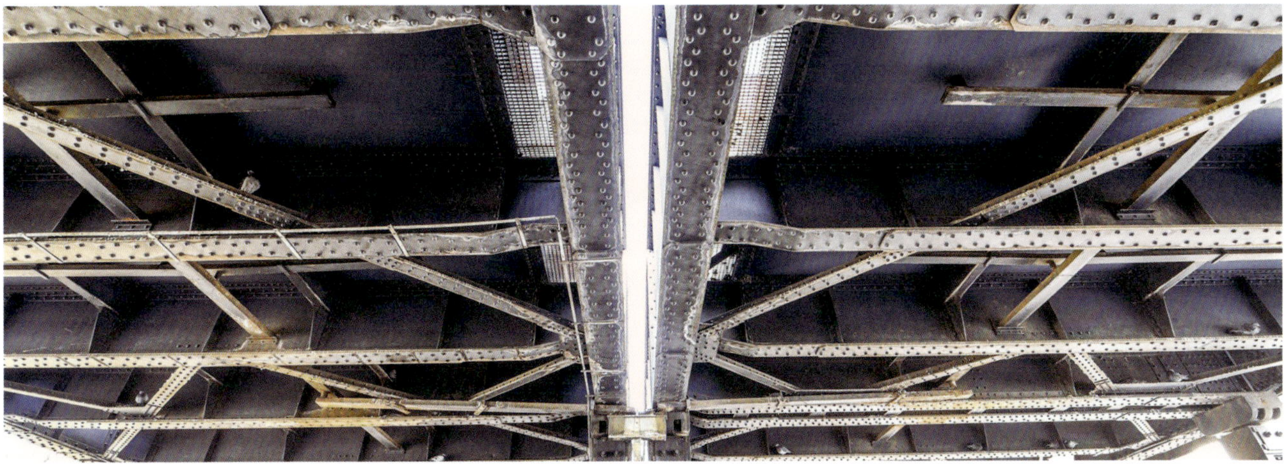

Bild 5 Untersicht der beiden Überbauten, 2021.

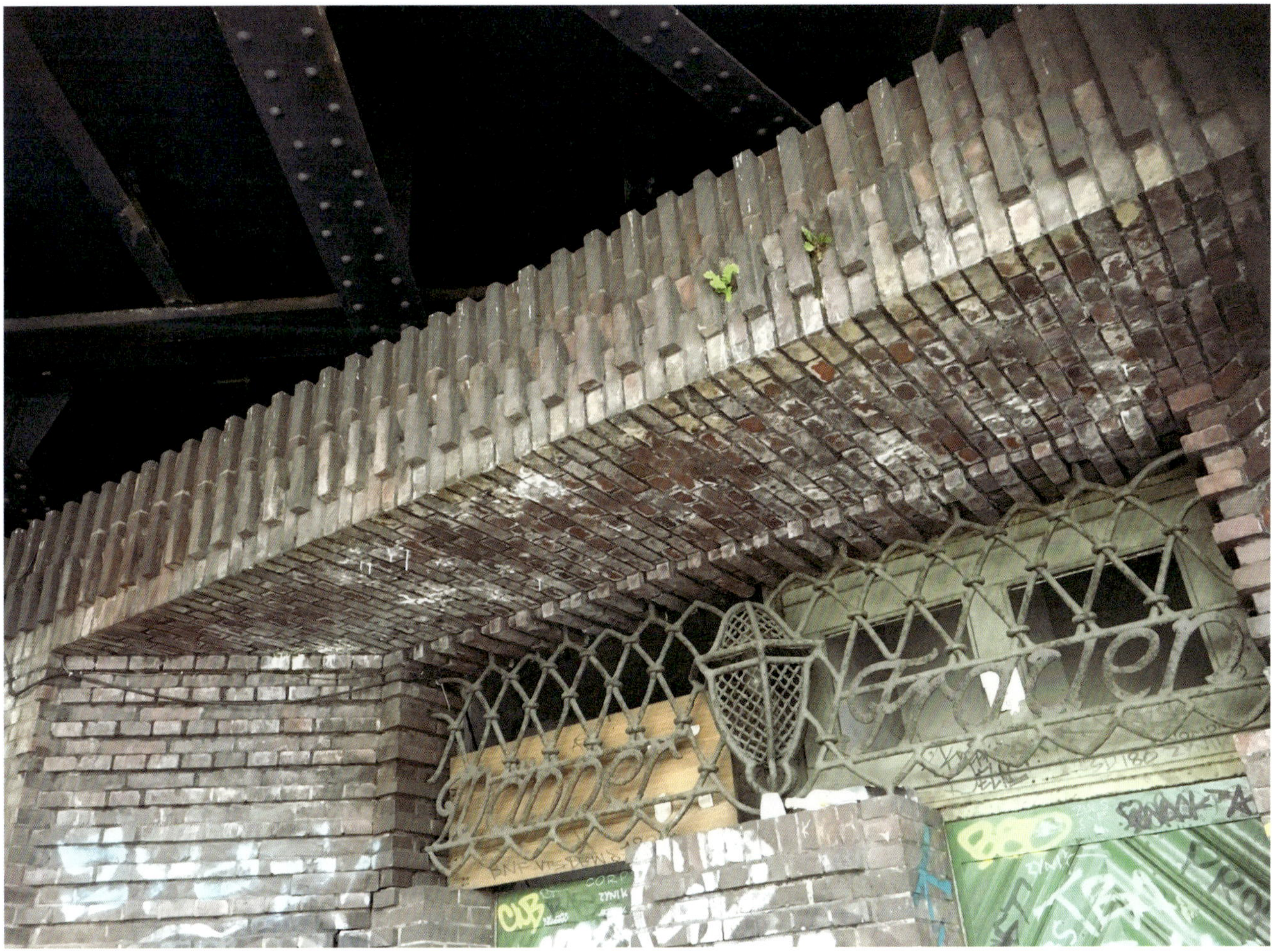

Bild 6 Stahl und Backstein über den alten Toiletten, 2017.

> Bild 7 Sternbrücke mit Straßenkreuzung, 2017.

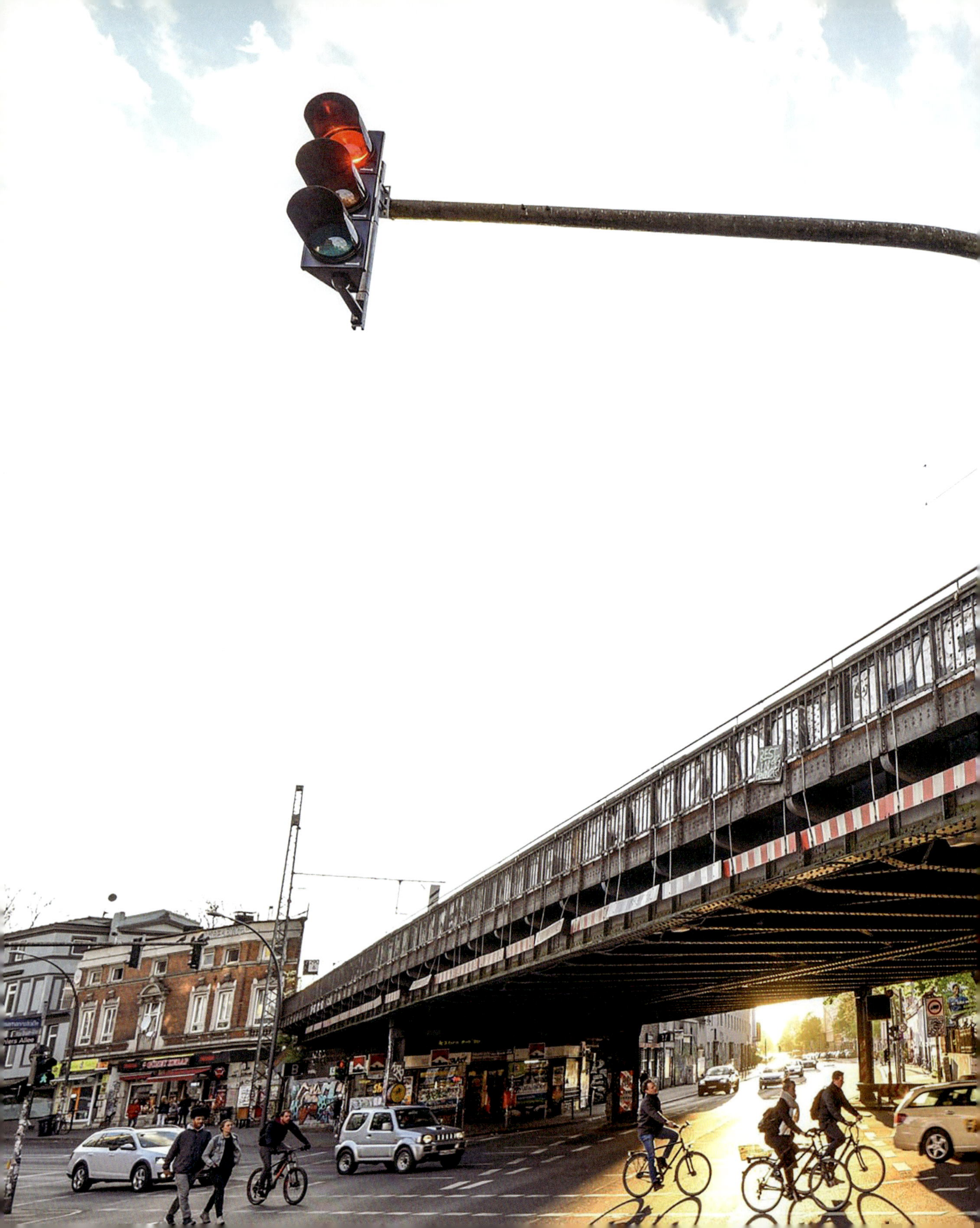

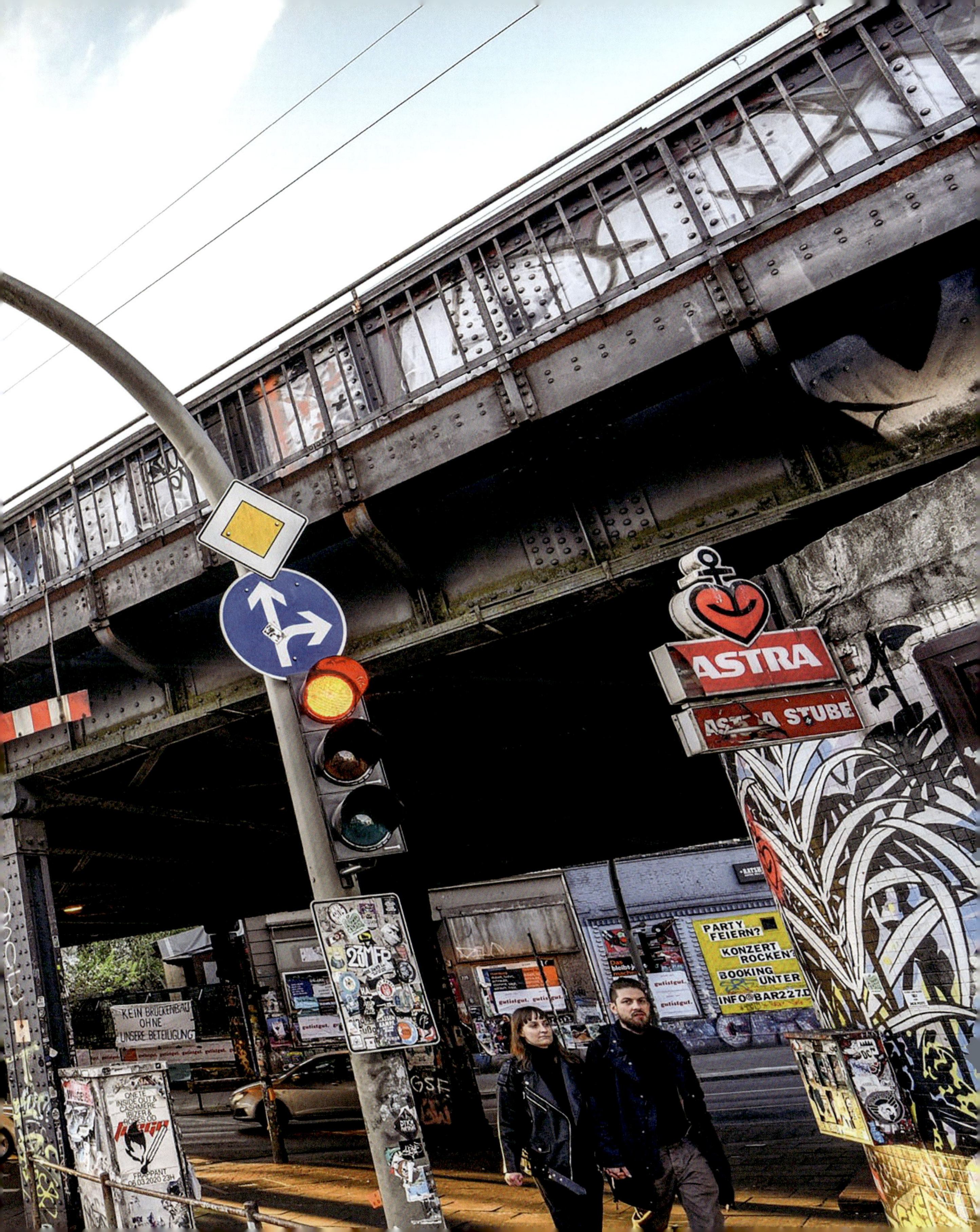
ASTRA
STUBE
PARTY FEIERN?
KONZERT ROCKEN?
BOOKING UNTER
INFO@BAR227.D
KEIN BRÜCKENBAU OHNE UNSERE BETEILIGUNG

Iris Engelmann

AUTOBAHNMEISTEREI MÜNCHEN-WEST

Im Zuge der Kriegsvorbereitungen forcierte der NS-Staat die Entwicklung materialsparender Bauweisen. Ein beeindruckendes Beispiel sind die 1938 patentierten Kroher-Rippen. V-förmig zusammengesetzt aus zwei hölzernen Strebenfachwerken, überzeugten sie als Dach- wie auch als Deckenträger nicht zuletzt durch ihre simplen Nagelverbindungen.

Mit den Reichsautobahnen begann während der NS-Diktatur der zielgerichtete Aufbau eines Netzes von Schnellverkehrsstraßen in Deutschland. Das vom „Generalinspektor für das deutsche Straßenwesen" Fritz Todt gelenkte Infrastrukturprogramm umfasste nicht nur die Strecken selbst, sondern auch Tank- und Rastanlagen sowie Straßenmeistereien. Vorgaben für deren grundlegenden Aufbau lieferte der Architekt Paul Bonatz. Im Zuge der Ausführungen durch lokale Baufirmen kamen dabei, wie bei zahlreichen anderen staatlichen Bauaufgaben jener Jahre, auch materialsparende Konstruktionssysteme zum Einsatz.

Die Autobahnmeisterei München-West platzierte man am Startpunkt der Autobahn nach Stuttgart (heute BAB 8). Kern der Anlage sind drei schlichte und von hohen Dächern geprägte Bauten, die rechtwinklig um einen zentralen Hof organisiert sind. Bei zwei Gebäuden kamen sogenannte „Kroher-Rippen" aus Holz zum Einsatz. Für den Verwaltungsbau nutzte man sie ausschließlich als Binder für das 13,5 m weit gespannte Sparrendach. Bei der 14,5 m breiten Wagen- und Gerätehalle kamen die Rippen außerdem erstmals auch für die Deckenkonstruktion zur Anwendung. Ihre Spannweite halbiert ein mit Zugstählen vom First abgehängter deckengleicher Längsunterzug. Im Hinblick auf besseren Brandschutz und eine verbesserte Ausnutzung des Dachraums als Lagerfläche ersetzte man derartige hölzerne Decken bei späteren Autobahnmeistereien durch Stahlbetonkonstruktionen.

Zwischen 1935 bis 1945 wurde in Deutschland rund ein Dutzend neuartiger Dachkonstruktionsarten in Nagelbauweise entwickelt. Den Weg hierfür hatte die 1933 eingeführte DIN 1052 „Holzbau" mit erstmaligen Angaben zu tragfähigen Nagelverbindungen geebnet. Im damaligen Ingenieurholzbau erlangten solche „Sparbauweisen" rasch eine herausragende Bedeutung, denn Nägel waren als Verbindungsmittel nicht patentiert, leicht erhältlich und auch von Laien einfach zu verarbeiten. Der aus einer Münchner Zimmererfamilie stammende Baumeister Ludwig Kroher versprach mit seinem 1938 patentierten System (DRP 723.700) zudem eine 40- bis 70-prozentige Holzeinsparung gegenüber konventionellen Dachkonstruktionen. V-förmig zusammengesetzte Fachwerkträger mit konisch geschnittenen Ober- und Untergurten wurden dabei paarweise als Sparrendreiecke über einer Zug aufnehmenden Decke aufgerichtet. Aneinander gereiht erzeugten die Kroher-Rippen ein gefaltetes Dachwerk, das keine zusätzliche Längsaussteifung benötigte und einen stützenfreien Dachraum ermöglichte.

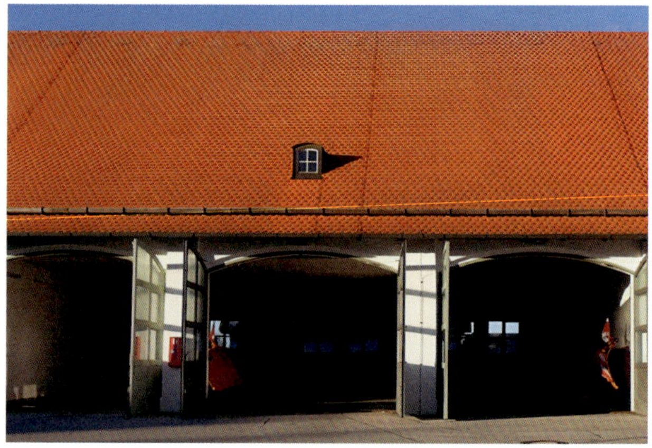

Bild 1 Die bis heute genutzte Wagen- und Gerätehalle der Autobahnmeisterei München-West ist weitgehend im Originalzustand erhalten.

Krohers heute kaum mehr bekannte Sparkonstruktion legt Zeugnis dafür ab, wie intensiv auch die Bauwirtschaft in der NS-Zeit durch strenge Materialkontingentierung in die Kriegsvorbereitung eingebunden wurde. Mit großem Zeitaufwand in Handarbeit genagelt, fasziniert die Bauweise durch ihre aufgelöste, leichte Struktur, die durchdachten Details und eine ausgesprochen ästhetische Wirkung des regelmäßigen Faltwerks. Auch wenn Brettstärken und Nagelrandabstände nicht mehr den heutigen Normen entsprechen, sind die mehr als 85 Jahre alten Dach- und Deckentragwerke der Münchner Autobahnmeisterei weiterhin in sehr gutem Zustand. Selbst im Zuge eines Dachausbaus über dem Verwaltungsgebäude blieben sie nahezu unverändert erhalten. Flexibilität und Leistungsfähigkeit des Kroher-Systems demonstrieren überdies umfangreiche Ausbaumaßnahmen an einem weiteren Bauwerk in Dresden-Hellerau, wo einzig zusätzliche Kehlbalken eingefügt werden mussten, um einer zu großen Durchbiegung entgegenzuwirken.

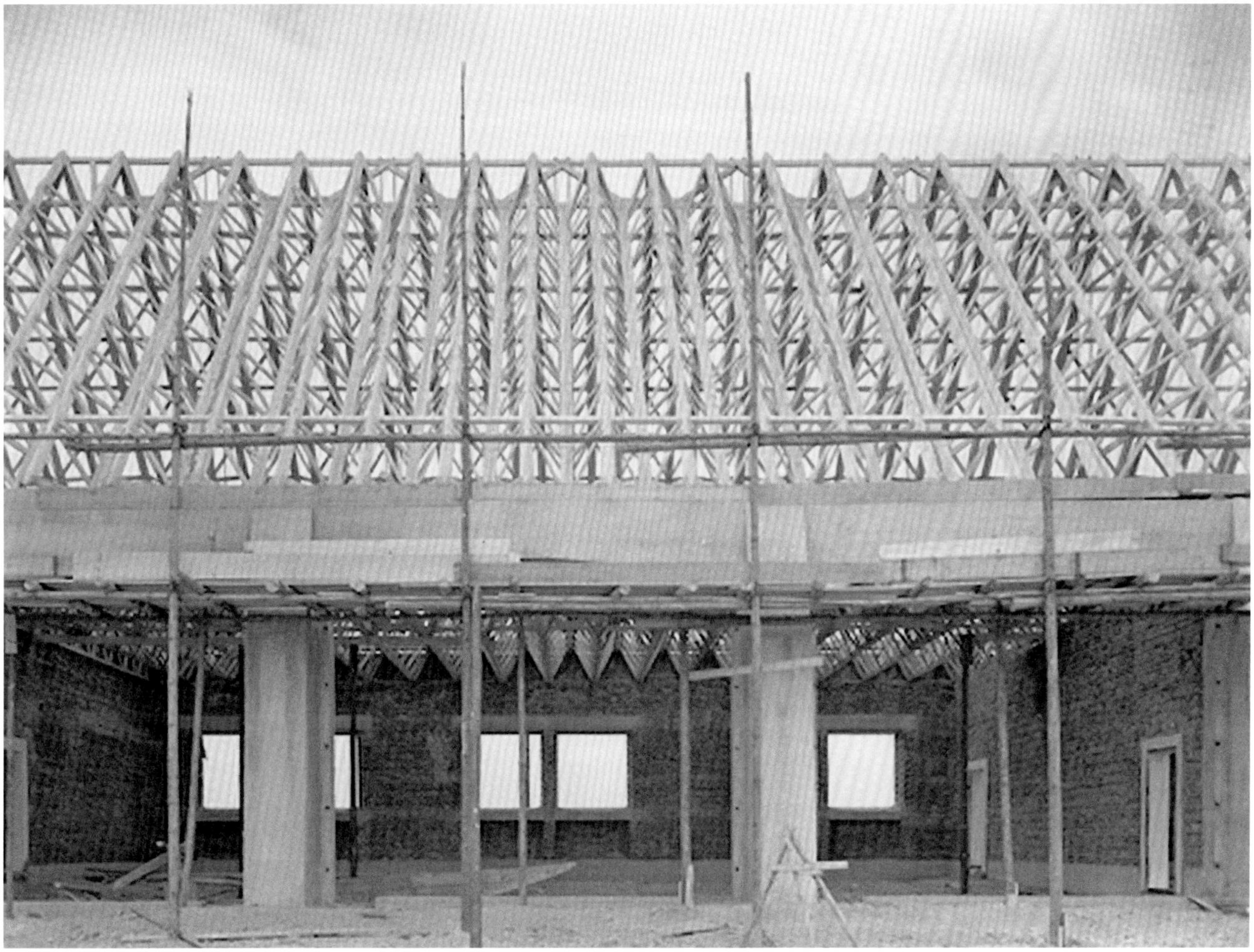

Bild 2 Für die Konstruktion der ab Dezember 1938 errichteten Wagen- und Gerätehalle fanden Kroher-Rippen erstmals sowohl als Dach- und auch als Deckentragelemente Verwendung.

Kenndaten

Lage Bergsonstraße 30, 81245 München-Obermenzing | **Bauzeit** 1938–1940 | **Tragwerksplanung** Ludwig Kroher, München | **Prüfingenieur** Max Mayer, München | **Gesamtplanung** Heinrich Rettig, München | **Ausführung** Holzbau Baugeschäft Josef und Ludwig Kroher, München | **Denkmalstatus** Kein Denkmal.

Zum Weiterlesen

„Die Rippen der Ludwig-Kroher-Dachkonstruktion als Dachstuhl und Deckenträger". In: *Der Deutsche Zimmermeister* 41 (1939), Nr. 33, S. 416–419.

Iris Engelmann / Jens Schwendner / Werner Seim: „Materialsparende Nagelbinder – Aspekte der Konstruktionsgeschichte von 1930 bis 1990". In: *Bautechnik* 100 (2023), Nr. 11, S. 53–63.

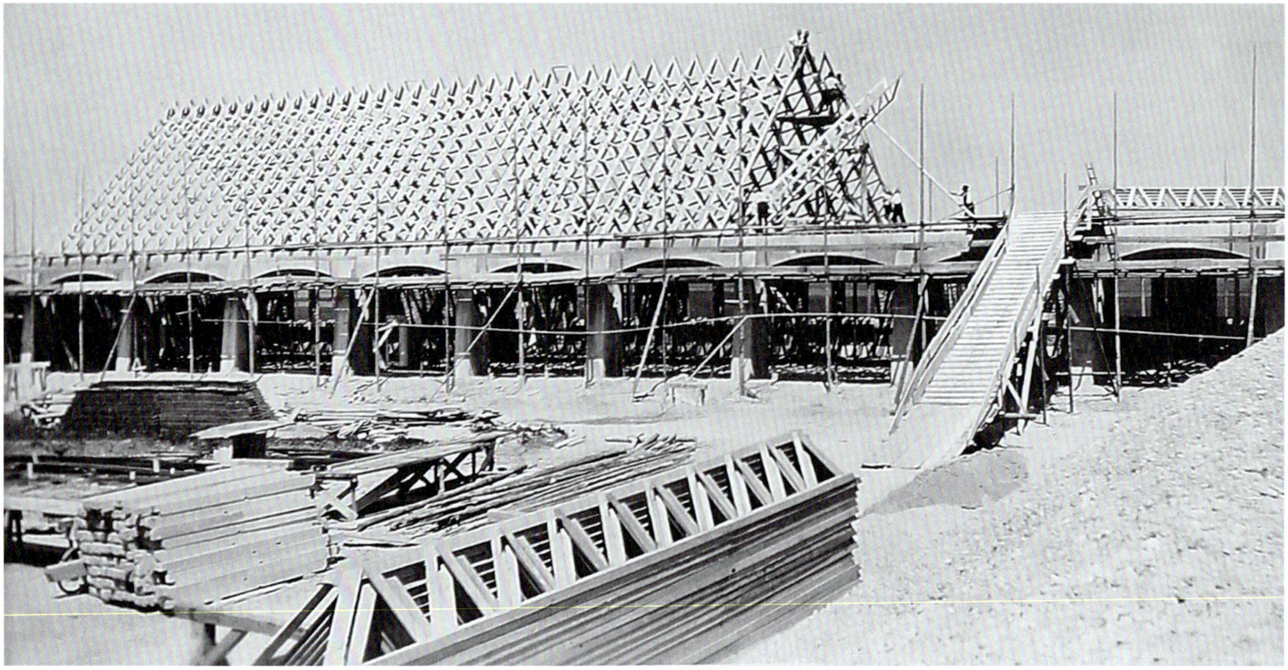

Bild 3 Die Kroher-Rippen wurden vormontiert zum Bauplatz transportiert und dort platzsparend als Stapel gelagert.

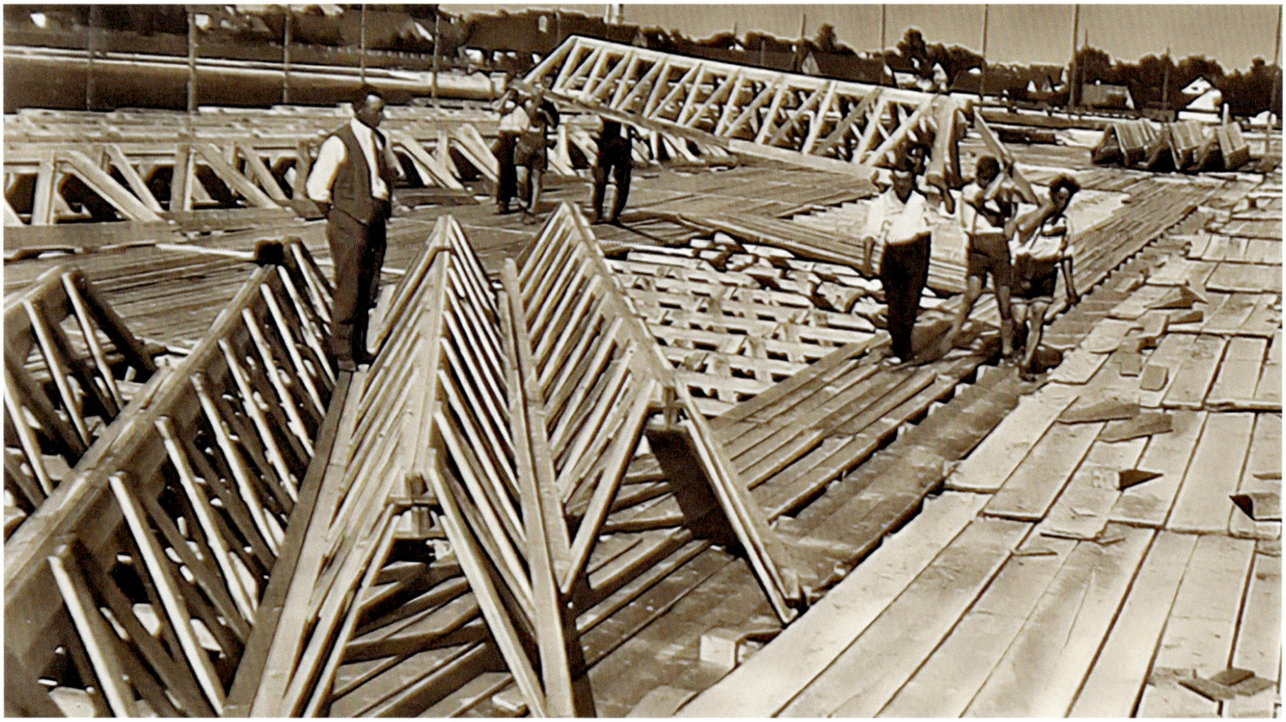

Bild 4 Sechs Arbeiter konnten eine Kroher-Rippe am Bauplatz ohne maschinelle Hilfe bewegen.

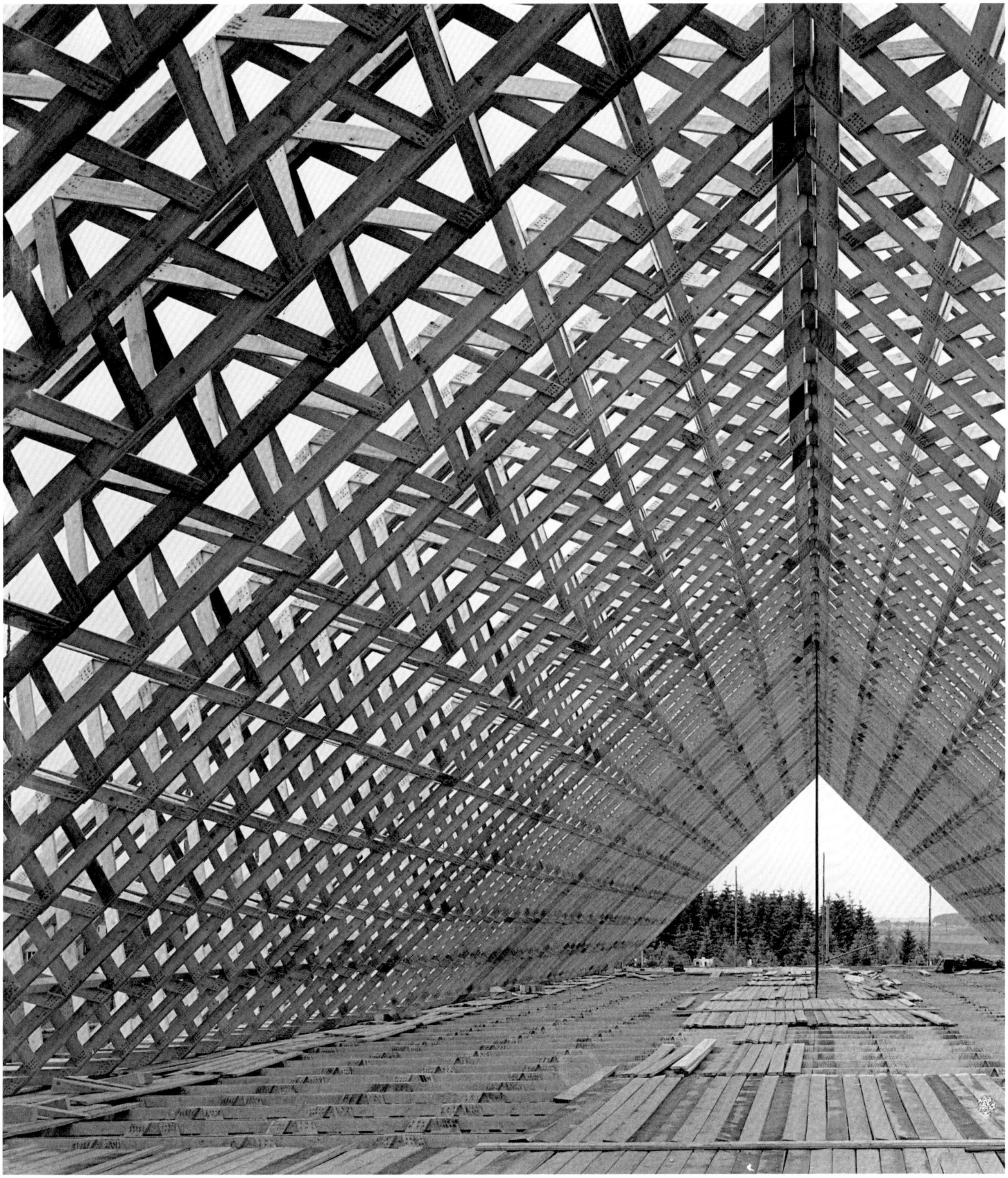

Bild 5 Zugstähle übertragen die vertikalen Lasten aus dem Längsträger der Deckenkonstruktion über den First in die geneigten Gitterträger.

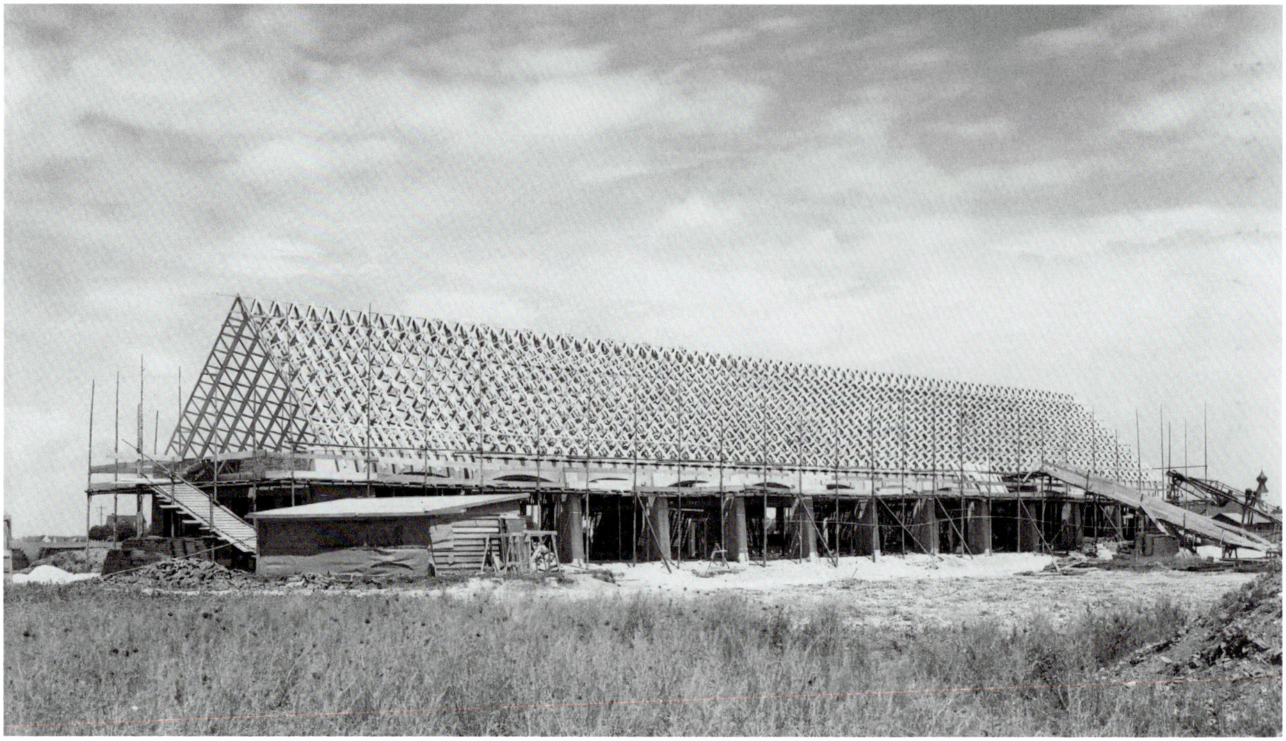

Bild 6 Weitgehend fertiggestellter Rohbau der Wagen- und Gerätehalle, 1939.

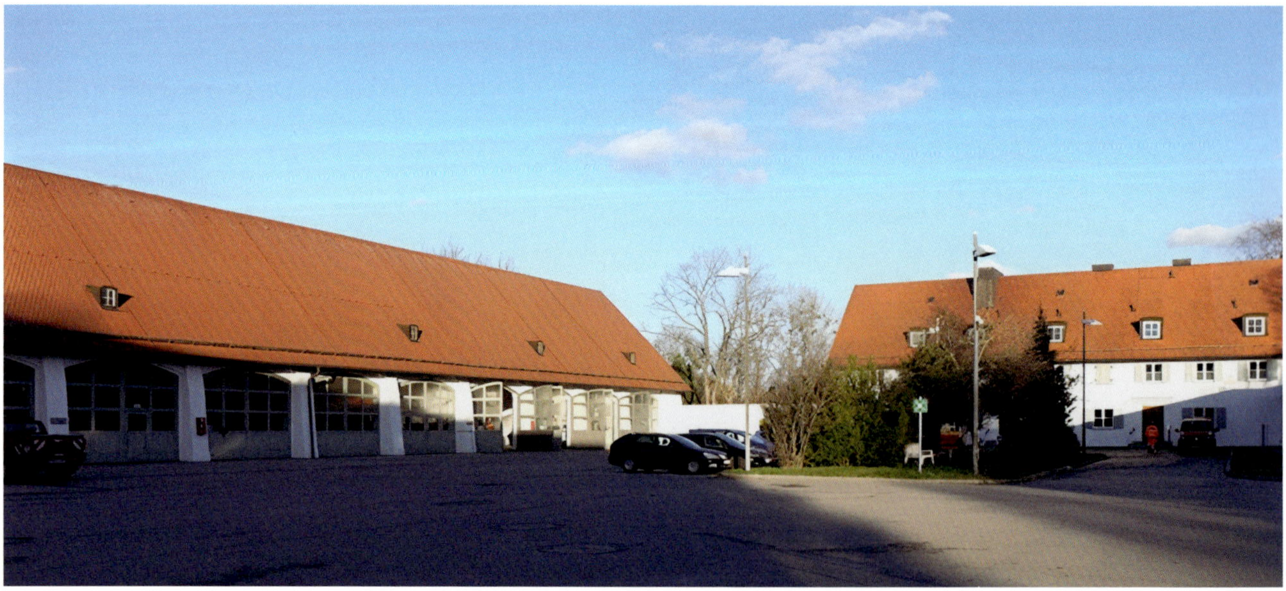

Bild 7 Wagen- und Gerätehalle (links) sowie Verwaltungsbau, 2022.

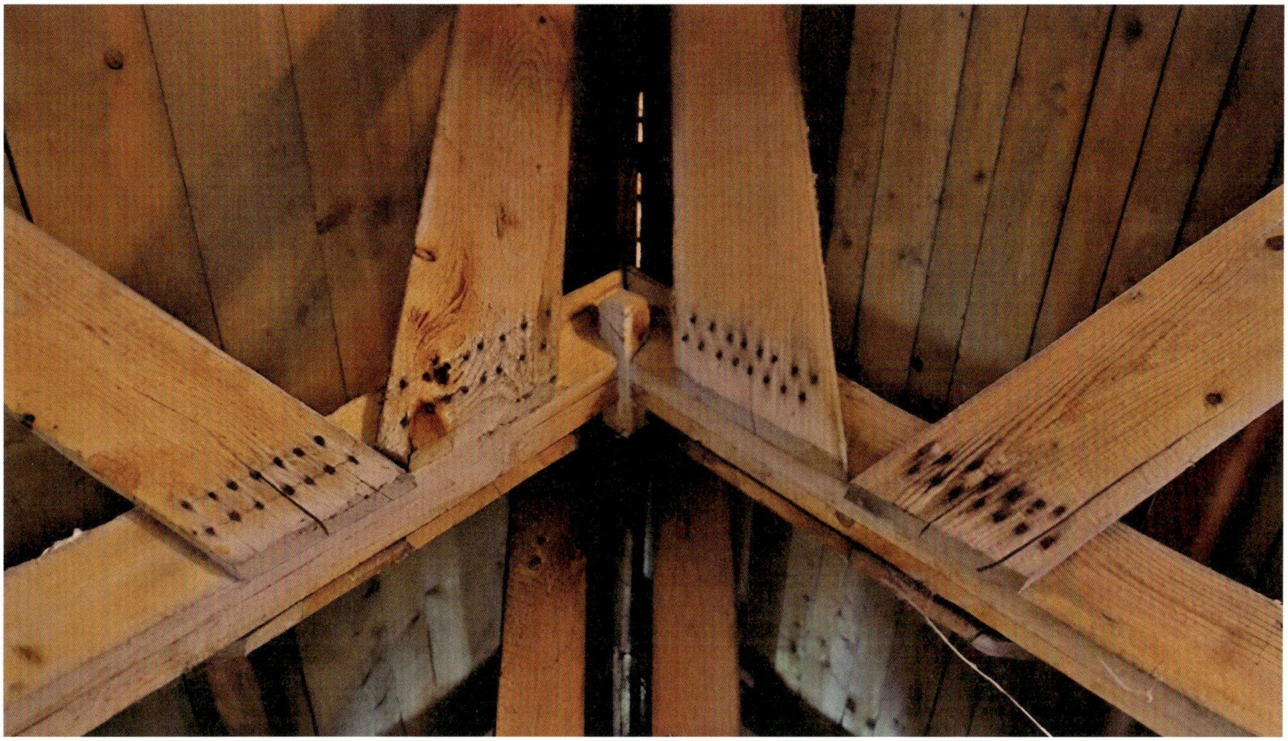

Bild 8 Firstausbildung im Verwaltungsgebäude.

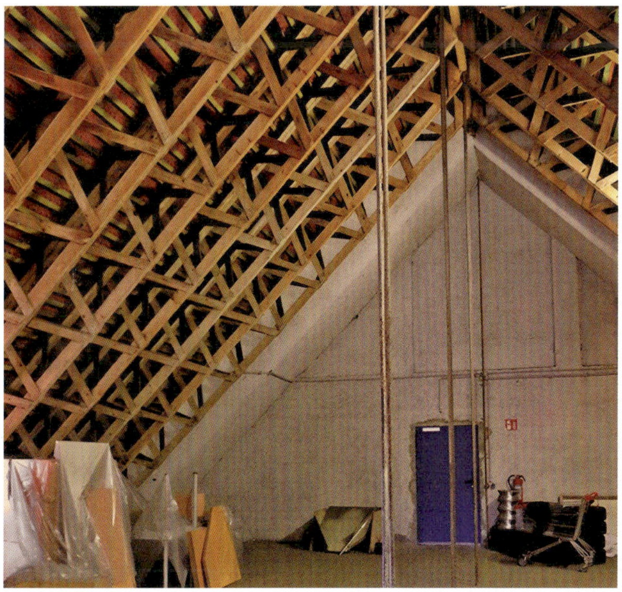

Bild 9 Dachraum der Wagen- und Gerätehalle mit Zugstäben zur Aufhängung der Deckenkonstruktion.

> Bild 10 Die Deckenkonstruktion der Wagen- und Gerätehalle mit deckengleichem Längsunterzug, vermutlich 1939.

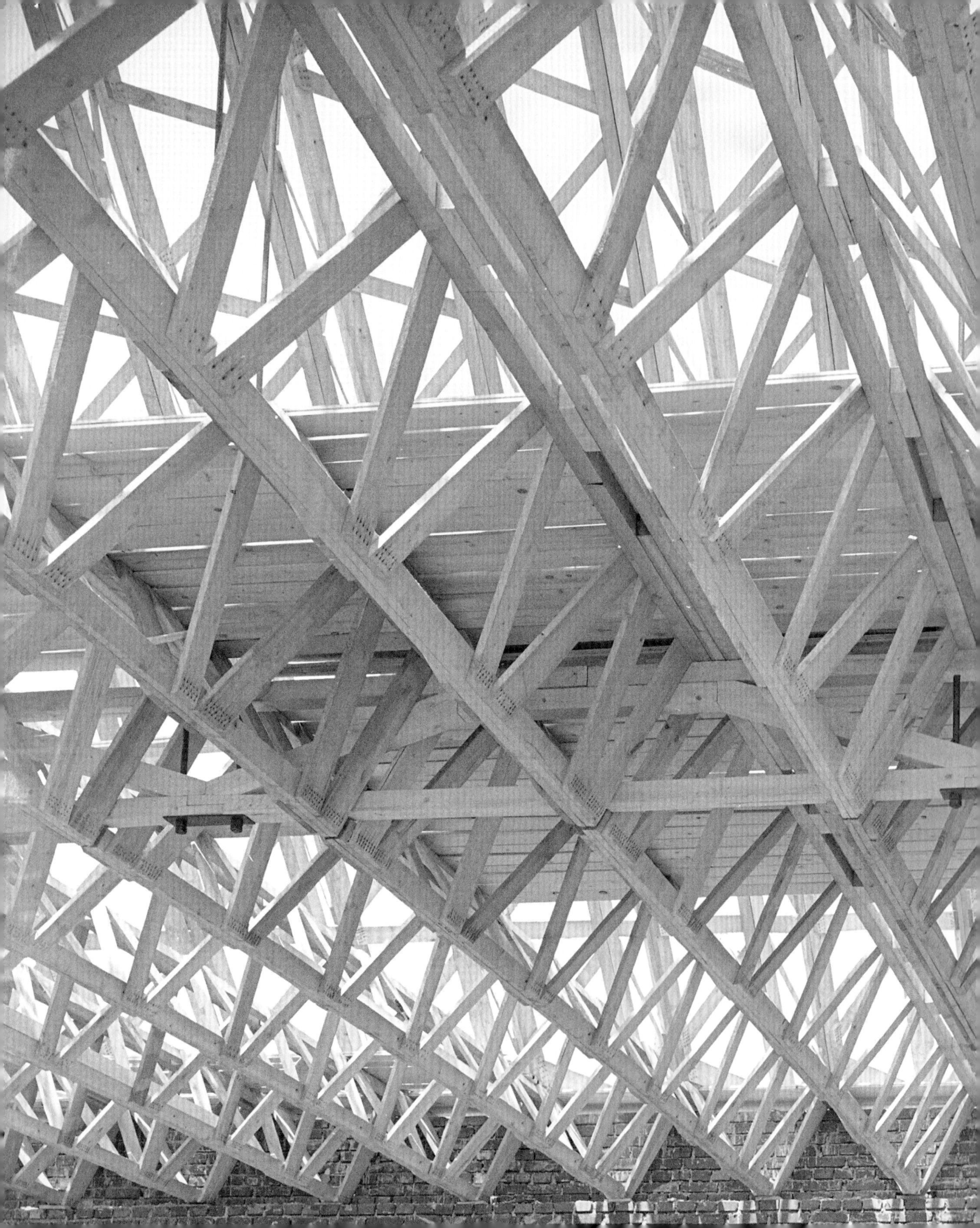

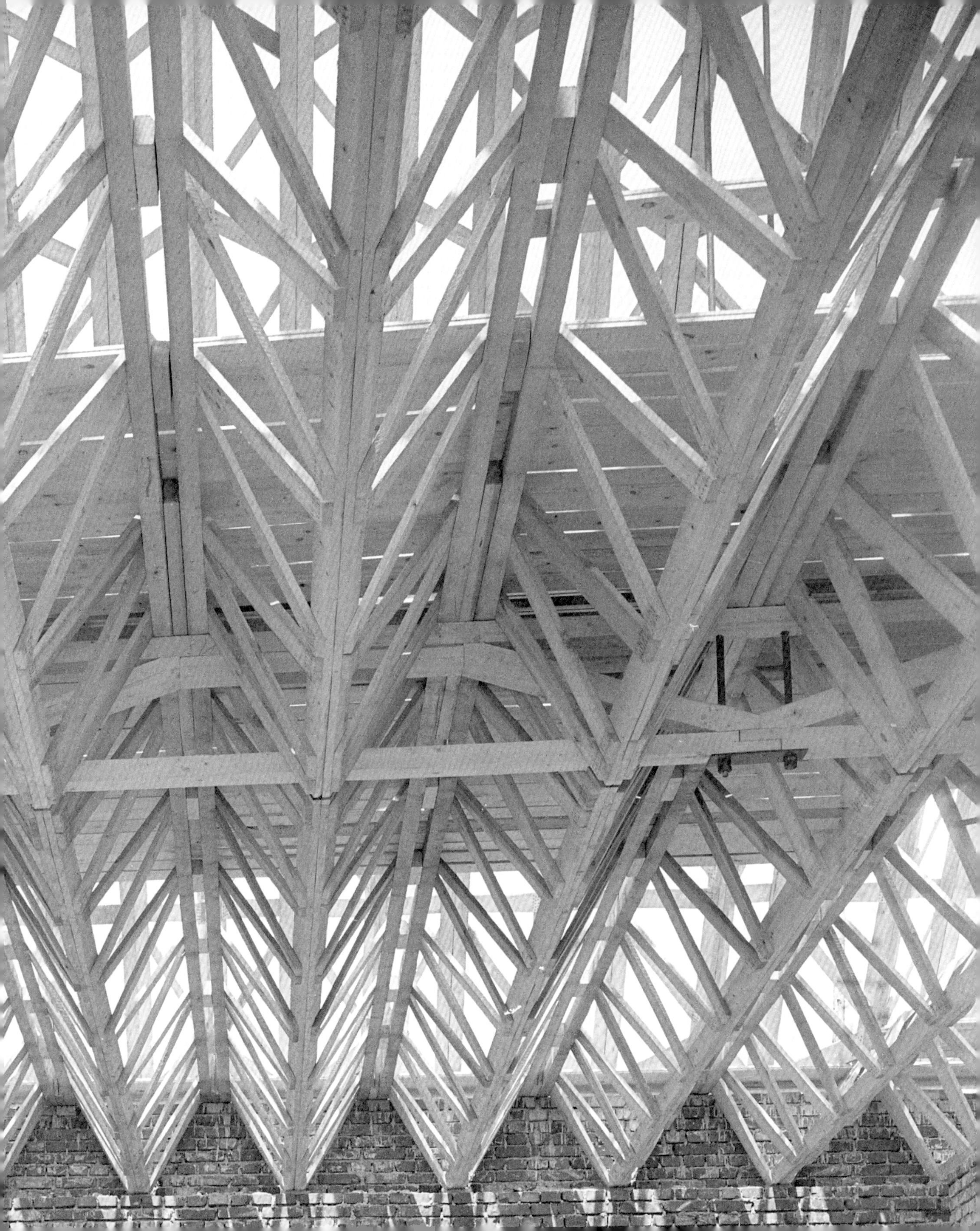

Benjamin Schmid, Christiane Weber, Roland May

MODELL ALSTERSCHWIMMHALLE HAMBURG

Das heute noch erhaltene Messmodell zur 1973 vollendeten Alsterschwimmhalle markiert das Ende einer Epoche, in der anspruchsvolle, an die „Limits" des Berechenbaren gehende Konstruktionen ergänzend zur Statik durch modellstatische Untersuchungen erkundet und legitimiert wurden. Erst der Siegeszug der digitalen Nachweismethoden machte sie in den 1970er Jahren obsolet.

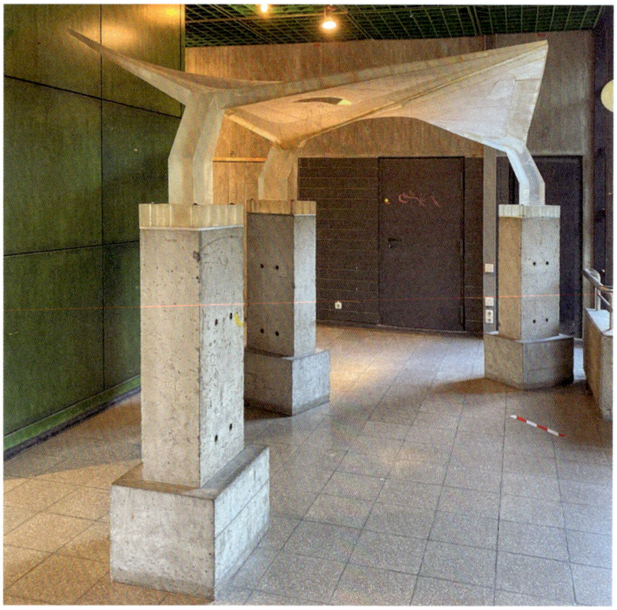

Bild 1 Das Messmodell an seinem heutigen Standort in der Fakultät für Bau- und Umweltingenieurwissenschaften in Stuttgart-Vaihingen, 2020.

Anfang der 1960er Jahre entwickelten Horst Niessen und Rolf Störmer, Gewinner der ersten beiden Preise im vorangegangenen Architektenwettbewerb, auf Wunsch des Bauherren gemeinsam den Entwurf eines Hallenbads an der Sechslingspforte in Hamburg. Unter Mitwirkung von Walter Neuhäusser entwarfen sie ein auf nur drei Punkten gelagertes Dach aus zwei aneinandergrenzenden Hyparschalen mit mehr als 50 m frei tragenden Randträgern. Das lediglich 8 cm dicke Tragwerk sollte Jörg Schlaich vom renommierten Ingenieurbüro Leonhardt + Andrä in die Realität umsetzen.
Statisch war ein derart anspruchsvolles Dach damals nur begrenzt berechenbar, weshalb an der TH Stuttgart unter Leitung Robert K. Müllers zusätzlich Modellversuche durchgeführt wurden. Ein zunächst vorgesehenes Modell in Microbeton wäre zu groß ausgefallen, sodass die Entscheidung schließlich für Acrylglas fiel – auch wenn dessen linear elastisches Materialverhalten weit von der Realität abwich. Hiermit konnte die Schalenstärke auf 3 mm und somit der Maßstab auf 1:26,67 gedrückt werden, was die Errichtung und Untersuchung eines vollständigen Dachmodells möglich machte.
Jede der beiden Teilschalen bestand aus vier verklebten Plexiglasstreifen und wurde nach Erwärmung auf einer Holzkonstruktion geformt, die sich die in den hypar-eigenen Regelflächen enthaltenen Geradenscharen zunutze machte. Komplexe handwerkliche Lösungen erforderte der Bau der in die aufgedickten Schalenränder integrierten Randträger mit Dreiecksquerschnitt. Der Herstellungsprozess und die anschließenden Modellversuche wurden in aussagekräftigem Bildmaterial festgehalten, das im Rahmen des SPP-2255-Teilprojekts „Die letzten Zeugen" wiederentdeckt wurde. Es verdeutlicht den Aufwand für die Herstellung des bis zu 4 m weit gespannten Modells sowie der zugehörigen Mess- und Versuchseinrichtungen für simulierte Belastungen aus Eigengewicht, Schnee und Wind sowie Stützenverschiebungen durch Setzungen.
Das Messmodell für die 1968–73 errichtete Alsterschwimmhalle markiert das Ende einer mehrere Dekaden währenden Ära, in der wagemutige Bauprojekte mit aufwendigen Modellversuchen abgesichert wurden (vgl. den Beitrag von Christiane Weber, S. 168 ff). Schon kurz darauf übernahmen Computerprogramme für Finite-Elemente-Berechnungen diese Aufgabe. Der Prüfeinrichtungen beraubt, steht das faszinierende Modell heute im Foyer der Fakultät für Bau- und Umweltingenieurwissenschaften der Universität Stuttgart. Der schlechte Erhaltungszustand eines der letzten Zeugen einer bedeutenden hochmodernen Methode zur Entwurfsfindung im Grenzbereich des Wissens lässt neben konservatorisch-restauratorischen Maßnahmen mittelfristig auch eine geschützte Aufbewahrung als notwendig erscheinen.

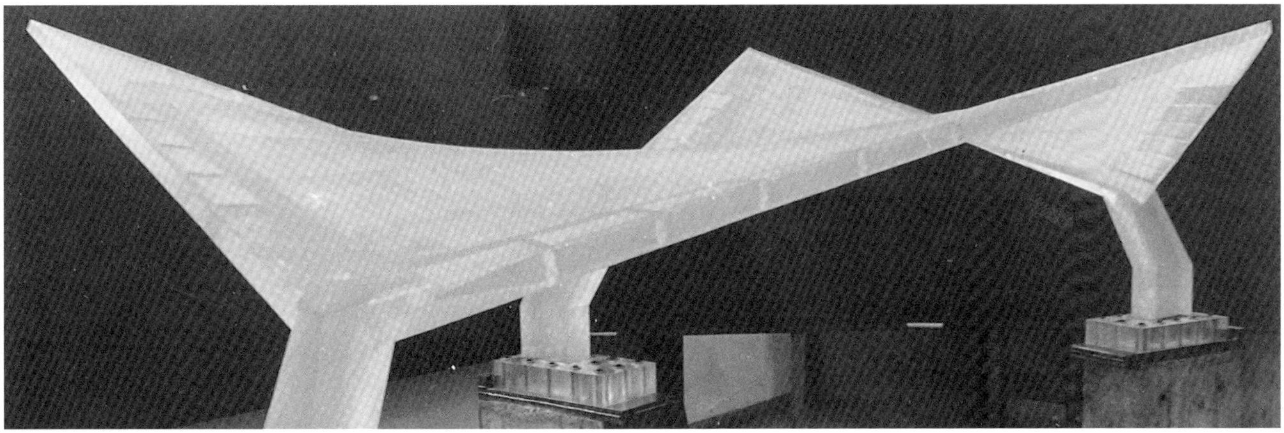

Bild 2 Das zusammengefügte Gesamtmodell.

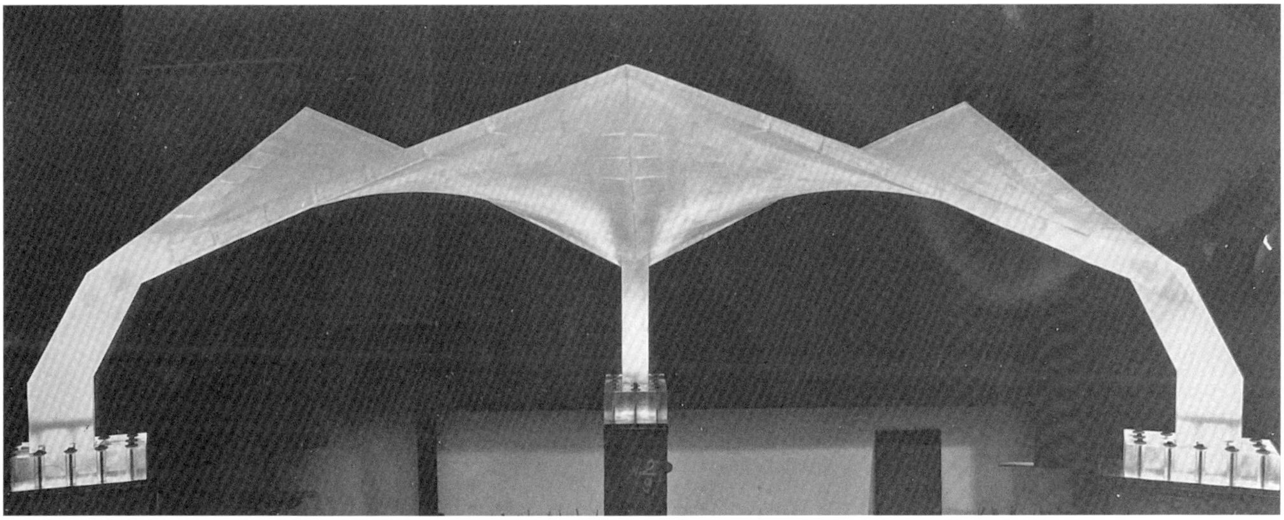

Bild 3 Beleuchtung des Modells zur Fehlerkontrolle.

Kenndaten

Lage Ingenieurwissenschaftliches Zentrum II, Pfaffenwaldring 7, 70569 Stuttgart | **Baujahr** 1965 | **Modellbau und Versuchsdurchführung** Institut für Spannungsoptik und Modellmessungen der TH Stuttgart mit Ingenieurbüro Leonhardt + Andrä, Stuttgart | **Denkmalstatus** Das Modell steht nicht unter Denkmalschutz.

Zum Weiterlesen

Robert K. Müller / Rolf Kayser: „Das Hyparschalen-Dach des Hallenbades Hamburg Sechslingspforte. Teil II: Modelluntersuchung". In: *Beton- und Stahlbetonbau 65* (1970), Nr. 10, S. 245–249.

Benjamin Schmid / Christiane Weber: „Das Messmodell für die Alster-Schwimmhalle Hamburg – ein interdisziplinäres Zusammenwirken Stuttgarter Bauingenieure auf dem Gebiet der Modellstatik". In: Christoph Rauhut u.a. (Hg.): *Materialgerecht konstruiert!?! Tagungsband der Fünften Jahrestagung vom 10. bis 11. Juni 2021 in Zürich* [Schriftenreihe der Gesellschaft für Bautechnikgeschichte; 4]. Petersberg 2023, S. 207–224.

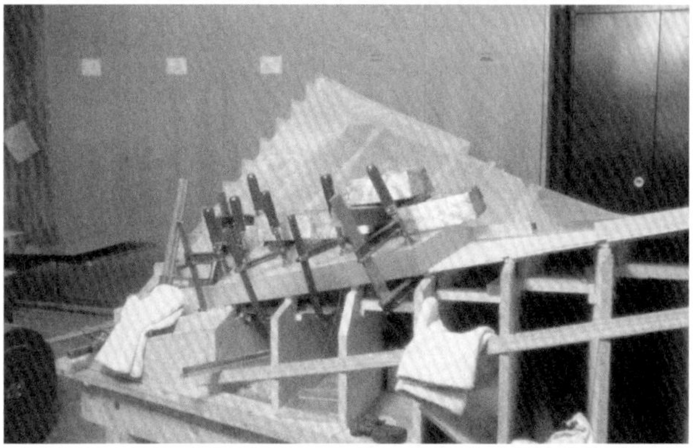

Bild 4 Formung einer Teilschale auf Holzkonstruktion.

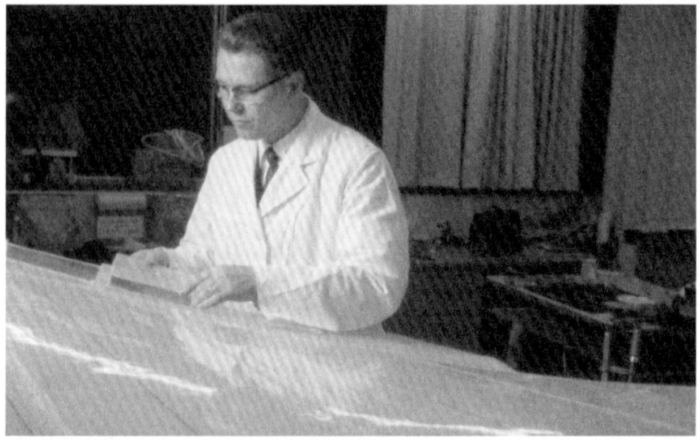

Bild 5 Vorbereitung des Schalenrands.

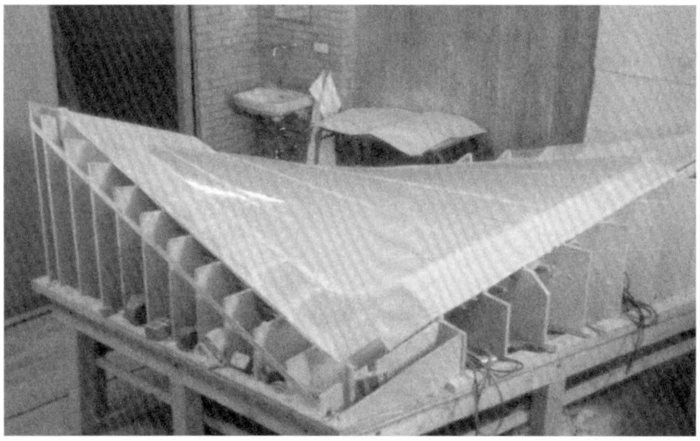

Bild 6 Teilschale mit weitgehend vollendeten Randträgern.

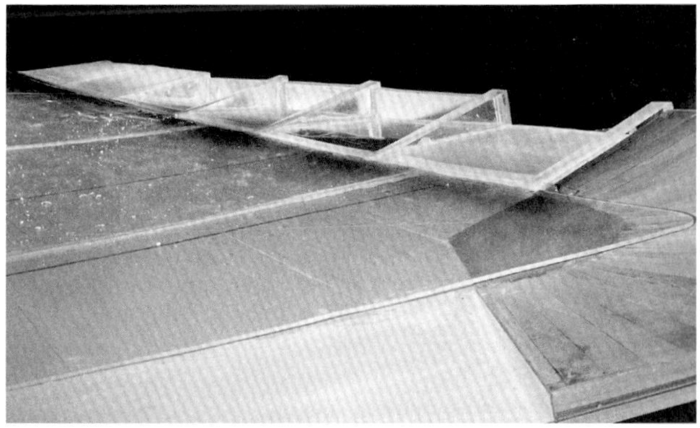

Bild 7 Detail des Randträgers in der Bauphase.

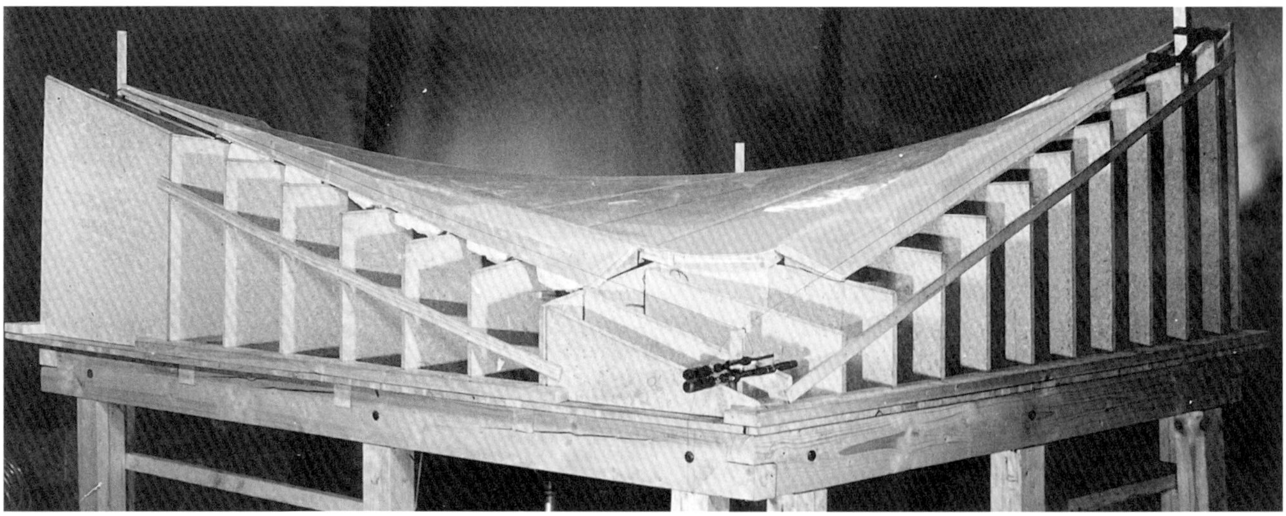

Bild 8 Kontrolle der Formgebung.

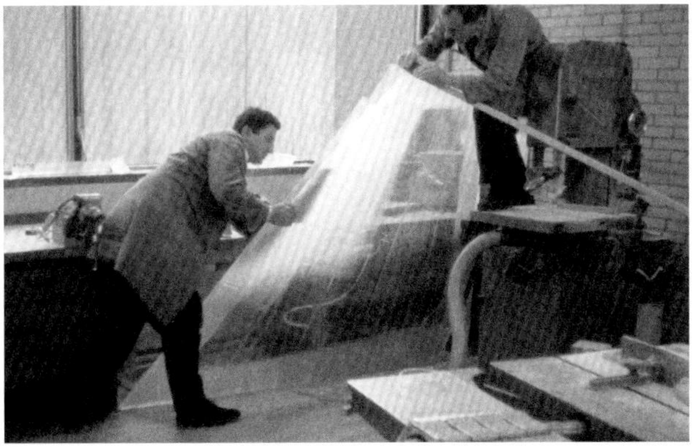

Bild 9 Abschleifen einer Teilschale.

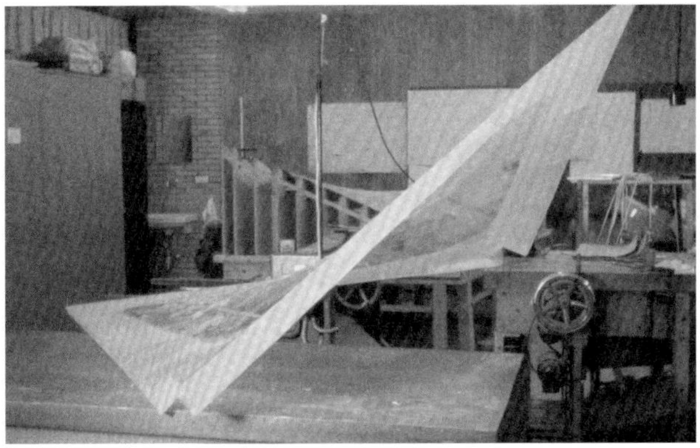

Bild 10 Fertiggestellte Teilschale.

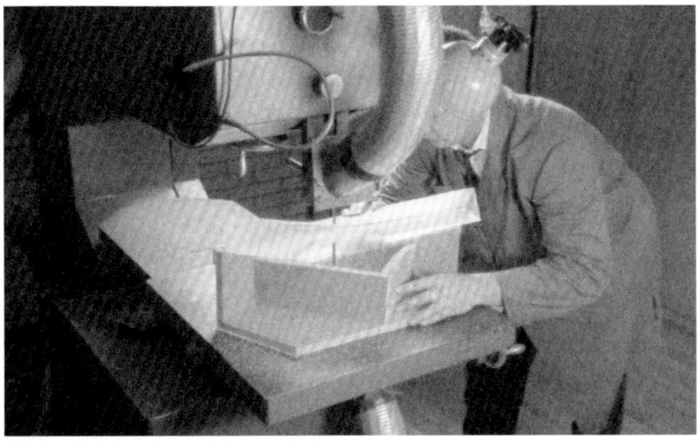

Bild 11 Vorbereitung der Auflager.

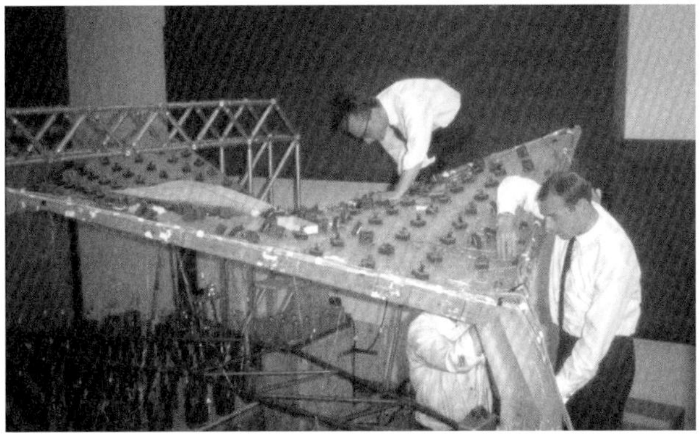

Bild 12 Montage abgehängter Einzellasten aus Blei.

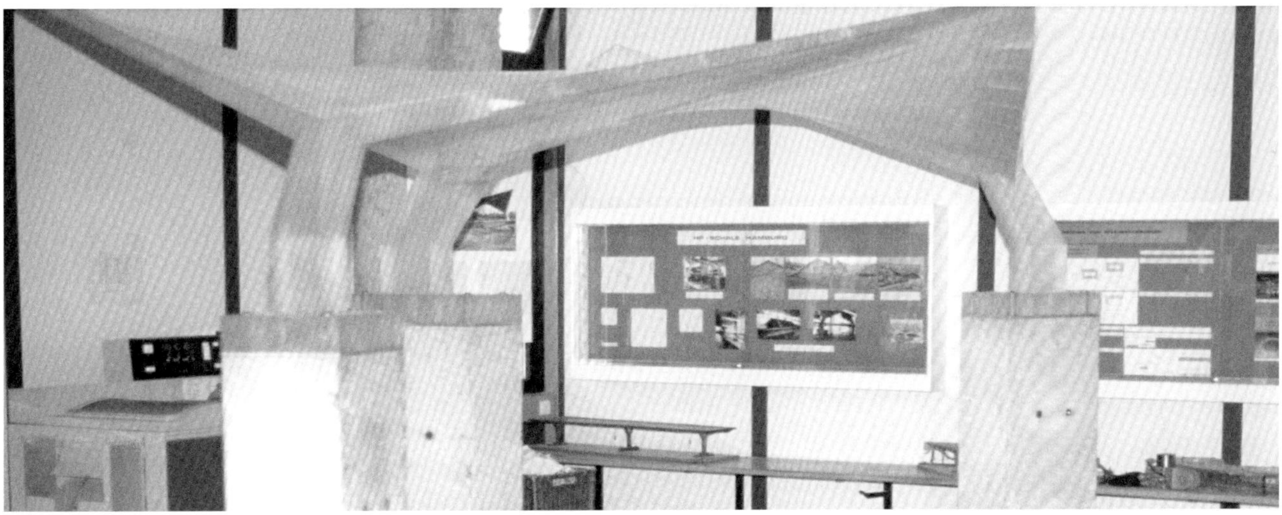

Bild 13 Blick auf das Modell nach der Aufstellung im Gebäude der Fakultät für Bauingenieurwesen.

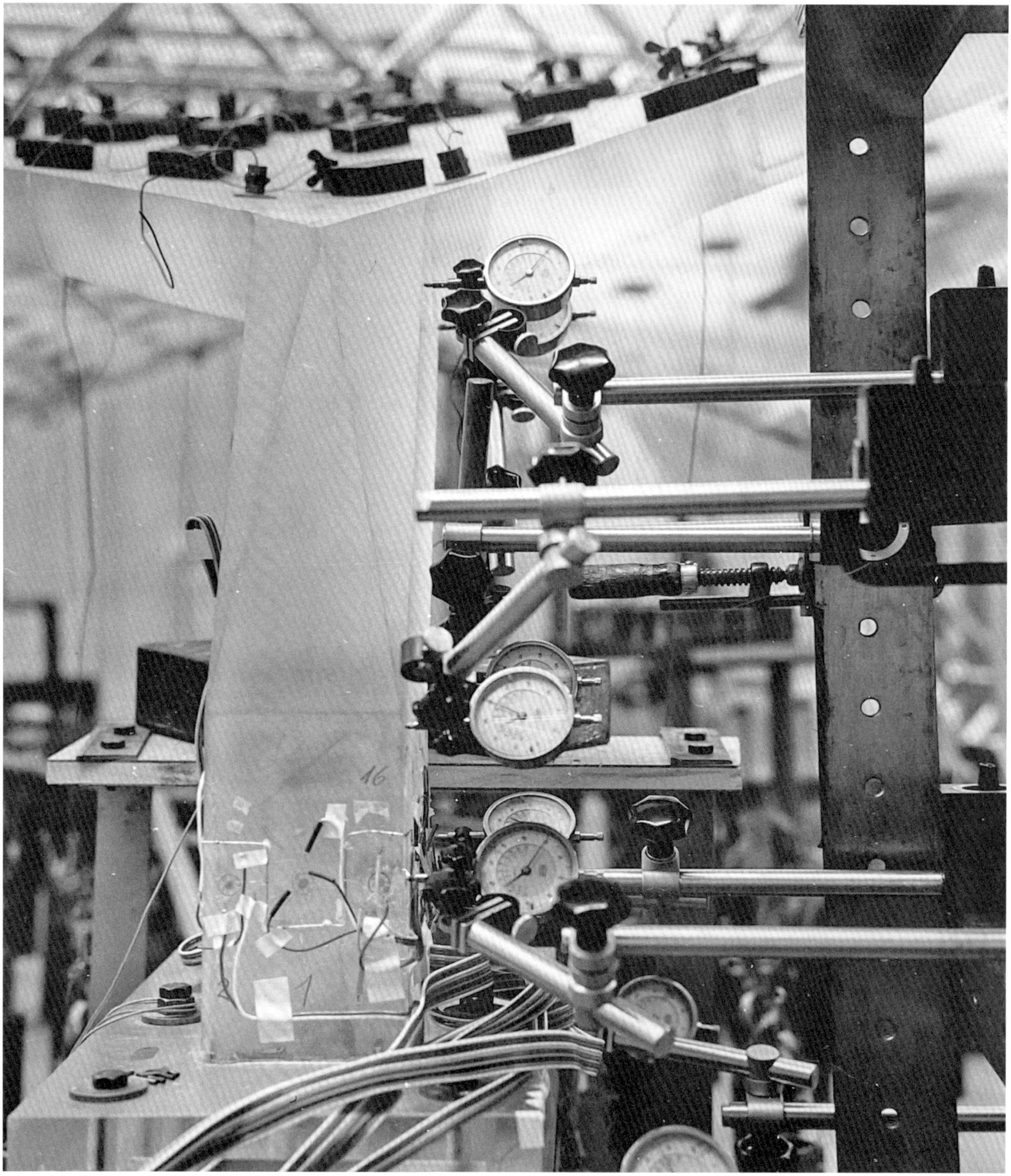

Bild 14 Messuhren zur Anzeige der Durchbiegungen.

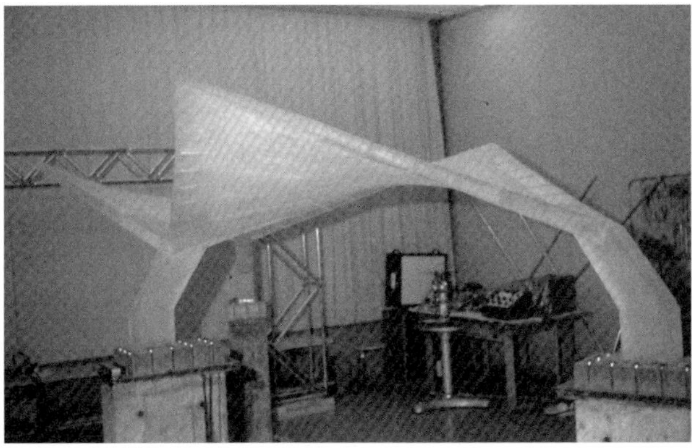

Bild 15 Modell vor Aufbau der Messeinrichtungen.

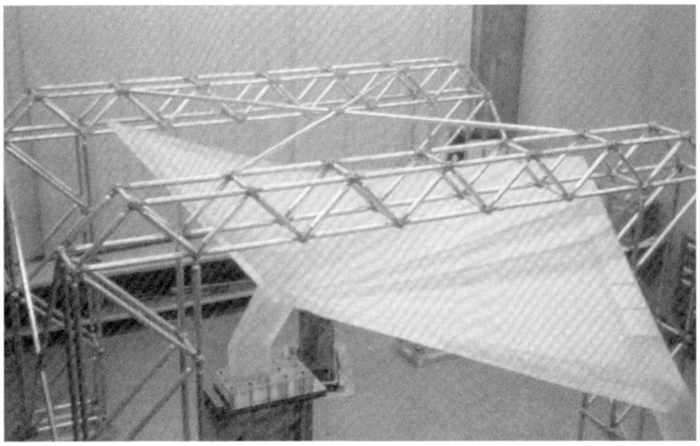

Bild 16 Arbeitsgerüste in Mero-Fachwerkkonstruktion.

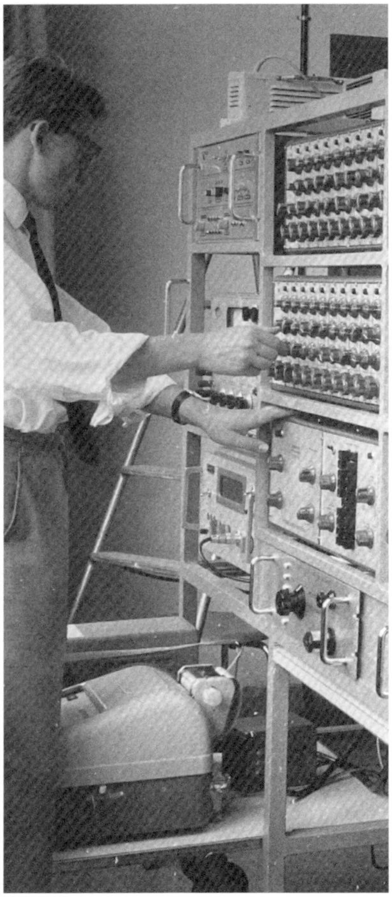

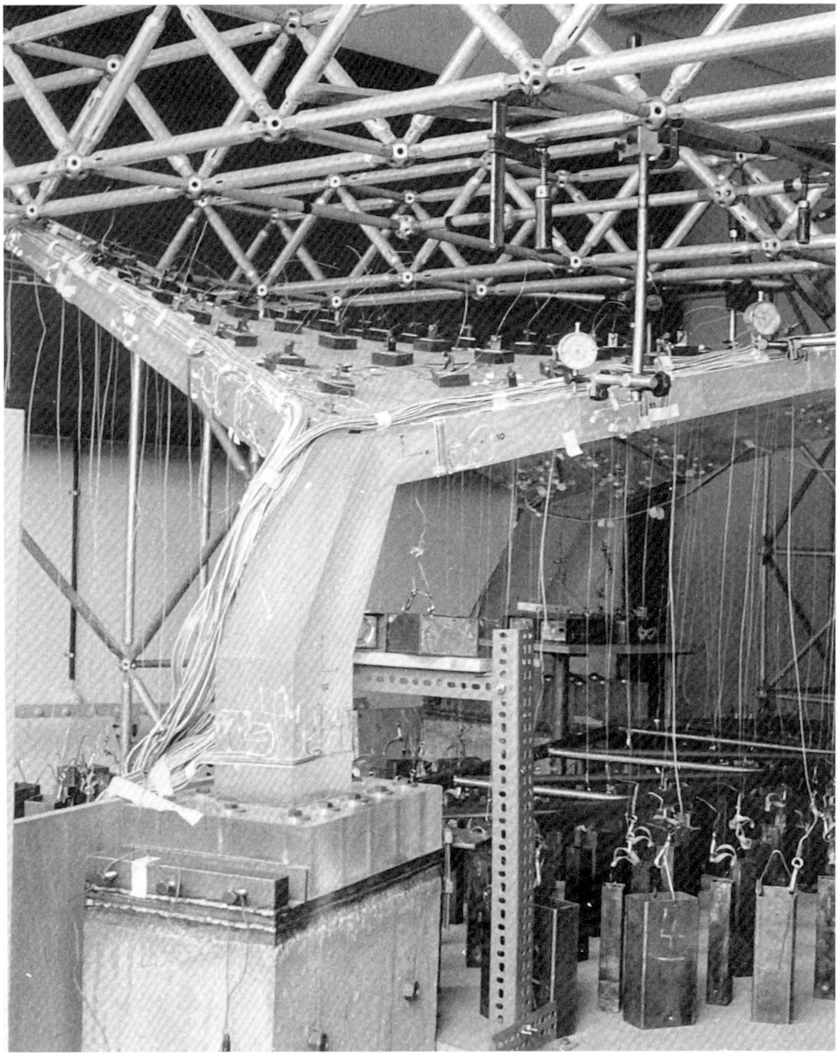

∧ Bild 17 Automatische Messanlage mit Lochstreifendruckern.

> Bild 18 Modell während eines Messvorgangs.

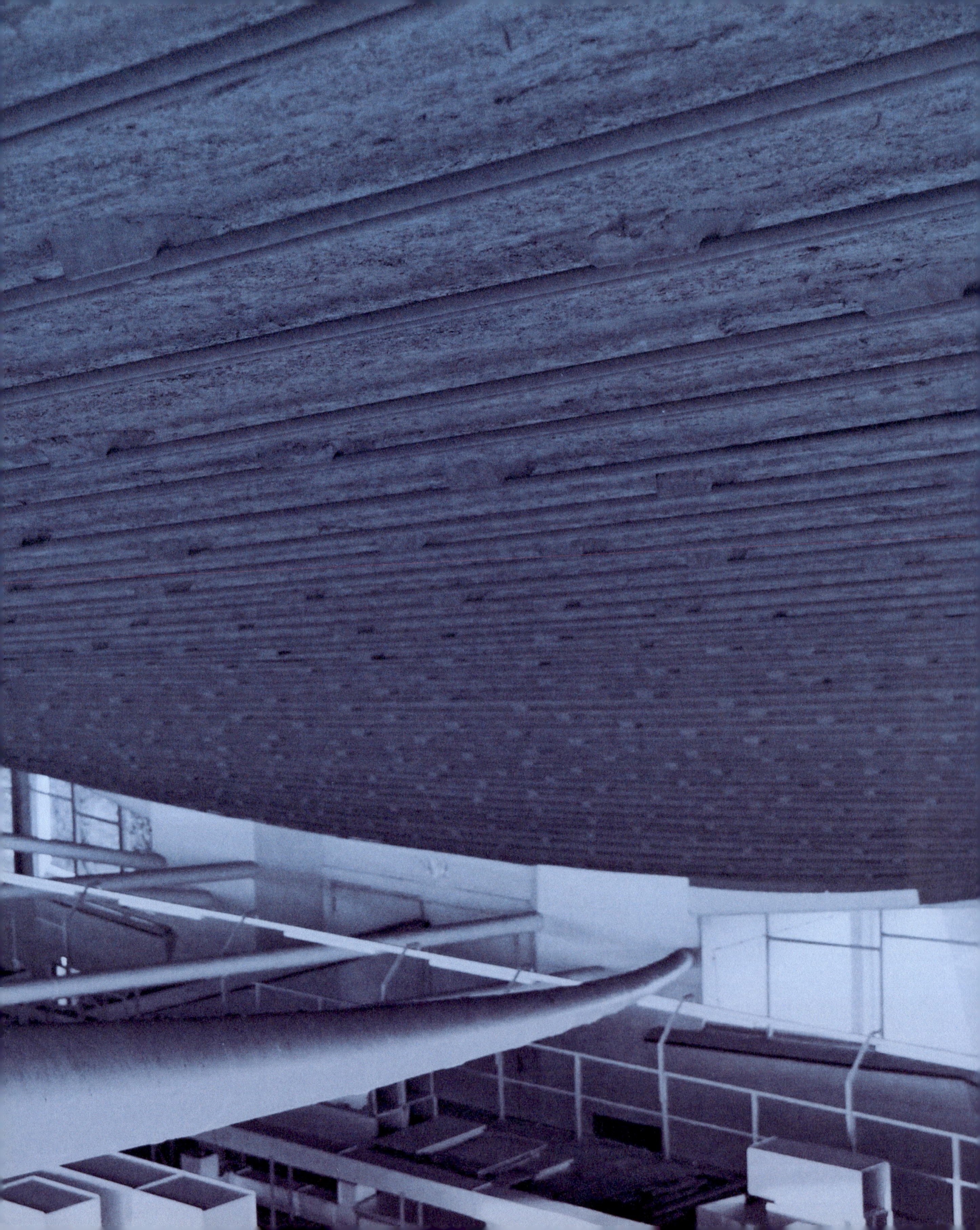

KONSTRUIEREN IN DER HOCHMODERNE
Theorien, Methoden, Praktiken

Thomas Schuetz, Peter Schneider et al.[1]

EIN DENKMAL DES BAUENS IN DER HOCHMODERNE
Die Sendehalle Europe 1 in Berus

In einzigartiger Weise erzählt die Sendehalle in Berus von den vielen Facetten des „Bauens am Limit" in der Hochmoderne – von neuen Bauweisen, kühnen Visionen, unzureichendem Verstehen, dramatischem Scheitern und problematischen Ertüchtigungen, aber ebenso vom soziokulturellen Kontext ihrer Entstehung und den Herausforderungen des Erhalts.

In der Peripherie von Saarlouis, direkt an der französischen Grenze, findet sich in der Nähe des Ortsteils Berus der Gemeinde Überherrn ganz unerwartet eine bauhistorische Kostbarkeit: Die ehemalige Sendehalle Europe 1. Gelegen auf einem Hochplateau, besticht der 1954/55 errichtete Bau durch seine extravagante, filigrane Gestalt (Bild 1).

Hier wurde seit Mitte der 1950er Jahre für das französische Publikum ein Radiosender betrieben. Die ökonomischen Erwartungen an das dem Betrieb zugrundeliegende unternehmerische Konzept spiegeln sich in der anspruchsvollen Architektur, die Endlichkeit des Erfolgs unter sich stetig wandelnden Rahmenbedingungen liegt im Verlust der ursprünglichen Funktion und den daraus resultierenden Schwierigkeiten in der Nachnutzung offen zu Tage. Heute ist der Komplex ein Denkmal, ohne dass sich bereits eine neue Nutzung gefunden hätte, geschweige denn eine langfristig den Erhalt sichernde Finanzierung.

Im Rahmen eines Strategien- und Methoden-Labors (SUMupLAB) setzte sich eine interdisziplinär zusammengesetzte Gruppe von Mitwirkenden aus dem SPP 2255 vor Ort intensiv mit dem Bauwerk auseinander – insbesondere mit seiner architektonischen und konstruktiven Konzeption, seiner komplexen Historie, seinem Denkmalwert sowie seiner Gegenwart und Zukunft. In gemeinschaftlicher Arbeit entstand der nachfolgende Versuch, die Sendehalle als Beispiel für ein konstruktives Erbe der Hochmoderne zu beschreiben. Entsprechend der verschiedenen fachlichen Hintergründe der Autor*innen werden dabei unterschiedlichste Fragenkomplexe angeschnitten. Sie reichen von der Genese und den wiederholten Bemühungen um den Fortbestand des Bauwerks vor dem Hintergrund seiner soziokulturellen Implikationen über Aspekte der Denkmalpflege und der Bauuntersuchung bis hin zur Nachnutzung.

Für Reflexionen zum Thema des vorliegenden Bandes, dem *Bauen am Limit*, bietet die historische Entwicklung dieses ungewöhnlichen Bauwerks zahlreiche Anknüpfungspunkte. Im Folgenden werden das Tragwerk, die für den Raumabschluss verwendeten Gläser sowie Möglichkeiten zu Befundungen erörtert und

1 Thomas Schuetz, Peter Schneider, Richard Blum, Jens Fischer, Konrad Frommelt, Annkathrin Heinrich, Johanna Monka-Birkner, Tobias Nolteklocke, Franziska Rehde, Alexandra Schmölder, Mareike Stoeber, Ruth Tenschert.

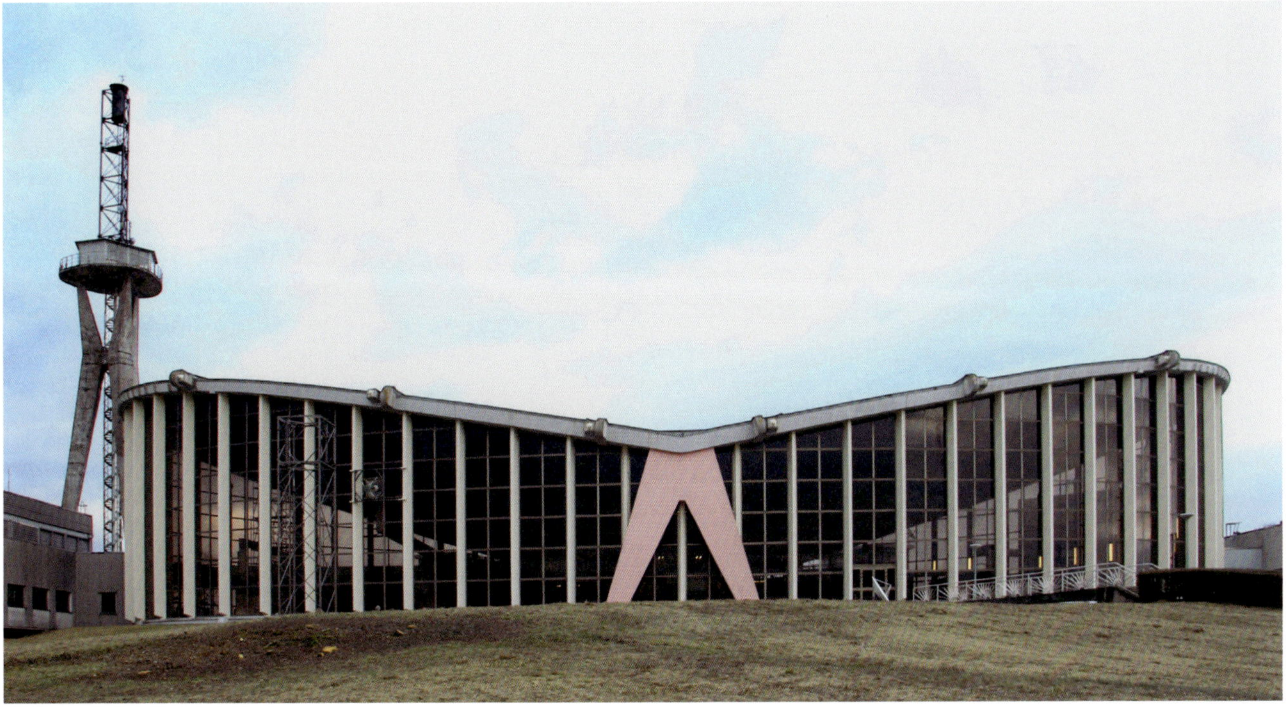

Bild 1 Hauptfassade mit Eingangsbereich der ehemaligen Sendehalle in Berus, 2017.

ganz grundsätzlich über den Denkmalwert des Gebäudes nachgedacht. Anhand dieser Bausteine lässt sich schließlich nachzeichnen, welche zeitgenössischen Diskurse in das Bauwerk eingeschrieben wurden und wie diese mittels verschiedener, an den Spezifika des Denkmals ausgerichteter Perspektiven erschlossen werden können.

DAS TRAGWERK HEUTE

Maßgeblich für Perzeption und Bewertung des Baus ist das architektonische Konzept, in dem für die Behausung einer Sendestation – als sowohl raumabschließendem wie auch raumbildendem Mittel – auf eine gleichsam schwebende Betonschale zurückgegriffen wurde. Mit einer Länge von 86,5 m und einer Breite von maximal 46 m überdacht sie ein umbautes Volumen von 30.000 m³. Das prägende Bauteil ist dabei als doppeltgekrümmte Konstruktion ausgebildet, wobei die Krümmung in Längsrichtung konkav, quer dazu hingegen konvex ausgeführt wurde. In letzterer Richtung verläuft in Gebäudemitte eine vertikal geneigte Symmetrieachse, an deren Endpunkten sich das Schalendach 9,5 m bzw. 4,5 m über dem Fußbodenniveau erhebt und sich zwischendurch gar bis zu 16,2 m Höhe aufwölbt.[2] In der Ansicht gleicht die Schale hierdurch einem Flügelpaar, im Grundriss einem Herzen.

2 Sämtliche Dimensionen nach Lorenz/Espion 2021, S. 55f. u. 67.

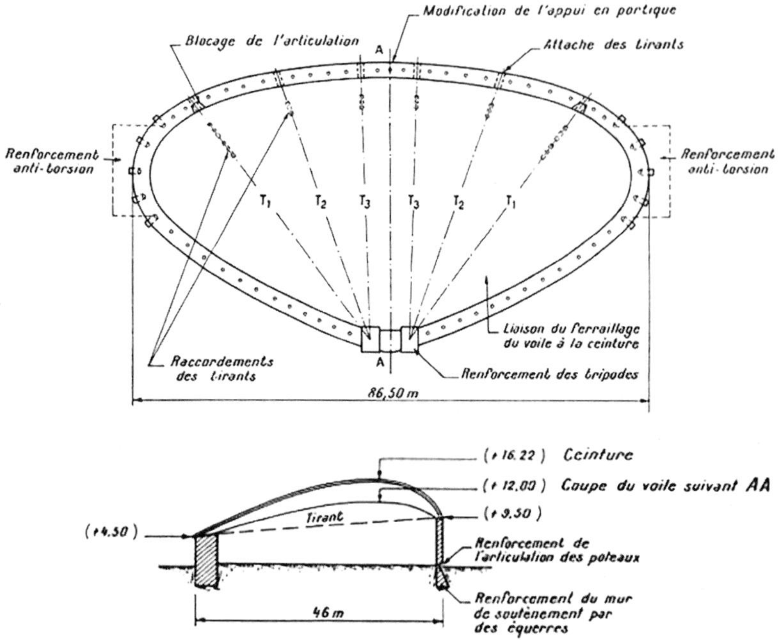

Bild 2 Grundriss und Querschnitt durch die Symmetrieachse (A–A) der Sendehalle in Berus mit den von Freyssinet veranlassten Ertüchtigungen, 1956.

Gemeinsam mit einer darüber aufliegenden Dämmung mit Abdichtung bildet die lediglich etwa 5 cm starke und mit schlaffer Netzbewehrung versehene Betonschale, die heute primär raumabschließende und kaum noch statische Funktionen übernimmt, das Dach des Bauwerks.[3] An ihrer Unterseite verlaufen in Längsrichtung paarweise externe Spannglieder auf verschraubten Abstandshaltern. Zum Schutz vor Korrosion gefettet und in Kunststoffrohren geführt, leiten sie die vertikalen Dachlasten in den umlaufenden Randträger. Den weiteren Abtrag in die Fundamente übernehmen stählerne Pendelstützen, die im Abstand von 3,40 m in der Glasfassade angeordnet sind (Bild 2).

Die Windaussteifung des Gesamttragwerks sichern als Widerlager wirkende, unterschiedlich ausgeführte Stahlbetonböcke. An der Frontseite bilden zwei Pylone ein umgekehrtes V und markieren so zugleich den Eingangsbereich. Während diese nur Windlasten in Längsrichtung aufnehmen können, sichern zwei weitere, massive Stahlbetonblöcke an der Gebäuderückseite auch den Windlastabtrag in Querrichtung.

Die beschriebene Dachform zeigt einige Besonderheiten. Wie bei anderen Schalentragwerken sorgt die doppelte Krümmung für eine gegenseitige „Verspannung" in Längs- und Querrichtung und somit für eine Sicherung gegen abhebende Windkräfte. Im Unterschied zu sämtlichen vergleichbaren Konstruktionen ihrer Zeit ist die Schale in Berus allerdings nicht doppelsymmetrisch angelegt. Ungewöhnlich ist auch die Neigung der Schale in Querrichtung. Bei zeitgenössischen doppelsymmetrischen Schalendächern wie der State Fair Arena in Raleigh, North Carolina (1951/52), oder der Schwarzwaldhalle in Karlsruhe (1952/53) (Bild 3) gleichen sich die Kräfte aus, und der Lastfluss gestaltet sich günstiger.[4]

3 Ebd., S. 74.

4 Vgl. Böcker / Schreiber 2016, S. 70. Die beiden Hallen werden dort – offensichtlich nur dem ersten Anschein nach – als „einzige, realisierte monumentale formale Vorläufer" der Sendehalle in Berus beschrieben.

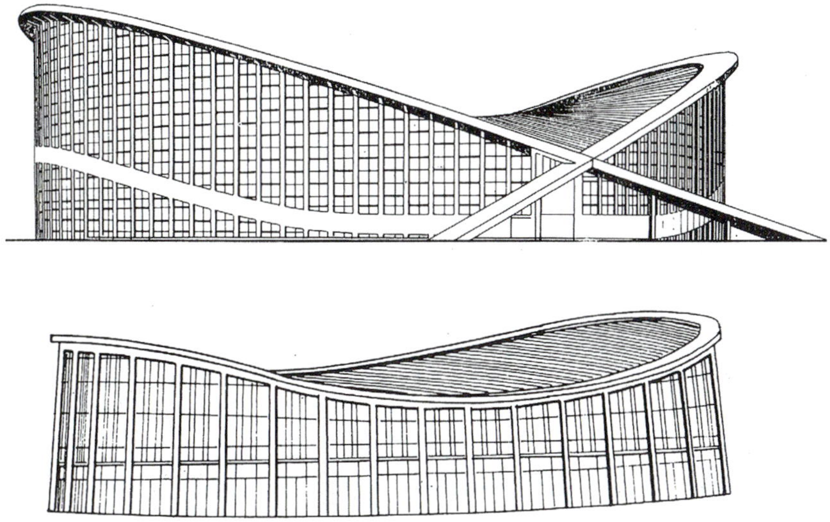

Bild 3 Wichtige Vorläuferbauten: State Fair Arena in Raleigh (oben) und Schwarzwaldhalle in Karlsruhe (unten).

Um ein seitliches Ausweichen zu verhindern, mussten in Berus hingegen markante, schräg durch die Halle spannende Zugglieder im umlaufenden Randträger verankert werden, mittels derer die zusätzlichen Lasten in die rückwärtigen Widerlager geführt wurden.[5] In seiner heutigen Form ist das Dachtragwerk das Ergebnis eines mehrfachen Wandels. Seine aktuelle Konzeption geht auf Ertüchtigungsmaßnahmen von Pierre Xercavins zurück, die 1982 durchgeführt wurden (Bild 4). Neueste Untersuchungen stellen der Halle ein tadelloses Zeugnis aus, sodass aus tragwerksplanerischer Sicht nichts gegen eine weitere Nutzung spricht.[6] Bis ein solch solides Tragwerkskonzept gefunden wurde, hatte es zuvor allerdings zwei, nicht von dauerhaftem Erfolg geprägte Anläufe gebraucht.

5 Lorenz / Espion 2021, S. 59. Die Randträger werden durch ihre unsymmetrische Form nicht nur auf Druck, sondern auch auf Biegung beansprucht. Ohne die zusätzlichen Zugglieder würde dies unweigerlich zum seitlichen Ausweichen führen.

6 Die in ebd., S. 82, angemahnte weitergehende Zustandsbewertung ist zwischenzeitlich in Teilen von Werner Lorenz und anderen durchgeführt worden und lässt diesen Schluss zu.

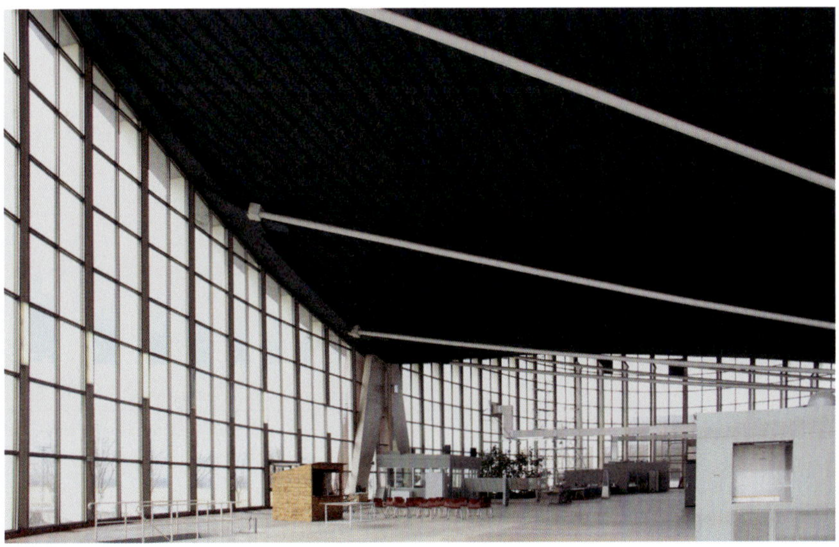

Bild 4 Innenraum der ehemaligen Sendehalle in Berus mit den augenfälligen Zuggliedern aus der letzten Ertüchtigung unter dem Hallendach, 2017.

Der französische Architekt Jean-François Guédy begann die Planungsarbeit am Entwurf. Anschließend übernahmen Bernard Laffaille und René Sarger, denen Eugène Freyssinet folgte. Der bereits erwähnte Pierre Xercavins – ebenso wie die drei vorgenannten Planer ein bedeutender französischer Bauingenieur – vollendete schließlich das Bauwerk in seiner heutigen Gestalt.[7]
Guédys Grundentwurf zeigte eine – für einen Rundfunksender eigentlich überdimensionierte – Halle mit flügelförmigem Dach. Nach seinen Vorstellungen sollte die Schale von vier Kragscheiben im Inneren und einem x-förmigen Stahlbetonbock an der Vorderseite getragen werden; in der Fassade waren ergänzend sehr schlanke Stützen vorgesehen (Bild 5).[8]

7 Ebd., S. 54–75.

8 Ebd., S. 33. Der erste Entwurf von Guédy mutet noch sehr filigran an und lässt die quer verlaufenden Zugglieder unberücksichtigt.

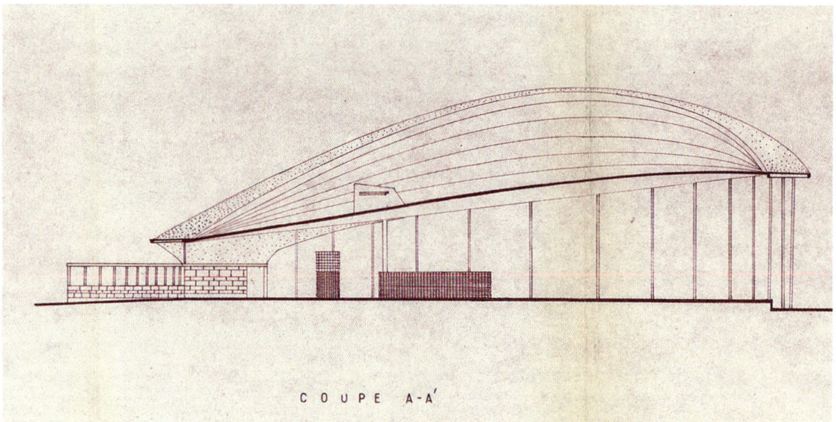

Bild 5 Erster Vorschlag von Jean-François Guédy, Hauptansicht (unten) und Querschnitt (links), März 1954.

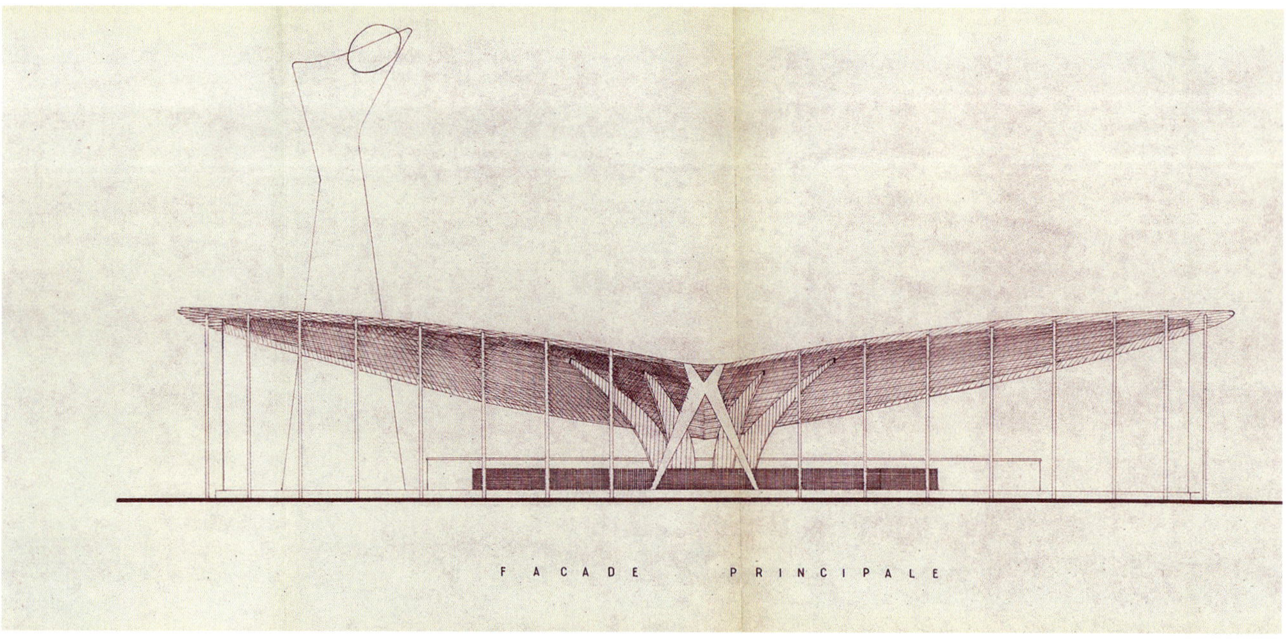

Im zweiten Entwurf überarbeiteten die Ingenieure Laffaille und Sarger insbesondere das Tragkonzept. In den Randträger hängte man nun eine zweiachsig gespannte, schlaff bewehrte Betonschale von 5 cm Stärke ein, sodass dieser Druck- und Biegebeanspruchungen erhielt.[9] Wie erwähnt, machte die spezielle Form des Rings den Einbau externer Zugglieder notwendig (Bild 6).[10]
Als unmittelbar vor Baubeginn unerwartet hohe Durchbiegungen prognostiziert wurden,[11] ersetzte man ohne grundlegende Anpassung des Tragkonzepts mit Unterstützung durch Freyssinets Planungsfirma STUP (*Société technique pour l'utilisation de la précontrainte*) die schlaffe Längsbewehrung kurzerhand durch eine solche mit Vorspannung, bestehend aus je zwölf Drähten mit 5 mm Durchmesser.[12] Als Wärmedämmung und verlorene Schalung fanden auf der Unterseite angeordnete Heraklith-Platten Verwendung (Bild 7 links).

9 Obwohl die Schale zweiachsig gespannt war, berechnete Sarger sie – wohl aus Zeitmangel – nur in Form längs verlaufender Streifen (René Sarger: „Note du calcul du bâtiment A", [1954?], Archiv Rathaus Überherrn, Bestand Europe 1). Hierdurch wurde die Quertragwirkung völlig vernachlässigt und vermutlich lediglich eine zu schwache, „konstruktive" Querbewehrung eingelegt.

10 Lorenz / Espion 2021, S. 33. Im überarbeiteten Entwurf sind diese Zugglieder mit einer dünnen Linie angedeutet.

11 Die kurzfristig durchgeführten Berechnungen ließen nach dem Ausschalen eine Absenkung der Dachlinie von bis zu 70 cm erwarten (Böcker / Schreiber 2016, S. 71; nach Misch 1956, S. 213, war dies sogar eine „optimistische" Angabe). Unter diesen Voraussetzungen sah sich der verantwortliche Bauleiter nicht in der Lage, das Ausschalen verlässlich durchzuführen.

12 Wohl unter Zeitdruck wurde ohne Detailberechnungen seitens der STUP der Verwendung ihres lizenzierten Vorspannsystems zugestimmt (Böcker / Schreiber 2016, S. 71).

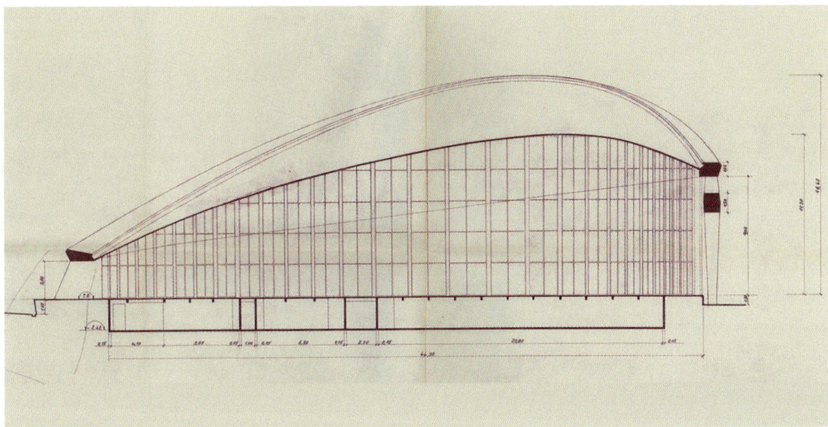

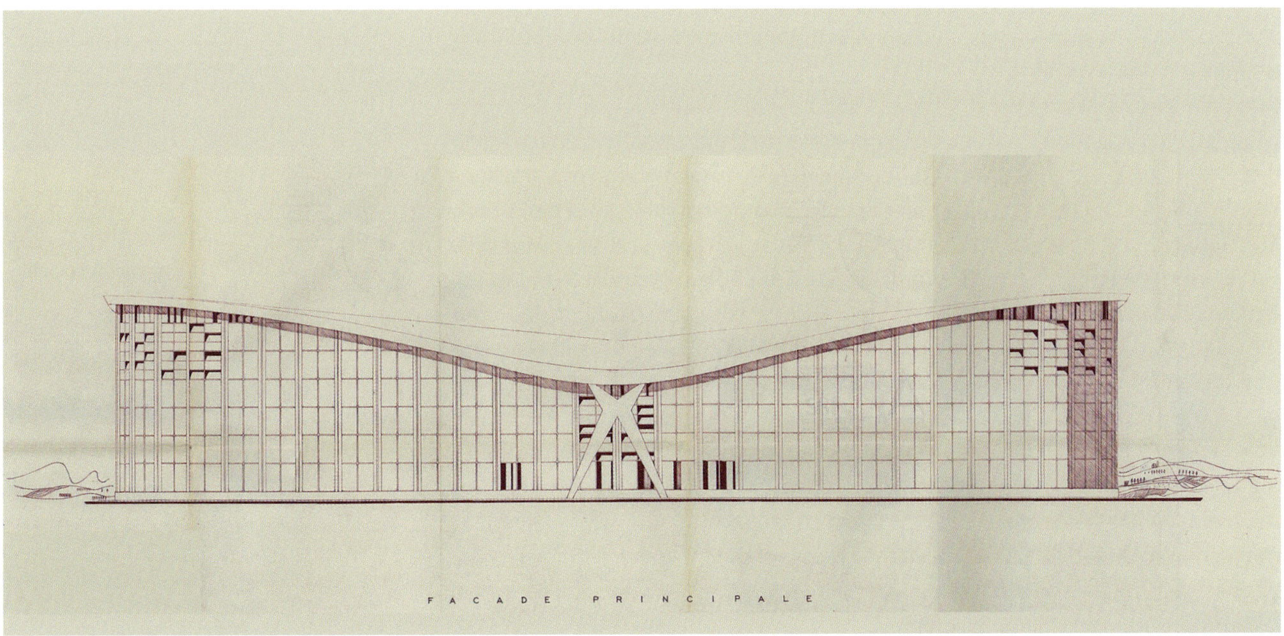

Bild 6 Zweiter, von Bernard Laffaille beeinflusster Entwurf der Sendehalle, Hauptansicht und Querschnitt (rechts), April 1954.

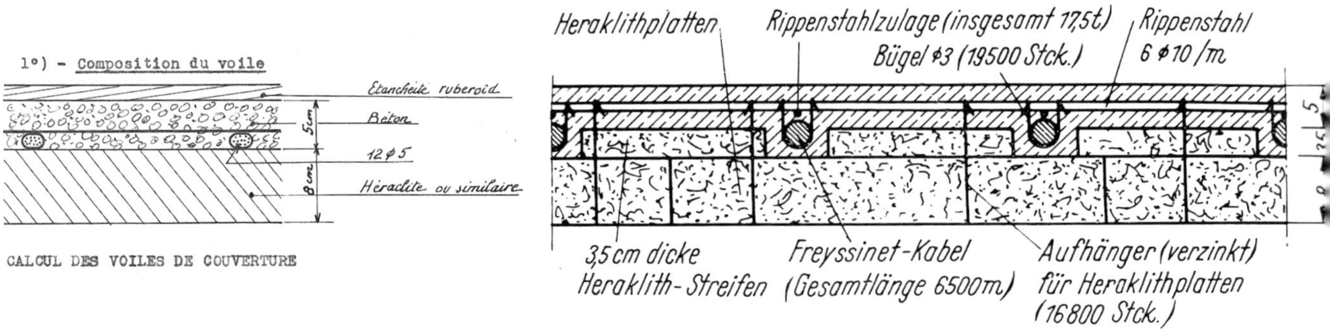

Bild 7 Aufbau des Schalendachs nach Laffaille (links) und Freyssinet (rechts).

Diese von Laffaille geplante Schale wurde jedoch nie vollendet. Noch während des Anspannens zerriss sie im September 1954 schlagartig in mehrere Teile und fiel zurück auf die Rüstung.[13] Nun griff der weltweit als „Vater des Spannbetons" bekannte Freyssinet persönlich ein. Seine Ersatzkonstruktion fiel mit (planmäßig) 6 cm geringfügig stärker aus als die zerstörte Schale, außerdem ordnete er zusätzlich kleine, betonierte Stege mit Spanngliedern zwischen einer weiteren Heraklithschicht an (Bild 7 rechts). Auch die Quer- und Längsbewehrung sowie die sechs großen Zugglieder und deren Anschlüsse wurden verstärkt bzw. ersetzt. Außerdem wurden die Aussteifungsböcke abermals verändert, wobei die rückseitigen Widerlager massiv verstärkt sowie das die Front prägende X-förmige Pylonenpaar durch das heutige umgedrehte V ersetzt wurden.[14] Schließlich wurden der Vorspannvorgang nun akribisch geplant und seine Durchführung umfassend dokumentiert.[15]

Rund ein Vierteljahrhundert später fiel 1980 bei einer Kontrolle auf, dass erhebliche Teile der Zugbänder sowie der Spannstähle im Dach zwischenzeitlich korrodiert waren (Bild 8).[16] Ursächlich dafür waren eine unzureichende Betondeckung (die Spannglieder lagen zum Teil ohne Betonummantelung direkt auf den Heraklith-Platten), eine mangelhafte Verpressung der Zugbänder und handwerkliche Fehler bei der Ausführung.[17] Ohne umfassende Ertüchtigung war die Standsicherheit des Bauwerks nicht mehr zu garantieren. Hierzu wurden zunächst die Heraklith-Lagen zurückgebaut und durch eine Außendämmung ersetzt. Den Lastabtrag übernahmen neue, nun aber „extern" unter der verbliebenen Betonschale angeordnete Spannstähle wie eingangs bereits näher beschrieben. Als besonders schwierig erwies sich der Austausch der sechs großen Zugbänder, die zusätzlich mit Stahlrohren ummantelt und verstärkt wurden.[18]

Nach diesen von Xercavins geplanten und begleiteten Maßnahmen hat die Halle nun schon mehr als 40 Jahre unbeschadet überstanden. Weitere Untersuchungen werden fortlaufend Aufschluss über die langfristige Qualität dieses dritten Anlaufs der Tragwerksplanung liefern.

13 Ebd. Der Kollaps trat nach dem Vorspannen von ca. 80 % der Spannglieder auf. In Misch 1956, S. 213, wird Freyssinet zitiert, der dem Verantwortlichen (allem Anschein nach ist hier Laffaille gemeint) unverblümt „Mangel an Kenntnis" und „Unverstand" vorgeworfen habe.

14 Undatiertes Manuskript der STUP mit statischen Berechnungen der neuen Schale, [1955], Archiv Rathaus Überherrn, Bestand Europe 1. Aus der zweiten Statik wird ersichtlich, dass u.a. der speziellen Dachform, den Verformungen und der räumlichen Tragwirkung von vorneherein Rechnung getragen wurde.

15 Misch 1956. Hier werden ebenfalls die Vorgänge und Überlegungen beschrieben, die zu den heute teilweise noch sichtbaren Betonwülsten am Randträger geführt haben. Beim zweiten Versuch hob sich die Schale wie geplant vom Gerüst ab. Kleinere Risse wurden beobachtet, verschwanden aber nach dem Ende des Vorspannprozesses.

16 Lorenz / Espion 2021, S. 70f. In Folge des Teileinsturzes der (West-)Berliner Kongresshalle im Mai 1980 hatte man weltweit ähnliche Tragwerke überprüft.

17 Ebd., S. 72.

18 Ebd., S. 74. Ein erstes Konzept hatte die Ergänzung der bestehenden Schale durch zusätzliche externe Spannglieder für 60 % der Gesamtlast vorgesehen. Es musste aber verworfen werden, da zusätzliche Untersuchungen eine zu dünne Schalendicke und einen negativen, korrosiven Einfluss der Heraklith-Platten festgestellt hatten.

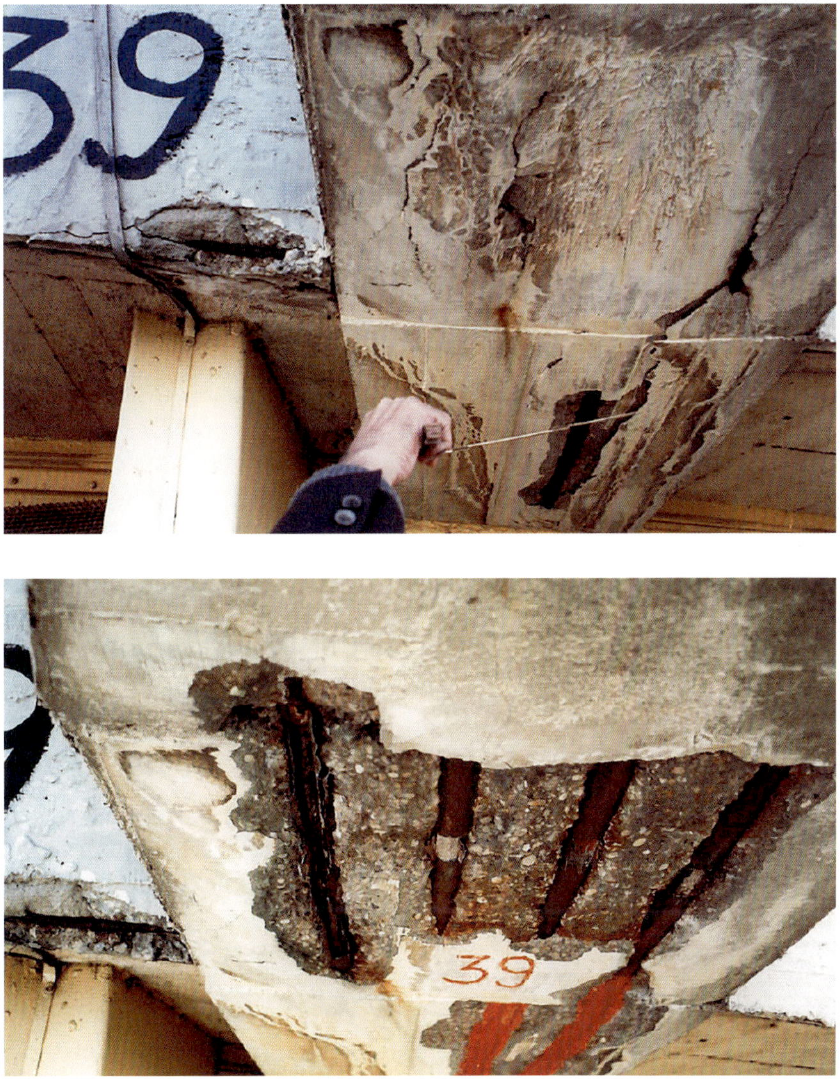

Bild 8 Untersuchung von Korrosionsschäden am Spannkopf von Zugband Nr. 6 im Bereich des Randträgers, 1980: Schadensaufnahme (oben) und freigelegte Bewehrung (unten).

BEFUNDUNG GEALTERTER STAHLBETONKONSTRUKTIONEN

Wer eine angemessene Haltung zur Konstruktion als denkmalkonstituierendem Element und zu möglichen Interventionen entwickeln will, kommt um die Erfassung und Beurteilung ihres materiellen Zustands in seiner räumlichen und zeitlichen Dimension nicht herum. Der oft verwendete Begriff der „Befundung" ist dabei nicht immer klar abgrenzbar von verwandten Termini wie etwa Untersuchung, Bauzustandsanalyse, Bauschadensanalyse oder (konstruktiver) Bestandsaufnahme. Entsprechend kann eine Befundung sowohl die bloße Erfassung und Beschreibung von Bauteilen, Materialien und Oberflächen meinen oder aber in einem weiteren Sinne auch Nachforschungen zu Geschichte, Interventionshistorie, Ursachenforschung und statischer Analyse einschließen.

Eine Annäherung an ein Bauwerk wie die Sendehalle von Europe 1 in Berus kann außerdem auf vielen verschiedenen Maßstabsebenen geschehen – vom gesamten Gebäudekomplex bis hinunter zum Konstruktionsdetail. Grundlage und Ausgangspunkt ist dabei stets die Auswertung erhaltener Unterlagen. Für die Sendehalle Europe 1 ist die archivalische Dokumentation der Baugeschichte glücklicherweise nahezu vollständig erhalten. Die verfügbaren Archivalien – darunter Briefwechsel, Ausführungszeichnungen, Schalpläne, statische Berechnungen, Berichte, Fotos, Konzeptskizzen sowie Zeichnungen von Gerüsten und Schalungen – liefern ganz wesentliche Hinweise auf die konstruktiven Konzepte der Planenden und das Zusammenspiel der einzelnen Bauteile. Vor allem aber wird mit ihrer Hilfe das aktuell vorhandene Bauwerk in seiner zeitlichen Dimension fassbar: Stück für Stück schälen sich Zwischenzustände, frühere Bauphasen oder Hinweise auf Eingriffe in die Substanz heraus.
Erst vor dem Hintergrund der ausgewerteten Materialien wird das vor Ort Vorgefundene schlüssig interpretierbar, zumal das Gesamtensemble der Sendeanlage heterogene Bestandteile zusammenführt: die vorgespannte Schalenkonstruktion, externe Spannglieder, eine Glasfassade, einen Stahlbetonturm, inzwischen abgerissene Stahlfachwerk-Sendemasten oder die technische Anlage der Sendeeinrichtung selbst. Neben dem Zustand der Bauteile sind insbesondere auch Brüche interessant, die auf nachträgliche Veränderungen und Schädigungen hinweisen: Fugen im Bauwerk, Risse oder hinzugefügte Bauteile wie die nachträglich unter der Stahlbetonschale eingefügten externen Spannglieder.

Am Fernsehturm, einer unmittelbar neben der Halle stehenden dreibeinigen Stahlbetonkonstruktion, wird besonders deutlich, welche Herausforderungen ein alterndes Bauwerk an die Befundung stellt (Bild 9).[19]
Vor dem Hintergrund der Quellenauswertung lassen sich am Objekt rasch Spuren der Schalung, Arbeitsfugen, Bewehrungslage etc. einordnen. Die recht uneinheitlichen Zustände der Betonoberflächen – unterschiedliche Verfärbungen, Texturen, Risse und Bewuchs lassen zugleich vermuten, dass das Bauteil bereits unterschiedliche Phasen der Schädigung und Reparatur durchgemacht hat. Für die Erfassung von Oberflächenqualitäten und Bauteilgeometrien eignen sich Methoden der Bauforschung, etwa Handaufmaß, Tachymetrie oder Laserscan. Zum Erkenntnisgewinn beitragen können zudem Mapping-Methoden wie etwa die zeichnerische Kartierung von Rissen und der Färbungen des Mörtels. Im Verlauf des SUMupLABs wurden vor Ort zahlreiche Methoden der Bewertung und Analyse erörtert, aber auch Ansätze zur Interventionsplanung am Beispiel der zu diesem Zeitpunkt bereits laufenden Betonsanierung des Turms zusammengestellt.[20]
Beim Zoom auf eine konkrete Stelle der Betonoberfläche werden wiederum neue Fragen aufgeworfen (Bild 10). Handnahe Untersuchungen ermöglichen eine viel feinere Dokumentation von Werkstoffgefüge, Schädigungen und Schadensmechanismen. Den Untersuchenden steht dabei eine breite Palette nichtinvasiver und invasiver Prüfmethoden zur Verfügung,[21] die in eine tiefergehende statische Analyse münden können – prinzipiell mit denselben Werkzeugen wie bei der Bemessung des Tragwerkes.[22]

19 Siehe Koch / Duppel 2023; Koch / Duppel 2024.

20 Die Diskussion wurde ganz wesentlich durch Referate von Franziska Braun (Institut für Steinkonservierung) und Nikolaus Koch (Hochschule Rhein-Main) unterstützt.

21 Hillemeier et al. 2011, S. 331–360; Weber 2013, S. 53–96.

22 Weber 2013, S. 53.

Bild 9 Fernsehturm neben der ehemaligen Sendehalle, 2017.

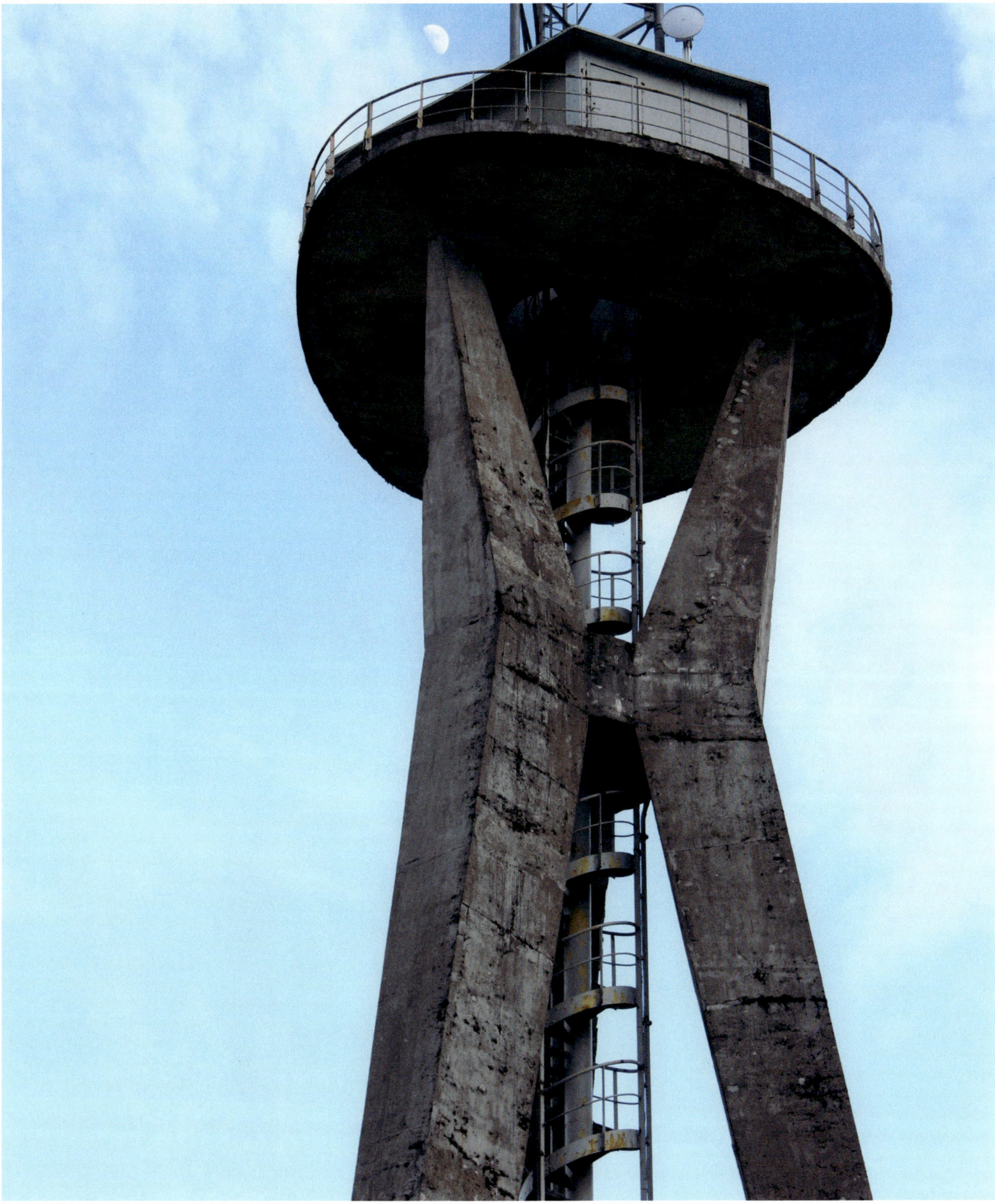

Erst auf der Basis einer gründlichen Befundung kann eine angemessene Intervention geplant werden. Für die Sanierung geschädigter Betonoberflächen kommen zahlreiche Strategien in Frage: erprobte Ansätze, bei denen nach Abtragen der geschädigten Betonüberdeckung ein adäquater Neuaufbau stattfindet, oder neuartige, bei denen zum Beispiel die Tragfähigkeit der Konstruktion durch den Aufbau einer ergänzenden textilbewehrten Betonschicht erhöht wird[23]

Angesichts der Menge verfügbarer Befundungsinstrumente stellt sich die Frage nach sinnvoller Auswahl der einzusetzenden Methoden. Diese wird einerseits vom Ziel der Schaffung einer umfassenden und belastbaren Wissensgrundlage zur Konstruktion und andererseits von der Einhaltung angemessener Zeit- und Kostenrahmen determiniert. Naturgemäß liegt jeglicher Befundung eine grobe Verallgemeinerung zugrunde, sodass sie nur eine Annäherung an die tatsächliche Konstruktion bieten kann. Deren umfassende Untersuchung kann wiederum in Widerspruch zur angestrebten Beibehaltung ihrer Integrität treten, etwa wenn ein

23 Siehe Middendorf et al. 2023; Orlowsky / Groh 2023.

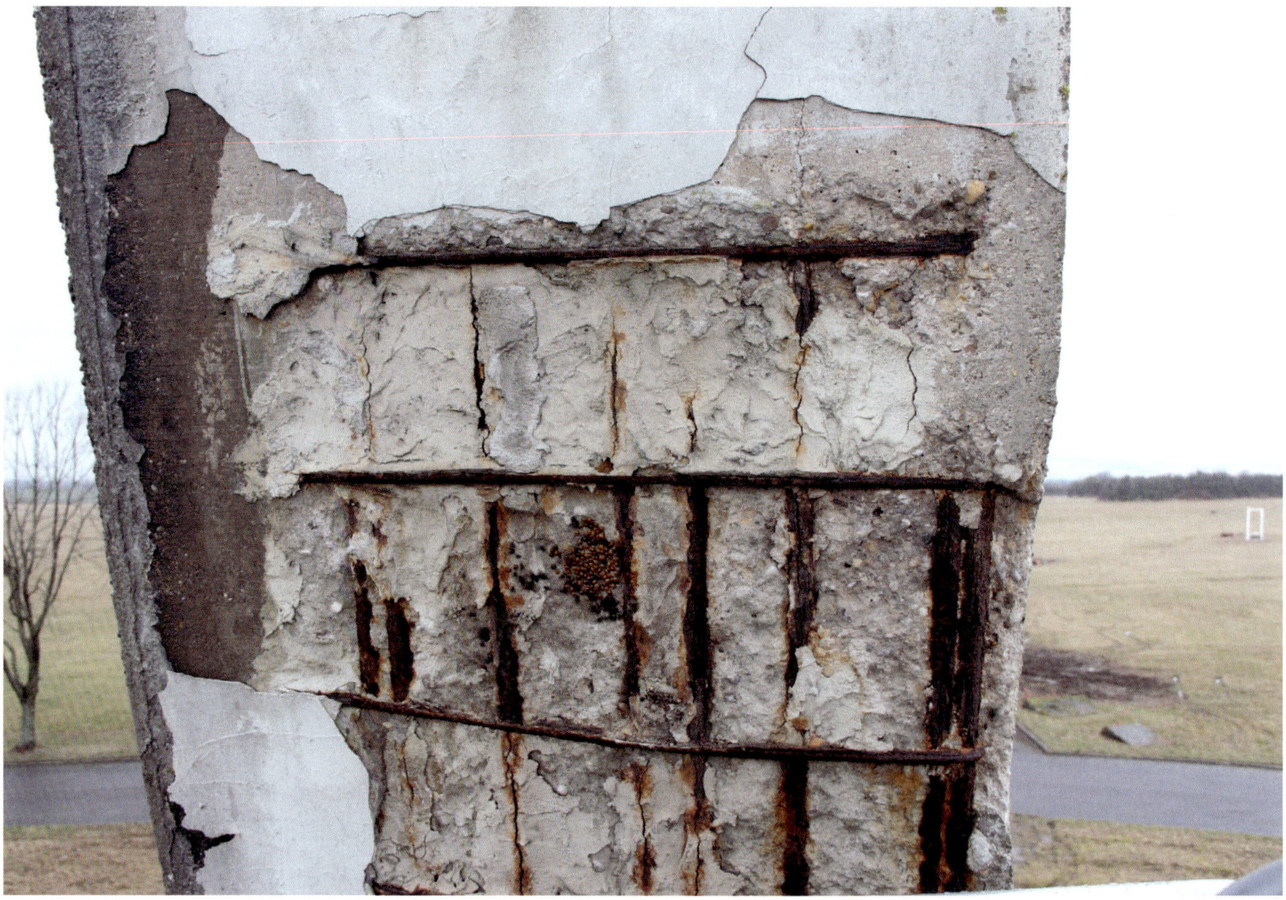

Bild 10 Bewehrungskorrosion, Betonabplatzungen und Spuren eines früheren Sanierungsversuchs an einer geschädigten Stelle am Fernsehturm, 2017.

erheblicher Anteil an Substanz geöffnet, entfernt oder geschädigt werden muss, um wichtige Elemente der Konstruktion freizulegen. Die Anforderung, in der Wahl der Mittel nicht über das Ziel hinauszuschießen, erstreckt sich überdies auch auf die darauffolgende Planung von Interventionen. Eine sorgfältige konstruktive Bestandsaufnahme und möglichst exakte Zustandskartierung unterstützen hierbei das Ziel, Eingriffe so sparsam wie möglich vorzunehmen.

VERÄNDERUNGSGESCHICHTE DER ISOLIERVERGLASUNG

Das bislang in der Denkmalpflege weitgehend vernachlässigte Element der Verglasung kann im vorliegenden Fall beispielhaft aufzeigen, wie Befundung, aktuelle Forschung und Nachnutzungskonzepte Hand in Hand gehen.[24]
Im Zuge der Fertigstellung der Sendehalle im Herbst 1955 setzte man für die Außenhaut des von der Betonschale überdeckten Raums auf ein Zweischeiben-Isolierglas vom Typ „Thermopane".[25] Hinter diesem Begriff verbarg sich damals ein innovatives Verglasungssystem, das in den USA mit dem Ziel einer verbesserten Wärmeisolierung entwickelt worden war.[26] Als Isolierschicht diente dabei Luft in einem 7 mm breiten Zwischenraum.
Zu jener Zeit verfügten in Deutschland zwei Firmen über die Lizenz zur Produktion von Thermopane-Fenstern: die Deutsche Libbey-Owens Gesellschaft (DELOG) und die Glas- und Spiegel-Manufactur AG in Gelsenkirchen-Schalke.[27]
Außerdem hatte die DETAG (Deutsche Tafelglas AG) bereits 1952 ein ähnliches Doppelscheiben-System unter dem Markenname CUDO auf den Markt gebracht. Zunächst für die Bundesbahn entwickelt,[28] fand CUDO Ende der 1950er Jahre auch Verwendung bei großflächigen Fensterverglasungen.[29] Infolge der Ölkrise von 1973 erlebten diese Fenstersysteme dann einen besonderen Schub, wobei der Begriff Thermopane nun zum Synonym für jegliche Isolierscheiben wurde.[30]
Das deutsche System unterscheidet sich vom amerikanischen insbesondere in der Randverbindung. Bei Thermopane-Fenstern ist die aus einer Metall-Legierung bestehende Randverbindung an die Scheiben geschweißt.[31] Beim System CUDO hingegen sind die beiden Scheiben auf einen Zwischensteg „aus einem mit Trockenmittel gefülltem Bleihohlprofil" geklebt.[32] Unter einigen in Berus eingelagerten Fenstergläsern, die aufgrund ihres Formats eine Datierung in die Bauzeit nahelegen, erlaubte eine zerbrochene Isolierscheibe den Blick in das Innere der Rahmenkonstruktion. Sie wies kein Bleihohlprofil auf und kann daher als ein früher, „originaler" Vertreter des Thermopane-Systems gelten.
Historische Fotos der Sendehalle zeigen große Fensterscheiben mit schmalen Rahmen, die an der niedrigsten Stelle neben dem Eingang in vier Reihen übereinander angeordnet sind (Bild 11 oben). Heute befinden sich an derselben Stelle fünf Fensterreihen mit entsprechend kleineren Scheibenformaten (Bild 11 unten). Gründe für eine solche neue Fenstergliederung können den im Rathaus von Überherrn erhaltenen Archivunterlagen zur Sendehalle Europe 1 nicht entnommen werden. Allerdings wird vermerkt, dass bereits kurz nach dem Einbau Probleme mit der Dichtigkeit der Fenster auftauchten, die man mit der exponierten Lage der

24 Aufgrund eines eingelagerten Bestands bauzeitlicher Fenster sowie der guten Archivlage ist die großflächige Glasfassade der Sendehalle in Berus ein ausgesprochen gut geeignetes Objekt für die Erforschung der Veränderungsgeschichte von Verglasungen an Großbauten der frühen Nachkriegszeit. Entsprechend wurde diese im Jahr 2021 anlässlich eines Workshops im Rahmen des SPP 2225 vom Teilprojekt B1 „MatGlas" sowohl hinsichtlich des Glasmaterials als auch im Hinblick auf die verbauten Rahmenkonstruktionen untersucht.

25 Hans Jacobi: „Gutachten über die Stahlfassade der Halle des Senders Europa 1", 24.5.1967, S. 1, Archiv Rathaus Überherrn, Bestand Europe 1.

26 Krewinkel 1958, S. 51.

27 Krewinkel 1988, S. 162.

28 Ebd., S. 161f.

29 Krewinkel 1958, S. 51.

30 Ebd.; Braun / Klos 2021, S. 284f.

31 Krewinkel 1958, S. 51.

32 Krewinkel 1988, S. 161f.

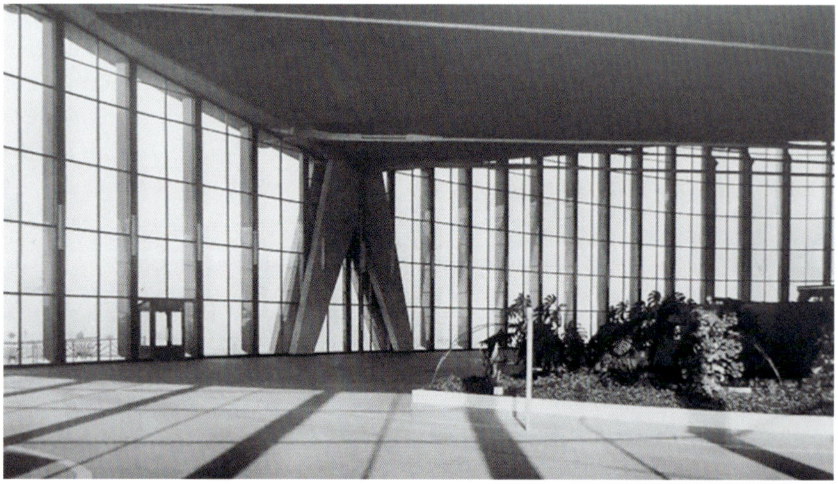

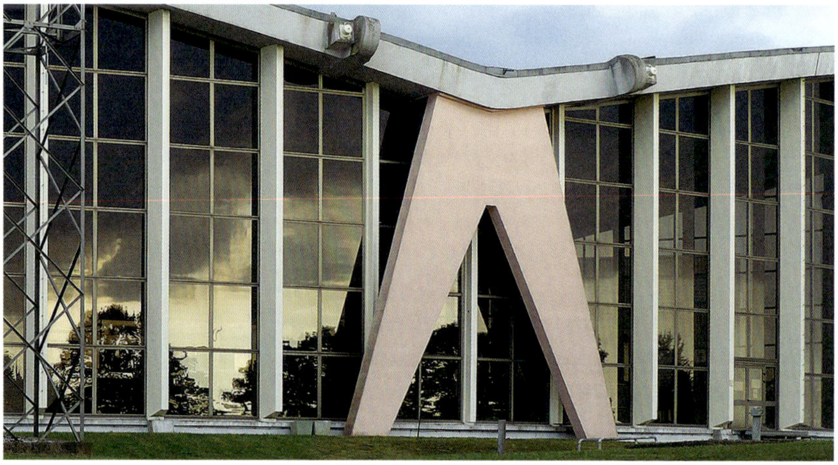

Bild 11 Veränderung der Gliederung der Glasfassade an der ehemaligen Sendehalle: Ursprüngliche Fassung mit größeren Glasscheiben, Innenansicht um 1957 (oben), heutiger Bestand, Blick auf den Haupteingang, 2021.

Halle in Zusammenhang brachte. Starker Regen und kräftige Winde sowie erhebliche Temperaturschwankungen hatten demnach minimale Risse verursacht, die daraufhin mit „plastischem Kitt" ausgebessert wurden.[33] Trotz dieser Maßnahme blieben in den folgenden Jahren Eintrübungen der Verglasung nicht aus. Ab 1966 wurden Mängel an der Glasfassade wie Kondensation, Wasseransammlungen und schadhafte Stellen sowie bereits ausgetauschte Scheiben kartiert (Bild 12).[34] Eine komplette Erneuerung der Fassaden fand zum ersten Mal im November 1980 im Zuge der geplanten Dachsanierung Erwähnung, ohne dass dabei aber schon auf eine veränderte Fensteraufteilung eingegangen worden wäre.[35]

Bei der in den 1980er Jahren schließlich durchgeführten Fassadenerneuerung entschied man sich wieder für eine Zweifach-Isolierverglasung, die passgenau in die Konstruktion der Tragstruktur integriert wurde. Am unteren Scheibenrand der neuen Fenstergläser findet sich der Produktname SEKURIT, ein von den Herzogenrather Glaswerken entwickeltes Hartglas mit ausgewiesener Widerstandskraft

33 Ingenieursozietät KMW Saarbrücken: „Die Baugeschichte der Sendeanlage auf dem Gelände bei Berus/Felsberg im Kreis Saarlouis", 27.9.1980, Archiv Rathaus Überherrn, Bestand Europe 1, S. 18.

34 Hans Jacobi (s. Anm. 25), S. 1. Diese Schadenskartierung wurde bis 1977 fortgeschrieben.

35 Ingenieursozietät KMW Saarbrücken (s. Anm. 33), S. 59.

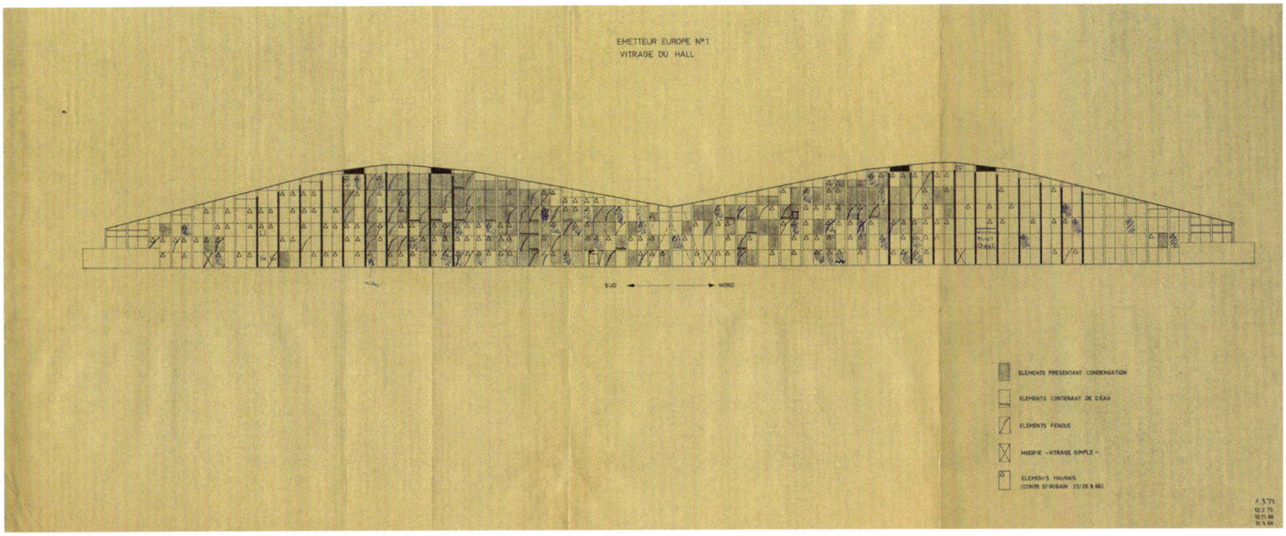

Bild 12 Schadenskartierung der ehemaligen Sendehalle, 1966–79.

gegen Druck und Stoß.[36] Dieses gegossene und vorgespannte Glas galt als besonders geeignet für Ganzglastüren, Balkonbrüstungen oder Treppengeländer.[37] In Berus wurde Sekurit aber offenbar als Isolierglasscheibe verwendet (Bild 13). Aktenkundige Bedenken oder gar Einwände hinsichtlich einer kompletten Fenstererneuerung fehlen. Das System Isolierverglasung wurde in Berus zwar beibehalten, aber Glassorte, Format und Rahmenkonstruktion veränderten sich. Inwieweit statische Gründe für die nun kleinteiliger gegliederte, zugleich aber massiver ausgebildete Fensterkonstruktion eine Rolle spielten, muss offenbleiben. Die filigrane Erscheinung der 1950er Jahre ging ebenso wie ihr Material zugunsten verbesserter bauphysikalischer Errungenschaften bezüglich der geforderten Wärmedurchgangskoeffizienten und einer Ästhetik der 1980er Jahre verloren.

36 *Springer 1963, S. 139f.*

37 *Reckter 1967, S. 15.*

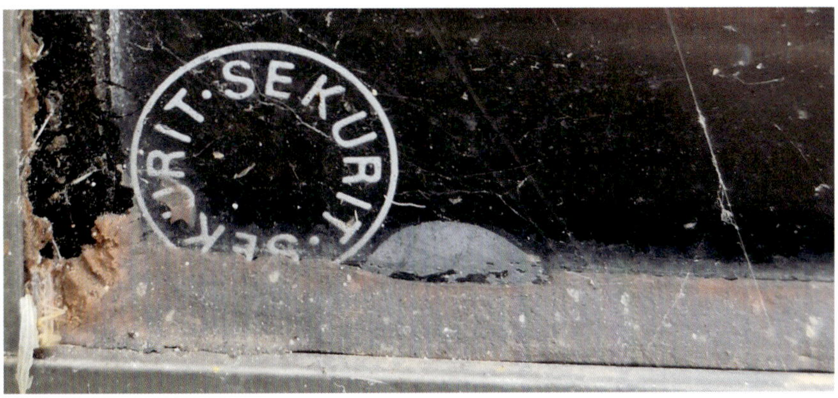

Bild 13 Zahlreiche Glasscheiben der Hauptfront bestehen heute gemäß Herstellersiegel aus speziellem Hartglas.

Die Untersuchung der Glasfassade würdigt Konstruktion und Materialität dieses Gebäudeteils auch als Teil des baukünstlerischen Konzepts. Hierdurch verbessert sie nicht nur unsere Kenntnisse zu einer historischen Bauweise und ihrer Anwendung. Sie eröffnet auch Möglichkeiten zum Verständnis des Gestus, mit dem das dem ursprünglichen Entwurf der Sendehalle zugrunde liegende Narrativ des Modernitätsversprechens unter Rückgriff auf nur unzureichende, also letztlich allein rhetorisch gemeinte Mittel umgesetzt wurde. Auch dies ist in den denkmalpflegerischen Erwägungen mit zu berücksichtigen.

Das seit 1999 unter Denkmalschutz stehende Sendezentrum zeugt als „architecture parlante“ vom repräsentativen Anspruch und ausgesprochenen Pioniercharakter des Projekts „Europe 1“.[38]

Solitär in der menschenleeren Grenzlandschaft situiert, ruft der beindruckende Komplex im Zusammenspiel von Sendehalle und Sendeturm Erinnerungen an Campanile-Lösungen im gleichzeitigen Sakralbau der Nachkriegsmoderne hervor.[39] Formal zeichnet sich die ringsum verglaste Sendehalle durch ihre außerordentlich innovative architektonische Qualität aus. Diese speist sich – wie bereits erwähnt – maßgeblich aus der überaus dünnen und stützenfrei mehr als 80 m überwindenden, vorgespannten Tragkonstruktion des Dachs. Letzteres zeugt zugleich von der radikal neuartigen Ästhetik der plastischen Formen der 1950er Jahre, als leichte und effiziente Bauweisen – und hierunter besonders die hängenden Dächer – traditionelle Grenzen zwischen Architektur und Konstruktion aufzuheben versprachen.[40] Auch der expressive Sendeturm mit seinen drei Stahlbetonpylonen entspricht ganz der Formenwelt seiner Zeit.

Der heutige gewachsene Zustand mit seinen nachträglichen Um- und Anbauten hingegen spiegelt die facettenreiche Bau- und Nutzungsgeschichte des Sendezentrums wider. Eng verbunden mit Bernard Laffaille und Eugène Freyssinet, den beiden wohl bedeutendsten Protagonisten des französischen Schalenbaus, demonstrieren die mehrmaligen Änderungen der – ausgesprochen schwierigen geometrischen Randbedingungen unterworfenen – Tragkonstruktion anschaulich den im Kontext berühmter Ingenieure nur ausgesprochen selten thematisierten Aspekt des Scheiterns.[41] Die erst nach einem guten Vierteljahrhundert durch Pierre Xercavins abgeschlossene Veränderungsgeschichte[42] präsentiert paradigmatisch einen wichtigen Aspekt des Bauens am Limit: Die Suche nach absoluter Leichtigkeit bei gleichzeitiger formaler Innovation verursacht in Verbindung mit einer gewissen Hybris der Ingenieure nicht selten konstruktive Probleme. Angesichts dessen kann das facettenreiche Baudenkmal in Berus als besonders prägnantes Wahrzeichen hochmodernen Konstruierens in der zweiten Hälfte des 20. Jahrhunderts gelten. Weil sie anschaulich die Veränderungen des Tragwerks offenbaren, besitzen folgerichtig nicht zuletzt seine „Narben“ Zeugniswert, etwa die Stümpfe der abgeschnittenen Zugbänder von Freyssinets zweiter Tragwerkskonstruktion.

Abgesehen von der Baukonstruktion sind über die ehemalige Funktion auch Sende- und Haustechnik eng mit der Architektur des Gebäudes verzahnt. Die bis

38 Lorenz / Espion 2021, S. 28, 83; Böcker / Schreiber 2016, S. 73.

39 Böcker / Schreiber 2016, S. 74.

40 Lorenz / Espion 2021, S. 86.

41 Ebd., S. 10.

42 Ebd., S. 72–75.

zur Einstellung des Sendebetriebs angesammelte technische Ausstattung ist nahezu unverändert erhalten geblieben.[43] Sie demonstriert die Entwicklung der Sendetechnik und fortwährende Anpassung des Sendezentrums an sich wandelnde Nutzungsanforderungen auf dem Weg zum stärksten Langwellensender der Welt und macht das Sendezentrum zu einem ganz besonderen technischen Denkmal.[44] Als bedeutendes Zeugnis der bundesdeutschen Radio- und Fernsehgeschichte dokumentiert das Sendezentrum dabei gerade auch die in dieser Hinsicht einstige Sonderstellung des Saarlands.[45]

Von Bedeutung für den Denkmalcharakter ist schließlich auch die nähere Umgebung, die maßgeblich zur repräsentativen, landschaftsprägenden Wirkung des Sendezentrums beiträgt. Bereits Geschichte sind dabei die ehemaligen Sendemasten, die bis vor einigen Jahren das Erscheinungsbild des Senders Berus aufgrund ihrer markanten Höhe von bis zu 280 m maßgeblich mitgeprägt hatten (Bild 14).[46] Zur Erhaltung der Lesbarkeit des Denkmals als radiotechnisches Ensemble sollten daher zumindest die Anker für die Abspannungen der Sendemasten erhalten werden. Generell muss es das Ziel sein, die architektonische Wirkung und Qualität des gewachsenen technischen Denkmalensembles zu bewahren. Nur in seiner Gesamtheit verleiht es dem Anspruch des überaus ambitionierten Vorhabens „Europe 1“ angemessen Ausdruck.

43 Ebd., S. 82.

44 Böcker / Schreiber 2016, S. 73.

45 Ebd., S. 75.

46 Lorenz / Espion 2021, S. 79.

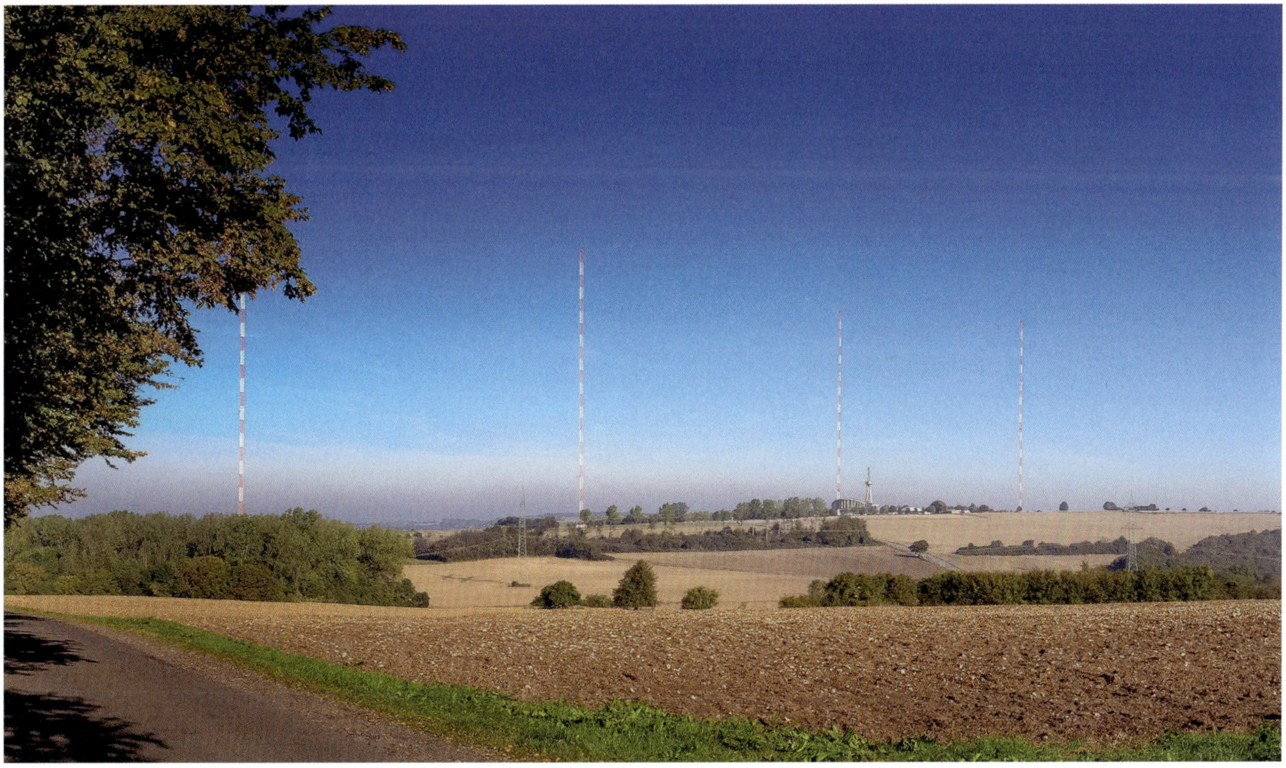

Bild 14 Gesamtansicht der Sendeanlage vor Demontage der Antennenmasten, 2010.

Um ein derart außergewöhnliches Denkmal für die Nachwelt bewahren zu können, muss es einer neuen Nutzung zugeführt werden. Als Idealfall kann der Sendeturm gelten, da er – bestückt mit neuer Sendetechnik – weiterhin seine ursprüngliche Funktion erfüllt (Bild 15).[47] Eine ihrer einstigen Bestimmung entsprechende Weiternutzung der Sendehalle erscheint hingegen utopisch. Dieser Wegfall der ursprünglichen Aufgabe ist eine denkmalpflegerische Herausforderung. Insbesondere die üppige Dimensionierung des Gebäudes stellt eine hohe Hürde für neue Nutzungskonzepte dar. Wurde die Sendehalle etwa einst mit der Abwärme der Sendetechnik temperiert,[48] so erscheint ihre wirtschaftliche Beheizung heute nahezu unmöglich. Außerdem limitiert die erhaltenswerte Sende- und Haustechnik die nutzbare Fläche und schränkt so die eigentlich aus dem immensen Raumvolumen erwachsenden Möglichkeiten wieder deutlich ein.

Herausforderung und Chance zugleich bildet auch die abgeschiedene, damit aber auch exklusive Lage im historischen Grenzraum der Europaregion SaarLorLux. Eine Nutzung für den Kulturtourismus, als Wissenschaftslabor oder als Instituts- und Seminargebäude scheint denkbar. Aktuell existieren Planungen für die Einbettung des Sendezentrums in ein neues Industrie-Kultur-Netzwerk des Saarlands, die etwa mit der Errichtung einer landeseigenen Stiftung verbunden sein könnte.[49]

47 Ebd., S. 79–81.

48 Böcker / Schreiber 2016, S. 74.

49 Lorenz / Espion 2021, S. 85.

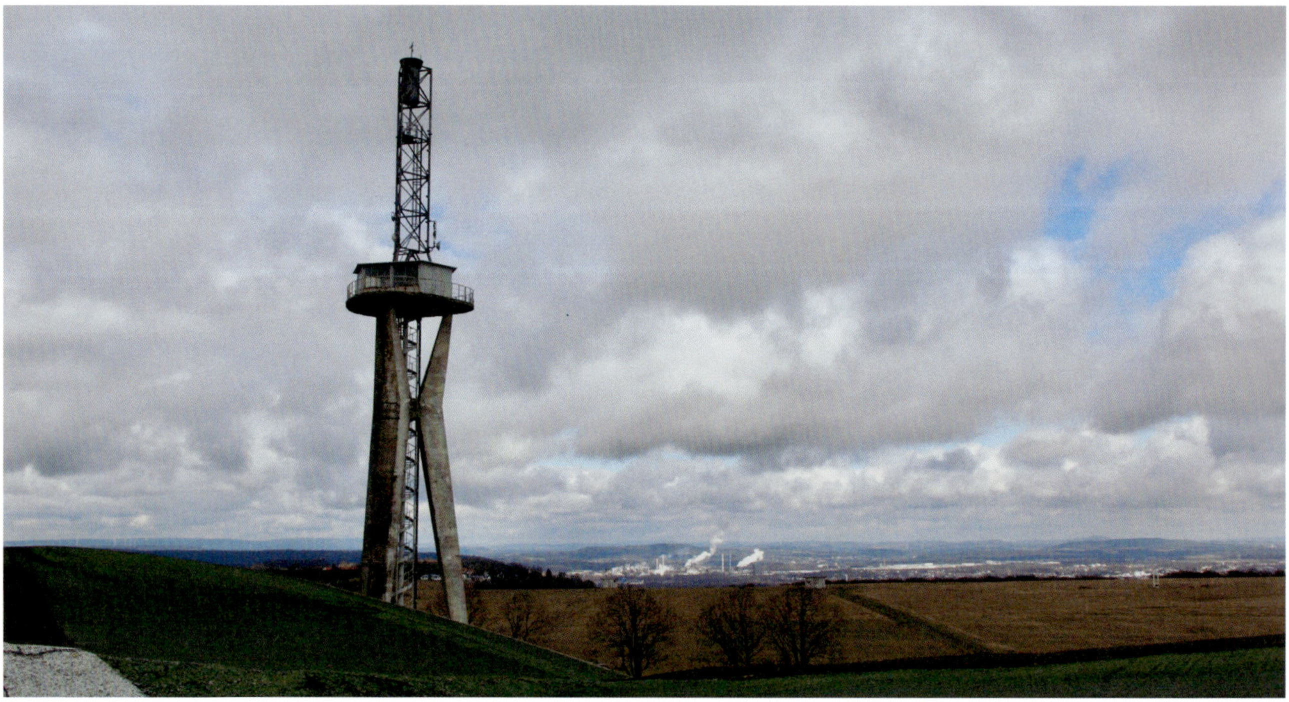

Bild 15 Blick vom Dach der Sendehalle zum Fernsehturm, 2017.

In jedem Fall erfordert der Baukomplex in seiner engen Verzahnung von Sende- und Haustechnik sowie architektonischer und landschaftlicher Wirkung eine vielschichtige und aufwendige Neuausrichtung zur Sicherstellung des Erhalts. Von zentraler Bedeutung sind hierbei die charakteristischen, das Denkmal konstituierenden Elemente, die möglichst unverändert erhalten bleiben sollten. Naturgemäß dürften hierüber noch manche kontroverse Diskussionen zwischen unterschiedlichen Interessengruppen geführt werden und letztlich Kompromisse unumgänglich sein. Aus denkmalpflegerischer Sicht ist eine Bewahrung des heutigen, gewachsenen Zustands unter möglichst umfassendem Substanzerhalt anzustreben. Ebenso wünschenswert ist aber eine sinnvolle zukünftige Nutzung, und diese wird kaum realisierbar sein ohne ein „Weiterbauen" – ein Bauen im und mit dem Bestand, einhergehend mit dem Entfernen, Verändern und Hinzufügen von Elementen.

CONCLUSIO

So herausfordernd die Zukunft des Sendezentrums auch sein mag, das Interesse in den vergangenen Jahren lässt hoffen, dass es in Zukunft eine Bestimmung findet, die eines „Historischen Wahrzeichens der Ingenieurbaukunst" würdig ist. Dies ist auch deshalb wünschenswert, weil sich nur bei wenigen Baukomplexen in Deutschland in ähnlich anschaulicher Weise das in der Geschichte der Bautechnik beständig auftretende Phänomen manifestiert, die etablierten Regeln des Bauens zu überwinden und größer, weiter oder heller zu bauen, als es den vorhergegangenen Generationen möglich gewesen war.

Auch in der identitätsstiftenden, retrospektiven Betrachtung erfreut sich dieses Streben nach repräsentativen Höchstleistungen großer und ungebrochener Beliebtheit. Zudem können Erzählungen von geglückten Unternehmungen stets bruchlos an unterschiedlich konnotierte, in diesem Kontext positiv besetzte Fortschrittsnarrative angebunden werden. Geschichten vom Bauen am Limit erzählen daher nicht allein von der Lösung eines technischen Problems, sondern ebenso sehr vom kulturellen Kontext der Suche nach dieser Lösung. Diese Suche kann dabei als ein Wettbewerb verstanden werden. In diesen eingeschrieben war häufig das Versprechen der Effizienzsteigerung, also die Aussicht, durch die Nutzung innovativer Verfahren bei geringeren Aufwendungen eine Leistungssteigerung zu erreichen.[50]

Dies gilt nicht zuletzt für die Überwindung möglichst großer Spannweiten. Oft eingebunden in eine vom klassischen, kapitalistischen Fortschrittsparadigma geprägte Vorstellungswelt, versuchten sich Techniker und Künstler auch an dieser von Innovation abhängigen Aufgabe im Wettbewerb mit ihren Zeitgenossen wie auch mit ihren Vorgängern. Um den Anforderungen des Bauherrn an die gestellte Aufgabe zu genügen, erschien dabei den relevanten Akteursgruppen zur Bauzeit der Sendehalle in Berus die noch junge Spannbetonbauweise als ideal.

Der amerikanische Wissenschafts- und Technikhistoriker Thomas P. Hughes hat aufgezeigt, dass es typische und wiederkehrende Verläufe solcher Innovations-

50 Mark 1995, S. 148–189.

prozesse gibt, die auf Wettbewerb beruhen und die durch spezifische Phänomene charakterisiert sind. Hughes prägte dafür den Begriff einer „reverse salient"-Situation.[51]

Demnach ist es in entwickelten sozial-technischen Systemen gängig, dass sich alle darin involvierten Akteursgruppen um Verbesserung im Sinne einer Effizienz- oder Leistungssteigerung bemühen. Die Metapher des *reverse salient*, zu Deutsch des „zurückgefallenen Frontabschnitts", spielt in diesem Kontext mit der Vorstellung des technischen Fortschritts als linearer Entwicklung sich wechselseitig bedingender Teilsysteme. Unter dieser Vorstellung haben den Zeitgenossen offensichtlich erscheinende Desiderate – im vorliegenden Fall beispielsweise der Wunsch zur Realisierung weiterer und lichterer Hallen – als eine Begrenzung des gesamten systemischen Fortschritts zu gelten. Aus der Perspektive der involvierten Akteursgruppen wäre eine neue Stufe des Fortschritts also ohne die Findung einer Lösung für das Desiderat nicht zu erreichen. Für sie ist die Überwindung dieser Begrenzung zudem deshalb attraktiv, weil die Lösungsfindung Prestigezuwachs, materiellen Gewinn oder auch die Sicherung einer gesellschaftlichen Stellung bedeuten kann. Risiken liegen in möglichen schnelleren Erfolgen der Konkurrenz und im Wesen der Invention, bei der es sich immer um ein ergebnisoffenes Spiel mit der Option des Scheiterns handelt.[52] Letztendlich erscheinen aber die erhofften Meriten aus einem erfolgreichen Überwinden bestehender Normen häufig derart attraktiv, dass das Neue gewagt wird.

Insbesondere bezüglich der Dachkonstruktion lassen sich im Fall der Sendehalle Europe 1 die benannten Strukturen und typische Verlaufsformen anschaulich nachzeichnen. Um die architektonische Vision Guédys zu realisieren, mussten sich über einen langen Zeitraum renommierte Experten auf dem Gebiet der Bautechnik wie Laffaille, Freyssinet und schließlich Xercavins zusammen mit ihren Teams mit dem Hallendach auseinandersetzen.

Aus historischer Perspektive ist klar, dass der Weg von einem innovativen Konzept hin zu einer wirtschaftlich tragbaren Lösung oder gar zu einer etablierten Technologie ebenso langwierig wie schwierig ist. Aus ökonomischer Perspektive haben Autoren wie Giovanni Dosi oder Christopher Freeman festgestellt, dass diese Zeitspanne einer *diskursiven Offenheit*, die am Ende zu einem temporär stabilen Artefakt führt, durchaus mehrere Jahrzehnte beanspruchen kann.[53] Dabei ist zu beachten, dass man erhebliche Gewinne nicht mit Innovationen selbst, sondern nur mit solchen Techniken und Praktiken erwirtschaften kann, die aus Innovationen zur Marktreife entwickelt werden und sich dann auch am Markt durchsetzen. Im Sinne Dosis hat sich die Technik des Spannbetons in der Baupraxis langfristig höchstens auf Teilgebieten als ein *dominantes Design* durchsetzen können.[54] Das bedeutet nicht, dass der Diskurs um die Bedeutungszuschreibung des technischen Artefakts „Spannbetondach" offengeblieben wäre.[55] Die noch in den 1950er und 1960er Jahren mit dieser Innovation verbundenen Hoffnungen – etwa hinsichtlich der Verbreitung der Technologie – wurden aber letztendlich nicht erfüllt.

Diametral entgegengesetzt zur in Berus mit dem Bauen am Limit offensichtlich verfolgten bauökonomischen Funktion der technischen Innovation ist schließlich die betriebswirtschaftliche Funktion der gefundenen Lösung zu bewerten. Eine

51 Vgl. Hughes 1983, passim.

52 Bauer 2006, S. 38–49.

53 Anderson/Tushman 1990, S. 611; Dosi 1988, S. 17.

54 Vgl. Scigliano 2003, S. 62; Anderson/Tushman 1990, S. 604.

55 Vgl. Bijker 1997, S. 86.

allein zweckmäßig konzipierte Bedachung zur geschützten Unterbringung der Sendetechnik hätte keineswegs eine ingenieurtechnisch derart anspruchsvolle stützenfreie Halle erfordert. Aus rein sachlichen Gründen war eine bauliche Innovation also gar nicht vonnöten. Die von Seiten der Bauherrenschaft durch das Risiko eines Bauens am Limit zu kalkulierenden Mehrkosten dürften mithin zuerst dem Wunsch nach architektonischer Repräsentation geschuldet gewesen sein. Der Bau der Sendehalle verweist damit auf die sehr traditionelle Strategie, bei der eine ambitionierte Bauherrenschaft die Patronage ingeniöser Kunst primär zur Mehrung von sozialem Kapital nutzt. Ebenso sehr wie von den Mechanismen des Fortschritts, von den Ingenieuren und ihren Herausforderungen zeugt er folglich auch von der Medialität des Fortschritts, von den Bauherren und von deren Problemen, die zu einer nicht bau-ökonomisch bedingten Nachfrage an Ingenieurbaukunst führten.

Die bemerkenswerte Ausgestaltung der baulichen Aufgabe eröffnet also nicht nur die Möglichkeit zur Kontemplation über die baukünstlerische Ambition oder die technische Leistung, sondern auch über die spezifischen sozialen Kontexte, die eine Suche nach innovativen Lösungen motivieren. Vor diesem Hintergrund ist die Sendehalle Europe 1 nicht als eine architektonische Kuriosität zu verstehen. In ihrer heute erhaltenen Form kann sie vielmehr als Symbol eines historischen Zukunftsversprechens gelesen werden. Hierdurch hat sie über ihre atemberaubende Ästhetik oder mögliche ökonomische Nutzung hinaus im wahrsten Sinne des Wortes einen Wert als Denkmal. In ihrer Geschichte manifestiert sich ein nicht-linearer und letztendlich ergebnisoffener Fortschrittsdiskurs, der zur Reflexion über unsere heutigen Vorstellungen von innovativen technischen Lösungen gesellschaftlicher Herausforderungen einlädt.

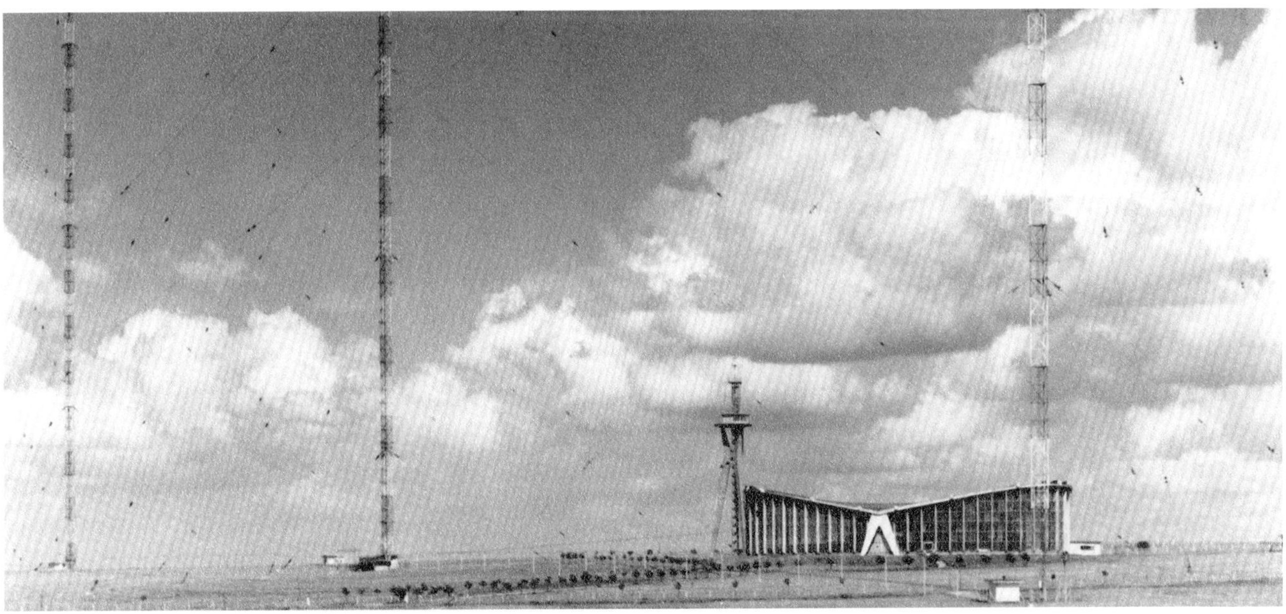

Bild 16 Blick auf die Sendehalle mit drei der vier Sendemasten und Fernsehturm, Anfang 1960er Jahre.

Mario Rinke

AUSHANDLUNG DES LIMITS

Frühe Normen im Stahlbetonbau in der Schweiz und Deutschland

Netzwerke aus Akteuren, Technologien und Interessen prägten die Entwicklung der ersten Regelwerke für das Bauen mit Stahlbeton. Zwischen den Institutionen angesiedelte „Kontaktzonen" generierten Wissen, Regeln – und die Limits des Zugelassenen. Nicht nur in der Regelungstiefe unterschied sich die Schweiz dabei deutlich von Deutschland.

Die Einführung von Stahlbeton war ein umfassender und vielschichtiger Prozess. Jüngste Studien haben sich mit ganz unterschiedlichen Aspekten beschäftigt, vor allem aber mit der lokalen Entwicklung technischer, architektonischer oder kultureller Gesichtspunkte.[1] Im frühen 20. Jahrhundert etablierte sich Stahlbeton durch eine umfangreiche technische und architektonische Anwendung als neuer alternativer Baustoff. Darüber hinaus konstituierten sich jedoch auch die am Entwurfs- und Bauprozess beteiligten Institutionen und fanden ihre besondere Rolle. In diesem Beitrag werden die Merkmale der wichtigsten Institutionen und ihr Zusammenspiel erörtert. Indem wir die an den kritischen Entscheidungsprozessen beteiligten Personen und Institutionen und deren Verstrickung in oft mehrfachen Rollen nachzeichnen, wird die Entstehung einer frühen Betonkultur sichtbar, und zwar weniger in Form von Bauwerken als vielmehr in der Form eines Netzwerks von Akteuren, Technologien und Interessen. Die Akteure profitierten von spezifischen Bedingungen oder schufen diese sogar selbst. Hierdurch wurden bestimmte Innovationen als lesbare Konsequenzen der veränderten Möglichkeiten entweder ermöglicht oder aber unterdrückt. In dieser Perspektive erstreckt sich die historische Reflexion der Konstruktion über das Produkt hinaus auf die zugrundeliegenden Prozesse, welche die materiellen Zutaten, die theoretischen und administrativen Rahmenbedingungen sowie das breite interdisziplinäre Feld der Akteure im intellektuellen und produktiven Austausch umfassen.

Obwohl ein solcher Ansatz der Betrachtung eines Akteur-Netzwerks nicht an regionale oder nationale Grenzen gebunden ist, beschränkt sich der geografische Fokus dieser Studie, vor allem aus praktischen Gründen, primär auf die Schweiz. Das Wissen um die Technologie verbreitete sich zwar schnell und stand in der einen oder anderen Form in vielen Regionen zur Anwendung und Weiterentwicklung zur Verfügung, vor allem durch global agierende Unternehmer wie François Hennebique. Jedoch bildeten viele formale, rechtliche oder soziale Zwänge einen besonderen Rahmen für regionale Kulturräume. Mehrere solcher Aspekte werden im Folgenden mit der Baupraxis in Deutschland in Verbindung gebracht, wobei

1 Siehe unter anderem Jost 2006, Lloyd Thomas 2007, Stegmann 2014, Pesztat 2018, Nichols 2021, Aprea et al. 2022.

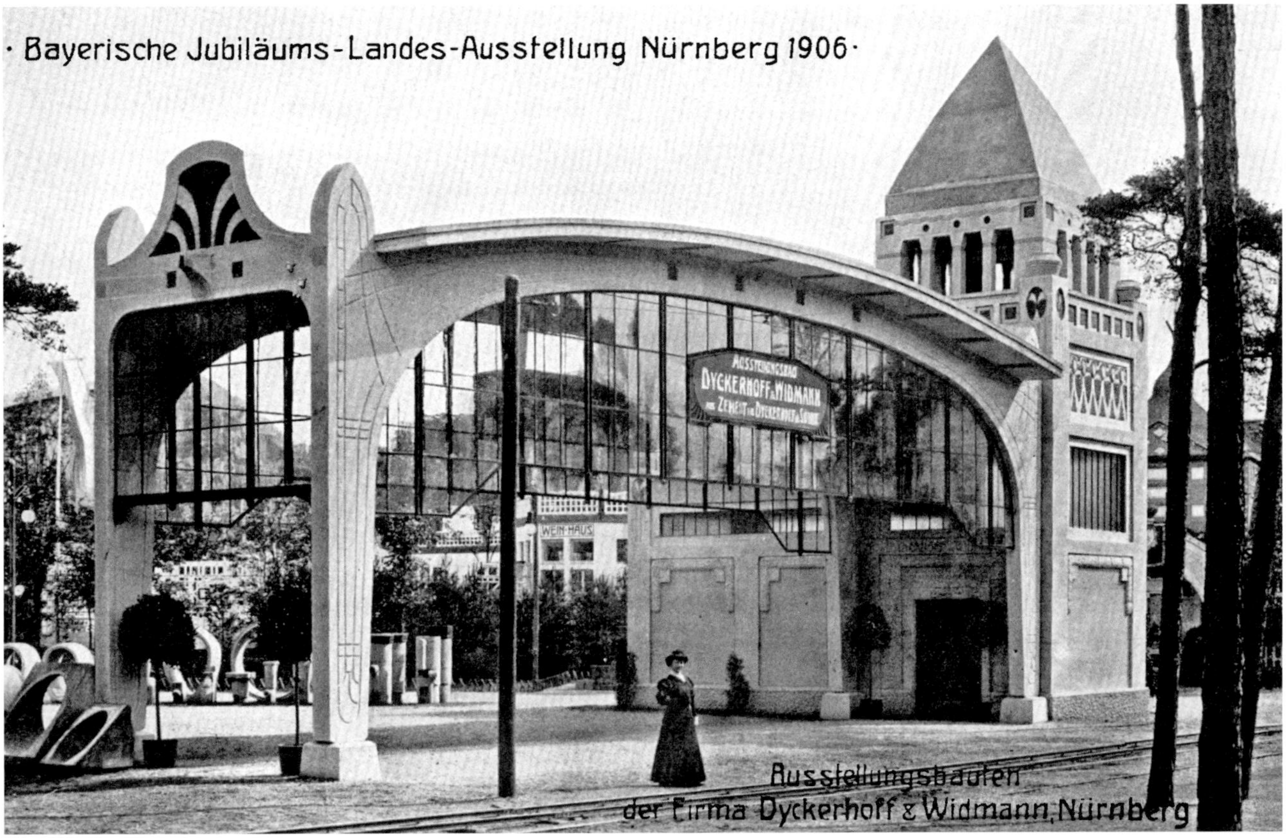

Bild 1 Ausstellungspavillon von Dyckerhoff & Widmann auf der Bayerischen Jubiläums-Landesausstellung in Nürnberg 1906.

Gemeinsamkeiten und Abweichungen aufgezeigt werden. Anhand des skizzierten Netzwerks wird sichtbar werden, wie Interessen von verschiedenen Institutionen aus verfolgt wurden, oft vertreten durch Personen, die in unterschiedlichen Rollen und Konstellationen aktiv waren. Die Schweiz verfügte über ein stark korporatives System, in dem die Entscheidungsprozesse von mehreren Interessengruppen bestimmt wurden, was meist dazu führte, dass die Industrie auf sehr pragmatische Weise Entwicklungspfade anlegte, die von Selbstregulierung oder differenzierten Kontrollmechanismen begleitet wurden. Schließlich wird über die Verflechtung der Akteure hinaus der außerinstitutionelle Raum als Kontaktzone diskutiert, in der spezifisches Wissen produziert wurde.

EINLEITUNG: IDEOLOGISCHE KONFLIKTE

Wie viele andere europäische Länder erlebten die Schweiz und Deutschland zu Beginn des 20. Jahrhunderts umfassende gesellschaftliche Veränderungen. In vielen Architekturdebatten über das moderne Bauen und seine Rolle als Ausdruck eines neuen modernen Paradigmas wurden die Baustoffe als entscheidend für diese Entwicklung angesehen.[2] Anders als die im 19. Jahrhundert etablierten Eisen- oder später Stahlkonstruktionen wurde Stahlbeton, als er auf der Bildfläche erschien, nicht eindeutig der fortschrittlichen Bewegung zugeschrieben. Die Fachwelt lobte seinen synthetischen Charakter, der sich auf fast alle möglichen Formen anwenden ließ und eine hohe Robustheit, Kompaktheit sowie Undurchlässigkeit bot und somit eine weitere Verbesserung gegenüber Stahlkonstruktionen darstellte. Andere feierten ihn als fortschrittlichen Stein, der das klassische Bild monumentalen Bauens ermöglichte, das während der dominierenden Stahlperiode so sehr erodiert war.[3]

Technologische Modernisierung und gewaltsame Rekonstituierung traditionalistischer Bestrebungen sind die Extrempositionen, die sich in den frühen Anwendungen, die entweder den Fortschritt oder den „Verfall" der Baukunst symbolisieren, ablesen und leicht unterscheiden lassen.[4] Dieser Januskopf wird auf den Industrieausstellungen deutlich, wo die neueste Technologie in Form von Pavillons oder anderen kleinen Bauwerken demonstriert wurde, dabei aber oft eine konventionelle Form erhielt. Bild 1 zeigt den Ausstellungspavillon der Baufirma Dyckerhoff & Widmann auf der Bayerischen Jubiläums-Landesausstellung 1906 als Beispiel dafür, wie technische und repräsentative Form zusammenfallen.[5]

Ein anderer Fall in der Schweiz demonstriert die zeitgenössische Debatte subtiler, doch recht anschaulich. Für die neue Stauffacherbrücke in Zürich, die 40 m überspannt, entschied sich die Stadt für eine frei gespannte Konstruktion, und der junge Bauingenieur Robert Maillart von der internen Ingenieurabteilung schlug dafür eine dreigelenkige Bogenbrücke aus unbewehrtem Beton mit einer Pfeilhöhe von 3,70 m vor (Bild 2). Im Vergleich zu anderen Vorschlägen erwies sich diese Betonbrücke als die bei weitem kostengünstigste Variante. Ungeachtet

2 Giedion 1928 oder Vischer / Hilberseimer 1928.

3 Rinke 2012.

4 Jost 2006.

5 Stegmann 2011.

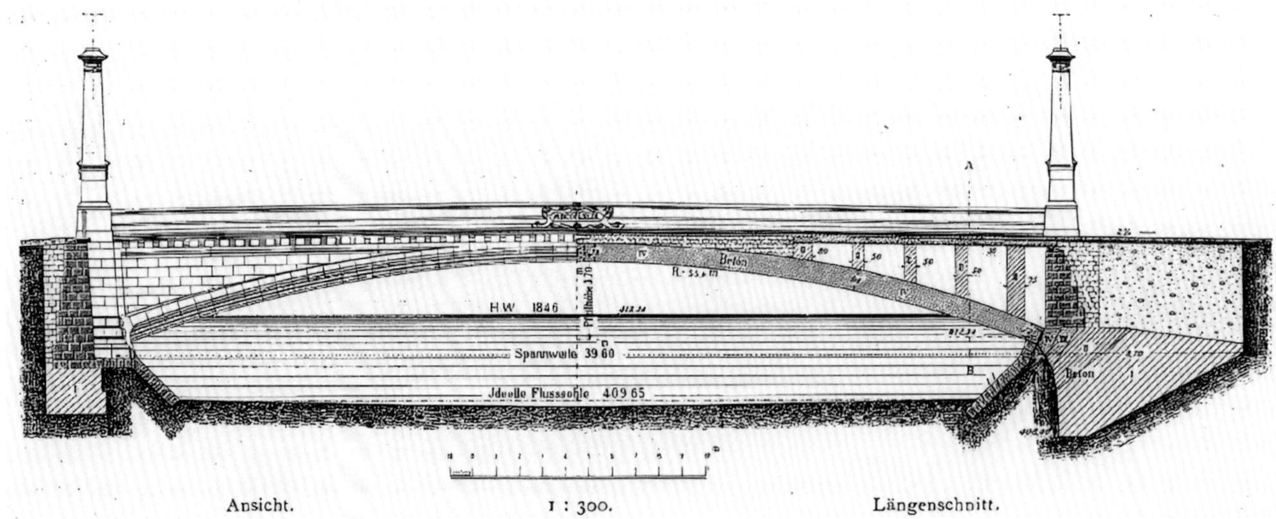

Bild 2 Stauffacherbrücke in Zürich, Ingenieur Robert Maillart, 1899.

der äußerst originellen Konzeption wurde das Erscheinungsbild der Brücke von dem Stadtarchitekten Gustav Gull entworfen, der die Betonkonstruktion mit Naturstein, hauptsächlich Granit, verkleidete.[6]

Das Beispiel der Stauffacherbrücke veranschaulicht konkret die Verflechtung mehrerer zeitgenössischer Akteure und ihre Beiträge, die sich allesamt in der pragmatischen Anwendung des neuen Materials kristallisieren. Die Industrie stellte ein leistungsfähiges Material zur Verfügung, das auf einem hochwertigen Zement basierte, während die Bauingenieure und das Bauunternehmen es auf eine strukturelle Typologie, den Dreigelenkbogen, anwandten. Sowohl das Material als auch die Tragwerksform überschritten die konventionellen technischen Grenzen. Die Stadtverwaltung und die Architekt*innen legten formell fest, was benötigt wird, nämlich die lichte Spannweite und das traditionelle äußere Erscheinungsbild, um so die Verwendung des Materials und seine visuelle Präsentation zu trennen.

Das spezifische Mitwirken dieser Institutionen deutet auf einen kontinuierlichen Entwicklungs- und Gestaltungsprozess im Bereich der Stahlbetonanwendungen zu Beginn des 20. Jahrhunderts hin. Wenn wir die Etablierung und die Rolle des neuen Materials betrachten, sollten wir uns daher auf die ersten Schritte in der Schweiz und in Deutschland konzentrieren: Wer war daran beteiligt? Oder anders gefragt: Wie wurde Stahlbeton über die Form, die wir wahrnehmen, hinausgehend geformt? Wie wurde die frühe Kultur entwickelt und von wem? Wir könnten also das Wirken der beteiligten Institutionen in einer vereinfachten Form beschreiben: Die Industrie, einschließlich der Materialherstellung und des Bauprozesses, auf der Seite der Herstellung und Anwendung, während die Wissenschaft sowohl in den Hochschulen als auch in der Industrie über die Materie nachdenkt und sie erklärt; die Verwaltung hingegen organisiert und überwacht den rechtlichen Rahmen, zum Beispiel in Form von Vorschriften und Patenten.[7]

VERBREITUNG UND ETABLIERUNG: DIE BAUINDUSTRIE

François Hennebique, ein französischer Unternehmer, der 1892 sein international tätiges Büro in Paris eröffnet hatte, patentierte im Februar 1893 in der Schweiz seine Bauweise aus Stahlbeton.[8] Vier Jahre später fügte er drei weitere Anwendungen als Patente hinzu: Platten, Pfähle und Spundwände sowie die kontrollierte Abwinklung und Überlappung von Bewehrungsstäben in durchlaufenden Balken. Um ein internationales Netzwerk aufzubauen, benannte er ausländische Vertreter. Der Schweizer Ingenieur Samuel de Mollins aus Lausanne schloss sich ihm an und half, Kontakte zu wichtigen Vertretern der Behörden und der Industrie herzustellen.[9] Bereits im September 1892 demonstrierte de Mollins in Lausanne eine Eisenbetondecke nach dem Hennebique-System, die seitdem regelmäßig im Fokus der Fachpresse stand.[10] In Deutschland war der Fall etwas anders gelagert. Obwohl einige lokale Bauunternehmen Hennebiques Methoden anwandten und seine Lizenz besaßen (z. B. Martenstein & Josseaux oder Eduard Züblin), gab es Probleme mit den Baubehörden, weil sie die Konstruktionsunterlagen nicht

6 SBZ 1899.

7 Karl-Eugen Kurrer erläutert das von dieser „Triade“ definierte Spannungsfeld zwischen den Akteuren und Aufgabenfeldern beispielhaft für Deutschland in Kurrer 1997.

8 François Hennebique: Poutre legere et de grande resistance en beton de ciment avec barres de fer noyées, Schweizer Patent Nr. 6533, herausgegeben 21. Februar 1893.

9 Gubler 1985.

10 Mollins 1893, Maillart 1901, Ritter 1899.

überprüfen konnten. Hennebique sah sich auf vielen nationalen Märkten, in die er eintrat, einem starken Wettbewerb durch andere Stahlbetonsysteme ausgesetzt, und die deutschen Konkurrenten bemühten sich schon früh, ihre Konstruktions- und Bauverfahren zu veröffentlichen, um die Unterstützung der Behörden zu gewinnen.[11] Freytag & Heidschuch und Martenstein & Josseaux hatten bereits 1884 das deutsche Monier-Patent (DRP 14673 von 1880) erworben und ihre eigenen theoretischen und praktischen Kenntnisse mit der neuen Bautechnik entwickelt. Zusammen mit dem Ingenieur Mathias Koenen wurde schließlich Gustav Adolf Wayss mit seiner Actien-Gesellschaft für Monierbauten, später Wayss & Freytag, zur führenden Figur bei der Entwicklung von Stahlbeton in Deutschland.

Laut den Hennebique-Archiven entwickelte sich der Stahlbeton in der Schweiz, wo man die hohe Widerstandsfähigkeit schätzte, recht schnell. Die Hauptvorteile waren hier die hohen Nutzlasten bei geringem Materialeinsatz, die mehrstöckige Bauweise und mögliche wechselnde Stützenraster, die höhere Duktilität zur Vermeidung plötzlicher Einstürze, der bessere Brandschutz und die geringeren Erschütterungen aufgrund des höheren Eigengewichts. In Bezug auf die Kosten erwies sich das Hennebique-System als günstiger im Vergleich zu alternativen Bauweisen in Mauerwerk oder Stahl, insbesondere bei hoch beanspruchten Bauwerken.[12]

11 Kierdorf 2009.

12 Zahl der Anwendungen im Jahr 1894: 7, 1895: 22, 1896: 46, 1897: 51, 1898: 85. Letztere Zahl aufgegliedert nach Gebäudetypen: 26 Wohnungen, 15 öffentliche Gebäude, 31 Industriegebäude, 5 Lagerhäuser / Ställe, 7 Brücken / Reservoire, 1 Fundament (Ritter 1899, S. 41).

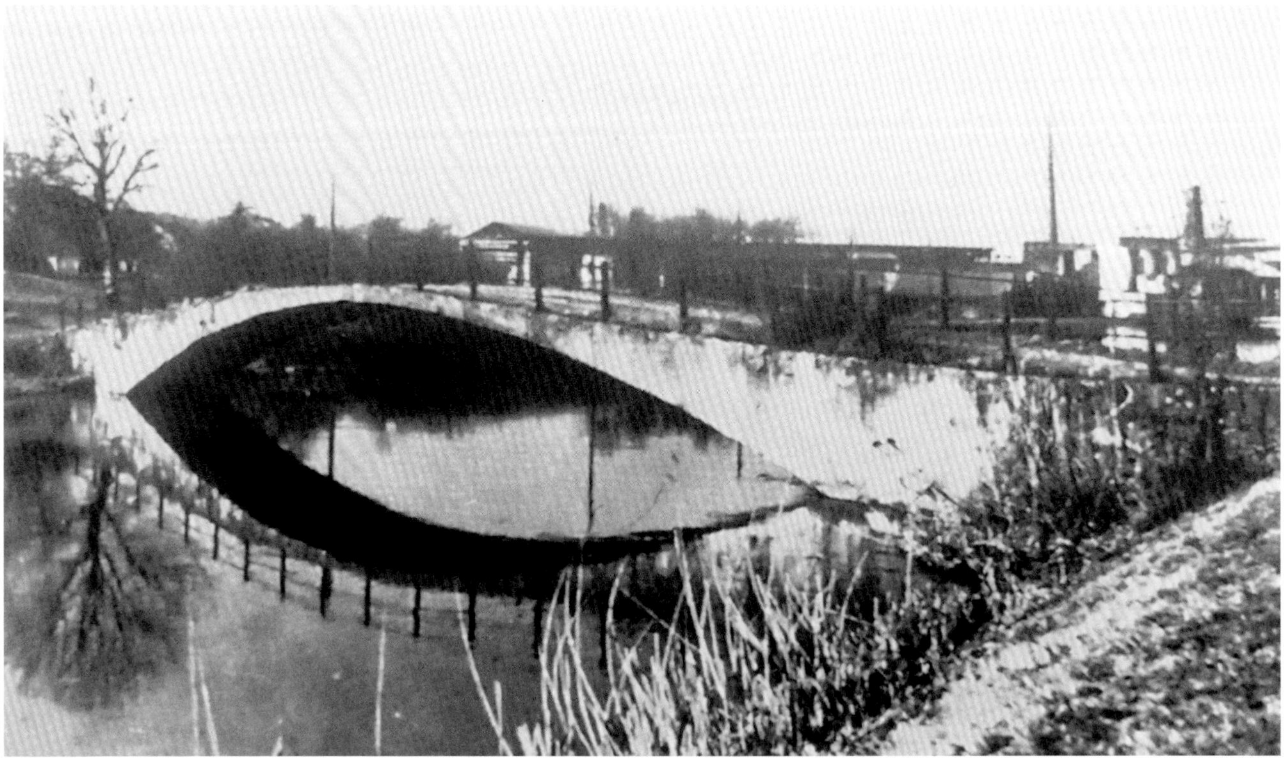

Bild 3 Erste Stahlbetonbrücke der Schweiz über den Aarekanal in Wildegg, Actien-Gesellschaft für Monierbauten, 1890.

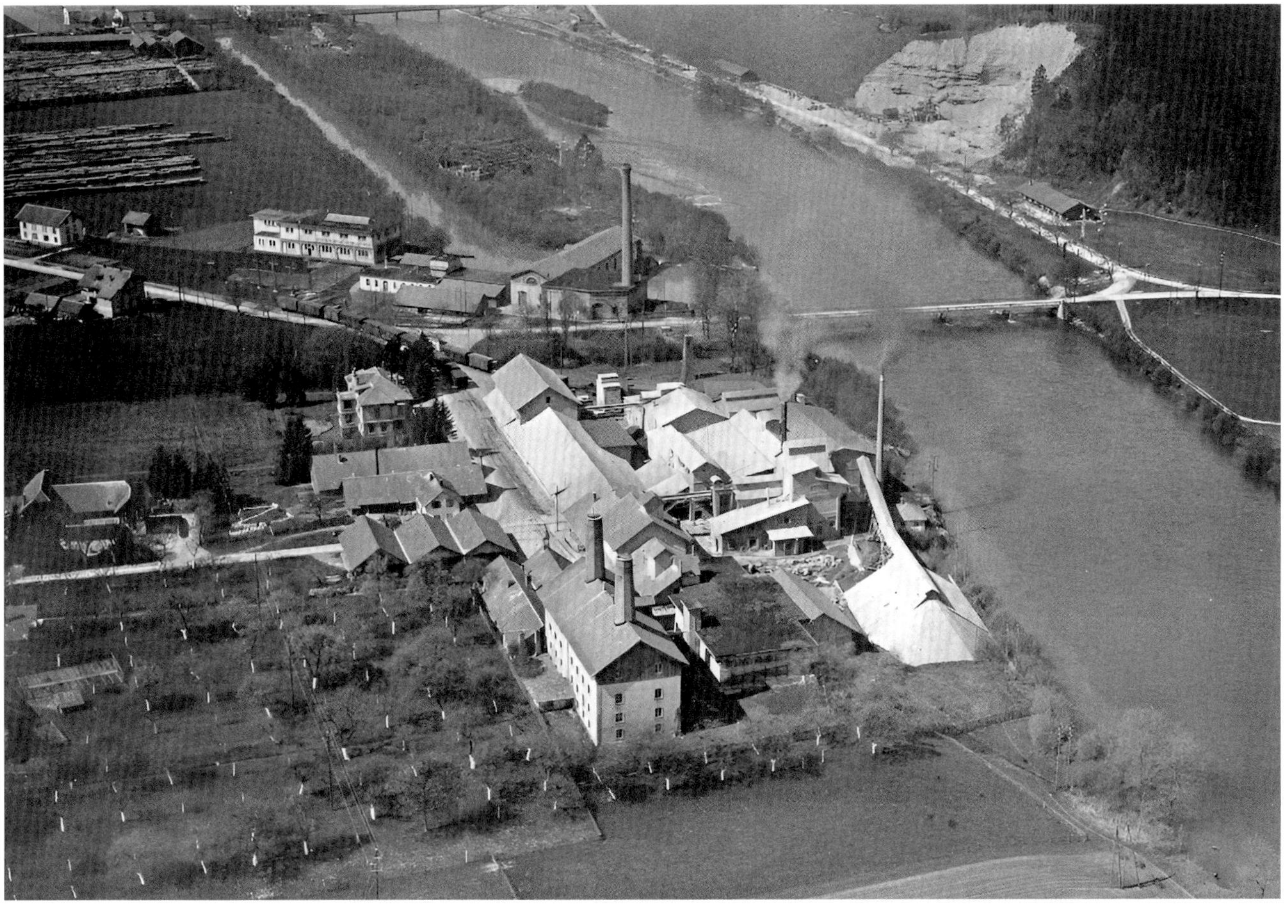

Bild 4 Die erste Zementfabrik von Robert Vigier in der Nähe von Solothurn, 1871.

Neben der frühen Akzeptanz durch potenzielle Kunden und die Ingenieur- und Architektenschaft war es die Baustoffindustrie selbst, die bedeutende Schritte unternahm, um die Bekanntheit und Akzeptanz zu erhöhen. Bereits 1890 baute der junge Zementhersteller Jura über den durch sein Gelände verlaufenden Aarekanal die erste Stahlbetonbrücke der Schweiz (Bild 3). Das extrem schlanke Bauwerk, das von der Actien-Gesellschaft für Monierbauten errichtet wurde, hatte eine Spannweite von 37,20 m bei einer Pfeilhöhe von lediglich 3,50 m. Es zeugte von einer sorgfältigen und präzisen Materialanwendung und konstruktiven Ausführung.[13] Obwohl sie noch voll funktionsfähig war, wurde die spektakuläre Brücke im Jahr 1973 abgerissen.

Dieses in Eigeninitiative umgesetzte Vorzeigeprojekt der Baustoffindustrie lieferte ein überzeugendes frühes Bild des Stahlbetons, das sowohl seine Leistungsfähigkeit als auch seine Machbarkeit veranschaulichte. Aufgrund ihrer technischen Funktionsweise, nämlich dauerhaft und zuverlässig dem Transport zu dienen, waren Brücken oft Anschauungsobjekte für neue, umstrittene Bauweisen oder Materialien. Rund 100 Jahre bevor Joseph Monier 1875 seine Brücke in Chazelet baute,

13 Maillart 1934, S. 2. Maillart macht deutlich, dass die zulässigen Betondruckspannungen von 35 kg/cm² damals überschritten worden sein müssen, beweist aber auch das effektiv funktionierende Prinzip der Stahlbewehrung.

errichtete Abraham Darby III, einer der größten Eisenfabrikanten Englands, 1779 in seiner Ortschaft Coalbrookdale die erste ganz aus Eisen gefertigte Brücke mit einer Spannweite von 30,60 m. Das Bauwerk wurde weithin für den spektakulären technischen Erfolg des neuen Konstruktionsmaterials und den ikonischen Charakter, den es für die weitere Anwendung in Architektur und Technik hatte, gefeiert.[14]

Für ihre ersten großen Infrastrukturprojekte musste die Schweiz Portlandzement aus Deutschland und Frankreich importieren, wo die ersten Fabriken Mitte des 19. Jahrhunderts entstanden waren. Der Schweizer Industrielle Robert Vigier erkannte das große Potenzial und eröffnete 1871 eine Fabrik in der Nähe von Solothurn (Bild 4), gefolgt von einer zweiten 1877 in Saint-Sulpice und einer dritten 1880 in Aarau. Die meisten der anderen eidgenössischen Zementhersteller wurden vor 1914 gegründet. Vom Produktionsvolumen her eher unbedeutend, galt die Qualität der schweizerischen Zementproduktion schon in den Anfangsjahren als sehr gut.[15]

Genau wie ihre deutschen Konkurrenten präsentierten die Schweizer Hersteller die Leistungsfähigkeit ihres Materials auf Industrieausstellungen. Auf der Schweizer Industrieausstellung von 1883 präsentierte Vigier zum Beispiel eine Betonkonstruktion (Bild 5). Wiederum am Beispiel einer Brücke, die etwa 6 m überspannte, wollte der Hersteller die hohe Leistungsfähigkeit seines Baustoffs demonstrieren, indem er auf die Tragfähigkeit und die notwendige Verlässlichkeit dieser Konstruktion hinwies.

14 Briggs 1979.

15 Im Jahr 1895 gab es bereits 26 Schweizer Fabriken mit einer Jahresproduktion von je 3 000 bis 30 000 t. Einige Jahre später, im Jahr 1910, gründeten die Schweizer Zementhersteller einen nationalen Verband, die EG Portland (Hubler 2015).

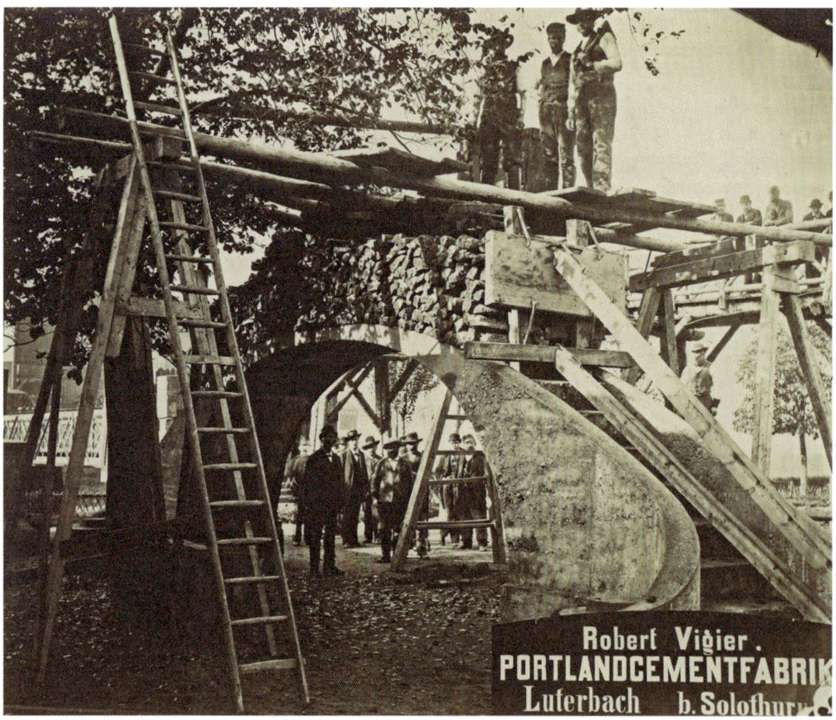

Bild 5 Unbewehrte Betonbrücke auf der Schweizerischen Landesausstellung in Zürich, Robert Vigier, 1883.

SCHLICHTUNG UND REGULIERUNG: DIE GEBÄUDEVERWALTUNG

Festlegung von Grundlagen für den Baustoff

Da die Baustoffindustrie zunehmend wuchs und sich organisierte, strebte sie nach Anerkennung durch die Behörden. Sie forderte deshalb eine Regulierung der Inhaltsstoffe, der allgemeinen Terminologie und der Materialeigenschaften. Neben dem Zweck, Vertrauen zu schaffen, trugen die Regeln zusammen mit den Einfuhrsteuern dazu bei, die einheimische Industrie vor den viel größeren Herstellern aus Deutschland und Frankreich zu schützen. Die erste schweizerische Zementnorm wurde im Jahr 1881 eingeführt. Die führende Figur hinter der Entwicklung war Ludwig Tetmajer, ein Absolvent der Polytechnischen Schule in Zürich (heute ETH Zürich). Der ehemalige Assistent des Ingenieurprofessors Karl Culmann war seit 1878 ebenfalls Professor und wurde kurz darauf zum ersten Direktor der 1880 gegründeten Anstalt für die Prüfung von Baumaterialien, der heutigen Eidgenössischen Materialprüfungs- und Forschungsanstalt (EMPA), ernannt. Nicht nur beim ersten Regelwerk, sondern auch bei den ersten Revisionen arbeitete die EMPA eng mit den Zementherstellern und dem 1881 gegründeten Schweizer Industrieverband VSCKGF, einer wichtigen Lobbyorganisation, zusammen.[16] Im Jahr 1910 gelang es der Schweiz schließlich, zum ersten Mal ihren eigenen Bedarf an Zement durch heimische Produktion selbst zu decken.

Die ersten Portlandzementfabriken in Deutschland waren bereits 1850 in der Nähe von Hamburg eröffnet worden, bald folgten weitere in Norddeutschland. Im Jahr 1877 gründeten die deutschen Zementhersteller zur Interessenvertretung den Verein Deutscher Cement-Fabrikanten, und bereits 1878 erließ die preußische Verwaltung eine Verordnung über die Herstellung und Prüfung von Portlandzement.[17] Diese neue Verordnung wurde auch in der Schweiz debattiert, als die erste Norm in Arbeit war. Der Verein eröffnete 1902 in Berlin ein Prüflaboratorium und veröffentlichte regelmäßig technische Berichte, womit der Grundstein für eine breit angelegte, industriebezogene Materialforschungskultur gelegt wurde. Dieser institutionalisierte Bereich ermöglichte es der Industrie, spezifische angewandte Forschungsfragen jenseits der individuellen Interessen einzelner Unternehmen zu verfolgen. In der Schweiz hingegen stand die Labormaterialforschung an der EMPA für eine institutionalisierte Zone der öffentlich-privaten Zusammenarbeit, nämlich zwischen der Hochschule und der Industrie. Diese Zonen außerhalb oder zwischen den Institutionen sind durch verschränkte Interessen und Bedürfnisse gekennzeichnet, die zu einem Umfeld des Konsensbetriebs führen. Anhand dieser Praxis – bei der Personen Positionen in mehr als einer Institution innehaben oder von einer zur anderen wechseln – können diese Bereiche als Kontaktzonen betrachtet werden, in denen Vertreter*innen kooperierender Institutionen in einem Umfeld agieren, das sich charakteristisch von ihren ursprünglichen Bereichen unterscheidet.[18] Dieser Ort sozialer und kultureller Begegnungen hat seine eigenen Interessen und produziert eigenständiges Wissen, ist aber von den mitwirkenden Institutionen abhängig.

16 Hiestand 2011, S. 293f.

17 Siehe Kurrer 2003, S. 795f.

18 Das Konzept der Kontaktzone wurde maßgeblich geprägt von Mary Louise Pratt, New York University, um soziale Räume zu beschreiben, in denen Kulturen aufeinandertreffen, wobei sich Identität und Strukturen dieser Räume aber zugleich derjenigen der Kulturen entziehen (Pratt 1991).

Auf der konstruktiven Seite entwickelten die Bauunternehmen mit ihren Ingenieurabteilungen die Systeme Monier und Hennebique weiter. Stahlbeton war ein wachsender Markt mit vielen neuen Einsatzgebieten – industrielle, öffentliche und auch private Gebäude. Basierend auf den erfolgreichen Grundprinzipien der beiden Pioniere, bei denen durchlaufende Stahlstäbe oder -matten mit dem sie umschließenden Betonkörper zusammenwirken,[19] verfeinerten sie in vielen weiteren Erfindungen und Patenten die Praktikabilität und Effektivität der Kon-struktion – und versuchten hierdurch oft vor allem auch die lästigen, aber notwendigen Lizenzzahlungen an die Inhaber bereits angemeldeter Patente zu umgehen, weshalb es in bestimmten Zeiträumen teilweise Dutzende von Systemen gleichzeitig auf dem Markt gab.[20]

Aber es gab auch Unfälle und Fehlschläge im Zusammenhang mit dem neuen Baustoff, was zu gelegentlichen Vertrauenskrisen hinsichtlich seiner allgemeinen Eignung führte. Der einschneidendste Vorfall in der Schweiz, der weit über die Landesgrenzen hinaus Beachtung fand, war der Einsturz des Hotels zum Bären in Basel während der Bauarbeiten am 28. August 1901. Eine Gruppe von Experten wurde eingesetzt, um das Unglück zu untersuchen: Arnold Geiser, der Stadtarchitekt von Zürich, Wilhelm Ritter, Professor am Polytechnikum in Zürich, und François Schüle, der Nachfolger von Tetmajer als Direktor der EMPA seit 1901. Sie stellten fest, dass ein Stahlbetonbalken im Erdgeschoss, obwohl er nach den Bauplänen ausgeführt wurde, zusammen mit seiner ungeeigneten Abstützung einen Einsturz der Fassade und der inneren Gebäudeteile verursacht hatte. Der ausführliche Bericht gibt nicht nur Einblick in die Mängel bei diesem konkreten Projekt, sondern bietet auch einen umfassenden Überblick über die zeitgenössische Planungs- und Baupraxis.[21]

Das Hotel in Basel entsprach der üblichen Konstruktionspraxis von Hennebique, die eine strikte Trennung von architektonischem Entwurf und dem Konstruktionswissen in Bezug auf den Stahlbeton vorsah.[22] Dementsprechend wurden auch für dieses Objekt die statischen Berechnungen und die Detailplanung im Pariser Büro von Hennebique durchgeführt, wo zudem auch sämtliche Baupläne erstellt wurden. Die Konstruktionsdetails und der Bauablauf wurden vom Auftragnehmer, der Basler Baugesellschaft, nicht geprüft, wodurch Planung und Ausführung komplett getrennt waren. Es war typisch für die damalige Planungspraxis, dass das Wissen um die Modellierung und Ermittlung aller Teile eines kompletten Stahlbetongebäudes ausschließlich bei Hennebique oder anderen Patentinhabern verblieb und die Unterlagen meist nicht einmal an die Bauherrschaft ausgehändigt wurden.[23] Auf diese Weise etablierten sie gleichsam eine Art Standard des Bauens, der von den Baubehörden toleriert und von den akademischen Institutionen noch nicht kritisch verfolgt wurde. Im Fall von Basel kannte der Bauunternehmer die Konstruktionsweise und hatte sie schon vorher angewendet. Aus umfangreichen Erhebungen vor Ort und Laboruntersuchungen schlossen die Experten, dass Betonmischung, Schalung und Anordnung der Bewehrungsstäbe zufriedenstellend gewesen waren. Sie beanstandeten jedoch, dass die erforderliche Druckfestigkeit

19 Rinke 2018.

20 Bussell 1996.

21 SBZ 1902b.

22 Schlimme 2012 oder Delhumeau 1999.

23 Eine ausführliche Erörterung der Entwurfspraxis um die Jahrhundertwende, die sich auf das Zusammenspiel von Standardentwurfspraktiken und die Umsetzung vor Ort konzentriert, findet sich in Rauhut 2015.

des Betons nicht erreicht worden war und dass die verwendete Berechnungsmethode zu einer unzureichenden Stahlbewehrung geführt hatte.
Als Hauptgrund für den Einsturz wurde aber zu frühes Absenken der Abstützung und Ausschalen angesehen. Der gesamte Bauprozess war sowohl in der Planung als auch in der Ausführung sehr überstürzt abgelaufen, und es hatte vor Ort keine Überprüfung der Materialbeschaffenheit und des allgemeinen Prozesses durch die Architekt*innen stattgefunden. Folglich schlugen die Experten vor, nicht die Hennebique-Methode im Allgemeinen, sondern die konkrete Planungs- und Baupraxis in Frage zu stellen. Außerdem merkte die Kommission an, dass sehr viele verschiedene Systeme unter dem Begriff „Hennebique" subsumiert würden und dass es überhaupt keine gründliche wissenschaftliche Grundlage für die Bemessung von Stahlbetonkonstruktionen gebe.
Dieser Unfall war ein, sowohl für die Bauindustrie als auch für die Behörden, einschneidendes Ereignis. Sie mussten das Vertrauen in die allgemeine Sicherheit des Bauwesens, aber auch speziell in die Stahlbetonbauweise wiederherstellen. Die Situation war vergleichbar mit dem katastrophalen Eisenbahnunglück von Münchenstein am 14. Juni 1891, nur zehn Jahre vor dem Einsturz in Basel. Es war das schlimmste Eisenbahnunglück, das sich in der Schweiz ereignete. Ein überfüllter Personenzug war in den Fluss Birs gestürzt und hatte mehr als siebzig Menschen in den Tod gerissen. Auch in diesem Fall erarbeitete eine Sonderkommission einen Bericht, der von Ludwig von Tetmajer von der EMPA und Wilhelm Ritter vom Polytechnikum in Zürich verfasst wurde.[24] In der Folge wurden die Schweizer Eisenbahnbrücken systematisch überprüft, und das erste Regelwerk wurde am 19. August 1892, nur 14 Monate nach dem Unfall, veröffentlicht.

Die praktische Grenze: Der Leitlinienansatz in der Schweiz

Die Initiative für die erste Schweizer Stahlbetonnorm ging von den planenden Architekt*innen und Ingenieur*innen sowie der Materialindustrie gemeinsam aus. Der Schweizerische Ingenieur- und Architektenverein (SIA) und der Verein schweizerischer Zement-, Kalk- und Gipsfabrikanten setzten eine Kommission ein, die sich mit dem Thema befassen und einen Vorschlag erarbeiten sollte. Bevor diese Kommission jedoch zu einem Ergebnis kam, veröffentlichte der SIA 1903 ein vorläufiges Regelwerk zusammen mit einer erläuternden Einführung von François Schüle von der EMPA.[25] Dank der sehr detaillierten Veröffentlichung dieses Regelwerks und des Prozesses seiner Entstehung lassen sich die wichtigsten Beteiligten und ihre Präferenzen nachvollziehen. Entsprechend der internen Struktur der SIA wurde das Regelwerk „von unten nach oben" entwickelt: Im Mai 1902 forderte der Zentralausschuss des SIA alle regionalen Sektionen auf, Vorschläge zu machen. Drei dieser Sektionen sprachen sich für allgemeine Empfehlungen aus, fünf verlangten detaillierte Vorgaben.[26]
In seiner Einleitung erläuterte Schüle, was es mit dem Reglement auf sich hat und wie die Bauplanungsbranche dessen Notwendigkeit einschätzt. Als Hauptziel formulierte er die notwendige Kontrolle; die Verordnung sollte in diesem Rahmen in erster Linie als Leitfaden für Bauunternehmer und Behörden dienen.

24 Ritter / Tetmajer 1891.

25 SBZ 1902a.

26 SBZ 1904. Die Leitphilosophien und Regelungsaspekte der frühen Betoncodes in Europa werden besprochen in Van de Voorde / Kuban / Yeomans 2017.

Das Dokument umfasste sechs Seiten und legte die anzunehmenden Lasten, wichtige Berechnungsaspekte wie zulässige Durchlaufeffekte, das Steifigkeitsverhältnis von Stahl und Beton, zulässige Spannungen für die Stahlstäbe und den für den Verbund verwendeten Beton, allgemeine Materialeigenschaften und verschiedene Aspekte für die Konstruktion wie Ausschalfristen und Kontrollen während des Bauprozesses fest. Insgesamt sind es jedoch zwei Aspekte, die den Schweizer Ansatz recht gut charakterisieren und, wie Schüle es ausdrückte, mit der Philosophie der Richtlinie übereinstimmen. Erstens sollte die Vorgabe so allgemein wie möglich und in hohem Maße praktikabel sein und solche technischen Fragen ausklammern, die theoretisch schwer verständlich waren (etwa Breite der Rippen unter einer Platte), in der Praxis nicht vorkamen oder unnötig in die Tiefe gingen (z. B. vollständige Berechnungsmethoden). Indem sie nur die wesentlichen und notwendigen Aspekte für die Gewährleistung eines höheren Sicherheitsstandards berührten, wollten die Schweizer Autoren des Regelwerks verhindern, dass es zu einem Rezept wird, das sowohl für die Planung als auch für den Bau gilt. Die vorherrschende Position der bestehenden Baupraxis wird in der Definition als „Leitplanke" klarer:

> „Die Norm wird sich also der gesunden Praxis anpassen müssen; d. h. die Norm soll nur das als mangelhaft bezeichnen, was sich wirklich minderwertig und gefährlich erwiesen hat, dagegen eine Verschärfung der Bestimmungen gegen Bau- und Berechnungsmethoden, die keine Anstände ergeben haben, nicht stattfinden." [27]

Auf diese Weise würde die Verordnung die Erfahrung und damit die Konstruktionspraxis kodifizieren. Typisch für viele Schweizer Verordnungen, so allgemein sie auch gehalten sind, vermeiden sie oft strenge Einschränkungen und lassen stattdessen Ausnahmen zu, wie sie im letzten Absatz des Dokuments explizit ausgeführt sind:

> „Ausnahmen: Mit Rücksicht auf die Neuheit dieser Bauart sind Abweichungen von vorstehenden Normen zulässig, wenn sie durch eingehende Versuche und Urteile kompetenter Persönlichkeiten begründet sind." [28]

Die Leitprinzipien der Schweizer Verordnung sind also die fundierte Kenntnis der Baupraxis und vor allem die Eigenverantwortung. Dadurch, dass die Grundlage des Rechtsrahmens auf Empirie beruht, hatten Architekt*innen, Ingenieur*innen und Bauunternehmen die führende Rolle bei der Definierung dessen, was diese Bautechnik eigentlich ist – und dadurch, dass das Schlupfloch für Ausnahmen gelassen wurde, hatten sie die Möglichkeit, diese mit ihren Initiativen weiter auszugestalten. Dieser teilweise offene Rahmen besteht immer noch und lässt auch heute noch Ausnahmen im Regelwerk zu.
Folglich hätte das Überprüfen der Pläne während des Planungsprozesses, der Qualifikation der Arbeiter auf der Baustelle und des Bauprozesses im Allgemeinen einen großen zusätzlichen Aufwand für die Baubehörden bedeutet. Es hätte auch hochqualifiziertes eigenes Personal oder das Fachwissen eines Dritten er-

27 SBZ 1904, S. 151.

28 Ibid.

fordert, weshalb es nur für Ausnahmefälle empfohlen wurde, während für reguläre Gebäude die Standardkontrollen ausreichten. Der Sicherheitsgrad sollte durch zulässige Grenzwerte für Spannungen festgelegt werden, und die Zementqualität sollte idealerweise genormt sein.[29] Zwei Jahre nach der SIA erließen die Schweizerischen Bundesbahnen (SBB) eine eigene Vorschrift für Stahlbeton, in der sie empirische Formeln, wie sie z. B. in der Bemessungspraxis von Hennebique üblich waren, ausdrücklich ausschlossen und verlangten, dass jedes tragende Bauteil einem Belastungstest unterzogen wird, was vor allem für Brücken und Decken in Gebäuden galt.

Eine erste große Herausforderung für die neue Verordnung war kurz nach ihrer Einführung ein weiterer Gebäudeeinsturz im August 1905 in Bern (Bild 6). Daraufhin erstellten Edouard Elskes, stellvertretender Chefingenieur der SBB-Zentrale, und wiederum François Schüle einen Untersuchungsbericht. In dem zum Teil veröffentlichten Bericht behauptete Schüle, dass nicht die provisorische Norm das Problem wäre, sondern ihre Anwendung.[30] Weder die Behörden noch die Planenden hätten sie angemessen angewandt. Infolgedessen wurde im Januar 1906 eine offizielle Kommission vom Bund (Innenministerium) eingesetzt, der der SIA, der Nationale Städteverband und der Verein schweizerischer Zement-, Kalk- und Gipsfabrikanten angehörten, also die wichtigsten Vertreter des Bauens mit Beton. Nach zahlreichen Laborversuchsreihen an der EMPA (Bild 7) wurde 1909 die erste offizielle Vorschrift erlassen. Laut Schüle fehlte noch viel an Erfahrung, um fundierte und verlässliche Erkenntnisse über die Bauweise zu gewinnen, es waren also noch mehr Beobachtungen an gebauten Bauwerken oder weitere und verfeinerte Laborversuche notwendig. Auch ein detailliertes Berechnungsverfahren wurde angesichts der vielen unbekannten Faktoren, die die Materialanwen-

29 Im Zuge der Genehmigung von Hennebique-Bauten waren den Behörden eigentlich folgende Unterlagen vorzulegen: Pläne und statische Berechnung der Hennebique-Konstruktion, Informationen zum verwendeten Material inklusive seiner Herkunft, Mischung und Druckfestigkeit (u.a. aufgrund von Druckversuchen mit Probewürfeln), ein detailliertes Ausführungsprogramm sowie Erfahrungsnachweise für Polier oder Bauleiter. Dieser Umfang war allerdings nur für Sonderfälle empfohlen; für Regelfälle wurden Standardkontrollen angeordnet: Überprüfung von Zementqualität (idealerweise genormt und auf registrierte Schweizer Werke beschränkt) sowie Zeitpunkt und Reihenfolge des Abbaus der Schalung, anschließend Kontrolle der Betonoberflächen auf Risse. Im Hinblick auf Berechnung und Entwurf wurde die Einhaltung allgemeiner Regeln überprüft: keine Zugspannungen im Beton, Berücksichtigung exzentrischer Stützen, Fugen für Schwindeffekte, Festlegung des Sicherheitsgrads anhand zulässiger Grenzwerte für Spannungen, kein Betonieren bei schwierigen Witterungsverhältnissen.

30 SBZ 1906.

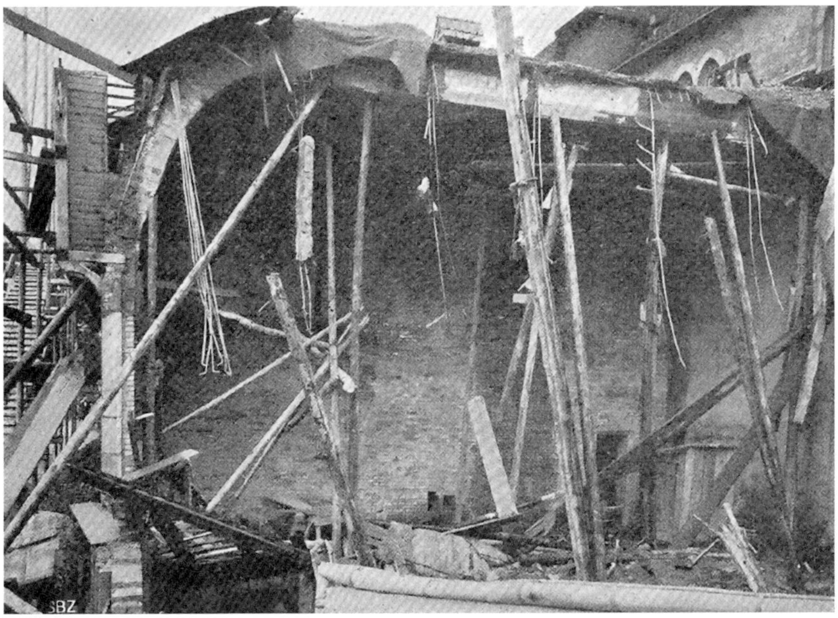

Bild 6 Einsturz eines im Bau befindlichen Betongebäudes, Bern, 1905.

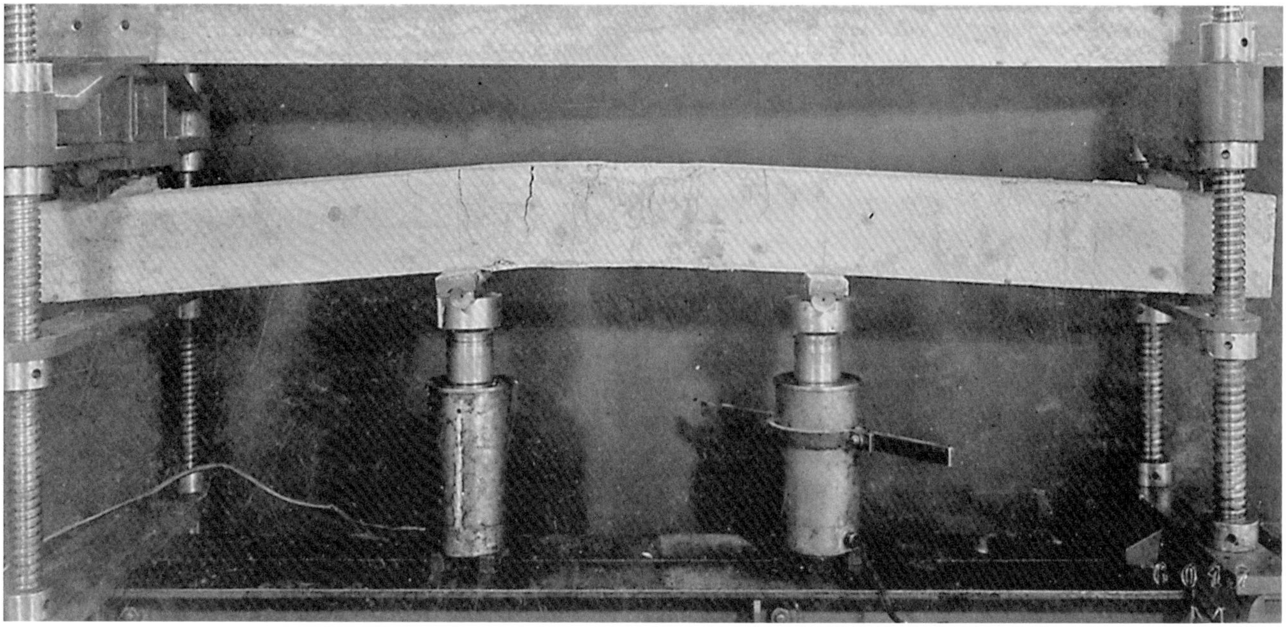

Bild 7 Belastungsversuch an einem Eisenbetonbalken an der Eidgenössischen Materialprüfungs- und Forschungsanstalt (EMPA), 1930er Jahre.

dung beeinflussen, als nicht sinnvoll für die Norm erachtet. Am Ende umfasste das Dokument 13 Seiten mit Vorschriften und 23 Seiten mit Erläuterungen.

Die wissenschaftliche Grenze: Das zwingende Regelwerk in Deutschland

Ähnlich wie in der Schweiz wurden die ersten Richtlinien im Deutschen Reich im Jahr 1904 vom Verband deutscher Architekten- und Ingenieur-Vereine zusammen mit dem Deutschen Beton-Verein herausgegeben.[31] Sie sind mit den Schweizer Vorschriften vergleichbar, enthielten aber weitaus mehr konstruktive Details.[32] Es gab sogar eine fast identische Regelung für Ausnahmen, die das strenge Regime des technischen Rahmens umgingen. Im Gegensatz zu seinem Schweizer Pendant enthielt das Regelwerk jedoch im Anhang ausführliche Methoden zur Bemessung mit vielen Beispielen. Hier folgte man also jenem „Rezeptprinzip", welches man in der Schweiz unbedingt vermeiden wollte.
Im Jahr 1907 gab das preußische Ministerium für öffentliche Arbeiten Vorschriften heraus, die ebenfalls detaillierte Konstruktionsdetails und Berechnungsmethoden enthielten.[33] Der entscheidende Unterschied zur Schweizer Norm ist die bedeutende Rolle der Behörden, die hier die Gesamtkontrolle ausübten: über den Entwurf, den Bauunternehmer und die Ausführung. Die Baubehörde musste alle Baupläne genehmigen, bevor mit dem Bau auf der Baustelle begonnen wurde. Der Bauunternehmer musste die Sicherheit des Gebäudes mit detaillierten Berechnungen nachweisen, und die Entwurfsberechnungen mussten den in den Vorschriften vorgegebenen Methoden folgen. Nach der ersten Vorschrift von 1904 erlaubte das Regelwerk keine Ausnahmen, die auf empirischen Versuchen

31 Siehe Kurrer 2003, S. 801–805.

32 Zum Beispiel Vorgaben für die Mindest-Betonüberdeckung (1 cm!), die Verankerung der Bewehrungseisen oder auch die Bauüberwachung.

33 Die Vorschriften wurden zunächst in Preußen eingeführt und anschließend vom vorbereitenden Ausschuss den übrigen deutschen Bundesstaaten zur Annahme empfohlen, was dann auch geschah.

beruhten. Das zugrundeliegende Regime der theoretischen Modellierung und des wissenschaftlich fundierten Nachweises durch Berechnungen bestimmte wesentlich darüber, was diese neue Materialtechnologie eigentlich war. Im Namen der theoretischen Vorhersagbarkeit und damit der Sicherheit entschieden die institutionellen Figuren der Wissenschaft über die eingeschränkten Möglichkeiten von tiefgreifenden neuartigen Entwicklungen.
Trotz einiger Parallelen war der institutionelle Rahmen der Normung in der Schweiz und Deutschland also nicht gleich: Während in Deutschland ab 1907 die Stahlbetonnorm staatlich herausgegeben wurde, war das in der Schweiz Sache des SIA. Allerdings war die Entwicklung der Normen im Rahmen von Kommissionen sehr ähnlich. Diese setzten sich aus Mitgliedern verschiedener Institutionen zusammen und versuchten, einen Konsens aus Konstruktionspraxis, Wissenschaft und öffentlichen Interessen zu ermitteln. Als Rahmen der technischen Praxis, die wissenschaftlich reflektiert ist und allgemein Verantwortung und Sicherheit einfordert, bildet auch die Norm eine Kontaktzone. Zwischeninstitutionell eingerichtet, hat sie wie das Materiallabor operativ eigene Interessen und kann als eine besondere Form der Wissensproduktion betrachtet werden.

MODELLIERUNG EINER WISSENSCHAFTLICHEN KONSTRUKTION: WISSENSCHAFT UND BAUPRAXIS

Der Aufbau einer konsistenten theoretischen Grundlage

Abgesehen von ihrer Beteiligung an technischen Berichten oder Normenausschüssen hat sich die Wissenschaft erst spät im Bereich des Stahlbetons eingebracht. Da Lehrende und Forschende an der Hochschule schon vor ihrer akademischen Laufbahn an Projekten mitgewirkt hatten, oft in verschiedenen Firmen, gab es aber eine enge Wechselwirkung zwischen Baupraxis und Wissenschaft. Besonders in der Schweiz und in Deutschland wuchs diese Beziehung zu Beginn des 20. Jahrhunderts.
Wie bereits erwähnt, formten in der Schweiz Wilhelm Ritter und François Schüle als zentrale Figuren von der wissenschaftlichen Seite den neuen Baustoff. Schüle leitete als Direktor des Materiallabors, das eng mit der Baustoffindustrie zusammenarbeitete, viele Betonuntersuchungen. Ritter war Professor am Polytechnikum in Zürich und gehörte zur ersten Generation der dortigen Ingenieure. Er studierte 1865–68 an der jungen Schule im gerade von Gottfried Semper fertig gestellten Hauptgebäude. Nach seiner Rückkehr von einem Eisenbahnprojekt in Ungarn war Ritter 1870–73 Assistent von Professor Karl Culmann, der maßgeblich die Methode der grafischen Statik entwickelt hatte. Nach Culmanns Tod wurde er 1883 Professor für grafische Statik und Brückenbau und war in der Folge Lehrer von bekannten Schweizer Ingenieuren wie Robert Maillart und Othmar Ammann.
1893 wurde Ritter vom Hennebique-Lizenznehmer de Mollins eingeladen, erste Versuche mit Stahlbetonbalken durchzuführen. Sechs Jahre später veröffentlichte

Ritter einen Aufsatz, in dem er die Methode von Hennebique erörterte. Darin ging er die wichtigsten Aspekte der Konstruktionsprinzipien durch, hob die kritischsten Punkte hervor und überprüfte, wie andere Experten zu dieser Zeit auch, die vereinfachte Berechnungsmethode von Hennebique. Ritter wies in diesem Zusammenhang darauf hin, dass die Fähigkeiten der Tragwerke teilweise überschätzt würden, da die Wissenschaft der Materialfestigkeit bislang zu wenig Beachtung gefunden habe. Deshalb forderte er eine umfassende Theorie, die die hybride Elastizität des Verbundstoffs widerspiegeln sollte. Außerdem schlug Ritter eine korrektere Lösung für die Bemessungsmethode von T-Trägern vor, die in mechanischer und konstruktiver Hinsicht über das typische Träger-Platten-Verhältnis traditioneller Materialien hinausgingen und zu einem charakteristischen Merkmal von Stahlbeton wurden. Mit seiner kritischen Betrachtung trug er einige wesentliche Aspekte zur wissenschaftlichen Theorie des Stahlbetons bei. In seiner Erläuterung der Bügel führte er zum Beispiel das Streben-Bügel-Modell ein, um die Wirkmechanismen der Schubkräfte zu beschreiben (Bild 8 oben).[34]
Diese Methode ist eng mit der Ausbildung der grafischen Statik von Karl Culmann verbunden. Culmann nutzte die Methode zum Beispiel auch, um bei Eisenbrücken die Schubwirkung zu demonstrieren und das komplizierte Knickversagen von Stegblechen der damals noch schmiedeeisernen Brückenträger zu erklären.[35] Ritter überführte die Methode erfolgreich auf den Stahlbeton, was dazu beitrug, die Bügel explizit und präzise in das Gesamtspiel der Kräfte einzubeziehen. Die Methode der grafischen Statik hatte auch Robert Maillart erlernt, der sie in seiner Berufspraxis immer wieder einsetzte. Als Maillart 1898 seinen Betonbogen für die Stauffacherbrücke vorschlug, schrieb Ritter einen befürwortenden technischen Bericht.[36]
In Deutschland hatte man die ersten Schritte zur Erforschung des mechanischen Verhaltens des neuen Baustoffs bereits einige Jahre früher unternommen. Als der Betonpionier Gustav Adolf Wayss Beamte der örtlichen Baubehörde einlud, an seinem Versuchsprogramm für Stahlbeton in Berlin teilzunehmen, begleitete und überwachte der Bauingenieur Mathias Koenen seitens der preußischen Hochbauverwaltung die Belastungsversuche. Ziel war es auch hier, Vertrauen und Akzeptanz bei den Behörden und potenziellen Kunden zu schaffen. Koenen veröffentlichte 1886 eine erste einfache Theorie der Stahlbetonplatten und 1887 eine detailliertere Untersuchung als Teil einer Werbebroschüre, die von Wayss herausgegeben wurde.[37] Im darauffolgenden Jahr trat er als Teilhaber und technischer Direktor der G. A. Wayss & Co (1889 umformiert in AG für Beton- und Monierbauten) bei und wurde 1891 deren Generaldirektor. Sieben Jahre später gehörte er außerdem zu den Gründern des Deutschen Beton-Vereins.
Koenen initiierte und begleitete also nicht nur die Schaffung wissenschaftlicher Grundlagen für den neuartigen Baustoff. Er übernahm auch die Koordination sowie Vertretung der zuständigen Baubehörden und führte darüber hinaus ein eigenes kleines Konstruktionsbüro, bevor er schließlich in Wayss' Firma eintrat – einem kommenden Großunternehmen des Bauwesens. Seine Laufbahn veranschaulicht so in exemplarischer Weise die enge Verflechtung der an der Etablierung des Stahlbetons beteiligten Institutionen.

34 Ritter 1899, S. 60.

35 Culmann 1852, S. 165–167.

36 Nievergelt 1995.

37 Koenen 1886, Wayss 1887.

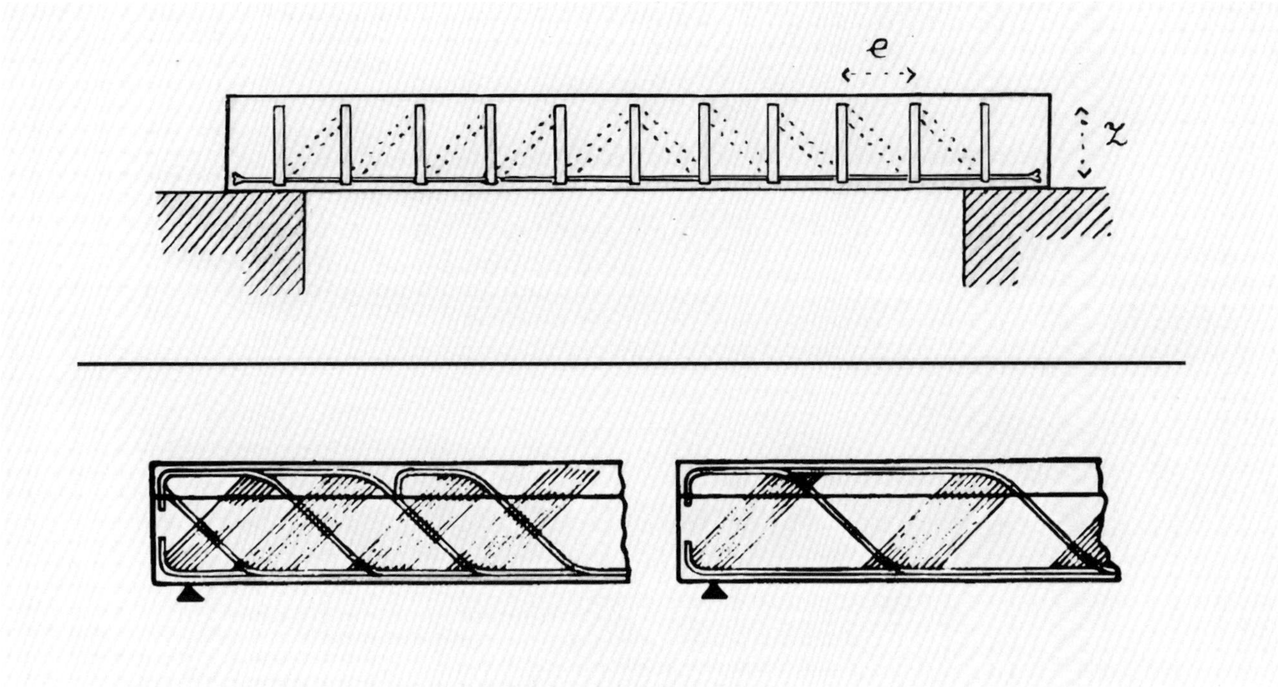

Bild 8 Unterschiedliche Fachwerkmodelle zur Bemessung der Schubbewehrung: Aufnahme der Zugkräfte durch senkrechte Bügel (Wilhelm Ritter 1899, oben) oder durch Aufbiegungen der Längsbewehrung (Emil Mörsch 1902, unten).

Eine weitere grenzüberschreitende Figur ist der deutsche Ingenieur Emil Mörsch, der zwischen Baupraxis und Wissenschaft hin und her pendelte und schließlich beide Rollen gleichzeitig übernahm. Mörsch leitete zunächst das technische Büro von Wayss' neuer Firma Wayss & Freytag, bis er 1904 Ritters Stelle am Polytechnikum in Zürich übernahm. Während seiner Zeit in Zürich war Mörsch noch eng in die Belange seiner alten Firma in Deutschland eingebunden, zu der er 1908 als Vorstandsmitglied zurückzukehrte. Ein paar Jahre später wurde er Professor in Stuttgart (1916–39). Die enge Verflechtung von Industrie und Wissenschaft kommt deutlich in seinem grundlegenden Lehrbuch zum Stahlbeton zum Ausdruck, für das Mörsch als Professor mit seinem Unternehmen zusammenarbeitete. Bereits 1902 hatte Wayss & Freytag den Band *Der Betoneisenbau, seine Anwendung und Theorie* veröffentlicht, für den damals Emil Mörsch noch als Firmenangehöriger den theoretischen Teil beigesteuert hatte. Während seiner Zeit in Zürich publizierte Mörsch 1906 eine überarbeitete Fassung des Buchs, die eine umfassende und unabhängige Sichtweise auf das Thema bot und als erstes akademisches Lehrbuch für den Stahlbetonbau gelten kann.[38] Er griff auch die grafische Methode auf, um die Schubspannungen nach Ritters ersten Schritten zu diskutieren,[39] wie in Bild 8 unten zu sehen ist. Unabhängig in Stuttgart verlegt, aber immer noch von Wayss & Freytag herausgegeben, entwickelte Mörsch das Buch weitgehend neu, indem er die 1904 veröffentlichten *Vorläufigen Leitsätze*

38 Rauhut / Meyer 2018, S. 1106.

39 Pogacnik 2018.

für die Verarbeitung, Ausführung und Prüfung von Eisenbetonbauten implementierte, zu denen er ebenfalls beigetragen hatte. Bei der dritten Auflage von 1908 war Mörsch der einzige Herausgeber, während auf Wayss & Freytag für die Bereitstellung von Laborversuchen und Referenzen für Stahlbetonkonstruktionen verwiesen wurde. Während seiner Zeit in Zürich wandte sich Mörsch außerdem an Carl Bach, den Leiter der Materialprüfungsanstalt Stuttgart, um systematische Laborversuche durchzuführen, die von Wayss & Freytag finanziell unterstützt wurden. Diese enge Zusammenarbeit rund um Mörsch in seinen verschiedenen Funktionen demonstriert anschaulich die bereits erwähnten Kontaktzonen. Ähnlich wie das Materiallabor in Zürich ermöglichten diese Zonen eine wesentliche Produktion von sehr speziellem und relevantem Wissen, das wissenschaftlich fundiert und für die unmittelbare Anwendung bestimmt, dabei aber hinsichtlich Interessen und Methoden nie nur einer Institution zugehörig war.

Bauen als Ergebnis institutioneller Wechselwirkungen

Ein faszinierender Fall für die Überschneidung von Verwaltung, Wissenschaft und Planung auf der Praxisseite in der Schweiz ist der bereits erwähnte Robert Maillart. Er begann seine Karriere als Brückenbauer mit dem neuen Baustoff und demonstrierte schnell seine unkonventionelle Herangehensweise. In seinen Entwurfsvorschlägen und Veröffentlichungen vereinte er fundiertes theoretisches Wissen, gutes Verständnis für Bauprozesse und außergewöhnliches Gespür für das tatsächliche Materialverhalten.[40] Als Maillart sein Konzept der Pilzstützen vorschlug, um Flachdecken ohne Unterzüge zu errichten, gab es keine wissenschaftliche Theorie, die deren strukturelles Verhalten beschreiben konnte. Da er erkannte, dass es keine Möglichkeit gab, das tatsächliche Verhalten und die Beanspruchungen zeitnah theoretisch zu erfassen, beschloss Maillart, eigene Belastungsversuche durchzuführen und die Tragfähigkeit zu messen. Maillart errichtete dazu 1908 auf dem Hof seiner eigenen Firma in Zürich eine Flachdecke, die in zwei Richtungen mit drei Feldern von je 4 m spannte und nur 8 cm dick war. Mit Hilfe eines Portalkrans belastete er 144 Belastungspunkte in einem Raster von 25/25 cm und maß die daraus resultierenden Durchbiegungen (Bild 9). Ausgehend von der Biegesteifigkeit eines theoretischen Stahlbetonträgermodells und der tatsächlichen Durchbiegung seines physischen Modells entwickelte Maillart ein Näherungsverfahren, um das Verhalten und die Belastungsgrenzen der Platte zu bestimmen. Ein Jahr später, im Jahr 1909, ließ er seine Konstruktionsweise einer balkenlosen Platte in der Schweiz patentieren. Auf der Grundlage seiner Experimente und Berechnungsmethoden konnte er zahlreiche Pilzstützenkonstruktionen in der Schweiz und darüber hinaus bauen. Genau wie die erfolgreiche und zeitgleiche Einführung von Pilzstützen in den Vereinigten Staaten ermöglichte seine Methode eine billigere Art der Deckenkonstruktion und war bald in ganz Europa bekannt.[41]

Die Pilzstütze kann als die erste genuine Stahlbetonkonstruktion angesehen werden, da sie nicht die Konstruktionsformen anderer Materialsysteme in Stahl oder Holz nachahmt, um ein Tragwerk zu bilden.[42] Da diese neue Konstruktionsform

40 Zastavni 2011.

41 Thuy / Rinke 2018, S. 1276.

42 Kierdorf 2006, S. 1793.

Bild 9 Belastungsversuche von Robert Maillart in Zürich im Jahr 1908: Bauplatte mit Stützen und Messgitter (oben), Ladeportalkran (unten).

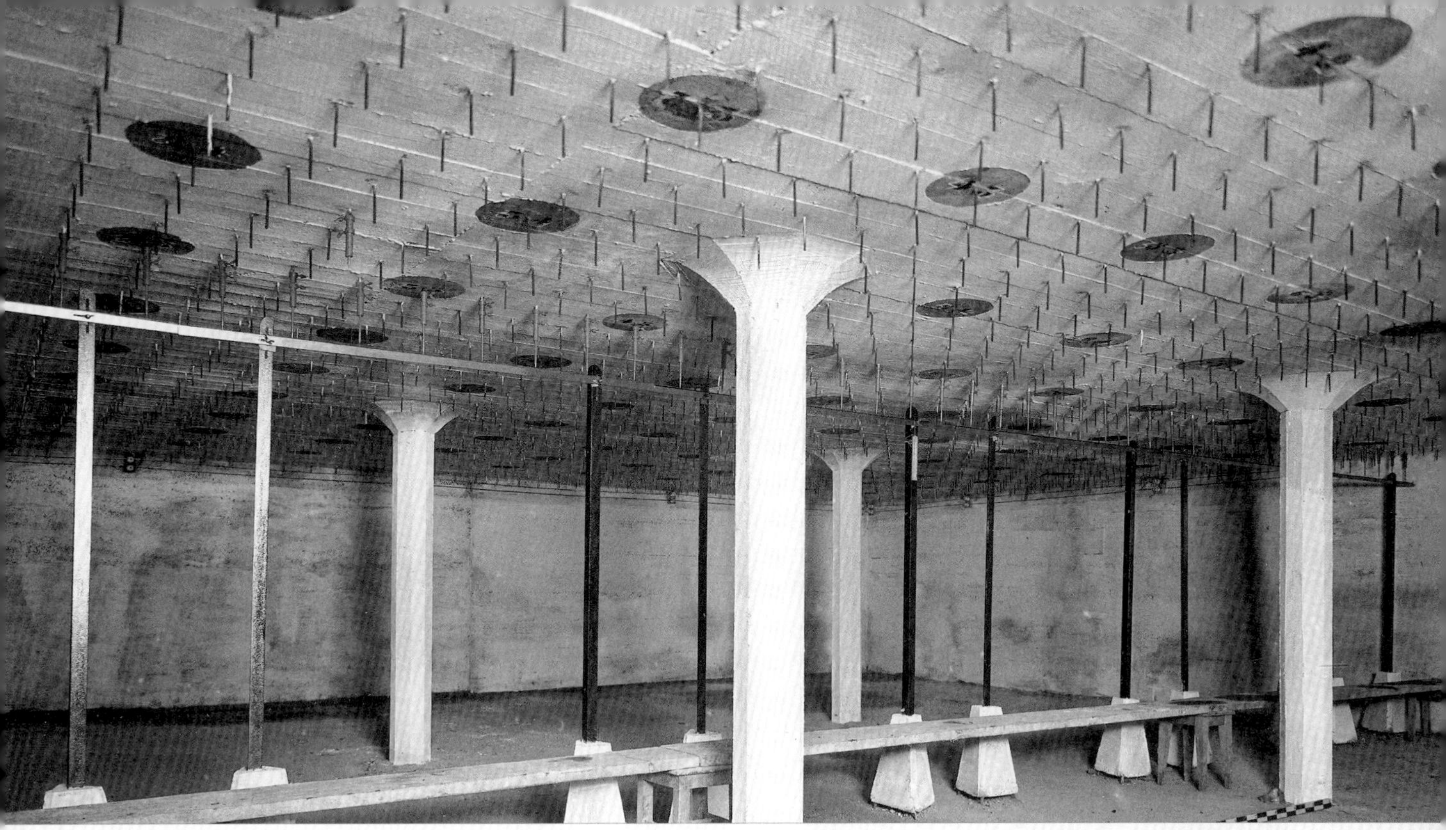

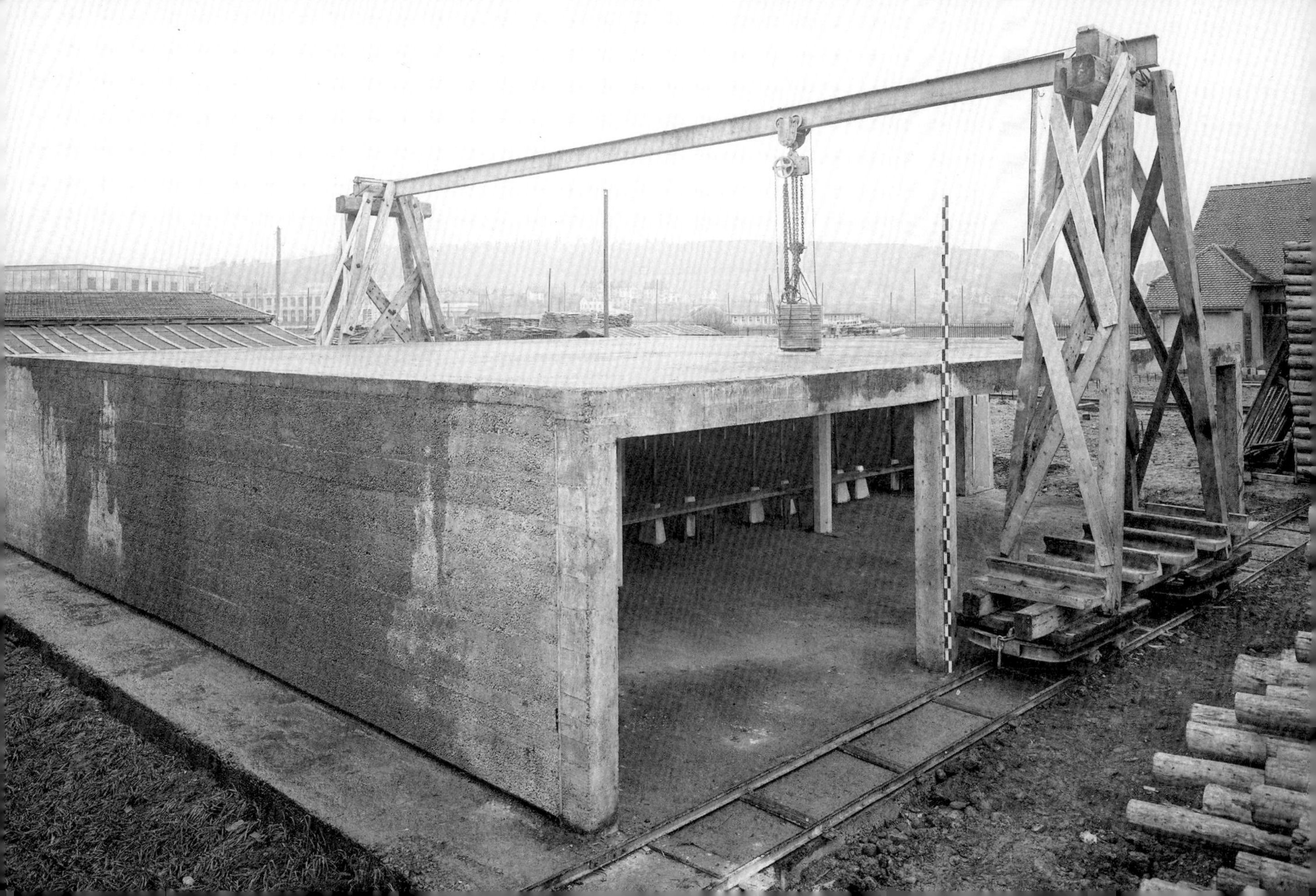

über die bisherige Praxis der Stahlbetonkonstruktion und -herstellung hinausging, kam es bei ihrer Einführung zu Konflikten mit den bestehenden, gerade erst eingeführten Vorschriften, welche die dahinterstehenden Philosophien der mächtigen beteiligten Institutionen enthüllten. Während die Pilzstütze in der Schweiz recht schnell in die Konstruktionspraxis integriert war, fand sie in Deutschland zu dieser Zeit kaum Anwendung, obwohl dort das technisch-konstruktive Wissen und die wissenschaftlichen Grundlagen vorhanden waren, die sie potenziell ermöglicht hätten. Die Schweizer Betonvorschriften basierten auf einer Philosophie des Empirismus, die denjenigen Chancen bot, die ihre innovativen Konzepte durch Experimente oder die Entwicklung alternativer theoretischer Ansätze praktisch beweisen konnten. Sie bereitete Maillart den Boden, um bestehende Praktiken in Frage zu stellen und neue Wege bei der Stahlbetonbauweise zu gehen.[43] In Deutschland hingegen basierte das Regelwerk auf einer Philosophie der rationalen Theorie, die den gerade etablierten technischen Wissenschaften an den Hochschulen die Aufgabe zuwies, die grundlegenden Regeln und Grenzen zu formulieren. Da es keine theoretische Grundlage für die Bemessung von punktuell gelagerten Flächentragwerken und deren räumliche Spannungsverteilung gab, waren Pilzstützen praktisch nicht zu berechnen und in der Konsequenz auch nicht zu bauen. Erst nach ihrer theoretischen Modellierung im Jahr 1920 wurden Pilzstützen 1925 in das Regelwerk aufgenommen und schließlich zu einem festen Bestandteil der Konstruktionspraxis von Stahlbeton.[44]

INNOVATION DURCH VERFLECHTUNG VON AKTEUREN UND EINZELINTERESSEN

Der Fall der Pilzstütze ist symptomatisch für die verschiedenen Folgen des Zusammenspiels von Institutionen, das zu einer Ermöglichung oder einer Einschränkung von Technologien führt. Das Schlüsselmotiv bei der Steuerung und Begrenzung ist immer die Herstellung von Gewissheit, hier also das sichere Anwenden der neuen Bauweise. Es zeigt sich, dass das für das Ingenieurwesen so charakteristische Setzen von Grenzen eine Durchlässigkeit vor allem für jene Akteure aufzuweisen scheint, die sie definieren. Die wissenschaftlichen Limits ermöglichen und begrenzen das theoretische Weiterentwickeln von konstruktiven Formen und Bauteilabmessungen, während die baupraktischen Limits die Grenzen des Baubaren dort ziehen, wo man sich empirisch hinsichtlich des Materialeinsatzes und der Bauverfahren noch auf sicherem Terrain bewegt.

Darüber hinaus zeigt sich, dass es zwar bedeutende Einzelpersönlichkeiten gab, die einen außerordentlichen Beitrag zur Entwicklung und Anwendung des neuen Baustoffs leisteten, dass das tatsächliche Herauskristallisieren und die weite Verbreitung jedoch auf die Verflechtung der verschiedenen Akteure zurückzuführen sind. Das komplexe Zusammenspiel von Institutionen mit unterschiedlichen Hintergründen, inneren Strukturen und Eigeninteressen sowie jeweils eigener fachlicher und sozialer Geschichte trieb die vorzugsweise rasche Umsetzung für die Bauindustrie voran. Es gab verschiedene Wege, dies zu erreichen. Der Schweizer Korporatismus ermöglichte einen beträchtlichen Teil des industriellen

43 Maillart 1912, Maillart 1926.

44 Lewe 1920, Lewe 1926.

Einflusses auf allen Ebenen der technologischen Umsetzung, sei es auf der administrativen Ebene bei neuen Vorschriften oder auf der wissenschaftlichen Ebene bei der Prüfung und Normung von Materialien im Labor.
Außerdem fand die Entwicklung von Stahlbeton, wie bei jeder anderen modernen Technologie auch, nicht innerhalb einer oder mehrerer Institutionen statt. Die Untersuchung der institutionellen Beziehungen hat gezeigt, dass die entscheidenden Bereiche der Forschung und Entwicklung zwischen den Institutionen angesiedelt waren. Die Fälle der Normenentwicklung und der Versuchslabore stellen so bedeutende Kontaktzonen dar, in denen nicht nur Vertreter verschiedener Institutionen zusammenkommen und neue Technologien, Wissen oder Regeln entwickeln, sondern in denen sich auch bestimmte Berufskulturen und Praktiken entwickeln. Sie bilden so eigenständige epistemische Räume. In der Schweiz und in Deutschland zeigt die fachliche Entwicklung des Umgangs mit Beton und Stahlbeton, in deren Rahmen Industrie (Baustoff- und Bauindustrie), Verwaltung (Behörden und Ministerien) und Wissenschaft (innerhalb der Industrie und in den Hochschulen) gleichzeitig ihre Form und Rolle finden, Mechanismen für eine erfolgreiche und langfristige Implementierung auf der Grundlage eines lebendigen und vielschichtigen Zusammenspiels verschiedener Beteiligter.

Bill Addis

BUILDING AT THE LIMIT
A moving target

From a British perspective, it is not only the definition of the term 'high modernism' that shows certain differences to German 'Hochmoderne'. The historical development and current understanding of key design concepts such as safety and structural limits and the attitude to regulation are different too: engineers are given more freedom.

STRUCTURAL ENGINEERING AND HIGH MODERNISM

High modernism has its roots in the intellectual developments that took place during the so-called Enlightenment or Age of Reason in the eighteenth century. The new ideas challenged the authority of the Christian Church by demonstrating the success of the scientific method and the possibility of truths being established by reason rather than being based on faith. By the middle of the nineteenth century, especially in Britain, the consequences of the application of science to manufacturing and industrialisation were obvious to everyone.[1] Apart from the societal changes, the built environment had been transformed; in particular, factories now dominated the skyline and railways and their associated infrastructure transformed the very idea of a city. Such changes were strongly identified with the successful application of science and engineering.

Artists and political thinkers began to talk of the new age as modernism. Marx was one of the first to link the methods of science to a political ideology in the form of scientific socialism and the planned economy which developed as the command economy after the events of 1917 in Russia. Elsewhere 1911 saw the publication of F. W. Taylor's highly influential book *The principles of scientific management*.[2] And in architecture, modernism was embracing the ideas of factory production, with the American magazine *Good Housekeeping* stating, in 1910, that the house was "nothing more than a factory for the production of happiness"[3] and, in 1923, Le Corbusier declared that "the house is a machine for living in".[4]

Nevertheless, while certain groups in society were advocating greater control and standardisation, others were breaking free from the controlling influences they felt from the past. Modernism in the creative arts experienced its decisive breakthrough in the early twentieth century when artists such as Kandinsky, Picasso, Klee and Brancusi, broke free from the need to be representational, and composers such as Stravinsky, Schönberg and Berg challenged the musical traditions of the nineteenth century. The tension between these two strands of modernism would

1 The content of this chapter focuses largely on engineering in Britain as that is where my experience lies. Nevertheless, I hope that many of the ideas are valid in other countries.

2 Taylor 1911.

3 Cited in Tichi 1987, p. 19.

4 Le Corbusier 1923.

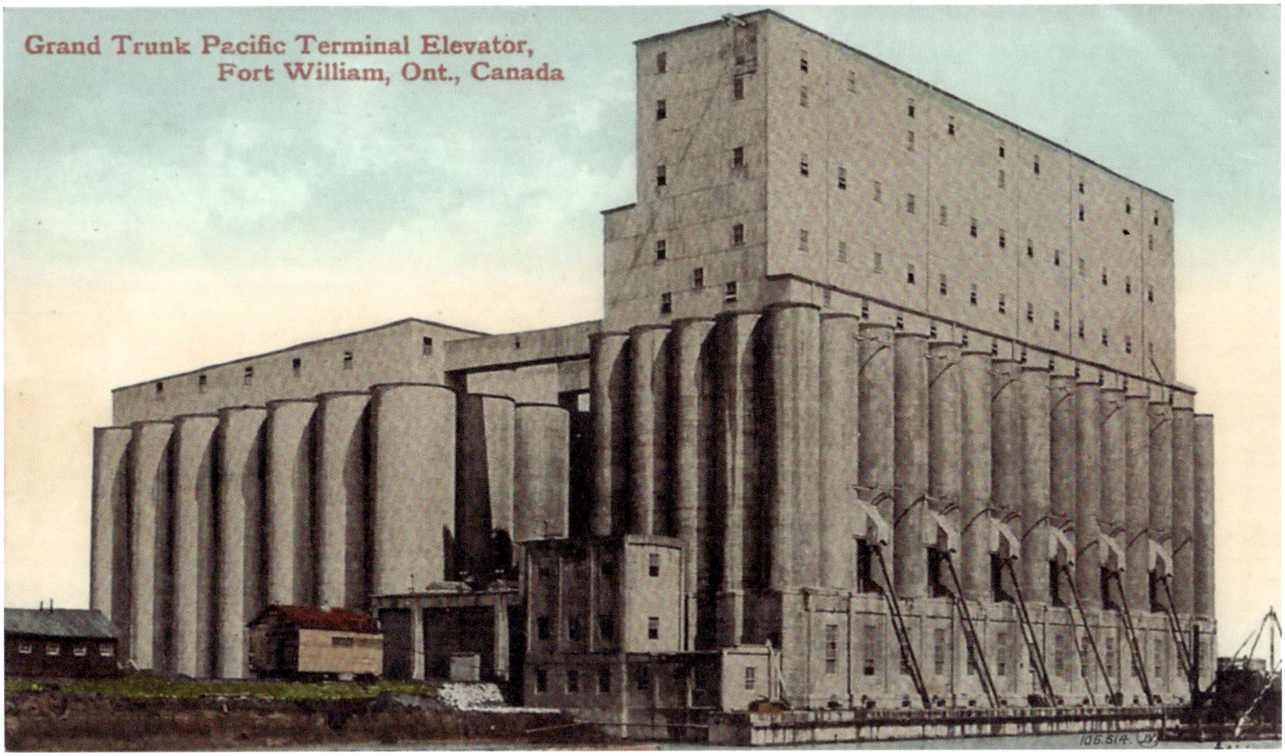

Figure 1 Grand Trunk Pacific Terminal Grain Elevator, Thunder Bay, Canada, 1909/10. A retouched version of this photograph was regularly used as proof of the aesthetic potential of 'pure' engineering, first by Gropius and later by Le Corbusier and others.

persist for many decades. Among the ideas associated with Le Corbusier, we see the emergence of high modernism. He had declared that "The engineer, inspired by the law of economy and governed by mathematical calculation, puts us in accord with universal law",[5] and that "A great epoch has begun. There exists a new spirit. Industry, overwhelming us like a flood which rolls on towards its destined end, has furnished us with new tools adapted to this new epoch, animated by the new spirit".[6] He was particularly impressed by the huge grain stores in the USA and Canada: "Here are American silos and factories, the magnificent beginnings of the new age. American engineers crush the dying architecture with their calculations"[7] (Figure 1).

It is hardly a coincidence that the term 'high modernism' was advocated and popularised in the UK by a Marxist, the British geographer David Harvey, in his book *The Condition of Postmodernity: An Enquiry into the Origins of Cultural Change*.
He argues that, after the inter-war period of 'heroic' modernism which had been fraught with disaster, a universal or 'high' modernism became hegemonic after the Second World War as modernist ideas became embedded in the centres of power and the cultural establishment. In this period:

5 Ibid., p. 3.

6 Ibid., p. 187.

7 Ibid., p. 20.

> "The belief 'in linear progress, absolute truths, and rational planning of ideal social orders' under standardized conditions of knowledge and production was particularly strong. The modernism that resulted was, as a result, positivistic, technocratic, and rationalistic at the same time as it was imposed as the work of an elite avant-garde of planners, artists, architects, critics, and other guardians of high taste. The 'modernization' of European economies proceeded apace, while the whole thrust of international politics and trade was justified as bringing a benevolent and progressive 'modernization process' to a backward Third World".[8]

For much construction in post-war Europe and the USA, Sigfried Giedion's book *Space, Time and Architecture – The Growth of a New Tradition*, became the aesthetic bible (Figure 2).[9]

8 Harvey 1989, p. 35.

9 Both Giedion and Le Corbusier were founder members of the highly influential Congrès Internationaux d'Architecture Moderne (CIAM) in 1928.

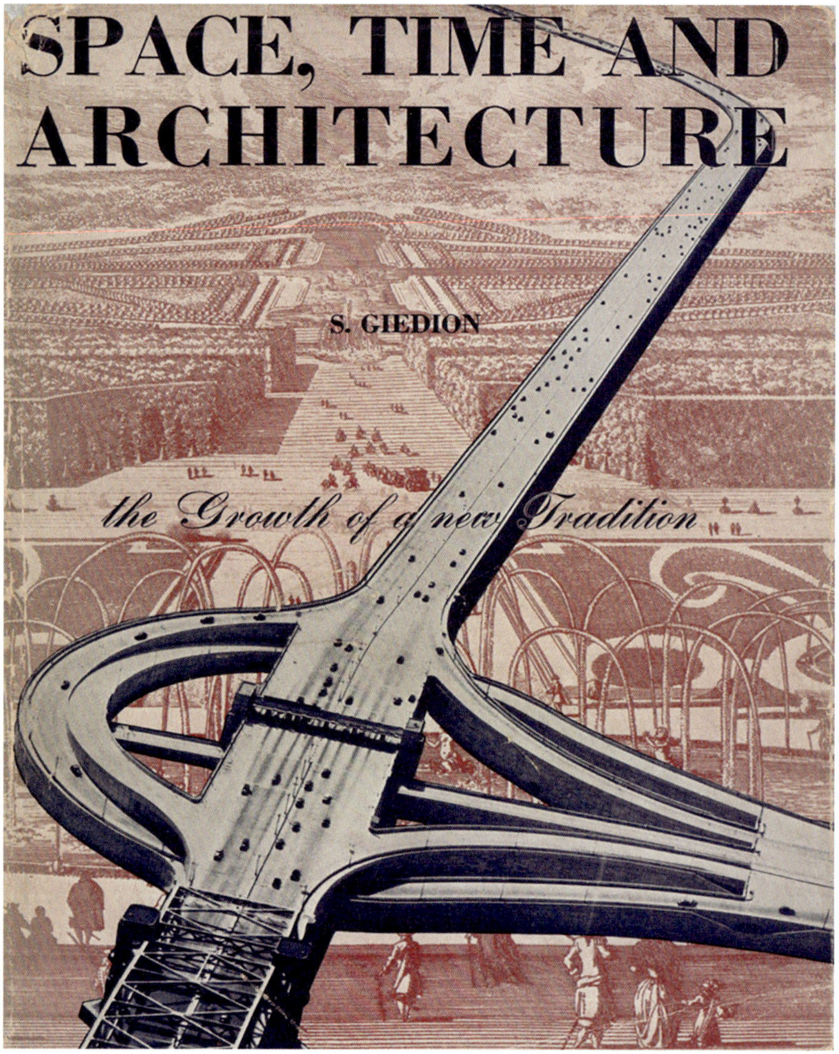

Figure 2 Front cover of Sigfried Giedion's book *Space, Time and Architecture*, 1941.

Giedion had obtained a degree in engineering before turning to study history of art and architecture and, later, establishing close contacts in the Bauhaus where he got to know many of the modernist artists. He presented a cogently argued case explaining the evolution of architecture and city planning since the mid-nineteenth century to help readers who were "alarmed by the present state of our culture […] to find a way out of the apparent chaos of its contradictory tendencies".[10] It constituted a direct call for architects and planners (and their engineers) to embrace industrialisation and scientific rationalism in their plans.

James C. Scott borrowed Harvey's term 'high modernism' in his book *Seeing like a state*. Scott was an anthropologist and political scientist who adapted Harvey's term to support his anarchistic views about the role of the state and, in particular, how many high-modernist plans made by states and backed by authoritarian power actually fail.[11] For Scott, high modernism

> "[…] is best conceived as a strong […] version of the beliefs in scientific and technical progress that were associated with industrialization in Western Europe and in North America from roughly 1830 until World War I. At its center was a supreme self-confidence about continued linear progress, the development of scientific and technical knowledge, the expansion of production, the rational design of social order, the growing satisfaction of human needs, and, not least, an increasing control over nature (including human nature) commensurate with scientific understanding of natural laws. High modernism is thus a particularly sweeping vision of how the benefits of technical and scientific progress might be applied – usually through the state – in every field of human activity."[12]
>
> "Like any ideology, high modernism had a particular temporal and social context. The feats of national economic mobilization of the belligerents (especially Germany) in World War I seem to mark its high tide. Not surprisingly, its most fertile social soil was to be found among planners, engineers, architects, scientists, and technicians whose skills and status it celebrated as the designers of the new order. High-modernist faith was no respecter of traditional political boundaries; it could be found across the political spectrum from left to right but particularly among those who wanted to use state power to bring about huge, utopian changes in people's work habits, living patterns, moral conduct, and worldview."[13]

Scott is critical of the failure of many projects undertaken by central governments attempting to force legibility on their subjects, and failing to see complex, valuable forms of local knowledge and social order. In his chapter "The High-Modernist City" Scott is particularly critical of Le Corbusier who, he argues, behaves in a manner similar to such governments (Figure 3).[14]

The high visibility of architecture, building, infrastructure and city planning projects has made them particularly suitable for politicians and governments to be used as propaganda in support of their wish to impose their will on the population in the name of progress and the successful application of science and technology – fundamental goals of high modernity. The new philosophy was 'creative destruction'

10 Giedion 1941, p. vi.

11 Scott was born in 1936 and was in his formative years during the 1960s. He is a child of his time in challenging authority. His book is generally critical of what he calls 'high modernism' – a system of beliefs based on governments' overconfidence in the ability to design and operate society in accordance with purported scientific laws. He shares this approach with philosophers of the 1970s such as Paulo Freire (Freire 1970), Ivan Illich (Illich 1971) and Paul Feyerabend (Feyerabend 1975).

12 Scott 1998, pp. 89–90.

13 Ibid., p. 5.

14 Ibid., pp. 103–146. Cf. Le Corbusier 1935.

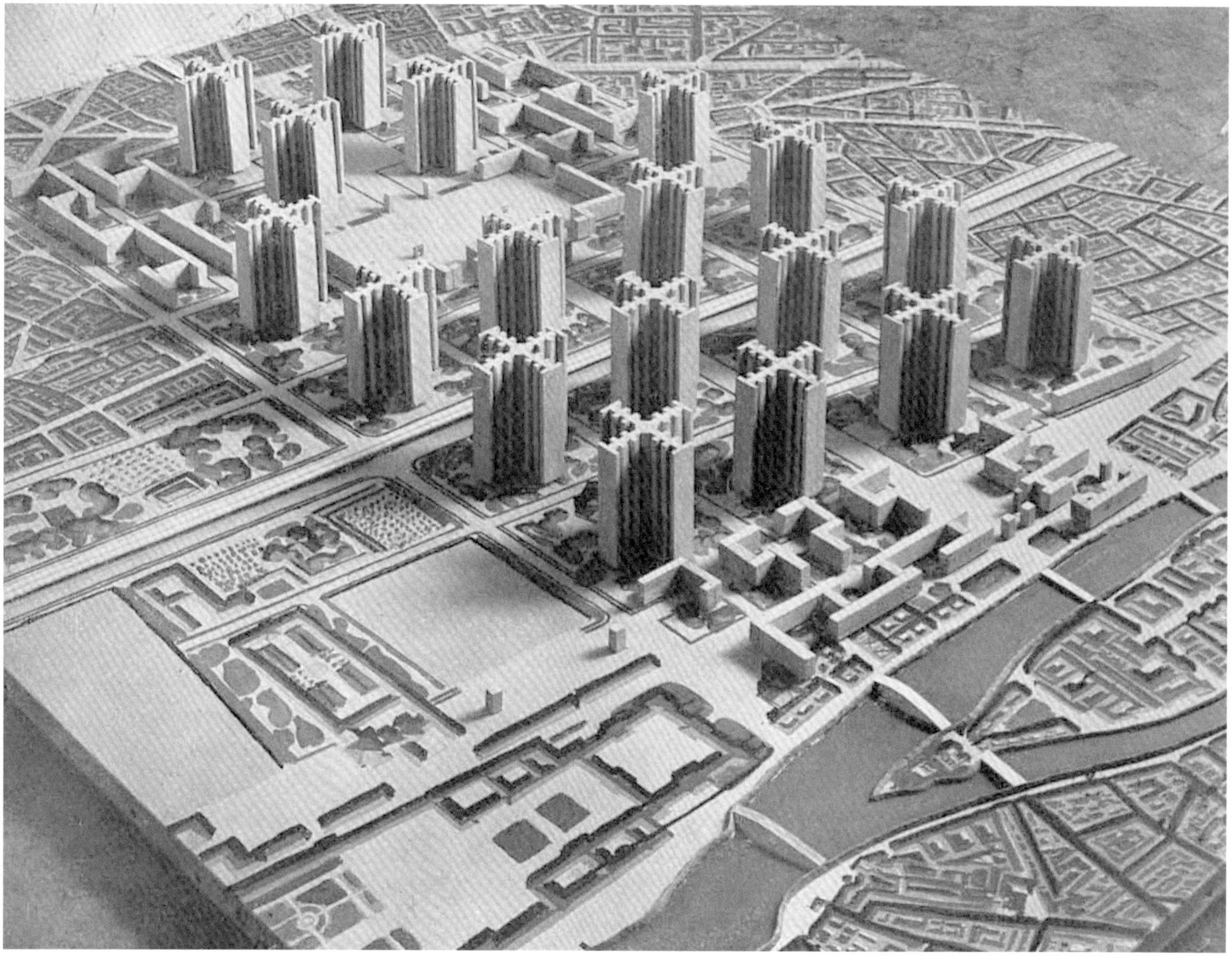

Figure 3 Model of Le Corbusier's 'Plan Voisin' for the restructuring of Paris, 1925.

– out with the old, in with the new –, a philosophy that was inherently detrimental to built heritage and the historic environment (Figure 4). By their very nature, all such projects involve civil and structural engineers who, albeit often unconsciously, were thus drawn into the heart of high modernism by virtue of the great successes they were able to achieve.

ENGINEERS AND ARCHITECTS

The separation of the modern roles of engineer and architect dates back to the emergence of statics and the science of the strength of materials which began during the Enlightenment in the eighteenth century.[15] By 1900, engineers had been applying their scientific and technical knowledge rationally to the design of civil

15 Picon 1992 (1988).

and building engineering projects for more than half a century.[16] The change that occurred around the turn of the century was that many architects began to understand how they could make use of the engineer's abilities to take their work beyond what could be achieved using the traditional skills of masons and carpenters. To a large extent, this change was stimulated by the introduction of steel-frame buildings, especially in the USA in the 1880s and 1890s, and of reinforced-concrete frame buildings, especially in France and Germany, a decade or so later.

The high-rise buildings of Chicago and New York could not be designed by architects alone. Many of the well-known firms associated with these buildings were partnerships of an architect and a structural engineer – Burnham and Root, Adler and Sullivan, Holabird and Roche; the engineers were Root, Adler and Roche.[17]

Nevertheless, despite acknowledging the growing importance of engineers from the late nineteenth century in helping to create a new architecture and in gradually pushing back the boundaries of what could actually be built, neither of the two seminal books of high modernism that were devoted to technical progress in architecture – namely, Sigfried Giedion's *Space, Time and Architecture* (1941) and Konrad Wachsmann's *Wendepunkt im Bauen* (1959)[18] – addressed the vital question as to *how*, in concrete and practical terms, engineers managed to push back the boundaries.

In order to promote the collaboration of architects and engineers, the American engineer Elmer Lawrence Corthell proposed a number of initiatives. As a member of the first Board of Trustees for the University of Chicago (1890–96) he pressed

16 Ferguson / Chrimes 2020.

17 Addis 2007, pp. 387–405.

18 Wachsmann 1959.

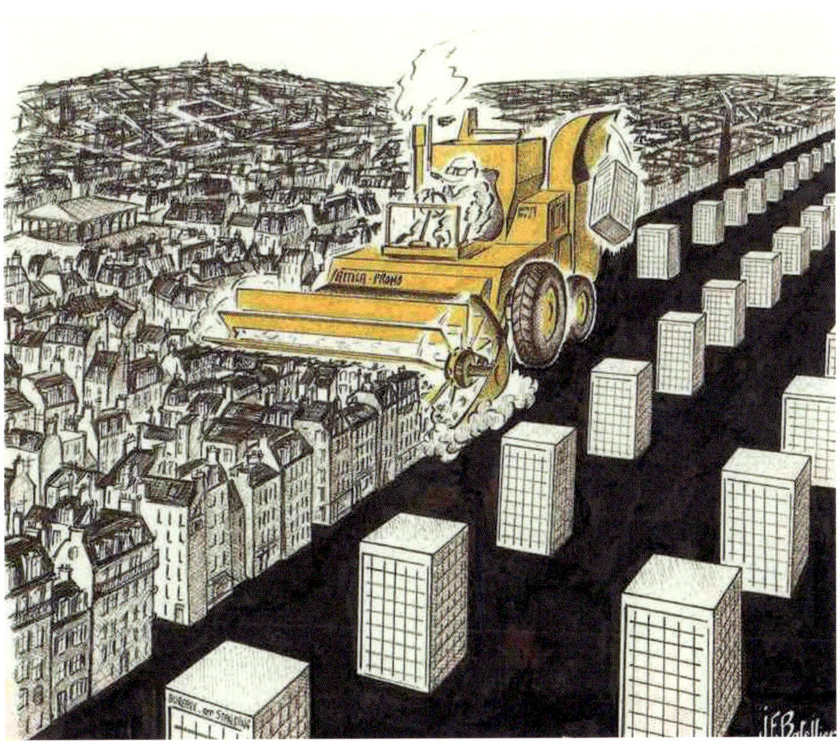

Figure 4 'Combine harvester' from Jean-François Batellier's 1978 cartoon collection *Sans retour ni consigne* (No deposit, no return).

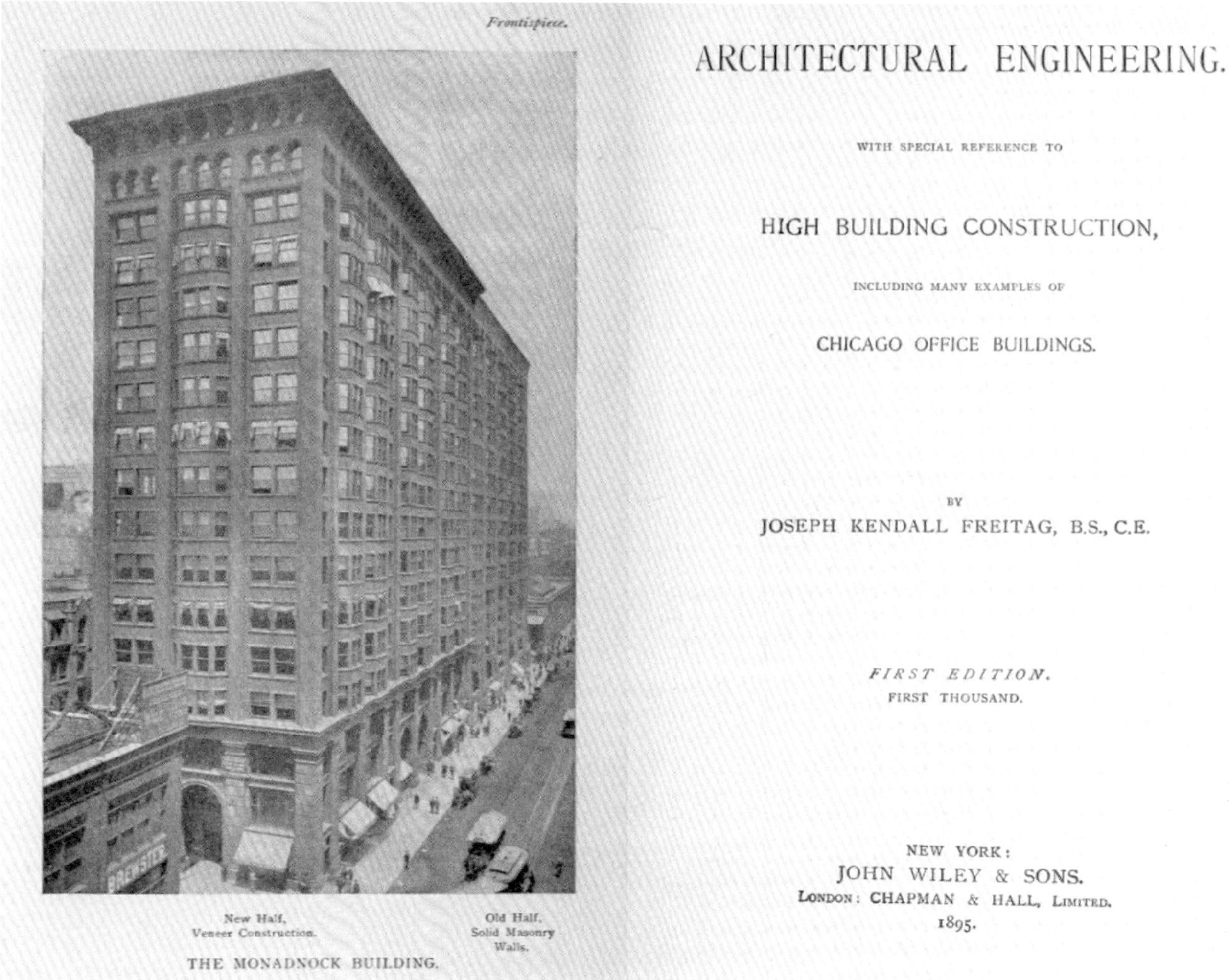

Figure 5 Frontispiece and Title page of *Architectural Engineering* by Freitag (1895).

for the establishment of a School of Architecture and Engineering. In 1893 he launched an *International Engineering Congress* to promote the contributions that engineers could bring to architecture. And in 1894, he issued a prospectus to create an *International Institute of Engineers and Architects*. The aims of this Institute were "to bring the fields of engineering and architecture closer together", to become the central location for information on "new discoveries, processes, methods, inventions and work" and "to unify the standards for the testing of materials internationally" – all core aspirations of high modernism.[19]

Despite his enthusiasm, the Institute was never launched due to the great effort it would have needed. However, Corthell's aims for the Institute were largely realised through the growing number of national and international conferences of architectural and engineering practice.

19 Uihlein 2016, pp. 153–154.

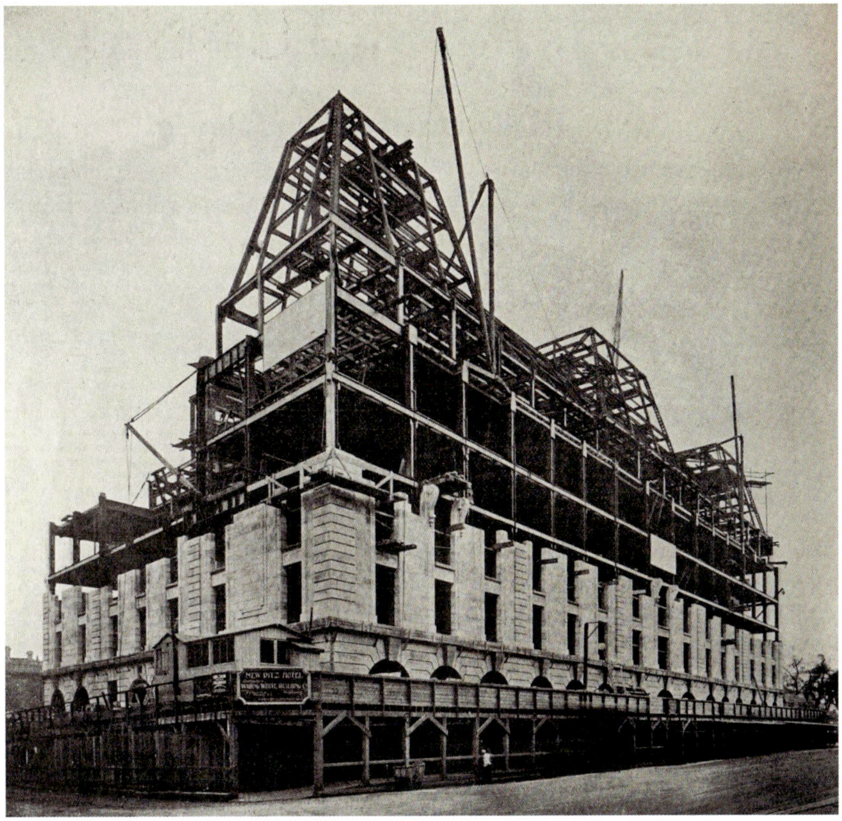

Figure 6 The Ritz Hotel, London, under construction, 1905.

1895 saw the publication of a book which firmly established the new approach to designing buildings which demanded a large engineering input. Its title was significant – *Architectural Engineering, with special reference to high building construction including many examples of Chicago office buildings* (Figure 5). In the preface, its author, Joseph Freitag, paid tribute to the considerable efforts of Elmer Corthell in trying to bring the professions of architect and engineer closer.[20] Freitag's book became a classic and several later editions were published.[21]

While there was no similar growth of high-rise buildings in Britain, the steel frame did arrive in London in the 1890s.[22] However, the London Building Regulations still required load-bearing masonry walls at the perimeter of a building. When the Swedish engineer Sven Bylander was employed by American clients to use steel-frame construction for the Ritz Hotel (1904–06, Figure 6) and for Selfridges department store (1906–08) in London, he had to overcome great resistance from the local building authorities. New regulations permitting non-load-bearing walls and giving guidance on frame construction in steel and reinforced concrete were finally adopted in 1909.[23] We can also see influences on the engineering and architectural culture at this time reflected in the changing titles of what would become Britain's leading architectural publication: *The Architects' Journal*. Launched in 1895 as *The Builder's Journal and Architectural Record*, its name was

20 Freitag 1895, p. iii.

21 Facsimiles were reprinted in 2016 and 2018 and it is easily available online.

22 See Clarke 2014.

23 Cf. Lawrence 1990.

changed in 1906 to *The Builder's Journal and Architectural Engineer*; in the same year, the first *Concrete and Steel Supplement* was published. The reason for the new titles was made clear:

> "With the advent of these [i.e. the steel frame building and reinforced concrete, B.A.] the architect is gradually finding that a far greater amount of engineering knowledge is required of him than was previously the case. Some architects overcome this by employing engineering assistants or by having consultative advice on the engineering aspect of the problems put before them. But, no matter what assistance be obtained, he would be a poor architect who did not carefully study and thoroughly inform himself of the primary principles of the construction and calculation that are involved."[24]

From the early 1900s it was thus clear that architects and engineers were instrumental in demonstrating the great progress that was possible through the application of science and technology. Let us now look in more detail at how engineers helped this to happen.

STRUCTURAL DESIGN

The design process

To design a structure means to devise an appropriate structural solution, and to plan how it should be built *before construction is begun*. This involves communicating the proposed solution to members of the project team, including the client, and, most importantly, generating sufficient confidence in the project team that the design can, indeed, be built, that it will perform the desired functions, and that it will be safe.[25]
For a building that is of conventional construction, the necessary confidence in a design can usually be assured by using familiar materials and types of structure, and by using reliable design methods that, at least since the 1930s, were included in published design codes. The design of projects that do not fall within these categories will be addressed in the following section.

The general approach of the structural engineer is first to establish various limits that the structure should not transcend. This is not a new idea. Since ancient times, experts working on the fields of technology that are comparable to those mastered by today's engineers have generally been aware of the limits, for example height or span, which their works should not surpass. Practical limits have generally been encapsulated in the design rules or procedures and building practices that were current at a particular time in history. They thus define a range of structures that is considered by the engineering community to be acceptable and safe to build. As early as the twelfth century, the scholar Dominicus Gundissalinus explained in a manuscript on the classification of the 'sciences' (*De ortu scientiarum*) that the *finis* (purpose) of *Geometria practica* was to "do something" while its *officium*

24 Builders' Journal 1906.

25 The theme of this chapter overlaps substantially with the content of a paper I wrote some years ago (Addis 1996, Addis 1997). Here I have largely avoided repetition and invite readers to further explore my discussion of the theme in the earlier papers via my Researchgate pages.

(duty) was to "give makers measurements [...] or limits which the work should not surpass" – the "makers" being "those who toil in working in the mechanical arts, as a carpenter in wood, a blacksmith in iron, a mason in cement and stones".[26] Since the mid-eighteenth century, limits have increasingly been expressed in terms of the parameters that formed the basis of a scientific analysis of a structure. In addition to the maximum span or height of a structure, these would also include the loads that the structure must carry, maximum acceptable deflections of the various parts of a structure, and maximum stresses and strains within the materials of which the structure is made.

Safety in structural design

Nowadays, when calculating stresses and strains in a structure to check if they are below a certain limit, it is essential to include a factor of safety. This is a factor that will allow for unknown variations of the estimates used when making the calculations – the actual strength of a piece of material, the actual load that is applied, the accuracy with which the mathematical models of the loads, materials and structure represent the actual structure. Thus, in order to provide the necessary level of confidence, even when the most reliable of data are used, the calculated strength of a structure will need to be, say, be 1.6 times greater than the strength that it strictly needs to have.

Until the mid-nineteenth century, however, there was very little discussion of safety in the design of structures. Such mention of safety as there was, was confined to what we would nowadays call health and safety issues on the construction site, and to fire safety. For example, a public inquiry was carried out in 1847 following a major structural accident that had led to the death of several members of the public. The report provides a unique insight into how structural engineers at the time undertook their design of bridges and buildings that were made using cast iron. Curiously (to our eyes), the word 'safety' is only used in a general sense, for example "to allow the greatest load to be one-sixth of the breaking weight is hardly a sufficient limit for safety"[27]; "15.56 inches [is] the utmost deflexion it might be expected to bear with safety"[28]; "I made experiments some years ago to decide in my own mind whether Scotch iron could be used with safety"[29]; "greater safety is obtained by the plates of the bridge being bolted together"[30].

All the expert witnesses in the enquiry were asked "What multiple of the greatest load do you consider the breaking weight of a girder ought to be?". Their answers give some hint of how much safety their design rules might incorporate, but they all reflected each engineer's experience rather than a fixed multiple that they all used. For example, "I have made it, in all cases in which I have designed bridges, at least six times as great"[31]; "From three to four times is generally what we have allowed for girders by ordinary computation"[32].

It was William Rankine who, in the mid-1850s, first introduced the use of a 'factor of safety'.[33] He explained how an engineer could use the factor of safety together with his knowledge of engineering science:

26 Cited in Victor 1979, pp. 10–11; cf. Addis 1990, p. 131.

27 Wrottesley et al. 1849, p. ix.

28 Ibid., p. 179.

29 Ibid., p. 297.

30 Ibid., p. 379.

31 Ibid., p. 308.

32 Ibid., p. 341; Addis 2024, p.161.

33 Cf. Addis 1990, pp. 33–35.

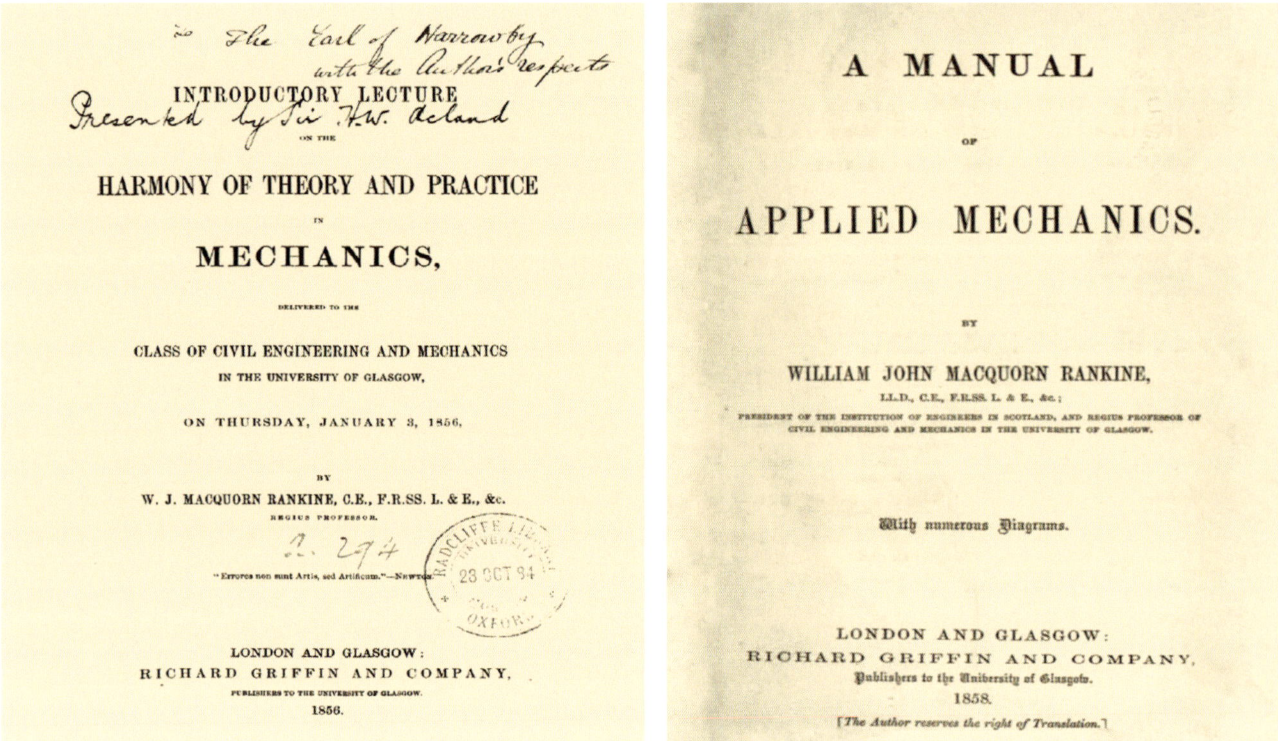
to The Earl of Harrowby with the Author's respects

Presented by Sir H.W. Acland

INTRODUCTORY LECTURE

ON THE

HARMONY OF THEORY AND PRACTICE

IN

MECHANICS,

DELIVERED TO THE

CLASS OF CIVIL ENGINEERING AND MECHANICS

IN THE UNIVERSITY OF GLASGOW,

ON THURSDAY, JANUARY 3, 1856,

BY

W. J. MACQUORN RANKINE, C.E., F.R.SS. L. & E., &c.

REGIUS PROFESSOR.

"Errores non sunt Artis, sed Artificum."—Newton.

LONDON AND GLASGOW:

RICHARD GRIFFIN AND COMPANY,

PUBLISHERS TO THE UNIVERSITY OF GLASGOW.

1856.

A MANUAL

OF

APPLIED MECHANICS.

BY

WILLIAM JOHN MACQUORN RANKINE,

LL.D., C.E., F.R.SS. L. & E., &c.;

PRESIDENT OF THE INSTITUTION OF ENGINEERS IN SCOTLAND, AND REGIUS PROFESSOR OF CIVIL ENGINEERING AND MECHANICS IN THE UNIVERSITY OF GLASGOW.

With numerous Diagrams.

LONDON AND GLASGOW:

RICHARD GRIFFIN AND COMPANY,

Publishers to the University of Glasgow.

1858.

[*The Author reserves the right of Translation.*]

Figure 7 Title pages of Rankine's key works.

> "[...] to plan a structure or a machine for a given purpose, without the necessity of copying some existing example, and to adapt his designs to situations to which no existing example affords a parallel. It enables him to compute the theoretical limit of the strength or stability of a structure, or the efficiency of a machine of a particular kind, – to ascertain how far an actual structure or machine fails to attain that limit, – to discover the causes of such shortcomings, – and to devise improvements for obviating such causes; and it enables him to judge how far an established practical rule is founded on reason, how far on mere custom, and how far on error".[34]

In his first text book, *A Manual of Applied Mechanics*, Rankine explained how the gap between theory and practice could be bridged by the rational application of quantitative 'factors of safety' to the results of theoretical calculation (Figure 7). Rankine identified three types of factor of safety: the ratio of ultimate strength to proof strength, the ratio of ultimate strength to working stress, and the ratio of proof strength to working stress. After determining the reliable values for these factors, and using them in design calculations, design engineers could ensure the necessary level of confidence to produce structures that would be sufficiently safe.[35] Rankine thus established a new approach to structural design which, with very few modifications, remains in use today.

34 Rankine 1856, pp. 18–19; the whole text, originally a lecture on the „Harmony of Theory and Practice in Mechanics", was reproduced as an introduction to Rankine's A Manual of Applied Mechanics *(Rankine 1858).*

35 Rankine 1858, p. 274.

Regulation of structural design

The activity of building has been regulated since ancient times. The Babylonian Code of Hammurabi (c. 1750 BC) could be severe:

> "If a builder build a house for a man and do not make its construction firm, and the house which he has built collapse and cause the death of the owner of the house, that builder shall be put to death."[36]

In more recent times the earliest examples of design rules and codes used by engineers date from the sixteenth century.[37] They were for masonry structures such as arches and vaults and different rules were developed, used by different engineers for different structures. These would have been circulated within the professional guilds, but not regulated by an authority outside the profession.

As we saw in the previous section, this arrangement was still in operation for designing cast-iron beams in the 1840s. Individual engineers used their own factors of safety to apply to the results of theoretical calculations based on their own experience and that of their peers. Although there was variation between engineers, the final results were similar, and failures were few. Nevertheless, in order to achieve a sufficient level of confidence, an engineer at this time would arrange for some or even all his cast-iron girders to be proof tested.

When engineers began working with cast iron in the late eighteenth century, they shared their ideas and experience with each other – they all knew they were treading new paths. In Britain, this process of sharing was a core function of the Institution of Civil Engineers (ICE) whose charter adopted Thomas Tredgold's definition of the profession in 1828:

> "[...] a Society for the general advancement of mechanical science, and more particularly for promoting the acquisition of that species of knowledge which constitutes the profession of a Civil Engineer; being the art of directing the great sources of power in nature for the use and convenience of man, as the means of production and of traffic in states, both for external and internal trade, as applied in the construction of roads, bridges, aqueducts, canals, river navigation, and docks, for internal intercourse and exchange; and in the construction of ports harbours, moles, breakwaters, and lighthouses, and in the art of navigation by artificial power, for the purposes of commerce; and in the construction and adaptation of machinery, and in the drainage of cities and towns."[38]

From 1835 the proceedings of the regular meetings the members had in London were published as records of both how engineers had carried out their projects and also the lively debates which followed. This engineering forum effectively served as an unofficial, but highly effective, self-regulation of the profession. The Institution also had strict requirements for membership, thus ensuring that members were suitably qualified, experienced and competent.

As engineering developed more specialisms during the nineteenth century, so new professional institutions formed both for the sharing of ideas and establishing

36 Cited in Harper 1904, p. 81.

37 Cf. Addis 1999.

38 Cited in ICE-Minutes 1870, p. 215 Note 1; cf. ICE 2023, p. 5; Ferguson / Chrimes 2011, pp. 14–16.

an appropriate level of professional competence. The Institution of Structural Engineers (IStructE) was founded in 1908 and originally called The Concrete Institute. As the original name implies, it was founded to address the technical issues involved in design with reinforced concrete. Working with members of the Royal Institute of British Architects, *inter alia*, they published their first guidance for engineers designing structures in reinforced concrete in 1911 (Figure 8).[39] As was normal practice, this constituted guidance, not regulation by an outside body. As with the ICE, the Concrete Institute, later the IStructE, served as a means of self-regulation of structural engineering design.[40]

By the 1930s it had become clear that more authoritative guidance for the design of steel and reinforced concrete structures was needed. The guidance for steel was published by the British Standards Institution in 1932.[41] The committee reviewing concrete design made recommendations in 1933 for a design code,[42] and the first design code for reinforced concrete was published by the British Standards Institution in 1948.[43]

For at least two centuries, the British Government has generally been reluctant to impose regulations, wanting to avoid becoming what is usually called a 'nanny state' – being overprotective or interfering unduly with personal choice. Even in 1997, the last UK design code for reinforced concrete before the introduction of the Eurocodes only gave "*recommendations* for the structural use of concrete in buildings and structures".[44] It was not obligatory to follow them. The reasoning behind this approach was to avoid preventing engineers from developing alternative methods of design, on the understanding that, if the alternative proved unreliable, the user would face the consequences. Indeed, even engineers using the published design code were warned that "compliance with a British Standard does not of itself confer immunity from legal obligations".[45] This attitude to regulation has allowed engineers to adopt common-sense approaches when working with heritage structures. It has been possible to avoid the strict application of modern codes intended for new construction and modern materials.

When appropriate, engineers are simply required to provide alternative, well-justified arguments to support their assessments of, and intervention proposals for old buildings.

GOING BEYOND THE LIMITS – PROGRESS IN STRUCTURAL ENGINEERING

It seems to be profoundly embedded in man's psyche that a few people, at any particular time in history, want to go beyond the accepted limits in nearly every aspect of human endeavour – doing something differently, improving on the past, doing better than previously and innovating. In structural engineering, this might mean one or more of the following: a structure that has a longer span, or is taller, lighter, stronger, stiffer, quicker to construct, cheaper, and so on. Indeed, there would be no progress in structural engineering unless existing limits were transcended.

Many historians and philosophers of science have studied progress in the pure

39 See Beal 2011.

40 To distinguish his activities from those of military engineers, John Smeaton was the first to call himself a civil engineer. In 1771, he was a co-founder of the Society of Civil Engineers. The Institution of Civil Engineers was founded in 1818 to promote the profession more actively. Today, the term 'civil engineering' still embraces the range of activities given by Tredgold and is similar to Ingenieurbau. Nevertheless, many members of the ICE were/are structural engineers, and its proceedings have always included papers on structural engineering (Hochbau). Similarly, the Institution of Structural Engineers, founded to address the use of reinforced concrete in building structures, since 1912 also embraced bridge building. The French term 'génie civil' encompasses both civil and structural engineering.

41 BSI 1932.

42 DSIR 1933.

43 BSI 1948; cf. Beal 2011.

44 BSI 1997, p. 1., emphasis added.

45 Ibid., p v.

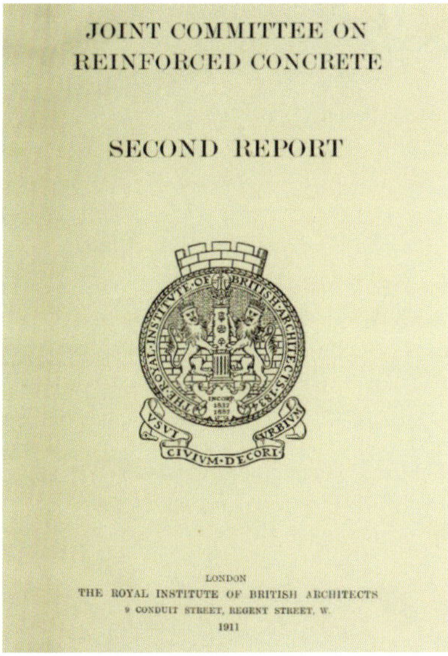
JOINT COMMITTEE ON
REINFORCED CONCRETE

SECOND REPORT

LONDON
THE ROYAL INSTITUTE OF BRITISH ARCHITECTS
9 CONDUIT STREET, REGENT STREET, W.
1911

Figure 8 Cover of the first UK design code for reinforced concrete.

sciences but have given little attention to progress in engineering science or engineering design. In my book *Structural Engineering – the nature of theory and design*[46] I have used an approach developed by Thomas Kuhn to highlight two types of progress – gradual incremental progress and, occasionally, greater upheavals that have been associated with radically new ways of conducting engineering science or design, identified as scientific or design revolutions.

The key question for an engineer who wants to go beyond an established limit is how to do so without compromising risk and structural safety. This, in turn, depends on how the engineer generates sufficient confidence in a new design to satisfy themselves as well as to instil the same level of confidence in other members of the project team including the client. To a large extent, it is a matter of degree – if an engineer proposes to exceed an existing limit by, say, 5%, it is likely that confidence can remain quite high. As the percentage increases, however, so the level of confidence will decrease and the level of risk will increase.

When proposing to exceed an existing limit by a large amount how, then, can the designer raise the level of confidence (reduce the level of risk) to a level that is acceptable to the project team involved and, indeed, to the relevant authorities? During the last 150 years or so, through the period of high modernism, there have been two main methods: by using established and new theoretical models and, especially when there has been little or no precedence to learn from, by using data generated by tests on reduced-scale models of structures.

Using new theoretical models to help transcend established limits

Three examples will illustrate how the limitations of theoretical calculations could be overcome to achieve, for example, longer spans or lighter structures – the truss bridge, the steel frame used in buildings, and the introduction of partial safety factors.

By around 1850, engineers were using simple theoretical models for statically determinate trusses used for roofs and railway bridges. The forces in the members of such a truss are independent of the material from which they are made. In the 1860s, graphical statics was developed as a powerful tool for quantifying these forces without the need for algebraic calculations (Figure 9). It was recognized, however, that these simple models did not accurately represent the behaviour of actual structures. Many trusses contained additional members which rendered them statically indeterminate. Furthermore, the connections in real structures were not genuine pin-joints, either due to friction or because the connections often incorporated riveted gusset plates.

The 1870s saw two new theoretical approaches to overcome the inadequacies of the simple mathematical models, both of which took account of the stiffness of the material of which the trusses were made. In this way, the forces in the members of a statically indeterminate truss could be calculated, and the additional stiffness provided by rigid or semi-rigid connections could be estimated. Both of these developments enabled the material in the truss to be used more efficiently and economically – classic results that would characterise emerging high modernism.

46 Addis 1990.

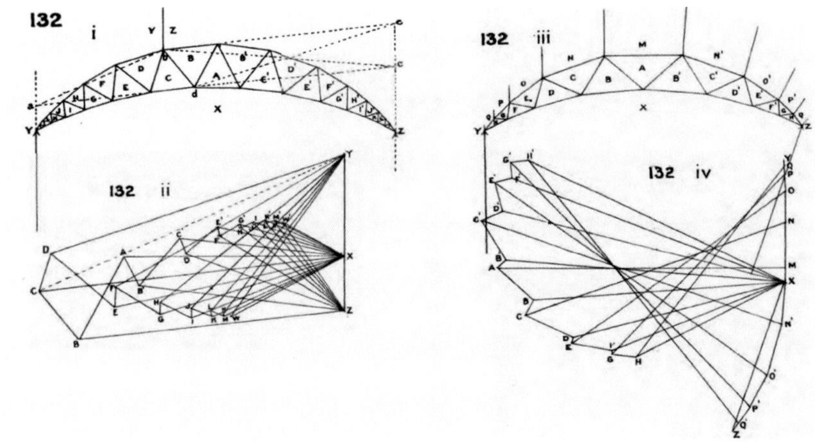

Figure 9 Force diagrams for a sickle roof truss under gravity and wind loading.

By the 1930s, the use of steel frames was well established and the moment distribution method, devised by Hardy Cross, made the calculation of these elastic, statically indeterminate structures accessible to all engineers. The strength of such structures was determined by ensuring that the stress in the steel did not exceed the permissible stress (the yield stress divided by an appropriate factor of safety). However, some new research revealed that any steel member manufactured by the process of hot rolling could contain locked-in stresses created by the differential cooling of different parts of the steel section. Typically, these locked-in stresses could reach 80% of the yield stress of the steel. This made a mockery of defining the strength of a steel member as when the permissible stress was exceeded. It was also observed that a steel structure could continue to carry loads even when some of its parts had been overloaded and 'failed' with some zones exhibiting plastic deformation. Typically, a hinge can form. This meant that a steel-frame structure does not fail as soon as the stress in one part of the structure exceeds the 'failure' stress. Ultimate failure, or collapse, only occurred when a sufficient number of plastic hinges had formed to create a mechanism.[47] A further consequence of these observations was that it was not possible to know the exact state of stress in a loaded structure – a conclusion entirely incompatible with the long-established elastic design methods.

The outcome was the development of an entirely new approach to assessing the strength of a statically indeterminate steel-frame structure which became known as the 'plastic design method'. The condition that a sufficient number of plastic hinges had formed to create a mechanism for plastic collapse represented a 'limit state' for the structure. Beyond this boundary, a key design criterion could not be satisfied. The plastic design method could lead to greater economy in the use of steel when assessment of the strength of a structure was a controlling design factor.

The concept of 'limit state' was later adopted as a general approach to structural design – identifying a series of limit states, where the structure's condition no longer fulfils various design criteria, such as stability, fitness for use, structural integrity, durability, and so on. Limit states are conditions of potential failure.

47 Baker / Horne / Heyman 1956; Heyman 1973; Addis 1990, pp. 97–112.

As discussed in the previous section, the factor of safety was introduced as a means of compensating for uncertainty regarding a structure's likelihood of being able to perform its duty. A single figure, often about 4, was used to deal with uncertainty in the strength of a material, the magnitude of loads acting on the structure and the precision with which the mathematical model of the structure represented the actual structure. During the 1950s and 1960s it steadily became clear that using a single factor of safety could be unnecessarily conservative – after all, the dead load of a structure could be calculated with great accuracy and would not vary, while the live load on a building floor could be predicted with less certainty, and the loads due to the wind or earthquakes with even less certainty. The idea of the 'partial safety factor' was developed, first within the aircraft industry where weight is all important,[48] to be applied to different variables in structural design according to the degree of certainty with which they could be determined with confidence.[49] The overall safety factor could be the multiple of several partial factors. And, since uncertainty was involved, it was inevitable that a statistical approach was adopted to address the extreme unlikelihood of all worst-possible scenarios occurring at the same time. As the over-conservative safety factors were reduced, there was a further reduction in the quantities of materials used in structures.

Using reduced-scale physical models to help transcend established limits

There have always been occasions when the best engineering science available has been inadequate to help engineers to design structures with sufficient confidence. In such cases, it has often been necessary to study the behaviour of actual structures under load.

The most reliable way to increase confidence in a new design is to build a full-size prototype – indeed this has long been practised when designing small artefacts such as cars; but this would be too impractical and costly for buildings and bridges. It can, however, be practical to build and test just part of a new structure – the part that is considered to be least well understood. Or it can be practical to build and test a reduced-scale model of a structure – a technique that has been used in all branches of civil and building engineering during the century that has included the period of high modernism.[50]

Of particular importance with model tests, of course, is the confidence with which the results of a model test can be scaled up to full size. Once the reliability of using model tests had been established, they could then be used with increasing confidence during the design of new, ground-breaking structures. First of all, stresses and deformations in a structure were determined using the best available theoretical calculations. These were then compared with those measured using model tests. This comparison could help improve both the theoretical calculations and the details of the model-testing procedures. Finally, after construction, these data could be compared with data from measurements made on the completed structures. This final comparison could again help to improve both the engineering theory and the model-testing techniques.

48 Ebner 1957.

49 Structural Engineer 1955; Pugsley 1966.

50 Addis 2021c.

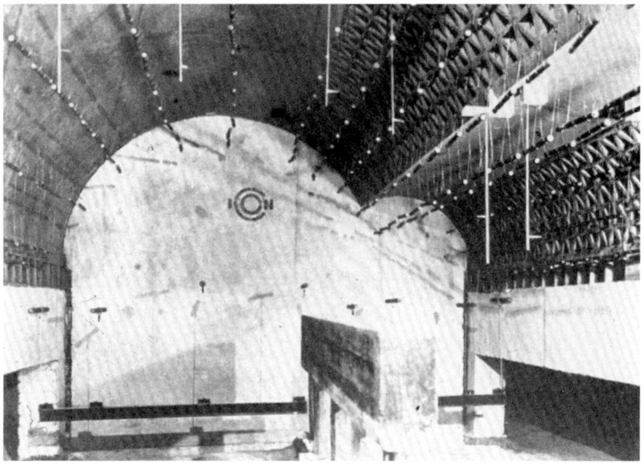

Figure 10 1:10 scale model of the Frontón Recoletos at Madrid (3.5 m wide, 3 m high). Interior view before installation of the loading apparatus, 1935.

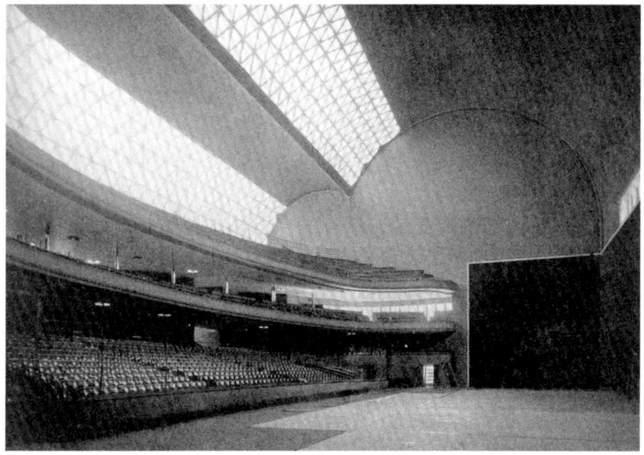

Figure 11 Interior of the Frontón Recoletos after completion, 1936. Engineer: Eduardo Torroja; architect: Secundino Zuazo.

Since the 1840s, tests on reduced-scale models have regularly enabled engineers to build beyond familiar limits and push back the boundary of what is possible. This has most often been the case when structural phenomena have been involved for which the current engineering science was inadequate to give reliable predictions of structural behaviour; the most common of these has been the buckling of flat plates of wrought iron or thin, curved shells of reinforced concrete. Some of the more spectacular examples include the Britannia Bridge (1840s),[51] a wrought-iron, tubular girder, railway bridge in North Wales which had a span six times greater than any previous similar bridge; the reinforced-concrete shell roof of Leipzig Market Hall (1920s)[52]; the reinforced-concrete shell roof of the Frontón Recoletos in Madrid (1930s), designed by Eduardo Torroja (Figures 10, 11);[53] the reinforced-concrete shell roof of the Poultry Market at Smithfield, London (1960s) (Figures 12, 13);[54] and the timber-lattice gridshell roof of the Multihalle for the Bundesgartenschau in Mannheim (1970s)[55].
Model testing achieved its greatest impact on progress and transcending limits in structural design between the 1920s and 1970s. After this time computer modelling has become more versatile, reliable and successful. All the examples in this section give some indications of just how the application of science and engineering was able to deliver benefits of economy and efficiency to those involved in structural engineering projects and, consequently, to society in general – achievements which validated the ethos of high modernism.

CONCLUDING REMARKS

It is in the nature of civil and structural engineers to build at the limit, in the name of efficiency and cost. It is also in their nature, on occasions, to go beyond current

51 See Addis 2021b.

52 See May 2021.

53 See Antuña Bernardo 2021, pp. 333–340.

54 See Jones / Base 1965; Trout 2021, pp. 523–526.

55 See Liddell 2021.

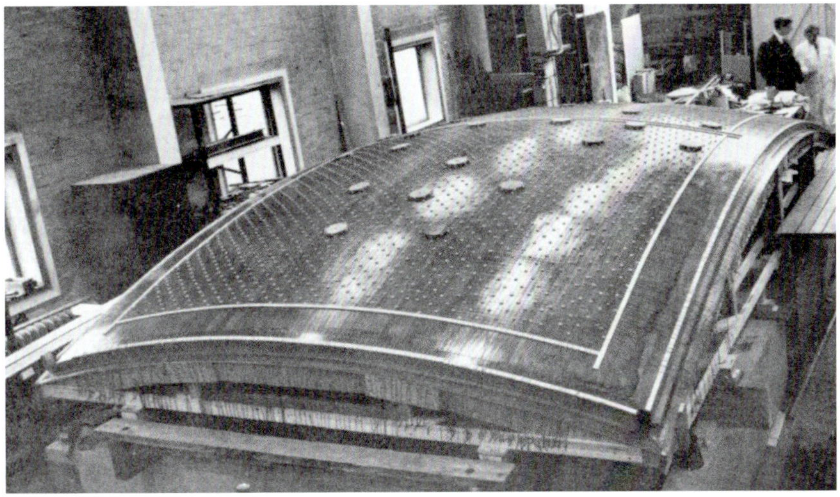

Figure 12 1:12 scale model for Smithfield Poultry Market at London (5.72 x 3.23 m). Formwork and reinforcement are in place, awaiting the 6 mm layer of micro-concrete, c. 1960.

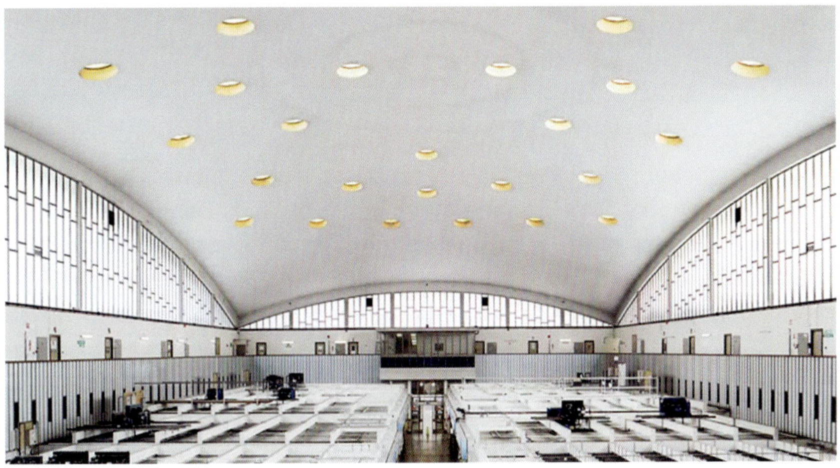

Figure 13 Interior of Smithfield Poultry Market (68.6 x 38.8 m), 1961–63. Engineer: Ove Arup & Partners. Architect: Sir Thomas Bennett & Son.

limits – to innovate and explore the unknown. For this reason they are also, perhaps unwittingly, drawn into the schemes of those, in government for example, who wish to undertake projects for political ends and who are unable to do so without the involvement of engineers. The remarkable and highly visible successes of civil and building engineers, especially since the mid-nineteenth century, with the new materials – iron, steel and reinforced concrete – have given engineers and engineering a central place in high modernism. While architecture, art, music and literature may now have moved on to postmodernism, as a reaction against the constraints of modernism, it is perhaps not yet clear whether engineers will be involved in these activities in ways that differ from their involvement with high modernism. At the very least, they will continue to design at the limit and, occasionally, seek ways of transcending these limits. And they will also continue to produce standard solutions or, when occasion demands, entirely bespoke solutions particularly suited to a unique set of circumstances and design constraints.

Christiane Weber

VERHEISSUNG MODELLSTATIK
Bemessung jenseits des Berechenbaren

Es waren gerade gigantische nationalsozialistische Prestigeprojekte mit Spannweiten jenseits der vertrauten „Limits", die deutsche Ingenieure um die Materialprüfungsanstalt (MPA) Stuttgart veranlassten, ihre mit Ungewissheiten behafteten Berechnungen um modellstatische Untersuchungen zu ergänzen. In den 1960er Jahren schrieb man die Ansätze fort – nun für Seilnetztragwerke als die neuen Renommierbauten der jungen Bundesrepublik.

BAUEN AM LIMIT – ÜBER DAS BISHER BEKANNTE UND GEBAUTE HINAUS

Das Zeitalter der Hochmoderne ist durch ein Bauwesen charakterisiert, das für eine immer höhere Anzahl an Nutzern ausgelegt werden musste – ein „Bauen für die Massen". Industrialisierung und bürgerliche Emanzipation führten im Laufe des 19. Jahrhunderts, ebenso wie die Demokratisierung in Europa und Nordamerika, zu neuen Bauaufgaben, die Typologien jenseits des bisher Bekannten erforderten.[1] Veranstaltungen für große Mengen an Teilnehmer*innen benötigten Stadien und stützenfreie Räume mit großen Spannweiten; die Infrastruktur für die neue Massengesellschaft brauchte weitgespannte Brücken für den Eisenbahn- und im 20. Jahrhundert für den schnell zunehmenden Automobilverkehr. Protagonistin dieser bautechnischen Entwicklungen war die Berufsgruppe der Ingenieur*innen.[2] Diese technischen Spezialisten etablierten sich im Laufe des 19. Jahrhunderts als Fachleute, die nicht nur die Architekten bei der Realisierung der neuen Räume unterstützten, sondern visionäre Entwürfe durch innovative Konstruktionen erst ermöglichten. Sie setzten dafür Erkenntnisse und Verfahren der Statik, der Elastizitätslehre und der Materialwissenschaft ein, die seit dem 18. Jahrhundert durch die baustatische Forschung entwickelt worden waren.[3]

Bei Projekten, die weit über die bisher etablierten Errungenschaften im Bauwesen hinausgingen, insbesondere hinsichtlich der Spannweiten, gerieten diese Methoden aber an ihre Grenzen, da der Nachweis der Umsetzbarkeit zu aufwendig oder noch nicht möglich war. Für dieses „Bauen am Limit" arbeiteten Ingenieure seit vielen Jahrhunderten mit maßstäblich verkleinerten Modellen, um das Verhalten ihrer Äquivalente in Originalgröße zu simulieren.[4] Im 20. Jahrhundert wurde daraus die Methode der Modellstatik, mit der anhand von maßstäblichen Modellen das Tragverhalten neuartiger Konstruktionen getestet und letztendlich bemessen werden kann.

1 Hobsbawm 2017 (1987), S. 113–146.

*2 Bei diesen Protagonist*innen handelt es sich bis weit ins 20. Jahrhundert fast ausschließlich um Männer, weshalb auf Gendern im historischen Rückblick verzichtet werden kann.*

3 Kurrer 2018.

4 Bühler 2021, S. 4–24; vgl. zum folgenden auch Schmid et al. 2024.

DEUTSCHER INGENIEURBAU IN ZEITEN DER DIKTATUR – MODELLSTATIK FÜR PRESTIGEPROJEKTE DES NS-BAUWESENS

Die Modellstatik zur Dimensionierung von komplexen Tragwerken wurde Anfang des 20. Jahrhunderts in den USA als eine Methode entwickelt, die über die Entwicklung der Form sowie das Testen mechanischer Eigenschaften hinausgeht und am maßstäblichen Modell gemessene Belastungswerte als Grundlage für die Dimensionierung des auszuführenden Bauwerks einsetzen sollte.[5] Diese Methode ermöglichte im Gegensatz zu den bereits im Brückenbau des 19. Jahrhunderts für die Ermittlung von Verformungen oder auch einzelnen Stabkräften verwendeten maßstäblichen Modellen die Lieferung quantitativer Ergebnisse, mit deren Hilfe man mittels Ähnlichkeitsmathematik ein Tragwerk dimensionieren konnte. Im deutschsprachigen Raum kam Modellstatik in diesem Sinne ab den 1920er Jahren zum Einsatz, um zu diesem Zeitpunkt nicht oder nur sehr aufwendig zu berechnende Tragwerke dennoch bemessen zu können. Ein Beispiel sind die weitgespannten Schalenbauten Franz Dischingers, die mit minimalem Materialaufwand Weiten von bis zu 100 m überspannen sollten, um für Planetarien, Großmärkte oder Flugzeughangars stützenfreie Räume zu bieten.[6] Die Etablierung der Modellstatik als Methode fällt in Deutschland in den Zeitraum des nationalsozialistischen Bauwesens, und das nicht durch Zufall. Verdeutlicht werden kann dies an einem überdimensionierten Plan aus dem Bestand des Bauingenieurs Fritz Leonhardt, der bedeutende Bauwerke der Baugeschichte wie die Cheops-Pyramide, den Eiffelturm in Paris oder den Petersdom in Rom (mit seiner 42 m weit gespannten Kuppel) mit einem von den damaligen Planern erdachten Prestigebau im maßstäblichen Vergleich zeigt (Bild 1).

5 Addis 2021.

6 May 2021, S. 282–292.

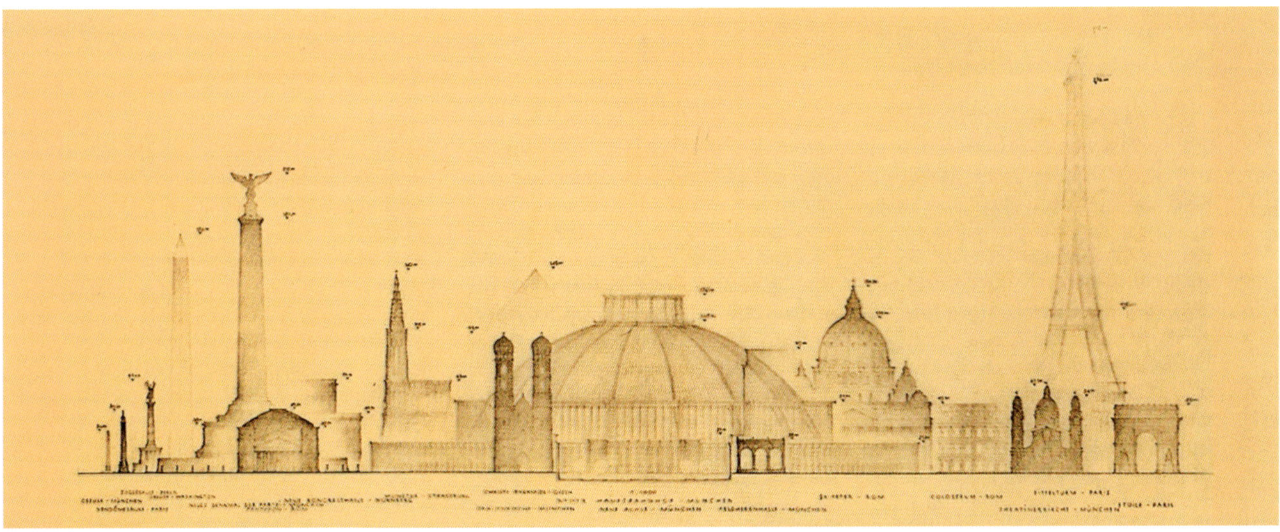

Bild 1 Paul Bonatz, Projekt Neuer Hauptbahnhof München (1939–41) im Vergleich mit maßstabsetzenden historischen Bauwerken aus dem lokalen und internationalen Kontext sowie weiteren NS-Planungen.

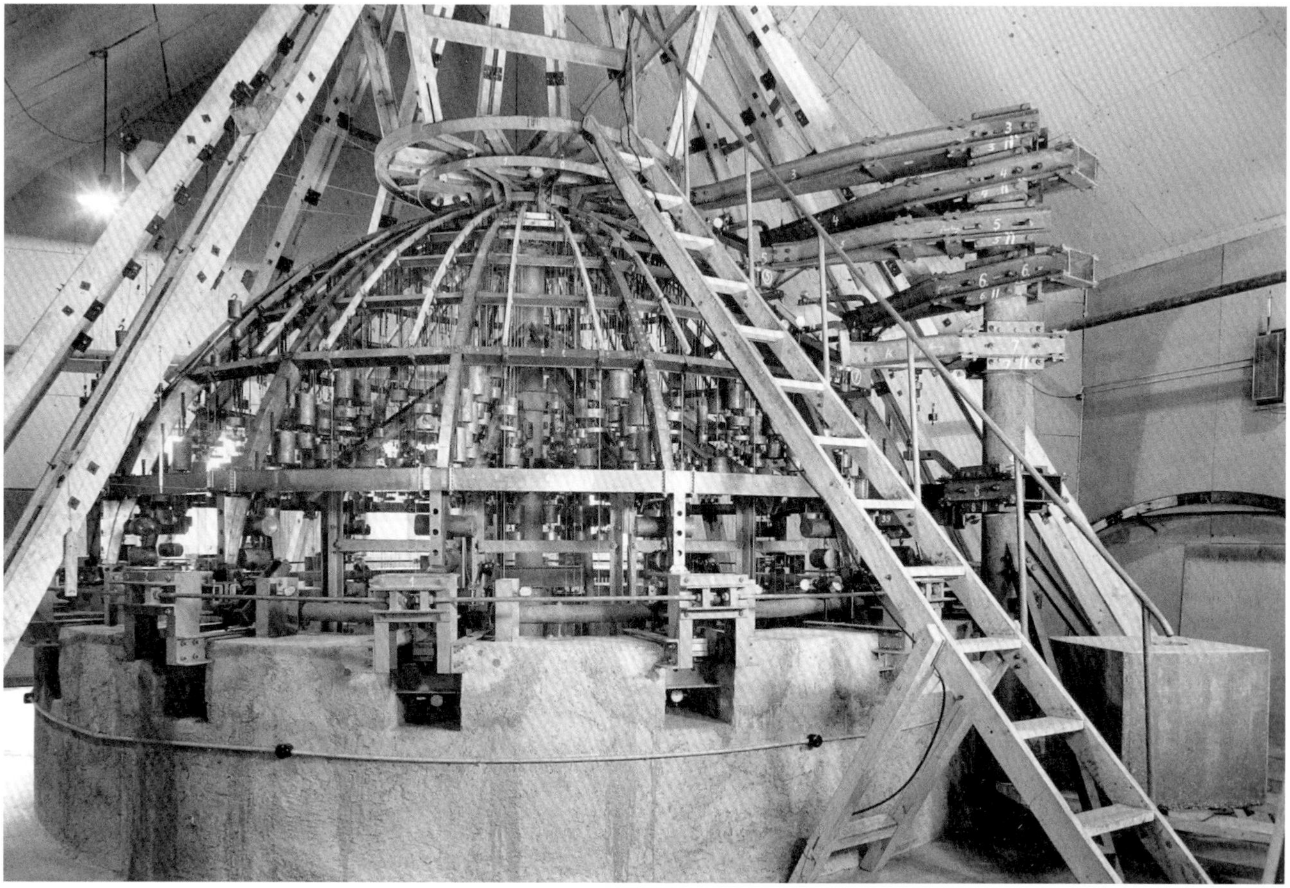

Bild 2 Fritz Leonhardt mit Materialprüfungsanstalt (MPA) Stuttgart, Messmodell für die geplante Kuppel des Neuen Hauptbahnhofs München, Maßstab 1:50, ca. 1941.

Die auf der Rotpause nur als Silhouette erkennbare Kuppelkonstruktion sollte mit einer Spannweite von 265 m weit über das hinaus gehen, was bisher gebaut worden war – und damit im Sinne der NS-Ideologie die Leistungsfähigkeit des deutschen Ingenieurbaus unter Beweis stellen.

Die Kuppel ist Teil des Entwurfs für einen neuen Hauptbahnhof in München. Paul Bonatz konzipierte ihn in den Jahren ab 1939 im Rahmen der umfassenden Neuplanungen des Architekten Hermann Giesler, dem „Generalbaurat für die Neugestaltung der Hauptstadt der Bewegung". Giesler sah in seinen Umgestaltungsplanungen für München den Bahnhof als Abschluss der repräsentativen Achse im Westen der Stadt vor. Dabei hatte sich Hitler persönlich mit einer eigenen Skizze in die Planungen eingebracht und den Neuen Münchner Hauptbahnhof ausdrücklich als „Monument der Technik unseres Jahrhunderts" definiert.[7] Aus diesem Grund involvierte Giesler den zur damaligen Zeit besonders renommierten Ingenieur Fritz Leonhardt[8], dessen eigens für dieses Projekt in München gegründetes Ingenieurbüro der Planungsabteilung von Paul Bonatz assoziiert wurde und un-

7 Weber 2009, S. 1488–1490; Reiss 2011, S. 10–14.

8 Weber 2011, S. 117.

mittelbar dem Generalbaurat Hermann Giesler unterstand; Giesler hatte Fritz Todt direkt aufgefordert, ihm diesen „fähigen" Ingenieur für das Projekt nach München zu senden, was die zentrale Rolle der Ingenieure im Rahmen der Neugestaltungsplanungen für München unterstreicht. Denn die Berechnung der weit spannenden Kuppel stellte für Ingenieure und Mathematiker eine große Herausforderung dar, da das statische System mit den damaligen Berechnungsmethoden nur schwer abbildbar war. Übertragen wurden die Berechnungen dem ebenfalls in Stuttgart ausgebildeten Wolfhardt Andrä, der 384 Gleichungen mit 384 Unbekannten lösen musste.[9] Um die Baubarkeit dieses in neue Dimensionen vordringenden Projekts nachzuweisen, setzten die Ingenieure zudem auf die Methode der Modellstatik: Für die Kuppel baute die Materialprüfungsanstalt (MPA) an der Technischen Hochschule in Stuttgart unter der Leitung von Otto Graf im Auftrag des Ingenieurbüros ein 6 m hohes Messmodell im Maßstab 1:50, in einer eigens dafür errichteten Halle in München (Bild 2). Anhand dieses Messmodells wurden die Belastungen durch „Dachhauteigengewicht", „Ringträgergewicht" sowie Schnee und Wind ermittelt, um die Wirkung sämtlicher Belastungen auf die Rippenkuppelkonstruktion zu testen. Aufschlussreich ist dabei die Ergänzung „einschließlich Katastrophenfällen", womit im Jahre 1940 Bombenschäden durch Luftangriffe umschrieben wurden.

Wie kam es dazu, dass die Modellstatik gerade für dieses, durch den Lauf der Geschichte nie realisierte Projekt eingesetzt wurde? Als Schlüsselfigur und Träger technischen Methodentransfers ist Fritz Leonhardt anzusehen, der bereits bei einem anderen Prestigeprojekt des nationalsozialistischen Bauwesens die Modellstatik zur Anwendung gebracht hatte: als Bauleiter der ersten großen Hängebrücke der Reichsautobahn bei Köln-Rodenkirchen ab dem Jahr 1938. Für dieses ebenfalls vom Architekt Paul Bonatz[10] mitverantwortete Brückenprojekt hatte die Stahlbaufirma August Klönne aus Dortmund unter anderem den Entwurf einer in sich selbst verankerten Hängebrücke verfolgt, deren Fahrbahnträger 6 m hoch gewesen wäre. Dieser sehr massive Fahrbahnträger konnte im Laufe der Planungen in Form einer sogenannten echten Hängebrücke deutlich schlanker umgesetzt werden. Sie entsprach mehr Fritz Leonhardts Vorstellungen von Hängebrücken, wie er sie auf seiner Studienreise 1932/33 in den USA kennengelernt und in einem dreiteiligen Aufsatz zusammen mit seinem Chef im Reichsverkehrsministerium, Karl Schaechterle, in der *Bautechnik* publiziert hatte.[11] Für den Nachweis der Baubarkeit dieses in Deutschland bisher wenig bekannten Tragsystems, dessen Problematik in der Gründung der Widerlager bestand, setzte Fritz Leonhardt Modellstatik ein.

Folgt man Leonhardts autobiografischen Erinnerungen, die durchaus kritisch gelesen werden müssen, so war Modellstatik in dieser Form in den USA als Methode bereits etabliert und wurde durch Karl Schaechterle Mitte der 1930er Jahre in Deutschland erstmals für Eisenbahnbrücken angewandt.[12]

Für die Reichsautobahnbrücke bei Köln-Rodenkirchen ließ Fritz Leonhardt an der MPA Stuttgart ein Messmodell im Maßstab 1:100 bauen, um mit dessen Hilfe das Tragwerk zu optimieren (Bild 3). Die MPA führte Belastungsversuche mit Bleigewichten durch, bei denen mittels analoger Messuhren die Auslenkung der Pylone bestimmt wurde. Die Durchbiegung des Fahrbahnträgers wurde durch optische

9 Andrä 1999, S. 294–506.

10 May 2011, S. 383–395.

11 Leonhardt / Schaechterle 1941, S. 1–20.

12 Leonhardt 1984, S. 78.

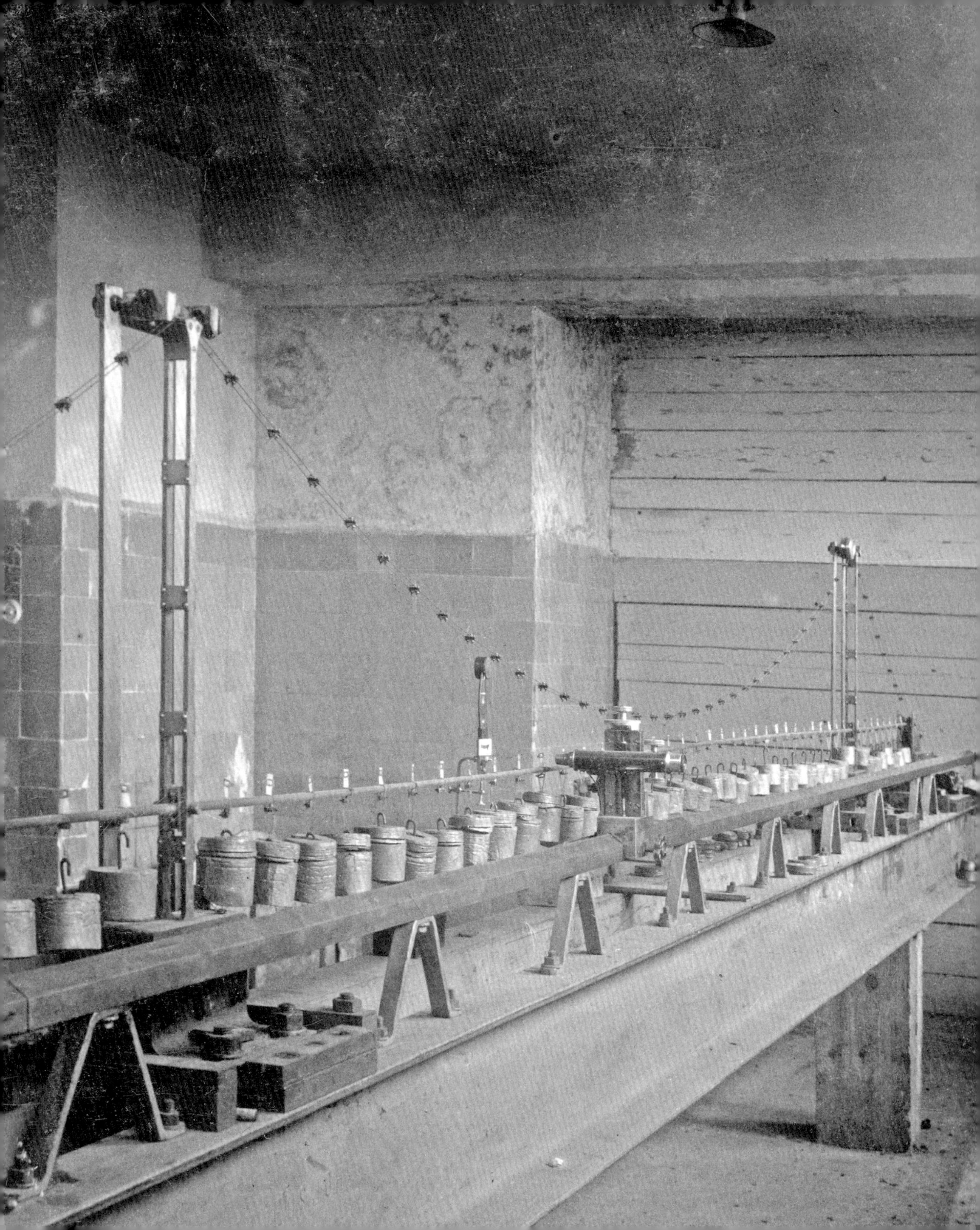

Ablesung ermittelt. Nicht zuletzt dank der umfangreichen technischen Modellversuche konnte die erste Hängebrücke der Reichsautobahn noch in den ersten Kriegsjahren vollendet und 1941 eingeweiht werden.

Die beiden Projekte in Köln-Rodenkirchen und München, an denen Fritz Leonhardt beteiligt war, waren innerhalb des NS-Bauwesens von hohem Prestigeanspruch. Sie sollten als Leistungsschau des deutschen Stahlbaus verstanden werden und waren vom „Führer" persönlich als Bauwerke der Technik definiert worden. Es ist davon auszugehen, dass die Kosten bei diesen politisch motivierten Projekten keine Einschränkungen darstellten: Finanziert wurden die Versuche an den Brückenmodellen von der personell und finanziell gut ausgestatteten Reichsautobahngesellschaft, die Münchner Versuche liefen über einen Auftrag des Generalbaurats Hermann Giesler.

Gleiches gilt für ein weiteres Prestigeprojekt, das die Spannweite der Köln-Rodenkirchener Brücke annähernd verdoppeln sollte, aber genau wie die Münchner Planung nie realisiert wurde. Im Reigen der sogenannten „Führerstädte" sollte Hamburg zur „Stadt des Außenhandels" werden. Das „Bauen am Limit" oder – in diesem wie im Münchner Fall – das „Planen am Limit" war dabei politisch motiviert: Mit Blick über den Atlantik sollte die führende Rolle des amerikanischen Ingenieurbaus im Hochhaus- und Hängebrückenbau herausgefordert werden. So setzte der Planer Konstanty Gutschow für Hamburg ein Hochhaus nach amerikanischem Vorbild und eine weitgespannte Hängebrücke als symbolträchtige Gestaltungsmittel des städtebaulichen Entwurfs ein.[13]

Neben einer Gründungslegende, die die Planungen als eine persönliche Idee Hitlers anlässlich des Stapellaufs der „Horst Wessel" 1935 erzählt,[14] liegt auch für die geplante Elbehochbrücke eine persönliche Skizze Hitlers vor, deren massive Werksteinpylone einem Entwurf der beauftragten Firma MAN als Vorlage dienten. Die beiden Ingenieure Fritz Leonhardt und Karl Schaechterle reagierten auf dieses Projekt mit einem Gegenentwurf in Stahl, wobei sie unter anderem argumentierten, dass ein Steinpylon Gründungsprobleme am sandigen Elbeufer verursachen würde. 1940 bekam die MPA Stuttgart einen Forschungsauftrag für modellstatische Untersuchungen zur geplanten Elbehochbrücke, die mit über 700 m Hauptspannweite in amerikanische Dimensionen vordringen sollte.[15] Bei den Modelltests kamen die Räumlichkeiten an ihr Limit: Der Modellmaßstab musste auf 1:125 reduziert werden, damit das Modell mit 13 m Länge gerade noch so im Keller der MPA Platz fand (Bild 4).[16]

Zusammenfassend kann man festhalten, dass, begleitend zum Bau der Köln-Rodenkirchener Brücke und im Zuge der Planung der nie realisierten Elbehochbrücke, grundlegende materialtechnische und konstruktionsoptimierende Forschungen im Bereich der Modellstatik für Hängebrücken durchgeführt werden konnten, die in diesem Umfang nur im Kontext der nationalsozialistischen Großprojekte möglich waren. An der MPA Stuttgart spielten dabei die Ingenieure Otto Graf und Hermann Maier-Leibnitz eine wesentliche Rolle. Der Stahlbauer Maier-Leibnitz[17] war für die die wissenschaftliche Auswertung der Versuche verantwortlich und veröffentlichte 1942 einen eigenen Aufsatz zum Vergleich der Modellmessungen mit den statischen Berechnungen in der Zeitschrift *Die Bautechnik*.[18]

13 Durth 2001, S. 171–175.

14 Frank 1991, S. 81f.

15 Weber 2011, S. 89f.

16 Weber 2011, S. 97ff.

17 Kurrer 2010, S. 299–301.

18 Maier-Leibnitz 1942, S. 522–525.

Bild 3 Fritz Leonhardt mit MPA Stuttgart, Messmodell mit optischer Messeinrichtung für die Hängebrücke über den Rhein bei Köln-Rodenkirchen, M 1:100, ca. 1940.

Obwohl sich die beschriebenen Ingenieurkonstruktionen durch eine formale Schlichtheit auszeichnen, die sie von den monumentalklassizistischen Entwürfen der Architekten um Albert Speer abgrenzt, muss man dennoch festhalten, dass die Bauingenieure im Dienste eines Regimes standen, das die Weltherrschaft anstrebte und diese Aneignung des Raumes mittels Architektur und auch mit Ingenieurkonstruktionen umsetzen wollte, die weit über das bisherige Bauen hinausgehen sollten. Diese Projekte waren dafür gedacht, in einem vermeintlichen Nationenvergleich die Position des deutschen Ingenieurwesens zu manifestieren.

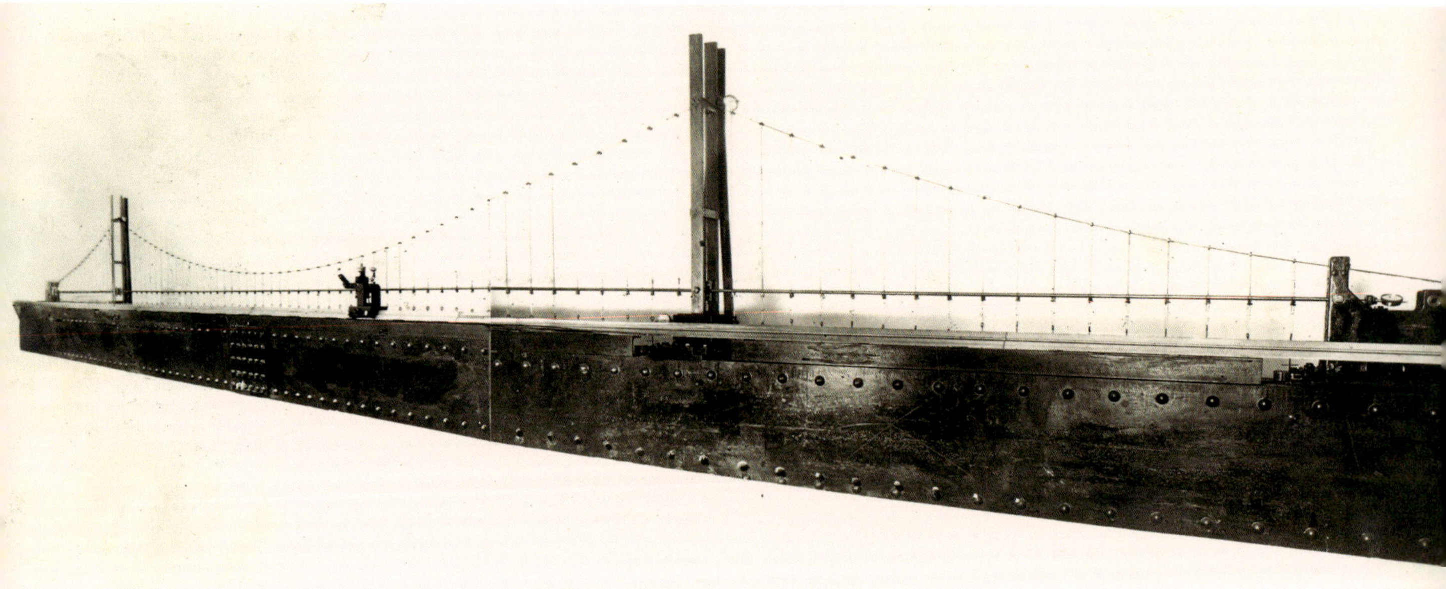

Bild 4 Karl Schaechterle und Fritz Leonhardt mit MPA Stuttgart, Messmodell für die geplante Elbehochbrücke Hamburg, Maßstab 1:125, ca. 1940.

Entscheidend für die Entwicklung nach dem Krieg sind die professionellen Netzwerke, die die Stuttgarter Ingenieure um Fritz Leonhardt in dieser Zeit knüpfen konnten und die ganz wesentlich auf den 1942 verunglückten Pforzheimer Bauingenieur Fritz Todt und dessen Position als „Generalinspektor für das Deutsche Straßenwesen" zurückzuführen sind.[19] Der Stuttgarter Brückenbauingenieur Karl Schaechterle spielte dabei die entscheidende Rolle auf dem Gebiet der Modellstatik. Ihm scheint der Techniktransfer der in den USA entwickelten Modellstatik nach Stuttgart zu verdanken zu sein, für dessen Etablierung lässt sich Fritz Leonhardt als Schlüsselfigur identifizieren, wobei der wissenschaftliche Nachweis durch Hermann Maier-Leibnitz geleistet worden war.

19 Ditchen 2009, S. 175–271; Schmid 2024.

LEICHT UND WEIT – MODELLSTATIK ALS PLANUNGSINSTRUMENT FÜR EMBLEMATISCHE BAUTEN DER NACHKRIEGSZEIT

Welche Auswirkungen das NS-Bauwesen auf die weitere Entwicklung des Bauingenieurwesens in der deutschen Nachkriegszeit hatte, welche Netzwerke weiter wirkten und inwieweit die administrativen Strukturen beibehalten wurden, ist nur in Ansätzen[20] und Einzelstudien[21] untersucht. Eine wissenschaftliche Aufarbeitung der Thematik, wie sie auf anderen Gebieten in der Technikwissenschaft in den letzten Jahren angegangen wurde, ist eines der zentralen Desiderate der Bautechnikgeschichte und erweist sich aktuell als umso relevanter, da das gesamtgesellschaftliche Bewusstsein hinsichtlich der moralischen Verantwortung herausragender Persönlichkeiten in autoritären Systemen – Stichwort Kolonialismus-Debatte – zugenommen hat. Die Verstrickungen der Bauingenieure als Funktionseliten im deutschen Kaiserreich und während der NS-Diktatur sind nicht annähernd so gut untersucht, wie dies beispielsweise Winfried Nerdinger und seine Kolleg*innen für die Architekten um Albert Speer in den letzten Jahrzehnten geleistet haben.[22] Eine detaillierte biografische Studie zu personellen Netzwerken wie Werner Durths *Deutsche Architekten. Biographische Verflechtungen 1900–1970* aus dem Jahr 1986 fehlt für die im Bauwesen tätigen Ingenieure.
Dabei sind die parallelen Entwicklungen nicht zu übersehen: Auch Bauingenieure wurden – wie ihre Architektenkollegen – nach den Zerstörungen im Zweiten Weltkrieg händeringend für den Wiederaufbau gesucht. Die Wiederherstellung der Infrastruktur, insbesondere des Straßen- und Eisenbahnnetzes und damit vieler strategisch in der letzten Kriegsphase von der deutschen Wehrmacht selbst oder den alliierten Truppen zerstörter Brücken, war Voraussetzung für den Aufbau der Wirtschaft in der neuen demokratischen Bundesrepublik Deutschland, dem von den westlichen Besatzungsmächten im beginnenden Kalten Krieg höchste Priorität eingeräumt wurde. Mehr noch als die im NS-System herausragend tätigen Architekten konnten sich die Bauingenieure auf ihre Rolle als ausführende und befehlsempfangende Technokraten zurückziehen und sich einer moralischen Mitverantwortung entziehen. Begünstigt wurde dieses Verhalten durch die sogenannten Spruchkammern, die ab 1946 in den westlichen Besatzungszonen die alliierte Militärgerichtsbarkeit ablösten. In den nun von Deutschen durchgeführten Spruchkammerverfahren[23] wurden Ende der 1940er Jahre so manche Amtsenthebungen revidiert, wie im Falle von Otto Graf, dem Leiter der Stuttgarter Materialprüfungsanstalt.[24] Den allermeisten wurde wie Fritz Leonhardt eine Einstufung als „Mitläufer" zuteil, was mit keinerlei beruflichen Einschränkungen verbunden war.[25]
Wenig bis gar nicht untersucht ist in bautechnikhistorischer Hinsicht die Frage, ob und auf welchen Feldern durch die massive staatliche Förderung während der NS-Diktatur ein Innovationsschub in der technischen Entwicklung stattgefunden hatte – ein Phänomen, das in den Technikwissenschaften weit bekannt ist und das auch für das Feld der Modellstatik in Deutschland zutrifft. Gemeinsam mit seinem Team setzte Fritz Leonhardt in dem mit Wolfhardt Andrä nach dem Krieg in Stuttgart gegründeten Büro Leonhardt + Andrä (L+A, seit 1970 LAP)

20 König 1981, S. 235–288; Manegold 1981, S. 133–159; Scholl 1981, S. 1–66; König 2006, S. 179–232.

21 Kunze 2001; Ditchen 2009; Voormann / Schüller 2009, S. 378–384; May 2011, S. 231–461; Weber 2011.

22 Nerdinger 1993; Früchtel 2008.

23 Ruhl 1982, S. 279f.

24 Weber / Ziegler 2011, S. 601f.

25 Weber 2011, S. 173.

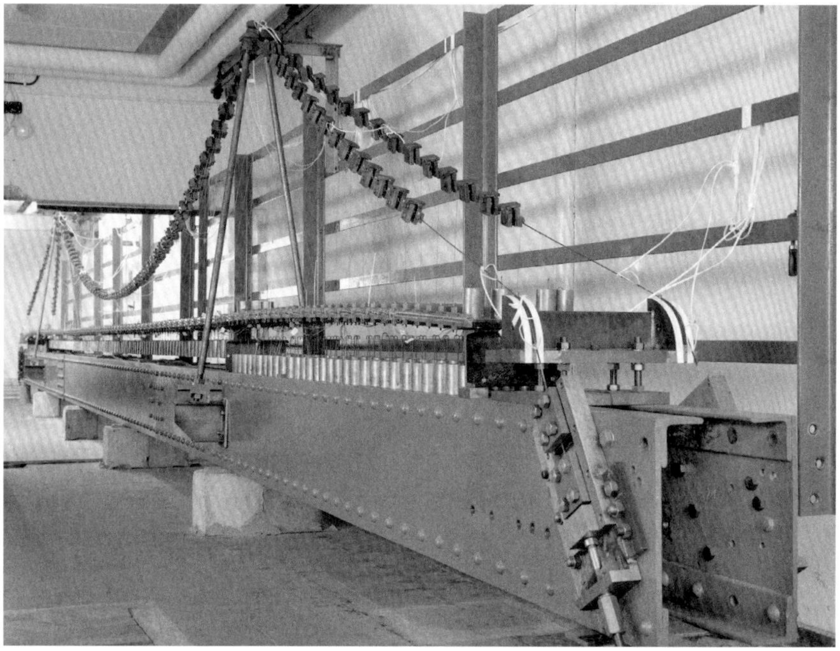

Bild 5 Fritz Leonhardt mit MPA Stuttgart, Messmodell für eine Monokabelhängebrücke, Maßstab 1:75, ca. 1959.

nach dem Krieg die erfolgreiche Zusammenarbeit mit der MPA in Stuttgart fort. Die von den Ingenieuren und Technikern der MPA weiterentwickelte Methode der Modellstatik kam nach dem Krieg vor allem bei Projekten zum Einsatz, die neue weitgespannte Konstruktionen vorschlugen, wie die Idee einer Monokabelhängebrücke über den Rhein bei Emmerich im Jahr 1961. Bis zu diesem Zeitpunkt nicht gebaut, traf dieses Tragsystem mit nur einem Hängekabel auf große Skepsis bei den zuständigen Genehmigungsbehörden.[26] Dabei hatte Leonhardt das zugrundeliegende statische System in den 1940er Jahren in Reaktion auf den Einsturz der Tacoma-Narrows-Brücke entwickelt. Bei diesem viel beachteten Versagensfall war die Brücke in einem Sturm durch hohe, aus ungünstiger Richtung angreifende Windkräfte in Schwingung versetzt worden, was zur Torsion und letztendlich zum Einsturz geführt hatte. Die folgende Diskussion, an der sich auch Fritz Leonhardt mit einem Aufsatz beteiligte,[27] ergab, dass die schlanken Fahrbahnträger instabil und in ihrer Form in Bezug auf dynamische Windlasten ungünstig gewesen waren. Im amerikanischen Bauwesen führte das dazu, dass eine Versteifung der Fahrbahnen durch Fachwerkträger eingeführt wurde. Leonhardt argumentierte mit der Windangriffsfläche und schlug das System eines Monokabels mit aerodynamischer Fahrbahntafel sowie die Aussteifung durch ein Seilfachwerk vor. Die Belastungstests für dieses Monokabelhängebrückensystem wurden mittels Modellstatik an der MPA Stuttgart ausgeführt (Bild 5).[28] Auch wenn der Versuchsaufbau des Modells im Maßstab 1:75 jenem bei den Projekten zur Rheinbrücke Rodenkirchen oder zur Elbehochbrücke glich, so lässt sich die technische Entwicklung in der Messtechnik an der Verwendung in den 1960er Jahren erstmals eingesetzter elektronischer Messverfahren ablesen (Bild 6).

26 Leonhardt 1984, S. 148f.

27 Leonhardt 1940, S. 10, 20, 28–32.

28 Bühler 2009, S. 109.

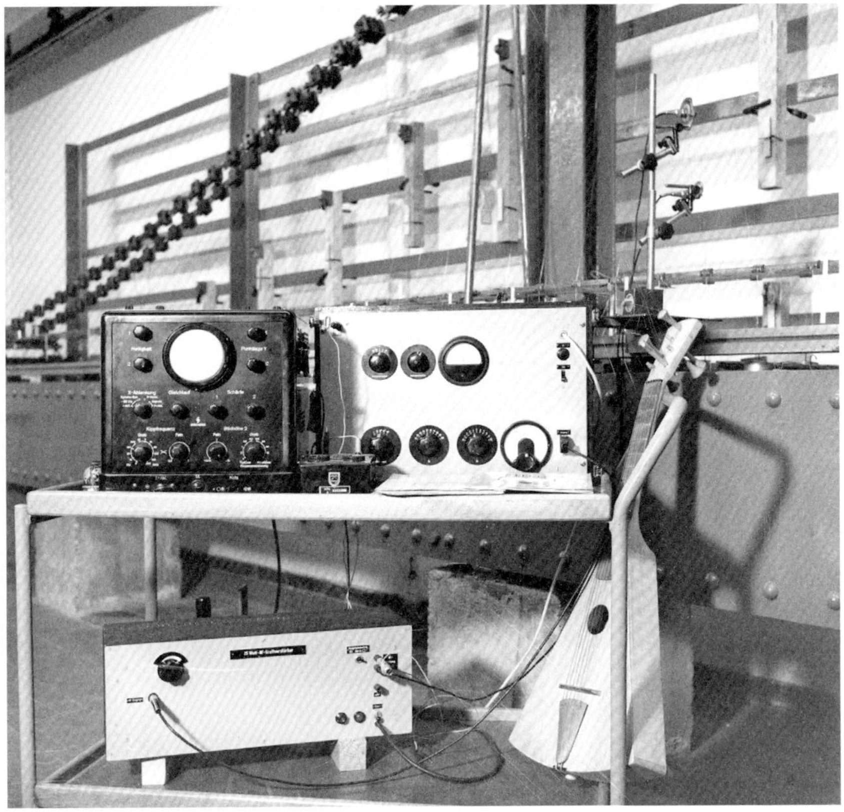

Bild 6 MPA Stuttgart, Messeinrichtung für das Messmodell der Monokabelhängebrücke, ca. 1959.

Des Weiteren sind Versuche zu den emblematischen Schrägkabelbrücken für Düsseldorf überliefert, für die Fritz Leonhardts Büro dank seiner aus der Reichsautobahnzeit stammenden Kontakte zum Leiter des dortigen Stadtplanungsamts, Friedrich Tamms, zum Zuge kam.[29] Die drei stadtbildprägenden Brückenbauten über den Rhein führten einen ebenfalls bis dahin noch wenig erprobten Tragwerkstyp ein, weshalb auch in diesem Fall modellstatische Versuche an der MPA Stuttgart beauftragt wurden (Bild 7).

Für die Architekturgeschichte relevant werden diese bautechnischen Innovationen durch die erfolgreiche Zusammenarbeit der Stuttgarter Ingenieure mit Frei Otto, einem der herausragenden Architekten der Nachkriegszeit. In explizierter Gegenposition zum Monumentalklassizismus der NS-Architektur, aber auch zu dem in der DDR in Anlehnung an die stalinistische UdSSR verfolgten Repräsentationsstil, prägte der posthum mit dem Pritzker-Preis prämierte Visionär die Zeit nach dem Krieg durch seine Architektursprache, die er unter den Schlagwörtern „leicht bauen – natürlich gestalten“[30] subsumierte und die zum Symbol des neuen demokratischen Staates in Westdeutschland wurde. In konstruktiver Hinsicht bedingte Frei Ottos Primat der Leichtigkeit bei maximaler Spannweite ein Bauen am technischen Limit und eine bewusste Abkehr von repräsentativen Fassaden hin zur Konstruktion als architektonischem Gestaltungsmittel. Diese Abwendung

29 Weber 2011, S. 173.

30 Nerdinger 2005, S. 11–15.

von der Fassade als kommunikativem Element bei gleichzeitiger Betonung der Konstruktion war bereits in der Klassischen Moderne postuliert und unter anderem von den sowjetischen Konstruktivisten in ihren Visionen verfolgt worden. Dennoch hatte man sie vor dem Krieg nur in Ausnahmefällen realisiert, so etwa bei weitgespannten Hallenbauten, vor allem auf dem Gebiet des Betonschalenbaus. Visionäre Seilkonstruktionen – wie etwa von Bodo Rasch[31] oder von Le Corbusier – blieben Entwürfe auf dem Papier. Erst die technischen Neuerungen auf dem Gebiet der Seiltechnik,[32] aber auch die weiterentwickelte Methode der Modellstatik verhalfen diesen durch ihre Konstruktion sprechenden Bauten der Hochmoderne zum Durchbruch. Dabei muss das stilgeschichtliche Narrativ der Architekturgeschichte bei näherer Betrachtung dahingehend ergänzt werden, dass ohne den technischen Beitrag der Ingenieure die leichte und transparente Architektur der jungen Bundesrepublik nicht möglich gewesen wäre.

Belegen lässt sich diese Hypothese dadurch, dass Frei Otto bis zu seiner – von Fritz Leonhardt als Dekan der Baufakultät mitbetriebenen – Berufung nach Stuttgart an das eigens für ihn eingerichtete Institut für Leichte Flächentragwerke (IL) im Jahr 1964 nur temporäre textile Zelte mit überschaubaren Spannweiten realisiert hatte.[33] Die am IL anhand von Seifenhautversuchen zur Formfindung generierten Entwürfe für den ebenfalls temporären Bau des Deutschen Pavillons der Weltausstellung 1967 in Montréal gingen weit über die Dimensionen der kleinen Zeltbauten hinaus. Sie konnten nur mit Hilfe eines ganzen Teams von Ingenieuren an der damaligen Technischen Hochschule (TH) Stuttgart realisiert werden. Als Versuchsbau entstand in diesem Zusammenhang der noch heute auf dem Universitätscampus erhaltene IL-Pavillon, für den – wie auch für die gesamte Zeltlandschaft – ein Messmodell angefertigt wurde (Bild 8).[34] Einen weiteren Maßstabssprung machten die Entwürfe für die Seilnetzdächer für die Olympischen Spiele in München 1972. Die Dimensionen der frei spannenden Seilnetztragwerke des realisierten Projekts nach dem Entwurf von Frei Otto mit Günter Behnisch, deren

31 Ludwig 2009.

32 Weber 2011, S. 157–165.

33 Weber 2010, S. 74f.

34 Schmid / Weber 2021.

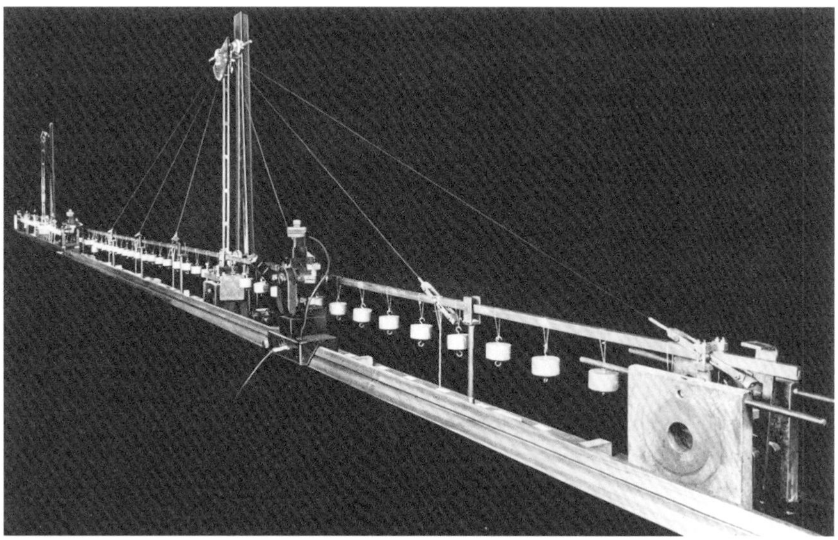

Bild 7 Fritz Leonhardt mit MPA Stuttgart, Messmodell für eine Schrägkabelbrücke für Düsseldorf, ca. 1959.

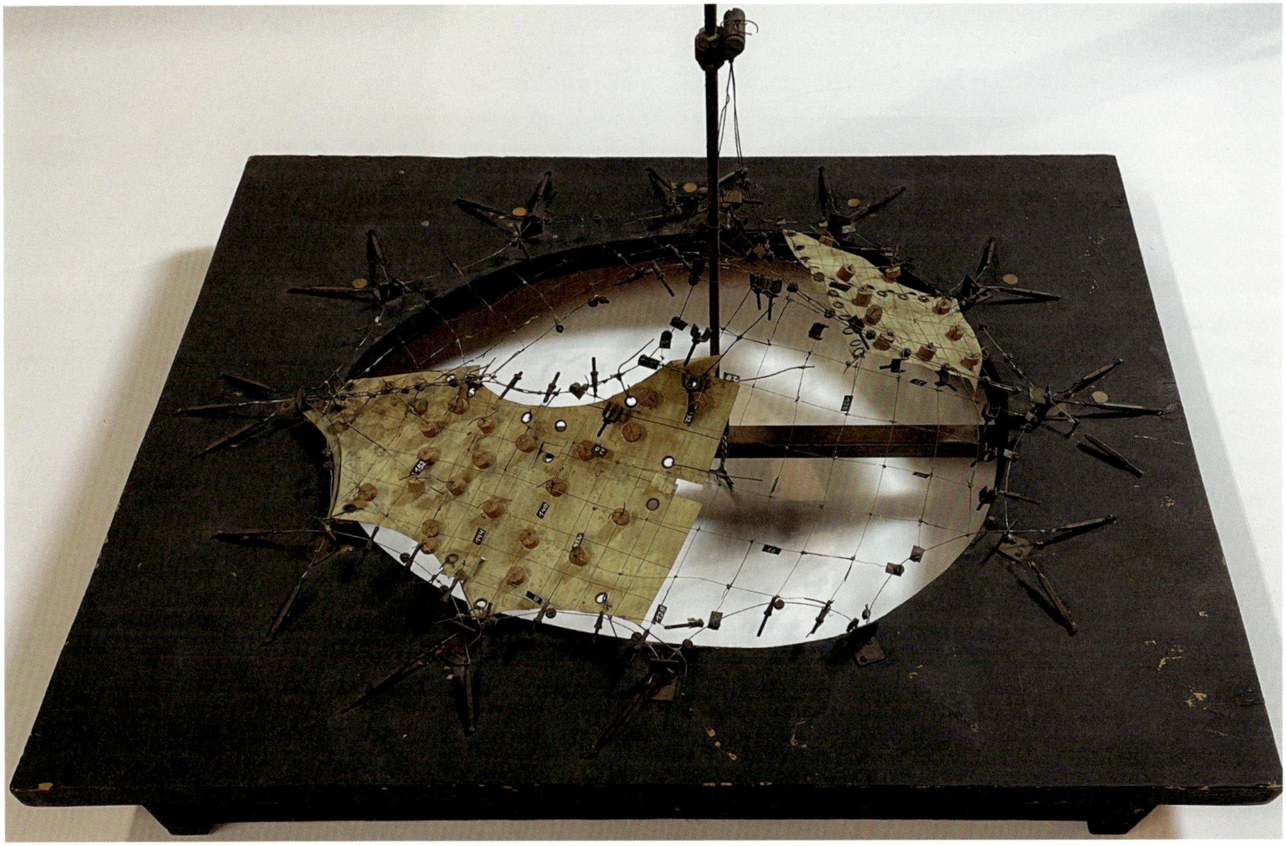

Bild 8 Frei Otto und IL, Messmodell für den IL-Pavillon in Stuttgart Vaihingen, Maßstab 1:75, ca. 1965.

Geometrie anhand eines Formfindungsmodells aus Polyestergewebe entwickelt worden war,[35] hatten sich im Vergleich zu Montréal nahezu verzehnfacht.[36] Auch bei Realisierung dieser „Konstruktion am Limit", die zudem nicht mehr temporär, sondern für eine langfristige Nutzung geplant war, war ein ganzes Team an Ingenieuren aus Stuttgart involviert, das sich bereits seit dem Projekt zu Montréal kannte. Die federführende Position kam Fritz Leonhardt zu, der mit seinem Büro die Tragwerksplanung übernommen hatte; verantwortlicher Projektleiter im Büro LAP war Jörg Schlaich, Leonhardts späterer Nachfolger an der Universität Stuttgart.[37] Das Seiltragwerk wurde, wie für Montréal, anhand von materialtechnisch und geometrisch ähnlichen Modellen entwickelt, wobei die am IL von den Mitarbeitern Frei Ottos geleistete Herstellung der filigranen Stahldrahtmessmodelle äußerst arbeitsintensiv war. Berthold Burkhardt erinnert sich an mehr als 50 000 Arbeitsstunden, die in den Modellbau investiert wurden (Bild 9).[38] Die Messungen fanden auf einem eigens im IL-Pavillon stationär eingebauten Messtisch statt, wobei die Fachkompetenz in Bezug auf die photogrammetrische Erfassung der Geometrie durch das von Klaus Linkwitz geleitete Institut für Anwendungen der Geodäsie im Bauwesen eingebracht wurde. Die Geodäten erzeugten auf

35 Spieker 2009, S. 118–121.

36 Weber 2010, S. 74.

37 Sobek 2009, S. 160.

38 Burkhardt 2021.

der photogrammetrischen Datengrundlage erste digitale Modelle des Tragwerks, unter Zuhilfenahme erster Computer im Bauwesen.[39] Weitere Unterstützung kam von den Kollegen des Instituts für Statik und Dynamik im Raumfahrtwesen unter John Argyris. Als sich die Genauigkeit der am IL gefertigten Messmodelle für den Zuschnitt der Dachhaut als nicht ausreichend erwies, obwohl für Detailpunkte bereits zusätzliche Modelle in größerem Maßstab gebaut worden waren, entwickelten die Ingenieure ein erstes FEM (Finite-Elemente-Methode) Programm, um mittels eines rein digitalen Modells den Zuschnitt zu ermitteln.[40] Die Dimensionierung des Tragwerks bezüglich Verhalten unter Last und die Ermittlung der erforderlichen Vorspannung erfolgten an den Messmodellen in sogenannten „Multimediaversuchen". Hierbei wurden verschiedene Messmethoden parallel angewandt – Photogrammmetrie, elektrische Dehnungsmessstreifen an den Randseilen und eigens am IL weiterentwickelte mechanische Messuhren (bezeichnet als Montreal-Messuhren nach ihrer ersten Anwendung im Rahmen des Projekts für den Deutschen Pavillon) –, um die fragilen Modelle nicht zu häufig Be- und Entlastungen auszusetzen.[41] Die automatisierte Messsteuerung der Dehnmessstreifen erfolgte mit Hilfe analoger Computer.[42]

Die Methode des Messens mittels Dehnungsmessstreifen war dabei von einer eigenen Einrichtung an der TH Stuttgart weiterentwickelt worden: dem Institut für Modellstatik, das 1953 von Karl Deininger initiiert und 1958 als Institut für Spannungsoptik und Modellmessungen in eine zentrale Einrichtung der Fakultät für Bauingenieurwesen umstrukturiert worden war. Seit 1960 war der Physiker und Mathematiker Robert K. Müller Teil des Institutes, das er 1967 als Leiter unter der neuen Bezeichnung Institut für Modellstatik übernahm.[43] Auf ihn und sein Team gehen zahlreiche technische Entwicklungen in den Bereichen Messtechnik, Modellherstellung und Berechnungsverfahren zurück, die Müller 1971 im *Handbuch der Modellstatik* publizierte.[44] Müllers Institut war auch bei einem weiteren repräsentativen Projekt der Nachkriegsmoderne maßgeblich involviert,

39 Schmid / Weber 2021, S. 628f.

40 Spieker 2009, S. 122; Schmid / Weber 2021, S. 628f.

41 Otto / Burkhardt / Hennicke 1975, S. 275–302.

42 Zu Bedeutung und wechselseitiger Ergänzung von Modell- und rechnungsbasierter Statik sowie dem Verhältnis der beteiligten Ingenieure und Architekten bei Planung des Münchner Olympiadachs vgl. die „Innenansicht" aus dem Team Frei Otto im Zeitzeugengespräch mit Rainer Graefe in diesem Band, S. 226–228.

43 Weber 2021a, S. 421–425.

44 Müller 1971.

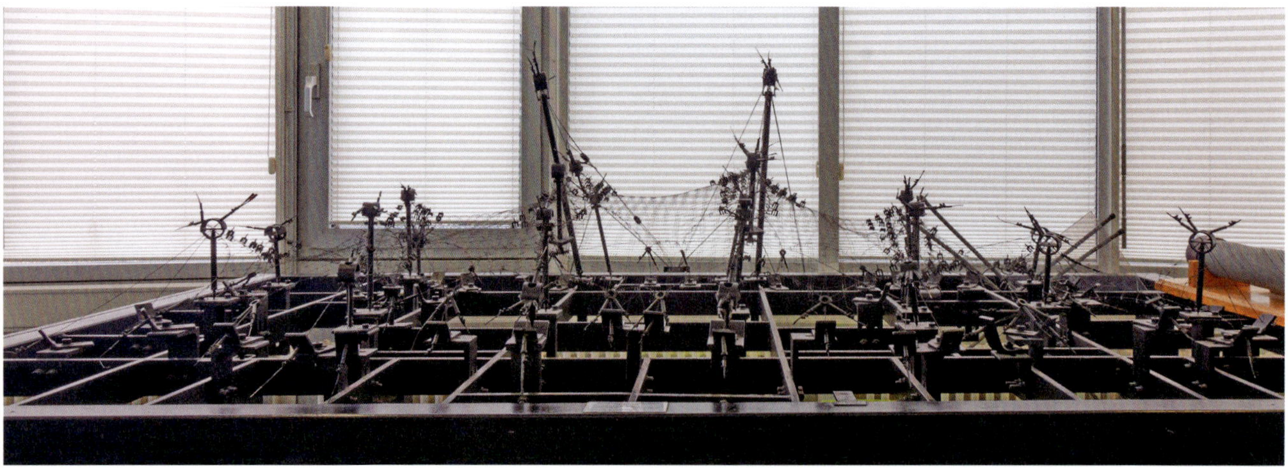

Bild 9 Frei Otto und IL, Messmodell für die Olympiadächer München, Maßstab 1:125, ca. 1970, heute Olympia-Informationszentrum München.

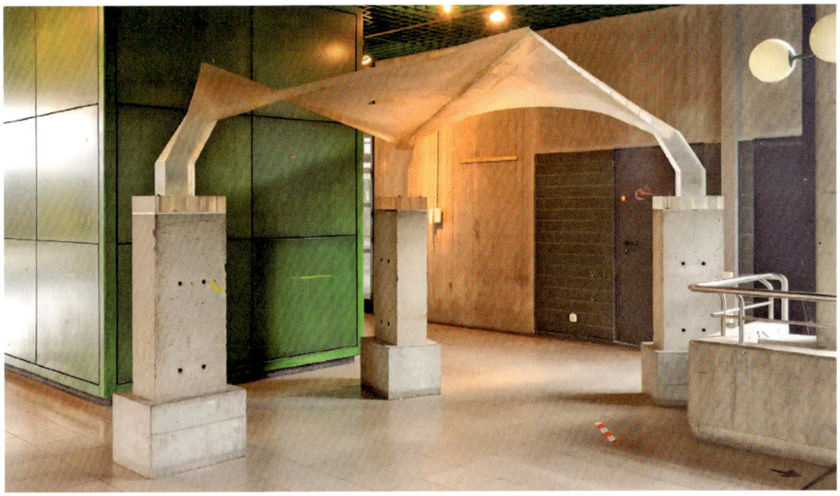

Bild 10 Institut für Modellstatik, Messmodell für die Alsterschwimmhalle Hamburg, Maßstab 1:26,67, nach 1964, heute Fakultät für Bau- und Umweltingenieurwissenschaften Stuttgart-Vaihingen.

dem als Alsterschwimmhalle bekannten Hallenschwimmbad Sechslingspforte in Hamburg. Für dieses Projekt war bereits 1958 ein Architekturwettbewerb ausgeschrieben worden, den die Architekten Horst Niessen und Rolf Störmer mit einem Beitrag mit weit auskragendem Schalendach aus zwei aneinandergrenzenden Hyparschalen gewannen.[45] Die Herausforderung für die Tragwerksplaner lag in der fehlenden kontinuierlichen Unterstützung der weit auskragenden Schalen, die auf nur 3 Stützen und mit möglichst schlanken Randträgern ausgebildet werden sollten.[46] Da Zweifel an der Ausführbarkeit der Konstruktion aufkamen, lehnten die anfänglich beauftragten Ingenieure den Auftrag ab. Erst 1964, nach fünf Jahren und einer Überarbeitung des Entwurfs durch Walter Neuhäusser, wurde mit L+A ein Ingenieurbüro gefunden, das bereit war, die Tragwerksplanung zu übernehmen. Auch für dieses Projekt verantwortete innerhalb des Büros Jörg Schlaich als Projektleiter die statischen Berechnungen. Zu dieser Zeit gab es noch wenig Erfahrung zum Tragverhalten von Hyparschalen, die derart weit frei auskragend geplant waren. Insbesondere die Verteilung der Spannungen in der dünnen Spannbetonschale und den Randträgern waren mit den damaligen Methoden nur sehr aufwendig berechenbar, weshalb man sich entschied, auch für dieses gewagte Projekt Versuche an einem Modell durchzuführen – eine gerade bei sehr weit gespannten Schalentragwerken bereits etablierte Methode, die schon im Spanien der 1930er Jahre durch Eduardo Torroja und später in Italien von Arturo Danusso an der Polytechnischen Universität Mailand und dann am Istituto Sperimentale Modelli e Strutture (ISMES) angewandt worden war.[47] Nach umfangreichen Überlegungen zur Ausführung in Microbeton fiel für Hamburg die Wahl auf ein Modell aus Acrylglas (Bild 10).[48] Bei einer Schalendicke im Modell von 3 mm und der realen Schalenstärke von 8 cm ergab sich der ungewöhnliche Maßstab von 1:26,67, bei dem das Modell zwischen den Tiefpunkten immerhin noch 4 m weit spannt. Für die Belastungsversuche wurden viele Einzellasten an der Modellschale mittels Bohrung und Lagerung an Gummiringen angebracht. Eine pneumatische Hebevorrichtung steuerte die Belastungsversuche, die Verformungen

45 *Schmid / Weber 2023.*

46 *Leonhardt / Schlaich 1970; Müller / Kayser 1970; Voßbein / Lehmitz 1970.*

47 *Chiorino 2010, S. 61–83.*

48 *Schmid / Weber 2023.*

und Spannungen konnten mittels 26 Einzeldehnungsmessstreifen und 317 Dehnungsmessstreifen-Rosetten gemessen und mit einem eigens entwickelten Computerprogramm ausgewertet werden. Die hybride Anwendung von physischen und rechnerischen Modellen resultierte in starken Unterschieden zwischen den Ergebnissen der Modellversuche und den errechneten Werten. Als Ursache ermittelten die Ingenieure, dass während der Versuche am Modell eine leichte Bewegung der Füße nach außen die Messergebnisse verfälscht hatte. Als Konsequenz wurden in der Ausführung die Stützenfüße der Schale mit einem Zugband verbunden.[49]
Projektleiter Jörg Schlaich urteilte im Rückblick, dass Modellversuche nur dazu dienen könnten, Hypothesen zu falsifizieren, und mit äußerster Vorsicht zu genießen seien. Dieses Urteil steht auch für das Ende der Hochzeit der Modellversuche im konstruktiven Hochbau. Die immer schnelleren und leistungsfähigeren Computer wurden in den Folgejahren sehr viel günstiger als die aufwendigen Modellversuche und lösten diese bei der Dimensionierung von Tragwerken ab.

FORSCHUNGSPERSPEKTIVEN

Die bautechnikhistorischen Forschungen zu modellstatischen Versuchen ergaben, dass viele der an – wenn nicht gar über – die Grenze des bisher Bekannten reichenden Konstruktionen der Nachkriegsmoderne ohne die Modellstatik als Methode zur Tragwerksplanung nicht umsetzbar gewesen wären. Ein Zentrum für die Anwendung dieser Methode war in Deutschland die Technische Hochschule Stuttgart, wo kreative Architekten auf einen ganzen Pool von erfahrenen und experimentierfreudigen Ingenieuren trafen. Ohne die bereits in den 1930er und 1940er Jahren gelegten Grundlagen auf dem Gebiet der Modellstatik wäre diese Entwicklung vermutlich nicht möglich gewesen.
Die Bedeutung von Modellen als eines der wichtigsten Planungswerkzeuge für das hochmoderne Bauwesen wurde von der Bautechnikgeschichte in den vergangenen zehn Jahren erkannt.[50] Die oftmals entscheidende Rolle, die Modellen bei Innovationsprozessen im Ingenieurbau und beim Entwurf neuer Tragwerke insbesondere der Nachkriegsmoderne zukam, wurde bisher jedoch von nur wenigen Forschenden berücksichtigt. Architekturhistoriker*innen konnten zudem nachweisen, dass Modelle ihren eigenen Wert als Wissensspeicher haben, mit deren Hilfe sich Planungs- und Bauprozesse nachvollziehen lassen.[51] Modelle waren und sind zudem ein Kommunikationsmedium zwischen den einzelnen Akteur*innen im Bauwesen. Daher kommen Modelle während aller Phasen der Planung und der Umsetzung zum Einsatz: als Entwurfsmodelle, als Präsentationsmodelle, als Formfindungsmodelle, und insbesondere auf dem Gebiet des Ingenieurbaus: als Versuchs- und Messmodelle, um Tragwerke und ihr Verhalten zu visualisieren und zu analysieren. Im Umgang mit den wenigen erhaltenen historischen Messmodellen stellt sich zudem die Frage, welcher Stellenwert der überlieferten materiellen Substanz eingeräumt werden soll, da es sich bei den überlieferten Objekten um „Fragmente“ in der eigentlichen Bedeutung des Wortes handelt. Ihr Sinn erschließt sich erst über ihren Funktionszusammenhang als

49 Vgl. die genauere Beschreibung im Abschnitt "Wegmarken" in diesem Band, S. 102–107.

50 Addis 1988; Addis 2005; Addis 2013; Addis 2014; Weber 2014; Bühler 2015; Weber 2015a; Weber 2015b; Möller 2016a; Möller 2016b; Möller 2017; Addis 2019; Antuña Bernardo 2019.

51 Schuller et al. 2009; Cachola Schmal / Elser 2012, S. 45–50; Amsellem / Grubert 2015, S. 97–112.

Teil eines Versuch- und Testaufbaus, der sich nur in sehr seltenen Fällen, wie in der Sammlung des Schweizer Ingenieurs Heinz Isler im gta Archiv an der ETH Zürich, erhalten hat (Bilder 11 und 12)[52]. Geradezu modellhaft steht die Bemühung um die materielle Bewahrung dieser verbliebenen „Fragmente" vor den gleichen Herausforderungen bezüglich denkmalpflegerischer Bewertung und baulicher Erhaltung wie bei den Ingenieurbauwerken der Hochmoderne an sich.[53] Die wissenschaftliche Bearbeitung der Versuchsmodelle bereichert somit auch den denkmalpflegerischen und bautechnikgeschichtlichen Diskurs über die Berücksichtigung ingenieurwissenschaftlicher Leistungen und Innovationen als „Kulturerbe Konstruktion".[54]

All diese Modelle, seien sie bereits in Ausstellungen präsentiert, in Sammlungsdepots magaziniert oder auch nur irgendwo in akademischen Einrichtungen gelagert, bedürfen dringend einer Neubewertung hinsichtlich ihrer Bedeutung für die Geschichte des Bauingenieurwesens. Mit dem Teilprojekt „Die letzten Zeugen" im DFG-Schwerpunktprogramm 2255 – eine Kooperation der Technischen Universität München (Andreas Putz), der Hochschule Karlsruhe (Eberhard Möller) und der Universität Innsbruck (Christiane Weber) – wurde ein wichtiger Schritt dazu getan, die große Bedeutung von Messmodellen als gleichwertige Zeugnisse des Planungs- und Bauprozesses neben grafischen und rechnerischen Methoden zu manifestieren. Die bautechnikhistorische Bearbeitung dieser Objekte erbrachte zahlreiche neue Erkenntnisse zur Vernetzung der beteiligten Personen und Institutionen auf dem Gebiet der Modellstatik und wesentliche neue Aspekte zum Bau und zum Einsatz der Modelle als Versuchskörper. Trotz intensiver Recherchen konnten im Rahmen des Projekts nur wenige zusätzliche Messmodelle aufgefunden werden: diese konnten im Rahmen des Projekts retrodigitalisiert werden und werden der Forschung in einem frei zugänglichen Repositorium zur Verfügung gestellt werden, um den langfristigen Erhalt und das Wissen um diese letzten Zeugen des Kulturerbes Konstruktion zu sichern.

52 Boller 2022.

53 Putz 2020.

54 Ein aktuelles Beispiel gab das Symposium „Messmodelle" an der Bauhaus-Universität Weimar am 28./29. April 2025.

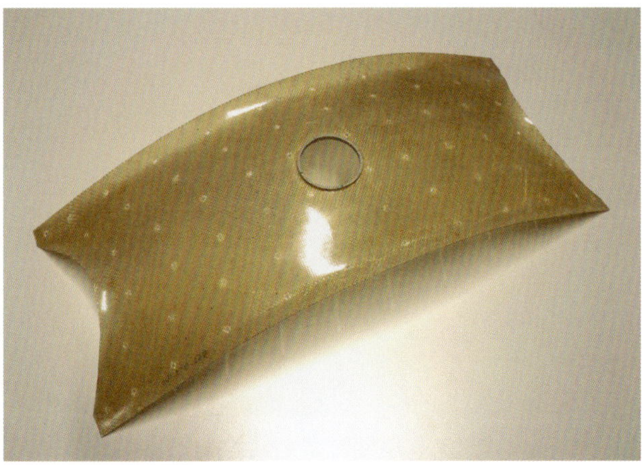

Bild 11 Heinz Isler, Messmodell für den Bautypus der Tennishalle, Maßstab ca. 1:100, ca. 1977, heute gta Archiv Zürich.

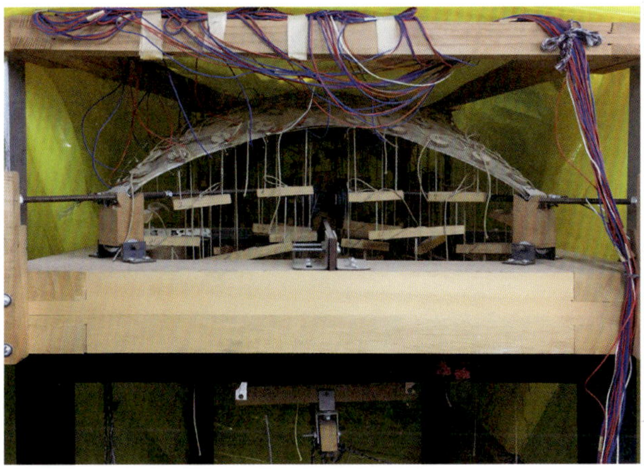

Bild 12 Heinz Isler, Messmodell im Versuchsaufbau, heute gta Archiv Zürich.

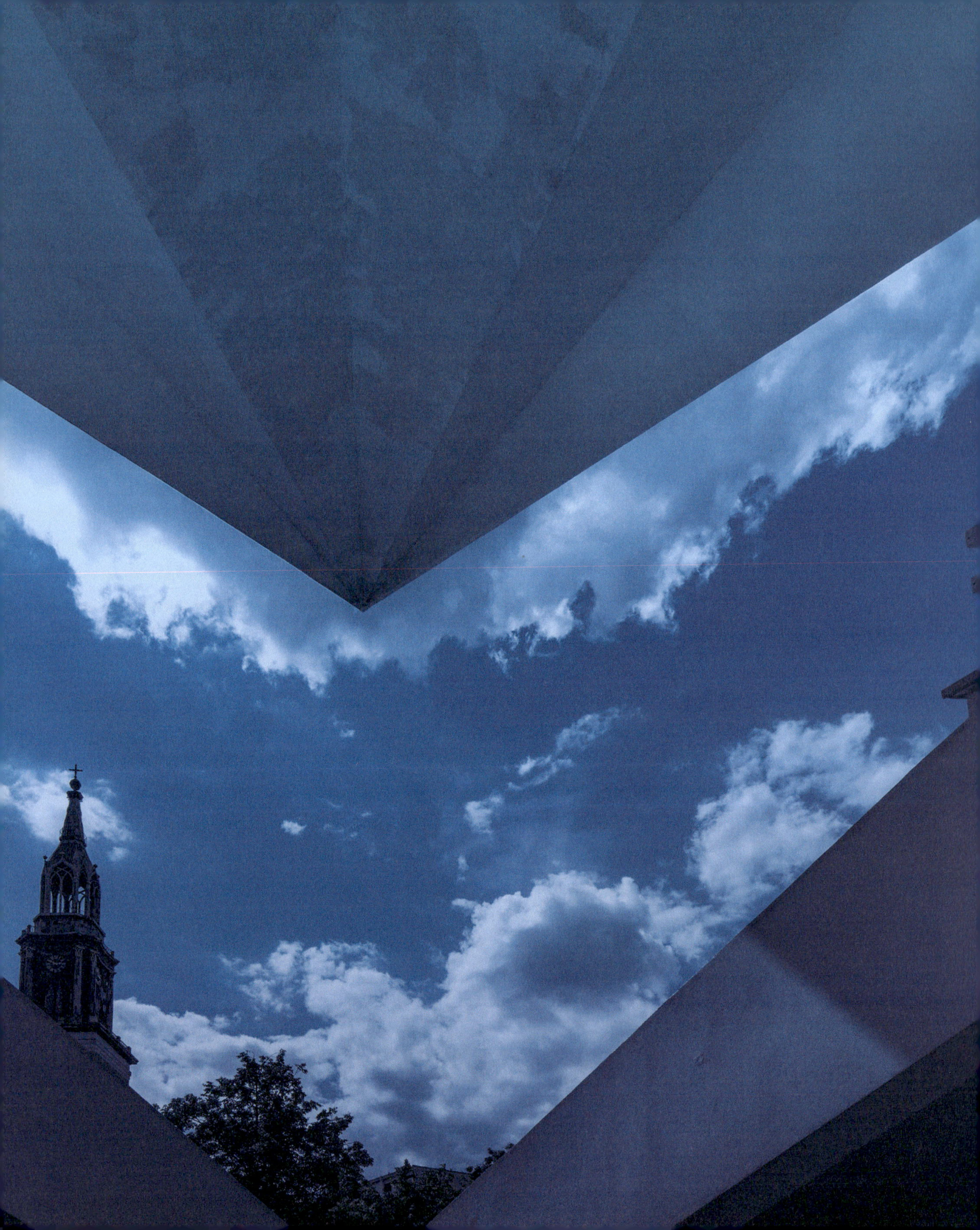

ZEITZEUGEN IM GESPRÄCH

Rolf Heider im Gespräch mit Werner Lorenz

BAUINGENIEUR IN DER DDR

1967 wurde der gerade 27 Jahre alte Rolf Heider verantwortlich für die gewagte Fußumbauung des seinerzeit prominentesten Bauvorhabens der DDR, des Berliner Fernsehturms. Ein Gespräch über das Bauingenieur-Sein auf der Ostseite der Berliner Mauer – über ein Studium mit Architektenhassern und Ernteeinsätzen, über Projekte „am Limit", Berechnungen mit dem Rechenschieber und Versagensängste beim Ausschalen, über erstaunlich offene Kommunikationswege, rüde politische Einflussnahmen und den Wert schützender Hände.

Rolf Heider wurde 1940 im schlesischen Glatzer Bergland geboren. 1945 kam er mit seiner Mutter nach Cottbus, wo sich die Familie niederließ. Hier besuchte er die Grund-, dann auch die Oberschule und machte 1958 sein Abitur – nicht ganz leicht für den Sohn eines Geschäftsinhabers in der DDR, wo die Oberschule vornehmlich für Arbeiterkinder reserviert war. Nach einem Praktikum auf der Baustelle des Kraftwerks Lübbenau wurde Heider 1960 zum Studium des Bauingenieurwesens an der Hochschule für Bauwesen in Cottbus zugelassen. Mit dem Vordiplom wechselte er nach Weimar und schloss dort das Studium in der Fachrichtung Konstruktiver Ingenieurbau ab.

Eigentlich zog es ihn zum Brückenbau, doch rasch ließ er davon ab, da ihm lediglich eine wenig erstrebenswerte Position als Bauleiter in der Provinz in Aussicht stand. Stattdessen entschied er sich für den Volkseigenen Betrieb (VEB) Berlin-Projekt, einen aus heutiger Sicht ausgesprochen großen Planungsverbund mit ungefähr 1000 Mitarbeitern. Zunächst wurde der junge Ingenieur dem Bereich Statik und Konstruktion im Betriebsteil „Gesellschaftsbau" zugeordnet, schon bald aber wechselte er in die (von seinen Ingenieurkollegen eher herablassend bewertete) „Architekturwerkstatt", die zu dieser Zeit mit nicht weniger als der Neugestaltung des Zentrums von (Ost-)Berlin befasst war. Heider fand hier sein erstes großes Projekt – die Fußumbauung des Berliner Fernsehturms.

Der Zusammenarbeit mit Architekten blieb er auch nach der Vollendung des spektakulären Faltwerks treu. 1970 wechselte er an das Institut für Städtebau und Architektur der Deutschen Bauakademie (ab 1973: Bauakademie der DDR) und wurde Mitglied der von Hermann Henselmann begründeten „Experimentalwerkstatt". 1975 schloss er hier, an der Bauakademie, auch seine Dissertation ab. Nur 14 Tage später zog die Nationale Volksarmee den frisch gekürten Doktor der Ingenieurwissenschaften ein. Nach dem Wehrdienst kehrte er 1977 zum Volkseigenen Bau- und Montagekombinat Ingenieurhochbau Berlin (VE BMK IHB), einem Nachfolgebetrieb des VEB Berlin-Projekt, zurück. Sogleich war Heider wieder mit einem innovativen Bauakademie-Vorhaben befasst – einem Versuchsturm für Heizungs-, Lüftungs- und Sanitärtechnik. Es folgten weitere interessante Projekte, ab 1979 zudem eine Gastdozentur für Tragwerkslehre an der Abteilung Architektur der Kunsthochschule Berlin (heute Kunsthochschule Berlin-Weißensee).

Mit dem Ende der DDR und der damit verbundenen Auflösung sowohl der Baukombinate als auch der Bauakademie wechselte der mittlerweile Fünfzigjährige 1990 zur Firma imbau (Industrielles Bauen GmbH), einer Tochtergesellschaft der Philipp Holzmann AG. Für die zu gründende Berliner Niederlassung war er mit dem Aufbau und der Leitung der Technischen Abteilung beauftragt. Zwölf Jahre später veranlasste ihn die sich abzeichnende Insolvenz des Unternehmens zum Schritt in die Selbständigkeit. 2002 gründete er die Ingenieurgesellschaft Heider-Ingenieure, die 2013 zur noch heute bestehenden Heider-Ingenieure Tragwerksplaner GmbH umfirmiert wurde. Der Namensgeber selbst hatte sich zu diesem Zeitpunkt altersbedingt schon als Gesellschafter zurückgezogen.

Seine Zeit nutzte er in der Folge unter anderem zum Verfassen zweier sehr lesenswerter autobiografischer Bücher. 2015 erschien zunächst *Zeit und Ort – autobiografische Skizzen eines ostdeutschen Bauingenieurs*, das schwerpunktmäßig Kindheit, Jugend und der frühen Zeit als Ingenieur gewidmet ist. Das 2020 herausgekommene zweite Buch *Bürger, Bauingenieur, Freigeist – 41 Essays über das Leben und Arbeiten in zwei Gesellschaften* bietet vielfältige Einblicke in sein gesamtes, außerordentlich spannendes Leben (nicht nur) als Bauingenieur.

WL Lieber Herr Heider, ich bin sehr dankbar dafür, dass wir uns heute im Rahmen des ersten Zeitzeugengesprächs für die Schriftenreihe des Schwerpunktprogramms Kulturerbe Konstruktion unterhalten können. Wir werden vornehmlich über Ihr Ende der 1950er Jahre begonnenes Studium und Ihre frühe Ingenieurpraxis bis in die beginnenden 1970er Jahre sprechen – jenen Zeitraum also, der sich als späte Hochmoderne charakterisieren lässt. Beginnen wir mit dem Studium.

STUDIUM IN COTTBUS UND WEIMAR

RH Ursprünglich wollte ich eigentlich in Dresden Physik studieren. Doch das habe ich mir dann nicht zugetraut, ich hielt mich nicht für genial genug. Weil ich politisch-ideologisch nicht ganz auf der Parteilinie lag, verlangte man nach dem Abitur von mir sowieso zunächst, das Leben der Werktätigen auf echten Baustellen kennenzulernen.

WL Die Entscheidung für das Praktikum im Kraftwerk Lübbenau fiel also noch vor der für ein Bauingenieurstudium?

RH Eine freie Entscheidung war das nicht, ich wurde dazu gezwungen.

WL Wären Sie ein Kind proletarischer Eltern gewesen, hätten Sie das Praktikum nicht machen müssen?

RH Kann ich nicht genau sagen, vielleicht, wenn ich an der Oberschule eine andere Haltung eingenommen hätte. So wurde jedenfalls beschlossen, dass ich erst mal auf den Bau und mal richtig unter die Arbeiter gehen müsse.

WL Im Nachhinein hat sich das erzwungene Praktikum jedoch Ihren Essays zufolge als durchaus positiv erwiesen, weil Sie erstmals eine Vorstellung vom praktischen Bauen gewannen?

RH Der Ansatz war wirklich nicht ganz falsch, und die Erfahrung tat mir durchaus gut. Tatsächlich erwies sich mein Praktikum insofern als sehr sinnvoll, dass ich schon mal eine Großbaustelle von innen gesehen hatte, ein bisschen mit Hammer und Nagel umgehen konnte oder wusste, was ein Bewehrungsstahl ist. Besonders bei meiner letzten Station, den Zimmerleuten, faszinierten mich der Umgang miteinander und die Arbeitsweise dieser Facharbeiter sehr. Da lag der Schritt zum Studium des Bauwesens schon recht nahe.

WL Einen wichtigen Impuls für die Entscheidung zugunsten des Bauingenieurstudiums gab dann aber wohl die Begegnung

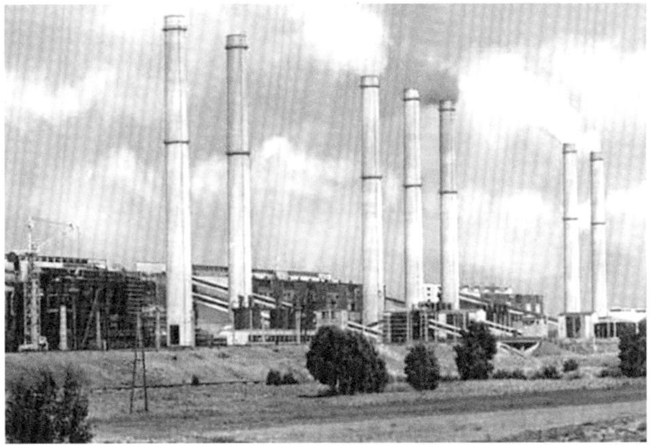

Bild 1 Nach dem Abitur arbeitete Rolf Heider 1959/60 zunächst als Schachter, Betonierer und Zimmermann auf der Großbaustelle des Braunkohle-Kraftwerks Lübbenau; die Aufnahme zeigt das Bauwerk nach der Vollendung 1960.

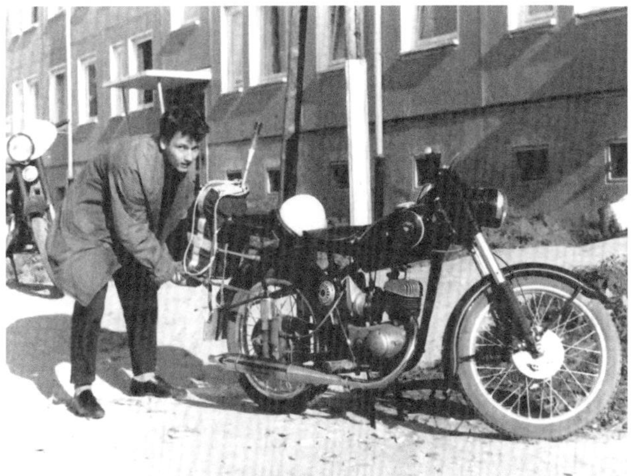

Bild 2 Das hart erarbeitete Geld (und ein erheblicher Zuschuss des Vaters) ermöglichten dem Studienanfänger in Cottbus den Kauf einer MZ 125-3; Aufnahme um 1960.

mit dem Freund Ihrer Schwester, der damals an der Hochschule für Bauwesen in Cottbus studierte?

RH Ja, das stimmt. Zufällig besuchte ich in dieser Zeit den Verlobten meiner Schwester. Er war gerade im Diplomsemester und schrieb an seiner Diplomarbeit bei Professor Reinhold Rabich, einem führenden Schalentheoretiker der DDR, der damals auch einiges zur praktischen Anwendung der Schalenbauweise beigetragen hat. Mein späterer Schwager hatte die interessante Aufgabe, einen Flugzeughangar zu entwickeln und statisch zu berechnen. Tatsächlich haben mich die dortige Arbeitsweise und die hierbei benutzten Geräte sehr beeindruckt: Die leicht klappernden metallenen Rechenschieber und Maßstäbe und diese Zeichnungen mit ihren ästhetischen Darstellungen. Als ich meine Schwester später fragte, was ihr Verlobter denn einmal machen werde, wenn er fertig ist, meinte sie ganz geheimnistuerisch zu mir: „Er wird Chefstatiker." Diesen Begriff fand ich so interessant, dass ich das auch werden wollte.

Also meldete ich mich 1960 in der Cottbuser Hochschule an. Wohl auch angeregt durch das Vorbild meines Schwagers wurden Statik und Festigkeitslehre meine Lieblingsfächer. Allerdings war das Studium noch sehr breit angelegt, und wir hatten auch Fächer wie Verkehrsbau, Wasserbau und anderes. Es war eine merkwürdige Situation damals: Viele Studenten waren auf dem heißen Pflaster von Berlin zu Hause. Die Grenzen waren noch offen, oft hielten sie sich in West-Berlin auf.

Auch ich selber war in jenen Jahren öfter „drüben". Schon als Schüler hatte ich zum Beispiel in der zehnten Klasse mit ein paar Freunden eine Radtour von Cottbus nach Potsdam gemacht. Von Potsdam waren wir dann mit der S-Bahn einfach ins Hansaviertel auf die 1957 ausgerichtete Internationale Bauausstellung gefahren, da habe ich diese großartigen Bauten gesehen, die gerade entstanden. Die Begegnung mit deren spätmoderner Architektur hat mich beeindruckt. Das war vielleicht auch ein früher Impuls für mein späteres Studium.

WL Ich würde gerne noch einmal zur Studiensituation im Bauingenieurwesen in den 1960er Jahren zurückkommen, die für heutige Studierende und auch junge Ingenieure kaum mehr vorstellbar ist. Es gab noch keine Rechner zu der Zeit, die Arbeitsmittel waren das Zeichenbrett, der Rechenschieber und diverse Bemessungstabellen, das war gleich in Ost und West. Doch wie war in der DDR die Lehre organisiert? Ich vermute, sehr autoritär?

RH In Cottbus war das erstaunlich locker. Die Hochschule war noch sehr jung und politische Beeinflussung habe ich da nicht wahrgenommen. Anwesenheit wurde nicht überprüft und es gab nur ganz wenige Prüfungen am Ende der Semester. Allerdings war das Studium vollgestopft mit vielen Belegarbeiten, in denen man im Grunde auch am meisten lernte.

Die Professoren waren sehr unterschiedlich, wie es heute auch noch der Fall ist. Besonders beeindruckt hat mich Professor Erhard Hampe, bei dem wir in Cottbus die Vorlesung in Technischer Mechanik hatten. Mit der Auflösung der Cottbuser Hochschule 1963 wechselte er – ebenso wie ich – zur Hochschule für Architektur und Bauwesen Weimar und übernahm dort den Lehrstuhl für Massiv- und Brückenbau.

WL Wie war das Verhältnis zu den Professoren? Hatte man direkten Kontakt zu ihnen? Oder gab es wie bei uns im Westen einen „Mittelbau" mit Assistenten?

RH Es gab recht viele Assistenten. In nahezu allen wichtigen Fächern wiederholten die Assistenten in Seminaren den Stoff aus den Vorlesungen, in denen man oft nicht allzu viel gelernt hatte. Die Struktur ähnelte also durchaus der heutigen. Allerdings folgten die Studienjahre sehr streng aufeinander und

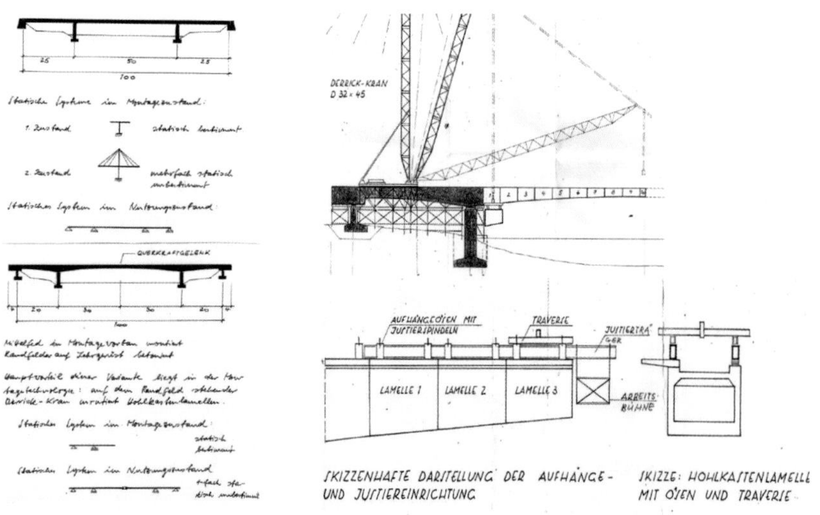

Bild 3 Zwei Auszüge aus Rolf Heiders 1965/66 in Weimar entstandener Diplomarbeit zum Thema „Entwurf einer Brücke in Vorbaumontage" (heute: „Segmentbauweise"). Links: Diskussion geeigneter Brückensysteme, rechts: Vorschlag für den Ablauf des freien Vorbaus mit (Stahlbeton-) Segmenten.

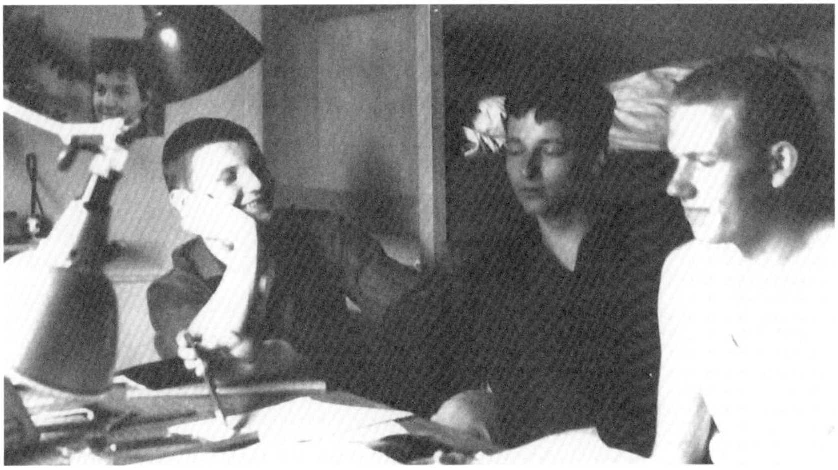

Bild 4 Rolf Heider mit Kommilitonen im Weimarer Studentenwohnheim, 1962.

es war eindeutig festgelegt, wann man Prüfungen abzuleisten hatte. Und wenn man zweimal durch die Prüfung gefallen war, dann musste man unwiderruflich gehen.
Ein weiterer Unterschied zum heutigen Studium bestand darin, dass wir in Seminargruppen aufgeteilt waren. In Cottbus etwa fingen damals ungefähr 60 Studenten pro Jahrgang das Studium an. Während wir in den Vorlesungen alle vereint waren, hatte man uns für die Seminare in drei Gruppen – A, B und C – aufgeteilt. Wir waren aber nicht nur in den Seminaren zusammen. Auch wenn wir Ernteeinsätze hatten oder andere Dinge tun mussten, dann ging das seminargruppenweise. So hat man sich sehr gut kennengelernt. Ich gehe noch immer fast jedes Jahr zu Seminargruppentreffen, zu denen weiterhin rund 20 Leute kommen, wobei dies dann meist die Weimarer Gruppe betrifft. Wenn ich heute die Generation meiner Enkel sehe, da ist das Verhältnis untereinander im Studium schon völlig anders.

WL Die Frage nach den Unterschieden zwischen Ost und West interessiert mich auch in anderer Hinsicht. Bei Ihnen waren Dinge wie Sport, Ernteeinsätze oder etwa Kurse in Marxismus-Leninismus obligatorische Bestandteile. Im Westen hingegen gab es, seitdem ich denken kann, Diskussionen darüber, wie man die gesellschaftliche Verantwortung des Bauingenieurs in den Studienplänen berücksichtigen könnte; heute versucht man mit Modellen wie dem „fächerübergreifenden Studium" die Studierenden zum Blick über den Tellerrand zu motivieren. Boten die „ML-Kurse" in gewisser Hinsicht eine solche, wenn auch streng gelenkte Option?

RH Wir hatten ähnliches ja schon in der Oberschule, im Rahmen des sogenannten Gegenwartskunde-Unterrichts. Später hieß das dann Marxismus-Leninismus, wobei das Ganze eigentlich sehr interessant mit idealistischer Philosophie begann: Kant, Feuerbach und auch die Kritik der idealistischen Philosophie. Dann folgten die ökonomischen Analysen von Karl Marx und schließlich die politische Ökonomie im Sozialismus. Da ich schon damals Literaturfreund war und sehr viel gelesen habe, fand ich das hochinteressant und habe immer fleißig mitdiskutiert.
Vielen anderen war das allerdings ein Gräuel. Die haben nur dagesessen und gar nicht richtig zugehört. Manchmal wurde wild diskutiert und es gab ziemlich offene Diskussionen mit den Dozenten, die teilweise in der Philosophie sehr beschlagen waren. Wer wollte, der konnte davon profitieren und bekam dadurch einen weiteren Blick und in gewisser Weise auch einen Bezug zur Gesellschaft. Allerdings glaube ich nicht, dass das Verantwortungsbewusstsein im Hinblick auf unseren Beruf dadurch wirklich gestärkt wurde.

WL Es war ja auch nicht alles so sozialistisch, wie es hätte sein sollen. Sie haben beschrieben, dass Kommilitonen nachts betrunken alte Wehrmachtslieder sangen.

RH Ja, das habe ich in Weimar erlebt. Der Zweite Weltkrieg war noch nicht lange her und die Nazi-Ideologie schwebte noch in manchen Köpfen. Weggegangen aus der DDR waren ja vor allem diejenigen Nazis, die wirklich befürchten mussten, dass sie zur Verantwortung gezogen werden. Über die SED und ihre Organisationen andererseits haben wir uns zu der Zeit noch lustig gemacht und sie nicht so richtig ernst genommen. Die Freie Deutsche Jugend, FDJ, haben wir vor allem benutzt, um schöne Fahrten zu organisieren. Spätere Generationen haben das anders erlebt. Vielleicht war das aber auch eine

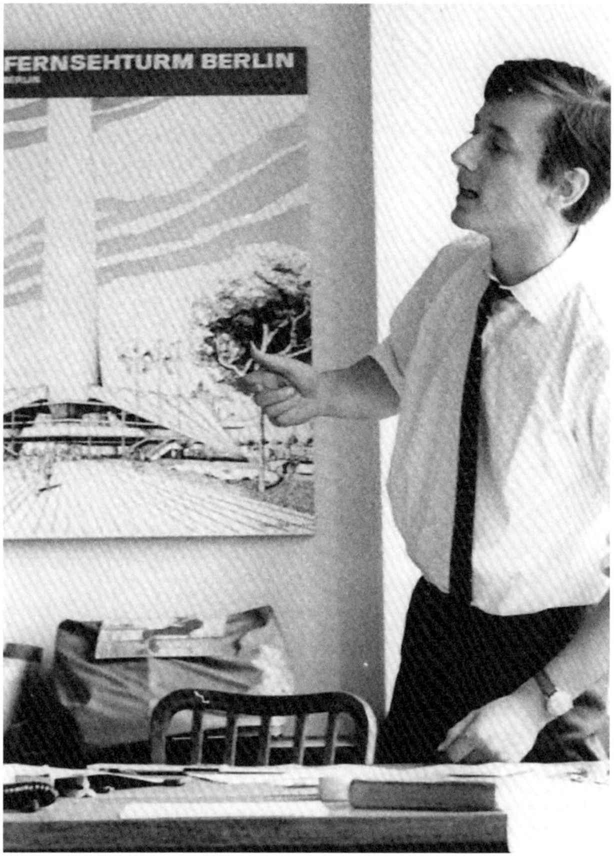

Bild 5 Heider als junger Tragwerksplaner im „Betrieb Projektierung" des Volkseigenen Bau- und Montagekombinats (VE BMK), um 1969.

Besonderheit in Cottbus. Der aus Oberschwaben stammende Rektor der Hochschule, Theodor Musterle, ein Wasserbauer, verhielt sich recht unpolitisch und sah vieles ganz locker. Die Hochschule wurde dann ja unter anderem auch aufgelöst, nachdem Musterle in Ungnade gefallen war.

WL Gab es noch andere Gründe?

RH Der Hauptgrund war eigentlich, dass eine Hochschule für Bauwesen in der DDR nicht mehr gebraucht wurde, nachdem die Mauer gebaut worden war. Zuvor war jedes Jahr mindestens ein ganzer Studienjahrgang in den Westen abgehauen. Anstatt vier Hochschulen gab es dann zunächst nur noch drei in der DDR. Als aber wenig später ein bisschen mehr Wohlstand da war und besonders der Wohnungsbau ganz groß im Kommen war, wurde in Cottbus wieder eine Ingenieurhochschule eingerichtet.

TÄTIGKEIT ALS JUNGER TRAGWERKSPLANER

WL Ihre Diplomarbeit verfassten Sie an der Hochschule für Architektur und Bauwesen in Weimar bei dem schon erwähnten Erhard Hampe, einem auch im Westen bekannten und etwa auf dem Gebiet des Schalenbaus sehr angesehenen Wissenschaftler. Das Thema Ihrer mit „sehr gut" abgeschlossenen Arbeit war der Entwurf einer Brücke in Freimontage, damals noch ein relativ ungewöhnlicher Ansatz. Der Brückenbau hat Sie sehr fasziniert und Sie wollten eigentlich auf diesem Feld arbeiten – wieso wurde daraus nichts?

RH Schon während des Studiums in Weimar hatte ich mitbekommen, dass es bei den Architekten viel lustiger zuging. Eine gewisse Affinität zur Architektur hatte ich schon vorher gehabt, nun freundete ich mich mit Architekturstudenten an und besuchte hin und wieder auch eine Vorlesung bei den Architekten. Was mich interessierte, war die Gestaltung, und da schien mir für einen Bauingenieur der Brückenbau die besten Möglichkeiten zu eröffnen. Deshalb wollte ich unbedingt im Brückenbau diplomieren. Mein Thema, die Freimontage, heute Segmentbauweise genannt, war völlig neuartig und ich habe sehr viel dabei gelernt. Der technische Direktor einer Brückenbaufirma hat mir dann aber letztlich vom Brückenbau abgeraten, weil in der DDR damals nur ein oder zwei Großbrücken pro Jahr gebaut wurden, gleichzeitig aber mindestens 100 Statiker schon sehnsüchtig darauf warteten, endlich an solch eine Aufgabe zu kommen. So bin ich zunächst beim Tiefbau gelandet, bald aber zum Hochbau gegangen – zum damaligen VEB Berlin-Projekt, wo ich 1966 sofort eingestellt wurde.

WL Das erste Jahr im VEB Berlin-Projekt, in der Abteilung Statik und Konstruktion des Betriebsteils Gesellschaftsbau, haben Sie in Ihren Erinnerungen als ziemlich furchtbar beschrieben. Es dominierten Haltungen und Praktiken, die dem negativen Stereotyp von Bauingenieuren als architektenfeindlichen Rechenknechten sehr nahe kamen.

RH Diese Tendenz, schlecht über Architekten zu reden, hatte ich schon an der Hochschule kennengelernt. So sah sich etwa mein Statik-Professor Friedrich Hagedorn regelrecht als Gegner der Architekten. Nebenbei bemerkt: Er war ein sehr guter Professor, der seine Lehrveranstaltungen werkstattartig gestaltete; von seinen Vorlesungen und Seminaren habe ich jahrelang profitiert.
Zwischendurch hatte ich ein Praktikum beim VEB Industrieprojektierung (IPRO) Berlin gemacht, wo unter anderem das Atomkraftwerk Rheinsberg geplant wurde. Dort lernte ich ein Ingenieurbüro kennen, in dem auch Architekten arbeiteten. Im

Industriebau der DDR hatten zwar die Ingenieure das Sagen, aber die Architekten versuchten dann noch ein bisschen zu gestalten. Ich fand die Atmosphäre dort wunderbar, wurde anerkannt und lernte auch viel, insbesondere das Konstruieren.
Als ich nun zu Berlin-Projekt ging, kam ich in eine Abteilung, in der zwei Kollegen vor dem Mauerbau an der Ingenieurschule in West-Berlin studiert hatten. Sie waren gute Leute, aber sie akzeptierten mich als Diplom-Ingenieur aus Weimar von vornherein nicht, denn sie hatten eine Aversion gegenüber den jüngeren Leuten, die von den ostdeutschen Hochschulen kamen. Das war sehr unangenehm.
Ich versuchte dann, meine Arbeit interessanter zu gestalten, indem ich häufiger zu den Architekten ging. Der VEB Berlin-Projekt war sehr groß und über mehrere Standorte verteilt. So gab es einen Betrieb Tiefbau, einen Betrieb Wohnungsbau und den Betrieb Gesellschaftsbau, in dem ich tätig war. Dieser verfügte über fünf Abteilungen, unter anderem Bauphysik, Architektur und meine Abteilung, Statik und Konstruktion. Die Architekten des Betriebs Gesellschaftsbau waren unter demselben Dach wie wir untergebracht, sodass es leicht war, mit ihnen in Beziehung zu treten. Ich ging einfach in ihre Büros und unterhielt mich mit ihnen.
Im Rahmen meiner Tätigkeiten wirkte ich unter anderem ganz wesentlich am Centrum-Warenhaus am Alexanderplatz mit. Durch meine guten Kontakte zu den Architekten konnte ich etwa die skulpturalen Außentreppen durchsetzen, die leider vor rund 20 Jahren abgerissen wurden. Dies brachte mir wiederum bei meinen Ingenieur-Kollegen großen Unmut ein, da ich selbstherrlich darüber hinweggegangen war, dass sie schon beschlossen hatten, den Bau dieser Treppen abzulehnen.

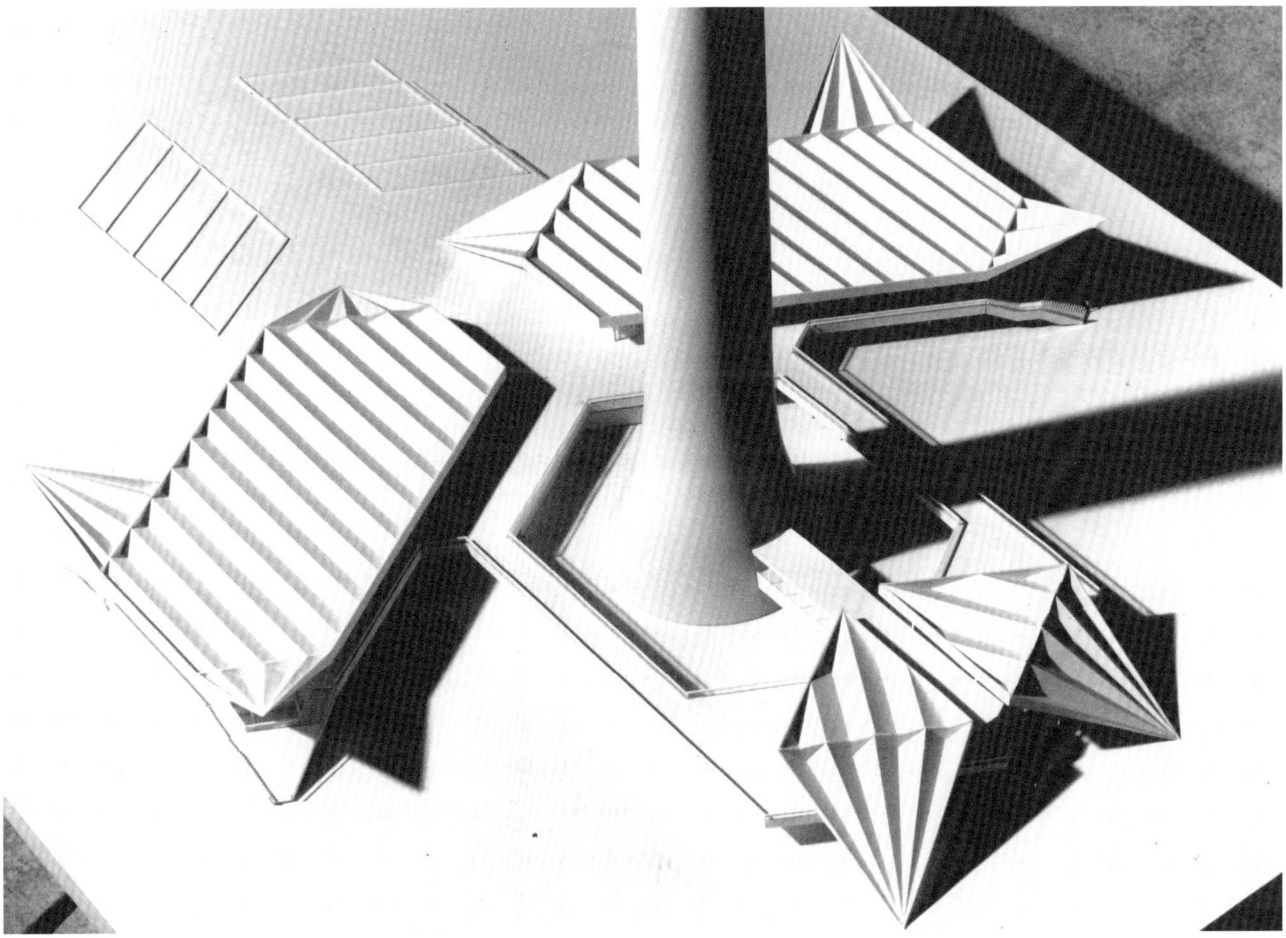

Bild 6 Mit einem Pappmodell überzeugte Rolf Heider die Architekten von der strukturgebenden, expressiven Wirkung eines Faltwerkkontinuums als Fußumbauung des Berliner Fernsehturms, um 1968.

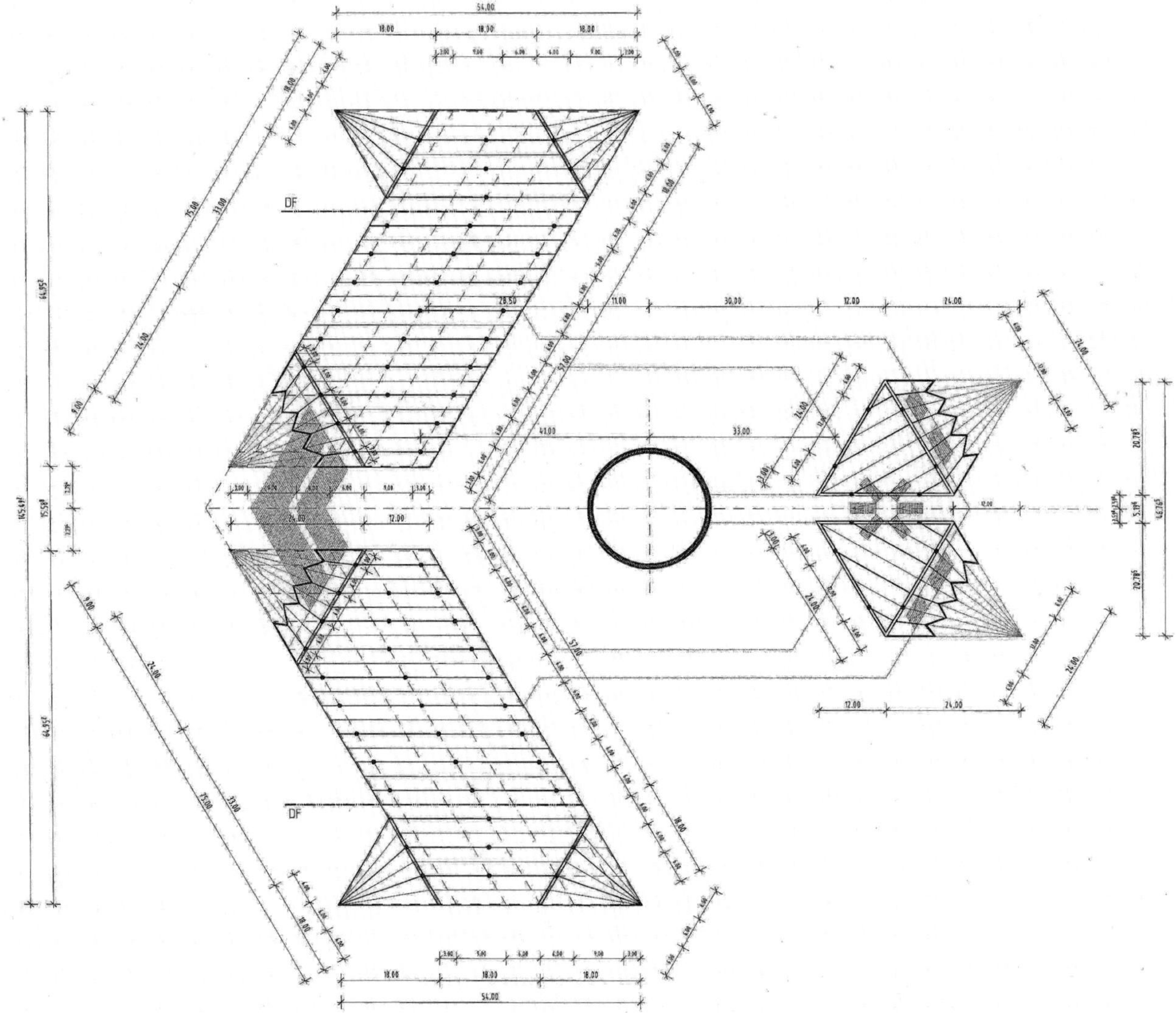

Bild 7 Die Übersichtszeichnung für das Obergeschoss der Fußumbauung zeigt das „Zickzack-Faltwerk" mit den auf- und abgehenden freien Flügeln an den Enden.

DIE FUSSUMBAUUNG DES FERNSEHTURMS

WL Sie haben dann ja recht schnell die Konsequenz gezogen und sind in die sogenannte Architekturwerkstatt gewechselt.

RH Das war ein bisschen anders. Weil es sich herumsprach, dass ich eine etwas andere Haltung zur Architektur habe, wurde ich angesprochen, ob ich nicht „konspirativ" an der Umbauung des Fernsehturms mitarbeiten wolle, und zwar an einem Gegenentwurf zu dem hierfür bisher offiziell vorgelegten. Dieser war unbefriedigend, und ich sagte sofort zu. So habe ich dann an der Fassung mitgearbeitet, die später auch ausgeführt wurde. Ich war aber nicht die ganze Zeit unter den Architekten, denn ich stellte bald fest, dass man unter Architekten gar nicht richtig als Bauingenieur arbeiten kann. Dort wird diskutiert und verworfen und so weiter. Ich blieb nur ungefähr zwei Monate, bis wir das ganze Konzept fertig hatten, und kehrte dann reumütig in meine alte Abteilung zurück und erarbeitete dort die Statik.

WL Das haben doch sicherlich nicht alle Kollegen nur wohlwollend unterstützt?

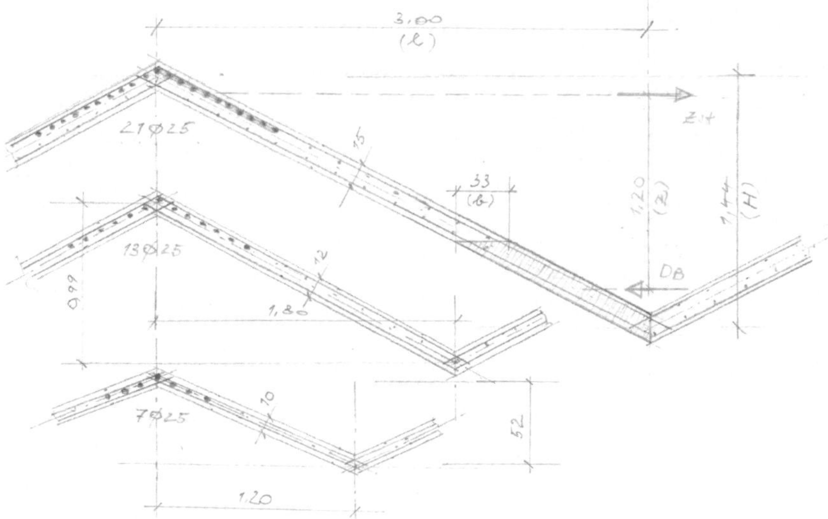

Bild 8 Bewehrungsskizze für drei Schnitte durch die frei auslaufenden und sich verjüngenden Faltwerk-Flügel.

RH Hierzu muss ich kurz ausholen. Während der Planung wurde der reine Projektierungsbetrieb VEB Berlin-Projekt mit dem Ingenieurhochbau Berlin (IHB) im VE Bau- und Montagekombinat (BMK) fusioniert, und wir wurden dort integriert. Unsere Tätigkeit lief unter dem Begriff Projektierung, denn in der DDR war der heute übliche Begriff „Planen" besetzt durch die Planwirtschaft. Auch den Begriff des „Tragwerksplaners" gab es noch nicht. Wir waren „Statiker", obwohl „Tragwerksplaner" unserer damaligen Arbeit viel näher kommt.
Privatbetriebe gab es ja keine mehr, und auch unser Betrieb Projektierung war Teil eines zentral geleiteten Kombinats. Das BMK war eine Kombination verschiedener Betriebe, es gab Ausführungsbetriebe für Stahlbau, Stahlbeton, Fertigteilbau etc., und es gab den Betrieb Projektierung, in dem unsere Architekten und Ingenieure saßen.
Dort gab es auch die von uns so genannte „Abwehr-Abteilung", richtig nannte sie sich „Investitionsvorbereitung". In ihr wurden die Aufgaben, die im Kombinat bearbeitet werden sollten, auf die ökonomische Zielsetzung hin begutachtet. Diese „Abwehr-Abteilung" war sofort gegen unser Projekt, weil klar war, dass die Umsetzung nicht so einfach werden würde. Allerdings konnten sie letztlich nichts dagegen machen, weil sich Walter Ulbricht persönlich dafür entschieden hatte.

WL Ich würde hier gern kurz einhaken. Zu diesem Zeitpunkt war ja schon längst entschieden, dass der Fernsehturm mitten in der Stadt errichtet werden sollte. Das war völlig neuartig, und eben deshalb brauchte man nun etwas, das zwischen dem gewaltigen Turmschaft und der umgebenden Stadtlandschaft vermitteln könnte. Wenn ich es richtig in Erinnerung habe, sah die ursprüngliche Planung hierfür eine ringförmige Bebauung vor?

RH Ja, eine Art exzentrischer Ring.

WL Wie kam es dann dazu, dass sich Ihr „konspirativ" entwickelter Gegenentwurf durchsetzen konnte? Das war ja ein geradezu revolutionärer Akt?

RH Hierzu möchte ich zunächst ein paar Bemerkungen zur Entscheidung machen, einen Fernsehturm in das Berliner Zentrum zu stellen. Es heißt, die Idee sei von Hermann Henselmann gekommen; auch die Kugel, so wird behauptet, sei seine Idee gewesen, und es gibt tatsächlich einen entsprechenden Entwurf. Den hatte Henselmann, ohne dass er aufgefordert worden war, im Rahmen eines Wettbewerbs für die Bebauungsplanung des Zentrums schon Ende der 1950er Jahre eingereicht, und in ihm hatte er bereits einen Turm mit einer Kugel vorgesehen.
Mit der Planung der Fußumbauung wurde unser Betrieb – zunächst noch Berlin-Projekt, dann Ingenieur-Hochbau Berlin – direkt beauftragt. Das war natürlich für unsere Architekten sehr interessant. Unter anderem arbeitete damals ja bei uns der gebürtige Österreicher Josef Kaiser, ein sehr renommierter Architekt, der beispielsweise auch das Kino International entworfen hat.

WL Ein phantastischer Bau. Von Kaiser stammt doch auch das gegenüberliegende Café Moskau?

RH Ganz entscheidend mitgewirkt hat daran Horst Bauer – und von eben diesem stammte der ursprüngliche, kreisrunde Entwurf für die Fußumbauung. Nachdem beschlossen worden war, dass sie in dieser Form gebaut werden solle, gründete man

eine besondere Abteilung für das Gebiet um den Fernsehturm. Die Leitung als sogenannter Komplexprojektant – also nicht Komplexarchitekt – hatte Manfred Prasser, unter dem später etwa auch der Friedrichstadtpalast oder der Gendarmenmarkt geplant und gebaut wurden.
Prasser kritisierte damals Bauers Entwurf für die Fußumbauung, weil er so richtungsneutral sei und zum Turm eigentlich ein beschwingtes pavillonartiges Bauwerk entworfen werden müsste. Dies war aber schwierig durchzusetzen, denn es waren schon die Grundleitungen verlegt und alle gingen davon aus, dass das nun so gebaut wird. Heute gibt es ja oft die Vorstellung, dass in diesen Planungskollektiven eine reine „Kommandowirtschaft“ von oben nach unten geherrscht habe. Doch das stimmt nicht.
Da arbeiteten Menschen, die auch gegeneinander in Konkurrenz standen und ihrer Meinung Ausdruck gaben. Bezüglich der Fußumbauung vertrat Prasser die Auffassung, es müsse ein ganz anderer Entwurf her – und eben deshalb hat er mich dann mit dem Architekten Walter Herzog zusammengebracht.

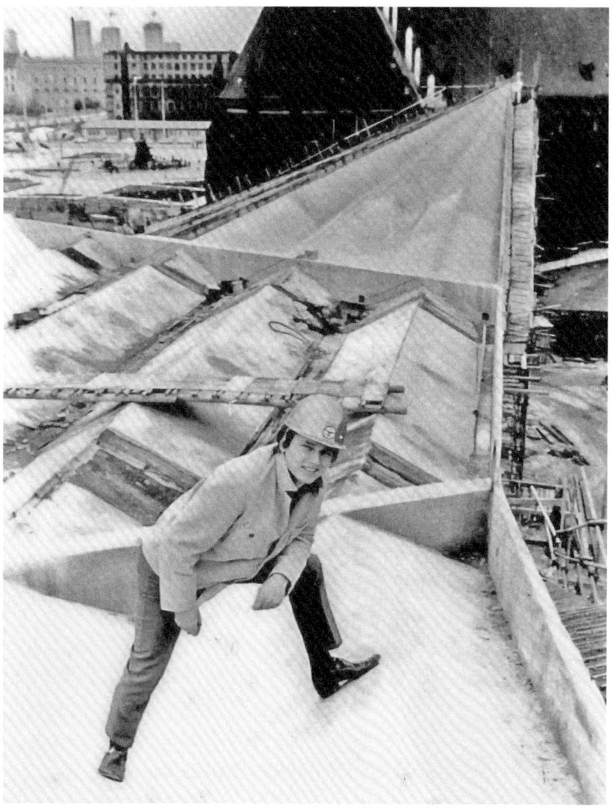

Bild 9 Heider als verantwortlicher Statiker auf dem frisch betonierten Dach der Fußumbauung, 1969.

WL Heider und Herzog – das war also das kleine Team, das den Gegenentwurf eines Faltwerks formuliert hat?

RH Wir saßen Tag und Nacht ganz alleine da und entwarfen das Bauwerk. Die Grundform war schon als Idee da; ich merkte aber rasch, dass eine stabilisierende Struktur nötig sein würde und machte deshalb den Vorschlag, die Umbauung als Zick-Zack-Faltwerk auszuführen. Auf der Basis erster Skizzen und eines einfachen Modells haben wir den Entwurf konkretisiert.

WL Die ganze Angelegenheit ist für mich sehr beeindruckend. Wir reden ja nicht von irgendeinem Projekt, sondern von einem wichtigen Baustein für das zentrale Bauvorhaben der damaligen DDR. Das musste im Oktober 1969 fertig sein, denn zum 20. Jahrestag der DDR sollten der Fernsehturm und zumindest auch dessen Eingangsbauwerk eingeweiht werden. Als Sie 1967 zur Planungsgruppe für die Fußumbauung hinzukamen, war aber noch nichts gebaut, noch nicht einmal geplant. Sie waren ein 27-jähriger Jungingenieur und bekamen solch' eine Verantwortung. Von außen gesehen erscheint mir das im Nachhinein geradezu unglaublich.

RH Das lag einfach daran, dass der Entwurf zunächst einmal gegen die Meinung anderer entstand, und tatsächlich im Geheimen geplant wurde. Die weitgehende Ablehnung hatte dazu geführt, dass man im Betrieb Projektierung nichts damit zu tun haben wollte. Auch die Abteilung für Investitionsvorbereitung war ja dagegen, aber sie ließen mich machen. Sie dachten vermutlich, dass sowieso nichts daraus wird. Mit einem Mal aber legten wir unser Konzept vor, und ich hatte sogar schon eine Vorstatik erstellt. Es kam zu einer großen Versammlung aller Beteiligten, auf der schließlich der Hauptdirektor entschied: „Wir müssen das jetzt machen, das ist im Politbüro beschlossen worden“. Und damit mussten alle in den sauren Apfel beißen.

WL Damit hatten Sie die höchstmögliche Rückendeckung.

RH Ich hatte höchste Rückendeckung, aber – so kurios sich das auch anhört – unterstützt hat man mich nicht. Man gab mir lediglich zwei Bauzeichnerinnen, die überdies noch Lehrlinge waren. Außerdem hatte ich noch einen Praktikanten aus Dresden, der mit Hilfe der Vektorrechnung die ganze Geometrie nachrechnete, die ich vorher mit trigonometrischen Funktionen berechnet hatte. So prüften wir, ob auch alles genau stimmt, damit die Schalung gebaut werden konnte und ähnliches. So war das bis zum Schluss.

WL Ich kann mir vorstellen, dass viele Gegner des Projekts dachten: „Lass den mal scheitern“.

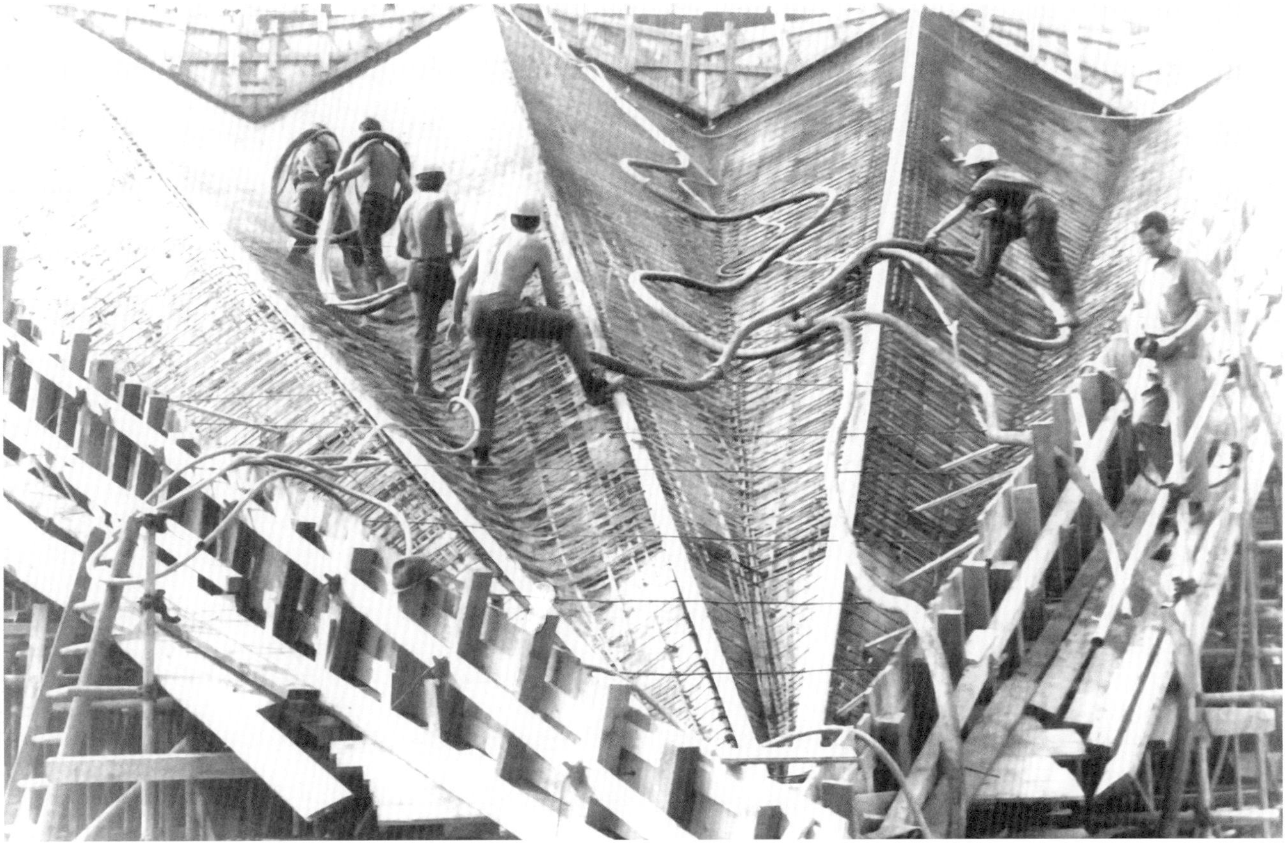

Bild 10 Einbringen des Spritzbetons („Torkretieren“) in die Schalung eines der Faltwerk-Flügel, 1969.

RH Das stimmt. Aber zugleich war das der Grund, weshalb man mich als jungen Kerl hat machen lassen.

WL Mir erscheint es dennoch auch als ein außerordentlicher Vertrauensbeweis. Sie hatten sich zwar schon in Weimar einen sehr guten Ruf erworben und konnten auf hervorragende Leistungen verweisen. Auch hatten Sie die nötige Spezialisierung – gleichwohl stellte ein Faltwerk in diesen Dimensionen eine besondere Herausforderung dar. Zudem waren da die weit auskragenden „Flügel“, die nur wenige Zentimeter über dem Boden in der Luft enden. Sie durften sich nicht zu stark durchbiegen, um den Boden nicht etwa zu touchieren. Wenn ich mich recht erinnere, gaben Sie 30 Zentimeter Überhöhung vor, und haben später beschrieben, dass die Arbeiter zu Ihnen sagten: „Du musst darunter stehen, wenn wir die Schalung ablassen.“

RH Tatsächlich haben sie das von mir gefordert. Sie glaubten nicht, dass die nach unten gerichteten und über 24 Meter weit nach außen kragenden Dächer tatsächlich schweben würden. Ich habe zugesagt, war dann aber gerade im Urlaub, als das erste Dach ausgeschalt wurde, und musste mich doch nicht darunter stellen. (lacht)

WL Eigentlich schade.

RH Dieser Vorschlag war schon ein bisschen verrückt, und ich hatte damals schlimme Träume.

WL Mir hat es übrigens sehr gefallen, in Ihrem Buch etwas über die Träume eines Bauingenieurs zu lesen. In der Studienzeit etwa hatten Sie vor einer Prüfung den Traum, Sie wären ein Rahmentragwerk.

RH Ja (lacht). Da hatte ich allerdings ein wenig Fieber.

WL Da standen Sie und plötzlich verdrehten Ihnen irgendwelche statischen Momente die Arme. Ein Traum, den nur ein Ingenieur haben kann …

In der Realität der Fußumbauung stiegen Sie nach der Rückkehr aus dem Urlaub mit einem Maßband auf die ausgeschalten Flügel, brachten sie in Schwingung und verglichen, wie Schwingungen und auch Durchbiegungen mit dem übereinstimmten, was Sie zuvor berechnet hatten.

RH Die Berechnung war notwendig gewesen wegen der Windböen. Ich war mir gar nicht sicher, ob ich die Flügel überhaupt anschaukeln kann. Jetzt kommt man ja leider nicht mehr an sie heran, aber wenn man mit aller Kraft darauf drückt, dann fangen sie an zu zittern.

WL Bei der Kragweite kann ich mir das gut vorstellen.

RH Wir nahmen einfach einen Filzstift und führten daran ein Zeichenbrett entlang, sodass schöne Sinuskurven entstanden. Zugleich maß ich mit der Stoppuhr genau die Frequenz aus und kam dann fast auf das Ergebnis, das ich berechnet hatte.

WL Bemerkenswert! Hatten Sie damals eigentlich schon irgendwelche Computer für die Berechnung?

RH Meine erste Begegnung mit dem Computer hatte ich in Weimar mit dem ZRA 1, dem Zeiss-Rechenautomat 1. Der befand sich in der Zentrale des Mathematischen Instituts, und mit ihm berechnete ich die Querschnittswerte für die Brücke in meiner Diplomarbeit. Später hatte ich dann beim Centrum-Warenhaus erstmals wieder Kontakt mit der EDV. IBM hatte nämlich in Berlin einen Großrechner installiert.

WL In Ost-Berlin??

RH Tatsächlich in Ost-Berlin. Offenbar waren Embargos umgangen worden. Ein ganzes Softwarepaket hatten sie liegen lassen und der DDR geschenkt, wie mir ein Mitarbeiter des ZOD erzählte. Das alles befand sich im ZOD, dem Zentrum Organisation und Datenverarbeitung für das Berliner Bauwesen. Dorthin hatte ich Kontakt und ließ die Durchlaufträger für das Warenhaus rechnen. Das funktionierte noch mit Formblättern: Man brachte sie hin, und am nächsten Tag konnte man sich die Ergebnisse abholen. Das Programmpaket trug den Namen „Strudle“. Es war für die amerikanische Raumfahrt entwickelt worden und enthielt auch Programme für Tragkonstruktionen. Später benutzte ich diese Software dann noch einmal für die Berechnung der Aussteifung der Rahmentragwerke in den Wohnungsbauten am Alexanderplatz. Erste Begegnungen mit dem Rechner hatte ich also schon gehabt. Bei der Umbauung des Fernsehturms war ich aber hauptsächlich auf meinen Rechenschieber angewiesen, einiges habe ich mit einer mechanischen Rechenmaschine berechnet. Das war sehr anstrengend. Wenn man abends nach Hause ging, taten einem die Augen weh. 1975 bekam ich dann meinen ersten, sehr leistungsfähigen japanischen Rechner aus West-Berlin. Plötzlich nicht mehr mit dem Rechenschieber zu rechnen, wo man ja noch ganz viel im Kopf mitrechnen musste, war eine Erleichterung.

BAUEN UND POLITIK

WL Da schlagen Sie eine Brücke zu meiner eigenen Ausbildung. Ich begann ja 1971 in West-Berlin mit dem Bauingenieurstudium, und auch dort standen die ersten Jahre noch ganz im Zeichen des Rechenschiebers. 1973 oder 1974 bekam ich meinen ersten Taschenrechner, aus heutiger Sicht ein Minimal-Gerät – damals aber für uns nahezu eine Revolution. Doch zurück zum Fernsehturm: Ich möchte zu den Verbindungen zwischen Bauen und Politik nachfragen, die es bei einem derart prominenten Bauvorhaben wie der Fußumbauung des Fernsehturms mit Sicherheit gab – war sie doch ein elementarer Bestandteil der Gestaltung des Zentrums der Hauptstadt der DDR. Eine wichtige Person war Paul Verner, den Sie auch in Ihrem Buch erwähnen. Wie war das Verhältnis, welche Einflussnahmen, welche Entscheidungen gab es von seiner Seite?

RH Ich war bei vielen der Gespräche gar nicht dabei. Aber durch meine enge Bekanntschaft mit Walter Herzog, die sogar zur Freundschaft wurde, bekam ich immer mit, wie die Besprechungen bei Paul Verner abliefen. Verner war der erste Sekretär, so nannte sich das, der Bezirksleitung der SED von Berlin. Er hatte also ein ganz hohes Amt.

WL Und er war im Politbüro des Zentralkomitees der SED.

RH Ja, er war Mitglied des Politbüros. Von diesem aus wurde auch die Abteilung für Bauwesen des Zentralkomitees gelenkt, und die Menschen dort hatten im Grunde das Sagen. Parallel dazu gab es das Ministerium für Bauwesen unter Wolfgang Junker, dem aber immer nur die Rolle eines Ausführungsorgans zukam. Das, was geschehen sollte, wurde im Politbüro beziehungsweise in der Abteilung Bauwesen beschlossen. Und dort war Paul Verner neben seinen anderen politischen Aufgaben für das Berliner Bauwesen und speziell die Planung und den Aufbau des Stadtzentrums verantwortlich – und wollte auch dafür verantwortlich sein.

WL Hatte Verner durch Ausbildung oder ähnliches irgendeine Affinität zum Bauwesen?

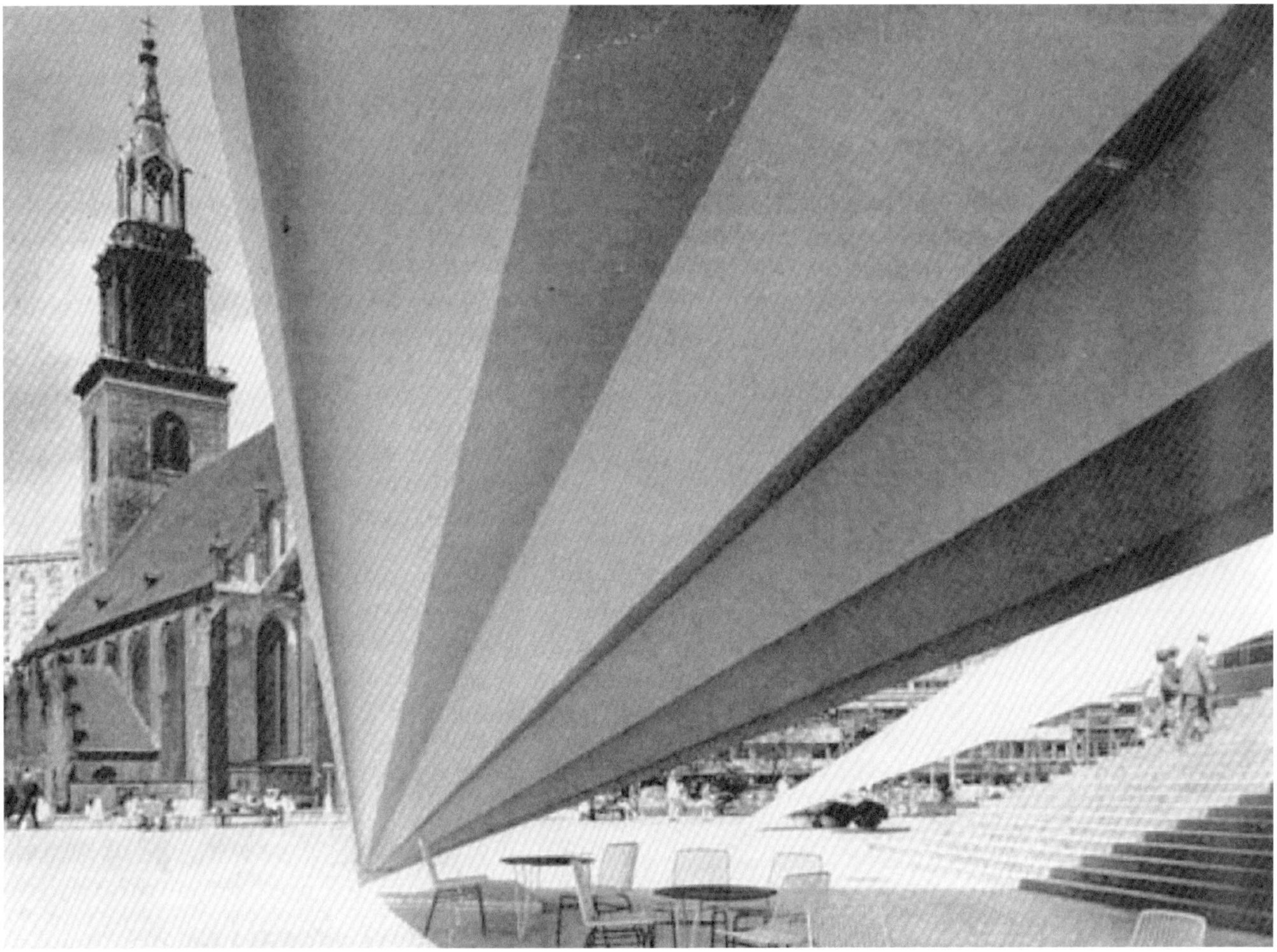

Bild 11 Freischwebendes Ende eines der Faltwerk-Flügel, im Hintergrund die Marienkirche, um 1971.

RH Soviel ich weiß, war er von Beruf Journalist. Er hatte wohl ein hartes Leben hinter sich, war interniert gewesen und hatte in Spanien gekämpft. Ein richtiger Kommunist, vom alten Schrot und Korn. Wie das auch heute noch bei Politikern zu beobachten ist, hatte Verner aber mit einem Male die Idee, dass er doch gerne selbst mitgestalten würde. Und das hat er dann gemacht und uns damit viel Ärger bereitet.
Nehmen wir zum Beispiel die heute unter den nach oben auskragenden Dächern zu sehenden Schrägrampen. Das sollten ursprünglich sehr elegante, schön geschwungene Treppen sein, aber Verner wollte diese Treppen partout nicht haben. Die Umbauung des Fernsehturms war eigentlich als begehbare Plastik geplant. Sie war ja ein Kulturgebäude, mit Gemäldeausstellungen, schönen Restaurants und sogar einem kleinen Kino. Insofern war es also sehr wichtig, dass die Menschen auch auf diesem Gebäude flanieren konnten.
Man kann sich das heute nur noch schlecht vorstellen, denn leider wurde auf die obere Ebene Anfang der 2000er Jahre trotz Denkmalschutz ein Stahl-Glas-Aufbau aufgesetzt. Unsere ursprüngliche Idee war, dass man von einem gestalteten Garten über die große Freitreppe auf eine Flanierebene gelangen sollte, um von dort den Turmschaft erleben und bis zum Eingangsbauwerk laufen zu können.
Die Flanierebene sollte von allen Seiten zugänglich sein, dafür waren die vier Außentreppen unter den auskragenden Dächern gedacht. Aber Verner meinte: „Was sollen die Leute so viel darauf rumlatschen?“ Sein Wort galt, und so durften die Treppen plötzlich nicht gebaut werden. Die Architekten waren ganz aufgeregt und fragten mich, ob man nicht wenigstens die Flanierebenen in schrägen Scheiben auslaufen lassen könnte, weil die auskragenden Dächer architektonisch eine Entgegensetzung bräuchten. Da kam ich auf die

Idee, mit diesen Scheiben die Außentrakte zu stabilisieren, sozusagen als Scheibenfaltwerk für die Aussteifung zu nutzen. Das musste dann letzten Endes auch Paul Verner akzeptieren, denn gegen die Statik konnte er nichts sagen. So entstanden diese Schrägrampen, die ich nicht schön finde. Wenn man sich die alten Entwürfe anschaut, kann man sehen, dass die Treppenanlagen das Ganze doch wesentlich mehr bereichert hätten.

IN DER BAUAKADEMIE

WL Der Fernsehturm konnte tatsächlich pünktlich zum 7. Oktober 1969 eröffnet werden, auch die Fußumbauung war Ende des Jahres fertiggestellt – Ihr Job war getan. Anfang 1970 wechselten Sie in die Deutsche Bauakademie, später Bauakademie der DDR genannt. Wie kam es dazu?

RH Nachdem die Planung der Umbauung abgeschlossen war, wurde ich gewissermaßen bestraft und bekam keine neuen Aufgaben. Außerdem verdiente ich immer noch sehr wenig. Ich hatte schon eine Familie, brauchte mehr Geld zum Leben und wollte eine Gehaltserhöhung, die man mir aber nicht gab. Zu der Zeit hatte Walter Herzog ein Gespräch mit Hermann Henselmann, dem berühmten Architekten. Dieser suchte für seine „Experimentalwerkstatt“, für seine Projekte, Konzeptionen und Entwürfe, einen diskussionsfreudigen Bauingenieur, der auch eine Affinität zur Architektur hatte. Walter meinte, er kenne jemand, nämlich mich. Ich war durch die Umbauung des Fernsehturms und die Veröffentlichungen dazu in der *Deutschen Architektur*, der Zeitschrift für Architekten der DDR, bekannt geworden. Henselmann wusste also, wer ich war, und wollte mich einstellen. Walter meinte zu mir: „Pass auf, dass du da als Ingenieur nicht verkommst. Versuche dein Gehalt aufzubessern, bleibe ein Jahr dort und komme dann wieder zurück.“ So kam ich in die Experimentalwerkstatt. Ich wurde mit dem doppelten Gehalt eingestellt und lernte dort unter den Architekten eine sehr interessante Atmosphäre kennen. Henselmann war ein Menschenfischer. Als Architekt war er ein bisschen fragwürdig, er war ja schon ein älterer Herr, aber er hat die fähigsten jungen Leute an sich herangezogen. Damals wurden bei ihm Entwürfe für die Zentren der Bezirksstädte der DDR gemacht, beispielsweise das Hochhaus der Universität in Leipzig oder der Turm in Jena. Es sollte noch weitere solcher Entwürfe geben, dafür brauchte er einen Bauingenieur als Berater.

WL Im Prinzip war das also eine Gruppe von Architekten und Sie der einzige Bauingenieur?

RH Es gab sogar noch einen Mathematiker und zwei Philosophen. (lacht) Er hatte eine komplexe Gruppe versammelt, um lebendige Gespräche zu initiieren. Es wurde sehr viel diskutiert.

WL Wie viele Leute waren Sie dort, etwa zehn?

RH Vielleicht noch etwas mehr, fünfzehn, denke ich. Das war für mich etwas ganz Neues. Ich hatte dort verschiedene Aufgaben. So arbeitete ich etwa an einem Wettbewerb für ein Hotel in Prag mit. Ein anderes Projekt betraf die Bauakademie selbst, die an der Frankfurter Allee einen neuen Gebäudekomplex von drei Hochhaustürmen bekommen sollte. Dafür erarbeitete ich das Konzept, damit die Kosten ermittelt werden konnten. Doch dann stellte man plötzlich fest, dass sich die DDR diese Hochhäuser gar nicht leisten konnte!
Der Schwerpunkt war ja der Wohnungsbau: In zwei, drei Jahren sollten 300.000 Wohnungen geschaffen werden! Im Ergebnis musste sich Henselmann vor allem mit dem Wohnungsbau beschäftigen.

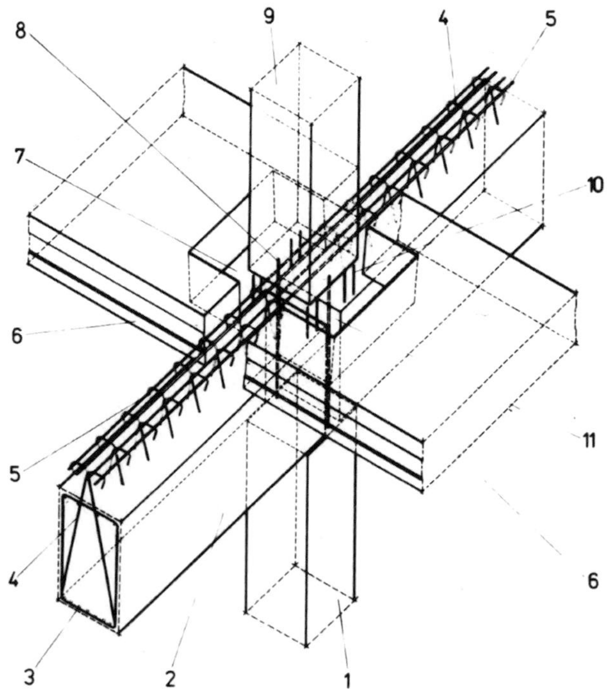

Bild 12 Der Auszug aus der Patentschrift zeigt die Knotenpunktausbildung der von Heider und seinem Team im IHB, Betrieb Projektierung, entwickelten Fertigteil-Skelettbauweise „SK Berlin DRS“; DRS steht für „Durchlauf-Riegel-System“.

So entwickelte sich mein Interesse am Städtebau. Wenn die Wohngebiete zentral geplant wurden, also nicht nur die Wohnungen, sondern auch Turnhallen, Schulen, Gaststätten und alles was auf der grünen Wiese noch dazugehört, dann musste man doch auch überlegen, welche Bauweisen man dafür anwendet. Damals kam nur die Plattenbauweise in Frage, die am wirtschaftlichen zu sein schien. Man hatte gerade Verträge mit der Sowjetunion über den Kauf von zehn Plattenwerken abgeschlossen. Damit waren die politischen Weichen für den „komplexen Wohnungsbau" gestellt. Wir nannten das „komplexen Wohnungsbau", weil zu einem funktionierenden Stadtgebiet viele andere Gebäude dazu gehörten und mitgeplant werden mussten. Ich selbst hielt diese Tendenz von Anfang an für bedenklich. Man sah ja in der DDR, dass die alten Städte verfielen.
Außerdem wurden, nachdem dieser Beschluss gefasst worden war, viele Ziegeleien zugemacht. Die Handwerksberufe gerieten in Vergessenheit. Alles das schien mir sehr problematisch. So kam ich auf die Idee, eine Dissertation zu schreiben, in der die Zusammenhänge zwischen Architektur und Bautechnik und die Auswirkungen der Bautechnik auf den Städtebau grundlegend dargestellt werden sollten. Ich stellte mir eine Analyse aller möglichen Bausysteme vor, ein Thema, das damals auch im Westen propagiert wurde und mit dem sich schon die Bauhausleute beschäftigt hatten. Ich wollte also eine Art Bausystem-Theorie schaffen und herausfinden, was für den Städtebau in der DDR eigentlich notwendig ist, wie die technische Entwicklung laufen müsste. Dabei bin ich zu Ergebnissen gekommen, die der damaligen Baupolitik völlig widersprachen. Meine Dissertation machte ich als eine außerplanmäßige Aspirantur.
Ich konnte sie zunächst während meiner Arbeitszeit bearbeiten, weil Henselmann eigentlich wollte, dass ich über den Vollgleitbau für seine Hochhäuser schreibe. Aber der war viel zu teuer. Ich schlug daher vor, das Thema der Bausysteme zu bearbeiten. Dies wollte Henselmann aber nicht. Er meinte, er sei Künstler und so etwas interessiere ihn nicht. So kam ich dann in eine andere Abteilung der Bauakademie. Dort konnte ich eine Forschungsgruppe zu diesem Thema leiten und meine Doktorarbeit schreiben.

WL Wie muss man sich den zeitlichen Rahmen vorstellen, den Sie zur Verfügung hatten? Konnten Sie Ihre Arbeitszeit voll nutzen?

RH Die Arbeit entsprach ja meinem Forschungsthema, von dem ich den Kern abzweigen konnte, sodass sich vieles während der Arbeitszeit erledigen ließ. Meine Mitarbeiter arbeiteten noch an anderen Teilthemen. Oft ging ich auch in Klausur.

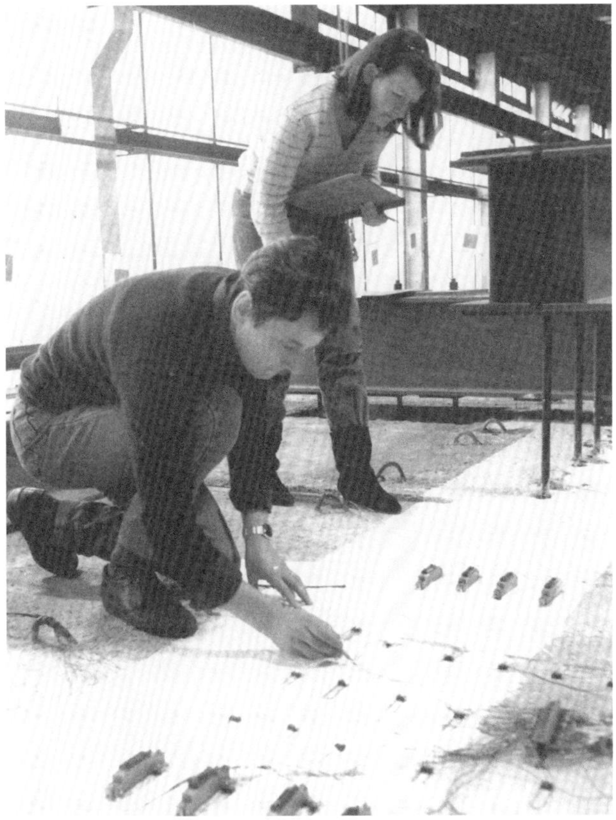

Bild 13 Rolf Heider und eine Mitarbeiterin bei der Rissprüfung auf dem Versuchsstand der Stahlbeton-Skelettbauweise „SK Berlin DSR"

Ich wohnte damals in der Rathausstraße, oben im siebten Geschoss. Dort hatte ich meinen Schreibtisch am Fenster und konnte auf die Umbauung des Fernsehturms schauen, während ich an der Dissertation arbeitete.

WL Sicherlich war doch bald absehbar, dass Ihre Überlegungen und Thesen von der offiziellen Linie der Baupolitik abwichen. Unter anderem in der Bauakademie entwickelte man gerade die „Wohnungsbauserie 70" (WBS 70), das spätere Standardsystem für den DDR-Geschosswohnungsbau in Plattenbauweise. Ihre abweichende Haltung musste aber von Ihren Betreuern aus der Bauakademie mitgetragen werden: Gab es da Konflikte, oder hatten Sie jemand, der die Hand schützend über sie hielt?

RH Dass jemand eine schützende Hand über mich hielt, habe ich in der Tat öfter erlebt. In diesem Fall war es im Grunde mein Institutsdirektor, Professor Ule Lammert. Man ließ mich weitermachen. Kurz vor der Verteidigung gab es ein Gespräch mit dem Minister für Bauwesen, Junker, bei dem viele der Meinung waren, „die Arbeit können wir nicht durchgehen lassen, sie widerspricht völlig unserer Baupolitik". Junker, den ich ein wenig kannte, soll darauf geäußert haben: „Also, wenn eine Dissertation die Baupolitik zu Fall bringt, dann muss daran wirklich etwas faul sein." Da haben sich seine Untergebenen nicht mehr getraut, dagegen zu sprechen, und so durfte ich die Arbeit verteidigen.

WL Verteidigt haben Sie sie dann mit magna cum laude. Summa durfte es wohl nicht sein?

RH Da war unglaublich was los, das Thema hatte sich rumgesprochen, und ich hatte ja ganz vernünftige Vorschläge gemacht. Die Situation im Bauwesen unterschied sich völlig von heute, weil alles zentral gesteuert wurde, so auch die ganzen Bauweisen-Entwicklungen. Auftraggeber waren die sogenannten gesellschaftlichen Auftraggeber, also der Bezirk, die Stadt oder die Staatsregierung. Wie ich schon sagte, gab es zwar Wettbewerbe, aber es gab keine Privataufträge.
Im Westen gab es unzählige Entwurfsbüros und Baufirmen, und die meisten Aufträge kamen aus privater Hand. In der DDR war dies total anders, deshalb waren Arbeiten wie meine eigentlich notwendig.

WL In diesem Zusammenhang würde mich interessieren, wie offen die Kommunikation im Hause Bauakademie eigentlich war. Sprach man auch über Einstürze, Unglücke, und vor allem auch über Erfahrungen aus dem Westen? Es gab ja 1973 zum Beispiel jenen dramatischen Bauunfall im thüringischen Zeulenroda, bei dem eine Kastenträgerbrücke aus

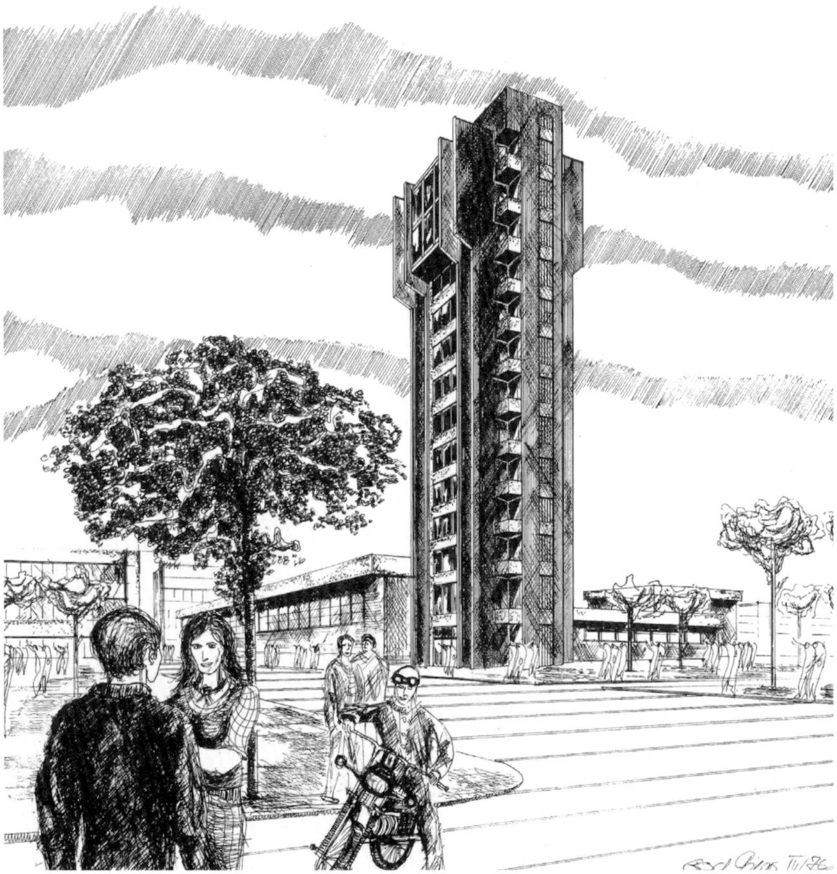

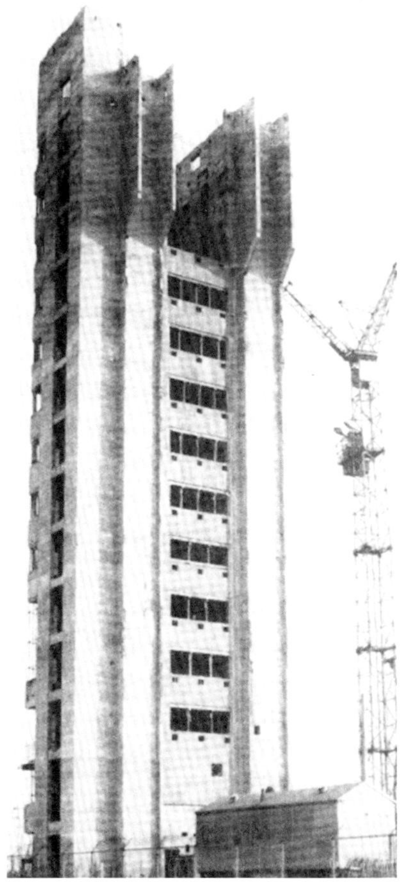

Bild 14 1976/77 war Heider im VEB BMK IHB (Ingenieurhochbau Berlin) verantwortlich für die Planung eines etwa 50 m hohen Versuchsturms, in dem im Auftrag der Bauakademie der DDR vertikale Systeme der Haustechnik getestet werden sollten. Links eine Entwurfszeichnung vom April 1976, rechts der im „Vollgleitbau" errichtete Rohbau 1977.

Stahl aufgrund von Stabilitätsversagen während des freien Vorbaus einstürzte. Aber es war nicht der erste Einsturz dieser Art, schon zuvor hatte es ganz ähnliche Fälle im Westen gegeben, etwa in Koblenz und in Australien. Was erfuhren Sie von solchen Unglücken?

RH Mir war dieser Einsturz bekannt, obwohl ich am Institut für Städtebau und Architektur arbeitete, wo das kein wichtiges Thema war. Aber wir waren schon sehr gut informiert, das war in gewisser Weise ein schizophrener Zustand. Wir schauten alle Westfernsehen, außerdem lagen sämtliche internationale Fachzeitschriften aus.

WL In der Bauakademie?

RH In der Bauakademie und auch beim IHB. Dort gab es eine richtige Bibliothek und man konnte den *Bauingenieur*, den *Beton- und Stahlbetonbau* und anderes ausleihen. So waren wir über das Baugeschehen auch im Westen sehr gut informiert. Eben dies schuf ja auch den Anreiz, so etwas wie den Fernsehturm zu entwerfen. Wir waren nicht isoliert, sondern sahen, was ringsherum stattfand. Es wurde sogar gefördert, sich zu informieren. Henselmann hat uns richtiggehend verpflichtet, die Literatur zu lesen. Und die Kommunikation, so wie ich sie erlebte, war total offen. Kurioserweise wurde ich manchmal sogar zu den Parteiversammlungen eingeladen.

WL Sie waren nicht in der Partei?

RH Ich war nie in der SED. Ich hatte später sogar einen Direktor, der mir sagte: „Tritt nie in die Partei ein, denn die würden dich dort wegen deinem Widerspruchsgeist fertigmachen." Er war Mitglied der Bezirksleitung der SED und hat mich beim IHB gefördert und beschützt. Mein Betriebsdirektor, das müssen Sie sich mal vorstellen.

WL Das finde ich tatsächlich ungewöhnlich.

RH Viele erzählten später, dass sie in die Partei eintreten mussten. Das war auf unserer Ebene überhaupt nicht der Fall. Ich war Abteilungsleiter, ich war Dozent – aber kein SED–Mitglied. Doch sogar in den Parteiversammlungen war die Kommunikation offen, wenn ich zu fachlichen Themen eingeladen war. Manchmal hielt ich Lichtbildvorträge und war dann ganz darüber erstaunt, wie dort geredet wurde – es wurden sogar Witze gemacht. Es gab andere Bereiche, etwa an den Hochschulen, da musste man vorsichtiger sein. Aber im Bauwesen, in der Produktion oder in der Industrie wurde offen geredet und auch gemeckert. Es war nicht so, wie der Schriftsteller Stefan Heym 1989 feststellte, dass die Leute erst mal wieder lernen müssten, aufrecht zu gehen. In diesen Betrieben, da konnte man teilweise machen, was man wollte. Es gab einen gewissen Schlendrian; wenn jemand nicht arbeitete, war es ganz schwer, ihn rauszuschmeißen. Aber es gab auch sehr viel Fleiß, und es ging recht locker zu. Ganz ähnlich, wie heute in den Behörden: Im Stadtbauamt, im Archiv oder in irgendeiner anderen Behörde läuft man mit der Kaffeetasse herum, es gibt Grüppchen, die sich unterhalten, und Ähnliches. So eine Atmosphäre herrschte auch in den Betrieben, die ich damals kennenlernte – Andere mögen andere Erfahrungen gemacht haben.

EIN BAUINGENIEUR IN DER HOCHMODERNE

WL Herr Heider, es wäre hochinteressant, mehr auch über Ihre berufliche Praxis in den späteren Jahren der DDR bis 1989 zu erfahren, doch wir wollen das Gespräch ja auf den zeitlichen Rahmen der späten Hochmoderne fokussieren. Lassen Sie uns deshalb vielmehr noch versuchen, im Rückblick einige Charakteristika des Bau- und Planungsalltags in den bereits besprochenen Jahren herauszuarbeiten, auch und gerade in Bezug auf grundsätzliche Haltungen und Vorstellungen. In Ihrem zweiten Buch beschreiben Sie etwa, dass der bereits genannte Professor Hagedorn in Weimar zu Anfang seiner Statik-Vorlesungen fragte: „Ist hier ein Architekt im Raum?" Wenn das der Fall war, wurde jener genüsslich des Raumes verwiesen. Das ist schon sehr speziell! Andererseits soll Hagedorn den Anspruch formuliert haben: „Wer bei mir Statik gelernt hat, muss in der Lage sein, in der Wüste, allein mit einem Zettel und einem Stift bewaffnet, eine Gewölbebrücke zu dimensionieren." Ich habe den Eindruck, dass letzteres auch für Sie zeitlebens eine Richtschnur war – gerade auch angesichts der sich immer weiter entwickelnden Rechentechnik. Hat das Ihrer Meinung nach für unsere Zeit noch irgendeine Bedeutung?

RH Als wir noch von Hand mit dem Rechenschieber rechneten, musste man völlig anders arbeiten. Im Praktikum bearbeitete ich beispielsweise ein Öltanklager. Da galt es erst einmal, ein Tragwerk zu entwerfen und zu skizzieren, dann die Grunddetails der Knoten und Ähnliches zu entwickeln. Wenn man geklärt hatte, wie vielfach statisch unbestimmt das System war, musste man sich überlegen, „wie rechne ich das am besten und am einfachsten?" Man versuchte möglichst wirklichkeitsgetreu zu modellieren und zugleich Arbeit zu sparen. Manche Bauingenieure rechneten dann sofort los. Wir hingegen haben lange überlegt, wobei ich einer war, der nicht nur lange überlegte, sondern zunächst auch sehr viel diskutierte. Eine

solche Diskussionskultur habe ich später in den Kollektiven, die ich leitete, ganz bewusst gefördert. In den Anfangsjahren hatte ich nämlich genau das Gegenteil erlebt: Man ließ mich zwar einfach machen, aber ich konnte mit niemandem richtig über meine Arbeit diskutieren! Das hat mich furchtbar gestört, denn ich hatte längst erkannt, dass man ein Statikprojekt ganz anders durchdrang, wenn man mit Kollegen darüber intensiv gesprochen hatte.
Für eine rationelle Arbeit in der Statik war das entscheidend, zumal die Statik viel Mühe machte, weil man eben alles mit dem Rechenschieber rechnen musste – das ging auf die Augen! Außerdem konnte man mit dem Rechenschieber ja nur multiplizieren, dividieren und trigonometrische Funktionen berechnen, nicht aber addieren und subtrahieren, das geschah noch von Hand. Zwar gab es kleine Rechenmaschinen, bei denen man mit einem Stift addieren konnte, aber man musste im Kopf immer mitrechnen. Das war alles sehr mühselig, und eben deshalb war es sinnvoll, das Ganze stets vorab zu durchdenken und zu skizzieren, insbesondere auch die Schnittkräfte. Darin sind wir schon an der Hochschule richtiggehend trainiert worden.

WL Darüber mache ich mir heute auch manche Gedanken. Ich studierte ja ein Jahrzehnt später als Sie, doch auch wir standen noch erst an der Schwelle zur rechnergestützten Statik. Für meine Diplomarbeit konnte ich schon ein Statikprogramm auf Basis der Finite-Elemente-Methode nutzen, aber zuvor hatte ich zum Glück noch gelernt, in statischen Systemen sehr schnell die Schnittkraft-Verläufe zu erkennen, ohne sie schon quantitativ zu bestimmen, und so etwa über die Momentenlinien die hoch beanspruchten Bereiche zu identifizieren. Wir standen am Ende der Hochmoderne – die Statik war schon hochentwickelt, aber noch nicht rechnergestützt. Ich schätze das als eine große Qualität dieser Zeit ein: Wer seine Statik beherrschte, der hatte einen großen Apparat von Werkzeugen zur Verfügung, mit dem man sehr gut das grundsätzliche Tragverhalten von Strukturen erfassen konnte – bis hin zu den legendären Einflusslinien für wandernde Lasten!

RH Voraussetzung war natürlich die nötige Fachliteratur. Während meiner Studienzeit in Cottbus konnte ich mir sogar noch selbst Fachliteratur aus dem Westen kaufen. So ließ ich mir zum Beispiel von meiner Cousine die *Beton-Kalender* aus West-Berlin mitbringen, die damals 12 DM kosteten. Wir hatten aber auch die *Rahmenformeln* von Kleinlogel oder das *Taschenbuch für Bauingenieure* von Schleicher.

WL Das waren ja auch für uns die "Klassiker"!

RH Die hatten wir alle zur Verfügung. Teilweise konnte man sie selbst kaufen, oder sie ließen sich zumindest ausleihen.

WL Es gab zu jener Zeit wirklich viele sehr praktische Tabellenwerke!

RH Wir haben sie natürlich benutzt. Für die Statik stützten wir uns allerdings auch auf iterative Berechnungsmethoden wie etwa das Cross-Verfahren. Wir trainierten es richtiggehend, Durchlaufträger mit dem Cross-Verfahren schnell zu berechnen. Das machte ich sehr gerne, sogar für Rahmenkonstruktionen. Dadurch konnte man das Projekt viel mehr durchdenken, man steckte viel tiefer drin. Und man hat dann sogar davon geträumt.

WL Das tat ich nie. Ich träumte nie, ich sei ein Rahmentragwerk. (lacht)

RH Heute lässt sich am Computer Ähnliches erreichen, indem man Varianten rechnet. Das ist ein großer Vorteil der rechnergestützten Statik: Man lässt sich Varianten darstellen und schaut sich darin die Schnittkräfte an. Gleichsam „von hinten herum" sammelt man damit durchaus ähnliche Erfahrungen und erreicht eine vergleichbare Transparenz und Qualität.

BAUEN AM LIMIT

WL Ich würde gerne noch einmal auf das Thema „Bauen am Limit" rekurrieren. Wir verstehen dieses ja in zweierlei Hinsicht. Zum einen sehen wir, dass gerade spätmoderne Konstruktionen mit immer weniger Material immer mehr erreichen sollten. Extreme Materialminimierung war das Ideal des hochmodernen Ingenieurs, ein Ideal, das aus heutiger Sicht in vieler Hinsicht kritisch zu sehen ist, etwa was die Nachhaltigkeit angeht. „Bauen am Limit" bezieht sich aber zum anderen auf Grenzsetzungen durch immer dichter regulierende Bauvorschriften. Seit Ende des 19. Jahrhunderts kamen immer mehr und zunehmend detaillierte Bauvorschriften auf. Heute haben sie sich in Eurocodes von tausenden Seiten verstetigt und werden vielfach kritisiert. Wenn ich mich recht erinnere, haben Sie selbst in den 1980er Jahren unter anderem Projektierungsrichtlinien entwickelt?

RH Nicht ganz, ich habe eine Bauweise entwickelt.

WL Empfanden Sie Bauvorschriften zu der Zeit schon als einengend?

RH Anfangs waren die Bauvorschriften ja denen im Westen ganz ähnlich. Als ich studierte, haben wir Stahlbeton noch nach der (westdeutschen) DIN 1045 bemessen. Bald jedoch kamen die DDR-spezifischen TGL, also die „Technischen Normen, Gütevorschriften und Lieferbedingungen", heraus.

WL Inwieweit unterschieden sie sich, inwieweit trugen sie den besonderen Gegebenheiten in der DDR Rechnung?

RH Nun ja, es gab in den 1960er Jahren zum Beispiel noch eine TGL 01045, die war nichts anderes als die umbenannte DIN 1045. Doch viel mehr als im Westen ging es in der DDR dann zunehmend darum, Material zu sparen – also genau der erste Aspekt des „Bauens am Limit", den Sie angesprochen haben. Im Prinzip war Stahl so wertvoll wie Gold. Edelstahl gab es so gut wie gar nicht, Bauminister Junker verteilte Edelstahlschrauben von seinem Tisch aus allenfalls als Geschenke an die Betriebe. Wegen der Notwendigkeit, Material zu sparen, haben sich unsere Vorschriften dann immer mehr verfeinert. Mit dem ETV-Beton, dem Einheitlichen Technischen Vorschriftenwerk des Betonbaus, gelangten wir schon damals in gewisser Weise auf das Effizienzniveau heutiger Eurocodes, so etwa bei Stahlbetonbauten im Hinblick auf den gerissenen Zustand des Betons unter Beachtung einer plastifizierten Druckzone und Einrechnung von Teilsicherheitsfaktoren.

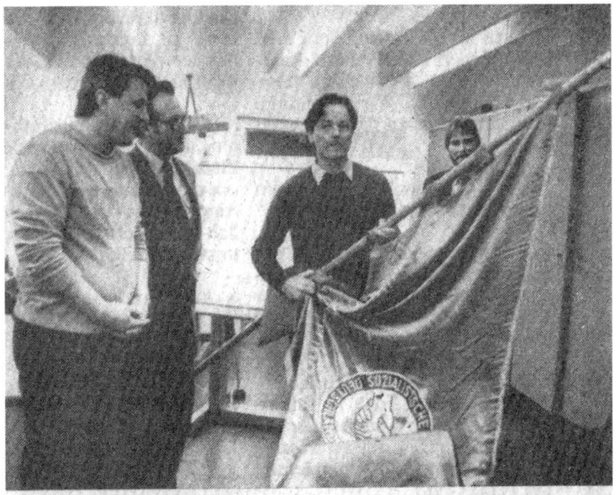

Auf allen Baustellen unseres Kombinates gab es am 2. Januar den Startschuß zum Planjahresbeginn 1987.
Um 9 Uhr früh wurde in diesem Rahmen im Betrieb Projektierung dem Leiter des Jugendforscherkollektivs „SK Durchlaufriegelsystem" der FDJ Dr. Rolf Heider vom Parteisekretär Lutz Tietz das Ehrenbanner der SED Kreisleitung Bauwesen überreicht.

Bild 15 Im Januar 1987 wird Heider als Leiter des Jugendforscherkollektivs für die Weiterentwicklung des Montage-Skelettbaus mit dem Ehrenbanner der SED-Kreisleitung ausgezeichnet.

WL Das war früher als im Westen ...

RH Tatsächlich war ich nach der Wende ganz erstaunt, wie konservativ die Vorschriften im Westen noch waren. In der DDR hatte das große Ziel der Materialeinsparung längst zu entsprechenden Optimierungen der Vorschriften geführt. Zwar herrschte bis Ende der 1970er Jahre noch eine Art „Tonnen-Ideologie", der zu folge die Betriebe danach bewertet wurden, wie viel Zement und wie viel Stahl sie verbraucht hatten – je mehr, desto besser. Dann aber wurde die „Neuerer-Bewegung" intensiviert. In deren Rahmen waren nun explizit Vorschläge erwünscht, wie sich Material einsparen ließe. Man konnte Konstruktionen entwickeln und patentieren lassen und nach einem bestimmten Abrechnungsmodus sogar ganz gut verdienen!
Ich selbst war zu dieser Zeit mit der Weiterentwicklung der Skelettbauweise „SK Berlin" beauftragt und kam in diesem Zusammenhang auf die Idee, eine ganz neue Bauweise zu entwickeln, mit der nachweislich Stahleinsparungen von 30 % möglich erschienen. Außerdem sollte sie für die Architektur viel flexibler sein, was mir auch sehr wichtig war.

WL Da waren Sie aber schon nicht mehr in der Bauakademie, sondern wieder zum Ingenieurhochbau Berlin zurückgekehrt.

RH Genau. Dort wurde dann ein Forschungsprojekt daraus. Da meine Leute alle noch sehr jung waren, wurden wir verdonnert, uns „Jugendforscherkollektiv" zu nennen – obwohl ich selbst damals zwar noch recht jung aussah, aber schon über 40 war ... . Wir haben die Bauweise entwickelt, nach langem Hin und Her auch ein Patent darauf erhalten und konnten schließlich erste Gebäude damit planen: Eine Poliklinik in Berlin-Ahrensfelde, fünfgeschossig mit 10.000 Quadratmetern Fläche und den für medizinische Geräte und Ähnliches notwendigen hohen Lastannahmen, ein Einkaufszentrum in Bohnsdorf oder Kaulsdorf, und auch an der Friedrichstraße wurde das Quartier 205 in dieser Bauweise errichtet. Dann kam die Wende und es war Schluss mit dem Bauen in der DDR.

WL Das Ziel, massiv Stahl einzusparen, blieb bis dahin politisch vorgegeben?

RH Das habe ich in der DDR gerade zum Schluss ganz massiv erfahren. Es war ja richtig, verführte allerdings dazu, sehr schlank zu bauen. Auch hinsichtlich des Schallschutzes und im Hinblick auf die Betondeckung war es eher schlecht. Ähnliches lernte ich später übrigens auch im Westen kennen, als ich bei Philipp Holzmann arbeitete. Ich musste mich zunächst in Neu-Isenburg bei Frankfurt einarbeiten, und dort gab es eine technische Abteilung, in der es sehr darauf ankam, Stahl einzusparen. Da wurde richtig darauf geachtet. Wenn der Abteilungsleiter feststellte, dass beauftragte Nachunternehmer nicht sparsam gearbeitet hatten, zog er ihnen Beträchtliches vom vereinbarten Honorar ab.

WL Das waren ja harte Methoden! (lacht) Wenn Sie zurückschauen auf die spannende Zeit, die Sie erleben durften, gerade auch die 1960er und 1970er Jahre – würden Sie aus heutiger Sicht etwas anders machen? Ich denke da zum Beispiel an all' die heute so relevanten Fragen von Nachhaltigkeit und Ökologie. Damals war das überhaupt kein Diskussionsthema, gewiss, doch andererseits gab es schon Anfang der 1970er Jahre in Westdeutschland die „Ölkrise", und auch der Club of Rome hatte in seinen Publikationen bereits deutlich die Endlichkeit unserer Ressourcen vor Augen geführt. Hätten wir als verantwortungsbewusste Ingenieure nicht damals schon beginnen müssen, die Weichen anders zu stellen?

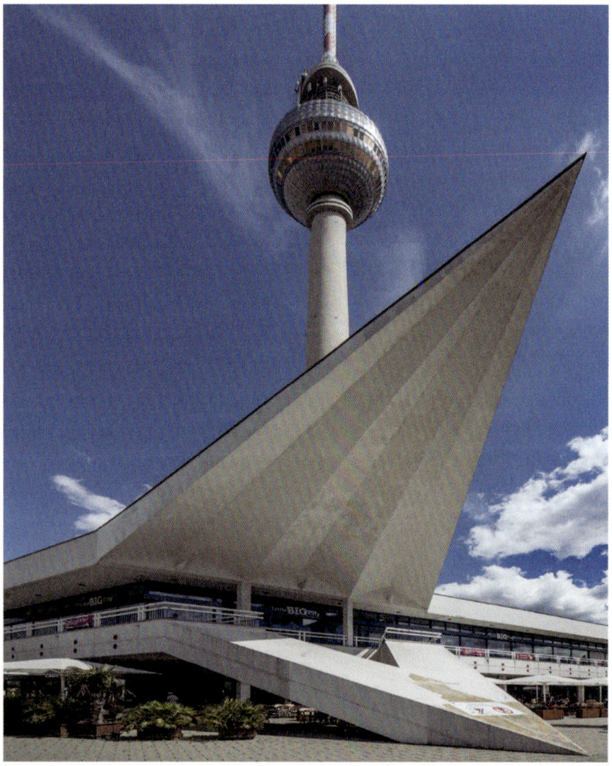

Bild 16 Der heutige Zustand der Fußumbauung ist bestimmt durch teils zweifelhafte kommerzielle Nutzungen. Unter den vier Faltwerk-Flügeln hatte Heider ursprünglich vier großzügige Freitreppen vorgesehen, die der Fußumbauung zu einer allseits „begehbaren Plastik" gemacht hätten. Sie durften nach einer Intervention von politischer Seite nicht gebaut werden (vgl. Bild 6 und S. 191ff); Aufnahme 2020.

RH Man kann sein Wesen nicht ändern. Wenn ich noch mal anfangen würde, dann würde ich genauso handeln wie damals. Es ist ja nicht so, dass ich jetzt, nur weil ich eine andere Gesellschaft kennengelernt habe, nicht mehr so gern darauf zurückblicke. Ich möchte das nicht missen. Mir tun eher meine westdeutschen Verwandten leid, die die andere Seite nicht erlebt haben. Allerdings hatte ich auch sehr viel Glück.

WL Sie haben ein Kapitel in Ihrem zweiten Buch „Hans im Glück" genannt.

RH Na ja, ich bin schon auch immer wieder gescheitert, privat und auch beruflich. Als ich damals nach der Fernsehturm-Umbauung nicht einmal mehr Gehalt bekam, war ich unheimlich deprimiert.

In Henselmanns Experimentalwerkstatt und später las ich viele Bücher wie den Bericht des Club of Rome. Das war uns damals völlig bewusst. Wir waren wirklich gut informiert, vielleicht weil wir so etwas mit noch mehr Neugier als im Westen lasen. Den Zwiespalt, durch das Bauen den Grund und Boden zu versiegeln, der eigentlich der Natur gehört, den habe ich schon lange. Mir war bewusst, dass gerade im Städtebau auch hinsichtlich der Umwelt sehr sorgfältig geplant werden muss. Jetzt steht die offene Mitte von Berlin in der Diskussion, die klimatisch wegen der für diese Stadt eigentlich notwendigen West-Ost-Luftströmung sehr wichtig ist. Dabei wird auch darüber geredet, die Umbauung des Fernsehturms abzureißen – am liebsten auch gleich den Fernsehturm mit –, und dann die alte, sehr dichte Struktur von 1910 wieder aufzubauen. Ich erwähne das nur im Zusammenhang damit, dass man besonders in den Städten sorgfältig planen und sich auf den Klimawandel einstellen muss. Sehr oft beachten die Architekten auch jetzt noch nicht den sommerlichen Wärmeschutz. Ihre gläsernen Bauten müssen mit ungeheurer Energie gekühlt werden. Und dass beispielsweise die Lüftungszwischenräume überhaupt nicht funktionieren, habe ich an vielen Gebäuden festgestellt. Das Bewusstsein, dass also eigentlich anders gebaut werden muss, das habe ich schon lange.

WL Sie haben ja auch schon früh infrage gestellt, alles auf Neubau zu setzen, statt sich auch um den Erhalt zu kümmern, gerade den der Altstadtquartiere.

RH Dieses Thema lag mir richtig am Herzen, weil ich das persönlich in Cottbus erlebt hatte. Zu meiner Jugendzeit gab es um die Klosterkirche herum noch die alten Stadtquartiere. Das war ganz wunderbar. Meine Schulkameraden wohnten dort in mittelalterlichen Gebäuden, mit ganz dicht bebauten Hinterhöfen. Das ist dann alles abgerissen worden.

WL Der Bereich ist allerdings in den 1980er Jahren als „Wendisches Viertel" zumindest relativ kleinteilig und weitgehend auf dem alten Stadtgrundriss wieder aufgebaut worden, mit einem speziell für Innenstadtbereiche entwickelten Plattenbausystem ...

RH Ja, das war erfreulich, dass so etwas dann möglich wurde. Aber das ist nichts dagegen, dass man die Schönheit alter Städte durch eine entsprechende Sanierung wiederherstellt.

WL Wir berühren damit gerade ein wesentliches Charakteristikum der späten Hochmoderne, nämlich die Selbstverständlichkeit, alles Alte durch Neubauten ersetzen zu wollen.

RH Gerade auch die Verkehrsplanung muss hier genannt werden: Man schuf ungeheuer breite Straßen, so wie in Berlin etwa die Leipziger Straße. Jetzt wird am Molkenmarkt ein großer Komplex geplant, der die altstädtische Struktur wieder herzustellen versucht, unter Berücksichtigung der Veränderungen im Klima und mit einem anderen Städtebau.

WL Die ganz eigenen stadträumlichen Qualitäten des hochmodernen Zentrums rund um den Fernsehturm sollten wir darüber aber nicht vergessen! Wie wichtig dies ist, zeigt der gegenwärtige Zustand der Fußumbauung und die nahezu schäbige Missachtung der mit ihr ursprünglich verbundenen Intentionen. Zum Glück gibt es aktuell Anlass zu der vorsichtigen Hoffnung, dass auch sie eines Tages ihre Würde zurückgewinnen wird – schauen wir!

Herr Heider, ich danke Ihnen sehr für dieses Gespräch.

Das Gespräch führten Rolf Heider (RH) und Werner Lorenz (WL) am 20. September 2022 in Berlin-Mitte unweit des Fernsehturms. Transkription Simone C. Hamm und Florian Kistner. Editorische Bearbeitung Werner Lorenz und Roland May.

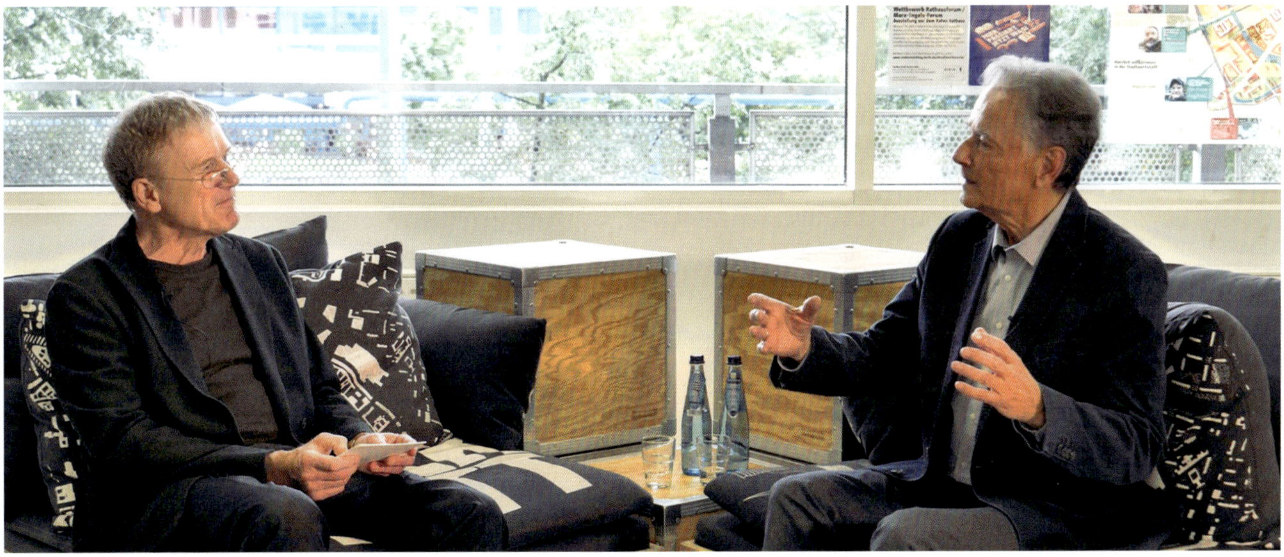

Bild 17 Rolf Heider und Werner Lorenz im Gespräch in der „Stadtwerkstatt" an der Karl-Liebknecht-Straße.

Zum Weiterlesen

Rolf Heider: *Zeit und Ort – Autobiografische Skizzen eines ostdeutschen Bauingenieurs.* Berlin 2015.
Ders.: *Bürger, Bauingenieur, Freigeist – 48 Essays über das Leben und Arbeiten in zwei Gesellschaften.* Berlin 2020.

Rainer Graefe im Gespräch mit Werner Lorenz

DREI PIONIERE HOCHMODERNEN BAUENS

Als frisch gekürter Magister der Theaterwissenschaften ging Rainer Graefe 1969 nach Stuttgart an das fünf Jahre zuvor gegründete Institut für leichte Flächentragwerke. Die Arbeit mit dessen Leiter Frei Otto sollte seinen wissenschaftlichen Weg entscheidend prägen. Ein Gespräch über die dort erstmals formulierte Idee einer Geschichte des Konstruierens und die sukzessive Annäherung an drei sehr unterschiedliche Pioniere hochmodernen „Bauens am Limit" – Antoni Gaudí, Vladimir G. Šuchov und Frei Otto.

1941 in Berlin geboren, wuchs Rainer Graefe ab 1945 im ostwestfälischen Detmold auf, wo er auch sein Abitur machte. Zunächst in Würzburg, dann in West-Berlin, studierte er ab 1961 Theaterwissenschaft, Philosophie und Germanistik, begleitet von Praktika an mehreren Theatern der Inselstadt. 1969 schloss er das Studium mit einer Magisterarbeit über die „Idee des Bauhaus-Theaters" ab. Noch im selben Jahr wurde er wissenschaftlicher Mitarbeiter am Institut für leichte Flächentragwerke (IL) der TU Stuttgart – ein richtungsweisender Schritt: Nur wenig später nämlich richtete die Deutsche Forschungsgemeinschaft (DFG) hier mit dem SFB 64 „Weitgespannte Flächentragwerke" einen Sonderforschungsbereich ein, der sich schon bald nicht nur zu einem viel beachteten interdisziplinären Forschungsverbund, sondern auch zum ersten großen Wirkungsfeld Rainer Graefes entwickeln sollte. Gegliedert in sechs Projektbereiche untersuchten Wissenschaftler aus Architektur, Bauingenieurwesen, Geodäsie sowie Luft- und Raumfahrt darin Grundlagen von Planung, Nutzung und Ausführung neuartiger Flächentragwerke. Frei Ottos Institut war für den Projektbereich B „Entwurf" verantwortlich. Im Mittelpunkt stand hier neben architektonischen und konstruktiven Grundlagen vor allem die experimentelle Formfindung. Graefes Interesse galt dabei insbesondere den historischen Vorläufern der Bauweise: Mit seiner Dissertation zu den Konstruktionen der Sonnensegel über Theaterbauten der römischen Antike, mit der er 1976 am Institut für Archäologie der Universität Tübingen promoviert wurde, schlug er erstmals eine Brücke in die Bautechnikgeschichte.

Als mit dem SFB 230 „Natürliche Konstruktionen – Leichtbau in Architektur und Natur" an den Universitäten Stuttgart und Tübingen ein weiterer Sonderforschungsbereich der DFG eingerichtet wurde, konnte Graefe die Bautechnikgeschichte dann Anfang der 1980er Jahre erstmals auch institutionell verankern. Nach wie vor am „Frei Otto Institut", leitete er seit 1984 im Projektbereich C „Architektur" des neuen SFB das von ihm gegründete Teilprojekt C3 „Geschichte des Konstruierens". Die Forschungen dort führten zu einer Reihe von Publikationen, vor allem aber 1987 zu einer prominent besetzten Tagung, die explizit der „Geschichte des Konstruierens" gewidmet war. Im Zeichen der Perestroika bot das Teilprojekt Graefe zugleich den universitären Rahmen zur Festigung der wissenschaftlichen Kontakte mit Kollegen in der Sowjetunion, die er bereits Anfang der 1980er Jahre mit ersten Untersuchungen zum Werk des russischen Ingenieurs Vladimir G. Šuchov begründet hatte.

1991 wurde Graefe zum Ordinarius für Baugeschichte an das Institut für Baukunst, Baugeschichte und Denkmalpflege der Universität Innsbruck berufen; er leitete dies bis zu seiner Pensionierung im Jahr 2009. Von Beginn an reichte sein Engagement in Innsbruck weit über Forschung, Lehre und Verwaltung an der Hochschule hinaus. Schon 1992 übernahm er den Vorsitz des Tiroler Sachverständigenbeirats für Stadtkern- und Ortsbildschutz, bald auch wurde er als ständiges Mitglied in den Österreichischen Denkmalbeirat berufen. Den sichtbarsten Ausdruck fand sein Wirken in Innsbruck 2005 in der Gründung des „Archivs für Baukunst" im ehemaligen Sudhaus des „Adambräu", die zugleich die Rettung dieses herausragenden Beispiels der Innsbrucker Industriearchitektur der 1920er Jahre mit sich brachte.

Ausgezeichnet u.a. mit der ihm in Moskau 2003 verliehenen Šuchov-Goldmedaille und einem Ehrendoktorat der Staatlichen Universität für Architektur und Bauwesen in Nižnij Novgorod (2008), lebt Rainer Graefe nach wie vor mit seiner Frau Erika in einem alten Haus oberhalb von Innsbruck, im dem im April 2024 auch das folgende Gespräch stattfand.

WL Lieber Herr Graefe, Sie sind 1941 in Berlin geboren, 1944 in die Nähe von Potsdam verzogen, 1945 schließlich mit Mutter und Geschwistern vor den anrückenden Russen nach Detmold geflüchtet. Dort in Ost-Westfalen sind Sie dann aufgewachsen. Nach dem Abitur gingen Sie nach Würzburg und begannen Ihr Studium; Philosophie und Germanistik standen auf dem Plan. Bald schon aber brachen Sie dies ab und wechselten Anfang der 1960er Jahre nach Berlin, genauer gesagt in den Westteil der Stadt, der gerade erst durch den Mauerbau radikal abgeriegelt worden war. Ein bemerkenswerter Schritt – was versprach Ihnen West-Berlin?

RG Ich wollte weg vom bisherigen Studium, habe erst mit Malerei geliebäugelt, mich schließlich entschieden, Theater und Regie zu lernen. Und dazu ging ich nach Berlin. Ich habe dann an den meisten Westberliner Theatern, am Schillertheater als Komparse und Kleindarsteller, am Theater des Westens als Beleuchter, an der Volksbühne als Kulissenschieber gearbeitet – um letztendlich doch wieder zu studieren, nun aber Theaterwissenschaft. 1969 habe ich das mit einer Magisterarbeit über die Idee des Bauhaus-Theaters abgeschlossen.

WL Da lassen sich nun doch erste Bezüge zu Architektur und Baukunst erahnen! Dazu passt es offenbar, dass Sie dann nach Stuttgart an das Institut für Leichte Flächentragwerke (IL) wechselten, zum damals schon international renommierten Frei Otto – ein Schritt, der Ihren gesamten weiteren Lebensweg entscheidend prägen sollte?

RG Naja, Frei Otto war in unseren Berliner Kreisen ein Geheimtipp: der kommende Architekturstar. Alle hatten erwartet, dass er in Berlin eine Professur erhielt. Stattdessen rief man ihn nach Stuttgart. Eigentlich aber war ich nach Süddeutschland gegangen, um meiner Lust auf Philosophie wieder nachzugehen und dort eine Dissertation zu beginnen. Ich fing bei Ernesto Grassi in München eine Arbeit an über die Idee des Gesamtkunstwerks. An Frei Ottos neu gegründetes Institut für leichte Flächentragwerke ging ich zunächst nur, um Geld zu verdienen. Der Architekturfotograf Fritz Dressler, dem ich in Berlin einen Job bei Otto vermittelt hatte, holte mich nach Stuttgart.

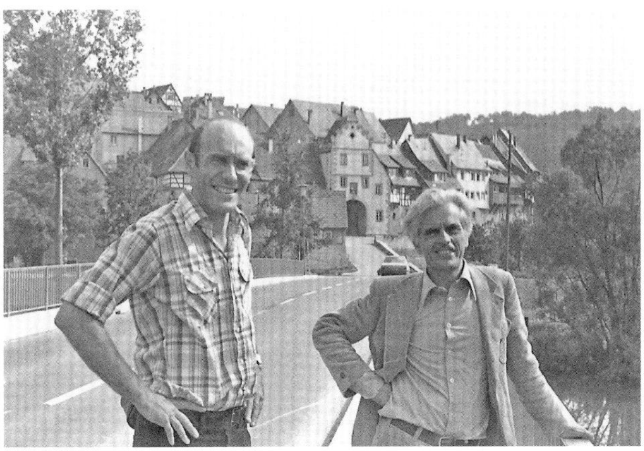

Bild 1 Rainer Graefe mit Frei Otto auf einer Exkursion des IL, 1976.

FREI OTTO – LEICHTBAU UND DIE IDEE EINER GESCHICHTE DES KONSTRUIERENS

WL Die Weichenstellungen im Leben können manchmal so profan sein! Eben dort, am IL, habe ich Sie fast zwanzig Jahre später erstmals persönlich kennengelernt. 1987 nämlich organisierten Sie am IL eine aus heutiger Sicht nahezu legendäre Tagung zur „Geschichte des Konstruierens“. Sie war nicht weniger als ein erster Meilenstein für die Disziplinbildung der Bautechnikgeschichte in Deutschland; die Ergebnisse wurden 1989 auch publiziert. Ich selbst steckte damals als Wissenschaftlicher Mitarbeiter an der TU Berlin gerade einmal in den Anfängen meiner späteren Dissertation zur Frühzeit des Bauens mit Eisen in Berlin und Potsdam; kein Wunder, dass ich mich in Stuttgart gebührend klein fühlte angesichts des prominenten Kreises, den Sie unter dem hängenden Dach des IL-Pavillons versammelt hatten: Die Teilnehmerliste las sich wie ein Who's Who derjenigen Bauhistoriker, die sich damals bereits auch für die Techniken des Bauens interessierten. Vielleicht können Sie erzählen, wie es dazu kam: Ihr zunächst ziemlich profan kalkulierter Wechsel zu Frei Otto – und 15 Jahre später diese Tagung!?

RG Gern. Von Beginn an war ich bei Frei Otto so etwas wie „Hansdampf in allen Gassen“, habe im Grunde bei allem etwas mitgemacht. Ich war ja weder Architekt noch gar Ingenieur, vielmehr galt ich am Institut als „der Philosoph“. Und so lag es nahe, dass ich schon bald für die Publikationen der Schriftenreihe des IL Einführungen schrieb und Veröffentlichungen redaktionell betreute. Das Frei Otto Institut – eine eigene, faszinierende Welt. So viel Neues, so viele wunderbare Anregungen! Neben den Entwicklungen des Leichtbaus kam ich in Berührung mit verschiedensten Themen, mit Gartenkunst, mit Strukturbildungen in der Natur und eben auch mit der Baugeschichte. Das Interesse gerade an letzterer hat sich dann immer mehr entwickelt, ich hatte zunehmend Spaß daran. Ein

Thema zog mich in den Bann: Die Zeltdächer der römischen Theater. Das gab den Ausschlag. Ich habe meine bei Ernesto Grassi begonnene philosophische Dissertation „geschmissen" und mich ganz auf die Baugeschichte und da speziell auf die Baukonstruktion konzentriert. Ich bot Frei Otto an, am IL als neues Forschungsthema die Geschichte der Baukonstruktionen zu bearbeiten. Otto gefiel die Idee, schlug aber vor, den Titel zu modifizieren: „Geschichte des Konstruierens" würde besser die Fragestellung herausstellen: Nicht nur die fertigen Baukonstruktionen, sondern vor allem die Prozesse, in denen sie entstehen, sollten untersucht werden. Das Konzept der „Geschichte des Konstruierens" war geboren: Wie entsteht so was? Was haben die Leute gewusst? Wie kommen sie auf ihre Innovationen? Woher haben sie die Sicherheit, dass, wenn sie eine Riesenkuppel bauen, sie ihnen nicht auf den Kopf fällt? Das ist ja tatsächlich oft genug auch passiert!

Im DFG-Sonderforschungsbereich 230 „Natürliche Konstruktionen – Leichtbau in Architektur und Natur" wurde die „Geschichte des Konstruierens" ein Teilprojekt unter meiner Leitung. Wir haben hier geforscht, publiziert und Tagungen veranstaltet, darunter auch die von Ihnen erwähnte erste Tagung von 1987.

WL Gab es einen konkreten Anlass, und wie war es möglich, sofort ein derart prominentes Feld an Referenten zusammenzubringen?

RG Der Karlsruher Baugeschichtler Wulf Schirmer hatte mich eingeladen, in der altehrwürdigen Koldewey-Gesellschaft einen Vortrag auf der nächsten Jahrestagung zu halten: „Sie sind zwar kein Architekt, aber kommen Sie mal dazu. Der Laden ist ein bisschen angestaubt…". Da bin ich dann aufgetreten. Als Anfänger war ich ziemlich eingeschüchtert, lauter gestandene Bauhistoriker, ernste Männer. Aber wir hatte gerade Gaudis Hängemodell für die Kirche der Colonia Güell bei Barcelona rekonstruiert (über das wir nachher noch sprechen können) und damit hatte ich dann einen tollen Einstieg, wirklich stehenden Applaus von den angeblich angestaubten Wissenschaftlern! Dort habe ich im Nachgang dann die Nachricht verbreitet, dass wir im Frei Otto Institut eine Tagung zur Geschichte des Konstruierens veranstalten wollen und das war unglaublich: Jeder wollte mitmachen! Sicherlich lag das auch am Institut und dem Namen Frei Otto, da konntest du jeden ansprechen weltweit: Du hast angerufen oder geschrieben, und sie kamen – Architekten, Ingenieure, Naturwissenschaftler, Historiker. Das war absolut irre.
Wie auch immer, ich habe das genutzt, und so kam die Tagung 1987 mit prominenten Teilnehmern zustande. Frei Otto selbst

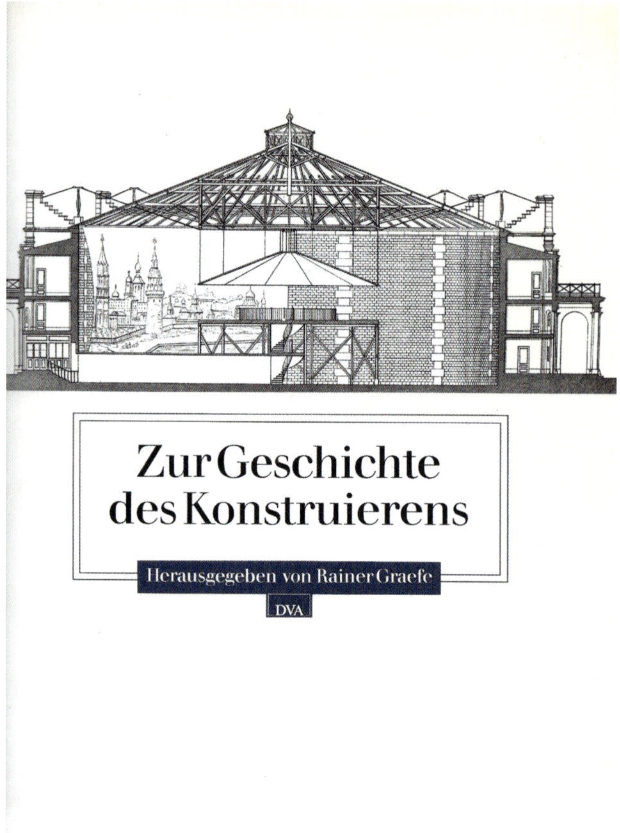

Bild 2 Tagungsband *Zur Geschichte des Konstruierens*, ersch. 1989.

hat auch einen Vortrag beigesteuert: Was hätten die alten Baumeister wissen können? Da waren, neben originellen Beobachtungen, auch einige kuriose Einfälle von ihm drin. Bei derart kreativen Persönlichkeiten ist das ja gerade das Tolle – dieser unkonventionelle Umgang mit scheinbar längst Bekanntem. Dieses „Anders denken" macht einfach den Unterschied aus. Schon als ich mit den Zeltdächern der römischen Theater mein neues Dissertationsthema gefunden hatte und die Arbeit 1976 – nun am Institut für Archäologie der Universität Tübingen – abschloss, kamen von Frei Otto immer diese Fragen: Wie sind die denn dazu gekommen? Wieso sieht das so aus und nicht anders?

WL Ich bin jetzt fast ein wenig enttäuscht, weil ich mir bislang stets zu Gute hielt, eben diese klare Trennung von Produkt und Prozess des Konstruierens als einer der ersten so deutlich akzentuiert zu haben. Sie ist der entscheidende Schlüssel, um unseren Studierenden, die ja in der Regel nicht etwa Bauforscher, sondern Ingenieure oder Architekten werden wollen, den Sinn und den Reichtum von Bautechnikgeschichte zu erklären: Bautechnikgeschichte untersucht zunächst die Bauten, die Produkte, gewiss – wirklich interessant aber werden diese Bauten erst als Texte, die es zu lesen gilt zum Verständnis des Prozesses, der dahintersteht, zum Verständnis des Konstruierens. Wenn du Bautechnikgeschichte so angehst und betreibst, dann wird sie plötzlich auch für die angehende Ingenieurin, den angehenden Architekten hochaktuell, denn dann kannst du dein eigenes Konstruieren hinterfragen! Das zu vermitteln, haben wir in Cottbus 25 Jahre lang versucht, und ich hoffe, bei dem einen oder der anderen ist es auf fruchtbaren Boden gefallen.

RG Ja, das habt Ihr toll gemacht …

WL Danke, aber es ging mir nicht darum, Lob einzuheimsen! Ich merke nur neuerlich und erfreut, wie nah unser Beider Auffassungen da sind! Doch zurück zu Ihnen. Es gab gleich mehrere gute Gründe, Sie für die Schriftenreihe unseres Schwerpunktprogramms um ein Zeitzeugen-Gespräch zu bitten: Sie können als einer der Begründer der Bautechnikgeschichte in Deutschland gelten, Sie haben über viele Jahre für und mit Frei Otto als einem der weltweit bekanntesten Protagonisten hochmodernen Konstruierens gearbeitet, und nicht zuletzt, ja vor allem, durchzieht speziell das Thema dieses Bandes, „Bauen am Limit", wie ein roter Faden die drei wohl wichtigsten Projekte Ihrer bautechnikgeschichtlichen Forschung.
Und damit sind wir als erstes bei Ihrer bereits erwähnten Dissertation, mit der Sie den großen Bogen von Ihren theaterwissenschaftlichen Interessen zur Bautechnikgeschichte schlagen konnten. Sie gaben ihr den Titel *Vela erunt*: Was heißt das?

VELA ERUNT – SONNENDÄCHER MIT SEGELN IM ANTIKEN ROM

RG Die alten Römer hatten natürlich keine Plakate, um Spiele im Amphitheater anzukündigen. Da sind Leute herumgegangen und haben mit roter Farbe an die Wände geschrieben, welche Gladiatoren auftreten werden, ob es Tierhetzen geben wird und gegebenenfalls: „vela erunt", „Es wird Segel geben", heißt: Die Sonnensegel werden aufgespannt. Das war ja ein besonderer Luxus. Und das habe ich dann als Titel für das Buch genommen.

WL Die „vela" waren ja grundsätzlich schon vielfach erwähnt und seit langem bekannt. Ihre Arbeit aber war die erste und bis heute einzige systematische Untersuchung dieser ja nicht einfachen textilen Verschattungssysteme, ihrer Konstruktionen und Funktionsweisen: Wie müssen wir sie uns vorstellen?

RG An den Mauerkronen der Amphitheater gibt es Konsolen mit Löchern, die findet man noch, auch bei Theatern und Stadien. Am Kolosseum sind das Riesendinger, die Löcher haben einen Durchmesser von 50 Zentimetern! Da wurden Masten reingesteckt, das ist klar, dann aber wird es schon kompliziert. In meiner Untersuchung zeigte sich, dass die Konstruktion der Theatervela prinzipiell vom Segelschiff hergeleitet war.

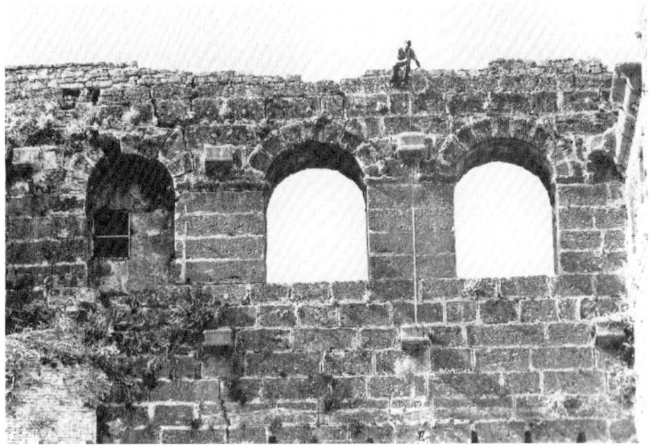

Bild 3 Rainer Graefe bei Untersuchung der Masthalterungen im Theater von Aspendus in Kleinasien, einem der am besten erhaltenen Theaterbauten aus römischer Zeit, um 1975.

Ich bin damals zunächst von einer Takelage ausgegangen, wie wir sie von der üblichen Besegelung römischer Segelschiffe kennen, also von symmetrisch am Mast hängenden Rahsegeln. Heute bin ich mir sicher, dass Lateinersegel das Vorbild gewesen sein müssen, leichtere, unsymmetrische Konstruktionen mit nur kurzen Masten, und darüber leichte, nach hinten abgespannte Rahen.
Zur Bedienung stand wie auf den Schiffen auch in den Theatern eine Mannschaft bereit. In Rom gab es für sie eine eigene Kaserne. Wenn starker Wind aufkam, mussten sie die Vela schnell raffen, sonst knallten die nämlich durch. Zur Raffbarkeit gibt es einen Bericht über Kaiser Commodus, der selbst als Gladiator auftrat. Als er nicht genügend Applaus bekam, wurde er wütend und hat befohlen, die Vela sofort zu raffen, damit das Publikum zur Strafe in der Sonne schmorte. Aber zurück zur Technik: Die ganze Konstruktion musste möglichst leicht sein, die Rahen kragten bis 25 Meter aus, beim Kolosseum vielleicht sogar 30 Meter.

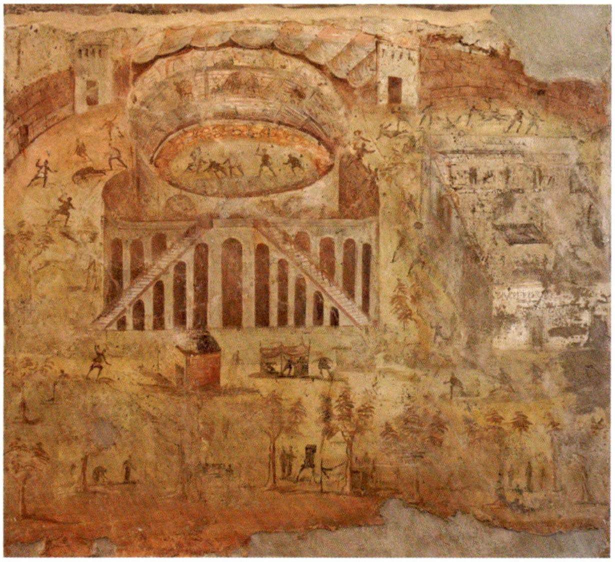

Bild 4 Ein Fresko aus dem Haus des Actius Anicetus in Pompeji zeigt nicht nur die dort im Jahr 59 n.Chr. ausgebrochenen blutigen Unruhen, sondern ist auch die einzige Originaldarstellung von ausgespannten Sonnensegeln über einem römischen Amphitheater.

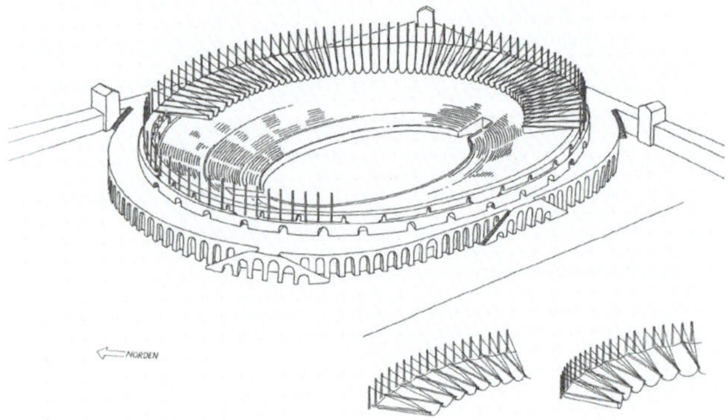

Bild 5 Amphitheater in Pompeji mit ausgespannten Vela, Rekonstruktion Rainer Graefe.

WL Sonst wären nur die oberen Ränge verschattet gewesen?

RG Zumindest auf einer Seite war das sowieso der Fall, wie heute noch in den Stierkampf-Arenen. Wir haben mit Modellen Lichtversuche gemacht. Jedenfalls ließen sich nicht alle Ränge verschatten. Die feinen Leute unten, die an der Arena saßen, der Hof, der Kaiserhof, hatten sowieso Extra-Baldachine. Wenn bemängelt wird, dass die Römer die Riesenräume nicht komplett überdecken konnten, sollte man im Übrigen bedenken, dass auch bei den meisten modernen Stadiondächern die Mitte offen bleibt!

WL Inwieweit ähnelten die Segeldächer im Prinzip denn den nach dem Speichenrad-Prinzip vom Büro Schlaich entwickelten heutigen Stadion-Überdachungen?

RG Die Form von Speichenrädern wird ja schon seit der Renaissance vorgeschlagen. Die Velum-Überdachungen waren jedoch nicht als derartige reine Seiltragwerke konzipiert. Die Römer konnten mit ihren Naturfaser-Seilen ja garnicht die Spannweiten heutiger Stahltragwerke erreichen, und mussten andererseits aufpassen, dass ihre abgespannten Strukturen nicht zu leicht wurden! Wir haben das selbst anschaulich erfahren, als wir zum Vergleich reine Seiltragwerke untersuchten, wie sie in den meisten Rekonstruktionen angenommen werden, also als Seilspinne über dem Gebäude: Der entsprechende 1:1–Nachbau über einer kleinen Stierkampf-Arena in Spanien ist uns, als Wind aufkam, in Fetzen weggeflogen!

WL Ab wann gab es diese Verschattungssysteme eigentlich im römischen Reich? Seit 59 n. Chr. sind sie bezeugt, wahrscheinlich aber sehr viel älter.

RG Das wissen wir nicht genau. Nachweisen lässt sich die früheste Überdachung, wie Sie schon sagten, im Jahr 59 n. Chr. in Pompeji. Wann zuvor diese Sonnensegel eingeführt wurden, wissen wir nicht. Südlich der Alpen gehörten sie bis in die Spätzeit des Römischen Reiches, bis ins 4. Jahrhundert, zur Standard-Ausrüstung. Nördlich der Alpen allerdings nicht.

WL Auch in der methodischen Anlage war Ihre Arbeit damals richtungsweisend. Sie haben breit gestreut schriftliche und bildliche Quellen ausgewertet, haben vor Ort Befunde dokumentiert, dies alles zusammengebracht, noch um Versuche ergänzt und nicht zuletzt Kollegen um statische Berechnungen gebeten – ein der historischen Bauforschung und anderen Fächern entlehnter Instrumentenkasten, der noch heute als vorbildlich für eine moderne Bautechnikgeschichte gelten kann.

RG Es gab seit Jahrhunderten Rekonstruktionsversuche. Ich habe sämtliche Zeugnisse noch einmal genau analysiert und manche neue aufgespürt – Texte, Bilder, Befunde. Ich habe die noch vorhandenen Masthalterungen an den Gebäuden untersucht, bis hin zum Kolosseum, und die wenigen Bilddarstellungen. Im Museum in Neapel bin ich auf Leitern vor den Bildern rumgeklettert. Das berühmteste ist ja das Fresko aus Pompeji mit einer Massenschlägerei in der Arena, das einzige Originalbild, auf dem man die Vela sieht. Die Ähnlichkeiten mit der Schiffstechnik sind offensichtlich. Und die lateinischen Originaltexte, in denen die Vela erwähnt sind, die Gedichte von Lukrez, Plinius und anderen – die habe ich gründlichst ausgewertet. Das hatte zuvor noch niemand gemacht.

WL Ihre Lateinkenntnisse reichten aus?

RG Na ja, mit Lexikon durchaus. Es gab ja noch keine Computer. Die Zeichnungen hab' ich auch alle selbst gemacht. Frei Otto fragte immer: „Wer hat das gezeichnet?" „Ich!" Das glaubte er nicht so recht – wie kann ein Theaterwissenschaftler und Philosoph zeichnen? Ich habe das Perspektive-Zeichnen erst lernen müssen, mit kilometerlangen Linealen und aneinander gerückten Tischen.
Es war natürlich toll, mit einem Zeltbauer dieses Rangs die konstruktiven Fragen durchsprechen zu können, Details zum Beispiel. Ich hatte Ringe gezeichnet, die auf den Rahen hin und her gezogen werden mussten. Otto dazu: „Graefe, der Ring muss länglich sein, sonst klemmt der, wenn er gezogen wird, dann stellt der sich schräg!"

WL Sie kannten sich schon so lange, aber waren für ihn immer noch „Graefe"?

RG Ja, ja, „Graefe". Er hat uns alle erst geduzt, als er pensioniert war.

WL Die Dissertation entstand am IL, eingebettet in den Kontext von Ottos Forschungen, und dennoch sind Sie dort nicht promoviert worden. Das ging wahrscheinlich nicht, weil Sie kein Architekt oder Ingenieur waren?

RG Genau. Ich konnte die Arbeit dort nicht einreichen, weil ich ein geisteswissenschaftliches Studium gemacht hatte. Die Begleitung durch den Tübinger Archäologen Ulrich Hausmann war aber auch sehr hilfreich. Andererseits gab es mit mir eigentlich näherstehenden Disziplinen wie Archäologie und Kunstgeschichte einigen Zwist. Die Fachleute waren zum Teil feindselig und haben versucht, mir Fehler nachzuweisen. Sie mochten es nicht, dass ein Außenseiter in ihrer Disziplin rumstochert. Also, ich stehe bis heute zu allem, was ich damals festgestellt habe. Nur zu der Takelage würde ich, wie erwähnt, inzwischen einen anderen Vorschlag machen. Es hat lange gedauert, bis ich kapiert habe, wie die Technik tatsächlich gewesen sein muss. Nun bin ich mir sicher. Aber darüber sollen Jüngere grübeln.

VLADIMIR G. ŠUCHOV – DENKEN BIS AN DIE GRENZEN DES MÖGLICHEN

WL Das Thema „Bauen am Limit", die Arbeit an den Grenzen des technisch Möglichen, charakterisiert vielleicht sogar noch direkter ein zweites Projekt, das Ihre bautechnikgeschichtlichen Forschungen dann über Jahrzehnte hinweg bestimmt hat – die Erkundung und Analyse von Leben und Werk des russischen Ingenieurs Vladimir Grigor'evič Šuchov (1853–1939). Wir führen dieses Gespräch ja in Ihrem Haus, oberhalb von Innsbruck, und in der Hand halte ich einen wunderbaren kleinen Teller, auf dem ist der 1922 von Šuchov gebaute Šabolovka-Radioturm in Moskau zu sehen: Der Teller ist offenbar nicht in Serie produziert, sondern ein Unikat?

RG Den hat uns eine Mitarbeiterin aus Moskau geschenkt, gemalt mit spitzem Pinsel. Die Entstehung unseres Forschungsprojekts ist eine lange Geschichte! Ich versuch's kurz

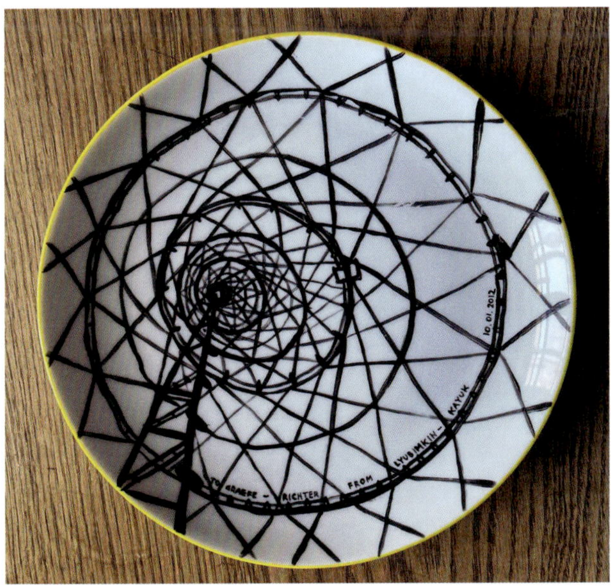

Bild 6 Teller mit Šabolovka-Radioturm in Moskau, Design Ekaterina Ljubimkina/Kajuk, Januar 2012.

zu machen. Die Russen hatten Frei Ottos berühmtes Buch „Das hängende Dach“ übersetzt und publiziert. In der russischen Ausgabe hatte der Herausgeber ein Nachwort geschrieben: „Wir haben auch schon mal so was gemacht: Šuchov!“, und zwei Fotos von Hängedächern eingefügt. Frei Otto hatte zwar ein Belegexemplar erhalten, aber den Hinweis auf Šuchov nicht zur Kenntnis genommen. Ich dachte, nanu, das ist aber interessant. Dieser russische Ingenieur Šuchov hatte mehr als ein halbes Jahrhundert vor Otto schon hängende Netzdächer und stehende Gitterschalen gebaut. Bei meinen Recherchen half mir ein Russisch-Übersetzer in der Unibibliothek in Stuttgart, Ottmar Pertschi. Wir beschlossen, zusammen etwas über Šuchov zu machen. Hinzu kam am IL ein Stipendiat aus Moskau, der Bauingenieur Murat Gappoev. Später kam Erika Richter dazu. So haben wir zunächst zu dritt und schließlich zu viert angefangen zu forschen. Das ging um 1980 los.

WL Zu dieser Zeit war Šuchov im Westen noch überhaupt kein Begriff?

RG Komplett unbekannt. Sehr bekannt jedoch noch in Russland! Arbeiter in Fabriken, in denen wir Untersuchungen durchführten, kamen und bedankten sich dafür, dass wir ihren großen russischen Ingenieur mit unserer Arbeit ehrten. Das war wirklich anrührend. Šuchov war sogar bei den einfachen Leuten populär!

WL Wo anfangen bei Šuchov? Spannend an ihm ist ja unter anderem, dass er in zwei völlig gegensätzlichen politischen, gesellschaftlichen und ökonomischen Systemen gleichermaßen Erfolg gehabt hat. Wollen Sie uns etwas zu seinem Leben erzählen?

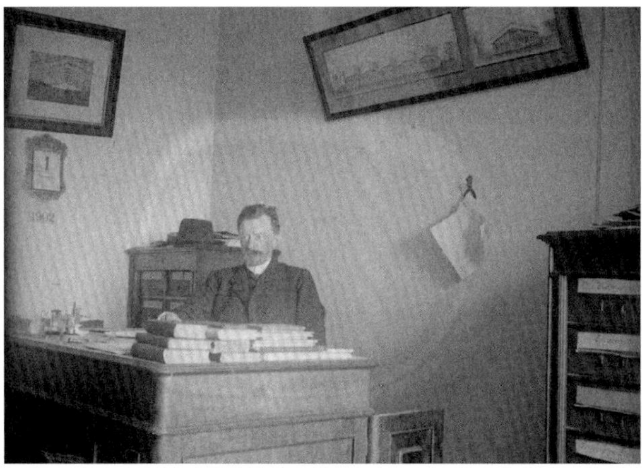

Bild 7 Vladimir G. Šuchov im Bári-Konstruktionsbüro in Moskau, Selbstporträt, 1902.

RG Mit 22 Jahren hatte er 1876 als bester Student am Polytechnikum in Moskau seinen Abschluss als Mechanik-Ingenieur gemacht. Als Auszeichnung erhielt er ein Stipendium und wurde noch im selben Jahr zusammen mit fünf Professoren zur Weltausstellung in Philadelphia geschickt. Das Team sollte in Amerika die Kultur und Technik Russlands bekannt machen und die dortigen Entwicklungen und Fortschritte der Technik studieren. In den USA lernte Šuchov den Russen Aleksándr V. Bári kennen. Ein interessanter Mann, auch Ingenieur, aber mit einem Abschluss der ETH Zürich. Bári war einige Jahre zuvor nach Amerika gegangen, hatte dort sofort Karriere gemacht, Patente eingereicht. Er war noch gar nicht lange da, da beteiligte er sich bereits am Wettbewerb für die Haupthalle der Weltausstellung.

Bári sollte Šuchovs weiteren beruflichen Weg wie kein anderer prägen. Er kehrte nämlich nach Russland zurück, weil seine Frau Heimweh hatte, und machte in Moskau ein Unternehmen auf. Um sich am vielversprechenden Erdölgeschäft zu beteiligen, gründete Bári ein Büro in Baku. Šuchov, gerade erst eingestellt, wurde von Bári nach Baku geschickt. Dort revolutionierte er die Erdöltechnik: Er baute die erste Erdölleitung Russlands, entwickelte neue Düsen, Pumpen, zylindrische Öltanks mit abnehmenden Wandstärken, wie sie bis heute gebaut werden, konstruierte Tankschiffe und Lastkähne. Die ganze Wolga entlang gab es dann Reedereien, die diese Šuchov-Kähne gebaut haben – ein wahnsinniges Tätigkeitsfeld. Šuchov erfand das Cracken, ein Verfahren zur Stoffumwandlung in der Erdölverarbeitung, zur Gewinnung etwa von Benzin.

Er wurde dann Chefingenieur des Bári-Konstruktionsbüros in Moskau, sein Engagement verlagerte sich zunehmend auf die Baukonstruktion. Er baute Brücken für den Ausbau des russischen Eisenbahnnetzes und entwickelte die ersten Hängedächer und Gitterschalen. Die berühmte Allrussische Ausstellung in Nižnij Novgorod bot ihm 1896 die Bühne für eine beispiellose Demonstration seiner Ideen: Auf eigene Kosten baute die Firma Bári acht riesige Pavillons, alle mit den neuen Dächern, vier mit Hängedächern, vier mit Gitterschalen. Und ein Hyperboloid musste es auch noch sein, ein Wasserturm, bei dem das Prinzip Gitterschale auf eine Vertikalkonstruktion übertragen wurde – das erste Hyperboloid der Baugeschichte. Die Firma hoffte, den einen oder anderen dieser Bauten später zu verkaufen. Der Turm ist dann tatsächlich verkauft worden und existiert bis heute, von den anderen Bauten wissen wir nichts. Auf jeden Fall aber war Šuchov mit einem Schlag weltberühmt. Erst nach der Revolution ist diese Verbindung abgerissen und er im Westen völlig in Vergessenheit geraten.

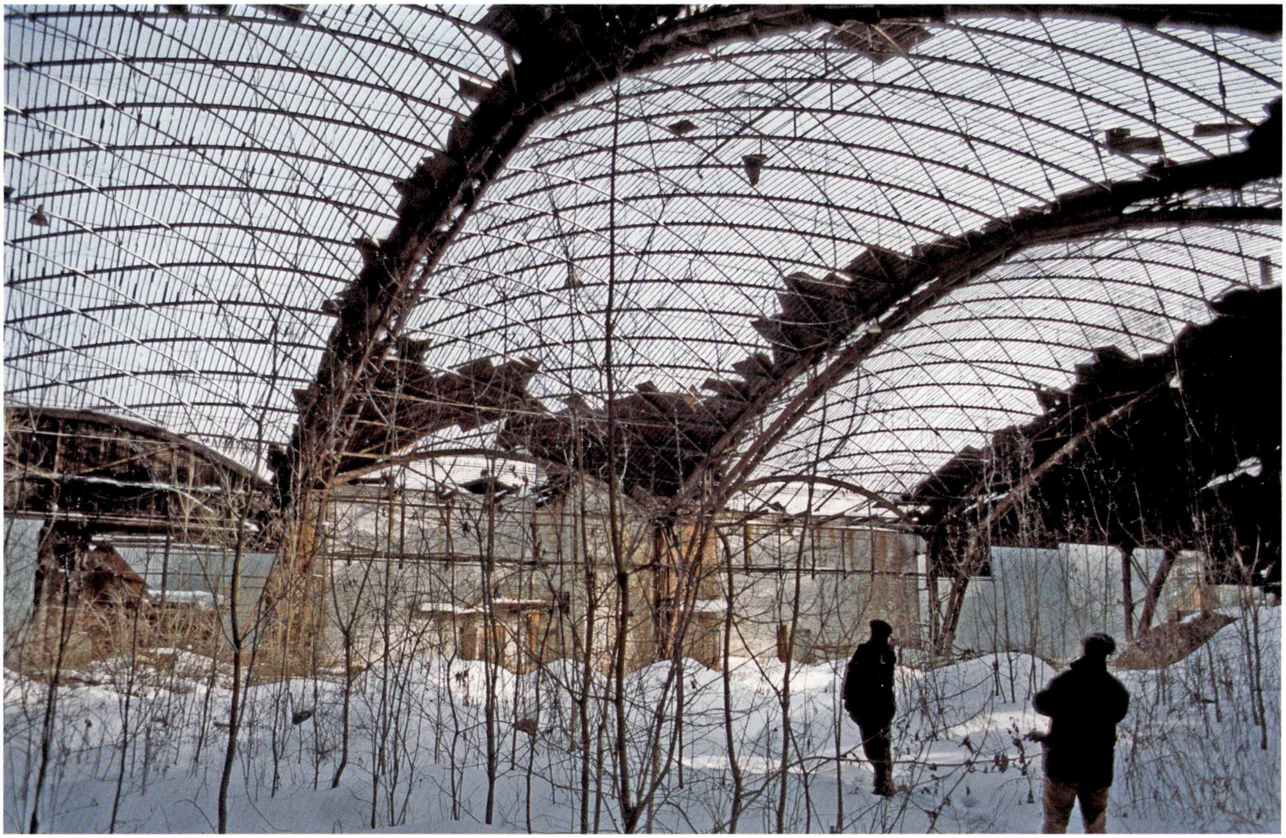

Bild 8 Für die 1898 errichtete große Halle des ehemaligen Blechwalzwerks in Vyksa (knapp 200 km südlich von Nižnij Novgorod) entwarf Šuchov die ersten doppelt gekrümmten Gitterschalen der Bautechnikgeschichte, Aufnahme 2005.

WL Aber in der Sowjetunion blieb er doch weiterhin hoch anerkannt?

RG Naja, nicht gleich. Als die Revolution kam, war Bári schon gestorben. Seine Söhne sind nach Amerika abgehauen. Wir haben eine frühe Werbung der Firma auf Russisch und Englisch gefunden. Die Báris hatten also vor, ihre Beziehungen in Richtung Amerika zu vertiefen. Šuchov wollte nicht weg. Die Belegschaft hat ihn zum neuen Leiter der Firma gewählt. Es war eine schlimme Zeit, Bürgerkrieg, Hungersnot, auch für ihn. Man hat Šuchov sein Wohnhaus weggenommen, seine Bibliothek ruiniert, und später das Haus zerstört. Er hat noch Pläne im Garten verbrannt, bevor er da weg ist, und ist dann in das Haus gezogen, in dem Bári sein Büro hatte. Dort hat er gelebt und gearbeitet.

WL Doch das war nicht das Ende …

RG Glücklicherweise. Schließlich haben die Bol'ševiki kapiert, sie brauchten den Mann. Das war seine Überlebensversicherung. 1919 kam Šuchovs große Chance: Die gerade erst gegründete „Russische Sozialistische Föderative Sowjetrepublik" wollte in Moskau einen Radioturm bauen, die ganze Sendetechnik war schon von Petersburg dorthin verlegt worden. Die russischen Radiotechniker gehörten damals zu den führenden der Welt, es gab schon abgespannte Masten von beachtlicher Höhe aus Holz. Nun favorisierten die Planer einen frei stehenden Turm aus Stahl und wandten sich an Šuchov. Wir konnten erstmals die ganze Entwicklung von Planung und Bau anhand der Dokumente verfolgen und systematisch aufarbeiten.

WL Eigentlich sollte der Turm 350 Meter hoch werden?

RG Genau, so hat Šuchov es vorgeschlagen, höher als der Eiffelturm, das war seine erklärte Absicht. Die Revolutionäre

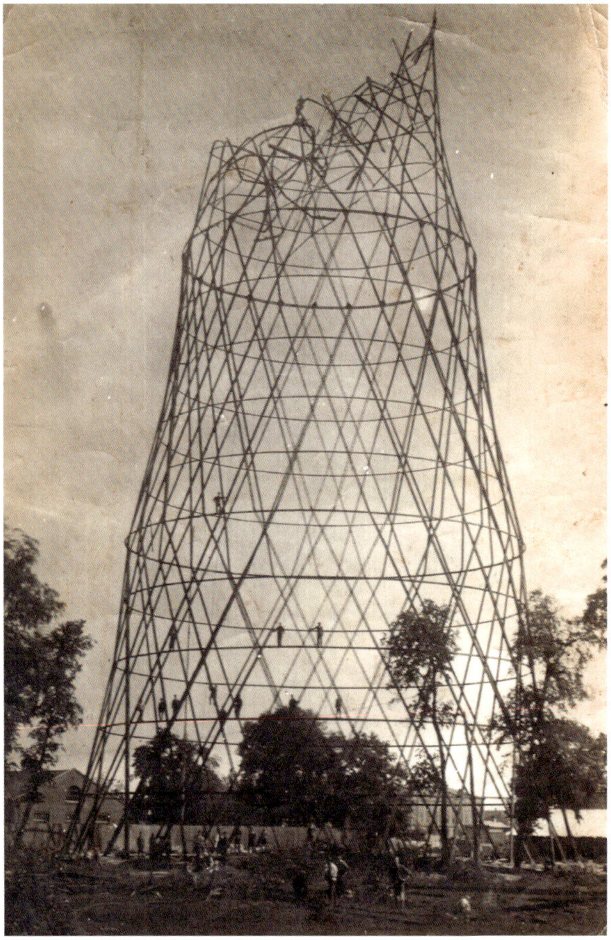

Bild 9 Šabolovka-Radioturm mit demoliertem 3. Segment nach dem Absturz des 4. Segments.

waren begeistert. Sein Entwurf stützte sich lediglich auf die Erfahrungen vom Bau zahlreicher Wassertürme, die er seit der Allrussischen Ausstellung ausgeführt hatte – ein Netzwerk-Hyperboloid als Schaft und oben der Tank. Die waren natürlich winzig im Vergleich zu den 350 Metern. Um diese Höhe zu erreichen, plante er, mehrere Hyperboloide übereinander zu stapeln. Nach oben hin wurden sie immer etwas kleiner. Das größte Problem dabei war die Montage. Er löste es mit einem Teleskop-Verfahren, mit dem alle Segmente zunächst am Boden vorgefertigt werden konnten. Im Inneren der schon montierten Abschnitte sollte dann das jeweils nächste Segment hochgezogen werden, mit kleinen Holzkränen. Wie bei einem Fernrohr. Ohne dies zuvor realitätsnah ausprobiert zu haben, begann er dann zu bauen und ließ die Segmente vorbereiten – man staunt über Šuchovs Risikobereitschaft!

WL Geometrische Schwierigkeiten ergaben sich dabei vermutlich vor allem im Übergang zwischen zwei Abschnitten, der ja am Ende statisch voll wirksam werden, aber erst einmal das Durchschieben erlauben musste?

RG Das haben wir genau rekonstruiert. Vom unteren Teil haben sie den obersten Ring zunächst etwas größer gemacht, den Abschnitt darüber hingegen eingeschnürt, damit er durch passte. Dessen unteren, aussteifenden Ring haben sie erst montiert, wenn der Abschnitt schon oben war. Das war ziemlich kompliziert, und alles musste natürlich im Gleichgewicht gehalten werden.
Schon bei den Vorbereitungen der Segmente gab es immer wieder Schwierigkeiten. In Not und Hunger, in schwerster Zeit haben sie diesen Turm gebaut. Šuchov hat Tagebuch geführt über die Missstände. Man kann verfolgen, wie verzweifelt er

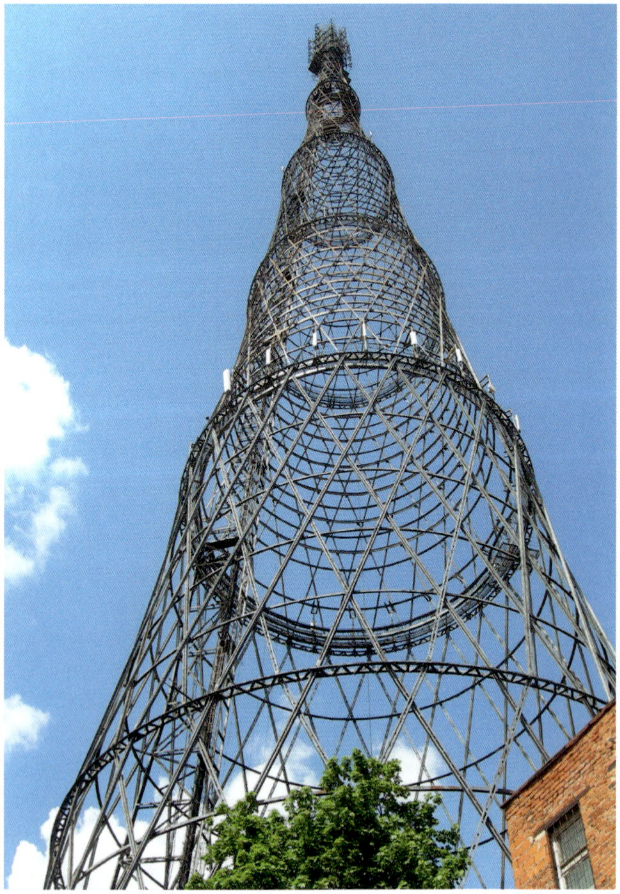

Bild 10 Šabolovka-Radioturm, 2011 (vor der stark verunstaltenden provisorischen Sicherung um 2014).

oft war. Zumindest kriegten die Arbeiter aber gleiche Extrarationen wie die Armee. Schließlich standen doch alle Segmente fertig bereit, ineinander geschachtelt. Und nun machte Šuchov aus dem Ganzen eine richtige Show. Die Idee war, dass der Turm scheinbar wie von alleine emporwächst. Und es ging auch gut los, der zweite Abschnitt stieg hoch, der dritte .... Lenin hat vom Kreml zugeschaut. Die Regierung ließ immer telefonisch anfragen, wann der nächste Schritt erfolgen würde. Das war ein absolutes Prestige-Projekt.
Ja, und dann ist eben im Juli 1921 der vierte Abschnitt beim Heben umgekippt und auf die bereits fertiggestellten Abschnitte gefallen. Zwei Abschnitte konnte man reparieren, alles andere war total im Eimer. Das waren noch deutsche Stähle aus Armeebeständen gewesen, von der Regierung zur Verfügung gestellt. Nun brauchte Šuchov Stahl. Er war zum Tod auf Bewährung verurteilt, so steht es in seinem Tagebuch. Er sollte weiter bauen, aber man sagte ihm, wenn das jetzt nicht klappt, wirst du erschossen. Seine Mitarbeiter sind in ganz Russland herumgefahren und haben verzweifelt Stahl gesucht. Šuchov hat wegen der Materialknappheit – wie wir herausfanden – die Struktur vereinfacht, vier oder fünf verschiedene Varianten durchgeplant, bis das Ding so stand, wie es jetzt steht. Nur 150 Meter hoch, weil nicht genügend Stahl da war. Eine abenteuerliche Geschichte!

WL Und dann sendete die Komintern-Sendestation Šabolovka schließlich im März 1922 doch aus Moskau, dem Zentrum der sozialistischen Weltrevolution, nur die Langwellen reichten nicht ganz so weit wie geplant ...

RG Mehr konnten sie eben nicht.

WL „Bauen am Limit" im wahrsten Sinne! Wie erging es Šuchov danach?

RG Er ist alt geworden, trotz Revolution und Bürgerkrieg. Man muss sich seine Situation mal vorstellen. Beide Söhne waren Weiße, also gegen die Bol'ševiki. Die sind zurückgekommen, als der Bürgerkrieg beendet war, aber der eine wurde verhaftet und dem Vater erst wieder ausgeliefert, als er schon todkrank war. Man behauptet, dass Šuchov der Regierung seine Patente geschenkt hat, um ihn freizukaufen. Kurz danach ist der Sohn gestorben. Nicht die einzige schlimme Geschichte. Mitarbeiter aus Šuchovs Team sind verhaftet worden.
Anfangs hat Šuchov viele im Bürgerkrieg zerstörte Brücken reparieren müssen, mit einfachsten Mitteln. Die Teile hat er mit Hebebäumen aus dem Fluss geholt, es musste ja jedes Stück Stahl gespart werden. Er baute auch neue Brücken, interessante, doch nicht so sensationelle Konstruktionen, sondern eher Varianten von deutschen Fachwerkstrukturen. Und natürlich entwarf er weiterhin Hyperboloide für Wassertürme. Seine feinste und schönste Arbeit nach der Revolution wurden 1929 die sechs Stromleitungsmasten, die eine 110-kV-Hochspannungsleitung über die Oka führten, einer dieser großen Ströme im Osten. Die beiden höchsten Masten waren 128 Meter hohe Türme, aufeinandergesetzte Hyperboloide wie 1922 in Moskau, etwas niedriger, aber noch feiner. Man kann schön sehen, dass Šuchov immer weiter experimentiert hat, nie bei irgendeiner Entwicklung stehenblieb. Wie Frei Otto, der hat auch

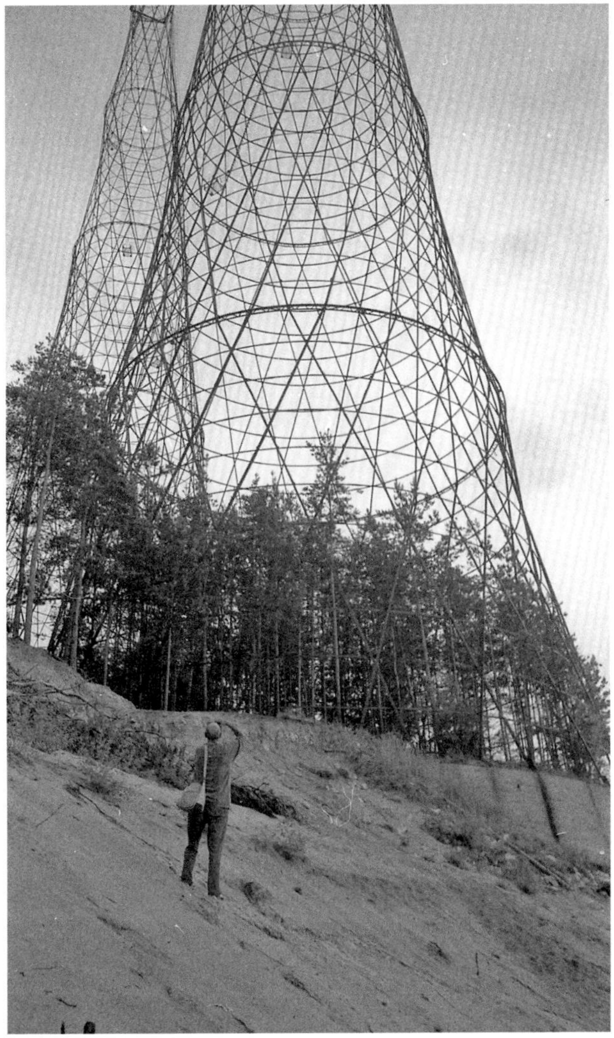

Bild 11 Rainer Graefe vor den 1929 errichteten, 128 m hohen NIGRES-Masten der 110-kV-Hochspannungsleitung über die Oka, 2001 (wenig später stürzte der westliche Turm ein).

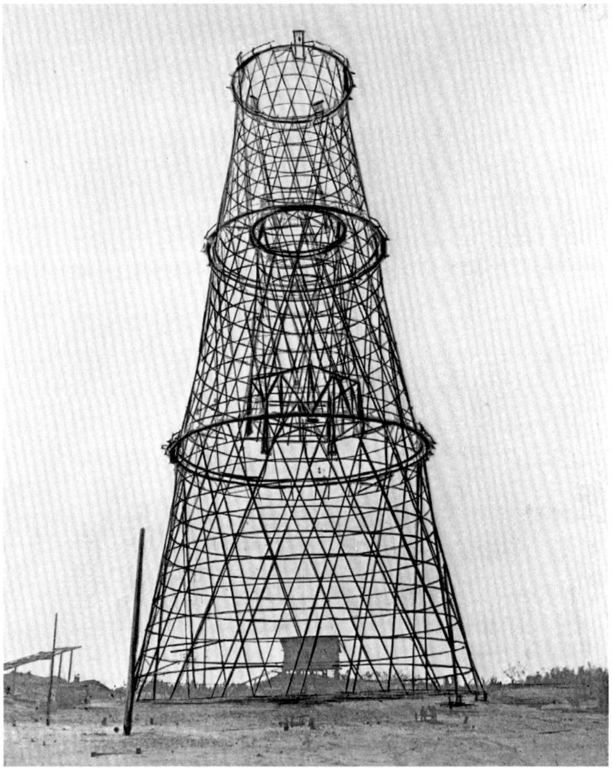

Bild 12 Montage eines der NIGRES-Türme im Teleskop-Verfahren, Heben des 4. Segments, 1929.

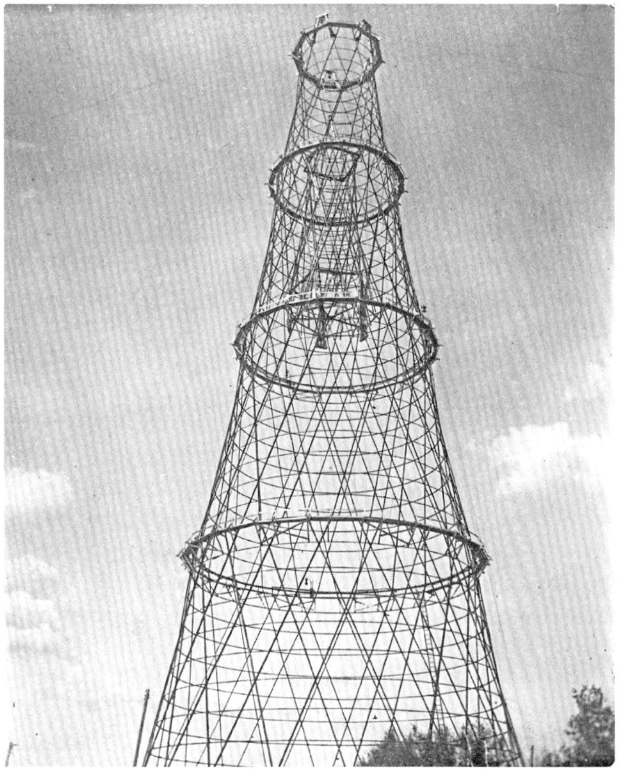

Bild 13 Montage eines der NIGRES-Türme im Teleskop-Verfahren, Heben des 5. Segments, 1929.

nie das Gleiche gemacht hat, sondern immer weitergedacht und probiert und verfeinert. Über die Oka haben übrigens die deutschstämmigen Brüder Struve aus Petersburg riesige Brücken gebaut, das waren tolle Ingenieure. Mit ihnen hat später der deutsche Unternehmer Lessing zusammengearbeitet, der Šuchov dann mit dem Bau seiner größten und schönsten Gitterschalen-Halle beauftragte. Es gab also durchaus Verbindungen zu deutschen Unternehmen und Ingenieuren. Auch der leitende Ingenieur der Eisenwerke in Petersburg, die eine Unmenge von Brücken, Hallen und Dächern bauten, war ein deutscher Ingenieur aus Nürnberg namens Krell.

WL Umso erstaunlicher ist es, dass es dennoch zu keiner nennenswerten Šuchov–Rezeption in Deutschland kam. Obwohl sie in Russland so viel Erfolg hatten, fanden weder die Gitterschalen noch die Türme hier Nachahmung.

RG Ja, er hat nur in Russland gebaut, und später, nach der Revolution, in den sowjetischen Republiken. Bis zur russischen Revolution waren Šuchov-Bauten in Deutschland durchaus bekannt, gaben aber nicht den Anstoß für ähnliche Entwicklungen – oder vielleicht doch: Šuchovs Freund Chudjakov hat in der Fachpresse behauptet, das Zollinger-Lamellensystem sei geklaut, es sei eine Variante der Šuchovschen Gitterschale, mit Änderungen, um die Patentrechte zu umgehen.

WL Wir haben Šuchov vornehmlich als einen äußerst kreativen, mutigen, ja kühnen Ingenieur kennengelernt. Meines Erachtens erwuchs seine Innovationskraft aber durchaus und wesentlich auch aus einer soliden Verankerung in der ingenieurwissenschaftlichen Theorie seiner Zeit – oder?

RG Das war sicherlich so. Zunächst einmal war er vielsprachig, er beherrschte vier Sprachen – Russisch, Englisch, Deutsch und Französisch. Er hat sehr viel gelesen. Wir haben seine Notizen zur Lektüre der internationalen Fachliteratur ausgewertet, auch seine Skizzen. Šuchov kannte den Stand der Entwicklungen in Wissenschaft und Praxis genau. Im Alter

hat er noch ein Gutachten zum in Deutschland von Zollinger entwickelten Lamellensystem erarbeitet: Noch immer war er über die aktuelle Entwicklung informiert.
Šuchovs Entwurfsarbeit fußte hauptsächlich auf Berechnungen, anders als bei Frei Otto, der seine Strukturen ja vor allem mit Formfindungsmodellen entwickelt hat. Es hat mich immer erstaunt, dass aus so unterschiedlichen Entwurfsverfahren so ähnliche Konstruktionen entstehen konnten.

WL Gestorben ist er kurz vor Beginn des Zweiten Weltkriegs?

RG Er hat im Alter keine gute Zeit erlebt. In den letzten Jahren war er in einem kleinen Häuschen untergebracht. Da hat ihn ein Mitarbeiter besucht. Šuchov brach in Tränen aus, hatte kein Brennholz und war in Not. Die Mitarbeiter haben ihm dann Holz gebracht. 1939 ist er gestorben, zum Glück für ihn, muss man sagen.

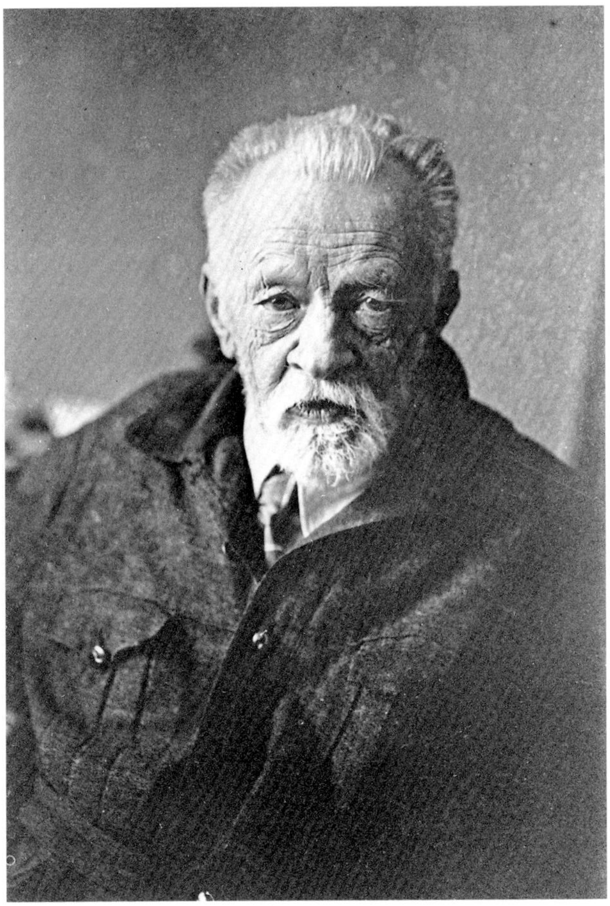

Bild 14 Vladimir G. Šuchov in den späten 1930er Jahren.

FORSCHEN IN RUSSLAND – MANCH' LEBENSLANGE FREUNDSCHAFT

WL Sie berichteten eingangs, wie das Šuchov-Projekt 1980 am Institut für leichte Flächentragwerke der Uni Stuttgart begann. Zwar haben Sie seitdem nicht durchgehend daran gearbeitet, aber insgesamt hat es Sie mehr als 40 Jahre begleitet. Die Früchte Ihrer Arbeit legten Sie 2021 in einer gewaltigen zweibändigen Monografie mit nicht weniger als knapp 1000 Seiten vor. Ich würde gern noch einen Blick darauf werfen, wie Sie das Vorhaben von den geschilderten Anfängen zu einem derart beeindruckenden Ergebnis entwickeln konnten. Eine Schlüsselrolle kam dabei ja Ihrer Frau Erika zu, die Sie über das Projekt kennenlernten und mit der Sie bis heute zusammen daran gearbeitet haben …

RG Der Anstoß fiel in die glückliche Zeit der Öffnung zwischen Deutschland und der Sowjetunion im Gefolge der von Willy Brandt angestoßenen Entspannungspolitik. Es gab ein Kulturabkommen, in das war das Institut für Auslandsbeziehungen (IfA) eingebunden, und in dem Institut arbeitete Erika. Sie organisierte und betreute vor allem Kontakte mit Architekten und Ingenieuren im damaligen Ostblock, in Polen, Ungarn, aber eben auch in Russland. Sie führte Tagungen durch, Reisen, vermittelte Fachleute. Sie spricht Russisch. Über Šuchov haben wir uns tatsächlich kennengelernt.
Das Tor geöffnet hatte ein Kooperationsvertrag des IfA mit dem Moskauer Architekturmuseum. Zunächst als Vertreterin des IfA, dann auch eigenständig, hat Erika mitgemacht in unserem Stuttgarter Šuchov-Team.
Wichtig für den Erfolg waren auch die Partner in Russland. Mit Mitarbeitern des Moskauer Architekturmuseums und des Archivs der Akademie der Wissenschaften arbeiteten wir eng zusammen. Daraus ist manche lebenslange Freundschaft entstanden. Wir durften erstmals in die russischen Archive, bisher unzugängliche Bestände auswerten. Das war neu und unglaublich spannend. Und wir durften zu Šuchov-Bauten, die zuvor nicht zugänglich waren. Für uns ging damals eine Welt auf, ebenso aber auch für die russischen Kollegen!

WL Die Liste der russischen Kollegen, mit denen Sie Kooperationen ganz unterschiedlicher Art entwickelt haben, ist beeindruckend. Auch zu Šuchovs Nachfahren konnten Sie persönliche Kontakte aufbauen, 1983 in Moskau gar noch seine Tochter Vera Šuchova-Lapšina treffen. Für Aufsehen sorgte dann 1990 eine Ausstellung in Stuttgart, zu der unter dem Titel „Die Kunst der sparsamen Konstruktion" auch eine erste, gemeinsam mit Murat Gappoev und Ottmar Pertschi verantwortete, eher noch bescheidene Monografie herauskam. Hat diese Publikation Šuchov im Westen nicht überhaupt erst bekannt gemacht?

RG Absolut! Auf einen Schlag war Šuchov international eine Größe, obwohl unsere Publikation nur auf Deutsch erschienen war. In der Folge lag uns sehr daran, auch eine russische Ausgabe zu ermöglichen, doch das erwies sich als extrem schwierig. Gorbatschow und die Perestroika – eine begeisternde Zeit, aber eben auch mit riesigen wirtschaftlichen Umbrüchen und Katastrophen. Bei MIR, dem einst renommiertesten Verlag der UDSSR, war man interessiert. Sie hatten einen sehr guten Übersetzer, aber sie hatten kein Geld mehr, der Verlag stand auf der Kippe.
Wir haben dann privat Geld gesammelt, Freunde haben dazu gegeben, die Robert-Bosch-Stiftung auch, und schließlich konnten wir mit dem Verlag neu verhandeln. Irgendwann ging unser Gesprächspartner mit uns in den Hof, da lag eine Riesenrolle, vielleicht das letzte Papier, das sie hatten, und er tippte die Rolle mit dem Fuß an und sagte „Das wird Ihr Buch!" Tatsächlich wurde 1994 eine russische Ausgabe produziert. Dann war der Verlag allerdings pleite, und die Bücher verschwanden aus den Buchgeschäften. Wir haben uns gefragt, wo sie geblieben sein könnten. Nach zwei, drei Jahren kamen sie plötzlich wieder auf dem Markt – und wurden verramscht für ein lächerliches Geld! Viele Architekturstudenten haben das billige Buch damals gekauft, das war natürlich wieder wunderbar.

WL Für etwa ein Jahrzehnt ruhten Ihre Šuchov-Forschungen dann zunächst, Sie waren anderweitig engagiert. Mitte der Nuller-Jahre aber starteten Sie einen neuen Anlauf?

RG Wir wussten ja, wir stehen mit unseren Untersuchungen erst am Anfang. Murat Gappoev, der schon Mitautor der ersten Monografie gewesen war, überzeugte Erika und mich, weiterzumachen. Zu dritt sind wir nach Nižnij Novgorod gefahren, der Stadt der Allrussischen Ausstellung von 1896 mit all den Šuchov-Bauten, haben neue Kontakte zum Denkmalamt und zur dortigen Bau-Universität geknüpft. In Moskau haben wir die alten Beziehungen, die alten Freundschaften wieder aufgewärmt. Da war inzwischen die Welt verändert, die Archive verfügten nun über moderne Technik, gegen Gebühr wurde alles bereitgestellt, vorher hatten wir alles selbst machen müssen.

WL In den folgenden Jahren haben Sie sich mehr und mehr auch für den Erhalt bedrohter Šuchov-Bauten engagiert.

RG Unser größter Erfolg war die Rettung eines 128 m Turmes, einer der Stromleitungsmasten an der Oka. Ohne unser Engagement und ohne das Engagement der russischen Kollegen gäbe es auch diesen letzten Turm der ehemaligen Sechsergruppe nicht mehr. Heute ist er restauriert und in exzellentem Zustand, das Flussufer ist aufwendig gesichert. Anders sieht es leider beim Radioturm in Moskau aus, den man, trotz der Bemühungen von uns allen und vor allem von Šuchovs Urenkel Vladimir, verfallen lässt.

WL Sie haben Kollegen aus dem Westen als Experten für Bauforschung und Instandsetzung vermittelt. Im Ergebnis entstand unter anderem eine Reihe genauer Bauaufnahmen, und vor allem fand Ihr Wirken nun auch in Russland zunehmend Anerkennung. Schon 2003 waren Sie in Moskau mit der Šuchov-Goldmedaille ausgezeichnet worden, einer der höchsten Auszeichnungen in den russischen Natur- und Ingenieurwissenschaften. 2008 ehrte man Sie ob Ihrer Verdienste mit einer Ehrenpromotion an der Staatlichen Universität für Architektur und Bauingenieurwesen in Nižnij Novgorod. Und „zuhause" kam es 2010 zur Finanzierung eines länderübergreifenden DFG-Forschungsvorhabens im „D-A-CH"-Format mit Beteiligten aus Deutschland (D), Österreich (A) und der Schweiz (CH) unter dem Titel „Šuchovs Strategien des sparsamen Eisenbaus".

RG Das war noch mal ein Game Changer, wir konnten unter ganz neuen Bedingungen arbeiten. Plötzlich hatten wir Geld, konnten den russischen Kollegen für deren Beiträge Honorare zahlen und nun auch gut finanziert in alle Archive reisen. Da warteten ja immer wieder bewegende Überraschungen: Du kommst in so ein Archiv rein, ziehst einen Plan raus, den hat noch nie einer seit was weiß ich wie vielen Jahren angeguckt – und dann siehst du da eine Unterschrift „Šuchov" mit rotem Stift drauf! Irre Erlebnisse: Wir wussten, dass es von den Bauten der Allrussischen Ausstellung in Nižnij Novgorod Zeichnungen geben musste, die aber nicht mehr aufzufinden waren. Und dann sind wir in St. Petersburg, und ich mache eine Mappe auf und blättere, und plötzlich fallen mir sämtliche Pläne entgegen! Die waren einfach falsch weggeordnet!

WL Noch ein Jahrzehnt später überfiel Russland die Ukraine, und alle offiziellen Arbeitskontakte brachen gleichsam über Nacht ab. Ich selbst war ja seit 2002 mit unseren Forschungen zu den Eisentragwerken der Petersburger Eremitage in Russland engagiert gewesen, und kann es immer noch kaum fassen, zu welch ungeheuren Verlusten dieser Krieg allein auf der kleinen Ebene meiner wissenschaftlichen und menschlichen Verbindungen nach Russland geführt hat!

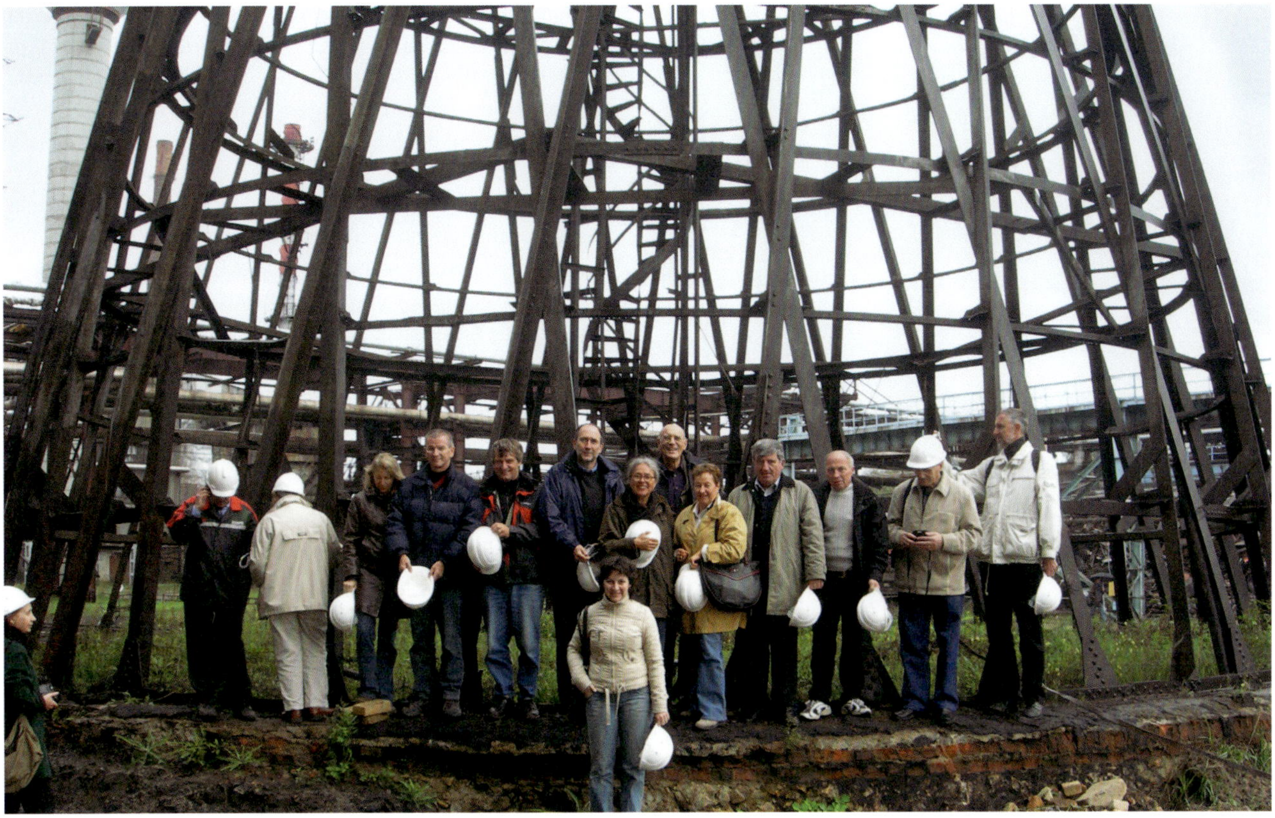

Bild 15 Professoren und Mitarbeitende des „D-A-CH"-Projekts mit Beteiligten aus Deutschland, Österreich und der Schweiz vor dem Wasserturm in Vyksa, Erika Graefe in gelber Jacke vor Rainer Graefe, neben ihr Murat Gappoev, 2007.

RG Ich kann das nur bestätigen, und zwar aus gleich zwei Blickwinkeln. Der eine bezieht sich auf das Menschliche. Wir haben uns in Russland sofort wohlgefühlt. Die russische Mentalität ist mir näher als die amerikanische: Man guckt sich in die Augen, selbst wenn man sich streitet. Der andere bezieht sich auf die Geschichte: In der Beschäftigung mit Šuchovs Arbeitswelt haben wir die früheren internationalen Verflechtungen, dieses selbstverständliche Miteinander der Kulturen, kennengelernt. Das ging großenteils mit den Kriegen kaputt. Zuvor war viel mehr gemeinsam gemacht worden. Man beherrschte die Sprachen der anderen, man hat sich ausgetauscht. Die Deutschen haben eine so wichtige Rolle in Russland gespielt. Heute, nachdem wir gerade erst wieder aufeinander zugingen, geht wieder alles kaputt: Idioten. Es ist ein Jammer.

ANTONI GAUDÍ – DAS HÄNGEMODELL FÜR DIE KIRCHE DER COLÓNIA GÜELL

WL Der zweite Baumeister, dem Sie viele Jahre Ihrer Forschung gewidmet haben, ist Antoni Gaudí. Auch wenn sein Wirken unstreitig in die beginnende Hochmoderne fällt, scheinen er und sein eigenwilliger Baustil bis hin zu den von ihm favorisierten, eher traditionellen Baumaterialien wie Ziegel und Naturstein nicht wirklich in die uns hier interessierende Epoche zu passen. Stilistisch hat Gaudí mit der architektonischen Moderne nichts gemein, seine katalanische Variante des Jugendstils scheint auf einem anderen Stern geboren. Doch uns interessieren ja die Konstruktion und in diesem Band speziell die hochmodernen Erkundungen der Grenzen des Möglichen – und da wird Gaudí unversehens doch interessant. Wie kam es zu ihrer Hinwendung zu diesem baukünstlerischen Außenseiter, der auf den ersten Blick so ganz anders daherkommt als Vladimir Šuchov?

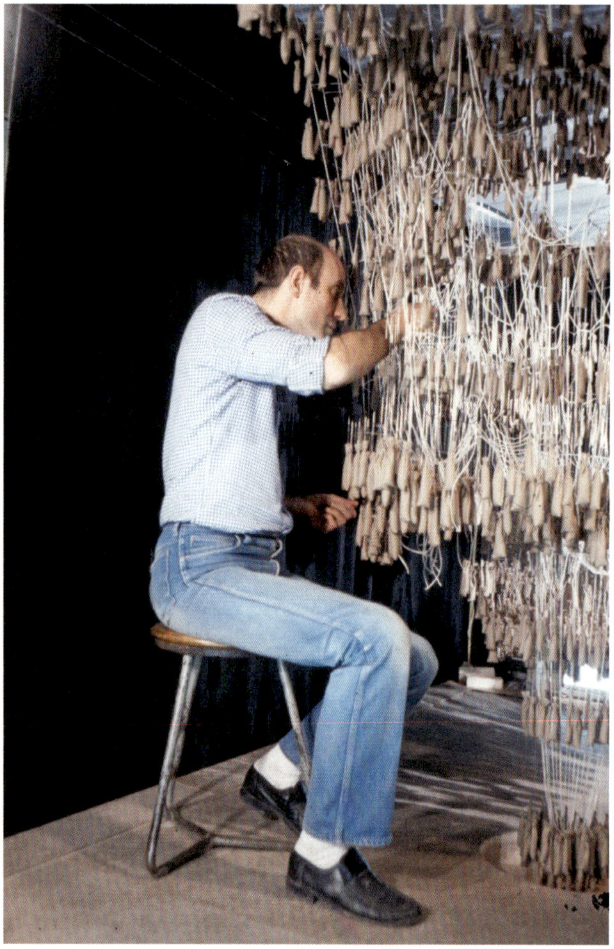

Bild 16 Rainer Graefe beim Nachbau des Hängemodells für die Kirche der Colónia Güell, Stuttgart, 1982.

RG Die Anfänge liegen wiederum in Stuttgart, im Institut für leichte Flächentragwerke. 1982 fragte der Schweizer Ausstellungsmacher Harald Szeemann bei Frei Otto an, ob das IL nicht eine Rekonstruktion des berühmten Hängemodells erarbeiten könne, das Gaudi für seinen Entwurf der Kirche in der Arbeitersiedlung Colónia Güell angefertigt hatte. Szeemann bereitete für die Kunsthalle Zürich gerade für 1983 die Ausstellung „Der Hang zum Gesamtkunstwerk" vor. Ein schönes Thema! Für die Ausstellung sollten einige legendäre historische Modelle und Installationen nachgebaut werden, Kurt Schwitters' Merzbau in Hannover etwa, der bei einem Bombenangriff im Zweiten Weltkrieg vernichtet wurde – ebenso wie Gaudís Hängemodell im spanischen Bürgerkrieg.
Szeemann wandte sich an Otto, weil der nicht nur hängende Dächer entworfen, sondern sich bei Entwürfen auch diverser Hängemodelle bedient hatte für wunderbare Konstruktionen wie die Gitterschalen der zur Bundesgartenschau 1975 errichteten Multihalle Mannheim. Frei Otto teilte mit, er mache keine historischen Forschungen, und fragte mich, ob ich das übernehmen wolle. Ich wollte natürlich sehr gerne, aber ich hatte bis dahin keine Ahnung von Gaudí. Zum Glück ergab sich ein Kontakt mit der Gaudí-Forschungsgruppe an der Uni Delft, die von Jan Molema initiiert und geleitet wurde. Die Holländer hatten bereits Forschungen zu Gaudís Baukonstruktionen durchgeführt. In Zusammenarbeit mit den Delfter Kollegen haben wir es in einem sehr intensiven Jahr tatsächlich geschafft, das Hängemodell zu rekonstruieren. Ich leitete das Projekt, der Delfter Jos Tomlow und der Stuttgarter Arnold Walz waren die Partner.

WL Bevor wir uns dem Modell genauer widmen: In welchem Zusammenhang entstand seinerzeit überhaupt der Plan für eine derart spektakuläre Kirche, was war der Anlass?

RG Der Bau der Kirche war eingebettet in eine Industriesiedlung des katalanischen Textilunternehmers Eusebi Güell, die Colónia Güell. 1890 ging die westlich von Barcelona gelegene Fabrik in Betrieb. Die Siedlung war eines der sozialreformerischen Projekte des ausgehenden 19. Jahrhunderts: Auf ca. sechs Hektar umfasste sie neben den Fabrikbauten eine Arbeitersiedlung nach englischem Vorbild, dazu ein kleines Theater, ein kleines Gasthaus, ein Klösterchen und als Krone oben – wie später im Expressionismus die Stadtkrone – die Kirche. Parallel dazu entstand in Barcelona der Park Güell mit einer städtischen Villenkolonie, die jedoch nicht mehr fertig geworden ist; auch da sollte ein Sakralbau, eine Kapelle stehen, für die offensichtlich ein zweites, kleineres Hängemodell bestimmt war.
Güell war der Finanzier, der Gönner. Er hat Gaudí sehr geschätzt. Gaudí durfte mit seinem Team in der Colónia Güell alles bis ins letzte Detail planen. Den Auftrag für den Bau der Kirche erhielt er 1898, dann hat er sage und schreibe zehn Jahre geplant, bevor der Bau 1908 losgehen konnte!

WL Ein Hängemodell versteht sich ja als Entwurfshilfe für die Formfindung von allein durch Druck und nicht durch störende Biegung beanspruchten Wölbkonstruktionen. Im aus Fäden gebildeten Hängemodell stellt sich automatisch eine Form ein, in der es lediglich Zugspannungen gibt. Wenn ich die dann auf den Kopf stelle, habe ich die Inverse, die reine Druckkonstruktion – und die kann ich extrem schlank machen, gerade, wenn sie noch doppelt gekrümmt ist und so möglichen Beuleffekten entgegenwirkt. Wissen wir, wo Gaudí davon gehört hatte, woher er diesen Ansatz kannte?

RG Der Grundgedanke war seit Jahrhunderten bekannt. Die Entdeckung der Kettenlinie als statischer Idealform geht auf den Physiker Robert Hooke zurück, der das Prinzip schon Ende des 17. Jahrhunderts als Rätsel in einem berühmten Anagramm formuliert hat. Sein Freund, der Architekt Christopher Wren, nutzte es erstmals beim Neubau der im Stadtbrand von London 1666 zerstörten St. Paul's Cathedral. Im 18. und 19. Jahrhundert wurde die Methode verschiedentlich angewendet, etwa in Italien von Giovanni Poleni 1742 für seine Überprüfung der Standsicherheit der Kuppel des Petersdoms oder in Deutschland im frühen 19. Jahrhundert von Heinrich Hübsch für Entwürfe.

Der Gaudí-Forscher Joan Bassegoda Nonell in Barcelona meinte, Gaudí habe diese Entwurfsmethode aus deutschen Publikationen gelernt. Aber genau wissen wir nicht, woher er das hatte. Auf jeden Fall wurde sein Modell riesig, im Maßstab eins zu zehn bildete es die gesamte Struktur der Kirche ab, bis hinunter in die Gewölbe der Krypta! Alles geknüpft aus Leinenfäden und belastet mit Leinen-Säckchen mit fein dosierbaren Bleischrot-Füllungen. Das muss man sich vorstellen: Gaudi begann den Bau des riesigen Hängemodells, ein noch nie versuchtes Experiment, hatte offensichtlich aber noch keine Vorstellung, wie er die so entwickelte Struktur im Bau umsetzen würde, und ob er das überhaupt hinbekommen würde! „Bauen am Limit" in Reinform!

WL Woher wissen wir so genau, wie es aussah? Gab es Fotografien?

RG Das Modell entstand in einer Bauhütte unmittelbar neben der Baustelle. Die Nachricht vom Modellbau sprach sich herum, es kamen viele Besucher, Studentengruppen, selbst der Bischof. Gaudí ließ das Wachsen des Hängemodells mit großem Aufwand von einem Fotografen dokumentieren. Die Glasfotos gibt es noch heute, wir konnten sie scannen und für unsere Rekonstruktion auswerten. 1908 hat Gaudí mit dem Bau der Krypta angefangen. Schon dieses untere Geschoss ist ein hochkomplexes Gebilde, der Innenraum ist überaus beeindruckend. Als Gaudí mit dem Bau begann, wusste er, wie erwähnt, noch nicht, wie sich das alles in Stein

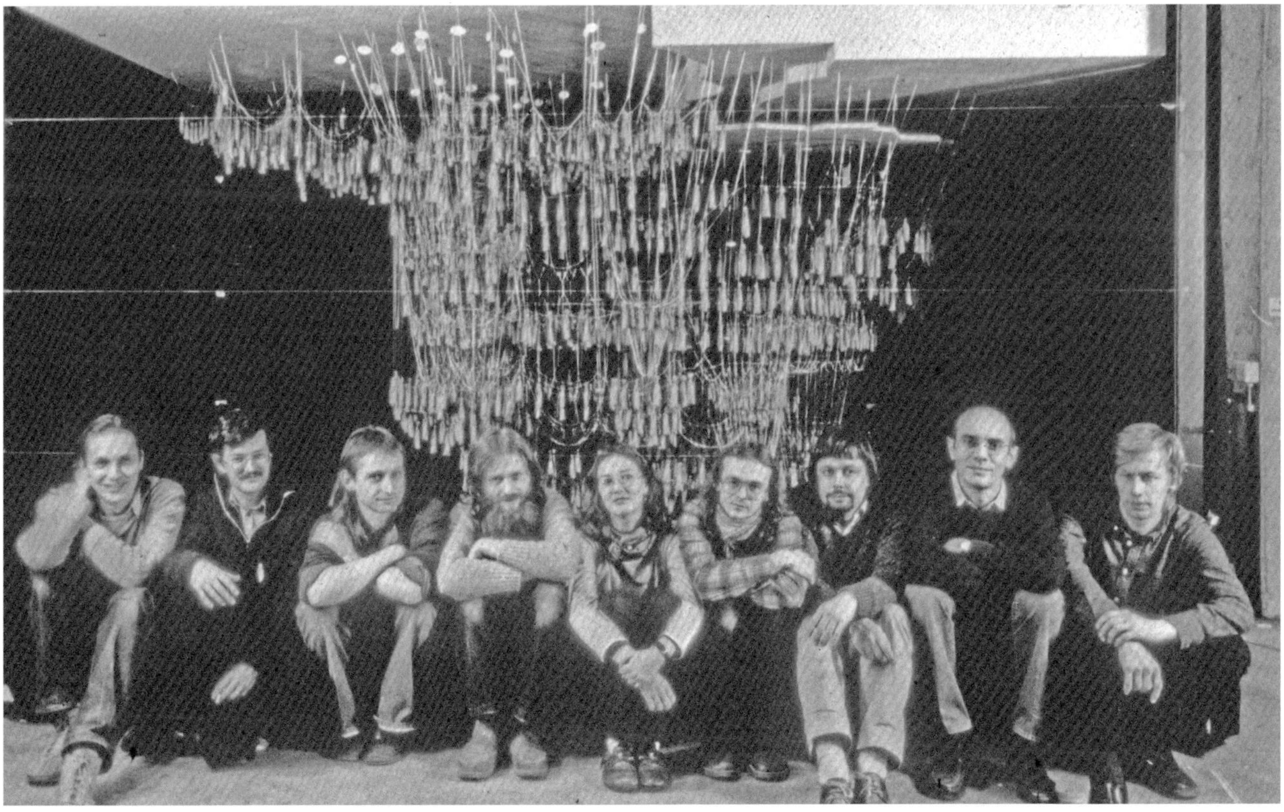

Bild 17 Graefe und sein Team vor dem fertiggestellten Hängemodell, links von Graefe Jos Tomlow, ganz links Arnold Walz, Stuttgart, 1983.

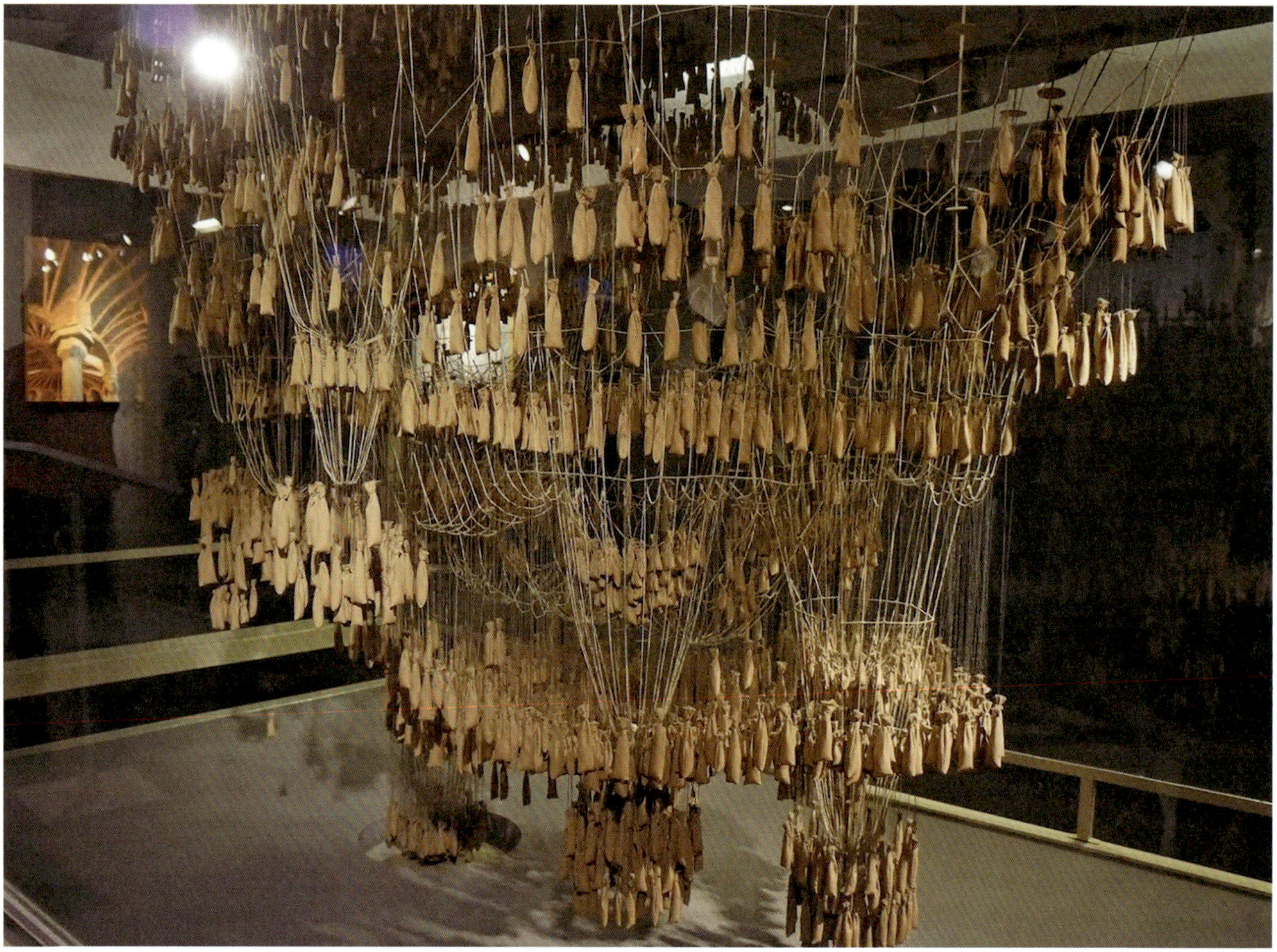

Bild 18 Die fertiggestellte Rekonstruktion des Hängemodells, ausgestellt in der Krypta der Sagrada Familia, 2024.

umsetzen ließe. Ein unglaubliches Wagnis: Das sollte doch ein recht großes Bauwerk werden mit einem vierzig Meter hohen Hauptturm! Eine ähnliche Situation also wie bei Šuchovs Radioturm – auch Gaudí dürfte während dieser Zeit nachts im Bett gestanden haben!
Wir haben herausgefunden, dass er zunächst plante, die Fadenstruktur des Modells als „nacktes" Ziegel-Gerippe nachzubauen und dieses erst anschließend auszufachen. Das Vorhaben hat er bald aufgegeben. Trotzdem blieb der Bauprozess hochkompliziert. Allein das verwendete Lehrgerüst! Das Hängemodell bestand ja aus lauter Polygonzügen: Über den angehängten Säckchen knickten die Fäden ab, dazwischen verliefen sie gerade. Dementsprechend wurde das Baugerüst aus geraden Lattenstücken zusammengesetzt. Für die ganze Kirche war ein derart filigranes Lattengerüst geplant. Es gibt noch zwei Fotos der Baustelle mit diesen Lehrgerüsten, eines davon ist in Barcelona erst vor wenigen Jahren gefunden worden.

WL Wurden denn die Ziegelrippen über den geraden Latten zu durchlaufenden Bögen ausgerundet?

RG Nur bei kleineren Rippen, ansonsten wurde jeder Knick, auch jede Ungenauigkeit des Modells exakt nachgebaut. Jeden einzelnen Punkt im Hängemodell haben sie mit Loten ausgemessen, eine irrsinnige Arbeit.

WL Wie kam es zu dem offenbar abrupten Ende, warum wurde die Kirche nicht vollendet?

RG Es gab finanzielle Probleme. Die Krypta war fertig, die Säulen aus Naturstein für die Oberkirche lagen bereits bereit (und liegen noch heute alle da), doch 1914 beschloss die Familie Güell, den Bau nicht weiter zu finanzieren. Gaudí ließ daraufhin das Projekt fallen, und hat die Baustelle nie wieder besucht. 1918 starb dann auch sein Gönner Eusebi Güell.

WL Den Nachbau des Hängemodells hingegen konnte Ihr Team 1983 in Stuttgart vollenden, rechtzeitig vor Beginn der Züricher Ausstellung ...

RG Ja, tatsächlich. Ein Jahr lang haben wir Tag und Nacht gearbeitet, das Modell rekonstruiert und gebaut und dazu noch eine komplizierte Transportkiste entwickelt. Das Modell ist nach der Ausstellung in Zürich um die Welt gereist, wurde in Japan und in Südamerika ausgestellt und ist schließlich in der Krypta der Sagrada Familia in Barcelona gelandet. Da steht es noch heute in einem eigenen Ausstellungsraum.

WL Für Sie persönlich jedoch war die Geschichte damit noch nicht zu Ende: Viele Jahre später haben Sie das Thema neuerlich aufgegriffen und zum Ausgangspunkt eines zweiten Abenteuers gemacht – der Rekonstruktion von Gaudís Gesamtentwurf für die Kirche, also vor allem der nie gebauten Oberkirche, zu der ja sämtliche Entwurfszeichnungen verschollen sind.

RG Das habe ich gemeinsam mit dem Moskauer Kollegen Leonid Dem'janov begonnen, der jahrelang an unserem Institut als Gastprofessor unterrichtet hat. Leonid war Entwurfsprofessor an der Moskauer Universität für Geodäsie und Kartografie (MIIGAiK). Wir haben uns überlegt, es müsse doch möglich sein, bei der Rekonstruktion weiterzukommen. Wie viele Jahre uns das kosten würde, haben wir natürlich nicht geahnt.

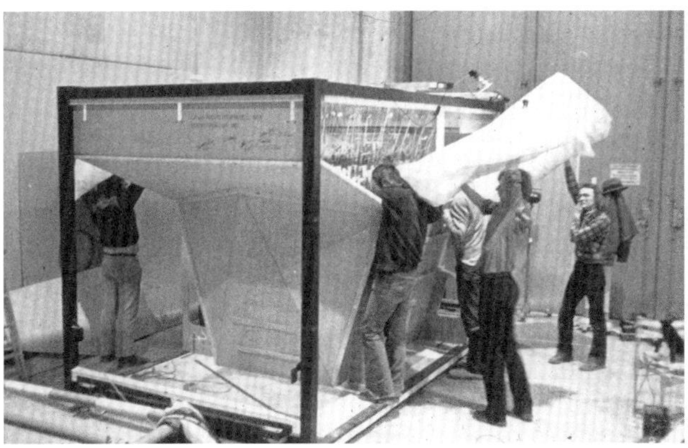

Bild 19 Verpackung des rekonstruierten Modells in der eigens dafür konstruierten Transportkiste, 1983.

WL Sie waren inzwischen Leiter des Instituts für Baukunst, Baugeschichte und Denkmalpflege an der Universität Innsbruck?

RG Ja, seit 1991. Wir haben zum Thema Gaudí zahlreiche Seminare veranstaltet. In den Semesterferien haben wir das ganze Institut belegt. Zu den hiesigen Studenten kamen Architekturstudenten aus Moskau, wahre Zeichenkünstler - ein internationales, begeistertes und arbeitswütiges Team. Zunächst haben wir unsere Rekonstruktion des Modells von 1983 nochmals gründlich untersucht. Entscheidend für das Weiterkommen war dann eine photogrammetrische Auswertung der bekannten historischen Modellfotos. Sehr aufwendig, sehr kompliziert, in Zusammenarbeit mit dem hiesigen Arbeitsbereich Vermessung und Geoinformation durchgeführt. Im Ergebnis hatten wir ein exaktes dreidimensionales Modell der meisten Bereiche. Wir stellten fest, dass das Gebäude eine ganz andere Gesamtform aufwies, als wir bis dahin angenommen hatten! Parallel haben wir aufwendige Untersuchungen an der Krypta durchgeführt. Der Entwurf der Kirche musste ja mit dem schon fertiggestellten Untergeschoss zusammenpassen. Unten fanden wir viele neue Hinweise darauf, wie es darüber oben hätte weitergehen sollen.

WL Wie aber gelang es dann, den Entwurf als Ganzes zu rekonstruieren?

RG Das war ein langer Prozess, in dem wir uns allmählich an den Entwurf heranarbeiten konnten. Ein Wechselspiel von Handzeichnungen, Computerzeichnungen, kleinsten und großen Modellen aus Knetgummi, Holz, Metall. Wir haben gemeinsam mit den Studenten herumgespielt und experimentiert, ein Riesenseminar nach dem anderen, immer mit einem Heidenspaß! Die Übermalungen der Modellfotos, drei Außenansichten und zwei Innenansichten, die Gaudi direkt auf die Fotos des Hängemodells gezeichnet hatte, konnten neu analysiert werden. Niemand hätte je geglaubt, dass es möglich wäre, diesen schwierigen Entwurf zu rekonstruieren, dass man die Kirche zurückgewinnen kann. Das grenzte an ein Wunder! Es ist uns gelungen, weil wir in einem wunderbaren Team alle Mittel nutzen konnten, die heute zur Verfügung stehen, vom hochkarätigen zeichnerischen Handwerk bis zu anspruchvollsten 3D-Computerzeichnungen. Im Ergebnis sah die Kirche doch anders aus, als wir angenommen hatten – ein wie zum Sprung geduckter Baukörper, eine Mischung unterschiedlichster Stilarten und Zitate, die wundervoll verschmolzen sind. Ein Meisterwerk, das – für uns jedenfalls – sogar die Sagrada in den Schatten stellt. Ein Jammer, dass die Kirche nicht gebaut wurde!

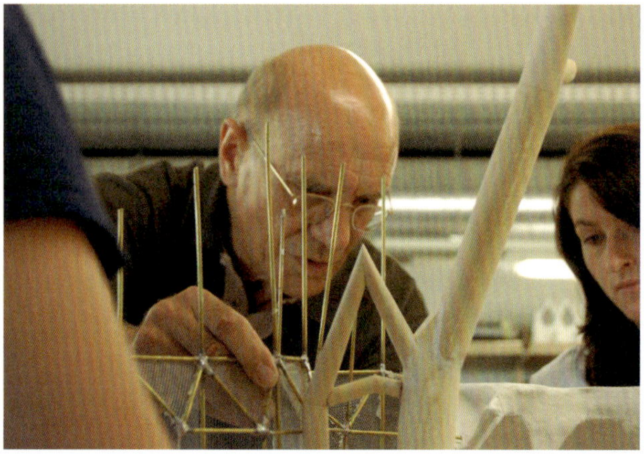

Bild 20 Rekonstruktion von Gaudís Kirchenprojekt für die Colónia Güell, Modellstudie mit Rainer Graefe, 2006.

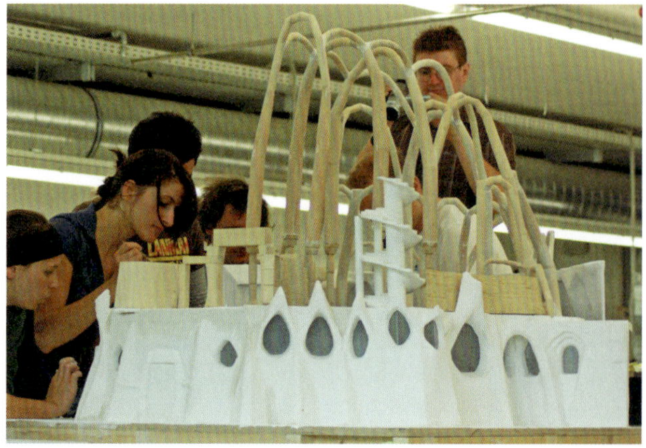

Bild 21 Rekonstruktion von Gaudís Kirchenprojekt für die Colónia Güell, Modellstudie mit Studierenden, 2006.

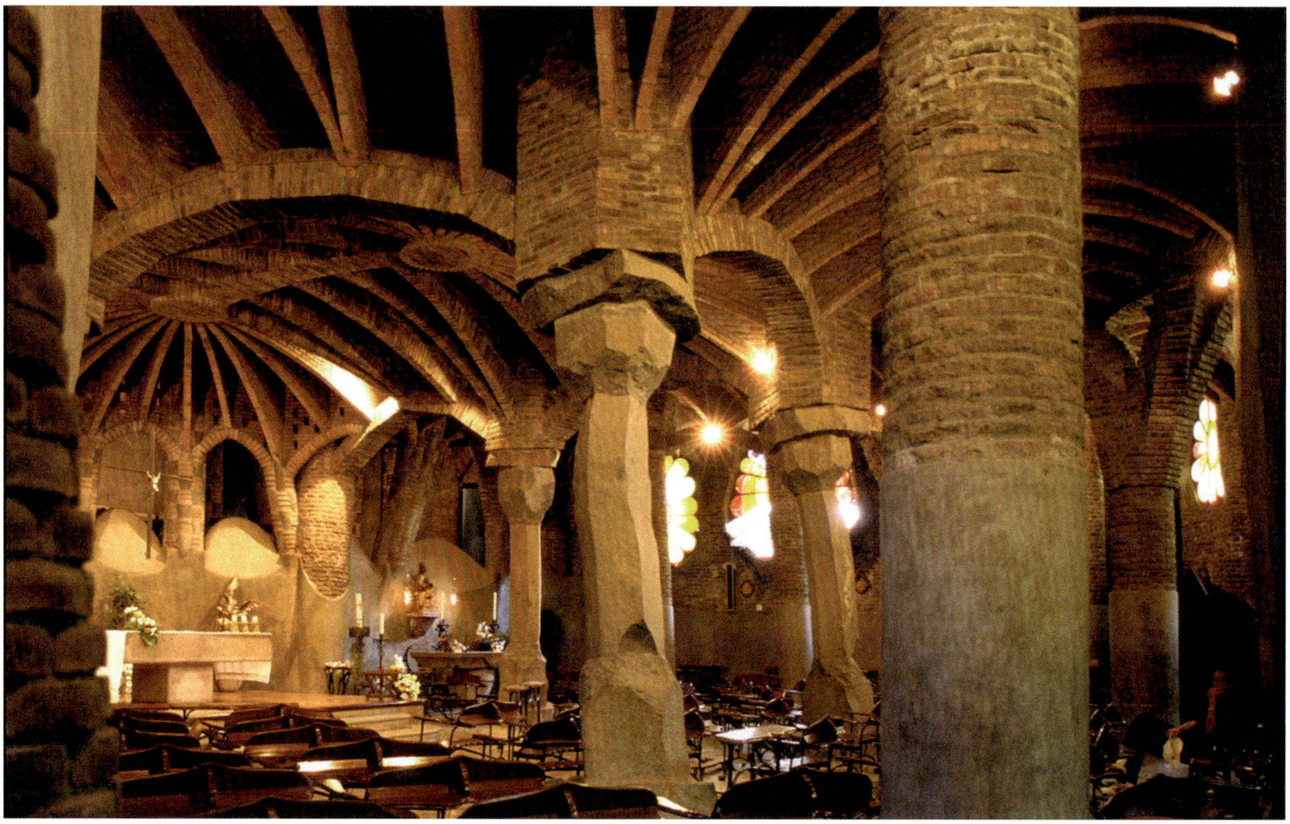

∧ Bild 22 Die Krypta der Kirche in der Colónia Güell.

> Bild 23 Rekonstruktion von Gaudís Hängemodell (Universität Stuttgart 1983) und Rekonstruktion von Gaudís Kirchenprojekt (Universität Innsbruck 2008), Fotomontage.

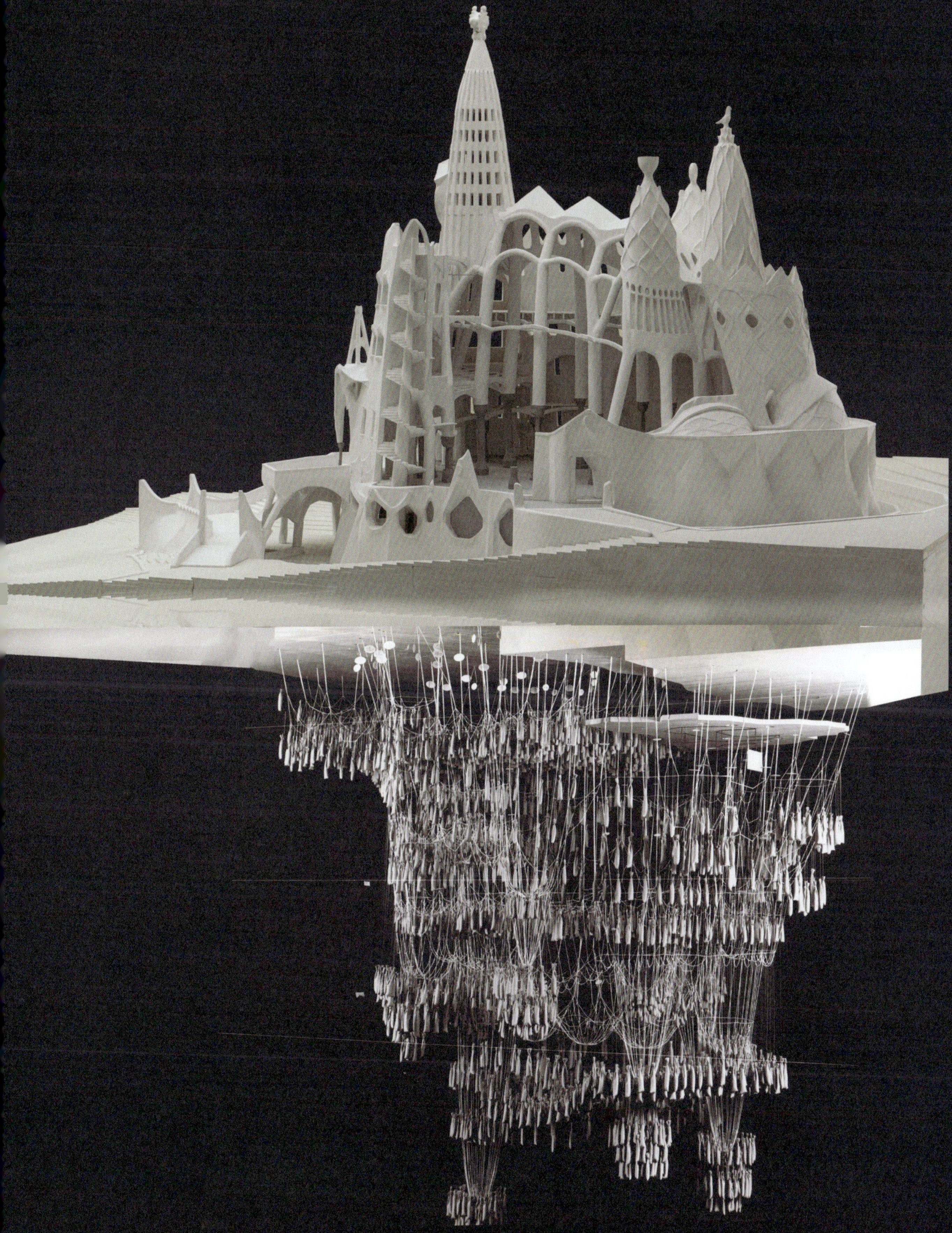

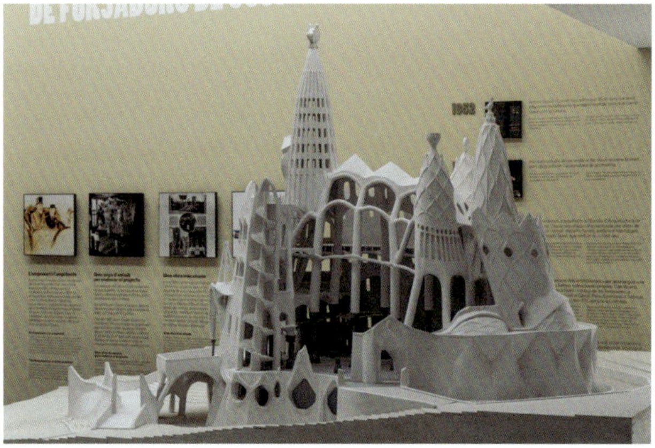

Bild 24 Dauerausstellung des Modells von Gaudís Kirchenprojekt im Museum der Colónia Güell, 2024.

Für Gaudí war das ein schwerer Schlag, für uns freilich auch ein Geschenk, weil wir den großartigen Entwurf zurückgewinnen durften. Nicht weit von Gaudís Krypta, im neu eingerichteten Museum der Colonia Güell, ist unsere Rekonstruktion des Kirchenprojekts in einer Dauerausstellung mit großen Modellen nun zu bewundern. Unsere Publikation über den komplexen Prozess der Rekonstruktion und über das spektakuläre Ergebnis, den Entwurf der Kirche, wird demnächst erscheinen.

ZURÜCK ZU FREI OTTO – MODELLE FÜR OLYMPIA

WL Wir haben eingangs bereits über Ihren Weg in das Institut für leichte Flächentragwerke der Uni Stuttgart gesprochen, dabei den Fokus aber zunächst auf die dort entwickelten Impulse für die Ausformung einer Geschichte des Konstruierens gelegt. Ich möchte zum Abschluss noch einmal auf Ihre Zeit bei Frei Otto zurückkommen, Sie nun aber eher als einen Zeitzeugen befragen, der Otto als prominenten Protagonisten hochmodernen Entwerfens und Konstruierens „am Limit" erlebt hat – und das in einer besonders spannenden Zeit. Als Sie 1969 nach Stuttgart gingen, stand das IL ganz im Zeichen der Planung für die Münchner Olympiadächer. Deren Entwurf und Konstruktion sind nicht nur mit dem Namen Frei Otto, sondern einer ganzen Reihe von inzwischen legendären Persönlichkeiten der jüngeren Bau- und Bautechnikgeschichte verbunden. Ich nenne nur die Bauingenieure Fritz Leonhardt, Jörg Schlaich und Heinz Isler sowie den Architekten Günter Behnisch ...

RG Behnisch habe ich immer bewundert! Ein Architekt, der anmutige, unterhaltsame Bauten zu machen wusste. Im Wettbewerb für Olympia '72 hatte er in letzter Minute, so erzählte jedenfalls Frei Otto, über seine schöne Landschaftsskulptur eine textile Dachstruktur aus Strumpfhosen gespannt. Angeblich nahmen die Juroren an, die Dachlandschaft stamme von Frei Otto. Keine Ahnung, ob das bei der Entscheidung wirklich eine Rolle spielte. Jedenfalls gewann bekanntlich Behnisch den Wettbewerb. Er selbst konnte diese Dächer aber gar nicht bauen, und nun ging es hin und her. Aus der Schweiz mischte sich Heinz Isler ein, ein großartiger, schon damals berühmter Schalenbauer: Er entwarf alternativ Betonschalen für die Dächer!

WL Ähnlich wie Otto arbeitete Isler ja mit freien, mathematisch nicht definierten Schalenformen...

RG .... und nutzte dafür wie Frei Otto Hängemodelle! Die beiden waren sich da sehr nah. Hier aber waren sie Konkurrenten, und als schließlich die Entscheidung doch zugunsten von Ottos Netzwerken gefallen war, konnte Isler nur noch grummeln: „Was ich oben im Beton gemacht hätte, das haben die als Fundament in der Erde verbaut".
Wie auch immer: Im IL hat dann ein großes Team für Otto an den phantastischen Modellen gewerkelt, Tag und Nacht. Eine irre, muntere Truppe mit engagierten, sehr fähigen Leuten und mit verrückten Typen. Die waren eigentlich alle gekommen, um bei Otto Zelte bauen zu lernen, und nun bauten sie diese spektakulären Drahtmodelle. Es gab viel Stress und viel Spaß. Streit gab es mit Behnisch und auch mit Leonhardt.

WL Als Dekan der Bauingenieur-Fakultät hatte Leonhardt 1964 doch eigens für Frei Otto das Institut für leichte Flächentragwerke geschaffen und ihn so von Berlin nach Stuttgart geholt?

RG Natürlich. Aber es gab halt kontroverse Punkte. Otto hatte zum Beispiel zunächst eine eher verspielte Dachlandschaft entworfen, sehr poetisch. Gebaut wurde schematischer und einfacher, natürlich auch aus pragmatischen Gründen. Ein anderer Streitpunkt war die Maschengröße. Otto hatte bis dahin immer 50-Zentimeter-Maschen gemacht. Da konntest du nicht durchfallen, da brauchtest du keine Hilfsnetze. Die Knotenverbindungen in den Seilkreuzungen waren aber teuer und so setzte Leonhardt Ein-Meter-Maschen durch, für die man weniger Knoten brauchte. Das senkte die Kosten, doch nun bestand die Gefahr, bei der Montage durch die Löcher zu fallen – was dann auch passiert ist. Auch mit den Mastköpfen gab es Probleme, die kriegte das IL-Team erst nicht hin und war in Not. In letzter Minute wurden Modelle aus Sperrholz gebastelt. Der Transport der fertigen, riesigen Stahlteile war dann das nächste Problem.

WL Im Büro Leonhardt war damals ja Jörg Schlaich der Projektleiter für Olympia …

RG Ja, Schlaich war der verantwortliche Ingenieur und vertrat die Position des Büros Leonhardt. Zwischen ihm und Otto kam es zu einer Art freundschaftlicher Feindschaft oder vielleicht eher feindseliger Freundschaft.

WL Entwurf und Konstruktion der Seilnetztragwerke für München sind auch deswegen so interessant, weil sie einerseits maßgeblich auf Modelluntersuchungen basierten, die auf höchstem Niveau von Modell- und Messtechnik durchaus belastbare Ergebnisse lieferten – sowohl für die Formfindung (und den erforderlichen Zuschnitt der einzelnen Elemente) als auch für die statischen Beanspruchungen. Andererseits wurde als Gegenpol zur modellbasierten Planung auf Initiative Leonhardts bereits das Institut für Statik und Dynamik der Luft- und Raumfahrtkonstruktionen eingebunden – geleitet von keinem Geringerem als John Argyris, einem der Väter der Finite Element Methods (FEM) und ihres baldigen Siegeszugs im Bauingenieurwesen. Wenn man so will, ein hybrider Bemessungsansatz, in dem aber Frei Otto allein für den gesamten Pool der physischen Modelle verantwortlich zeichnete?

RG Absolut. Seit einem Jahrzehnt hatte Otto seine hohe Schule des modellgestützten Entwerfens entwickelt. Erste Höhepunkte waren die Planung für den deutschen Pavillon der Weltausstellung 1967 in Montreal und zuvor schon für dessen Prototypen, der später transloziert und zum eigenen Institutsbau gemacht wurde. Was da in München gebaut wurde, war eigentlich komplett auf seinem Mist gewachsen
Neben den legendären Seifenblasen zur Bestimmung der Minimalflächen gab es bei Frei Otto Tüllmodelle und vor allem Drahtmodelle, sehr kompliziert in der Herstellung!

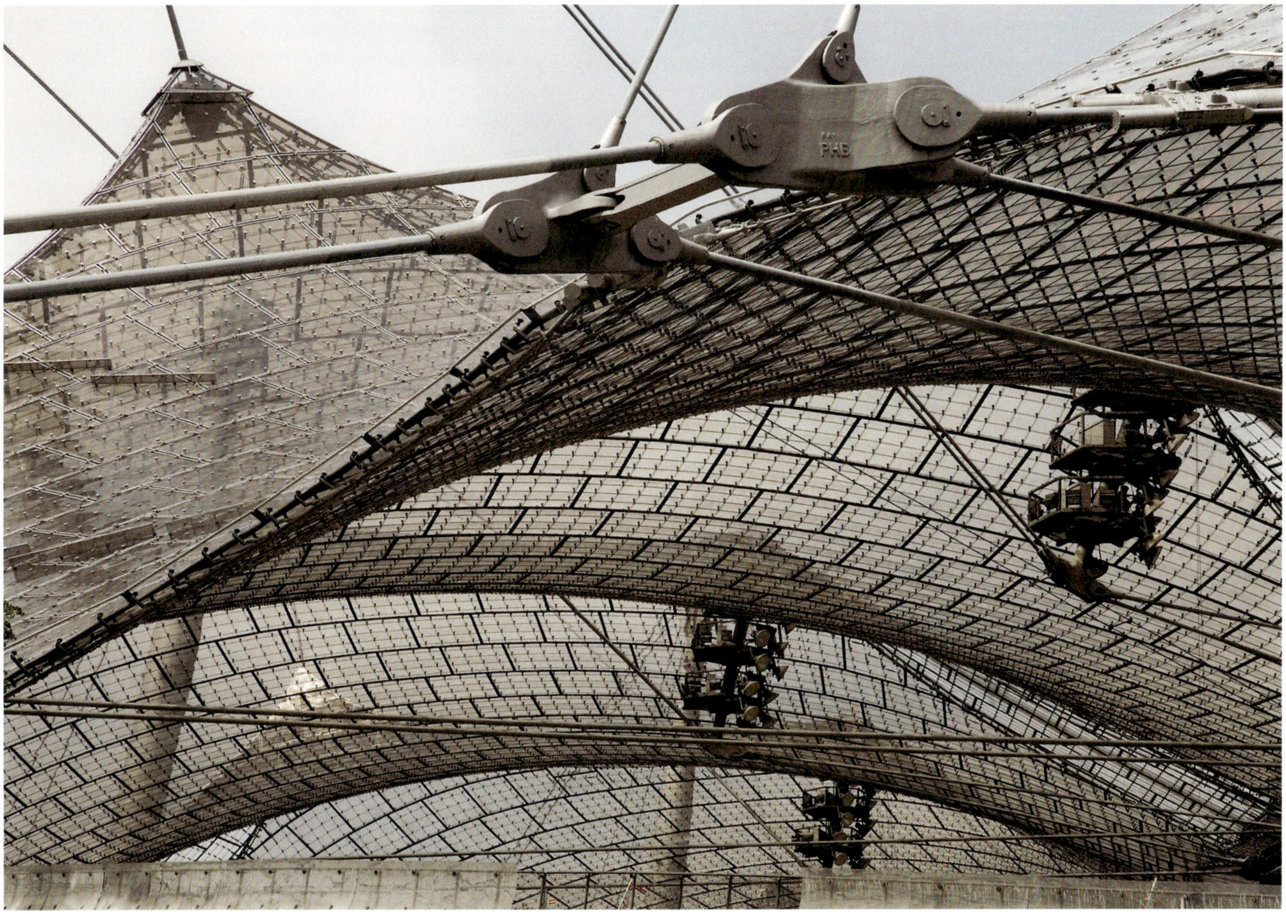

Bild 25 Die Seiltragwerke des Münchner Olympiastadions, 2007.

Mit speziell entwickelten kleinen Messuhren ließen sich die Dehnung unter Belastung und damit indirekt auch die Spannung in den Drähten messen. Alles sehr aufwendig, handwerklich mit äußerster Präzision zu fertigen – aber leistungsfähig! Faszinierend, wie unterschiedlich Konstrukteure an eine im Grundsatz gleiche Aufgabe gehen können: Šuchov hat sich hingesetzt und gerechnet – Otto hat eine Seifenblase gepustet oder ein Tüll-Modell gemacht, und dann am Drahtmodell die endgültige Form und die Beanspruchung ermittelt!

WL Otto war mehr der „Gaudi-Typ", oder? Kam es zu Konflikten mit den „Šuchov-Typen", also zwischen denen, die rechneten, und denen die Modelle bauten? Gab es eine Konkurrenz der Nachweissysteme?

RG Das erinnere ich nicht. Gerechnet wurde eher im Nachhinein, zur Vertiefung und wechselseitigen Verifizierung. Die Vorgaben kamen vom Modell.

WL Die Kosten explodierten ja schon damals. Eine der wenigen Karikaturen, die ich aus meiner Schulzeit erinnere, zeigte drei Arbeiter beim Verlegen der Scheiben auf dem Olympiadach, und einer rief: „Das Blattgold ist alle, wir brauchen Neues!"

RG Frei Otto erzählte, er habe dem damaligen Verteidigungsminister Franz Josef Strauß versichert, er versuche die Kosten wo immer möglich zu drücken. Strauß habe geantwortet: „Was wollen Sie, wir verschießen bei jedem Manöver Munition für Millionen, verzetteln Sie sich mal nicht!"

WL Im Rückblick belegen gerade die Seilnetz-Strukturen in München eindrucksvoll, wie sehr auch Ingenieure zu gestalten und eine ganze Zeit zu prägen vermögen. Ihre schwingenden Dächer wurden Sinnbild eines neuen, leichten (West-) Deutschlands, das sich im Gefolge der 68er-Bewegung so weit wie irgend möglich von allem abzusetzen suchte, was dieses Land zuvor ausgemacht hatte. Walter Scheel sang als Bundespräsident „Hoch auf dem gelben Wagen", und als Willy Brandt mit dem Drücken des legendär gewordenen roten Knopfs das Zeitalter des Farbfernsehens eröffnete, wurden die Spiele nun auch in ihrer ganzen frohen Farbigkeit auf die Bildschirme der Nation gezaubert. So radikal auch der Anschlag auf die israelische Olympiamannschaft diese Leichtigkeit wenig später mit einem Schlag zerstörte: Im Rückblick bleiben die Bauten für Olympia '72 Zeugnisse einer Zeit, deren unbesorgte Lebensfreude heute Welten entfernt zu sein scheint.

RG Auf jeden Fall! Es gab viel Stress, auch Streit, aber es war eine Aufbruchstimmung und einfach ein toller Moment in der deutschen Baugeschichte. Wenn ich heute an den Dächern vorbeifahre, geht mir noch immer das Herz auf! Sie sind doch einzigartig, diese Wunderdächer! Und auch das Wissen um Fehler oder Kompromisse, die damals notgedrungen gemacht wurden, ändert daran nichts.

WL Als ich selbst viel später, in den 1980er Jahren, zum ersten Mal vor Ort war, habe ich allerdings auch gedacht: Also, so filigran ist das ja alles nicht! Von nah besehen, erschienen die Konstruktionen viel schwerer als erwartet.

RG Dafür gibt es verschiedene Gründe. Es gab auch Anforderungen, die das bewirkt haben. Ein Beispiel ist das innere Randseil des Stadiondachs. Bei einer derart riesigen Spannweite mit einem schweren Kabel geht das Filigrane verloren und die Fundamente werden gewaltig. Das Fernsehen wollte keine störenden Stützen oder Abspannungen dazwischen und wollte außerdem Technik am Randseil aufhängen, so ergaben sich eben Riesenkräfte.

WL Ein unbedingtes Streben nach Leichtigkeit, aber auch ein unerschütterlicher Glaube an die Beherrschbarkeit der Natur wie etwa durch künstlich geschaffene Räume, in denen man siedeln und arbeiten kann: Dies und vieles mehr charakterisiert Frei Otto zweifelsfrei als einen typischen Visionär der Hochmoderne. Die Olympischen Spiele freilich fielen schon in eine Zeit des Umbruchs. Im März 1972 war unter dem Titel „Die Grenzen des Wachstums" der erste Bericht des Club of Rome erschienen, 1973 kam es zur so genannten Ölkrise; die Fahrverbote auf deutschen Autobahnen führten die Endlichkeit der Ressourcen erstmals auch breiten Schichten der Bevölkerung eindrücklich vor Augen. Das neue Leitbild der Nachhaltigkeit und die aufkommende Ökologiebewegung markieren das Ende der Hochmoderne. Meine Frage zum Schluss: Inwieweit hat Frei Otto sich diesen neuen Themen noch geöffnet?

RG Otto hat das erste nicht zu heizende Haus konzipiert, und selbst seine Raumhüllen für die Arktis sollten allein durch Sonnenlicht temperiert werden! Klima, Materialbedarf, Leichtbau, die Möglichkeit der Wiederverwendung – all das waren für ihn wichtige Themen. Denken Sie nur an sein „Ökohaus" am Rande des Berliner Tiergartens, ein Projekt im Rahmen der Internationalen Bauausstellung 1987: ein Regal aus Beton, in dem individuell gestaltete und ökologisch konzipierte Einfamilienhäuser übereinander gestapelt wurden. Auch wenn ich das Ensemble als Architektur nicht unbedingt mag: eine tolle Idee! Le Corbusier hatte Ähnliches bereits mit seinem Algier-Projekt entwickelt, Otto hat das dann in Berlin mit deutlich ökologischer Orientierung fortgeschrieben.

WL So war dieser Vordenker des Leichtbaus zugleich wohl auch schon Vordenker eines Paradigmenwechsels, der im Grunde erst in heutiger Zeit Wirkung zeigen sollte: weg von der strukturellen hin zur ökologischen Optimierung als Leitbild des Bauens und Konstruierens?

RG Mit Sicherheit, auch wenn der junge Frei Otto die begeisterte Technikgläubigkeit seiner Zeit noch geteilt haben mag. Unter seinen späten Entwürfen für den Neubau des Stuttgarter Hauptbahnhofs gibt es einen mit scheinbar widersprüchlicher Tendenz: eine riesige Talbrücke, auf der die Züge über der Stadt halten und von der die Fahrgäste mit dem Fahrstuhl nach unten fahren sollten. Dieses Projekt entstand allerdings nicht aus Technikbegeisterung, sondern wohl als Provokation: als Gegenentwurf zum Projekt von Christoph Ingenhoven, mit dem er, nach gemeinsamer Planung, in Streit geraten war.

WL Lieber Herr Graefe, wir beide scheiden nicht im Streit! Ich danke Ihnen sehr herzlich für dieses anregende Gespräch.

RG Ich danke auch!

Das Gespräch führten Rainer Graefe (RG) und Werner Lorenz (WL) am 18. April 2024 im Haus von Rainer und Erika Graefe in Natters oberhalb Innsbruck.
Transkription Simone Claudia Hamm und Nadine Kunath.
Editorische Bearbeitung Werner Lorenz und Roland May.

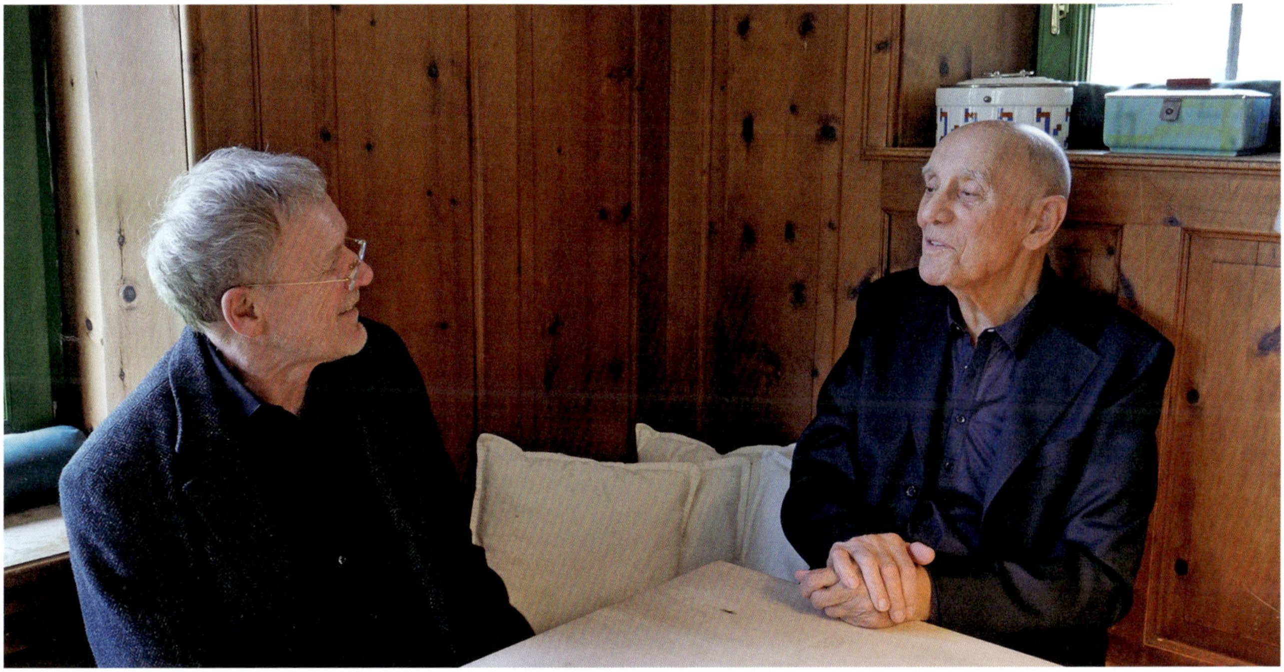

Bild 26 Rainer Graefe im Gespräch mit Werner Lorenz am 18. April 2024 im Haus der Graefes.

Zum Weiterlesen

Rainer Graefe: *Vela erunt: Die Zeltdächer der römischen Theater und ähnlicher Anlagen.* Mainz 1979.
Ders. (Hg.): *Zur Geschichte des Konstruierens.* Stuttgart 1989.
Rainer Graefe, Murat Gappoev, Ottmar Pertschi (Hg.): *V.G. Šuchov. Die Kunst der sparsamen Konstruktion.* Stuttgart 1990.
Rainer Graefe, Ottmar Pertschi, Erika Graefe, Andrij Kutnyi (Hg.): *Einfach leicht. Vladimir G. Šuchov 1853–1939. Bauten aus Netzen und Gittern.* 2 Bd. Aachen / Berlin 2021. Russ. Ausg. Moskau 2023.
Frei Otto: *Das hängende Dach.* Berlin 1954; 2. Aufl. Stuttgart 1990 mit Vorworten von Rainer Graefe und Christian Schädlich.

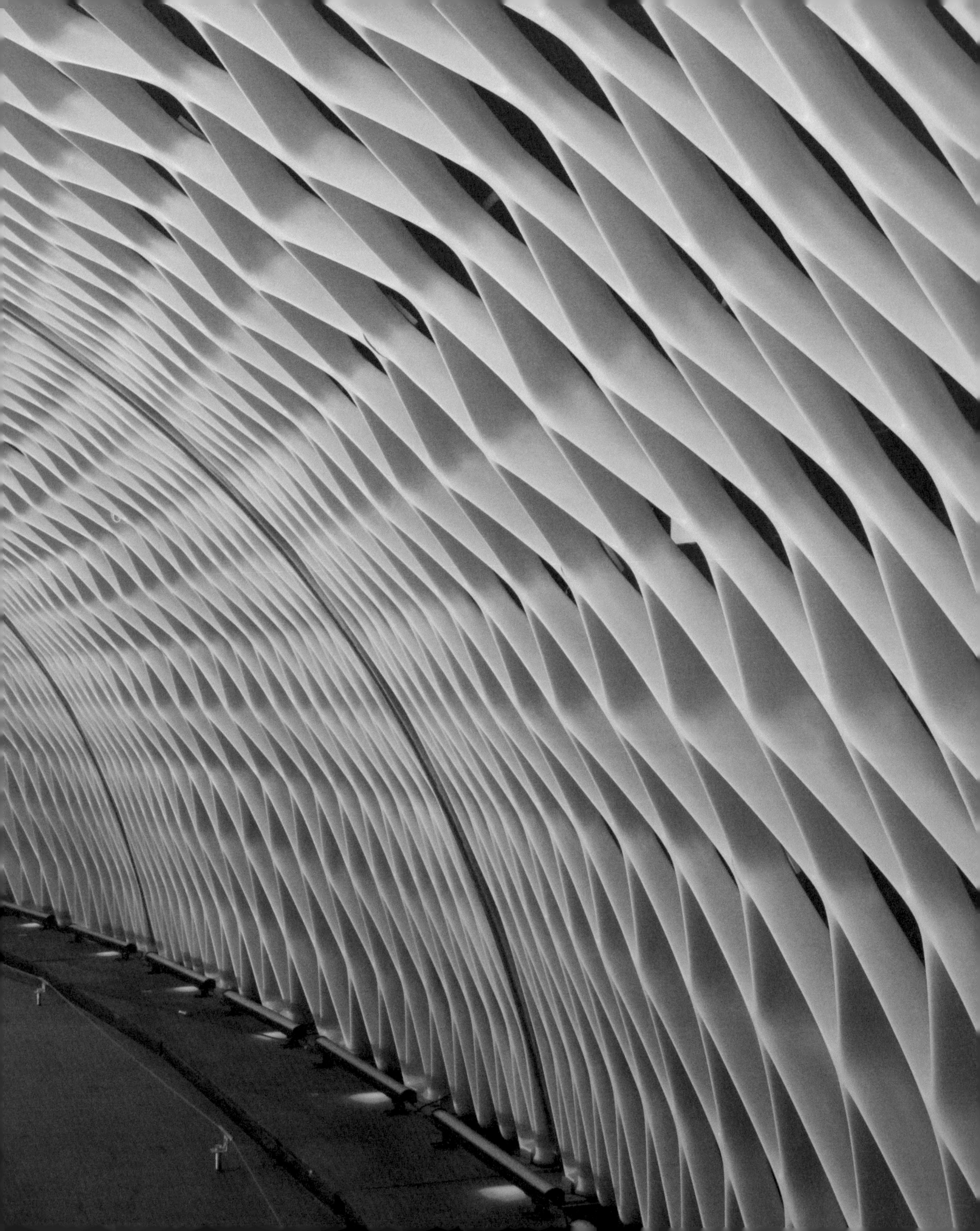

KONSTRUIEREN NACH DER HOCHMODERNE
Traditionen, Brüche und Transformationen

Christoph Gengnagel

ROBUSTHEIT, VIELFALT UND ZIRKULARITÄT

Neue (alte) Entwurfsziele und Grenzen im konstruktiven Entwurf

Durch die „Große Beschleunigung" seit den 1950ern bedroht das Bauen zunehmend unsere Zukunft. Für ein neues planetares Gleichgewicht braucht es strikte Limits bei Abfallproduktion sowie Material- und Energieverbrauch. Zwei Fallbeispiele zeigen neue Ansätze für Bauen im Bestand sowie kreislaufgerechten Neubau unter Einsatz von Lebenszyklusanalysen.

Der Klimaforscher William Steffen bezeichnet den seit 1950 andauernden Prozess globaler Veränderungen als die „Große Beschleunigung".[1] Diese umfasst den parallelen Anstieg einer Vielzahl von sozioökonomischen Indikatoren menschlicher Aktivitäten wie z.B. Bevölkerungszahlen, reales BIP, Primärenergiebedarf oder Wasserverbrauch.[2] Alle Bereiche der industriellen Produktion haben in den letzten 70 Jahren ein nahezu exponentielles Wachstum erfahren (Bild 1).
Infolge der Entwicklung dieser und weiterer Indikatoren menschlicher Aktivitäten kommt es zu einem sprunghaften Anstieg von Lachgas, Methan und Ozon in der Stratosphäre, einer Versauerung der Ozeane, dem Verlust der Tropenwälder sowie der Degradation der bewirtschafteten Flächen und der terrestrischen Biosphäre.
Die Große Beschleunigung und die damit verbundenen sozioökonomischen Aktivitäten der Menschheit verursachen nicht nur zunehmende wirtschaftliche, soziale und kulturelle Spannungen, sondern erhöhen auch das Risiko einer radikalen Veränderung unserer Umwelt.[3] Um auf unserem Planeten den Kollaps der ökologischen Systeme – einschließlich einer vollständigen Klimakatastrophe – zu verhindern, müssen wir mit dem Paradigma des 19. und 20. Jahrhunderts – der unkontrollierten Ausbeutung natürlicher Ressourcen als Basis einer globalen Ökonomie – brechen. Zwei eng miteinander verbundene Phänomene stehen stellvertretend für den Prozess der Großen Beschleunigung und die daraus entstehenden katastrophalen Folgen für das planetare Ökosystem in der öffentlichen Wahrnehmung im Fokus: der Anstieg der Kohlendioxidkonzentration in der Atmosphäre und der Anstieg der Oberflächentemperatur der Erde.
In dieser gesamten Entwicklung spielt das Bauen eine entscheidende Rolle. Wissenschaftler des Weizmann Institute of Science stellten im Jahr 2020 fest, dass die von Menschen verarbeitete Masse inzwischen die gesamte lebende Biomasse übersteigt: Das Gewicht der gebauten menschlichen Umwelt (Gebäude und Infrastrukturen) beträgt mittlerweile ca. 1100 Gt, im Vergleich hierzu die

1 *Steffen et al. 2015.*

2 *Vgl. Gradin 2021.*

3 *Rockström et al. 2009.*

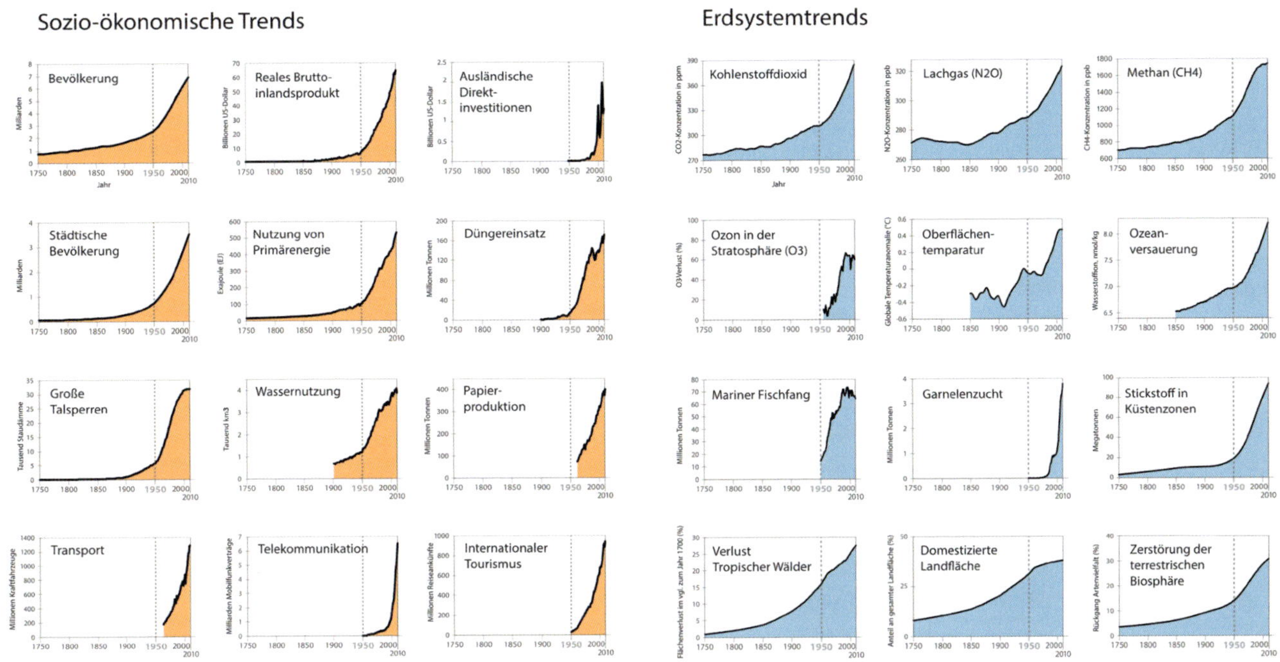

Bild 1 Trends von 1750 bis 2010: a) bei global aggregierten Indikatoren für sozioökonomische Entwicklung, b) bei Indikatoren für die Struktur und Funktionsweise des Erdsystem.

Masse aller Bäume und Sträucher weltweit nur ca. 900 Gt.[4] Der *UN 2020 Global Status Report for Buildings and Construction* stellt fest, dass die CO_2-Emissionen aus dem Bausektor mit fast 10 Gt CO_2 die höchsten sind, die jemals gemessen wurden.[5] Aktuell ist das Bauen für etwa 40% der weltweiten Treibhausgasemissionen und für mehr als 50% der Abfälle in den Industrieländern verantwortlich.[6] Das bedeutet, dass Veränderungen der Art und Weise, wie wir bauen, ein zentraler Bestandteil der Zukunftsstrategie zur Rettung des Planeten sein müssen. Der ungeheure Ressourcenverbrauch und die umfassenden Emissionen des Bauschaffens erzeugen globale sozioökonomische und ökologische Verwüstungen, die qualitativ und quantitativ nur mit den Auswirkungen der industriellen Nahrungsmittelproduktion vergleichbar sind. Wie bei dieser reicht auch im Bauwesen die alleinige Fokussierung auf Effizienz nicht aus, um die Klimaziele zu erreichen und die irreversible Zerstörung der Natur zu beenden. Über das Streben nach Effizienz hinaus kann die gebaute Umwelt nur dann ein wichtiger Teil der Lösung der Klimagleichung werden, wenn sie in ihren Produktionsprozessen von einer extraktiven Ressourcengewinnung zu einer regenerativen Kreislaufwirtschaft übergeht. Der Bau neuer und die Instandhaltung bestehender Gebäude können einen Beitrag leisten, indem sie zu einem planetarischen Kohlenstoffspeicher, einem Anreiz zur Aufforstung und einer Triebkraft für die Wiederherstellung der biologischen Vielfalt werden. Um den erforderlichen Wandel zu ermöglichen, müssen jedoch viele aktuelle Paradigmen in Frage gestellt werden.

4 Elhacham et al. 2020.

5 UNEP 2020, S. 4.

6 Ebd.; Destatis 2024.

Die Große Beschleunigung startete mit dem Beginn der Industriellen Revolution – in Mitteleuropa ab dem Ende des 18. Jahrhunderts, in Nordamerika ab der Mitte des 19. Jahrhunderts. Die enormen technischen Entwicklungen dieser Phase spiegelten sich im Bauwesen anfangs vor allem in Infrastrukturprojekten wie Wasser- und Verkehrsbauten wider. Im Folgenden markierten die Bauten der Weltausstellungen wie der Kristallpalast in London 1851 oder die Galerie des Machines in Paris 1889 die enormen Potenziale der neuen Technologien für das gesamte Bauwesen. Begleitet wurde der Prozess von der Entwicklung der Ingenieurwissenschaften und der folgerichtigen Differenzierung der Berufsbilder der Bauschaffenden in Architekten*innen und Ingenieur*innen. Im viktorianischen Großbritannien war mit diesem Prozess auch ein neues Selbstverständnis der Ingenieurdisziplinen verbunden, dessen Basis Thomas Tredgolds 1828 geäußerte Vision einer „Kunst, die großen Kraftquellen der Natur zum Nutzen und Vorteil des Menschen zu lenken",[7] gut zusammenfasst.
In der Architektur wird der Begriff der Moderne nicht zuletzt mit den Stilentwicklungen zu Beginn des 20. Jahrhunderts verbunden. Während die Ursprünge noch eher in der handwerklich geprägten Arts-and-Crafts-Bewegung und der Reformarchitektur in Großbritannien gegen Mitte des 19. Jahrhunderts liegen, beginnt mit der Zeit nach dem Ersten Weltkrieg ein radikaler gestalterischer Umbruch. Im Laufe des 20. Jahrhundert entwickeln sich nun eine ganze Reihe von Stilen mit unterschiedlichen Formsprachen. Basierend auf einer allgemeinen Begeisterung für neue Technologien und Materialien (Stahl, Glas, Beton und Stahlbeton, Kunststoffe etc.), sind ihnen grundsätzliche Haltungen zur Funktionalität von Gebäuden, flexiblen und offenen Grundrissen oder der funktionalen Entkopplung strukturbildender Gebäudeelemente (Tragwerk, Fassade etc.) gemeinsam. Entscheidend für die gesamte Entwicklung des Bauwesens sind eine damit einhergehende globale Angleichung der Formensprachen und die sich daraus ergebende Fokussierung des weltweiten Bauens auf wenige Bauweisen und Werkstoffe. Ein entscheidender Katalysator ist dabei die industrielle Herstellung von Baustoffen und Bauteilen, die auch auf diesem Gebiet eine Große Beschleunigung ermöglicht. Bis in die 1970er Jahre, also bis zum Ende der Hochmoderne, prägte das Vertrauen in einen wissenschafts- und technikbasierten Fortschritt das Denken und Handeln der Akteure.[8] Mit der Veröffentlichung des ersten Berichts des Club of Rome wurde 1972 dieses Weltbild erstmals substanziell in Frage gestellt – nicht aber der Grundgedanke, dass alle Zukunftsfragen technikbasiert zu lösen sind. Auch in den folgenden gestalterischen Strömungen der Architektur der Spätmoderne wurde der Grundgedanke fortgeführt, dass die offene Frage des Bauens der Zukunft allein durch eine weiter zunehmende Industrialisierung gelöst werden könne, basierend auf Automatisierung und der dafür notwendigen Standardisierung.
Die Vielfalt und Komplexität der konstruktiven Lösungen des traditionellen Bauens, die sich in einem fortlaufenden evolutionären Prozess aus den Zwängen lokaler Materialressourcen, klimatischer Gegebenheiten und sozioökonomischer Bedingungen entwickelt hatten, wurden ersetzt durch globalisierte Bauweisen,

7 Zit. nach Gregory 1868, S. 181 („the art of directing the great sources of power in nature for the use and convenience of man").

8 Herbert 2007; siehe auch den Beitrag von Ulrich Herbert im vorliegenden Band.

basierend auf der Konzeption eines unerschöpflichen weltweiten Ressourcen- und Werkstofflagers. Die damit verbundenen Austauschsysteme erforderten technische Standards, die das Bauen und Handeln mit Elementen einer industriellen und ökonomisch optimierten Massenproduktion forcierten. Naturwissenschaftliche Erkenntnisse wurden nur entsprechend dieser Zielstellung integriert. Interpretiert man Normen als die Regeln des Bauens im 20. Jahrhundert, so muss man sich ihres grundsätzlichen Charakters als technischen Standards der Industrialisierung bewusst sein. Mit ihrer abschließenden Etablierung in den 1950er Jahren wurden zugleich die Diskussionen über ihre negativen Auswirkungen auf Vielfalt, Individualität und Innovation ausgesetzt.

In der Spätmoderne verlor sich über die funktionalismuskritische postmoderne Phase der Architektur auch die Vision der Ingenieurdisziplinen von einer vor allem auf das gesellschaftliche Gemeinwohl zielenden Materialisierung von Erkenntnissen aus den Naturwissenschaften. Im Vordergrund standen nun wieder Repräsentation oder Leistungsfähigkeit. Angetrieben durch die neuen Möglichkeiten der Informationstechnologie, setzte man die Realisierbarkeit von Formen und Strukturen neuer Bilderwelten mit Innovation gleich (Bild 2). Der ursprüngliche Gedanke der Ingenieurdisziplinen aus den Anfängen der Moderne geriet nun vollends aus dem Fokus. Somit führte die Entwicklung von Architektur und Ingenieurwesen über das 20. Jahrhundert hinweg zu der paradoxen Situation, dass aus einem Gestalten der „Natur zum Nutzen und Vorteil des Menschen“ letztlich eine existenzielle Bedrohung der Zukunft der menschlichen Gesellschaft entstanden ist.[9]

9 *Vgl. Francis / Norton 2024.*

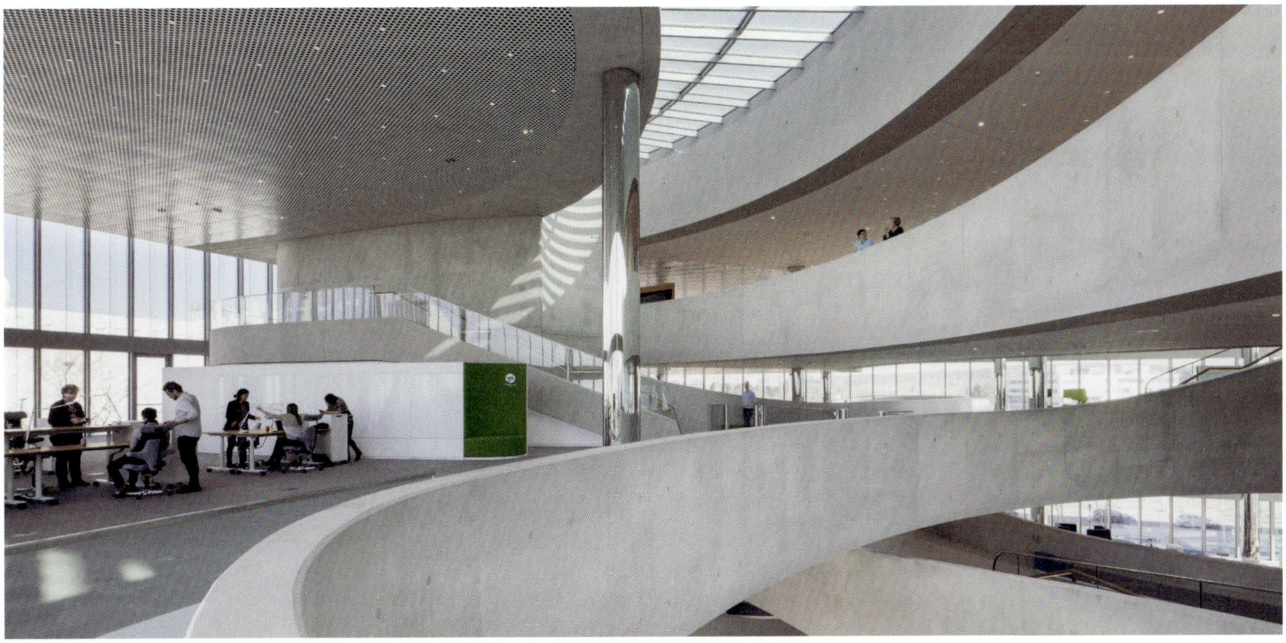

Bild 2 Merck Innovation Center, Darmstadt, 2015–18, Arch. HENN, Tragwerksplanung Bollinger+Grohmann.

NEUE (ALTE) ZIELE DES KONSTRUKTIVEN ENTWURFS

Für das Erreichen eines neuen planetaren Gleichgewichts spielt das Bauen eine entscheidende Rolle. Die drei wesentlichen Parameter sind dabei die umfassende Reduktion des Materialverbrauchs, des Müllaufkommens und der Energie im Zuge der Herstellung und des Betriebs von Gebäuden und Infrastrukturen. Eine radikale Beantwortung dieser Herausforderung bedeutet für das Bauen von morgen einen neuen „Wendepunkt im Bauen“[10], der unter anderem die im 20. Jahrhundert proklamierte Industrialisierung des Bauens hinterfragt. Ausgangspunkt muss eine differenziertere Betrachtung des Technologiebegriffs sein, der die hochmoderne Limitierung auf eine reine Technikfokussierung überwindet und Technologie als „die Menge aller bekannten möglichen Methoden zur Erreichung eines Ziels in einem durch Konventionen abgegrenzten Anwendungsbereich“[11] versteht.
Technologie umfasst damit nicht nur technische Erkenntnisse und Prinzipien, sondern auch alle gesellschaftlichen Faktoren, die den Handlungsprozess und die Zielstellung beeinflussen. Die Wende im Bauen des 21. Jahrhunderts muss damit auf Technologien basieren, die nicht den bekannten Strategien der industriellen Massenfabrikation folgen, sondern die vielfältigen gesellschaftlichen Anforderungen und insbesondere die ökologische Verantwortung berücksichtigen. Zielstellungen sind dabei die planmäßige Erhöhung der Nutzungsdauer von Gebäuden, das Ausschöpfen der Potenziale vorhandener Bestandsgebäude oder die umfassende Nutzung regional vorhandener Material- und Rohstoffressourcen. Um die exponentielle Entwicklung der Klimakrise zu beeinflussen, hat im Bauwesen die schnelle Reduktion der Treibhausgasemissionen in Herstellung und Betrieb von Infrastrukturen und Gebäuden höchste Priorität.[12] Treibhausgase verfügen über ein unterschiedliches Erderwärmungspotenzial, das sogenannte „Global Warming Potential“ (GWP). Das GWP gibt an, wie viel eine bestimmte Masse eines Treibhausgases im Vergleich zur gleichen Masse CO_2 über einen bestimmten Zeitraum zum Treibhauseffekt beiträgt.

ÖKOBILANZ IM KONSTRUKTIVEN ENTWURF

Beim Thema der mit dem Bau und Betrieb von Gebäuden verbundenen Energie unterscheidet man grundsätzlich zwei Komponenten: den kumulierten Energieaufwand im Zuge des Herstellungsprozesses, die sogenannte graue Energie (*embodied energy*), und die Betriebsenergie (*operational energy*). Bei einem energieeffizienten Neubau macht der Anteil der grauen Energie etwa 50% des Energieverbrauchs im Lebenszyklus eines Gebäudes aus (Bild 3). Aufgrund des aktuell sehr hohen Anteils fossiler Brennstoffe in der Energieerzeugung stehen graue Energie und Betriebsenergie im direkten Zusammenhang mit den für den Klimanotstand maßgeblich verantwortlichen CO_2-Emissionen. Hinzu kommen Kohlenstoffdioxidemissionen, die durch chemische Prozesse in der Herstellung von Baumaterialien wie Zement verursacht werden.

10 Wachsmann 1959.

11 Bullinger 1994, S. 13.

12 Gengnagel / Apellániz 2023.

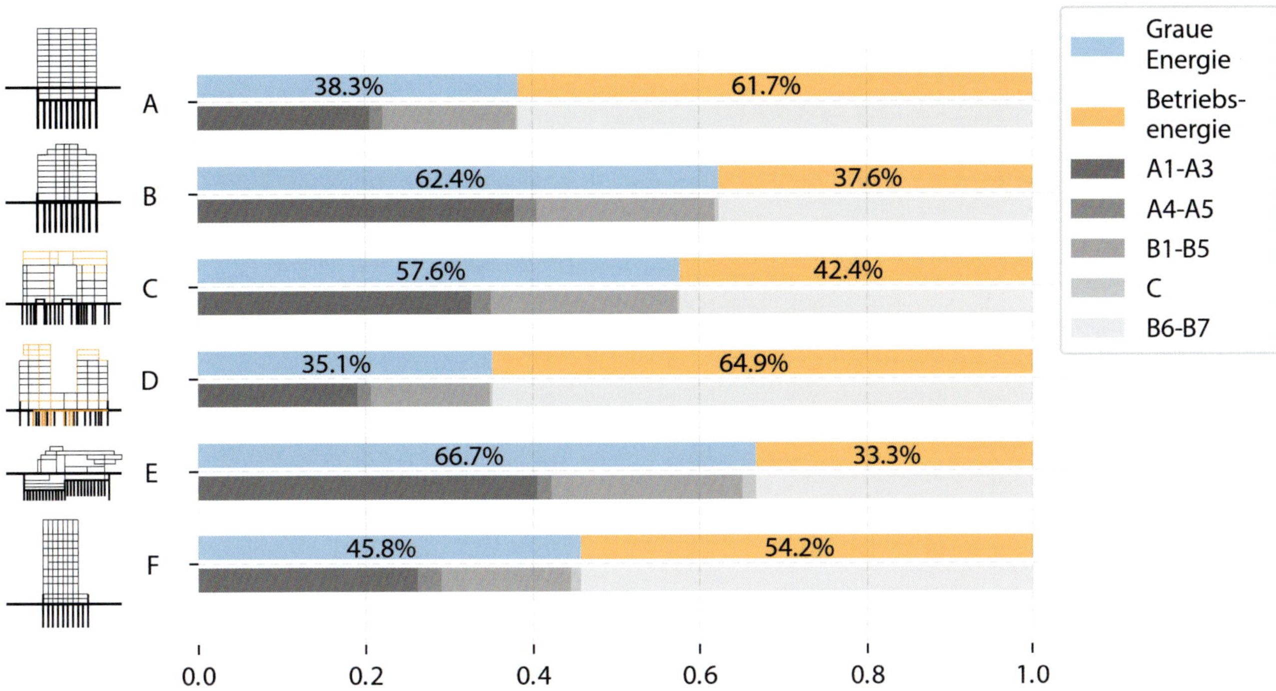

Bild 3 Vergleich der durch die Herstellung eines Gebäudes verursachten CO_2-Äquivalente (*embodied carbon*) mit jenen, die aus dem späteren Betrieb herrühren, basierend auf Analysen von sechs Neubauten energieeffizienter Gebäude.

Entsprechend der Differenzierung zwischen grauer Energie und Betriebsenergie werden auch die Treibhausgasemissionen in zwei Gruppen unterteilt. Unter dem Begriff „verkörperter Kohlenstoff" (*embodied carbon*) werden sämtliche Emissionen zusammengefasst, die bei Materialgewinnung, Herstellung, Transport, Bauprozess etc. entstehen, und unter dem Begriff „operativer Kohlenstoff" (*operational carbon*) all jene, die durch Betrieb von Gebäuden und Infrastrukturen freigesetzt werden. Im Unterschied zu grauer und Betriebsenergie wird hier etwa einbezogen, dass der Verbrauch von erneuerbaren Energien nicht zum Freisetzen von Treibhausgasen führt; zugleich sind die chemischen Prozesse der Herstellung oder Recycling von Materialien als Quelle von Treibhausgasen jedoch nicht enthalten. Für das Bauwesen mit seinen großen Massenströmen müssen aber mittelfristig die Berechnungen des integrierten Kohlenstoffdioxidäquivalenten auch Überlegungen zur Kohlenstoffbindung am Ende des Lebenszyklus einschließen. Aufgrund fehlender Regelungen zur Abschätzung der Auswirkungen am Ende des Lebenszyklus ist dies aktuell eine noch offene Frage. Ebenso noch ungeregelt ist die Anrechnung des im Bestand gebundenen Kohlenstoffs in der Ökobilanzierung neuer Bauvorhaben. Im Neubau verschiebt sich perspektivisch das angestrebte Gleichgewicht der Emissionen von Treibhausgasen aus grauer und Betriebsenergie durch den Umstieg in der Energieversorgung auf erneuerbare Energien. Bis 2050 geht man von einem Anteil der grauen Energie an den Emissionen über den gesamten Lebenszyklus um 80% aus.

Lebenszyklusanalyse (LCA)

Eine LCA (*Life Cycle Assessment*) soll im Allgemeinen die Umweltauswirkungen eines Produkts oder einer Dienstleistung während des gesamten Lebenszyklus auf transparente und ganzheitliche Weise bewerten. Die Umweltauswirkungen werden durch eine Reihe von Parametern beschrieben, die allein oder in Kombination verwendet werden können. Der gesamte Lebenszyklus wird in fünf Phasen unterteilt, die insgesamt 17 Module umfassen (Bild 4). Die Umweltauswirkungen werden für jede dieser Phasen und Module separat berechnet.

Der wichtigste Input für eine Ökobilanz sind die Materialmengen und die Parameter für die Umweltauswirkungen des jeweiligen Werkstoffs oder Produkts. Das Berechnungsverfahren ist einer Kostenberechnung sehr ähnlich, wobei anstelle von Einheitssätzen die Umweltbelastungsparameter verwendet werden. Die Qualität der Ergebnisse einer Ökobilanz hängt hauptsächlich von der Verwendung zuverlässiger und geeigneter Umweltindikatoren ab. Wie schon erwähnt, erfassen

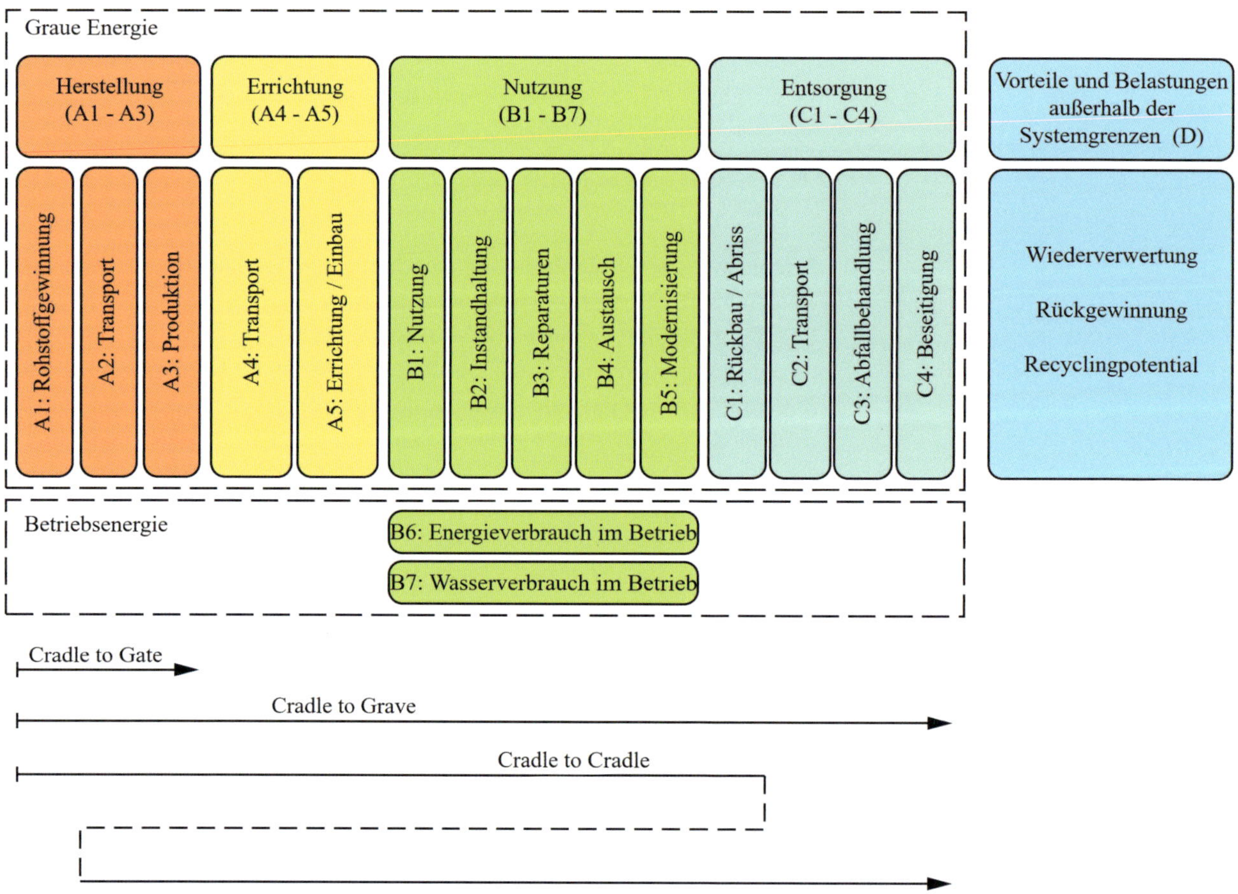

Bild 4 Lebenszyklusphasen laut der Norm DIN EN 15978 „Nachhaltigkeit von Bauwerken – Bewertung der umweltbezogenen Qualität von Gebäuden – Berechnungsmethode“.

Ökobilanzen derzeit nicht die potenziellen Vorteile von Ressourceneinsparungen oder Emissionsreduktion, die sich im Hinblick auf Demontage und zukünftige Wiederverwendung einer Konstruktion ergeben könnten. Dieser Aspekt müsste daher separat und unabhängig von der Ökobilanz gemessen werden, z. B. als Prozentsatz der für Demontage und Wiederverwendung ausgelegten Elemente. Es gibt etwa 25 verschiedene Parameter zur Beschreibung der Umweltauswirkungen eines Produkts über seinen gesamten Lebenszyklus hinweg, die alle als Ergebnis einer Ökobilanz abgeleitet werden können. Die Parameter können drei Gruppen zugeordnet werden:

> Parameter, die Umweltauswirkungen beschreiben, z. B. das Treibhauspotenzial (GWP),
> Parameter, die Ressourcennutzungen beschreiben, z. B. die Nutzung von Netto-Süßwasser (FW),
> Parameter, die Abfall und Abfallkategorien beschreiben.

Um den Klimanotstand zu bekämpfen und die dafür notwendige Reduzierung der Treibhausgasemissionen schnellstmöglich zu erreichen, ist die Konzentration auf das Monitoring des Treibhauspotenzials essenziell. Im Weiteren wird deshalb unter dem Begriff LCA nur die Bilanzierung des GWP von Materialien, Produkten, Bauteilen, Tragstrukturen oder ganzen Gebäuden verstanden.

Methodische Ansätze der LCA im Bauwesen

Die Integration von Nachhaltigkeitsaspekten und Lebenszyklusanalysen (LCA) in Gebäude- und Stadtplanung befindet sich noch in der Entwicklung und fokussiert sich im konventionellen Planungsablauf im Wesentlichen auf die Phasen, die genauere Mengenermittlungen beinhalten. Das Tragwerk mit seinen hohen

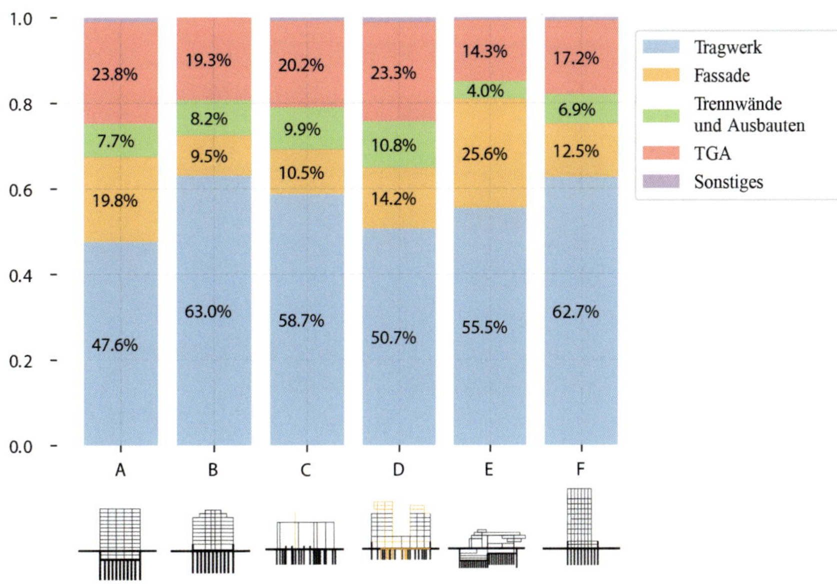

Bild 5 Global Warming Potential (GWP) von Bauwerken differenziert nach Bauteilklassen, unter Annahme „cradle to gate“.

Massenanteilen und einem letztendlich überschaubaren Materialkatalog generiert bis zu 70 % des CO_2-Anteils der grauen Energie eines Bauwerks und bietet damit einen einfachen und effektiven Hebel zur CO_2-Reduktion im Bauen (Bild 5). Der Fokus sollte hierbei auf den Konstruktionselementen mit hohen Massenanteilen und langer Lebensdauer liegen. Grundsätzlich muss im Sinne des Klimaschutzes die Nutzungsdauer von Materialien, Bauteilen, Bauprodukten und letztendlich aller gebauten Strukturen deutlich verlängert werden. Durch die Differenzierung nach Bauteilklassen (Primärtragwerk, Fassade, Ausbau, TGA usw.) wird deutlich, dass der aktuelle pauschale Planungsansatz von 50 Jahren Lebensdauer eines Gesamtbauwerks nicht zielführend ist, sondern der Nutzung eines Primärtragwerks aufgrund seines hohen Anteils am GWP ein doppelter oder dreifacher Wert zugrunde gelegt werden muss. Daraus ergibt sich ein erster und zugleich allgemeinverständlicher Hinweis auf die neue Bedeutung, die dem Bauen mit dem Bestand heute zukommt.

Bei der Betrachtung der wesentlichen Elemente der Primärtragwerke von Hochbauten zeigt sich, dass im Neubau Deckensysteme und Gründung aufgrund ihres Volumens und ihrer Materialitäten die entscheidenden Anteile des *embodied carbon* eines Gebäudes ausmachen (Bild 6).[13] Sie sind somit für ein klima- und ressourcenschonendes Bauen die wichtigsten Komponenten im konstruktiven Entwurf. Gleichzeitig bieten sie das Potenzial einer neuen Diversität der Konstruktion.

13 *Gengnagel / Brechenmacher 2023.*

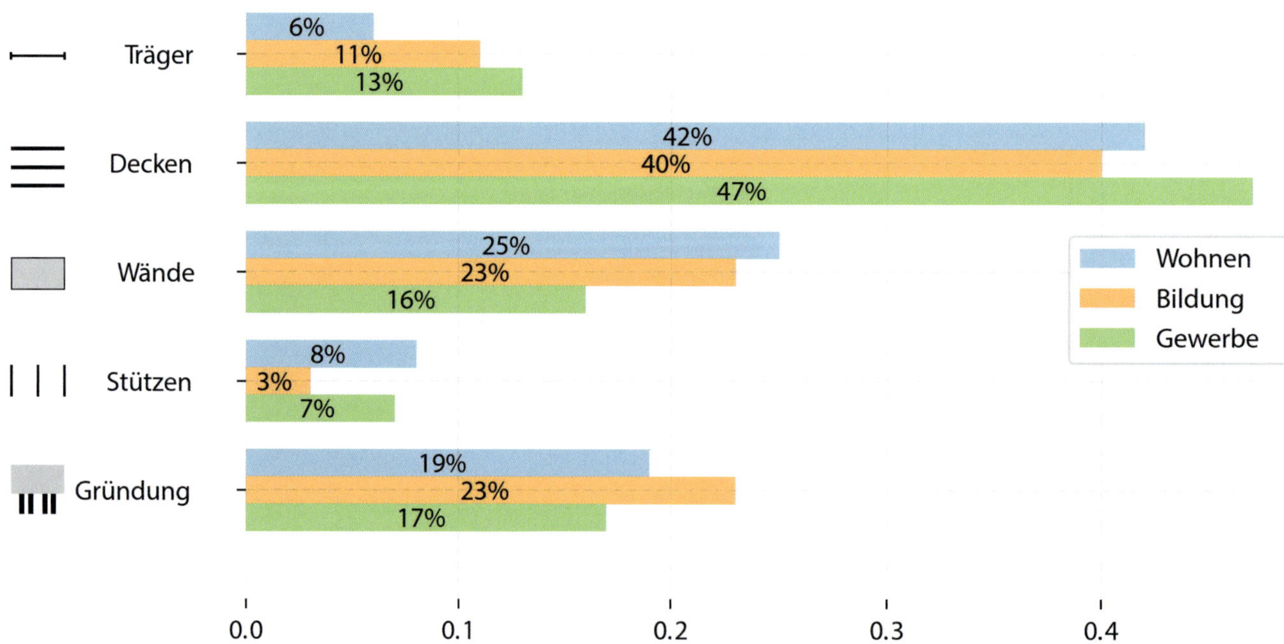

Bild 6 Global Warming Potential (GWP) eines Bauwerks je nach Tragwerkselement und Gebäudenutzung.

KONSTRUKTIVE VIELFALT UND ZIRKULÄRES BAUEN

Die wichtige Fokussierung auf die Reduktion der Treibhausgasemissionen von Bauteilen reicht für den Konstruktionsentwurf aktueller Bauten keineswegs mehr aus. Das lineare Wirtschaftsmodell des Bauwesens – bei dem Materialien überwiegend neu aus unserer Umwelt gewonnen, verwertet und am Ende ihres Lebens zerstört oder deponiert werden – erreicht aktuell seine planetaren Grenzen. Die Ausschöpfung endlicher Ressourcen erfordert im globalen Maßstab unterschiedliche Strategien. In den Regionen des globalen Südens geht es um eine Wiederentdeckung oder Transformation traditioneller Bauweisen, die – oft präzise auf die umgebenden Faktoren abgestimmt (Werkstoffe, Klimaanforderungen, soziale und ökonomische Situation etc.) – eine neue Vielfalt des Bauens erzeugen und damit der verbreiteten Fokussierung auf wenige Materialen und Bauweisen entgegenwirken können. Im globalen Norden steht dagegen das Bauen mit dem Bestand und die Betrachtung des Kreislaufpotenzials von Konstruktionen im Fokus. Eine weitere Herausforderung ist hier allerdings der zunehmende Fachkräftemangel im Bauwesen.[14] So kommen nachhaltige und kreislaufgerechte Bausysteme nicht nur aufgrund zu hoher Herstellungskosten, sondern vor allem auch aufgrund der fehlenden Fachkräfte nicht zur Anwendung; an ihre Stelle treten vereinfachte, materialintensive Lösungen aus industrieller Massenproduktion. Rechnergestützte Entwurfs- und Fertigungsprozesse bilden hier einen vielversprechenden Lösungsansatz. Additive Fertigungsverfahren von Halb- oder Vollfertigteilen eröffnen in diesem Kontext für Konstruktionen zudem das größte Potenzial zu einer neuen materialeffektiven und gestalterischen Vielfalt. Diese erlaubt nicht nur die Realisierung komplexer Geometrien in unterschiedlichen Maßstäben, sondern bietet auch nachhaltigen Werkstoffen, wie Lehm oder Geopolymeren, neue Einsatzmöglichkeiten. Eine weitere Option ist die Integration von robotischer Fertigung bei der Erstellung von Halb- und Vollfertigteilen. Repetitive Montageschritte mit hohen Anforderungen an geometrische Präzision oder das Bewegen schwerer Teilelemente können hierdurch effektiver durchgeführt werden.

PROJEKTBEISPIELE

Im Folgenden sollen zwei vom Ingenieurbüro Bollinger+Grohmann bearbeitete Realisierungsprojekte erste Handlungsoptionen zur Lösung der in den vorangegangenen Abschnitten genannten Fragen und Herausforderungen vorstellen.
Mit dem Projekt „UP! Berlin“, dem Umbau des ehemaligen Warenhauses am Berliner Ostbahnhof (Bild 7) in ein modernes Bürogebäude, wurde eine Großstruktur in Stahlbetonbauweise aus den 1970er Jahren umfassend neugestaltet. Das Gesamtprojekt kann als ein richtungsweisendes Beispiel für ein emissionsarmes und ressourcenschonendes Bauen im Bestand angesehen werden.
Die Entwicklung des Turms des Bauhaus-Archivs (Bild 8) demonstriert sehr anschaulich die Möglichkeiten eines computergestützten Konstruktionsentwurfs, aber auch seinen grundsätzlich hybriden Charakter als Interaktion zwischen

14 *Wissenschaftliche Dienste 2020.*

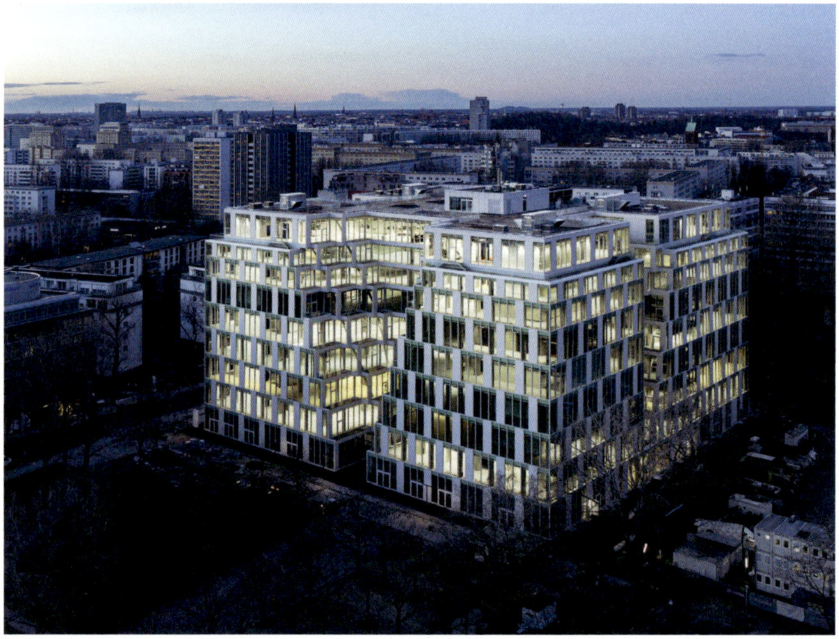

Bild 7 Das UP! in Berlin nach seiner Fertigstellung im Jahr 2021.

Menschen und Maschine. Das Entwerfen von Architektur oder Baukunst ist nämlich nicht nur ein technischer, sondern auch ein kultureller Prozess, der jeweils nur abschnittsweise algorithmisch zu lösen ist. Die bereits bei der Entwurfsfindung eruierte Möglichkeit, durch computergestützte Experimente explizites und implizites Wissen als Lösungsmethode zu kombinieren, fand ihre Fortsetzung bei der weiteren Konstruktionsentwicklung. Die dabei programmatisch entstehende Komplexität einer Mehrfachzieloptimierung wurde in diesem Fall erfolgreich mit „sprunghaften" Entscheidungen aufgrund der experimentell ermittelten Erfahrungen beantwortet.

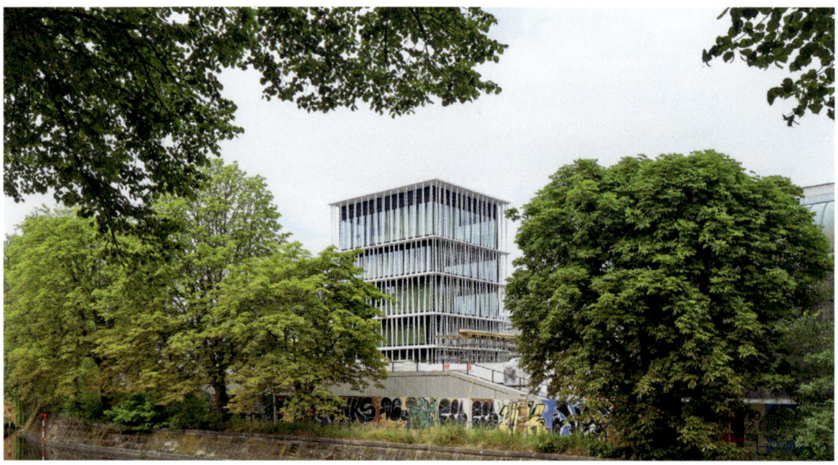

Bild 8 Turm der Erweiterung des Bauhaus-Archivs in Berlin, 2023.

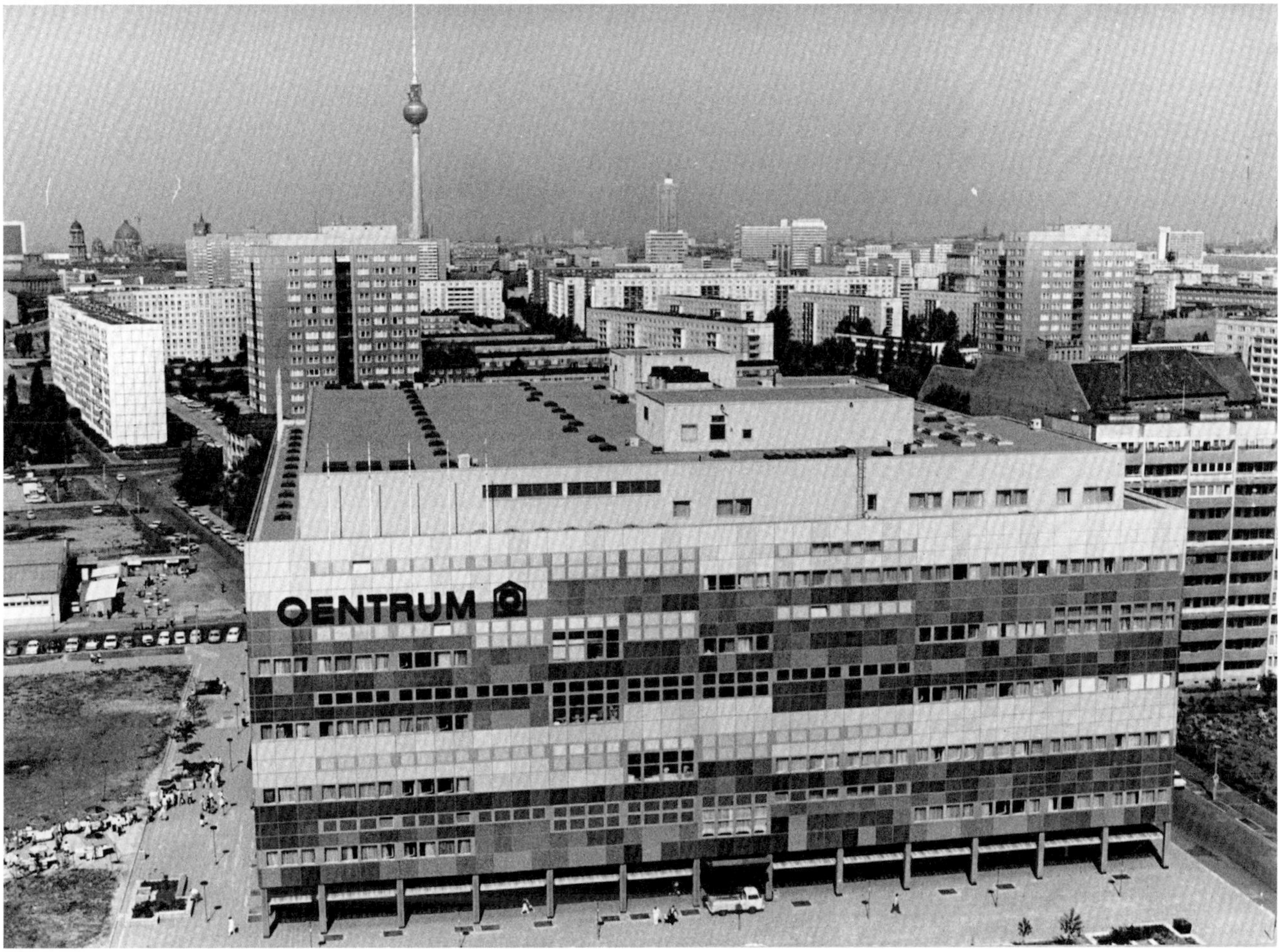

Bild 9 Centrum-Warenhaus am Ostbahnhof, Ost-Berlin, 1981.

BAUEN IM BESTAND: UP! BERLIN

Das Bestandsgebäude wurde von 1977 bis 1979 als damals größte und modernste Niederlassung der DDR-Kaufhauskette Centrum errichtet (Bild 9). Die Planung und Ausführung erfolgte durch Svenska Industribyggen AB (SIAB) Stockholm in Zusammenarbeit mit dem VEB Bau- und Montagekombinat Ingenieurhochbau Berlin. Nach der Wende nutzten zunächst der Hertie-Konzern und später Galeria Kaufhof das Gebäude mit 45.000 m² Nutzfläche.

Aufgrund einer fehlenden wirtschaftlichen Perspektive wurden durch die SIGNA Real Estate-Gruppe die Schließung und Umnutzung als Bürohaus beschlossen. Den dafür ausgelobten Wettbewerb konnten Jasper Architects für sich entscheiden. Ihr Entwurf sah tiefe Einschnitte in das kompakte Volumen des Baukörpers

vor, die eine bessere Belichtung der tiefen Grundrisse und neue Blickbeziehungen schaffen sollten. Weitere wichtige Grundgedanken des Entwurfskonzepts waren das Beibehalten der großen offenen Grundrisse für eine flexible Büronutzung, die Wiederherstellung der großen Raumhöhen und die Erzeugung einer Ästhetik, die durch den robusten Charakter der Oberflächen von Decken, Stützen und Wänden der Stahlbetonkonstruktion der 1970er Jahre bestimmt sein sollte.
Der Grundriss des Bestandsgebäudes beschrieb oberirdisch ein Rechteck von ca. 77 × 81 m Kantenlänge. In nördlicher Richtung sprang das Untergeschoss um ca. 12,5 m hervor, sodass sich die Abmessungen auf 89 × 81 m vergrößerten. Hier schloss ein etwa 1,3 km langer Versorgungstunnel für die Anlieferung an. Das ehemalige Kaufhaus verfügte über ein Untergeschoss mit 6,0 m und sieben aufgehende Stockwerke mit je 5,30 m Geschosshöhe, die Gesamthöhe betrug 37,65 m über der Geländeoberkante. Vier im Grundriss symmetrisch angeordnete Aussteifungskerne ermöglichten die vertikale Erschließung.
Entsprechend dem Grundraster des Skelettbaus spannen die Geschossdecken in Nord-Süd-Richtung über 12 m. Die Konstruktionshöhe der Rippendecken beträgt insgesamt 60 cm bei einer Plattenstärke von 10 cm (Bild 10).

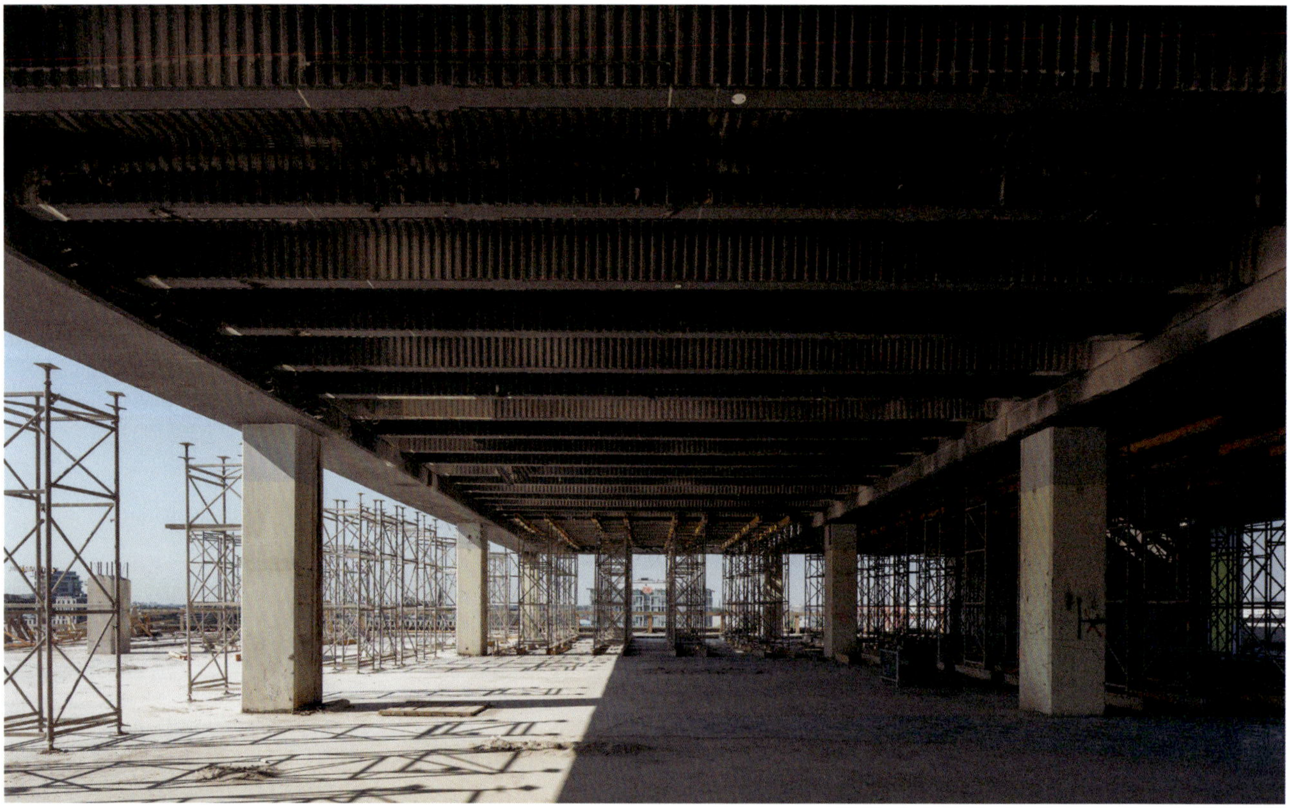

Bild 10 Deckenkonstruktion des Bestands: Linear auf Unterzügen gelagerte Rippendecken mit einer verlorenen Schalung aus profilierten Metallblechen.

Im Wesentlichen lagern sie als Einfeldsysteme linear auf Unterzügen, die als Durchlaufträger mit 12 m Feldlänge in Ost-West-Richtung verlaufen. Die Abmessungen der Unterzüge variieren von 95/150 cm in den Obergeschossen zu 130/150 cm im Untergeschoss. Ihre Auflager sind Quadratstützen, deren Querschnitte von 85/85 cm in den obersten drei Geschossen über 120/120 cm in den darunter liegenden Stockwerken bis zu 140/140 cm im Untergeschoss variieren. Entlang der Fassaden stehen deutlich schlankere Stützen im Achsabstand von 6 m. Vor dem Umbau bildeten sie im Erdgeschoss eine Kolonnade vor der zurückversetzten Fassade. Gegründet ist das Gebäude auf einer circa 1,2 m starken Bodenplatte, die im Bereich der Stützenfüße auf einer Fläche von 6,0 × 6,0 m um weitere ca. 1,2 m nach oben aufgedickt ist. Darüber ist eine 12 cm starke konstruktive Bodenplatte angeordnet, sich ergebende Hohlräume sind mit Sand verfüllt. Das Gebäude steht ca. 3,2 m im Grundwasser und verfügt über eine bauzeitliche Schwarzabdichtung.

Entwurf

Für die neue Nutzung sah der architektonische Entwurf drei wesentliche Veränderungen des Baukörpers vor: tiefe Einschnitte in das Gebäudevolumen auf jeder Seite, eine Aufstockung und eine hochtransparente Fassade als Gebäudehülle. Die Einschnitte, die sogenannten *Voids*, wurden in ihrer Geometrie entsprechend dem Sonneneinfall und ihrer Position zu den Kernen unterschiedlich ausgebildet: Der Einschnitt im Süden ist relativ breit und auf beiden Seiten terrassiert, Ost- und West-Void sind schmaler und haben nach Süden orientierte Terrassen. Der nördliche Void ist so breit wie der südliche, verfügt aber über keine Terrassen. Zwei zusätzliche Vollgeschosse und ein Staffelgeschoss kompensieren die durch die Gebäudeeinschnitte entfallenden Nutzflächen (Bild 11).

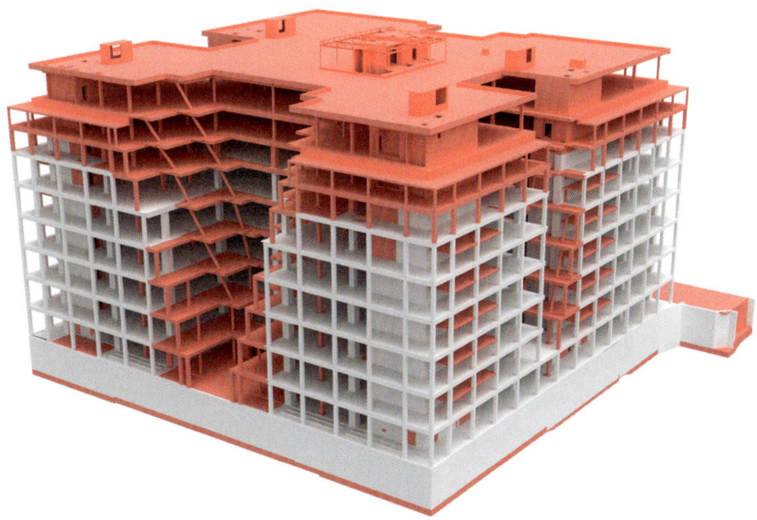

Bild 11 Axonometrie des Tragwerks, Neubau in Rot, Bestand in Grau.

Die Vorhangfassaden des Bestandsgebäudes aus Betonfertigteilen mit orangefarbenen und türkisen Mosaikfliesen wurden für die neue Nutzung vollständig abgetragen und durch eine großzügig verglaste Elementfassade ersetzt. Diese integriert auch die ehemaligen Kolonnaden im Erdgeschoss in den Gebäudekörper. Lediglich im Bereich der geschossweise terrassierten Voids entschied sich das Planungsteam für vor Ort hergestellte Pfosten-Riegel-Fassaden. Hierdurch war man nicht an Vorfertigungsfristen gebunden und konnte kurzfristig auf Änderungen in der Gebäudegeometrie, bei den Auskragungen oder der Stützenstellung reagieren.
Auf der bauzeitliche Gründungsplatte ermöglichten oberseitige Verstärkungen den Abtrag neuer Einzellasten. Eine darüber angeordnete neue Stahlbetonplatte nimmt die höheren Nutzlasten aus der Befahrung auf und bildet mittels Schubverbindern zu den Verstärkungen einen Verbundquerschnitt mit der bauzeitlichen Gründungsplatte. Die neue innere Stahlbetonplatte wurde als wasserundurchlässige Konstruktion (WU) ausgebildet. Zusammen mit einer neuen inneren Vorsatzschale aus Stahlbeton für alle Außenwände wurde eine WU-Wanne ausgebildet, die im Fall des Versagens der Bestandsabdichtung eine Flutung des Untergeschosses verhindert.

Rückbau, Instandsetzung und Neubau

Die Einschnitte, die das neue Erscheinungsbild prägen, erforderten ein vollständiges, behutsames Entfernen ganzer Deckenfelder. Realisiert wurde der Rückbau über ein Herausschneiden großer Module, die durch einen schweren Mobilkran im Anschluss aus dem Gebäude herausgehoben wurden (Bild 12). Der Rückbau verursachte vielfach eine Veränderung der Tragsysteme des Bestands (Bild 13),

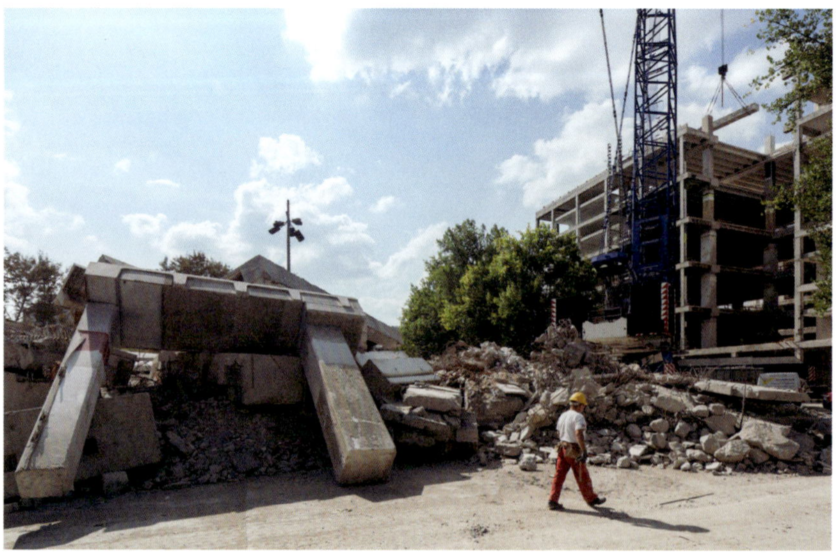

< Bild 12 Die ausgeschnittenen Module wurden durch einen schweren Mobilkran aus dem Gebäude herausgehoben.

> Bild 13 Blick aus dem Bestandsgebäude während des Rückbaus.

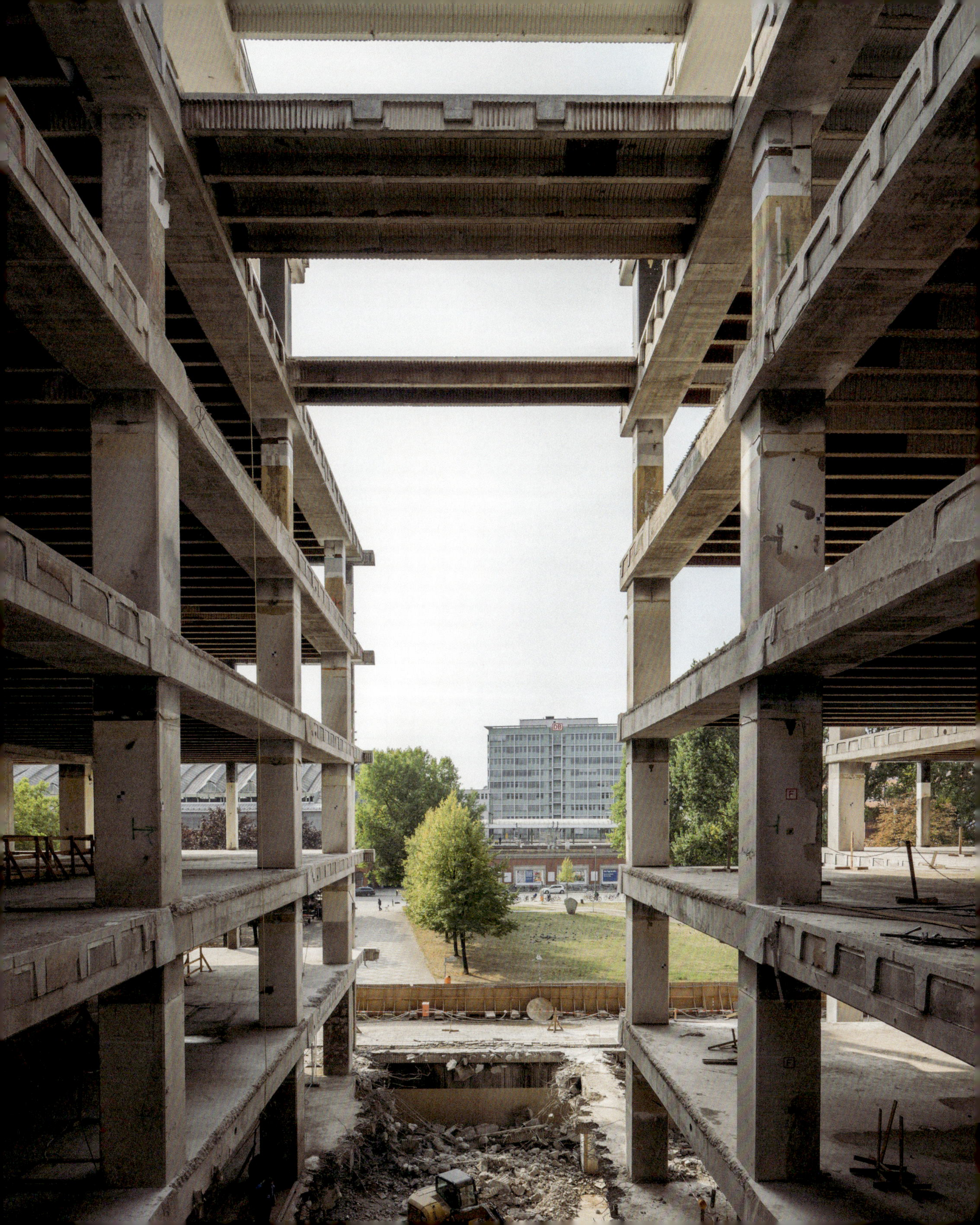

sodass umfangreiche statische Nachweise aller Bauzustände notwendig wurden. Die gleichmäßige Verteilung der Aussteifungskerne im Grundriss ermöglichte den Nachweis der Standsicherheit des Gesamtgebäudes für Horizontalbeanspruchungen in allen Rückbauphasen ohne zusätzliche Sicherungsmaßnahmen. Für die gesamte Ausführungsplanung des Tragwerks und der Fassade stellten der Wechsel von Materialqualitäten und die vielfachen geometrischen Unregelmäßigkeiten des Bestands alle Planer*innen vor immer neue Herausforderungen.

Die unterschiedlichen geometrischen Ausprägungen der Voids erforderten adaptive konstruktive Lösungen. Eine liniengelagerte Stahlbetonflachdecke mit einer Bauhöhe von 20 cm ermöglicht die Vor- und Rücksprünge der Deckenränder. Ihre zweiachsige Lastabtragung erfolgt über Spannweiten von bis zu 6 m und ermöglicht Auskragungen von bis zu 2 m. Die Unterzüge der Ortbetonkonstruktion sind auf vertikal und schräg geführten Rundstützen gelagert, die die vertikalen Lasten vom sechsten Obergeschoss bis zur bestehenden Bodenplatte ableiten. Um materialintensive Abfangungen zu vermeiden, wurde das Raster der Bestandskonstruktion für die neuen Geschossdecken übernommen. Zur Realisierung der nötigen Spannweite von 12 m und für die Beibehaltung einer möglichst großen Raumhöhe wählte man ein Konstruktionssystem aus Stahlbetonhohldielen mit einer Bauhöhe von 40 cm und vorgespannten Unterzügen (Bild 14). Die Ausführung der 135 cm breiten und 60 cm hohen Unterzüge erfolgte in einer Halbfertigteilbauweise mit Ortbetonergänzung (Bild 15).

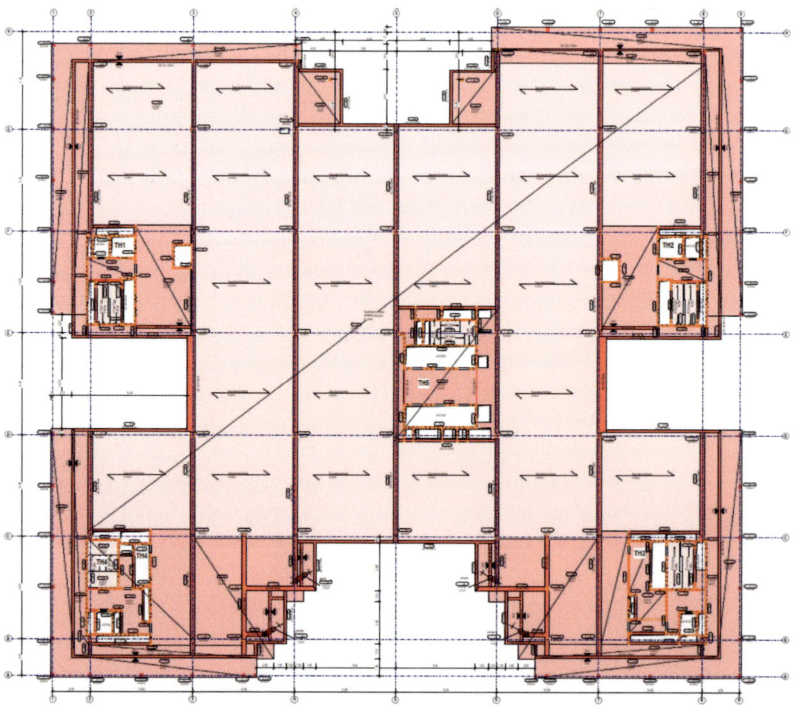

Bild 14 Deckenuntersicht im 7. OG: Von oben nach unten verlaufen die vorgespannten Unterzüge, orthogonal dazu spannen einachsig Spannbetonhohldielen. Die Randbereiche der Voids sind als zweiachsig tragende Ortbetonkonstruktion ausgeführt.

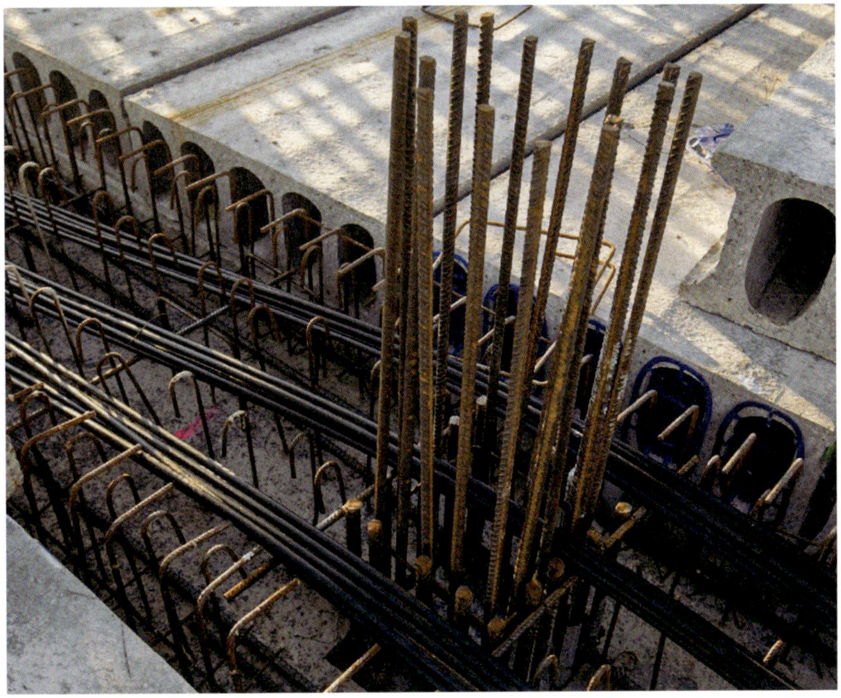

Bild 15 Anschlussdetail des Konstruktionssystems der Geschossdecken aus Stahlbetonhohldielen und vorgespannten Unterzügen in einer Halbfertigteilbauweise während der Bauphase.

Für die Dachdecke über dem 8. Obergeschoss wurde ihre Bauhöhe aufgrund höherer Auflasten auf 74 cm erhöht. Die Bauweise erforderte eine präzise Abstimmung mit der Gebäudetechnik und Ergänzungen von Ortbetonfeldern in konventioneller Bauweise in den geometrisch unregelmäßigen Deckenbereichen. Schlussendlich wurde aber durch die hybride Lösung der Materialverbrauch und damit das Eigengewicht der Konstruktion deutlich reduziert und die Bauzeit wesentlich verkürzt.

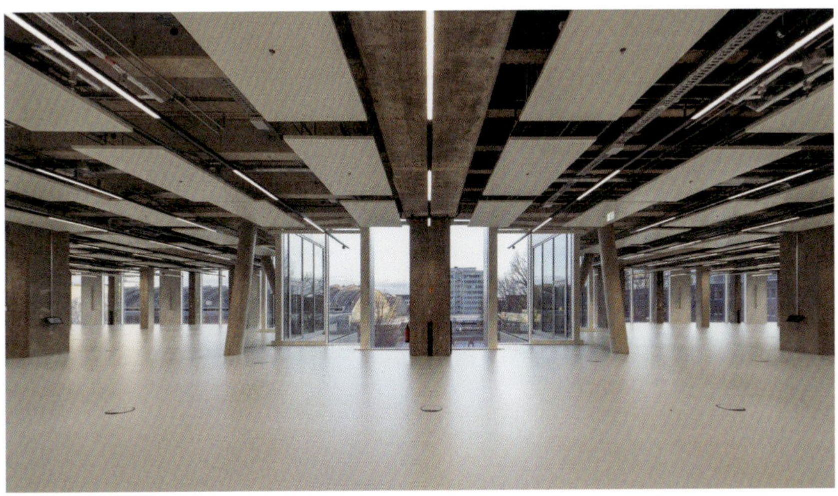

Bild 16 Innenraum des UP!, 2021.

Die Entwicklung des Projekts UP!Berlin kann als ein prototypisches Beispiel für das Zukunftsthema „Bauen im Bestand" angesehen werden. Trotz der zum Teil aufwendigen Anpassung der Planung an neue Erkenntnisse während der Bauphase und trotz der sich anschließenden Änderungen von Terminen und Kosten demonstriert das Projekt das hohe Potenzial einer effektiven Reduktion der CO_2-Emissionen und einer Schonung von Materialressourcen durch Umbau und Nutzung von Massivbauten aus den 1970er Jahren. Eine einfache Vergleichsrechnung zwischen dem CO_2-Äquivalent eines virtuellen Referenzbaus gleichen Bauvolumens mit dem realisierten Projekt zeigt die Einsparung von ca. 8500 t durch die gewählte Lösung (Bild 17). Die Lebenszyklusanalyse bestätigt erneut den entscheidenden Einfluss von Deckenkonstruktionen und Gründungen auf die Bilanz der CO_2-Äquivalente des Gesamtbauwerks.

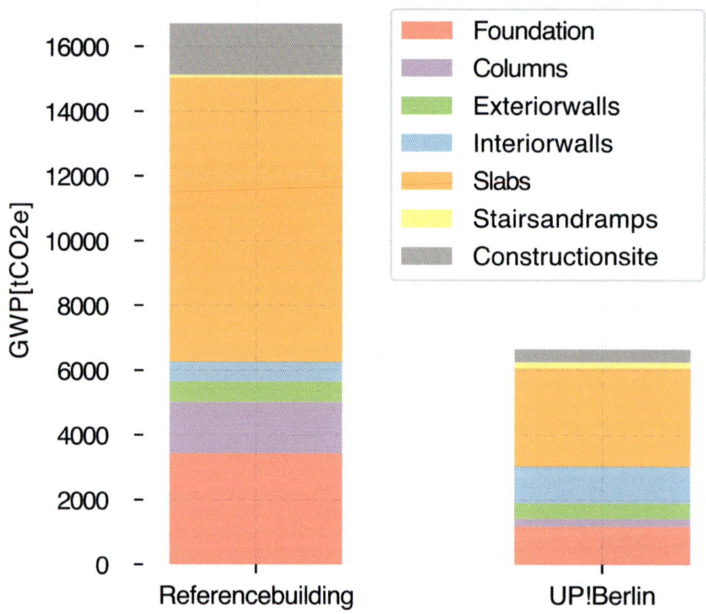

Bild 17 Global Warming Potential (GWP) des finalen Umbau-Projekts im Vergleich zu einem angenommenen Referenzneubau gleicher Konstruktionsart und Größe. Neben der Ersparnis von ca. 8500 t CO_2-Äquivalenten zeigt die Differenzierung nach Konstruktionselementen die hohe Bedeutung der Deckenkonstruktionen und der Gründung für die Gesamtbilanz.

DIGITALE PROZESSE: EINGANGSTURM BAUHAUS-ARCHIV BERLIN

Nach vielen Jahren intensiver Nutzung, mannigfaltigen Reparaturen und kleinen Veränderungen bedurfte das Gebäudeensemble des Bauhaus-Archivs in Berlin einer umfassenden Instandsetzung, Modernisierung und Erweiterung. Den dafür ausgeschriebenen Architekturwettbewerb konnten Staab Architekten 2015 für sich entscheiden. Zwar ist das Gesamtprojekt noch nicht vollständig abgeschlossen, fertiggestellt ist aber schon ein wichtiges Element davon: der Turm auf dem neuen Vorplatz des Museums. Auf einer Grundrissfläche von 14 × 14 m erschließt

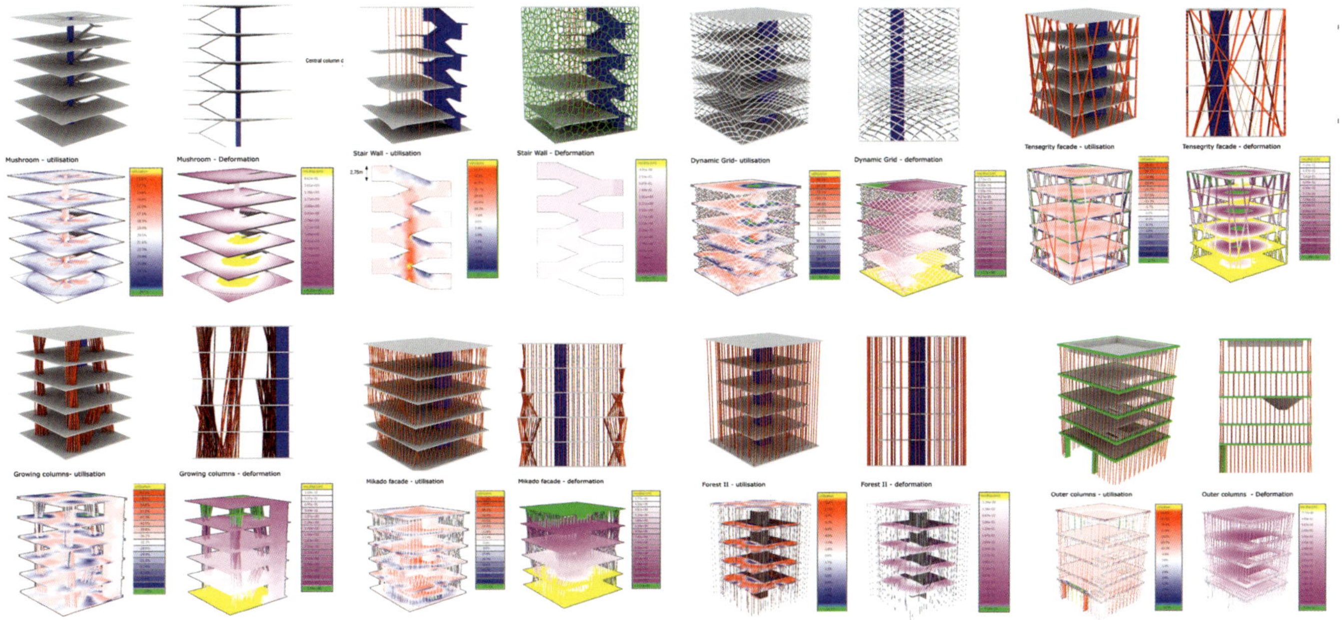

Bild 18 Tragwerksvarianten aus der Wettbewerbsphase (Werkzeugumgebung Rhino3d/GH/Karamba3d).

das 20 m hohe, fünfgeschossige Gebäude in Zukunft das Museum im Erdgeschoss und bietet in den darüber liegenden Stockwerken Raum für ein digitales Studio, Flächen für die Museumspädagogik sowie eine Lounge. Die intensive Auseinandersetzung mit Form und Konstruktion dieses komplexesten Bestandteils des Gesamtprojekts prägte schon die Wettbewerbsphase. Am Ende umfangreicher Variantenstudien entstand das Konzept eines gläsernen Turms mit stützenfreien Innenräumen, der von sehr schlanken, leicht „tanzenden" Stahlstützen umgeben ist (Bild 18). Die kontrollierte Unregelmäßigkeit dieses außenliegenden Stahltragwerks sollte die neuen Planungs- und Gestaltungsmöglichkeiten rechnergestützter experimenteller Arbeitsprozesse widerspiegeln.[15]

Rechnergestütztes Entwerfen – hybride Formfindung

Um verschiedene Strukturkonzepte einerseits spielerisch, aber auch rasch und effizient auf ihre Anwendbarkeit und ihr Gestaltungspotenzial zu untersuchen, wurde die Werkzeugumgebung von McNeel Rhino (Rhino3d), Grasshopper (GH) und Karamba3d verwendet. Hierdurch konnten einerseits Strukturen in Echtzeit generiert, statisch berechnet und bewertet werden.[16] Andererseits erlaubte die grafische Programmierumgebung von GH die Definition eindeutiger Abfolgen von Funktionen, wodurch die gesamte Entwicklung von statischer Modellierung, die Simulationen von Lasteinwirkung und Reaktion sowie die entsprechende Bemessung mit jeweils veränderten Eingangsparametern automatisiert werden konnten.

15 Gengnagel / Débonnaire 2023.

16 Vgl. Preisinger 2013.

Der Aufbau eines statischen Berechnungsmodells in Karamba3d über GH erfolgte durch vordefinierte Komponenten, die aus geometrischen Objekten wie Linien, Kurven oder Flächen statische Elemente wie Stäbe oder Schalen erzeugten. Dabei wurden für Elemente und Elementgruppen Querschnitte mit dazugehörigem Material definiert und ggf. zusätzliche Eigenschaften wie Gelenke und Federsteifigkeiten konfiguriert. Anschließend wurde aus den Elementen ein Modell zusammengesetzt und um Konditionen wie Auflager, Lasten oder Lastkombinationen erweitert, die für eine statische Berechnung notwendig sind. Unter Berücksichtigung eventueller Verformungseffekte (Berechnung nach Theorie II. Ordnung) sorgten integrierte Bemessungsroutinen für die Querschnittsanpassung anhand von Schnittkräften und vordefinierten Profilgruppen dafür, dass aus annähernd jeder Geometrie eine „tragfähige" Struktur abgeleitet werden konnte. Dieser Ersatz einer zeitaufwendigen manuellen Strukturgenerierung durch automatisierte Prozesse schuf neue Freiräume für vergleichende Parameterstudien und einen kreativen Entwurfsprozess. Hauptziel dieser „Mensch-Maschine-Interaktion" war dabei die Erzeugung eines experimentellen Aufbaus, der durch iterative Exploration Erfahrungswissen für kombinierte Fragestellungen vermittelt. Aus der Kombination von explizitem und implizitem Wissen entstanden so ganzheitliche und gestalterische Entwurfsentscheidungen.
Für das Grundkonzept der Turmkonstruktion, einer durch das außenliegende filigrane Tragwerk hinreichend ausgesteiften und standsicheren Struktur, stellt z.B. bei Einhaltung aller zulässigen Verformungen der Vergleich der Gesamtmassen der Tragwerke ein maßgebendes Kriterium für die Effizienz in Hinblick auf Kosten und GWP dar. Dieses kann über Einheitspreise und generische Umweltproduktdeklarationen (EPD) quantifiziert werden.[17] Aber selbst bei dieser sehr fokussierten Betrachtung verhalten sich die Kriterien in der Regel reziprok. So werden z.B. durch eine starke Differenzierung der Stabquerschnitte entsprechend ihrer Beanspruchung die Gesamtmasse des Tragwerks und damit der Wert des GWP maßgeblich reduziert. Gleichzeitig entstehen durch eine fehlende Rationalisierung aber höhere Fertigungskosten oder durch längere Beschaffungsketten ein erhöhtes GWP.
Im Projekt Bauhaus-Archiv hatte insbesondere die variable Verteilung der Fassadenstützen mit ihren unterschiedlichen Neigungswinkeln und Abständen wesentliche Auswirkungen auf das Tragverhalten der Gesamtstruktur. Das Zusammenspiel von wahrnehmbarer Ordnung und Unordnung der sichtbaren Tragelemente prägt maßgeblich das Erscheinungsbild und stellt einen spannenden Aspekt in der kollaborativen Entwicklung der Architektur und des Tragwerks dar.

Formoptimierung und Konstruktionsentwicklung

Das Tragwerkskonzept des Wettbewerbsprojekts basierte auf einer Doppelreihe schlanker Rundstützen, die sich außerhalb der Fassade befanden und orthogonal alternierend zu ihr geneigt waren. Durch die Tiefe der Konstruktion und einen effizienten Rhythmus unterschiedlich geneigter Elemente sollten die einzelnen Gebäudeseiten sowohl in Längs- als auch in Querrichtung aussteifend wirken.

17 Gengnagel / Apellániz 2023.

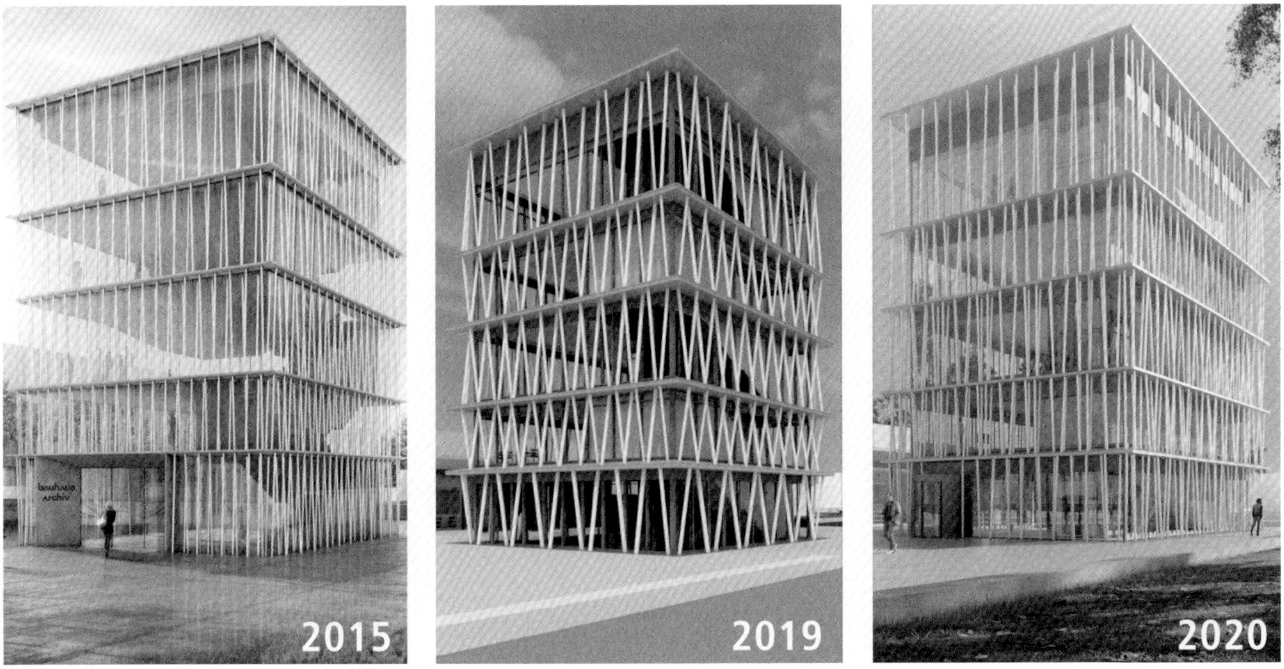

Bild 19 Entwicklung der Konstruktion des Turms: Wettbewerb 2015, Bearbeitung 2015–19, „Neuentwurf" 2019/20.

Die nach einem anschließenden Vergabeverfahren 2015 beauftragten Tragwerksplaner hatten diese grundlegende Entwurfsidee aber nicht erfolgreich weiterentwickeln können, obwohl deren Machbarkeit durch das als Prüfingenieur für Standsicherheit eingesetzte Büro schlaich bergermann partner seinerzeit gleich mehrfach bestätigt worden war. 2019 wurde die Tragwerksplanung des Turms deshalb neu an das Ingenieurbüro Bollinger+Grohmann vergeben; nun setzen diese die Entwurfs-Arbeit aus dem Wettbewerb fort (Bild 19).

Tragwerksplanerische sowie gestalterische Geometrie- und Formoptimierung waren zu Beginn im Wesentlichen auf eine möglichst materialsparende Realisierung des Grundkonzepts „tanzender" schlanker Stützen fokussiert. Entscheidend war hierbei die recht hohe Schwingungsanfälligkeit der Gesamtstruktur. Deshalb untersuchte man zunächst die Auswirkungen unterschiedlicher Konfigurationen (Stützenstellungen, -querschnitte und -verteilungen; Laufplatten und Wandscheiben der Treppenanlage; Eigengewicht der Deckenkonstruktion) auf die ersten drei Eigenfrequenzen (EF).

Die architektonischen Vorgaben ließen für die Stützen zunächst Vollquerschnitte mit Durchmessern von 100 mm, für die Deckenkonstruktion Stahlbetonplatten mit 35 cm Stärke annehmen. Auf dieser Basis erfolgten Sensitivitäts- sowie zahlreiche weitere Analysen (Stützenkräfte und -bemessung; Optimierung der Profile; Auswirkung weiterer Bauteilmassen für die Eigenfrequenz; Einfluss der Deckenkonstruktion auf das Tragverhalten des Gesamtsystems).

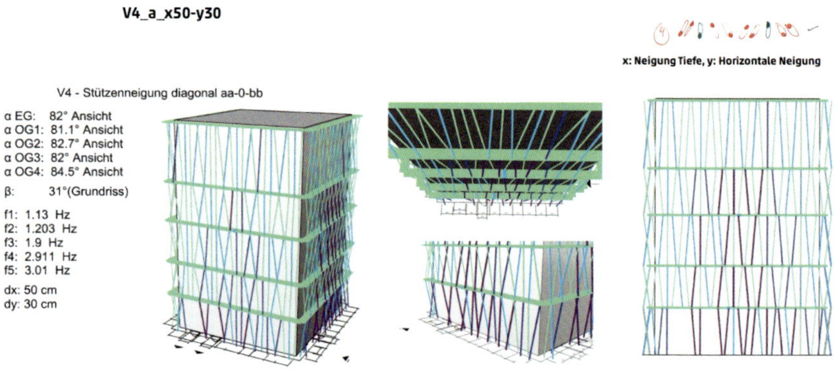

Bild 20 Sensitivitätsanalyse zum Einfluss der Stützenstellungen auf die Eigenfrequenz des Haupttragwerks (Werkzeugumgebung Rhino3d/GH/Karamba3d).

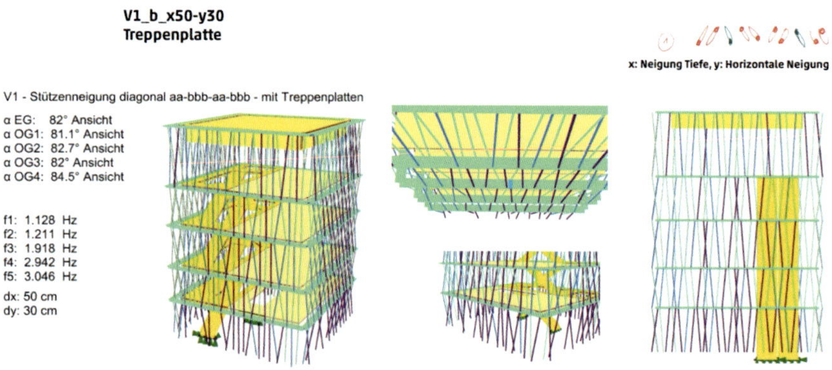

Bild 21 Sensitivitätsanalyse zum Einfluss der Treppenläufe auf die Eigenfrequenz des Haupttragwerks (Werkzeugumgebung Rhino3d/GH/Karamba3d).

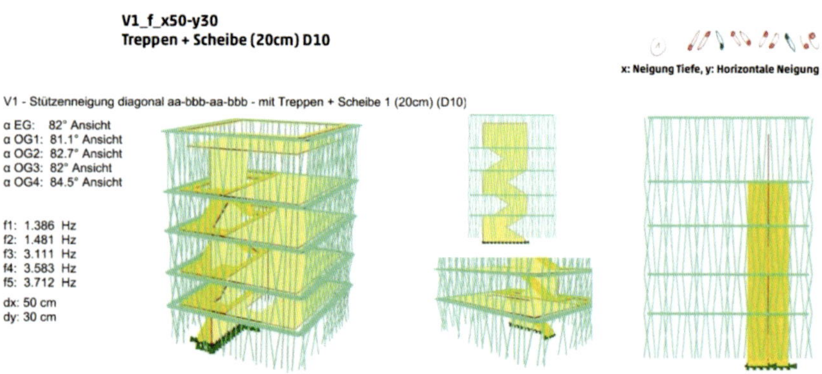

Bild 22 Sensitivitätsanalyse zum Einfluss der Fluchttreppen-Wände auf die Eigenfrequenz des Haupttragwerks (Werkzeugumgebung Rhino3d/GH/Karamba3d).

Für die Variationen der Stützenstellungen wurden maximale Neigungen sowie die Fußpunkte definiert. Mittels eines Basis-FE-Modells (ohne Treppenanlage) erkannte man über die Geschosse durchgehende Stützenverläufe sowie eine Verdichtung dieser Bereiche durch zusätzliche Stützen als Möglichkeiten zur Erhöhung der Eigenfrequenz um jeweils rund 10%, wobei eine Kombination der Maßnahmen die Werte noch weiter erhöhte. Eine stärkere Neigung der Stützen des Basismodells hatte keinen Einfluss auf die Eigenfrequenz, zu den Ecken hin verkleinerte Stützenabstände dagegen erhöhten sie um 14%. Mittels steifer ausgebildeten Stützen konnte die Eigenfrequenz im Vergleich sogar noch etwas stärker gesteigert werden (Bild 20).
In einem nächsten Schritt wurden Möglichkeiten zur Erhöhung der Gesamtsteifigkeit der Struktur durch weitere Konstruktionselemente analysiert. Die Aktivierung der Laufplatten der Treppe als Tragelemente erzeugt eine X-förmige Verbindung zwischen den Geschoßdecken (Bild 21) und erhöhte die Eigenfrequenz gegenüber der Basisvariante um ca. 20%. Unter zusätzlicher Einbeziehung der Z-förmigen Mittelwand zwischen den Treppenläufen (Bild 22) stieg die Eigenfrequenz um bis zu 45%. Weitere deutliche Steigerungen der Eigenfrequenz brachte eine zusätzliche Integration der ebenfalls als vertikale Z-förmige Scheiben ausgebildeten Außenwände der Treppenanlage in das Tragwerk. Nicht alle Effekte wirkten synergetisch. Verbesserte etwa die Konzentration von Stützen zu den Gebäudeecken das Trägheitsmoment insbesondere gegenüber der Torsion, so wurde dieser Effekt unter Einbeziehung der Treppenhaus-Wandscheiben vernachlässigbar, da sich dann der Schubmittelpunkt exzentrisch verlagerte. Unerwartet war auch der im Vergleich zu geometrischen Änderungen relativ geringe Einfluss stärkerer Stützenquerschnitte auf die Schwingungsanfälligkeit.
Schließlich wurden unter Einschluss statischer, gestalterischer und baukonstruktiver Erkenntnisse geometrische Grundregeln für die Positionierung und Ausrichtung der „tanzenden“ Stützen entwickelt (max. 3° Neigung aus der Vertikalen; Ausrichtung auf vier Grundrisslinien mit gegenseitigem Versatz von 45° oder 90°). Unter Beachtung dieser Regeln konnte dann im Anschluss die finale Form des Stabwerks generiert werden.
Zur Reduzierung der maßgebend das Schwingungsverhalten mitbestimmenden Masse der Deckenkonstruktionen wurden zunächst Lösungen in Stahl und Stahlbeton (Hohlkörperdecken, Rippendecken etc.) untersucht. Schon die Formfindungsstudien für das Stabwerk hatten das Konstruktionsprinzip des Wettbewerbsentwurfs – vorgespannte Stahlbetonplatten zwischen den Randträgern – grundsätzlich in Zweifel gezogen, außerdem erschien eine monolithische Stahlbetonkonstruktion in Hinblick auf GWP und Zirkularität für ein derart exemplarisches Gebäude unangemessen. Darüber hinaus führten baukonstruktive und -physikalische Detailfragen sowie Anforderungen an den Bauablauf zur Suche nach Konstruktionsweisen mit hohem Vorfertigungsgrad und großer Präzision.
Die Lösung dieser Multikriterien-Fragestellung ermöglichte schlussendlich der gedankliche Sprung zum Werkstoff Holz als Material für die Deckenkonstruktion und letztlich sogar alle tragenden Innenbauteile. Infolge der relativ großen Spannweite von ca. 12 m führten erste Überlegungen zu 40 cm starken Kastendecken.

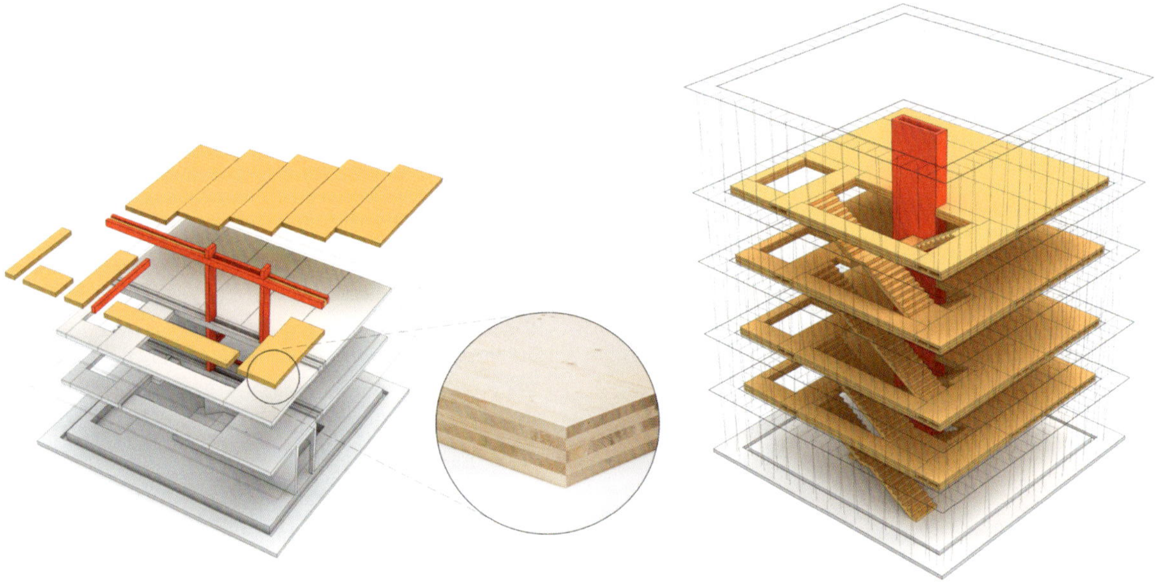

Bild 23 Tragelemente der Deckenkonstruktion: Deckenplatten aus Brettsperrholz (BSP), Träger und Stützen aus BauBuche.

Fehlende Möglichkeiten ausreichender zweiachsiger Lastabtragung erzwangen dabei Abfangkonstruktionen um die großen Öffnungen des Treppenhauses (Bild 23 links). In einem weiteren, für die Entwurfsentwicklung bedeutsamen gedanklichen Sprung wurde daraufhin der schmale Haustechnikschacht als Tragelement interpretiert, mit Holzstützen als Querwänden. Dies ermöglichte Abfangträger mit geringerer Bauhöhe sowie eine Reduktion der maximalen Spannweite der Decken auf 7 m, wodurch wiederum einachsig gespannte Brettsperrholzplatten für die beiden Haupttragrichtungen zum Einsatz kommen konnten. Auf dieser Grundlage ließen sich jetzt außerdem auch die notwendigen Öffnungen für den Aufzug sowie für das Treppenbauwerk mit überschaubarem Aufwand realisieren (Bild 23 rechts).
Horizontale Einwirkungen sollten gemäß dem ursprünglichen Konzept ohne aussteifenden Kern einzig über die Rahmentragwirkungen der „tanzenden" Stahlstützen abgetragen werden. Die Formfindungsanalysen für das Stabwerk hatten aber erhebliche Einflüsse der Treppenwände sowie -läufe aufgezeigt. Da ohnehin Teile des Treppenhauses als Fluchtraum abgetrennt werden mussten, fanden Wandscheiben aus Brettsperrholz-Elementen Verwendung, die in beide Gebäuderichtungen einen Teil der horizontalen Lasten abtragen. Einschränkend wirkten dabei die architektonischen Randbedingungen, denn die Wandscheiben folgen der Treppe parallel zu den Treppenläufen in Z-förmigem Verlauf, und die fassadenseitige Südwand bildet nur geschossweise Raumabschlüsse. Als hybrides räumliches Flächentragwerk interagiert das Treppenhaus mit dem außenliegenden Stabtragwerk aus geschossweise 112 bis 156 Stützen mit Durchmessern von je 101,6 mm. Schnittgrößen und Verformungen dieses Stahl-Holztragwerks wurden

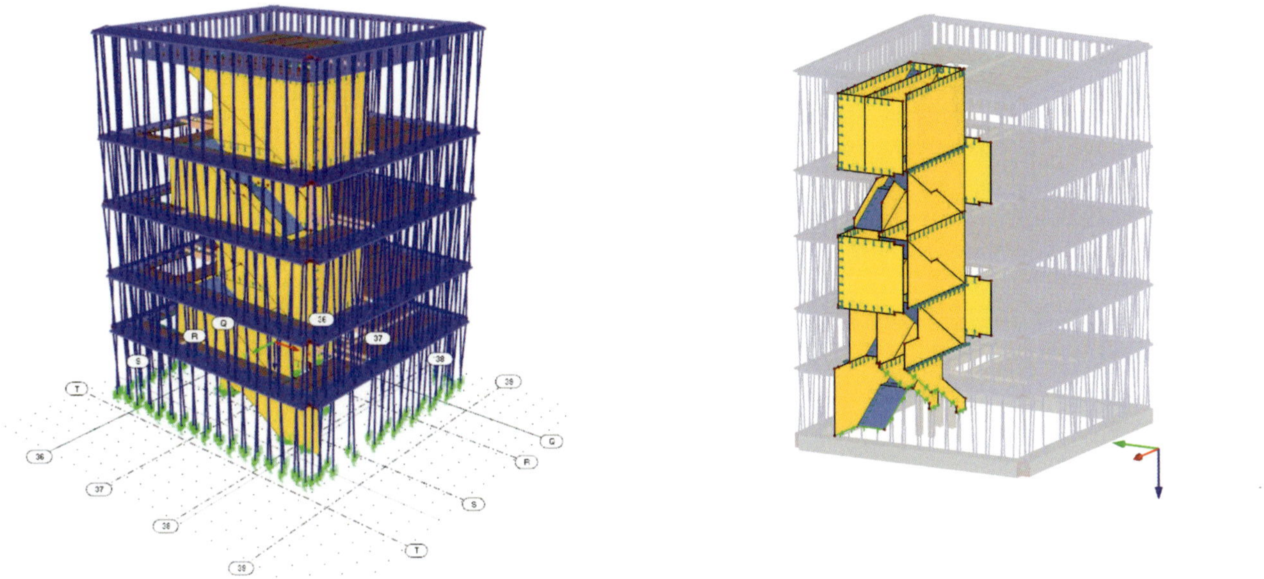

Bild 24 Gesamtmodell der Tragkonstruktion (Modellierung in Dlubal RFEM über ein GH-Plug-In aus dem Geometriemodell).

ebenso wie die Eigenfrequenzen für die Bestimmung der Windlasten durch den Windgutachter mittels eines FE-Gesamtmodells ermittelt (Bild 24), die Bemessung einzelner Tragelemente erfolgte über teilautomatisierte Tabellenkalkulationsroutinen. Schlussendlich wurden durch den Materialwechsel für Treppenanlage und Deckenkonstruktionen das Eigengewicht des Gesamttragwerks deutlich reduziert sowie die Eigenfrequenzen positiv beeinflusst und hierdurch das Entwurfsziel „tanzender" schlanker Außenstützen erreicht.

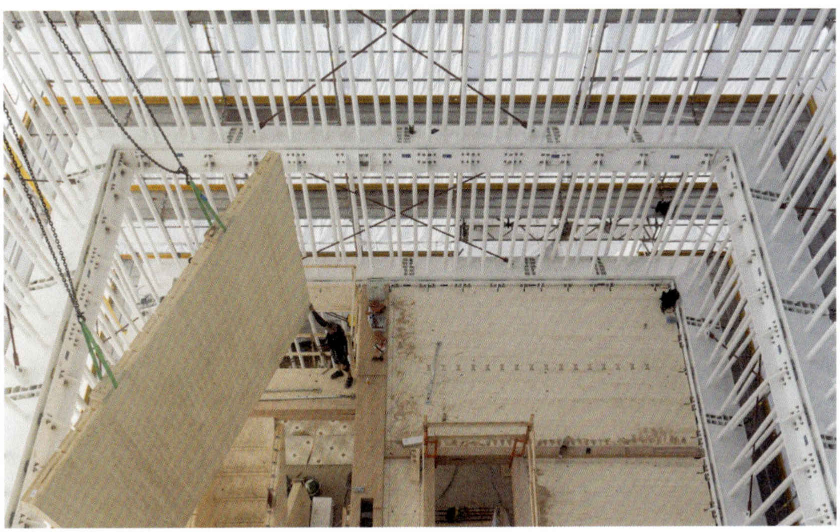

Bild 25 Montage Holzbau des Turms der Erweiterung des Bauhaus-Archivs, 2022.

LCA als Postprocessing

Ein vollständiges Life Cycle Assessment (LCA) eines Gebäudeentwurfs erfordert eine umfangreiche und komplexe Analyse unterschiedlicher Parameter. Selbst die Reduktion auf die Bilanzierung der in der Konstruktion beinhalteten Kohlenstoffäquivalente oder des GWP erfordern die vergleichende Betrachtung einer Vielzahl von unterschiedlichen Daten. In diesem Zusammenhang erscheint eine Automatisierung sowohl im Zuge der Erzeugung der verschiedenen Datenmodelle eines Gebäudeentwurfs als auch für die jeweilige Analyse unabdingbar, um einerseits Gestaltung und konstruktive Vielfalt sowie andererseits die notwendige Performance des architektonischen Raums zu ermöglichen.

Zur Überprüfung eigener Methoden und Werkzeugumgebungen in diesem Kontext wurden die beiden im gesamten Planungsablauf betrachteten alternativen Konstruktionssysteme analysiert und verglichen: als Referenzmodell die Entwurfsvariante Stahl-Beton-Verbundbau mit vorgespannten Stahlbetondeckenplatten und die weiterentwickelte Variante eines hybriden Stahl- und Holzbaus (optimiertes Modell). Unter Berücksichtigung der LCA-Phasen A1–A3, A4, C1–C4 und D wird das GWP des optimierten Entwurfs im Vergleich zum Referenzmodell um ca. 36% reduziert (Bild 26). Neben der Reduktion der Kohlenstoffäquivalente ist ein wesentlicher Mehrwert der finalen Konstruktionsvariante ihr Potenzial, als kreislaufgerechte Konstruktion Teil eines Stoffkreislaufs zu werden.

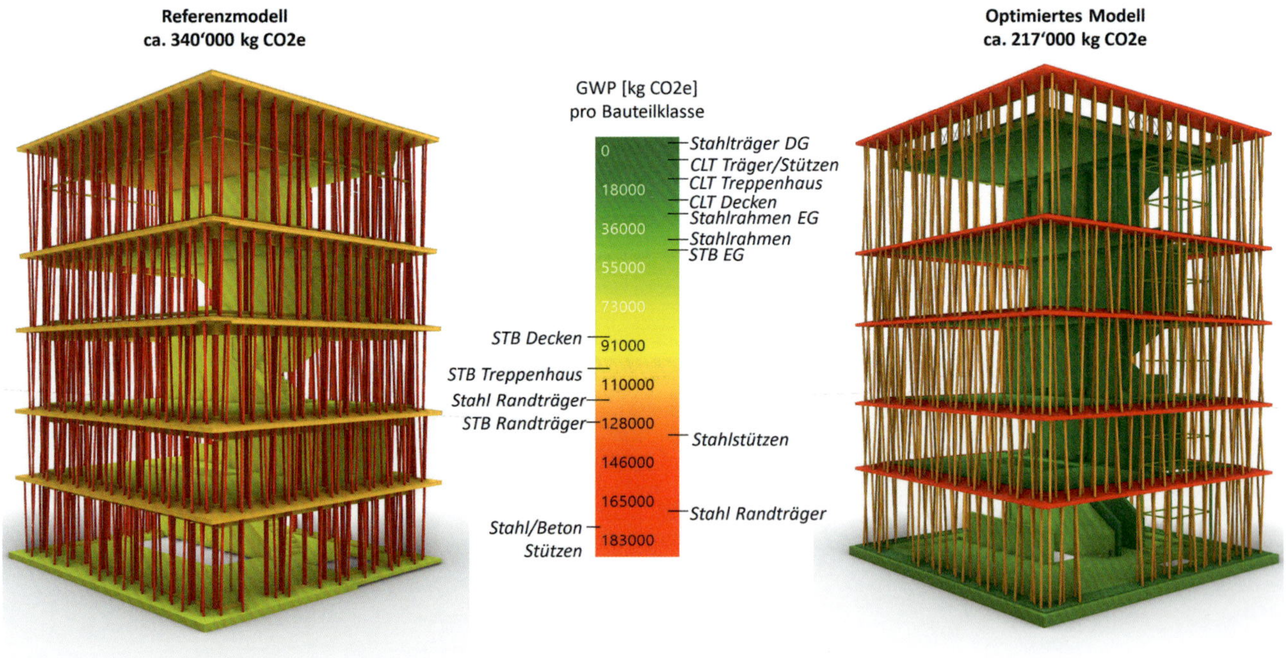

Bild 26 Vergleich der GWP-Bilanz der Entwurfsvarianten 1 und 2.

ZUSAMMENFASSUNG

Der Umbau des ehemaligen Kaufhauses in ein modernes Bürogebäude beinhaltete im Planungs- und Realisierungsprozess alle Herausforderungen und Möglichkeiten des Umbaus von Massivbauten aus den 60er und 70er Jahren des letzten Jahrhunderts. Die zum Baubeginn vorliegenden statischen Berechnungen und Ausführungspläne erleichterten die Aufgabe der Umplanung wesentlich. Als problematisch erwiesen sich beim Bauprozess teils starke Abweichungen der Druckfestigkeit des Betons von den Annahmen der Bestandsstatik. Hier lieferten die einfachen Beprobungen in den frühen Planungsphasen keine ausreichenden Hinweise.[18] Das Rückbaukonzept stellte an Tragwerksplanung und ausführendes Unternehmen eine neue Herausforderung gegenüber der üblichen Praxis eines Gebäudeabrisses. Das entwickelte Konzept des Freischneidens und Heraushebens von Elementen und Modulen erlaubte die notwendige Präzision des Rückbaus und die Vermeidung von unkontrollierten Überlastungen des Bestands. Eine weitere Besonderheit im Planungs- und Realisierungsprozess waren die immer wieder auftretenden starken maßlichen Abweichungen des Bestandbauwerks.

18 Gengnagel 2022.

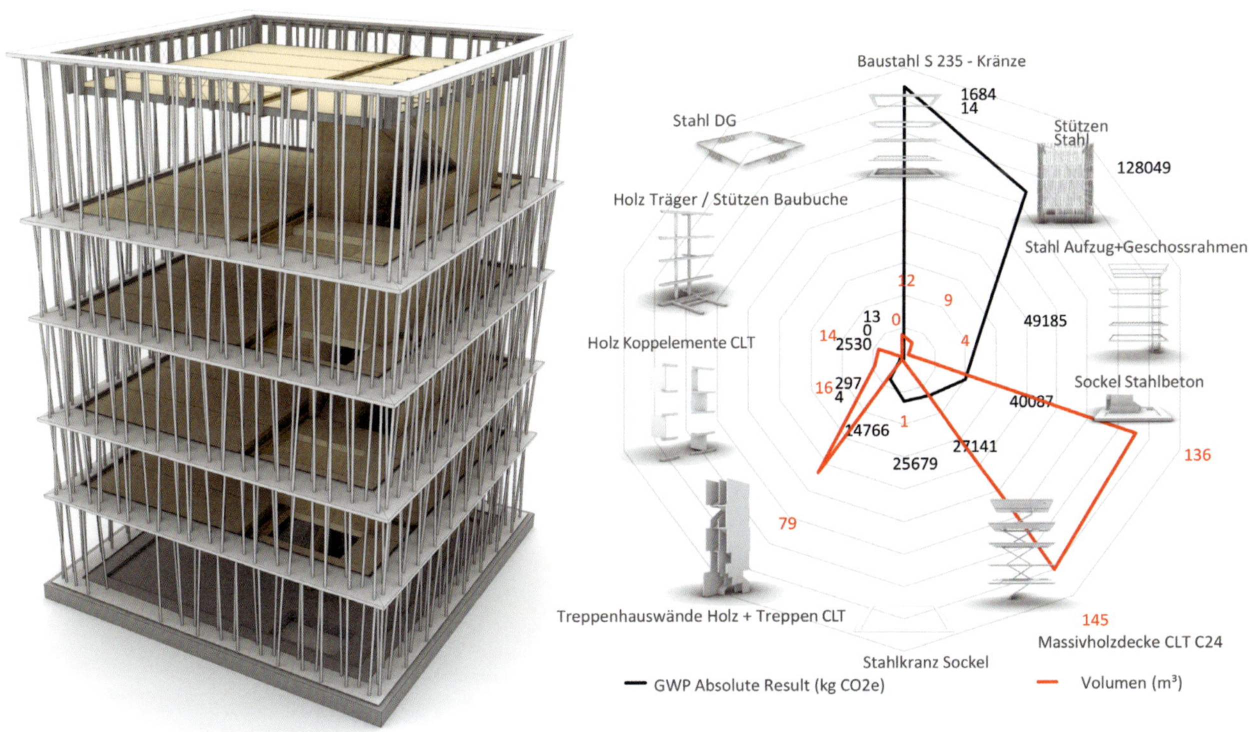

Bild 27 Gesamtmodell der Tragkonstruktion und Radardiagramm zum Life Cycle Assessment (LCA) in Bezug auf das Global Warming Potential (GWP): absolute Resultate (kg CO_2e) gegenüber Materialvolumen jedes Konstruktionselements (m³).

Sie erforderten nicht nur konstant nachgeführte verformungsgerechten Aufmaße, sondern zeigten auch, dass ein großer Teil der digitalen Planungswerkzeuge diesen Situationen noch nicht gewachsen ist.

Im Entwurfs- und Realisierungsprozess des Turms des Bauhaus-Archivs ermöglichten digitaler Planungs- und Fabrikationswerkzeuge eine außergewöhnliche Konstruktion. Basis dafür war aber vor allem eine intensive interdisziplinären Arbeitsweise zwischen Architektur-, Tragwerks-, Fassadenplanung und Bauphysik.[19] Für die Tragwerksplanung bedeutet dies eine kontinuierliche Diskussion statischer Modelle, Strategien der Nachweisführungen oder konstruktiver Details und letztendlich die Entwicklung individueller projektbezogener digitaler Werkzeuge. Die Möglichkeit, alle wichtigen Detail- und Konstruktionsfragen bis hin zum Montagekonzept in der Entwurfsphase sorgfältig ausarbeiten zu können, war ebenso wie die hohe fachliche und handwerkliche Kompetenz der beteiligten ausführenden Firmen Grundlage des Erfolgs. Die nachträgliche LCA-Analyse zeigt grundsätzlich die Möglichkeiten der Integration dieser neuen Parameter in den konstruktiven Entwurf (Bild 27). Für die Entwicklung des Gesamtkonzepts des Turms war sie jedoch nicht ausschlaggebend. Entscheidend war hier die Schaffung eines Stücks Baukultur, das in seiner gestalterischen und technischen Entwicklung und Realisierung zukunftsweisend ist.

AUSBLICK

Das Bauen von Morgen erfordert eine neue Wende im Bauwesen, das die Zielstellungen des Gebäudeentwurfs, der Planungsabläufe, der Fabrikationsmethoden sowie der Montage- und Rückbauprozesse umfasst. Die Digitalisierung der Planung und Fabrikation kann hierbei unterstützen, ist aber nicht die Kernfrage der notwendigen Entwicklung. Viel entscheidender ist die Schaffung einer ökologischen Kreislaufwirtschaft durch eine allumfassende Veränderung der Entwurfsziele, der Planungsmethoden und Realisierungsprozesse. Es sind neue Allianzen zwischen technologischen und biologischen Kreisläufen zu finden, zwischen hochtechnischen Planungsprozessen und möglichst technikfreien Gebäuden. Der Entwurf der menschlichen Lebensräume in allen Maßstäben und Nutzungsformen muss als ein aktiver Prozess neu gedacht werden, der sowohl an globalen als auch an lokalen Produktionszyklen teilnimmt und End-of-Life-Szenarien integriert, um einen Planeten mit endlichen Ressourcen im Gleichgewicht zu halten.

19 Gengnagel / Débonnaire 2023.

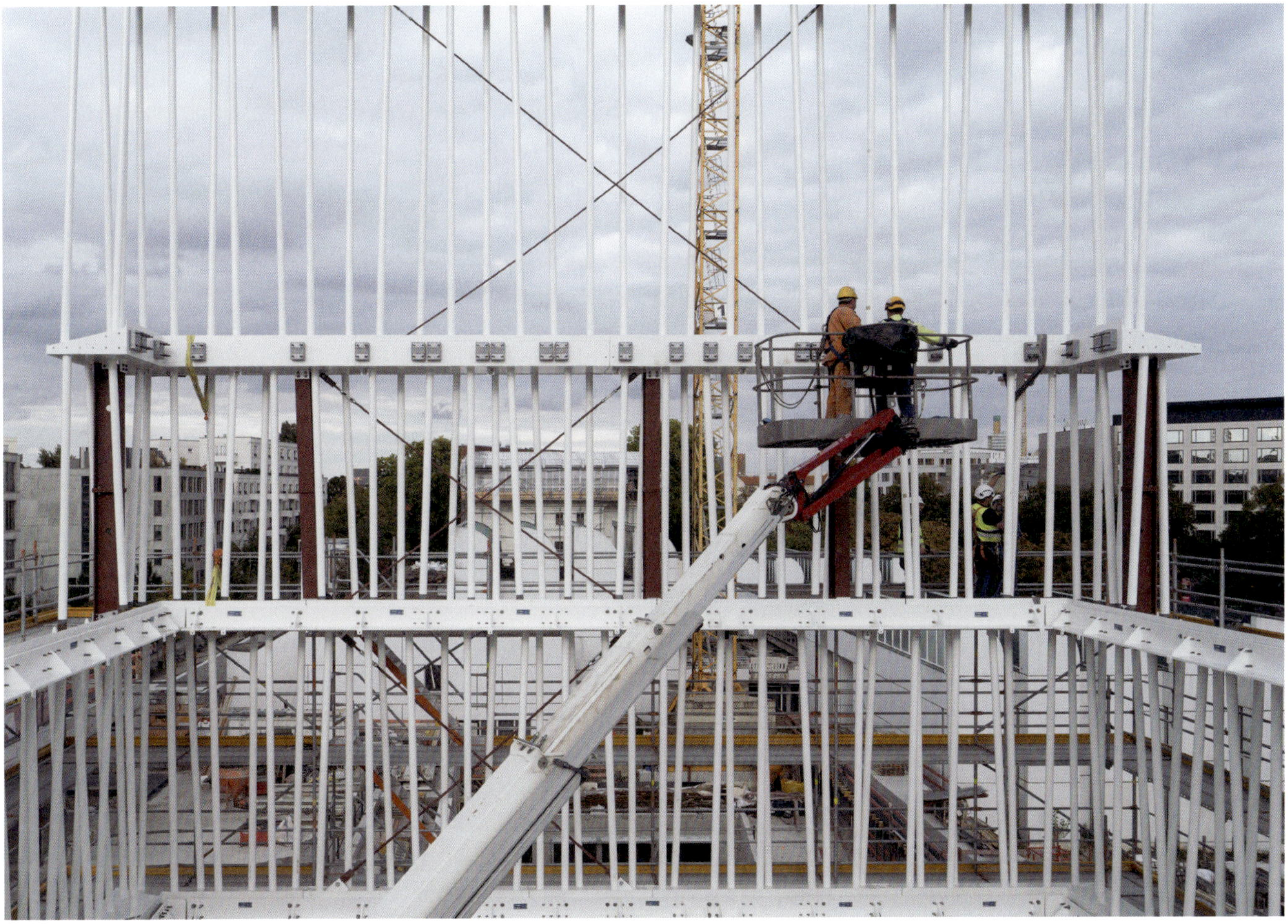

Bild 28 Montage Stahlbau des Turms der Erweiterung des Bauhaus-Archivs, 2022.

Florian Scheible

DAS BAUEN NEU DENKEN

Ressourcenverknappung und Klimawandel verändern das planerische Bezugssystem

In der Hochmoderne strebte Ingenieurkunst insbesondere zu den Grenzen des technisch Machbaren. Heute fordern Klimaschutz und Ressourcenmangel ein Umdenken: Bauprojekte müssen nachhaltiger, Werkstoffe und Methoden neu gedacht werden. Praxisbeispiele zeigen aktuelle Wege zwischen technischer Innovation und ökologischer Verantwortung – für ein zukunftsfähiges Bauen.

Das Weglassen unnötigen Materials, die Anwendung vertiefter Kenntnisse des konstruktiven Ingenieurbaus, die intelligente ingenieurmäßige Setzung werden als hohe Kunst angesehen, eine Voraussetzung erhabener ingeniöser Baukultur. Fortschritt, Mut, Hartnäckigkeit, Ehrgeiz und Stolz werden damit in Verbindung gebracht. Das damit einhergehende Überschreiten bisheriger Grenzen des statisch und konstruktiv Machbaren galt daher seit langem als Königsdisziplin der Ingenieure. Unser heutiges planerisches Handeln unterliegt jedoch neuen Limits: Ressourcenverknappung und Klimaschutz. Beide erfordern, das Bauen neu zu denken, neue Werkstoffe und neue Konstruktionsmethoden zu entwickeln. Hierdurch ändert sich das Bezugssystem, aus dem heraus ein Projekt zu denken ist, in ganz grundsätzlicher Weise.

BAUEN AM LIMIT DER TECHNISCHEN MÖGLICHKEITEN

Der Ehrgeiz im Bauen war seit jeher vielfach davon getrieben, immer größere, komplexere und ausgefeiltere Tragstrukturen zu realisieren. Als eine besonders markante Ausprägung des „Bauens am Limit" bietet sich hierfür besonders der Leichtbau an. Leichtbau versteht sich in diesem Kontext auch als Haltung. Seine wahre Natur enthüllt er am ehesten als pure Konstruktion. Es geht dann um die Sichtbarmachung effizienter Kraftflüsse, die zugleich als gestaltgebend verstanden werden. Die reine, auf Effizienz getrimmte Konstruktion gilt dabei als schön und elegant.
Das Weglassen unnötigen Materials, die Anwendung vertiefter Kenntnisse des Konstruktiven Ingenieurbaus, die intelligente ingenieurmäßige Setzung werden als hohe Kunst und Voraussetzung erhabener Baukultur angesehen. Mut, Hartnäckigkeit, Ehrgeiz und Stolz werden damit in Verbindung gebracht.

Doch mit welchen Strategien werden Lösungen auf komplexe Fragestellungen erarbeitet? Und können daraus Erkenntnisse für das Bauen der Zukunft gewonnen werden? Im Folgenden werden die verschiedenen Arbeitsweisen anhand konkreter Projekte exemplarisch vorgestellt.

Entscheidungsprozesse am Beispiel der Expo Axis 2010 in Shanghai

Der Expo-Boulevard wurde vom Büro SBA Architektur und Städtebau geplant. Das Dach des Empfangsgebäudes der Expo 2010 in Shanghai[1] mit einer Ausdehnung von 60.000 m^2 ist eines der größten Membrandächer überhaupt (Bild 1).
Einzelne Membranflächen vom besonders steifen „Typ IV" sind bis zu 4000 m^2 groß, und die Randseile sind bis zu 100 m lang. 44 Maste tragen das Dach und sind an tiefgegründeten Fundamenten mit 16 cm starken vollverschlossenen Seilen rückverankert.

1 Vom Autor im Büro knippershelbig bearbeitet. Siehe hierzu Knippers 2013, S. 78f.; Qilin 2015, S. 566–580.

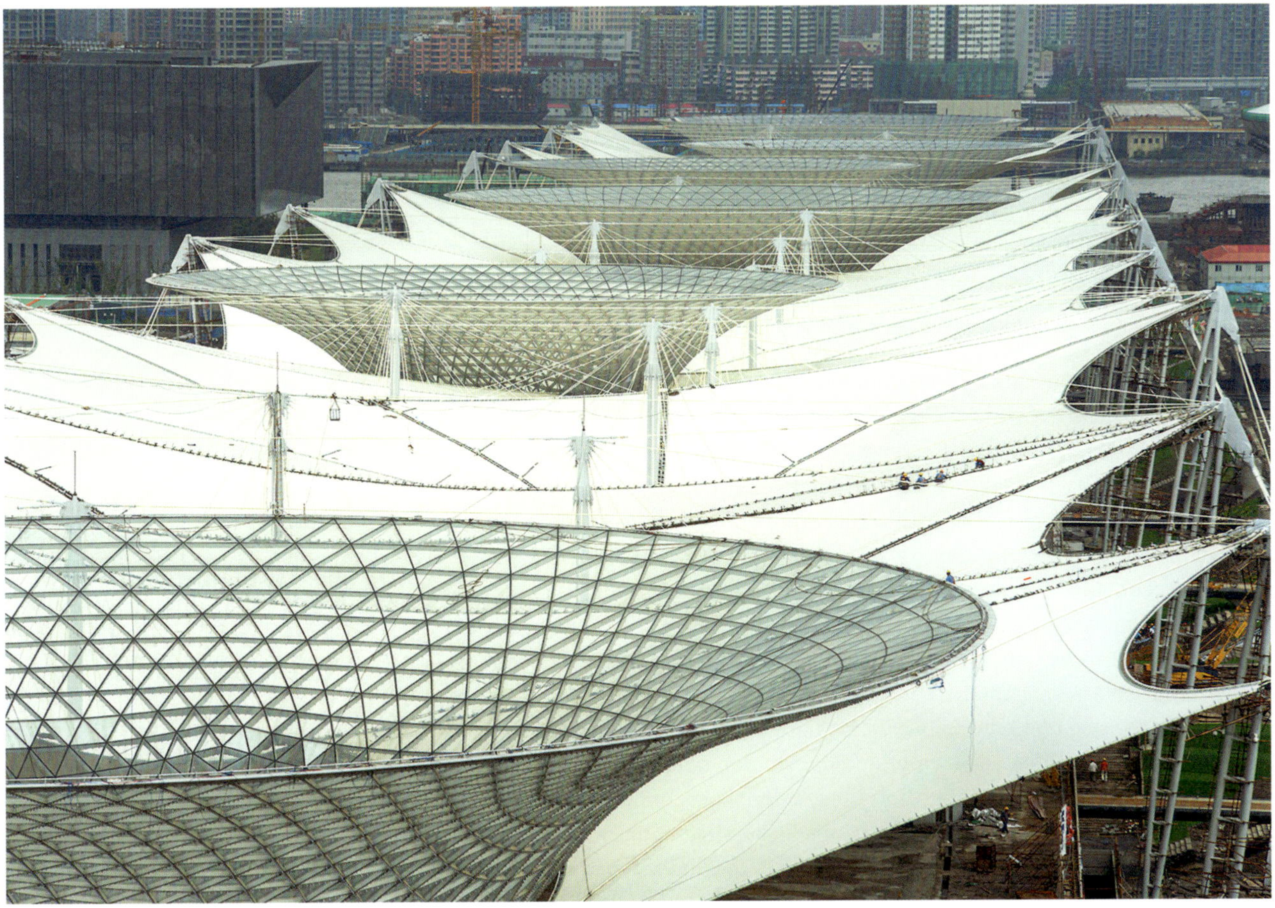

Bild 1 Blick über die Dachlandschaft der Expo Axis nach Norden zum Ufer des Huangpu-Flusses, 2009.

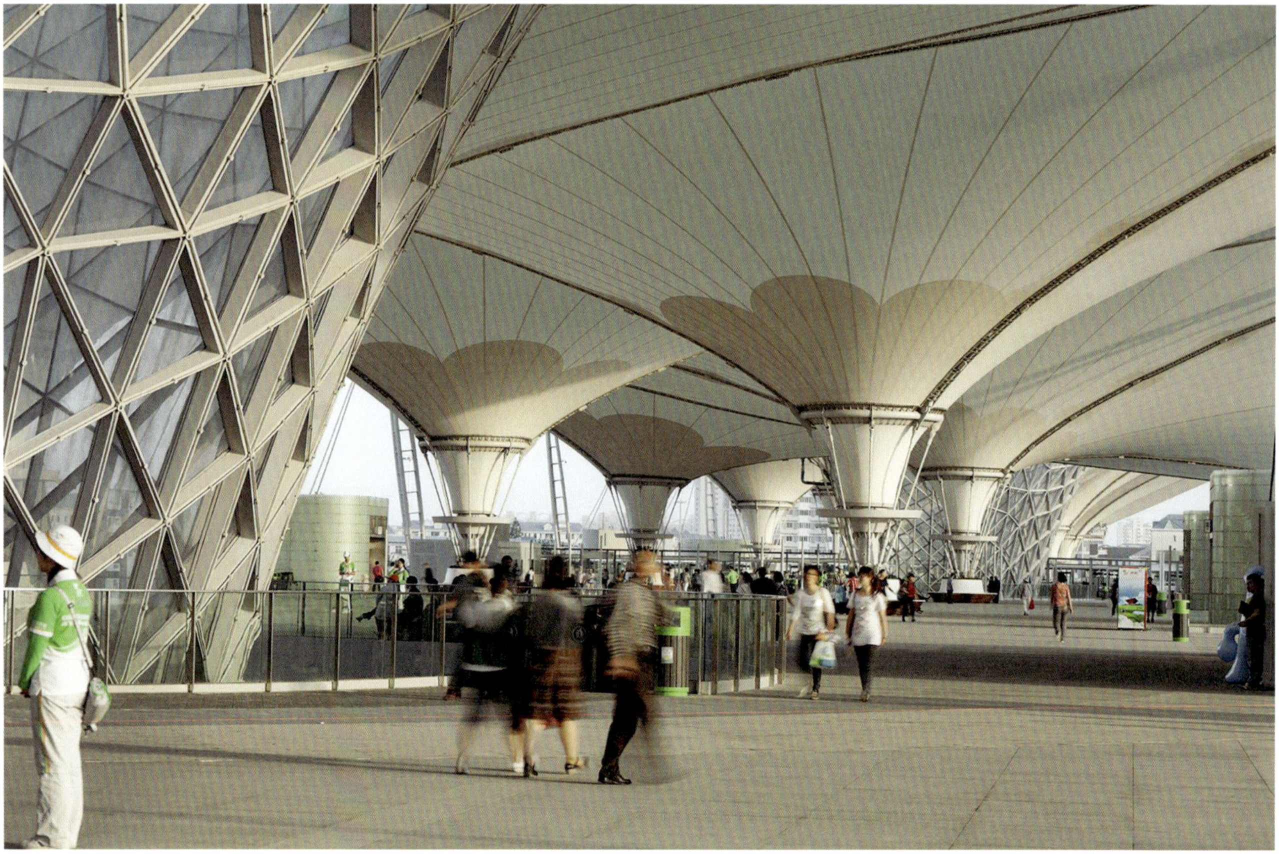

Bild 2 Untersicht der Dachstruktur der Expo Axis, 2010.

Besonders anschaulich wurde hier die Auflösung in zugbeanspruchte Bauteile, die flächig als Membran und linienförmig als Seile ausgeführt sind, sowie in solide, druckbeanspruchte Elemente wie Stützen durchgeführt. Jedes Bauteil ist in seiner Dimension und seinem Material präzise für den zu erfüllenden Zweck bestimmt.

Zu Beginn der Entwicklung des Dachs waren Gestalt und Konstruktion noch weitgehend unklar. Aufgabe war es, die Eingangsebene von 1000 m Länge und etwa 80 m Breite mit einer leichten, innovativen Konstruktion zu überdachen. Aus einem Wettbewerbsbeitrag zu diesem Vorhaben entstammte die Idee von gläsernen Trichtern als Landmarken. Dazwischen spannt sich die Membran auf, deren Formgebung und Anordnung im Wesentlichen ein Resultat struktureller Erfordernisse ist (Bild 2). Die Membranfelder wurden dabei so konzipiert, dass sie gerade noch spannungstechnisch umsetzbar waren und im gefalteten Zustand in einen Überseecontainer passten. Die Seilkonfiguration ist eine Folge der Membranunterteilung und der anzusetzenden Taifun-Windlasten. Die Positionierung der Stützen ist neben statischen Erfordernissen stark von bereits im Untergrund verlaufenden U-Bahntrassen geprägt.

In der Summe war der Designprozess ein Balanceakt mit zahlreichen Varianten: einerseits zwischen bereits gesetzten Randbedingungen – ähnlich einem Bauen im Bestand – und andererseits den strukturellen Erfordernissen, die aus dem Wunsch einer Maximierung von Spannweiten zugunsten einer störungsfreien Empfangsterrasse entsprangen. Nicht zuletzt unter Berücksichtigung des für Expo-Bauten typischen, extrem engen Zeitplans mussten – trotz umfangreicher Expertise – vielfach in Form von Sonderkonstruktionen Entscheidungen auf Basis lückenhafter Kenntnisse über Randbedingungen und Plangrundlagen gefällt werden, um die Zahl der offenen Varianten nicht ausufern zu lassen. Dies führt bei komplexen Prozessen zwangsläufig auch gelegentlich zu suboptimalen Zwischenständen, die dann durch geeignete Kompensationen im weiteren Verlauf wieder aufzufangen sind.

Generell ist die Entscheidungsfindung in frühen Projektphasen oft von einer Unkenntnis der Details vieler Einflussfaktoren geprägt. Dies führt zur grundsätzlichen Frage, welche Prozesse zu einem höheren Maß an Sicherheit führen könnten, um in Zukunft frühzeitig bessere und dann idealerweise fundamental ressourcenschonende Entscheidungen zu treffen.

Eine Idee als game changer: Der Themenpavillon der Expo 2012 in Yeosu

Für den Themenpavillon „One Ocean" der Expo 2012 im koreanischen Yeosu[2] hatte das Architekturbüro soma eine kinematische Lamellenfassade vorgesehen. Ziel

2 Vom Autor im Büro knippershelbig bearbeitet. Siehe Knippers 2012; Knippers et al. 2013.

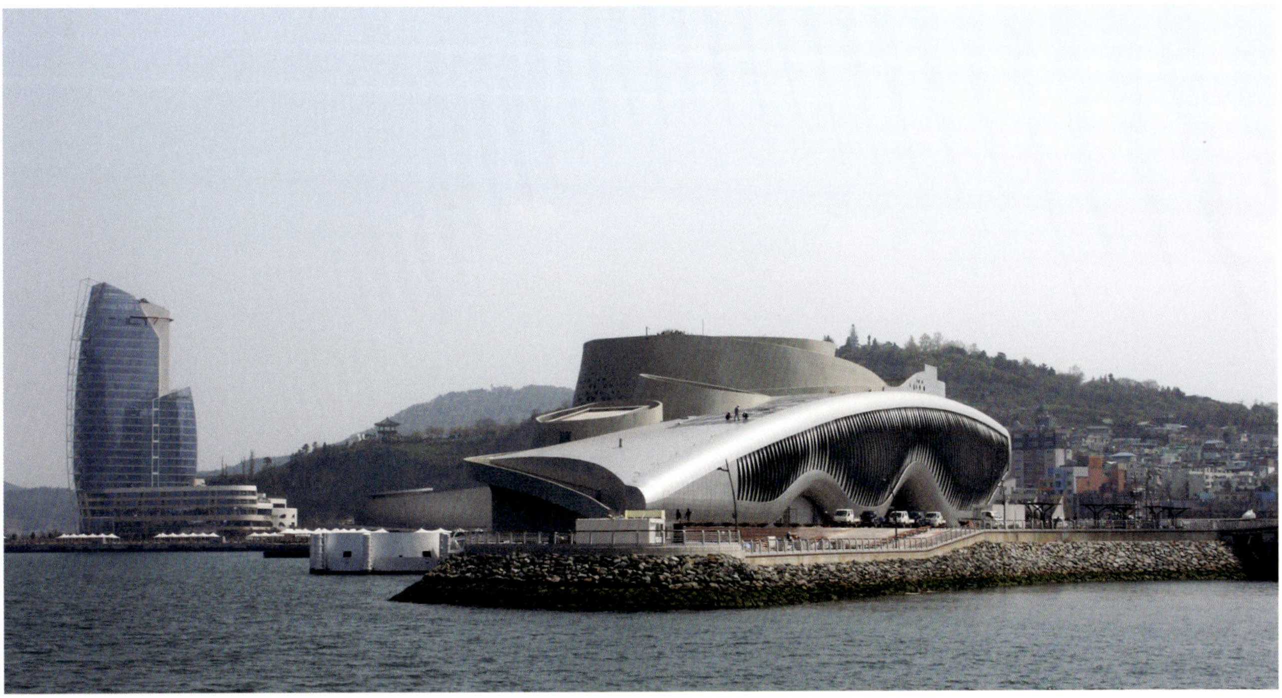

Bild 3 Blick von Nordwesten auf die stadtseitige Fassade des „One Ocean Pavillion" in Yeosu, 2012.

war es, die Landseite des Pavillons dynamisch öffnen und schließen zu können, um so für die Innenräume entweder einen Außenbezug oder eine Verdunklung zu ermöglichen (Bilder 3 und 4). Für Material und Ausformung gab es zu Beginn keine Vorgaben. In einem zweiwöchigen Prozess wurden zahlreiche Prinzipien verglichen. Am vielversprechendsten erschienen Lösungen, die mit der Verformung von Material arbeiten, da diese die organische Anmutung des geplanten Gebäudes am ehesten widerspiegeln würden.

Letztlich fand eine verblüffend einfache Lösung am meisten Anklang: Anhand eines Papierstreifens konnte gezeigt werden, dass durch Auflagerverschiebung der vier Ecken eine Beulform entsteht, die in sich stabil ist (Bild 5). Umgesetzt wurde schließlich eine Lösung mit 61 unterschiedlich langen Lamellen aus GFK-Laminat, die mittels elektrisch angetriebener Kugelgewindespindeln komprimiert werden. Dadurch beulen sie und gehen aus einer einachsig gekrümmten Form in eine verwundene Beulform über, ohne sich global um eine spezifische Achse zu drehen. In der Folge öffnet sich die Fassade, und die Lamellen nehmen eine geometrisch und statisch stabile Form ein.

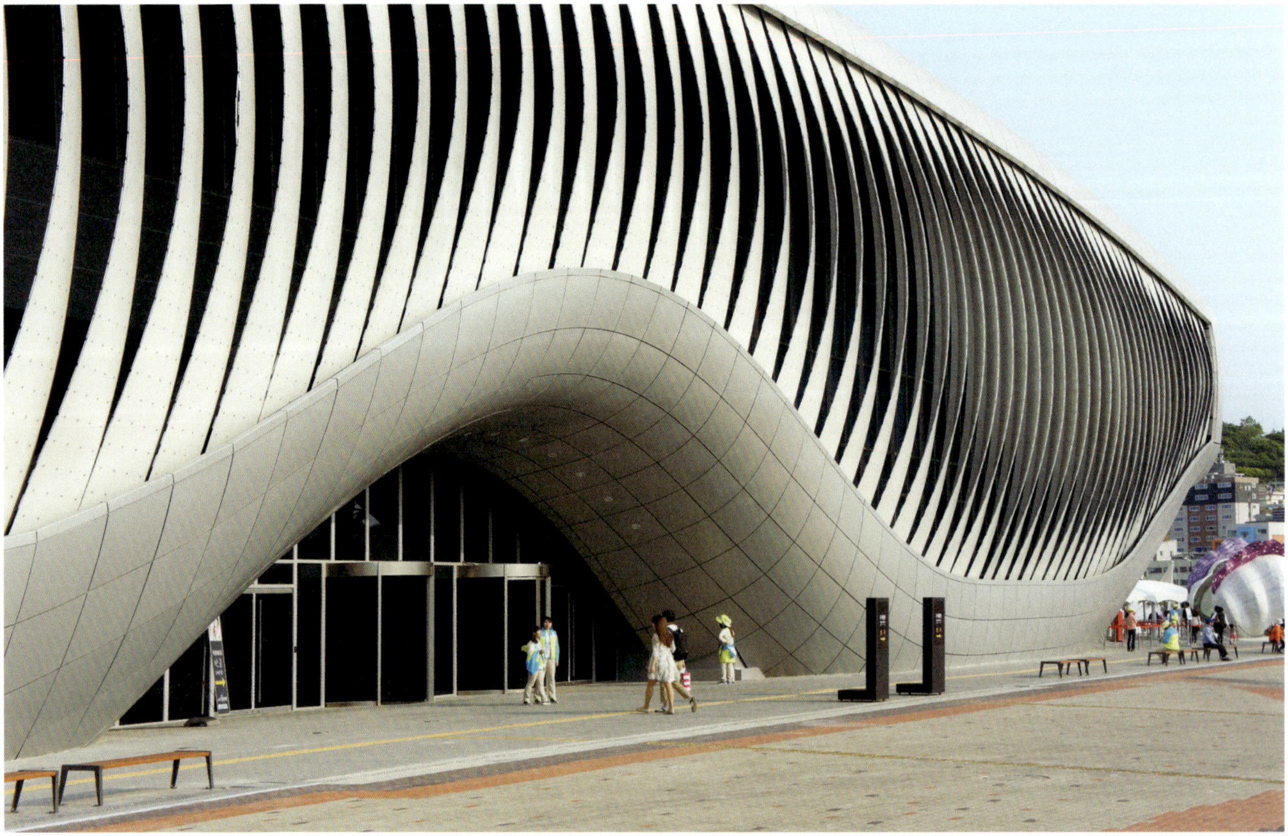

Bild 4 Detail der geöffneten kinetischen Fassade, 2012.

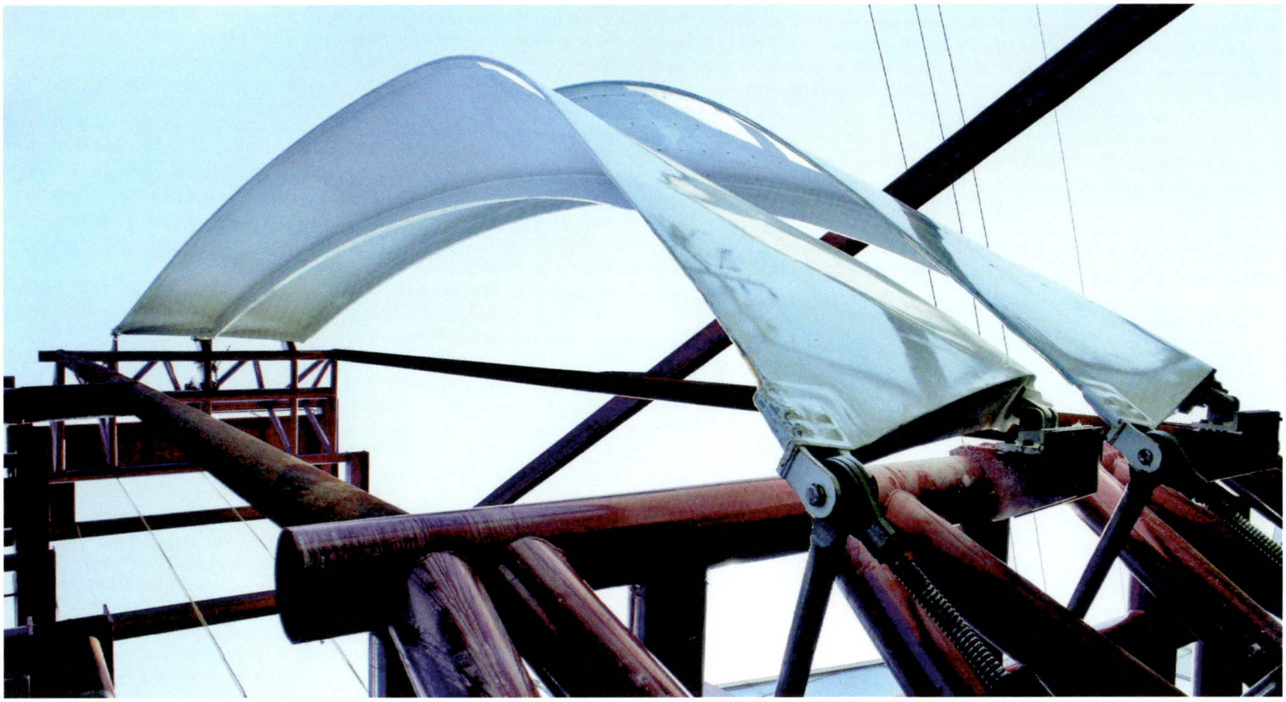

Bild 5 Modellversuch zum Verformungsverhalten der beweglichen Fassadenlamellen.

An diesem Beispiel ist leicht zu erkennen, dass es gelingen kann, eine simple Idee ohne formale Verluste in die gebaute Realität zu überführen. Dafür braucht es jedoch das tiefe Vertrauen und das engagierte Mitwirken aller Planungs- und Baubeteiligten an einer Lösung mit zunächst ungewissem Ausgang.

Beharrliche Entwicklungsarbeit: Die Nachhallgalerie der Berliner Staatsoper

Im Zuge der Generalsanierung der Staatsoper Unter den Linden in Berlin sollte die Saaldecke angehoben werden, um so einen vergrößerten Luftraum und damit eine verlängerte Nachhallzeit zu erreichen. Die sich dabei ergebende Fuge sollte mittels einer sogenannten Nachhallgalerie geschlossen werden. Der architektonische Entwurf von HG Merz Architekten sah hierfür eine parametrische Interpretation des friderizianischen Rautenmusters der Saaldecke vor.
Über dem Zuschauerraum gelegen, musste die hierfür notwendige neue Konstruktion nicht brennbar und strukturell ausreichend redundant sein. Da sie das einzige wirklich als neu erkennbare Bauteil der Umbaumaßnahme war, sollte sie sich zudem in ihrer Materialität in die denkmalgeschützte Ausstattung des Zuschauerraumes einpassen. Hierdurch entstand die Idee einer Ausführung in Keramik. Die entscheidende Frage war nun, ob und wie eine selbsttragende Konstruktion, auch wenn die Spannweite lediglich rund 4 m beträgt, aus Keramik hergestellt werden könnte.

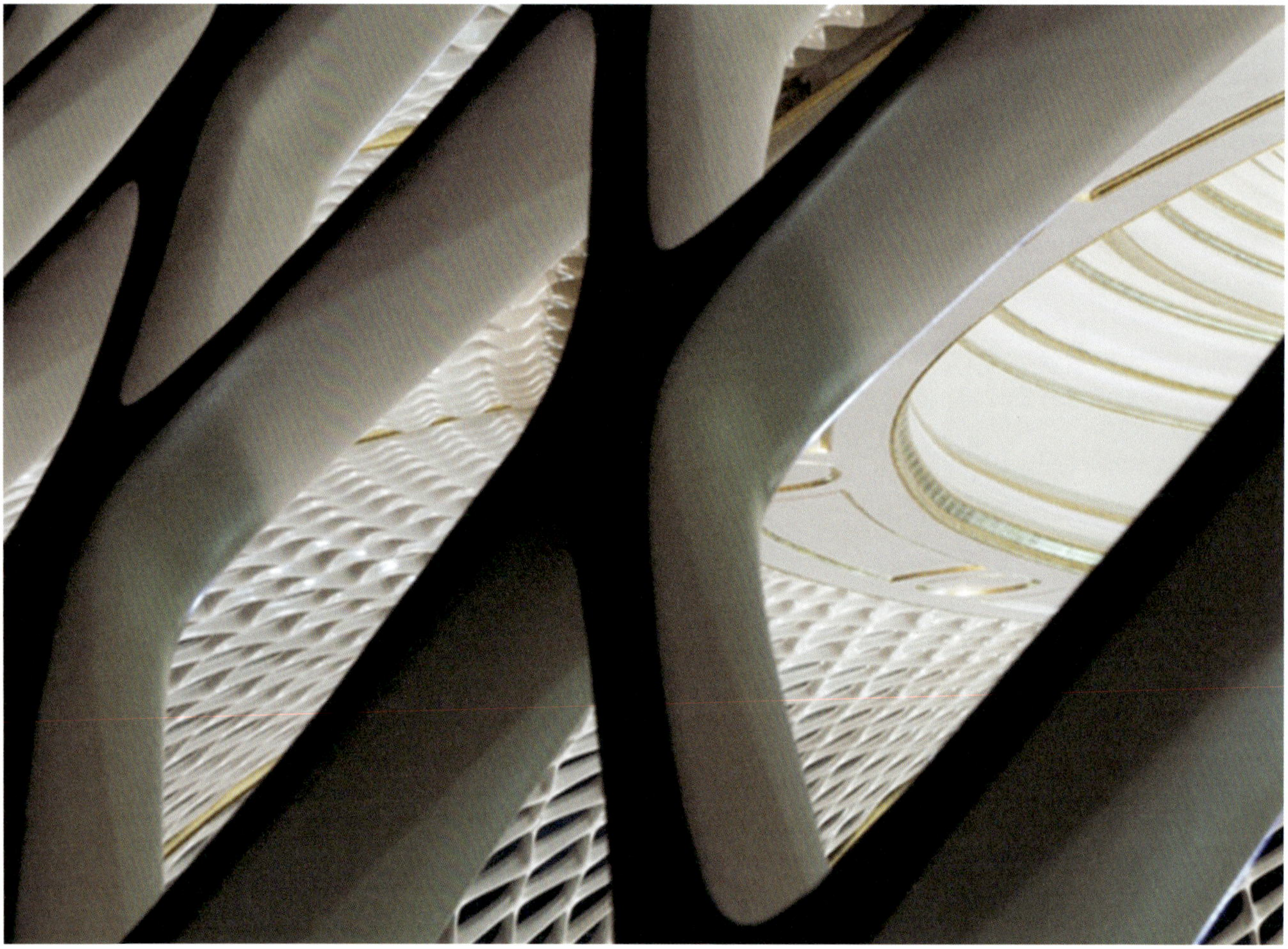

Bild 6 Detail der keramischen Nachhallgalerie oberhalb des Zuschauerraums der Staatsoper Unter den Linden, 2017.

Die gewählte Lösung[3] kam dem Wunsch nach einer Keramikkonstruktion so nahe wie möglich. Hierbei wurde eigens eine neue Materialrezeptur für einen Verbundbaustoff entwickelt, welche die Anforderungen an Brandschutz, filigrane Verarbeitung und Stabilität erfüllen konnte. Als Matrix wurde eine Phosphatkeramik verwendet. In dieser tränkte man Glasfaserrovings (durch Binder, die sogenannten Schlichten, zusammengehaltene Bündel aus parallel angeordneten Glasfasern), die in mittels Roboter gefräste Negativformen der komplexen, zweiachsig gekrümmten Geometrie eingelegt wurden.
Alle technischen Aspekte dieses Verbundmaterials wurden in einem mehrjährigen Zulassungsprozess an Referenzquerschnitten untersucht und so eine Grundlage für die numerische Analyse des Systems geschaffen. Anschließend stellten eine engmaschige Fertigungsüberwachung und Montagekontrolle sicher, dass die Bauteile den Vorgaben entsprechend hergestellt und in die neu aufgebaute Raumstruktur der Nachhallgalerie eingepasst wurden (Bild 6).

3 Vom Autor im Büro knippershelbig bearbeitet. Siehe Nachhallgalerie 2017; Oppe et al. 2020; Münkewarf 2023.

WEITERENTWICKLUNG DES BAUENS AM LIMIT IN RICHTUNG EINER ZUKUNFTS-WEISENDEN UND RESSOURCENSCHONENDEN BAUKULTUR

Das Umsetzen ungewöhnlicher oder gar außergewöhnlicher ingenieurmäßiger Ideen erfordert Mut der Beteiligten, Beharrlichkeit sowie eine Kombination aus umfassendem Wissen und teils gezieltem, teils auch naivem Suchen. Wenn diese Elemente konsequent auf das Ziel eines nachhaltigen Bauens ausgerichtet werden, sollten auch in diesem Bereich gute Lösungen entstehen. Ingenieurmäßige Arbeit setzt nämlich nicht erst bei der Frage ein, wie ein gestalterisches Ziel technisch umgesetzt werden kann. Sie beginnt bereits davor und führt im besten Fall zu Lösungen, bei denen sich Gestalt und Technik gegenseitig bedingen und durchdringen.
Klimawandel und Ressourcenverbrauch gehören zu den drängendsten Problemen unserer Zeit. Mittlerweile sind mehr als 50 Jahre vergangen, seit der Club of Rome 1972 mit den *Grenzen des Wachstums* auf die begrenzten Kapazitäten unserer Erde hingewiesen hat. Es stehen uns nur noch wenige Jahre zur Verfügung, um den Kohlendioxidausstoß drastisch zu reduzieren. Gleichzeitig sehen wir uns mit einer nie dagewesenen Ausbeutung der natürlichen Ressourcen konfrontiert.

Wie kann der dringend benötige Veränderungsprozess in der gegebenen kurzen Zeitspanne erfolgen? Mutiges Angehen von Lösungen, innovative Ansätze in einem optimistischen Projektumfeld und beharrliche Entwicklungsarbeit sind gefragt. Natürlich haben Zertifizierungssysteme und Wärmeschutzverordnungen das Gesicht der Architektur schon seit Jahrzehnten verändert. Doch diese bisherigen Veränderungen erfolgten primär inkrementell oder wurden mittels optimierter Haustechnik und Wärmedämmung erreicht. Hierbei wurden zwar manche Probleme gelöst, oftmals zugleich aber auch neue geschaffen. Beispielhaft seien Wärmedämmverbundsysteme und die enorme Zunahme an haustechnischer Ausstattung genannt.
Um einen grundsätzlichen Wandel im Bauwesen zu bewirken, müssen mit Material und Konstruktion zwei Grundfesten der baulichen Umsetzung neu überdacht werden:

> Wie können Konstruktionen so anders gedacht werden, dass sie zu signifikanten Material- und Energieeinsparungen führen? Worauf müssen sich Investoren, Nutzer und auch Regelwerke einstellen, damit solche Konstruktionen möglich werden?
> Mit welchen Materialien bauen wir? Woher kommen diese? Gibt es sie in ausreichender Menge? Ist es etwa noch angemessen, für bestimmte Zwecke Beton zu verwenden, oder wird Beton als Allzweckbaustoff in seinen Komponenten rasch durch neue Stoffe ersetzt werden müssen?

Beide Aspekte erfordern, das Bauen neu zu denken. Es müssen neue Materialen und neue Konstruktionsmethoden entwickelt werden. Damit ändert sich ganz grundsätzlich das Bezugssystem, aus dem heraus ein Projekt zu denken ist.

Man kann es auch so sehen: Der römische Baumeister Vitruv verortete das Bezugssystem zwischen den bekannten Koordinaten *Firmitas, Utilitas* und *Venustas* (Solidität, Tauglichkeit und Anmut). Heute müssen nicht nur Ressourcenschonung und Emissionsarmut als weitere Faktoren ergänzt werden, sondern sie müssen auch ein sehr großes Gewicht erhalten. Dies muss drastische, disruptive Auswirkungen auf die Entwurfsprozesse haben. Aber auch aus Sicht der Bauherren ändert sich das Bezugssystem. Wo bisher Kosten, Qualität und Termine in Einklang zu bringen waren, sind nun auch CO_2-Budgets bzw. ESG-Kriterien (Environmental Social Governance) mit in die Kalkulation einzubeziehen. In den folgenden Beispielen wird illustriert, wie sich dies auf Projekte übertragen lässt.

Lehmfassade als Klimahaut

Baustoffe, die sich lokal beschaffen und leicht verarbeiten sowie später zu annähernd 100% wiederverwenden lassen, stellen eine Lösung dar. Lehm steht als traditioneller Baustoff beispielhaft für eine ideale Verwertungskette.
Für das von Haas Cook Zemmrich Architekten geplante Vorhaben Alnatura Campus in Darmstadt[4] fiel die Wahl auf eine Stampflehmfassade. Diese gleicht Feuchtigkeits- und Temperaturschwankungen träge aus und unterstützt damit ein gleichmäßiges Raumklima. Kleinere Auswaschungen können leicht handwerklich behoben werden.
Die Fassaden bestanden aus vorgefertigten Elementen, die auf der Baustelle blockweise vertikal aufgeschichtet wurden (Bilder 7 und 8). Zwar können solche Fassaden nicht die Deckenlasten tragen, als monolithische Bauelemente übernehmen sie aber ähnlich vielfältige Aufgaben wie sonst wesentlich komplexere schichtweise Fassadenaufbauten. Die Anbindung an die Geschossdecken sowie an die Fensterlaibungen erforderte vertiefte baukonstruktive und bauphysikalische Untersuchungen. Hier konnten im Ergebnis praktikable Lösungen gefunden werden.

4 Siehe Djahanschah et al. 2020, S. 136–153; Haas / Mayer 2020.

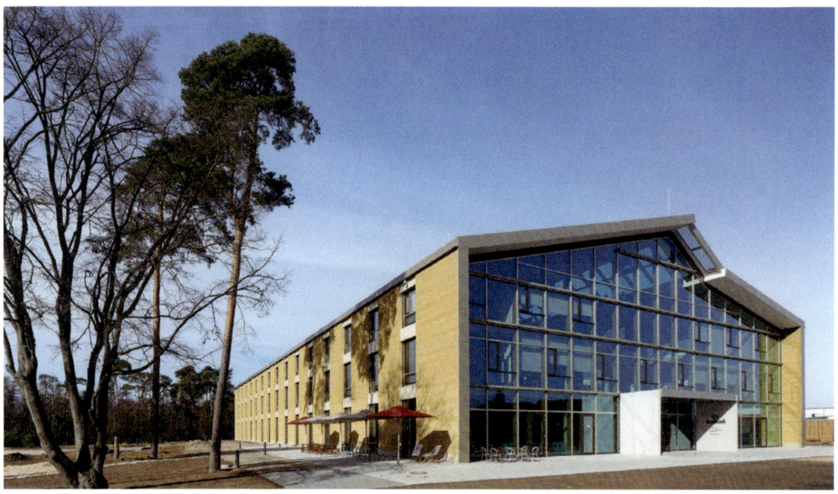

< Bild 7 Blick auf die Hauptfassade des Alnatura Campus von Südosten, 2019.

> Bild 8 Detail einer Fensterachse der südlichen Seitenfassade, 2019.

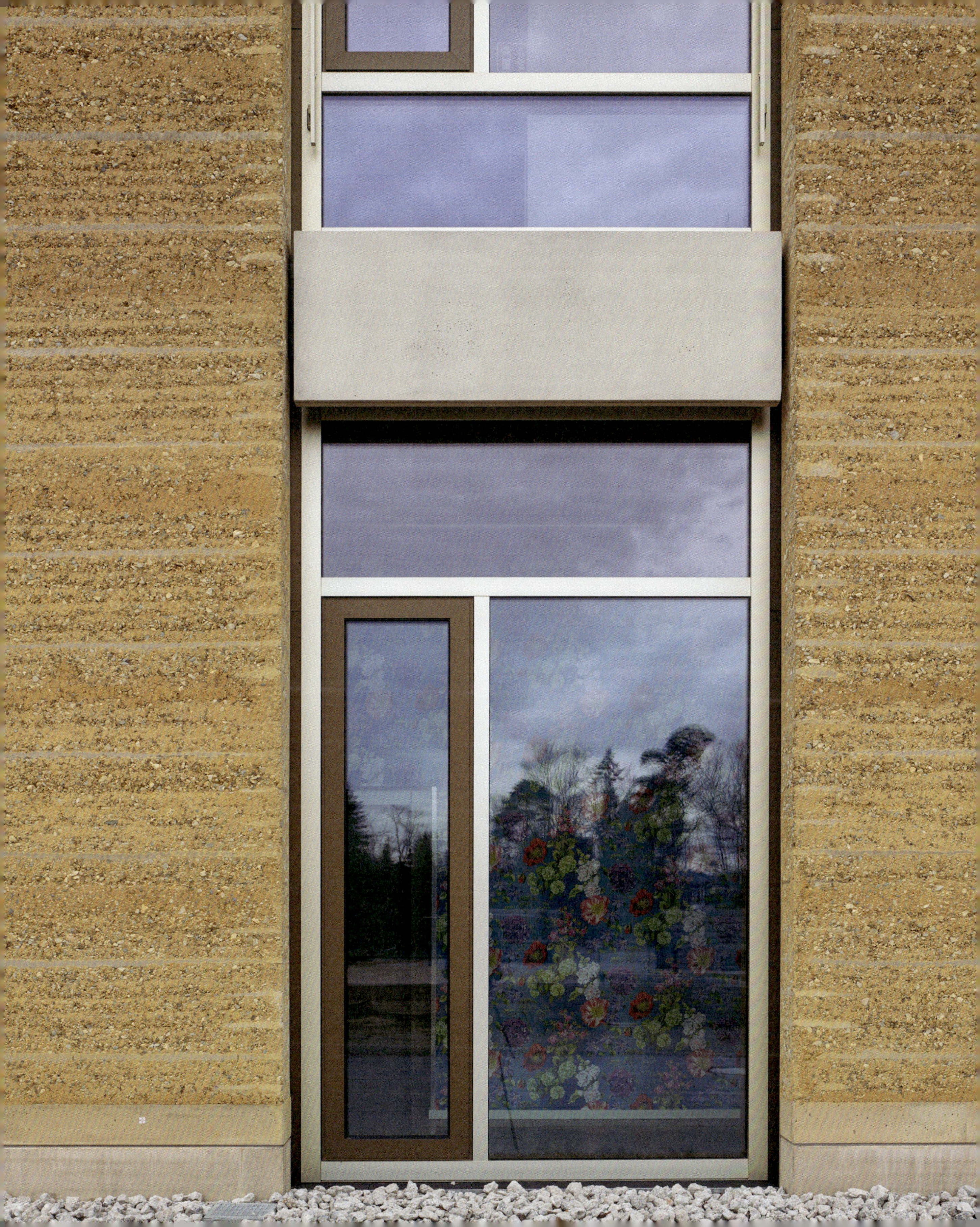

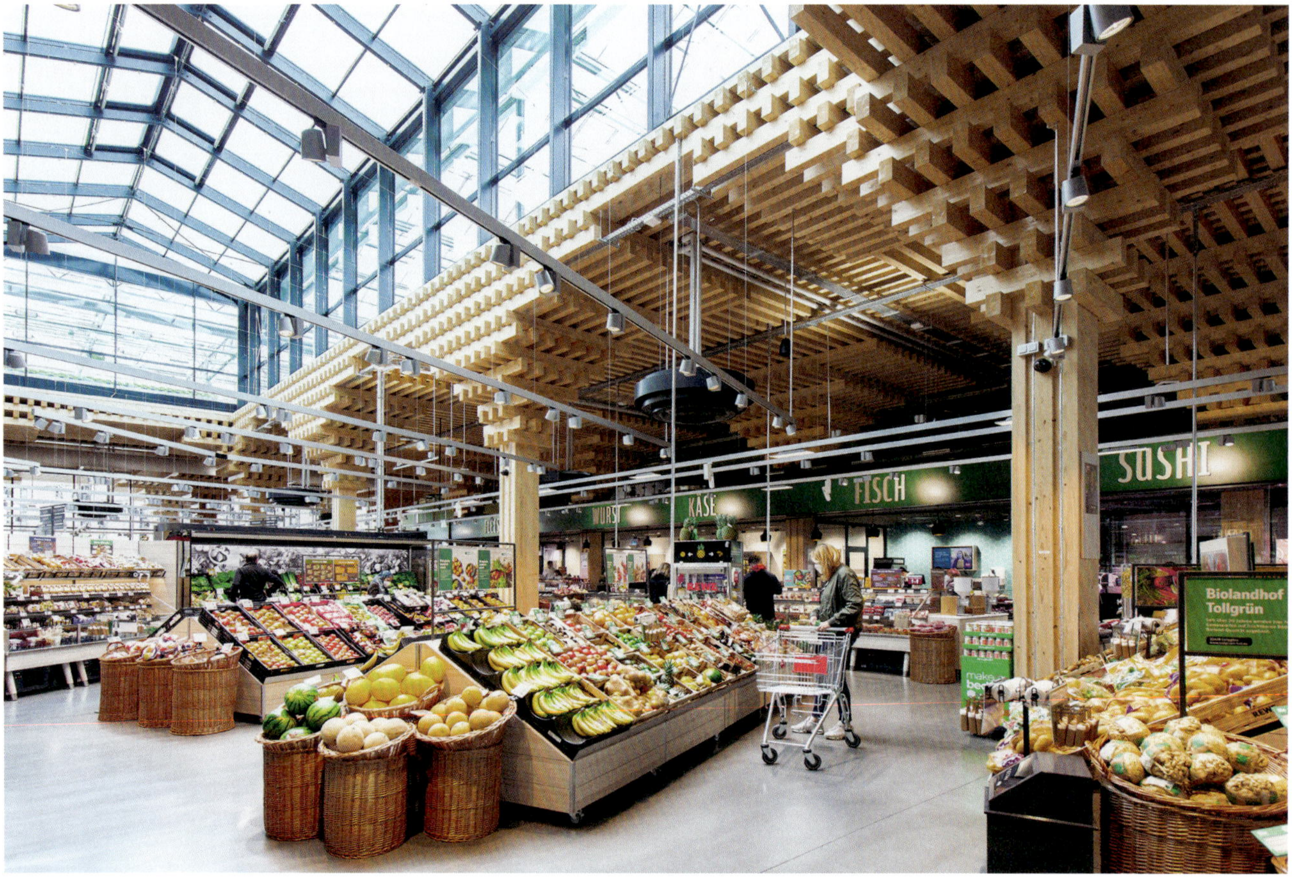

Bild 9 Innenraum des „Rewe Green Farming"-Markts in Wiesbaden, 2021.

Industrieller Holzbau

Im Holzbau sind zahlreiche wichtige Merkmale nachhaltigen Bauens vereint: Ressourcenneutrale Materialgewinnung, Demontierbarkeit durch Schraubverbindungen, Elementierung mit dem Potenzial der Wiederverwendung, CO_2-Sequestrierung, Schadstofffreiheit. Allerdings erfordert der Baustoff bei vielen Planern und Investoren ein Umdenken. Ein effizienter Einsatz des Materials – denn auch diese Ressource ist ja nicht unendlich – erfordert geringere Spannweiten als sie etwa in üblichen Stahlbetonkonstruktionen erreicht werden. Diese Einschränkung kann jedoch zugleich zu neuen Ausdrucksformen führen.

Für die neue Gestaltung der Rewe-Märkte wurde untersucht, wie im Kontext des angestrebten Imagewandels des Lebensmittelhändlers das Konzept der möglichst stützenfreien Lagerhalle sinnvoll den Anforderungen des Baustoffs Holz angepasst werden kann.[5] Die Lösung fand sich in kleineren Spannweiten und der Verwendung einfacher Vierkanthölzer, die aufeinandergeschichtet und miteinander verschraubt werden (Bild 9). Durch die Vorfertigung der Stützenelemente

5 Siehe Mittelstädt / Peter 2021; Wiens / Peter 2022.

kann ein zeit- und kostenoptimierter Bauablauf generiert werden, der eine Voraussetzung für die Umsetzung einer großen Zahl von Märkten und die Einhaltung eines engen Kostenrahmens ist. Die Entwicklung digitaler Prozessketten, die im Holzbau und dessen Planung schon lange üblich sind, erweist sich hier als großer Vorteil, da sie serielle Fertigung und präzise getaktete Abläufe begünstigt.

Cradle-to-Cradle und zirkuläres Wirtschaften (Circularity)

Die Wiederverwertbarkeit von Baustoffen ist im Wesentlichen davon abhängig, ob die Baustoffe trennbar und deren Inhaltsstoffe bekannt sind. Die Initiative „Cradle to Cradle – Wiege zur Wiege e. V." (kurz auch C2C NGO) hat dies zum Zentrum ihrer Arbeit gemacht. Das Bauvorhaben „The Cradle"[6] in Düsseldorf von HPP Architekten wurde inhaltlich am Ziel ausgerichtet, ein herausragendes Beispiel ressourcenschonenden Bauens zu realisieren.
Keller, Erdgeschoss und Kern sind in konventioneller Stahlbetonbauweise errichtet und bilden die Plattform für einen sechsgeschossigen Holzbau. Dieser ist gekennzeichnet durch eine triangulierte Stützenanordnung, die der Aussteifung des Gebäudes nicht zuletzt unter Erdbebenlasten dient. Die Konstruktion ist an der Fassadenaußenseite angeordnet und ermöglicht durch eine im Süden und Osten vergrößerte Bautiefe die Verschattung der Gebäudehülle, wodurch ein außenliegender Sonnenschutz entbehrlich wird. Um den notwendigen Witterungsschutz der außenliegenden Konstruktion sicher zu stellen, wurden alle oberseitigen Flächen durch Prallscheiben geschützt. Hierdurch entsteht ein Wechsel zwischen verglasten Bereichen und Loggien, die dem Gebäude schließlich sein charakteristisches Äußeres verleihen (Bild 10).
Verbindungen sind, soweit es möglich ist, entweder geschraubt oder gesteckt. Die Holzkonstruktion ist dabei derart konzipiert, dass die Deckenelemente aus Brettsperrholz im Falle eines Rückbaus weitgehend frei von Bearbeitungsspuren und Störungen herausgelöst werden und so relativ leicht in einem anderen Kontext wieder als Deckenelemente Verwendung finden können. Die Fassade besteht im Wesentlichen aus Produkten die Cradle-to-Cradle zertifiziert sind, was eine Wiederverwendung und gegebenenfalls einen Recyclingprozess deutlich vereinfacht.

UND WAS HINDERT UNS NOCH?

Die dargestellten Beispiele zeigen, dass im heutigen Bauen zahlreiche neue Wege gegangen werden können. Dennoch gibt es Beschränkungen, die ein ökologischeres und nachhaltigeres Bauen erschweren. Einige davon ergeben sich durch falsch gesetzte Anreize in den jeweiligen Zieldefinitionen, fortschrittshemmende Normen und Richtlinien oder durch falsch gesteuerte Prozesse.
So unterliegen Bauvorhaben in der Regel strengen wirtschaftlichen Zielsetzungen. Solange es (vermeintlich) kostengünstige Alternativen gibt, werden wichtige Aspekte der Nachhaltigkeit nicht umgesetzt werden.

6 Vom Autor im Büro knippershelbig bearbeitet. Siehe Kraft 2022; Steppler / Tschümperlin 2022.

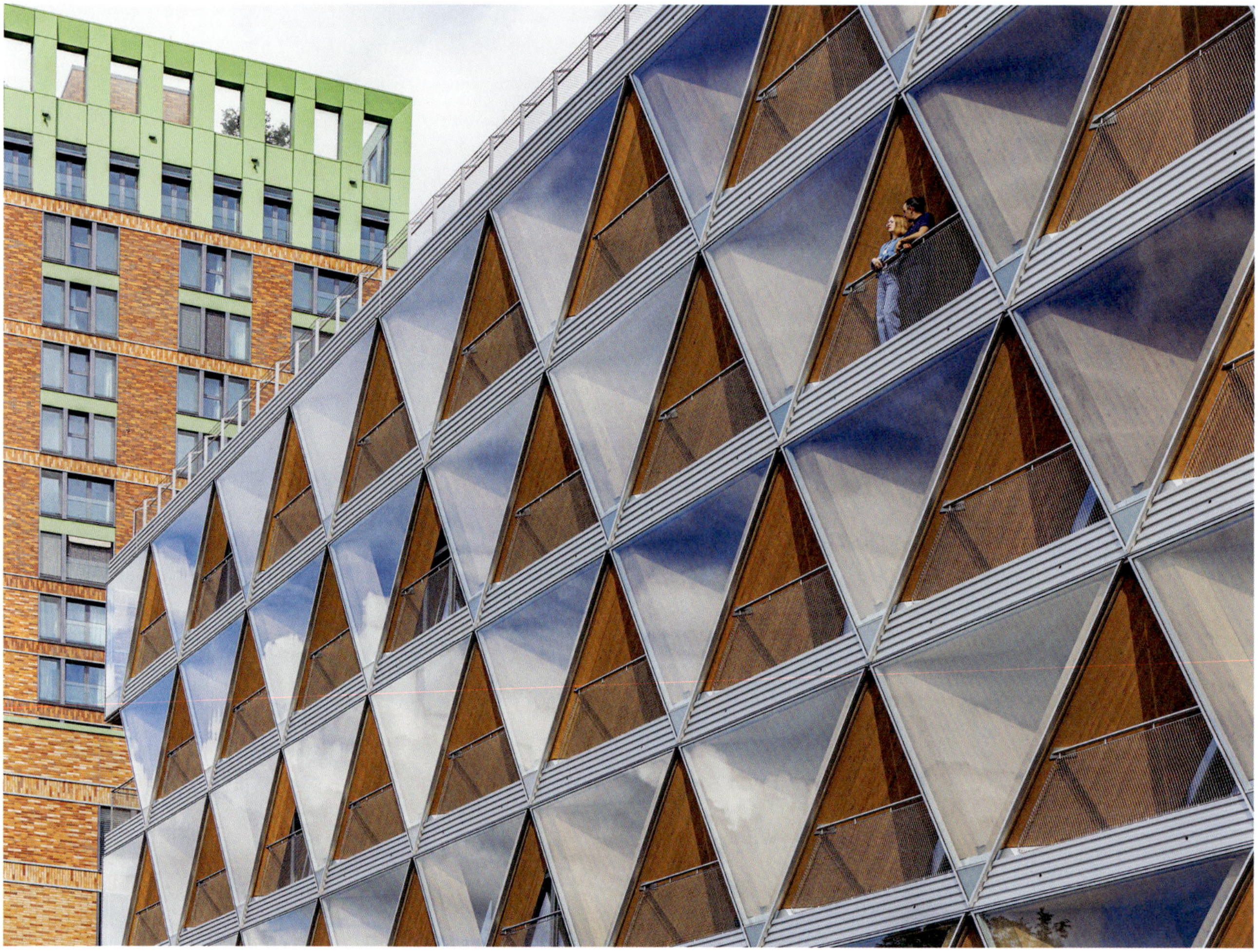

Bild 10 Fassadenausschnitt „The Cradle“ in Düsseldorf von Südwesten, 2024.

Negative Umweltauswirkungen werden stattdessen vergesellschaftet. Um dem entgegenzuwirken, steht eigentlich ein ganzes Spektrum von Maßnahmen zur Verfügung, für deren Implementierung insbesondere der Staat Initiative ergreifen muss, um die Transformation positiv anzuregen und zu fördern. Diverse Zertifizierungssysteme oder die staatliche Förderung von Recyclingbeton oder Holzbau zeigen bereits, dass die hierbei einsetzbaren Möglichkeiten weit über Verbote oder Teuerungen hinausreichen.

Probleme bereiten allzu häufig auch Normen, Richtlinien und Planungsvorgaben. Nicht selten ähneln diese einer Art Geschichtsschreibung des Bauens. Indem sie mannigfaltige Erfahrungen der Vergangenheit widerspiegeln, sind sie häufig eine wertvolle Richtschnur. Naturgemäß sind derartige Vorgaben aber keine Innovationstreiber, vielmehr dienen sie der Absicherung des Bekannten. Die Einhaltung dieser Regeln führt also geradezu zwangsläufig nicht zu Fortschritt.

Fortschritt entsteht hingegen da, wo Bekanntes neu kombiniert oder fortgeschrieben wird. Der „Gebäudetyp E“ kann im Hinblick auf Komfortnormen hier sicher Chancen eröffnen.

Unnötige und störende Eingrenzungen erfährt die Planungsarbeit häufig auch durch schlecht moderierte Prozesse. Wo die Umsetzung neuer Lösungen tiefe Kenntnisse und Mut erfordert, bestehen auch Risiken – insbesondere an den Schnittstellen. Alle Projektbeteiligten müssen möglichst an einem Strang ziehen und sollten im Hinblick auf Ziele und Qualifikationen zumindest annähernd gleiche Voraussetzungen aufweisen. Bei durch Planerwechsel verursachten Brüchen im Projektverlauf, ungeeigneten Ausschreibungen oder der Einbeziehung von nicht am inhaltlichen Erfolg orientieren Beteiligten sind in der Regel Störungen vorprogrammiert, die zu beträchtlichen finanziellen und auch technischen Schäden führen können. Auch müssen Architekturbüros – quasi im Sinne einer Sippenhaft – noch heute für die Fehler der Fachplaner einstehen. Hinzu kommt eine nach wie vor praktizierte strenge Trennung von Planen und Bauen gerade bei öffentlichen Vorhaben, die in unseren Zeiten des Umbruchs den fachlichen Austausch über alle Phasen hinweg hemmt. Allerdings ist zu erwarten, dass der zunehmende Einsatz von KI-Assistenzsystemen die Qualität von Entscheidungen in frühen Projektphasen verbessert.

Li|mit,

das; -s <engl.; franz.; lat.> (festgelegte Grenze, die räumlich, zeitlich, mengenmäßig o. Ä. nicht über- bzw. unterschritten werden darf; sport. für die Qualifikation festgelegte Mindestleistung)

ANHANG

Personenregister

Literaturverzeichnis

Addis 1988
William Addis: „Models in Engineering Science and Engineering Design". In: IABSE (Hg.): *Challenges to Structural Engineering – Congress report of the 13th congress of the International Association for Bridge and Structural Engineering.* Helsinki 1988, S. 769–774.

Addis 1990
William Addis: *Structural Engineering. The Nature of Theory and Design* [Ellis Horwood Series in civil engineering]. Chichester 1990.

Addis 1996
Bill Addis: „Free will and determinism in the conception of structures - a discussion of the art of the structural engineer". In: Ulrich Hangleiter (Red.): *Conceptual Design of Structures. Proceedings of the International Symposium, University of Stuttgart, October 7–11, 1996. Vol. 1: Methodology.* Stuttgart 1996, S. 29–36.

Addis 1997
Bill Addis: „Free will and determinism in the conception of structures: a discussion of the art of the structural engineer". In: *Journal of the International Association for Shell and Spatial Structures 38* (1997), Nr. 2, S. 83–89.

Addis 1999
William Addis (Hg.): *Structural and Civil Engineering Design* [Studies in the History of Civil Engineering; 12]. Aldershot 1999.

Addis 2005
Bill Addis: „A history of using models to inform the design of structures". In: Santiago Huerta (Hg.): *Essays in the History of the Theory of Structures: In honour of Jacques Heyman.* Madrid 2005, S. 9–44.

Addis 2007
Bill Addis: *Building – 3000 years of design engineering and construction.* New York / London 2007.

Addis 2013
Bill Addis: „Toys that save millions. A history of using physical models in structural design". In: *The Structural Engineer* 91 (2013), Nr. 4, S. 11–27.

Addis 2014
Bill Addis: „Physical modelling and form finding". In: Sigrid Adriaenssens et al. (Hg): *Shell Structures for Architecture. Form finding and optimization.* London 2014, S. 33–43.

Addis 2019
Bill Addis: „El uso de pruebas de modelo a escala reducida por William Fairbairn para el diseño del Puente Britannia, 1845–47". In: Instituto Juan de Herrera (Hg.): *Actas de IX Congreso Nacional de Historia de la Construcción.* Madrid / Soria 2019, S. 1–11.

Addis 2021a
Bill Addis: „Models used during the design of the Boulder Dam". In: ders. (Hg.): *Physical models. Their historical and current use in civil and building engineering design.* Berlin 2021, S. 233–267.

Addis 2021b
Bill Addis: „Physical Models and Innovation in Architectural and Civil Engineering". In: *Nexus Network Journal* 23 (2021), S. 833–854.

Addis 2021c
Bill Addis (Hg.): *Physical models. Their historical and current use in civil and building engineering design.* Berlin 2021.

Addis 2024
Bill Addis: „Following the traces of structural engineer-designers". In: *Ædificare* 8 (2024), Nr. 15 (1), S. 145–164.

Adunka / Orna 2018
Roland Adunka / Mary Virginia Orna: *Carl Auer von Welsbach. Chemist, Inventor, Entrepreneur.* Cham 2018.

Albrecht 1993
Clemens Albrecht: „Kultur und Zivilisation. Eine typisch deutsche Dichotomie?" In: Wolfgang König / Marlene Landsch (Hg.) : *Kultur und Technik. Zu ihrer Theorie und Praxis in der modernen Lebenswelt.* Frankfurt am Main u. a. 1993, S. 11–29.

Album Offenbach 1879
Album der Hessischen Landes-Gewerbe-Ausstellung in Offenbach am Main 1879. Frankfurt am Main 1879.

Amsellem / Grubert 2015
Guy Amsellem / Mireille Grubert (Hg.): *La Maquette. Un outil au service du projet architec-tural. Actes du colloque qui s'est tenue les 20–21 mai 2011 à la Cité de l'architecture et du patrimoine.* Paris 2015.

Andrä 1999
Hans-Peter Andrä: „Beispiele aus den Arbeiten von Fritz Leonhardt im Hoch- und Industriebau". In: *Der Stahlbau* 68 (1999), Nr. 7, S. 494–506.

Anderson / Tushman 1990
Philip Anderson / Michael L. Tushman: „Technological Discontinuities and Dominant Designs. A Cyclical Model of Technological Change". In: *Administrative Science Quarterly* 35 (1990), Nr. 4 (Dez.), S. 604–633.

Anteil der Frauen 1996 (1969)
„Anteil der Frauen an den Beschäftigten in der Bauwirtschaft. Ein internationaler Vergleich (1969)". In: Helga Fassbinder / Isabell Bauer (Hg.): *„Wichtig war das Bewußtsein der Frauen, Einfluß zu haben…". Erfahrungswelten von Frauen im Bau- und Planungswesen der DDR.* Hamburg-Harburg 1996, S. 126.

Antuña Bernardo 2019
Joaquín Antuña Bernardo: „Ensayos en modelos de estructuras laminares. Los primeros resultados de Eduardo Torroja en el Laboratorio Central". In: Instituto Juan de Herrera (Hg.): *Actas de IX Congreso Nacional de Historia de la Construcción.* Madrid / Soria 2019, S. 61–70.

Antuña Bernardo 2021
Joaquín Antuña: „Eduardo Torroja and his use of models up to 1936". In: Bill Addis (Hg.): *Physical models. Their historical and current use in civil and building engineering design.* Berlin 2021, S. 321–342.

Aprea et al. 2022
Salvatore Aprea / Nicola Navone / Laurent Stalder / Sarah Nichols (Hg.): *Concrete in Switzerland. Histories from the Recent Past.* Lausanne 2022.

Assmann 2013
Aleida Assmann: *Ist die Zeit aus den Fugen? Aufstieg und Fall des Zeitregimes der Moderne.* München 2013.

Augustine 2007
Dolores L. Augustine: *Red Prometheus. Engineering and Dictatorship in East Germany, 1945–1990.* Cambridge (Mass.) / London 2007.

Baker / Horne / Heyman 1956
John F. Baker / Michael R. Horne / Jacques Heyman: *The steel skeleton.* Vol. 2: *Plastic behaviour and design.* Cambridge 1956.

Batellier 1978
Jean-François Batellier: *Sans retour ni consigne.* Paris 1978.

Bauer 2006
Reinhold Bauer: *Gescheiterte Innovationen. Fehlschläge und technologischer Wandel.* Frankfurt am Main u.a. 2006.

Bauer 2017
Reinhold Bauer: „Gescheiterte Innovationen als Gegenstand technikhistorischer Forschung". In: Wolfgang Burr / Michael Stephan (Hg.): *Technologie, Strategie und Innovation.* Wiesbaden 2017, S. 311–331.

Bauer 2019
Reinhold Bauer: „Aus Misserfolgen lernen". In: *Kultur & Technik* 2 (2019), S. 6–11.

Beal 2011
Alasdair N. Beal: „A history of the safety factors". In: *The Structural Engineer* 89 (2011), Nr. 20, S. 20–26.

Bélidor 1757 (1729)
[Bernard Forest de Bélidor]: *Herrn Belidors [...] Ingenieur-Wissenschaft bey aufzuführenden Vestungs-Werken und bürgerlichen Gebäuden.* Nürnberg 1757 [franz. Orig.-Ausg. *La science des ingénieurs dans la conduite des travaux de fortification et d'architecture civil.* Paris 1729].

Belitz / Schrooten 2008
Heike Belitz / Mechthild Schrooten (Hg.): *Nationale Innovationssysteme im Vergleich* [*Vierteljahrshefte zur Wirtschaftsforschung* 2 (2008), Themenheft], S. 5–183.

Berghoff 2000
Hartmut Berghoff: „‚Dem Ziele der Menschheit entgegen.' Die Verheißungen der Technik an der Wende zum 20. Jahrhundert". In: Ute Frevert (Hg.): *Das neue Jahrhundert. Europäische Zeitdiagnosen und Zukunftsentwürfe um 1900.* Göttingen 2000, S. 47–78.

Berkhofer 1995
Robert F. Berkhofer: *Beyond the Great Story: History as Text and Discourse.* London 1995.

Betti 1872
Enrico Betti: „Teorema generale intorno alle deformazioni che fanno equilibrio a forze che agiscono alla superficie". In: *Il Nuovo Cemento* 2 (1872), Nr. 7/8, S. 87–97.

Biedenkapp 1910
Georg Biedenkapp: „Die soziale Wertung des Ingenieurs". In: Franz Maria Feldhaus / Georg Biedenkapp / Julius Kollmann (Hg.): *Der Ingenieur. Seine kulturelle, gesellschaftliche und soziale Bedeutung mit einem historischen Überblick über das Ingenieurwesen.* Stuttgart 1910, S. 24–26.

Bijker 1997
Wiebe E. Bijker: *Of Bicycles, Bakelites, and Bulbs. Toward a Theory of Sociotechnical Change.* Cambridge (Mass.) 1997.

Binding 2004
Günther Binding: *Meister der Baukunst. Geschichte des Architekten- und Ingenieurberufes.* Darmstadt 2004.

Böcker / Schreiber 2016
Axel Böcker / Rupert Schreiber: „La Cathédrale des ondes – die Kathedrale der Wellen". In: *Die Denkmalpflege* 74 (2016), Nr. 1, S. 70–78.

Bolenz 1991
Eckard Bolenz: *Vom Baubeamten zum freiberuflichen Architekten. Technische Berufe im Bauwesen.* Frankfurt am Main 1991.

Boller 2022
Gulia Boller: *The model as a working method. Heinz Isler's experimental approach to shell design,* Diss. ETH Zürich, 2022.

Boller / D'Acunto 2021
Giulia Boller / Pierluigi D'Acunto: „Structural design via form finding: Comparing Frei Otto, Heinz Isler and Sergio Musmeci". In: João Mascarenhas-Mateus / Ana Paula Pires (Hg.): *History of Construction Cultures. Proceedings of the Seventh International Congress on Construction History.* Boca Raton u.a. 2021, S. 431–438.

Boltanski / Thévenot 2007
Luc Boltanski / Laurent Thévenot: *Über die Rechtfertigung. Eine Soziologie der kritischen Urteilskraft.* Hamburg 2007.

Bow 1873
R.H. Bow: *Economics of Construction in Relation to Framed Structures.* London 1873.

Brandt 1956
Leo Brandt: *Die zweite industrielle Revolution.* Bonn 1956.

Braun / Klos 2021
Karsten Braun / Hermann Klos: „Zwei verbundene Glasscheiben – Chance oder Risiko? Isolierglas in der Denkmalpflege". In: *Denkmalpflege in Baden-Württemberg* 50 (2021), Nr. 4, S. 284–289.

Briggs 1979
Asa Briggs: *Iron Bridge to Crystal Palace.* London 1979.

Brinkmann 1908
Ludwig Brinkmann: *Der Ingenieur.* Frankfurt am Main 1908.

BSI 1932
British Standards Institution: *British Standard Specification No. 449 for the Use of Structural Steel in Building* [BS 449:1932]. London 1932.

BSI 1948
British Standards Institution: *The structural use of normal reinforced concrete in buildings* [CP 114]. London 1948.

BSI 1997
British Standards Institution: *Structural use of concrete — Part 1: Code of practice for design and construction* [BS 8110-1:1997]. London 1997.

Bühler 2009
Dirk Bühler: „Drahtseilakte. Fritz Leonhardts seilverspannte Brücken". In: Joachim Kleinmanns / Christiane Weber (Hg.): *Fritz Leonhardt 1909-1999. Die Kunst des Konstruierens.* Stuttgart 2009, S. 106–113.

Bühler 2015
Dirk Bühler: „Historical Models of Civil Engineering in Collections in Augsburg and Munich". In: Brian Bowen et al. (Hg.): *Proceedings of the 5th International Congress on Construction History, Chicago, 03.-07.06.2015,* Vol. 1. Chicago 2015, S. 275–282.

Bühler 2021
Dirk Bühler: „Models in civil engineering from ancient times to the Industrial Revolution". In: Bill Addis (Hg.): *Physical Models. Their historical and current use in civil and building engineering design.* Berlin 2021, S. 3–30.

Builders' Journal 1906
„Foreword". In: *The Builders' Journal and Architectural Engineer* 23 (1906), Nr. 589 (23.5.), Concrete and Steel Supplement, S. 1.

Bullinger 1994
Hans-Jörg Bullinger: „Was ist Technikfolgen-abschätzung? Einführung und Überblick". In: ders. (Hg.): *Technikfolgenabschätzung.* Stuttgart 1994, S. 3–31.

Burckhardt 1905
Jacob Burckhardt: *Weltgeschichtliche Betrachtungen* (1905), hg. v. Johannes Wenzel. Leipzig 1985.

Burke 1999
Peter Burke: „Westliches historisches Denken in globaler Perspektive – 10 Thesen". In: Jörn Rüsen (Hg.): *Westliches Geschichtsdenken. Eine interkulturelle Debatte.* Göttingen 1999, S. 31–52.

Burkhardt 2021
Interview Bertold Burkhardt, transkribiert von Julia Nett. In: Julia Nett: *„Last Witnesses" – Messmodelle im Ingenieurwesen: wissenschaftliche Bedeutung und Erhaltung, anhand des kleinen erhaltenen Modells des IL-Pavillon aus dem Institut für leichte Flächentragwerke in Stuttgart.* Unveröff. Masterarbeit Universität Innsbruck 2021, S. 117–129.

Buschmann / Hänseroth 2013
Mirko Buschmann / Thomas Hänseroth: „On the Path to Technical Design – DFG-Funded Research in Mechanical Engineering 1920–1970". In: Mark Walker et al. (Hg.): *The German Research Foundation 1920–1970. Funding Poised between Science and Politics.* Stuttgart 2013, S. 119–134.

Bussell 2001
Michael Bussell: „The era of the proprietary reinforcement systems". In: James Sutherland / Dawn Humm / Mike Chrimes (Hg.): *Historic Concrete: The Background to Appraisal.* London 2001, S. 68–82.

Cachola Schmal / Elser 2012
Peter Cachola Schmal / Oliver Elser (Hg.): *Das Architekturmodell. Werkzeug, Fetisch, Kleine Utopie.* Zürich 2012.

Carroll et al. 2021
Chris Carroll / Yolande Alves de Souza / Ellen Salter / Roland Hunziker / Luca De Giovanetti / Veronica Contucci: *Net-zero buildings. Where do we stand?* WBCSD report, Juli 2021. In URL: https://www.wbcsd.org/wp-content/uploads/2023/10/Net-zero-buildings-Where-do-we-stand-.pdf [Zugriff am 17.7.2024, 09:18].

Chiorino 2010
Mario Alberto Chiorino: „L'expérimentation dans l'œuvre de Pier Luigi Nervi". In: Carlo Olmo / Cristiana Chiorino (Hg.): *Pier Luigi Nervi. L'architecture comme défi.* Mailand / Brüssel 2010, S. 61–83.

Clarke 2014
Jonathan Clarke: *Early structural steel in London buildings. A discreet revolution.* London 2014.

Cremona 1872
L[uigi] Cremona: *Le figure reciproche nella statica grafica.* Mailand 1872.

Culmann 1852
K[arl] Culmann: „Der Bau der eisernen Brücken in England und Amerika“. In: *Allgemeine Bauzeitung* 17 (1852), S. 163–222.

Culmann 1864
K[arl] Culmann: *Die Graphische Statik.* Zürich 1864.

Dahrendorf 1979
Ralf Dahrendorf: „Kulturpessimismus vs. Fortschrittshoffnung. Eine notwendige Abgrenzung“. In: Jürgen Habermas (Hg.): *Stichworte zur geistigen Situation der Zeit.* Frankfurt am Main 1979, S. 213–228.

Delhumeau 1999
Gwenaël Delhumeau: *L'invention du béton armé. Hennebique 1890–1914.* Paris 1999.

Dessauer 1908
Friedrich Dessauer: „Organisation technischer Arbeit. Betrachtungen anlässlich des 25 jährigen Bestehens der Allgemeinen Elektrizitätsgesellschaft“. In: *Das Hochland* 5 (1908), Nr. 2, S. 288–305.

Dessauer 1926
Friedrich Dessauer: *Bedeutung und Aufgabe der Technik beim Wiederaufbau des Deutschen Reiches.* Berlin 1926.

Destatis 2024
Destatis – Statistisches Bundesamt: „Environment. Waste Generation 2022“, 2024. In URL: https://www.destatis.de/EN/Themes/Society-Environment/Environment/_Graphic/_Interactive/waste- management-quantity.html?nn=23400 [Zugriff am 17.7.2024, 11:18].

Diamant-Berger 1955
[Renée Diamant-Berger]: „Centre émetteurs de radio-télévision Europe n° 1“. In: *L'architecture d'aujourd'hui* 26 (1955), Nr. 58, S. 8–14.

Dienel 1998
Hans-Liudger Dienel: „Zweckoptimismus und -pessimismus der Ingenieure um 1900“. In: ders. (Hg.): *Der Optimismus der Ingenieure: Triumph der Technik in der Krise der Moderne um 1900.* Stuttgart 1998, S. 9–24.

Dienel 2005
Hans-Liudger Dienel: „Konkurrenz und Kooperation von Verkehrssystemen.“ In: Bettina Gundler / Michael Hascher / Helmuth Trischler et al. (Hg.): *Unterwegs und mobil. Verkehrswelten im Museum.* Frankfurt a. M./New York 2005, S. 111–129.

Diesel 1903
Rudolf Diesel: *Solidarismus. Natürliche wirtschaftliche Erlösung des Menschen.* München/Berlin 1903.

Dietz / Fessner / Maier 1996a
Burkhard Dietz / Michael Fessner / Helmut Maier (Hg.): *Technische Intelligenz und „Kulturfaktor Technik“. Kulturvorstellungen von Technikern und Ingenieuren zwischen Kaiserreich und früher Bundesrepublik Deutschland.* Münster u. a. 1996.

Dietz / Fessner / Maier 1996b
Burkhard Dietz / Michael Fessner / Helmut Maier: „Der ‚Kulturwert der Technik‘ als Argument der technischen Intelligenz für sozialen Aufstieg und Anerkennung“. In: dies. (Hg.): *Technische Intelligenz und „Kulturfaktor Technik“. Kulturvorstellungen von Technikern und Ingenieuren zwischen Kaiserreich und früher Bundesrepublik Deutschland.* Münster u. a. 1996, S. 1–32.

Dipper 2017
Christof Dipper: „Ein vergessener Technikphilosoph. Julius Goldstein und die Darmstädter Modernediskurse um 1900“. In: *Technikgeschichte* 84 (2017), Nr.1, S. 3–27.

Dipper 2018
Christof Dipper: „Moderne, Version: 2.0“. In: *Docupedia-Zeitgeschichte*, veröff. 17.01.2018. URL: http://docupedia.de/zg/Dipper_moderne_v2_de_2018 [Zugriff am 30.06.2022, 10:22].

Dischinger 1949
Franz Dischinger: „Weitgespannte Tragwerke“. In: *Der Bauingenieur* 24 (1949), Nr. 7, S. 193–199, Nr. 9, S. 275–280, u. Nr. 10, S. 308–314.

Ditchen 2009
Henryk Ditchen: *Die Beteiligung Stuttgarter Ingenieure an der Planung und Realisierung der Reichsautobahnen unter besonderer Berücksichtigung der Netzwerke von Fritz Leonhardt und Otto Graf.* Berlin 2009.

Djahanschah et al. 2020
Sabine Djahanschah / Thomas Auer / Hermann Kaufmann (Hg.): *Gewerbebauten in Lehm und Holz. Mehrwert durch Material* [DBU Bauband; 3]. München 2020.

Doering-Manteuffel 2004
Anselm Doering-Manteuffel: „Mensch, Maschine, Zeit. Fortschrittsbewusstsein und Kulturkritik im ersten Drittel des 20. Jahrhunderts“. In: *Jahrbuch des Historischen Kollegs 2003.* München 2004, S. 91–119.

Doering-Manteuffel / Raphael 2008
Anselm Doering-Manteuffel / Lutz Raphael: *Nach dem Boom. Perspektiven auf die Zeitgeschichte seit 1970.* Göttingen 2008.

Doering-Manteuffel / Raphael / Schlemmer 2016
Anselm Doering-Manteuffel /Lutz Raphael / Thomas Schlemmer (Hg.): *Vorgeschichte der Gegenwart. Dimensionen des Strukturbruchs nach dem Boom.* Göttingen 2016.

Dosi 1988
Giovanni Dosi: „Coordination and transformation: An overview of structures, behaviours and change in evolutionary environments“. In: ders. et al. (Hg.): *Technical Change and Economic Theory.* London 1988, S. 13–37.

DSIR 1933
Department of Scientific and Industrial Research: *Report of the Reinforced Concrete Structures Committee of the Building Research Board with recommendations for a Code of Practice for the use of reinforced concrete in buildings.* London 1933.

Durth 2001
Werner Durth: *Deutsche Architekten. Biographische Verflechtungen 1900–1970.* Stuttgart / Zürich 2001.

Ebner 1957
Hans Ebner: *The problem of structural safety with particular reference to safety requirements* [NATO Advisory Group for Aeronautical Research and Development; 150]. Paris 1957.

Edgerton 2006
David Edgerton: *The Shock of the Old. Technology and Global History since 1900.* London 2006.

Ehmer et al. 2009
Josef Ehmer et al.: „Professionalisierung“. In: *Enzyklopädie der Neuzeit*, hg. v. Friedrich Jaeger, Bd. 10. Stuttgart/Weimar 2009, Sp. 431–434.

Ekardt 1981
Hanns-Peter Ekardt (Hg.): *Der Bauingenieur in Geschichte und Gegenwart des Bauwesens.* Kassel 1981.

Elhacham et al. 2020
Emily Elhacham / Liad Ben-Uri / Jonathan Grozovski / Yinon M. Bar-On / Ron Milo: „Global human-made mass exceeds all living biomass“. In: *Nature* 588 (2020), Nr. 7838, S. 442–444.

Engels / Hertzog 2011
Jens Ivo Engels / Philipp Hertzog: „Die Macht der Ingenieure. Zum Wandel ihres politischen Selbstverständnisses in den 1970er Jahren“. In: *Revue d'Allemagne et des pays de langue allemande* 43 (2011), Nr. 1, S. 19–38.

Eyth 1899
Max Eyth: *Hinter Pflug und Schraubstock. Skizzen aus dem Taschenbuch eines Ingenieurs.* 2 Bde., Stuttgart / Leipzig 1899.

Eyth 1904–05
Max Eyth: *Im Strom unserer Zeit. Aus Briefen eines Ingenieurs.* 3 Bde., Heidelberg 1904–1905.

Eyth 1905
Max Eyth: „Poesie und Technik“. In: ders.: *Lebendige Kräfte. Sieben Vorträge aus dem Gebiete der Technik.* Berlin 1905, S. 1–24.

Fehr / Fischbacher 2005
Ernst Fehr / Urs Fischbacher: „Human Altruism – Proximate Patterns and Evolutionary Origins“. In: *Analyse & Kritik* 27 (2005), Nr.1, S. 6–47.

Ferguson / Chrimes 2011
Hugh Ferguson / Mike Chrimes: *The Civil Engineers. The story of the Institution of Civil Engineers and the people who made it.* London 2011.

Ferguson / Chrimes 2020
Hugh Ferguson / Mike Chrimes: *The Consulting Engineers. The British Consulting Engineers who created the world's infrastructure.* London 2020.

Feyerabend 1975
Paul Feyerabend: *Against Method. Outline of an Anarchistic Theory of Knowledge.* London 1975.

Flury 2012
Aita Flury (Hg.): *Kooperation. Zur Zusammenarbeit von Ingenieur und Architekt.* Basel 2012.

Francis / Norton 2024
Nick Francis / Esther Norton: „Educating civil engineers for the twenty-first century: the ‚new-model engineer'". In: *Proceedings of the Institution of Civil Engineers – Civil Engineering* 177 (2024), Nr. 2, S. 63–71.

Frank 1991
Hartmut Frank: „‚Das Tor zur Welt'. Die Planungen für eine Hängebrücke über die Elbe und für ein Hamburger ‚Gauforum' 1933–1945". In: Ulrich Höhns (Hg.): *Das ungebaute Hamburg. Visionen einer anderen Stadt in architektonischen Entwürfen der letzten hundertfünfzig Jahre.* Hamburg 1991, S. 78–99.

Fraunholz / Hänseroth 2012
Uwe Fraunholz / Thomas Hänseroth: „Transzendierungen von Wissenschaft und Technik im Systemwettstreit. Innovationskulturen im deutsch-deutschen Vergleich". In: dies. (Hg.): *Ungleiche Pfade? Innovationskulturen im deutsch-deutschen Vergleich.* Münster u. a. 2012, S. 9–26.

Fraunholz / Schramm 2005
Uwe Fraunholz / Manuel Schramm: *Innovation durch Konzentration? Schwerpunktbildung und Wettbewerbsfähigkeit im Hochschulwesen der DDR und der Bundesrepublik, 1949–1990* [BMBF-Forschungsverbund „Innovationskultur in Deutschland", Abschlussbericht]. Dresden 2005.

Fraunholz / Wölfel 2012a
Uwe Fraunholz / Sylvia Wölfel (Hg.): *Ingenieure in der technokratischen Hochmoderne.* Münster u. a. 2012.

Fraunholz / Wölfel 2012b
Uwe Fraunholz / Sylvia Wölfel: „Hochmoderne Ingenieure zwischen Altruismus und Eigensinn". In: dies. (Hg.): *Ingenieure in der Technokratischen Hochmoderne.* Münster u. a. 2012, S. 17–28.

Freeman 1974
Christopher Freeman: *The Economics of Industrial Innovation.* Harmondsworth u. a. 1974.

Freire 1970
Paulo Freire: *Pedagogy of the oppressed.* New York 1970.

Freitag 1895
Joseph Kendall Freitag: *Architectural Engineering. With special reference to high building construction, including many examples of Chicago office buildings.* New York/London 1895.

Freyssinet 1956
E[ugène] Freyssinet: „Incidents survenus au cours de la construction du bâtiment des émetteurs de la station radio de Felsberg (Europe n° 1)". In: *Travaux* 40 (1956), Nr. 256, S. 49–58.

Früchtel 2008
Michael Früchtel: *Der Architekt Hermann Giesler. Leben und Werk* (1898–1987). Unterwössen 2008.

Geitel 1913
Max Geitel (Hg.): *Der Siegeslauf der Technik.* 3. Aufl., Bd. 1, Stuttgart u. a. [1913].

Gengnagel 2022
Christoph Gengnagel: „UP!Berlin: Transformation einer Großstruktur aus Stahlbeton". In: *Beton- und Stahlbetonbau* 117 (2022), Nr. 8, S. 625–633.

Gengnagel / Apellániz 2023
Christoph Gengnagel / Diego Apellániz: „Lebenszyklusanalyse und parametrischer Raumentwurf". In: *nbau – Nachhaltig Bauen* 2 (2023), Nr. 3, S. 23–31.

Gengnagel / Brechenmacher 2023
Christoph Gengnagel / Emil Brechenmacher: „Kappe+ – Überprüfung einer traditionellen Bauweise auf ihre Leistungsfähigkeit für das Bauen von morgen". In: *Bautechnik* 100 (2023), Nr. 1, S. 45–54.

Gengnagel / Débonnaire 2023
Christoph Gengnagel / Mathieu Débonnaire: „Der Turm des Bauhaus-Archivs – die Entwicklung eines hybriden Stahl-Holztragwerks". In: *Bauingenieur* 98 (2023), Nr. 6, S. 179–187.

Gibas / Hadler / Middell 2000
Monika Gibas / Frank Hadler / Matthias Middell: „Sinnstiftung und Systemlegitimation durch historisches Erzählen: Überlegungen zu Funktionsmechanismen von Repräsentationen des Vergangenen". In: *Comparativ. Leipziger Beiträge zur Universalgeschichte und vergleichender Gesellschaftsforschung* 10 (2000), Nr. 2, S. 7–35.

Giedion 1928
Sigfried Giedion: *Bauen in Frankreich, Bauen in Eisen, Bauen in Eisenbeton.* Leipzig 1928.

Giedion 1941
Sigfried Giedion: *Space, Time and Architecture. The Growth of a New Tradition.* Cambridge (Mass.) 1941.

Gilfillan 1935
S. Colum Gilfillan: *The Sociology of Invention. An Essay in the Social Causes, Ways and Effects of Technical Invention. Especially as Demonstrated Historically in the Author's Inventing the Ship.* Chicago 1935 (Reprint Cambridge (Mass.) 1970).

Gispen 1989
Kees Gispen: *New Profession, Old Order. Engineers and German Society, 1815–1914.* Cambridge u. a. 1989.

Gispen 1995
Kees Gispen: „Conflict and Cohesion in the German Engineering Profession, 1850–1950". In: *Journal of the International Committee for the History of Technology* 1 (1995), S. 195–212.

Godin 2015
Benoît Godin: *An Intellectual History of Innovation. The Idea of Innovation Over the Centuries.* Hoboken 2015.

Gradin 2021
Carlos Gradín: *Trends in global inequality using a new integrated dataset,* WIDER Working Paper 2021/61. Helsinki 2021.

Graefe 1989
Rainer Graefe (Hg.): *Zur Geschichte des Konstruierens.* Stuttgart 1989.

Graf 2016
Rüdiger Graf: „Totgesagt und nicht gestorben. Die Persistenz des Fortschritts im 20. und 21. Jahrhundert". In: *traverse. Zeitschrift für Geschichte* 23 (2016), Nr. 3, S. 91–102.

Graf 2017
Rüdiger Graf: „Die Unkenntnis der Zukunft und der Zukunftsbezug der Zeitgeschichte". In: Lucian Hölscher (Hg.): *Die Zukunft des 20. Jahrhunderts. Dimensionen einer historischen Zukunftsforschung.* Frankfurt a. M./New York 2017, S. 303–319.

Graf / Herzog 2016
Rüdiger Graf / Benjamin Herzog: „Von der Geschichte der Zukunftsvorstellungen zur Geschichte ihrer Generierung. Probleme und Herausforderungen des Zukunftsbezugs im 20. Jahrhundert". In: *Geschichte und Gesellschaft* 42 (2016), Nr. 3, S. 497–515.

Gregory 1868
Charles Hutton Gregory: „[Address of the President, January 14, 1868]". In: *Minutes of Proceedings of the Institution of Civil Engineers* 27 (1868), S. 180–203.

Grupp/Dominguez-Lacasa/Friedrich-Nishio 2002
Hariolf Grupp / Icíar Dominguez-Lacasa / Monika Friedrich-Nishio: *Das deutsche Innovationssystem seit der Reichsgründung. Indikatoren einer nationalen Wissenschafts- und Technikgeschichte in unterschiedlichen Regierungs- und Gebietsstrukturen.* Heidelberg 2002.

Gubler 1985
Jacques Gubler: „Prolégomènes à Hennebique". In: *Etudes de lettres* (1985), Nr. 4, S. 63–75.

Haas / Mayer 2020
Martin Haas / Lynn Mayer: „Alnatura Campus – Neubau der Alnatura Arbeitswelt". In: *Bautechnik* 97 (2020), Nr. 3, S. 188–196.

Hägerstrand 1967
Torsten Hägerstrand: *Innovation Diffusion as a Spatial Process.* Chicago u.a. 1967.

Hänseroth 2001
Thomas Hänseroth: „Fachleute für alle Fälle? Zum Neubeginn an der TH Dresden nach dem Zweiten Weltkrieg". In: Johannes Abele / Gerhard Barkleit / Thomas Hänseroth (Hg.): *Innovationskulturen und Fortschrittserwartungen im geteilten Deutschland.* Köln u. a. 2001, S. 301–329.

Hänseroth 2003a
Thomas Hänseroth: „Die Luxushunde der Hochschule. Zur Etablierung der Allgemeinen Abteilung im Kaiserreich als symbolisches Handeln". In: ders. (Hg.): *Studien zur Geschichte der TU Dresden* [175 Jahre TU Dresden; 2]. Köln u. a. 2003, S. 109–133.

Hänseroth 2003b
Thomas Hänseroth: „Die Konstruktion ‚verwissenschaftlichter" Praxis: Zum Aufstieg eines Paradigmas in den Technikwissenschaften des 19. Jahrhunderts". In: ders. (Hg.): *Studien zur Geschichte der TU Dresden* [175 Jahre TU Dresden; 2]. Köln u. a. 2003, S. 15–36.

Hänseroth 2003c
Thomas Hänseroth: „Vom ‚Unglück, einen technischen Beruf zu erwählen': Zur Aufstiegsbewegung von Ingenieuren und Technischen Hochschulen im Kaiserreich". In: Lehrstühle für Statik und Dynamik der Tragwerke der TU Dresden (Hg.): *Festschrift Peter Ruge. Dresden 2003*, S.109–129.

Hänseroth 2011
Thomas Hänseroth: „Das Fortschrittsversprechen von Technik und die Altruismusbehauptung der Ingenieure in der technokratischen Hochmoderne (ca. 1880-1970)". In: Hans Vorländer (Hg.): *Transzendenz und Gemeinsinn. Themen und Perspektiven des Dresdner Sonderforschungsbereichs 804*. Dresden 2011, S. 94–99.

Hänseroth 2013
Thomas Hänseroth: „Technischer Fortschritt als Heilsversprechen und seine selbstlosen Bürgen: Zur Konstituierung einer Pathosformel der technokratischen Hochmoderne". In: Hans Vorländer (Hg.): *Transzendenz und die Konstitution von Ordnungen*. Berlin 2013, S. 267–288.

Hänseroth 2020
Thomas Hänseroth: „Technikkult und subversiver Fortschritt: Wie der DDR ihre zentrale Strategie der Herrschaftslegitimation abhandenkam". In: Thomas Spring / Deutsches Hygienemuseum Dresden (Hg.): *Boom. 500 Jahre Industriekultur in Sachsen. Begleitbuch zur Sächsischen Landesausstellung 2020*. Dresden 2020, S. 256–265.

Harper 1904
Robert Francis Harper: *The Code of Hammurabi, King of Babylon, about 2250 BC*. Chicago 1904.

Hård 2008
Mikael Hård: „Technik und Kultur". In: Sabine Haupt / Stefan Bodo Würffel (Hg.): *Handbuch Fin de Siècle*. Stuttgart 2008, S. 680–693.

Harvey 1989
David Harvey: *The Condition of Postmodernity. An Enquiry into the Origins of Cultural Change*. Oxford 1989.

Herbert 2007
Ulrich Herbert: „Europe in High Modernity. Reflections on a Theory of the 20th Century". In: *Journal of Modern European History* 5 (2007), Nr. 1, S. 5–21.

Herbert 2014
Ulrich Herbert: *Geschichte Deutschlands im 20. Jahrhundert*. München 2014.

Herbert 2020
Ulrich Herbert: „The Short and the Long Twentieth Century: German and European Perspectives". In: *German Historical Institute London Bulletin* 42 (2020), Nr. 2, S. 9–24.

Herzog / Aust / Witt 1973
Walter Herzog / Heinz Aust / Günter Witt: „Die Umbauung am Fernsehturm". In: *Deutsche Architektur* 22 (1973), Nr. 6, S. 358–363.

Heyman 1973
Jacques Heyman: „Plastic Design and Limit State Design". In: *The Structural Engineer* 51 (1973), Nr. 4, S. 127 131.

Hiestand 2011
Manuel Hiestand: „Produktnormen und technische Neuerungen im kartellierten Zementmarkt am Beispiel der Cement- und Kalkfabriken R. Vigier AG (1910–1935)". In: Margrit Müller / Heinrich R. Schmidt / Laurent Tissot (Hg.): *Regulierte Märkte: Züfte und Kartelle / Marchés regulés: Corporations et cartels* [Schweizerische Gesellschaft für Wirtschafts- und Sozialgeschichte 26 (2011)], S. 293–306.

Hillemeier et al. 2011
Bernd Hillemeier / Claus Flohrer / Jürgen Krell / Gabriele Marquardt / Jeanette Orlowsky / Michael Raupach / Karsten Schubert / Stephanie Schuler: „Instandsetzung und Erhaltung von Betonbauwerken". In: *Beton-Kalender* 100 (2011), S. 279–410.

Hobsbawm 1995
Eric J. Hobsbawm: *Das Zeitalter der Extreme. Weltgeschichte des 20. Jahrhunderts*. München 1995.

Hobsbawm 2017 (1987)
Eric J. Hobsbawm: *Das imperiale Zeitalter, 1875–1914*. Darmstadt 2017 (engl. Orig.-Ausg. London 1987).

Hölscher 2016
Lucian Hölscher: *Die Entdeckung der Zukunft*. 2. Aufl. Göttingen 2016.

Hölscher 2017
Lucian Hölscher (Hg.): *Die Zukunft des 20. Jahrhunderts. Dimensionen einer historischen Zukunftsforschung*. Frankfurt am Main / New York 2017.

Holgate 1997
Alan Holgate: *The Art of Structural Engineering – The Work of Jörg Schlaich and his Team*. Stuttgart/ London 1997.

Hornbostel 2014
Stefan Hornbostel: „Schisma oder Diversifikation. Das Verhältnis von Natur-, Sozial- und Geisteswissenschaften". In: Mechthild Dreyer / Uwe Schmidt / Klaus Dicke (Hg.): *Geistes- und Sozialwissenschaften an der Universität. Innenansichten und Außenperspektiven von morgen*. 2. Aufl. Wiesbaden 2014, S. 99–123.

Hortleder 1970
Gerd Hortleder: *Das Gesellschaftsbild des Ingenieurs*. Frankfurt a. M. 1970.

Hübinger 2014
Gangolf Hübinger: „Wissenschaften, Zeitdiagnosen und politisches Ordnungsdenken. Zur Einführung": In: ders. (Hg.): *Europäische Wissenschaftskulturen und politische Ordnungen in der Moderne (1890–1970)*. München 2014, S. 1–28.

Hubler 2015
Lucienne Hubler: „Zement". In: *Historisches Lexikon der Schweiz* (HLS), 2015. In URL: https://hls-dhs-dss.ch/de/articles/014020/2015-05-12 [Zugriff am 12.07.2019].

Hughes 1983
Thomas P[arker] Hughes: *Networks of Power. Electrification in Western Society, 1880–1930*. Baltimore (Md.) / London 1983.

ICE 2023
Institution of Civil Engineers: *Royal Charter and By-laws*. London 2023. In URL: https://www.ice.org.uk/download-centre/royal-charter-and-by-laws [Zugriff am 23.11.2023].

ICE-Minutes 1870
„Annual Report". In: *Minutes of the Proceedings of the Institution of Civil Engineers* 29 (1870), S. 209–223.

Illich 1971
Ivan Illich: *Deschooling Society* [World Perspectives; 44]. New York 1971.

Industries 1890
„The Forth Bridge". In: *Industries* 8 (1890), (3.1.), S. 17.

Jarausch 1990
Konrad H. Jarausch: *The Unfree Professions. German Lawyers, Teachers, and Engineers, 1800–1950*. New York / Oxford 1990.

Joël 1911
Karl Joël: „Weltanschauung und Zeitanschauung". In: Max Frischeisen-Köhler (Hg.): *Weltanschauung: Philosophie und Religion in Darstellungen von Wilhelm Dilthey* […]. Berlin 1911, S. 128–138.

Jones / Base 1965
Leonard Leslie Jones / Geoffrey Donald Base: „Test on a one-twelfth scale model of the dome shell roof for Smithfield Poultry Market". In: *Proceedings of the Institution of Civil Engineers* 30 (1965), Nr. 1, S. 109–130.

Jost 2006
Hans-Ulrich Jost: „The Introduction of Reinforced Concrete in Switzerland (1890–1914): Social and

Cultural Aspects“. In: *CHS Newsletter* (2006), Nr. 75, S. 1741–1753.

Kaiser / König 2006
Walter Kaiser / Wolfgang König (Hg.): *Geschichte des Ingenieurs. Ein Beruf in sechs Jahrtausenden.* München 2006.

Kaiser / Schot 2014
Wolfram Kaiser / Johan W. Schot: *Writing the Rules for Europe. Experts, Cartels and International Organizations* [Making Europe: Technology and Transformations 1850–2000]. Basingstoke 2014.

Kaiser 2006
Walter Kaiser: „Ingenieure in der Bundesrepublik Deutschland“. In: ders. / Wolfgang König (Hg.): *Geschichte des Ingenieurs. Ein Beruf in sechs Jahrtausenden.* München 2006, S. 233–267.

Kapp 1877
Ernst Kapp: *Grundlinien einer Philosophie der Technik. Zur Entstehungsgeschichte der Cultur aus neuen Gesichtspunkten.* Braunschweig 1877.

Kehrt 2002
Christian Kehrt: „Zum Technikdiskurs im Zweiten Weltkrieg. Der Verein Deutscher Ingenieure 1939–1945“. In: *Militärgeschichtliche Zeitschrift* 61 (2002), Nr. 1, S. 49–71.

Kierdorf 2006
Alexander Kierdorf: „Early Mushroom Slab Construction in Switzerland, Russia and the U.S.A. – A Study in Parallel Technological Development“. In: Malcom Dunkeld et al. (Hg.): *Proceedings of the Second International Congress on Construction History, Queens' College, Cambridge University, 29.03.-02.04.2006.* [Cambridge] 2006, S. 1793–1807.

Kierdorf 2009
Alexander Kierdorf: „Why Hennebique Failed in Germany. Strategies and Obstacles in the Introduction of a New Construction Technology“. In: Karl-Eugen Kurrer / Werner Lorenz / Volker Wetzk (Hg.): *Proceedings of the Third International Congress on Construction History, BTU Cottbus, 20.–24.05.2009*, Vol. 2. Berlin 2009, S. 897–901.

Klages / Hortleder 1994
Helmut Klages / Gerd Hortleder: „Gesellschaftsbild und soziales Selbstverständnis des Ingenieurs im 19. und 20. Jahrhundert“. In: Peter Lundgreen / André Grelon (Hg.): *Ingenieure in Deutschland, 1770–1990.* Frankfurt am Main / New York 1994, S. 269–293.

Knippers 2012
Jan Knippers: „Biomimetic Strategies for an Elastic Architecture“. In: Kristina Schinegger / Stefan Rutzinger / Martin Oberascher / Günther Weber: *soma – Theme Pavilion Expo Yeosu: one ocean.* St. Pölten u.a. 2012, S. 80–103.

Knippers 2013
Jan Knippers: „From Model Thinking to Process Design“. In: *Architectural Design* 83 (2013), Nr. 2, S. 74–81.

Knippers et al. 2013
Jan Knippers / Hauke Jungjohann / Florian Scheible / Matthias Oppe: „Bio-inspirierte kinetische Fassade für den Themenpavillion ‚One Ocean‘ EXPO 2012 in Yeosu, Korea“. In: *Bautechnik* 90 (2013), Nr. 6, S. 341–347

Koalitionsvertrag 2021
Sozialdemokratische Partei Deutschlands (SPD) / Bündnis 90 / Die Grünen / Freie Demokraten (FDP): *Mehr Fortschritt wagen. Bündnis für Freiheit, Gerechtigkeit und Nachhaltigkeit. Koalitionsvertrag 2021 – 2025.* [Berlin] 2021.

Kocka 1981
Jürgen Kocka: *Die Angestellten in der deutschen Geschichte 1850–1980. Vom Privatbeamten zum angestellten Arbeitnehmer.* Göttingen 1981.

Koch / Duppel 2024
Nikolaus Koch / Christoph Duppel: „Der Fernsehturm des Senders Berus in Überherrn – Bauforschung an einem Ingenieurbauwerk der Hochmoderne“. In: *Bautechnik* 101 (2024), Nr. 5, S. 287–298.

Koch / Duppel 2023
Nikolaus Koch / Christoph Duppel: „Die geometrische Erfassung von Betonstrukturen – Grenzen und Möglichkeiten am Beispiel des Sendeturms ‚Europe 1‘ in Überherrn-Berus“. In: Institut für Steinkonservierung e.V. (Hg.): *Betoninstanhaltung am Baudenkmal – Methoden, Materialien, Dauerhaftigkeit* [IFS-Bericht; 65]. Mainz 2023, S. 25–34.

Kocka 2001
Jürgen Kocka: *Das lange 19. Jahrhundert. Arbeit, Nation und bürgerliche Gesellschaft* [Gebhardt Handbuch der deutschen Geschichte; 13]. Stuttgart 2001.

Kocka 2012
Jürgen Kocka: „Kultur und Technik. Aspirationen der Ingenieure im Kaiserreich“. In: Isabella Löhr / Matthias Middell / Hannes Siegrist (Hg.): *Kultur und Beruf in Europa.* Stuttgart 2012, S. 29–34.

Koenen 1886
M[athias] Koenen: „Für die Berechnung der Stärke der Monierschen Cementplatten“, In: *Centralblatt der Bauverwaltung* 6 (1886), Nr. 47, S. 462.

König 1981
Wolfgang König: „Die Ingenieure und der VDI als Großverein in der wilhelminischen Gesellschaft 1900 bis 1918“. In: Karl-Heinz Ludwig (Hg.): *Technik, Ingenieure und Gesellschaft. Geschichte des Vereins Deutscher Ingenieure 1856-1981.* Düsseldorf 1981, S. 235–288.

König 1999
Wolfgang König: *100 Jahre „Dr.-Ing“ Ein „Ritterschlag der Wissenschaft“. Das Promotionsrecht der Technischen Hochschulen und der VDI Verein Deutscher Ingenieure.* Düsseldorf 1999.

König 2006
Wolfgang König: „Vom Staatsdiener zum Industrieangestellten: Die Ingenieure in Frankreich und Deutschland 1750–1945“. In: Walter Kaiser / Wolfgang König (Hg.): *Geschichte des Ingenieurs. Ein Beruf in sechs Jahrtausenden.* München 2006, S. 179–231.

König 2009
Wolfgang König: *Technikgeschichte. Eine Einführung in ihre Konzepte und Forschungsergebnisse.* Stuttgart 2009.

Kohlrausch / Trischler 2014
Martin Kohlrausch / Helmuth Trischler: *Building Europe on Expertise. Innovators, Organizers, Networkers* [Making Europe. Technology and Transformation, 1850–2000]. Basingstoke 2014.

Koselleck 1975
Reinhart Koselleck: „Fortschritt“. In: Otto Brunner / Werner Conze / Reinhart Koselleck (Hg.): *Geschichtliche Grundbegriffe. Historisches Lexikon zur politisch-sozialen Sprache in Deutschland.* Bd. 2, Stuttgart 1975, S. 351–423.

Kraft 2022
Be[nedikt] K[raft]: „Digital total? Ja und Nein – ‚The Cradle‘, Düsseldorf“. In: *Deutsche Bauzeitschrift* 70 (2022), Nr. 2, S. 32–39.

Kraus / Dischinger 1928
H[einrich] J. Kraus / Fr[anz] Dischinger (Bearb.): *Dachbauten, Schalen und Rippenkuppeln* [F[riedrich von] Emperger (Hg.): *Handbuch für Eisenbetonbau*; Bd. 12, Tl. 2]. Berlin 1928

Krebs / Schabacher / Weber 2018
Stefan Krebs / Gabriele Schabacher / Heike Weber (Hg.): *Kulturen des Reparierens. Dinge – Wissen – Praktiken.* Bielefeld 2018.

Krebs / Weber 2021
Stefan Krebs / Heike Weber (Hg.): *The Persistence of Technology. Histories of Repair, Reuse and Disposal.* Bielefeld 2021.

Krewinkel 1958
Heinz W. Krewinkel: „Bauen mit Glas. Isolierglas“. In: *Bauwelt* 49 (1958), Nr. 3, S. 51–57.

Krewinkel 1988
Heinz W. Krewinkel (Red.): *500 Jahre Flachglas 1487–1987. Von der Waldhütte zum Konzern.* Hg. von der Flachglas AG. 2. Aufl., Schorndorf 1988.

Kunze 2001
Matthias Kunze: *Ingenieure für Hitlers „Germania“. Technische Planung für die „Große Halle des Volkes“*, Unveröff. Diplomarbeit, Brandenburgische Technische Universität Cottbus 2001.

Kurrer 1997
Karl-Eugen Kurrer: „Stahl + Beton = Stahlbeton? Stahl + Beton = Stahlbeton! Die Entstehung der Triade von Verwaltung, Wissenschaft und Industrie im Stahlbetonbau in Deutschland“. In: *Beton- und Stahlbetonbau* 92 (1997), Nr. 1, S. 13–18, und Nr. 2, S. 45–49.

Kurrer 2003
Karl-Eugen Kurrer: „100 Jahre Normen im Stahlbetonbau". In: *Beton- und Stahlbetonbau* 98 (2003), Nr. 12, S. 794–808.

Kurrer 2010
Karl-Eugen Kurrer: „Hermann Maier-Leibnitz (1885–1962). Pioneer in industrial buildings of the modern movement". In: Pepa Casinello et al. (Hg.): *Geometria y proporcion en las estructuras.* Madrid 2010, S. 287–306.

Kurrer 2011
Karl-Eugen Kurrer: „Baustatik. Vier Fallstudien zur medialen Präsentation der Stahlbetonbemessung von den Anfängen bis ins frühe 20. Jahrhundert". In: Wolfgang Sonne (Hg.): *Die Medien der Architektur.* Berlin / München 2011, S. 195–229.

Kurrer 2016a
Karl-Eugen Kurrer: „Die Tragwerksinnovationen Johann Wilhelm Schwedlers (1823–1894)". In: *Stahlbau* 85 (2016), Nr. 5, S. 350–359.

Kurrer 2016b
Karl-Eugen Kurrer: *Geschichte der Baustatik.* 2. Aufl., Berlin 2016 (2002).

Kurrer 2018
Karl-Eugen Kurrer: *The History of the Theory of Structures. Searching for Equilibrium.* 2. Aufl., Berlin 2018 (2008).

Langford / Robson 2003
David A. Langford / Peter Robson: „The Representation of the Professions in the Cinema: the Case of Construction Engineers and Lawyers". In: *Construction Management and Economics* 21 (2003), Nr. 8, S. 799–807.

Lawrence 1990
Jeanne Catherine Lawrence: „Steel frame architecture versus the London Building Regulations. Selfridges, The Ritz and American technology". In: *Construction History* 6 (1990), S. 23–46.

Le Corbusier 1923
Le Corbusier [i.e. Charles-Edouard Jeanneret]: *Vers une architecture.* Paris 1923.

Le Corbusier 1935
Le Corbusier [i.e. Charles-Edouard Jeanneret]: *La ville radieuse. Éléments d'une doctrine d'urbanisme pour l'équipement de la civilisation machiniste.* Boulogne [1935].

Leonhardt / Schaechterle 1941
Fritz Leonhardt / Karl Schaechterle: „Hängebrücken II–III". In: *Die Bautechnik* 19 (1941), Nr. 7, S. 73–82, Nr. 12/13, S. 125–133, 200.

Leonhardt / Schlaich 1970
Fritz Leonhardt / Jörg Schlaich: „Das Hyparschalendach des Hallenbades Hamburg Sechslingspforte – Teil I: Entwurf und Tragverhalten". In: *Beton- und Stahlbetonbau* 65 (1970), Nr. 9, S. 207–215.

Leonhardt 1940
Fritz Leonhardt: „Zum Einsturz der Hängebrücke über die Meerenge von Tacoma". In: *Fortschritte und Forschungen im Bauwesen* (Reihe A) 16 (1940), Nr. 9, S. 10, 20, 28–32.

Leonhardt 1984
Fritz Leonhardt: *Baumeister in einer umwälzenden Zeit. Erinnerungen.* Stuttgart 1984.

Leucht 2011
Robert Leucht: „Die Figur des Ingenieurs im Kontext. Utopien und Utopiedebatten im ersten Drittel des 20. Jahrhunderts". In: *Internationales Archiv für Sozialgeschichte der deutschen Literatur* 36 (2011), Nr. 2, S. 283–312.

Leucht 2015
Robert Leucht: „Ingenieure des Kalten Krieges". In: David Eugster / Sibylle Marti (Hg.): *Das Imaginäre des Kalten Krieges: Beiträge zu einer Wissens- und Kulturgeschichte des Ost-West-Konfliktes in Europa.* Essen 2015, S. 97–11.

Lewe 1920
Viktor Lewe: „Die Lösung des Pilzdeckenproplems durch Fouriersche Reihen". In: *Der Bauingenieur* 1 (1920), Nr. 22, S. 631–636.

Lewe 1926
Viktor Lewe: *Pilzdecken und andere trägerlose Eisenbetondecken.* Berlin 1926.

Liddell 2021
Ian Liddell: „Models for the design development, engineering and construction of the Multihalle for the 1975 Bundesgartenschau in Mannheim". In: Bill Addis (Hg.): *Physical models. Their historical and current use in civil and building engineering design.* Berlin 2021, S. 639–659.

Liesenkötter / Schewe 2014
Bernd Liesenkötter / Gerhard Schewe: *E-Mobility. Zum Sailing-Ship-Effect in der Automobilindustrie.* Wiesbaden 2014.

Lippert 2003
Hans-Georg Lippert: „Die Wissenschaft baut sich ein Haus: Zur baulichen Repräsentation der Ingenieurausbildung in Dresden". In: Thomas Hänseroth (Hg.): *Studien zur Geschichte der TU Dresden* [175 Jahre TU Dresden; 2]. Köln u. a. 2003, S. 283–305.

Lloyd Thomas 2007
Katie Lloyd Thomas (Hg.): *Material Matters. Architecture and Material Practice.* London / New York 2007.

Lorenz / Espion 2021
Werner Lorenz / Bernard Espion: *Die Sendehalle von Radio Europe 1 in Berus* [Historische Wahrzeichen der Ingenieurbaukunst in Deutschland; 28]. Berlin 2021.

Lorenz / May 2024
Werner Lorenz / Roland May: „Kulturerbe Konstruktion – ein Forschungsverbund zur Bautechnik der Hochmoderne". In: *Industriekultur* 30 (2024), Nr. 1, S. 2–5.

Lorenz / May 2025
Werner Lorenz / Roland May: *SPP 2255 Kulturerbe Konstruktion – Erforschen, Bewerten, Erhalten.* 2., erw. Auflage, Cottbus: SPP 2255 Kulturerbe Konstruktion, BTU Cottbus-Senftenberg, 2025.

Ludwig 2009
Annette Ludwig: *Die Architekten Brüder Heinz und Bodo Rasch. Ein Beitrag zur Architekturgeschichte der zwanziger Jahre.* Tübingen 2009.

Lübbe 2000
Herman Lübbe: „Technokratie. Politische und wirtschaftliche Schicksale einer philosophischen Idee". In: *Allgemeine Zeitschrift für Philosophie* 25 (2000), Nr. 1, S. 119–137.

Lübbe 2004
Hermann Lübbe: „Der Fortschritt von gestern. Über Musealisierung als Modernisierung". In: Ulrich Borsdorf / Heinrich Theodor Grütter / Jörn Rüsen (Hg.): *Die Aneignung der Vergangenheit. Musealisierung und Geschichte.* Bielefeld 2004, S. 13–38.

Lumer 2000
Christoph Lumer: *Rationaler Altruismus. Eine prudentielle Theorie der Rationalität und des Altruismus.* Osnabrück 2000.

Lundgreen 1994
Peter Lundgreen: „Das Bild des Ingenieurs im 19. Jahrhundert". In: Michael Salewski / Ilona Stölken-Fitchen (Hg.). *Moderne Zeiten. Technik und Zeitgeist im 19. und 20. Jahrhundert.* Stuttgart 1994, S. 17–24.

Lundgreen / Grelon 1994
Peter Lundgreen / André Grelon (Hg.): *Ingenieure in Deutschland, 1770–1990.* Frankfurt am Main / New York 1994.

Mai 1989
Manfred Mai: „Das Politik- und Technikverständnis der Ingenieure". In: Werner Fricke et al. (Hg.): *Jahrbuch Arbeit und Technik in Nordrhein-Westfalen.* Bonn 1989, S. 83–92.

Mai 2011
Manfred Mai: *Technik, Wissenschaft und Politik: Studien zur Techniksoziologie und Technikgovernance.* Wiesbaden 2011.

Maier-Leibnitz 1942
Hermann Maier-Leibnitz: „Grundsätzliches über Modellmessungen zur Klarlegung der Formänderungen und Spannungen von verankerten Hängebrücken.". In: *Die Bautechnik* 20 (1942), Nr. 53/54, S. 457-463, Nr. 54/56, S. 486-490.

Maillart 1901
R[obert] M[aillart]: „Das Hennebique-System und seine Anwendungen. [Nach einem von Ing. S. de Mollins im Zürcher Ingenieur- und Architektenverein am 30. Januar 1901 gehaltenen Vortrag]". In: *Schweizerische Bauzeitung* 37 (1901), Nr. 21, S. 224–227.

Maillart 1912
R[obert] Maillart: „Zur Berechnung der Deckenkonstruktionen". In: *Schweizerische Bauzeitung* 59 (1912), Nr. 22, S. 295–299.

Maillart 1926
R[obert] Maillart: „Zur Entwicklung der unterzuglosen Decke in der Schweiz und in Amerika". In: *Schweizerische Bauzeitung* 87 (1926), Nr. 21, S. 263–265.

Maillart 1934
[Robert] Maillart: „Bogenbrücken aus Eisenbeton". In: *Cementbulletin* 2 (1934), Nr. 8, S. 1–6.

Mair 2017
Raimund Mair: *Die städtische Wunderkammer. Die hydrotechnischen Architekturmodelle in der Modellkammer des Maximilianmuseums in Augsburg.* Unveröff. Masterarbeit Leopold-Franzens-Universität Innsbruck 2017.

Mair / Weber 2018
Raimund Mair / Christiane Weber: „Hydrotechnical models of the ‚Modellkammer' (chamber of models) in Augsburg, Germany". In: Ine Wouters et al. (Hg.): *Building Knowledge, Constructing Histories* [Proceedings of the Sixth International Congress on Construction History (6ICCH), Brussels, Belgium, 9–13 July 2018], Vol. 2. Boca Raton u.a., S. 871–877.

Manegold 1981
Karl-Heinz Manegold: „Der VDI in der Phase der Hochindustrialisierung 1880 bis 1900". In: Karl-Heinz Ludwig (Hg.): *Technik, Ingenieure und Gesellschaft. Geschichte des Vereins Deutscher Ingenieure 1856–1981.* Düsseldorf 1981, S. 133–166.

Margolis 1982
Howard Margolis: *Selfishness, Altruism, and Rationality. A Theory of Social Choice.* Chicago / London 1982.

Mark 1995
Robert Mark (Hg.): *Vom Fundament zum Deckengewölbe. Großbauten und ihre Konstruktion von der Antike bis zur Renaissance.* Basel 1995.

Marsch 2000
Ulrich Marsch: *Zwischen Wissenschaft und Wirtschaft. Industrieforschung in Deutschland und Großbritannien 1880–1936.* Paderborn u.a. 2000.

Maxwell 1864
James Clerk Maxwell: „On the Calculation of the Equilibrium and Stiffness of Frames". In: *Philosophical Magazine* 27 (1864), S. 294–299.

May 2011
Roland May: *Pontifex maximus: Der Architekt Paul Bonatz und die Brücken.* Münster i. W. 2011.

May 2021
Roland May: „The role of models in the early development of Zeiss-Dywidag shells". In: Bill Addis (Hg.): *Physical models. Their historical and current use in civil and building engineering design.* Berlin 2021, S. 269–298.

May 2022
Roland May (Hg.): *Architects and Engineers – Modes of Cooperation in the Interwar Period, 1919–1939* [Kulturelle und technische Werte historischer Bauten; 7]. Basel u.a. 2022.

Meadows et al. 1972
Donella H. Meadows / Dennis L. Meadows / Jørgen Randers / William W. Behrens III (Hg.): *The Limits to Growth. A Report for the Club of Rome's Project on the Predicament of Mankind.* New York 1972.

Mehrtens 1892
[Georg Christoph] Mehrtens: „Die Prüfung des Flußeisens der Fordoner Weichsel-Brücke". In: *Centralblatt der Bauverwaltung* 12 (1892), Nr. 27, S. 285f.

Meyer 1928
W[alter] Meyer: *Telefunken in Königswusterhausen,* 3. Aufl., Berlin 1928.

Middendorf et al. 2023
Bernhard Middendorf / Cristin Umbach / Viola Koch: „Möglichkeiten und Grenzen der denkmalgerechten Instandsetzung mit Ultrahochleistungsbetonen" . In: Institut für Steinkonservierung e.V. (Hg.): *Betoninstandhaltung am Baudenkmal – Methoden,Materialien, Dauerhaftigkeit* [IFS-Bericht; 65]. Mainz 2023, S. 35–42.

Mittelstädt / Peter 2021
Jan Mittelstädt, Boris Peter: „Ein Pilotmarkt der Zukunft – REWE Green Farming". In: *Bautechnik* 98 (2021), Sonderbeilage Holzbau, Ausgabe 2, S. 130–140.

Misch 1956
Peter Misch: „Freyssinet rettet den Bau eines Rundfunksenders". In: *Beton- und Stahlbetonbau* 51 (1956). Nr. 9, S. 213f.

Möller 2016a
Eberhard Möller: „Physical and measurement models for structural analysis – an endangered part of historical constructions". In: Koenraad Van Balen / Els Verstrynge (Hg.): *Structural Analysis of Historical Constructions: Anamnesis, Diagnosis, Therapy, Controls – Proceedings of the 10th international conference on Structural Analysis of Historical Constructions in Leuven.* Boca Raton 2016, S. 1027–1034.

Möller 2016b
Eberhard Möller. „Scale models for spatial structures from the 19th to the 21st century". In: Ken'ichi Kawaguchi / Makoto Ohsaki / Toru Takeuchi (Hg.): *Spatial Structures in the 21st Century – Proceedings of the IASS Annual Symposium.* Tokio 2016.

Möller 2017
Eberhard Möller: „Towards an international database about physical models for structural design". In: Federico M. Mazzolani et al. (Hg.): *PROHITECH 17 – 3rd international conference on protection of historical constructions.* Lissabon 2017, S. 89f.

Mörsch 1908
Emil Mörsch: *Der Eisenbetonbau – seine Theorie und Anwendung.* 3. Aufl., Stuttgart 1908.

Mohr 1874
Otto Mohr: „Beitrag zur Theorie des Fachwerks". In: *Zeitschrift des Architekten- und Ingenieur-Vereins zu Hannover* 20 (1874), Sp. 509–526.

Mohr 1881
Otto Mohr: „Über die Verwerthung der Wöhler'schen Versuche für die Dimensionierung der Eisenconstructionen, insbesondere der eisernen Brücken". In: *Civilingenieur* 27 (1881), Nr. 1, Sp. 3–12.

Mohr 1886
Otto Mohr: „Über die Studienfreiheit an den technischen Hochschulen". In: *Civilingenieur* 32 (1886), Nr. 6, Sp. 473–478.

Mollins 1893
S[amuel] de Mollins: „Le béton de ciment armé, procédé Hennebique". In: *Bulletin de la Société vaudoise des ingénieurs et des architectes* 19 (1893), Nr. 6/7, S.105–107, Tf. 22f.

Müller / Haas 1971
Robert K. Müller mit Eberhard Haas: *Handbuch der Modellstatik.* Berlin/Heidelberg/New York 1971.

Müller / Kayser 1970
Robert K. Müller / Rolf Kayser: „Das Hyparschalendach des Hallenbades Hamburg Sechslingspforte –Teil II: Modelluntersuchung". In: *Beton- und Stahlbetonbau* 65 (1970), Nr. 10, S. 245–249.

Müller / Schüller 2004
Götz Müller / Margot Schüller: „Der IKT-Sektor in China und Indien. Marktüberblick und Hintergrundanalyse, (Teil 2)". In: *Journal of Current Chinese Affairs – China aktuell* 33 (2004), S. 1324–1334.

Müller / Siegrist 2014
Dietmar Müller / Hannes Siegrist (Hg.): *Professionen, Eigentum und Staat. Europäische Entwicklungen im Vergleich – 19. und 20. Jahrhundert.* Göttingen 2014.

Müller-Breslau 1886
Heinrich Müller-Breslau: *Die neueren Methoden der Festigkeitslehre und der Statik der Baukonstruktionen.* Leipzig 1886.

Müller-Breslau 1887
Heinrich Müller-Breslau: *Die graphische Statik der Baukonstruktionen.* Leipzig 1887.

Münkewarf 2023
Brit Münkewarf: „An die Decke gegangen – die denkmalgerechte Grundinstandsetzung der Staatsoper Unter den Linden". In: Sigrid Brandt / Jörg Haspel / John Ziesemer (Hg.): *Sein oder Nichtsein? Theaterbauten in der Sanierung* [ICOMOS Hefte des Deutschen Nationalkomitees; LXXX]. Berlin 2023, S. 58–62.

Nachhallgalerie 2017
„Nachhallgalerie – Ingenieurkunst am Klangkörper“. In: *Staatsoper Berlin 2010–2017*, Bd. 2: *„… ganz große Oper eben!“ Die Staatsoper Unter den Linden von 2010 bis 2017. Eine Dokumentation.* Hg. von der Senatsverwaltung für Stadtentwicklung und Wohnen, Regula Lüscher. Berlin 2017, S. 110–127.

Navier 1826
[Claude Louis Marie Henri] Navier: *Résumé des leçons données à l' École Royale des Ponts et Chaussées sur l'application de la mécanique à l'établissement des constructions et des machines. Première partie, contenant les leçons sur la résistance des matériaux, et sur l'établissement des constructions en terre, en maçonnerie et en charpente.* Paris 1826.

Nerdinger 1993
Winfried Nerdinger (Hg.): *Bauen im Nationalsozialismus.* Bayern 1933–1945. München 1993.

Nerdinger 2005
Winfried Nerdinger (Hg.): *Leicht Bauen – Natürlich Gestalten. Frei Otto – Das Gesamtwerk.* Basel 2005.

Nerdinger 2012
Winfried Nerdinger (Hg.): *Der Architekt. Geschichte und Gegenwart eines Berufsstandes.* 2 Bde., München 2012.

Nichols 2021
Sarah Nichols: *Opération Béton: Constructing Concrete in Switzerland 1871–1972*, Diss. ETH Zürich, 2021.

Nievergelt 1995
Dieter Nievergelt: „Technische Innovationen in traditionellem Gewand. Die Stauffacherbrücke in Zürich. Sanierung der Brücke und Rekonstruktion der Leuchten 1990–1992“. In: *Kunst + Architektur in der Schweiz* 46 (1995), Nr. 2, S. 161–171.

Nolte 2011
Paul Nolte: „Die Machbarkeit der Welt. Technik, Gesellschaft und Politik im utopischen 20. Jahrhundert“. In: Klaus Geus (Hg.): *Utopien, Zukunftsvorstellungen, Gedankenexperimente. Literarische Konzepte von einer „anderen“ Welt im abendländischen Denken von der Antike bis zur Gegenwart.* Frankfurt a. M. 2011, S. 229–253.

Obertreis 2016
Julia Obertreis: „Von gezähmten Flüssen, grandiosen Staumauern und Neuen Menschen. Wasser und die Transformation von Landschaft und Mensch im 19. und 20. Jahrhundert“. In: *Geschichte in Wissenschaft und Unterricht* 67 (2016), Nr. 11–12, S. 656–674.

Oppe et al. 2020
Matthias Oppe / Thorsten Helbig / Florian Scheible: „Elemente aus technischer Kaltkeramik | Nachhal(l)tige Innovation im Denkmal“. In: Bernhard Weller / Leonie Scheuring (Hg.): *Denkmal und Energie 2020.* Wiesbaden 2020, S. 69–83.

Orlowsky / Groh 2023
Jeanette Orlowsky / Melanie Groh: „Instandsetzung denkmalgeschützter Stahlbetonbauwerke mit Textilbeton“ . In: Institut für Steinkonservierung e.V. (Hg.): *Betoninstandhaltung am Baudenkmal – Methoden, Materialien, Dauerhaftigkeit* [IFS-Bericht; 65]. Mainz 2023, S. 43–52.

Osterhammel 2016
Jürgen Osterhammel: *Die Verwandlung der Welt. Eine Geschichte des 19. Jahrhunderts.* 2. Aufl. Sonderausgabe München 2016.

Otto / Burkhardt / Hennicke 1975
Frei Otto / Berthold Burkhardt / Jürgen Hennicke (Hg.): *IL 8: Netze in Natur und Technik.* Stuttgart 1975.

Paulitz 2012
Tanja Paulitz: *Mann und Maschine. Eine genealogische Wissenssoziologie des Ingenieurs und der modernen Technikwissenschaften, 1850–1930.* Bielefeld 2012.

Pesztat 2018
Yaron Pesztat (Hg.): *Blaton: une dynastie de constructeurs.* Brüssel 2018.

Pfammatter 2012
Ulrich Pfammatter: „Architekt und Ingenieur – Aspekte der Entwicklung und Zukunft der Baudisziplinen“. In: Winfried Nerdinger (Hg.): *Der Architekt – Geschichte und Gegenwart eines Berufsstandes.* Bd. 2, München 2012, S. 559–576.

Picon 1992 (1988)
Antoine Picon: *French Architects and Engineers in the Age of Enlightenment.* Cambridge 1992 [franz. Orig.-Ausg. *Architectes et ingénieurs au siècle des Lumières.* Marseille 1988].

Pogacnik 2018
Marco Pogacnik: „Emil Mörsch und die Fachwerkanalogie. Zum 100. Jubiläum der Berufung Emil Mörschs an die TH Stuttgart“. In: *Beton- und Stahlbetonbau* 113 (2018), Nr. 6, S. 466–478.

Pratt 1991
Mary Louise Pratt: „Arts of the Contact Zone“. In: *Profession* [15] (1991), S. 33–40.

Preisinger 2013
Clemens Preisinger: „Linking Structure and Parametric Geometry“. In: *Architectural Design* 83 (2013), Nr. 2 [Special Issue Computation Works: The Building of Algorithmic Thought], S. 110–113.

Pugsley 1966
Alfred Pugsley: *The Safety of Structures.* London 1966.

Putz 2020
Andreas Putz: „Konservatorisch-restauratorische Untersuchung, Konzeptionen der Erhaltung, denkmalpflegerische Bewertung“. In: Eberhard Möller / Andreas Putz / Christiane Weber: *„Last Witnesses“ – physical models in civil engineering – scientific meaning and conservation.* Unveröff. Antrag für ein Teilprojekt in der ersten Förderphase des DFG-SPP 2255 „Kulturerbe Konstruktion“, 2020, S. 8f.

Qilin 2015
Z[hang] Qilin: „16 – Recent developments in architectural fabric structures in China“. In: Josep Ignasi de Llorens (Hg.): *Fabric Structures in Architecture* [Woodhead Publishing Series in Textiles; 165]. Cambridge u.a. 2015, S. 529–584.

Radkau 2008
Joachim Radkau: *Technik in Deutschland. Vom 18. Jahrhundert bis zur Gegenwart.* 2. Aufl., Frankfurt am Main 2008.

Radkau 2017
Joachim Radkau: *Geschichte der Zukunft. Prognosen, Visionen, Irrungen in Deutschland von 1945 bis heute.* München 2017.

Rankine 1856
William J. M. Rankine: *Introductory Lecture on the Harmony of Theory and Practice in Mechanics.* Glasgow 1856.

Rankine 1858
William J. M. Rankine: *A Manual of Applied Mechanics.* Glasgow 1858.

Rasch 1984
Bodo Rasch: *Ideen – Projekte – Bauten. Werkbericht 1924 bis 1984.* Stuttgart 1984.

Rauhut 2015
Christoph Rauhut: „‚Bauplatzstatik‘ – How structural theory altered average building processes and how daily routine influenced structural analysis“. In: Brian Bowen et al. (Hg.): *Proceedings of the 5th International Congress on Construction History, Chicago, 03.-07.06.2015*, Vol. 3. Chicago 2015, S. 163–170.

Rauhut / Meyer 2018
Christoph Rauhut / Torsten Meyer: „‚Theory‘ and systematic testings – Emil Mörsch, Carl Bach and the culture of experimentation into reinforced concrete construction at the turn of the twentieth century“. In: Ine Wouters et al. (Hg.): *Building Knowledge, Constructing Histories* [Proceedings of the Sixth International Congress on Construction History (6ICCH), Brussels, Belgium, 9–13 July 2018], Vol. 2. Boca Raton u.a., 2018, S. 1105–1112.

Réal 1990
Bernard Réal: *La puce et le chomage. Essai sur la relation entre le progrès technique, la croissance et l'emploi.* Paris 1990.

Reckter 1967
F[riedrich] Reckter (Bearb.): *Glas im Bau. Ein technischer Leitfaden für Studierende.* 4. Aufl., Düsseldorf-Gerresheim 1967.

Reiss 2011
Hannah Reiss: „Das Kuppelmodell des Münchener Hauptbahnhofs, geprüft von der Materialprüfungsanstalt Stuttgart“. In: *Der Stahlbau* 80 (2011), Nr. 1, S. 10–14.

Reith 2006
Reinhold Reith: „Einleitung. Innovationsforschung und Innovationskultur". In: ders. / Rupert Pichler / Christian Dirninger (Hg.): *Innovationskultur in historischer und ökonomischer Perspektive.* Innsbruck u.a. 2006, S. 11–20.

Reith / Stöger 2012
Reinhold Reith / Georg Stöger: „Reparieren – oder die Lebensdauer der Gebrauchsgüter. Einleitung zum Themenheft ‚Reparieren' der Zeitschrift Technikgeschichte". In: *Technikgeschichte* 79 (2012), S. 173–184.

Reulecke 2004
Jürgen Reulecke: „Fortschrittseuphorie und Fortschrittskritik um 1900. Die Ambivalenz der Moderne". In: Hans-Walter Herrmann (Hg.): *Forschungsaufgabe Industriekultur. Die Saarregion im Vergleich.* Merzig 2004, S. 57–70.

Richter / Stamm-Kuhlmann 2018
Hedwig Richter / Thomas Stamm-Kuhlmann: „Alte Hüte. Preußen, Reformen und Moderne". In: *Zeitschrift für Ideengeschichte* 12 (2018), Nr. 1, S. 118–125.

Ricken 1994
Herbert Ricken: *Der Bauingenieur: Geschichte eines Berufes.* Berlin 1994.

Ricken 1998a
Herbert Ricken (Hg.): *Zur Geschichte der Bauingenieurkunst und -wissenschaft* [Bautechnik Spezial Sonderheft 78 (1998)].

Ricken 1998b
Herbert Ricken: „Der Verband Deutscher Architekten- und Ingenieurvereine (VDAIV)". In: ders. (Hg.): *Bauingenieure. Zur Geschichte der Bauingenieurkunst und -wissenschaft* [Bautechnik Spezial Sonderheft 78 (1998)], S. 112–120.

Riedler 1898
Alois Riedler: *Unsere Hochschulen und die Anforderungen des zwanzigsten Jahrhunderts.* Berlin 1898.

Riedler 1900a
Alois Riedler: *Rede zur Feier der Jahrhundertwende am 9. Januar 1900.* Berlin 1900.

Riedler 1900b
Alois Riedler: *Über die geschichtliche und zukünftige Bedeutung der Technik. Rede zum Geburtstagsfeste Seiner Majestät des Kaisers und Königs Wilhelm II. […] am 26. Januar 1900.* Berlin 1900.

Rinke 2018
Mario Rinke: „Sculptured Form, concealed Forces". In: Daniel Mettler / Daniel Studer (Hg.): *Made of Concrete.* Basel 2018, S. 120–126.

Rinke / Kotnik 2012
Mario Rinke / Toni Kotnik: „Der entfesselte Baustoff. Zur Rezeption des frühen Eisenbetons und seiner Konstruktionsspezifik". In: *Beton- und Stahlbetonbau* 107 (2012), Nr. 9, S. 635–644.

Ritter 1863
August Ritter: *Elementare Theorie und Berechnung eiserner Dach- und Brücken-Constructionen.* Hannover 1863.

Ritter 1899
W[ilhelm] Ritter: „Die Bauweise Hennebique". In: *Schweizerische Bauzeitung* 33 (1899), Nr. 5, S. 41–43, Nr. 6, S. 49–52, Nr. 7, S. 59–61.

Ritter / Tetmajer 1891
[Wilhelm] Ritter / [Ludwig von] Tetmajer: „Bericht über die Mönchensteiner Brücken-Katastrophe". In: *Schweizerische Bauzeitung* 18 (1891), Sonderbeilage, S. 1–18.

Rockström et al. 2009
Johan Rockström et al.: „A safe operating space for humanity". In: *Nature* 461 (2009), Nr. 7263, S.472–475.

Rohbeck 2010
Johannes Rohbeck: *Über eine praktische Geschichtsphilosophie der Zukunft.* Berlin 2010.

Rohkrämer 1999
Thomas Rohkrämer: *Eine andere Moderne? Zivilisationskritik, Natur und Technik in Deutschland 1880–1933.* Paderborn u. a. 1999.

Rohkrämer 2003
Thomas Rohkrämer: „Die Vision einer deutschen Technik. Ingenieure und das ‚Dritte Reich'". In: Wolfgang Hardtwig (Hg.): *Utopie und politische Herrschaft im Europa der Zwischenkriegszeit.* München 2003, S. 287–307.

Rosenberg 1972
Nathan Rosenberg: „Factors Affecting the Diffusion of Technology". In: *Explorations in Economic History* 10 (1972), Nr. 1, S. 3–33.

Rosenberg 1976
Nathan Rosenberg: *Perspectives on Technology.* Cambridge (Mass.) 1976.

Ruhl 1982
Hans-Jörg Ruhl (Hg.): *Neubeginn und Restauration. Dokumente zur Vorgeschichte der Bundesrepublik Deutschland 1945–1949.* München 1982.

Sabrow 2019
Martin Sabrow: „‚Auf der Abschiedstreppe der postkapitalistischen Alternative'. Ein Gespräch mit Martin Sabrow über Zäsuren, Kontinuitäten und die Frage der Perspektive". In: *INDES. Zeitschrift für Politik und Gesellschaft* 8 (2019), Nr. 1, S. 7–24.

Saint 2008
Andrew Saint: *Architect and Engineer: A Study in Sibling Rivalry.* New Haven, Conn. u. a. 2008.

Samter 1909
Heinrich Samter (Hg.): *Das Reich der Erfindungen.* Berlin / Leipzig 1909.

Sander 2021
Tobias Sander: *Die doppelte Defensive. Soziale Lage, Mentalitäten und Politik der Ingenieure in Deutschland 1890–1933.* 3. Aufl. Wiesbaden 2021.

SBZ 1899
„Die neue Stauffacher-Brücke in Zürich". In: *Schweizerische Bauzeitung* 33 (1899), Nr. 9, S. 82f.

SBZ 1902a
„Provisorische Normen für Beton-Eisen-Bauten". In: *Schweizerische Bauzeitung* 39 (1902), Nr. 23, S. 251–253.

SBZ 1902b
„Expertenbericht betreffend den Gebäudeeinsturz in der Aeschenvorstadt Basel am 28. August 1901". In: *Schweizerische Bauzeitung* 39 (1902), Nr. 20, S. 213–230.

SBZ 1904
„Provisorische Normen für die Projektierung, Ausführung und Kontrolle von Bauten in armiertem Beton". In: *Schweizerische Bauzeitung* 43 (1904), Nr. 1, S. 15f., Nr. 12, S. 150–152.

SBZ 1906
„Der Einsturz des Theaterdekorationsmagazins in Bern am 23. August 1905". In: *Schweizerische Bauzeitung* 48 (1906), Nr. 10, S. 115–121, Nr. 11, S. 137.

Schattenberg 2004
Susanne Schattenberg: „Stalinismus in den Köpfen. Ingenieure konstruieren ihre Welt". In: *Geschichte und Gesellschaft* 30 (2004), Nr. 1S. 94–117.

Schlaich / Schober 1992
Jörg Schlaich / Hans Schober: „Verglaste Netzkuppeln". In: *Bautechnik* 69 (1992), Nr. 1, S. 3–10.

Schlimme 2012
Hermann Schlimme: „Das internationale Hennebique-Patent zur Herstellung von Stahlbetonbauten und seine Anwendung in Italien. Der Mercato Orientale in Genua von Giovanni Antonio Porcheddu (1896–99). Ein Beitrag zur Wissensgeschichte der Architektur", In: *Römisches Jahrbuch der Bibliotheca Hertziana* 39 (2009/10), publ. 2012, S. 391–426.

Schmid 2018
Benjamin Schmid: *Die Innovationen physischer Modelle im 20. Jahrhundert und deren Folgen für Entwurf und Konstruktion.* Unveröff. Masterarbeit Leopold-Franzens-Universität Innsbruck 2018.

Schmid 2024
Benjamin Schmid: *Messmodelle im Netzwerk – Bautechnikhistorische Studien zur Netzwerkbildung im Bauwesen der Hochmoderne am Beispiel der Modellstatik.* Diss. Universität Innsbruck, 2024.

Schmid et al. 2024
Benjamin Schmid / Baris Wenzel / Christiane Weber / Eberhard Möller / Andreas Putz / Mareike Stöber: „Messmodelle im Ingenieurbauwesen. Eine Bilanz". In: *Bautechnik* 101 (2024), Nr. 5, S. 335–340

Schmid / Weber 2021
Benjamin Schmid / Christiane Weber: „The experiments on measurement models for the Munich Olympic site". In: João Mascarenhas-Mateus / Ana Paula Pires (Hg.): *History of Construction Cultures. Proceedings of the Seventh International Congress on Construction History.* Boca Raton u.a. 2021, S. 625–631.

Schmid / Weber 2022
Benjamin Schmid / Christiane Weber: „Das Messmodell für die Alster-Schwimmhalle Hamburg – ein interdisziplinäres Zusammenwirken Stuttgarter Bauingenieure auf dem Gebiet der Modellstatik". In: *Materialgerecht konstruiert!?! Tagungsband der Fünften Jahrestagung vom 10. bis 11. Juni 2021 in Zürich* [Schriftenreihe der Gesellschaft für Bautechnikgeschichte; 4]. Petersberg 2023, S. 207–224.

Schmookler 1966
Jacob Schmookler: *Invention and Economic Growth.* Cambridge (Mass.) 1966.

Schober 2015
Hans Schober: *Transparente Schalen. Form, Topologie, Tragwerk.* Berlin 2015

Scholl 1981
Lars U. Scholl: „Der Ingenieur in Ausbildung, Beruf und Gesellschaft 1856 bis 1881". In: Karl-Heinz Ludwig (Hg.): *Technik, Ingenieure und Gesellschaft. Geschichte des Vereins Deutscher Ingenieure 1856–1981.* Düsseldorf 1981, S. 1–66.

Schröder 2016
Ebbo Schröder: „Die (Nicht-)Verantwortung des Technikers: Albert Speer vor Gericht und in der Presse". In: *Technikgeschichte* 83 (2016), Nr. 4, S. 287–306.

Schuller et al. 2009
Manfred Schuller et al. (Hg.): *Modelle und Architektur / Les Maquettes d'architecture / Models and Architecture.* München 2009. In URL: www.sabinefrommel.eu/Booklet_Kolloquium Modelle UndArchitektur.pdf [Zugriff am 04.08.2025].

Schumpeter 1911
Joseph A. Schumpeter: *Theorie der wirtschaftlichen Entwicklung.* Leipzig 1911.

Schumpeter 1939
Joseph A. Schumpeter: *Business Cycles.* 2 Bde., New York 1939.

Schwarz 2012
Martin Schwarz: „,Die Härte des Krieges verlangt stählerne Herzen.' Selbst- und Fremdbilder deutscher Ingenieure in der Zeit des Nationalsozialismus". In: *Dresdener Beiträge zur Geschichte der Technikwissenschaften* 33 (2012), S. 7–27.

Schwedler 1861
J[ohann] W[ilhelm] Schwedler: „Der eiserne Ueberbau der Brahe-Brücke bei Czersk, in der Bromberg-Thorner Eisenbahn". In: *Zeitschrift für Bauwesen* 11 (1861), Sp. 579–602, Atlas, Bl. 63f.

Scigliano 2003
Dino Scigliano: *Das Management radikaler Innovationen. Eine strategische Perspektive.* Wiesbaden 2003.

Scott 1998
James C. Scott: *Seeing like a state. How certain schemes to improve the human condition have failed.* New Haven/London 1998.

Seefried 2016
Elke Seefried: „Bruch im Fortschrittsverständnis? Zukunftsforschung zwischen Steuerungseuphorie und Wachstumskritik". In: Anselm Doering-Manteuffel / Lutz Raphael / Thomas Schlemmer (Hg.): *Vorgeschichte der Gegenwart. Dimensionen des Strukturbruchs nach dem Boom.* Göttingen 2016, S. 425–449.

Siegrist 2004
Hannes Siegrist: „The Professions in Nineteenth-Century Europe". In: Hartmut Kaelble (Hg.): *The European Way. European Societies during the Nineteenth and Twentieth Centuries.* New York 2004, S. 68–88.

Siemens 1886
Werner Siemens: „Das naturwissenschaftliche Zeitalter. Vortrag in der 59. Versammlung deutscher Naturforscher und Ärzte am 18. September 1886". In: ders.: *Wissenschaftliche und Technische Arbeiten.* Bd. 2, Berlin 1891, S. 491–499.

Sobek 2009
Werner Sobek: „Vom Institut für Massivbau zum Institut für Leichtbau Entwerfen und Konstruieren. Das Institut nach der Emeritierung von Fritz Leonhardt". In: Joachim Kleinmanns / Christiane Weber (Hg.): *Fritz Leonhardt 1909–1999. Die Kunst des Konstruierens.* Stuttgart 2009, S. 160–163.

Sobek 2022
Werner Sobek: *non nobis – über das Bauen in der Zukunft,* Bd. 1: *Ausgehen muss man von dem, was ist.* Stuttgart 2022

Sobek 2023
Werner Sobek: *non nobis – über das Bauen in der Zukunft,* Bd. 2: *Über die Randbedingungen des Zukünftigen.* Stuttgart 2023

Sonntag 1988
Klaus-Peter Sonntag: *Die soziale Rolle des Ingenieurs im Wandel der deutschen Gesellschaft. Eine sozialgeschichtliche Studie.* Würzburg 1988.

Speer 1969
Albert Speer: *Erinnerungen.* Berlin 1969.

Speich Chassé 2012
Daniel Speich Chassé: „Fortschritt und Entwicklung", Version 1.0. In: *Docupedia-Zeitgeschichte,* veröff. 21.9.2012. In URL: http://docupedia.de/zg/chasse_fortschritt_v1_de_2012 [Zugriff am 09.03.2022, 10:30].

Spieker 2009
Elisabeth Spieker: „Die Planung des Olympiadachs in München. Fritz Leonhardt – Mitwirkung und Impulse". In: Joachim Kleinmanns / Christiane Weber (Hg.): *Fritz Leonhardt 1909–1999. Die Kunst des Konstruierens.* Stuttgart 2009, S. 118–125.

Springer 1963
Ludwig Springer: *Lehrbuch der Glastechnik.* 5., völlig überarb. Aufl., Düsseldorf 1963

Steffen et al. 2015
Will Steffen / Wendy Broadgate / Lisa Deutsch / Owen Gaffney / Cornelia Ludwig: „The trajectory of the Anthropocene: The Great Acceleration". In: *The Anthropocene Review* 2 (2015), Nr. 1, S. 81–98.

Stegmann 2011
Knut Stegmann: „Zu den deutschen Anfängen des Bauens mit Beton. Der Stampfbetonpionier Eugen Dyckerhoff (1844–1924)". In: *Beton- und Stahlbetonbau* 106 (2011), Nr. 6, S. 415–424.

Stegmann 2014
Knut Stegmann: *Das Bauunternehmen Dyckerhoff & Widmann. Zu den Anfängen des Betonbaus in Deutschland 1865–1918.* Tübingen 2014.

Steppler / Tschümperlin 2022
Markus Steppler / Franz Tschümperlin: „,The Cradle' – Holzhybridbau in Düsseldorf nach cradle-to-cradle-Prinzipien". In: *26. Internationales Holzbau-Forum (IHF) 2022: Aus der Praxis – Für die Praxis* [Forum Holzbau, International], Bd. II. Biel 2022, S. 32–45

Stichweh 1996
Rudolf Stichweh: „Professionen in einer funktional ausdifferenzierten Gesellschaft". In: Arno Combe / Werner Helsper (Hg.): *Pädagogische Professionalität. Untersuchungen zum Typus pädagogischen Handelns.* Frankfurt am Main 1996, S. 49–69.

Stiglat 2004
Klaus Stiglat (Hg.): *Bauingenieure und ihr Werk.* Berlin 2004.

Structural Engineer 1955
„Report on structural safety". In: *The Structural Engineer* 33 (1955), Nr. 5, S. 141–149.

Taylor 1911
Frederick Winslow Taylor: *The principles of scientific management.* New York/London1911.

Taylor 1995
Charles Taylor: *Das Unbehagen an der Moderne.* Frankfurt a. M. 1995.

Thuy / Rinke 2018
Andreas Thuy / Mario Rinke: „The mushroom column – Origins, concepts and differences". In: Ine Wouters et al. (Hg.): *Building Knowledge, Constructing Histories* [Proceedings of the Sixth International Congress on Construction History (6ICCH), Brussels, Belgium, 9–13 July 2018], Vol. 2. Boca Raton u.a., 2018, S. 1271–1278.

Tichi 1987
Cecelia Tichi: *Shifting Gears: Technology,*

Literature, Culture in Modernist America. Chapel Hill 1987.

Trischler 2001
Helmuth Trischler: „Das bundesdeutsche Innovationssystem in den ‚langen 1970er Jahren'. Antworten auf die ‚amerikanische Herausforderung'". In: Johannes Abele / Gerhard Bankleit / Thomas Hänseroth (Hg.): *Innovationskulturen und Fortschrittserwartungen im geteilten Deutschland.* Köln u.a. 2001, S. 47–70.

Trischler / Steiner 2008
Helmuth Trischler / Kilian J. L. Steiner: „Innovationsgeschichte als Gesellschaftsgeschichte. Wissenschaftlich konstruierte Nutzerbilder in der Automobilindustrie seit 1950". In: *Geschichte und Gesellschaft* 34 (2008), S. 455–488.

Trout 2021
Edwin Trout: „Scale models for structural testing at the Cement and Concrete Association, UK: 1951-1973". In: Bill Addis (Hg.): *Physical models. Their historical and current use in civil and building engineering design.* Berlin 2021, S. 511–549.

Uihlein 2016
M[arci] S. Uihlein: „Elmer Lawrence Corthell (1840–1916) and the ambitions of a civil engineer". In: *Construction History* 31 (2016), Nr. 1, S. 141–159.

UNEP 2020
United Nations Environment Programme: *2020 Global Status Report for Buildings and Construction: Towards a Zero-emissions, Efficient and Resilient Buildings and Construction Sector.* Nairobi 2020.

Van de Voorde / Kuban / Yeomans 2017
Stephanie Van de Voorde / Sabine Kuban / David Yeomans: „Early Regulations and Guidelines on Reinforced Concrete in Europe (1900–1950). Towards an International Comparison". In: James Campbell et al. (Hg.): *Proceedings of the 4th Annual Construction History Society Conference, Cambridge, April 7-9, 2017.* Cambridge 2017, S. 345–356.

van Laak 2012
Dirk van Laak: „Technokratie im Europa des 20. Jahrhunderts – eine einflussreiche ‚Hintergrundideologie'". In: Lutz Raphael (Hg.): *Theorien und Experimente der Moderne. Europas Gesellschaften im 20. Jahrhundert.* Köln 2012, S. 101–128.

Victor 1979
Stephen K. Victor (Hg.): *Practical Geometry in the High Middle Ages. Artis cuiuslibet consummatio and the Pratike de Geometrie* [Memoirs of the American Philosophical Society; 134]. Philadelphia 1979.

Vierendeel 1890
A[rthur] Vierendeel: *L'architecture métallique au XIXe siècle et l'exposition de 1889, à Paris.* Brüssel 1890.

Vischer / Hilberseimer 1928
Julius Vischer / Ludwig Hilberseimer: *Beton als Gestalter: Bauten in Eisenbeton und ihre architektonische Gestaltung – Ausgeführte Betonbauten.* Stuttgart 1928.

von Plato 1998
Alexander von Plato: „Helden des Fortschritts? Zum Selbstbild von Technikern und Ingenieuren im Nationalsozialismus und in der Nachkriegszeit". In: Wilhelm Füßl / Stefan Ittner (Hg.): *Biographie und Technikgeschichte* [BIOS. Zeitschrift für Biographieforschung und Oral History 11 (1998), Sonderheft], S. 127–165.

von Weber 1877
Max Maria von Weber: *Die Stellung der Deutschen Techniker im staatlichen und socialen Leben.* [Populäre Erörterungen von Eisenbahn-Zeitfragen; VI]. Wien u. a. 1877.

von Weber 1882
Max Maria von Weber: *Vom rollenden Flügelrade.* Berlin 1882.

von Weber 1907
Max Maria von Weber: *Aus der Welt der Arbeit. Gesammelte Schriften*, hg. v. Maria v. Wildenbruch. Berlin 1907.

Voormann / Schüller 2009
Friedmar Voormann / Matthias Schüller: „Fritz Leonhardt als junger Ingenieur – Frühe Erfahrungen im Großbrückenbau". In: *Der Stahlbau* 78 (2009), Nr. 6, S. 378–384.

Vorläufige Leitsätze 1909 (1904)
Vorläufige Leitsätze für die Vorbereitung, Ausführung und Prüfung von Eisenbetonbauten. Aufgestellt vom Verbande deutscher Architekten- und Ingenieurvereine und dem Deutschen Beton-Verein vom 26.03.1904. 4. unv. Aufl., Berlin 1909.

Voßbein / Lehmitz 1970
Hartmut Voßbein / Karl Lehmitz: „Das Hyparschalendach des Hallenbades Hamburg Sechslingspforte – Teil III: Bauausführung". In: *Beton- und Stahlbetonbau* 65 (1970), Nr. 11, S. 261–264.

Wachsmann 1959
Konrad Wachsmann: *Wendepunkt im Bauen.* Wiesbaden 1959.

Wagner-Kyora 2009
Georg Wagner-Kyora: *Vom „nationalen" zum „sozialistischen" Selbst. Zur Erfahrungsgeschichte deutscher Chemiker und Ingenieure im 20. Jahrhundert.* Stuttgart 2009.

Watson 2020
Natasha Watson: „Lean Design: 10 things to do now". In: *The Structural Engineer* 98 (2020), Nr. 8, S. 12–14.

Wayss 1887
G[ustav] A[dolf] Wayss (Hg.): *Das System Monier (Eisengerippe mit Cementumhüllung) in seiner Anwendung auf das gesammte Bauwesen.* Berlin 1887.

Weber 1973 (1903)
Max Weber: „Rocher und Knies und die logischen Probleme der Nationalökonomie" [Erstveröff. 1903]. In: ders.: *Gesammelte Aufsätze zur Wissenschaftslehre (1922).* Tübingen 1973, S. 1–145.

Weber 1980 (1922)
Max Weber: „Soziologische Grundbegriffe". In: ders.: *Wirtschaft und Gesellschaft. Grundriss der verstehenden Soziologie* [Erstveröff. 1922], hg. v. Johannes Winckelmann. 5. Aufl., Tübingen 1980, S. 1–30.

Weber 1985 (1919)
Max Weber: „Wissenschaft als Beruf" [Erstveröff. 1919]. In: ders.: *Gesammelte Aufsätze zur Wissenschaftslehre*, hg, v. Johannes Winckelmann. 6. Aufl., Tübingen 1985, S. 582–613.

Weber 1988 (1905)
Max Weber: „Die protestantische Ethik und der Geist des Kapitalismus" [Erstveröff. 1905]. In: ders.: *Gesammelte Aufsätze zur Religionssoziologie (1920).* Bd. I, 9. Aufl. Tübingen 1988, S. 17–206.

Weber 1988 (1909)
Max Weber: „Debattenrede auf der Tagung des Vereins für Sozialpolitik in Wien 1909". In: ders.: *Gesammelte Aufsätze zur Soziologie und Sozialpolitik*, hg. v. Marianne Weber. 2. Aufl., Tübingen 1988, S. 413f.

Weber 1988 (1910)
Max Weber: „Diskussionsrede zu Werner Sombarts Vortrag über Technik und Kultur auf dem ersten Deutschen Soziologentage in Frankfurt 1910". In: ders.: *Gesammelte Aufsätze zur Soziologie und Sozialpolitik*, hg. v. Marianne Weber. 2. Aufl., Tübingen 1988, S. 449–456.

Weber 2009
Christiane Weber: „Fritz Leonhardt's Contribution to the Construction of the New Main Station of Munich (1939–1942)". In: Karl-Eugen Kurrer / Werner Lorenz / Volker Wetzk (Hg.): *Proceedings of the Third International Congress on Construction History, BTU Cottbus, 20.–24.05.2009*, Vol. 3. Berlin 2009, S. 1485–1492.

Weber 2010
Christiane Weber: „Der Deutsche Pavillon auf der Weltausstellung 1967 in Montréal". In: Klaus Jan Philipp (Hg.): *Rolf Gutbrod. Bauen in den Boomjahren der 1960er.* Salzburg 2010, S. 68–83.

Weber 2011
Christiane Weber: *Fritz Leonhardt: „Leichtbau – eine Forderung unserer Zeit. Anregungen für den Hoch- und Brückenbau". Zur Einführung baukonstruktiver Innovationen im Leichtbau in den 1930er und 1940er Jahren.* Karlsruhe 2011.

Weber 2013
Silvia Weber: *Betoninstandsetzung.* 2. Aufl., Wiesbaden 2013.

Weber 2014
Christiane Weber: „Ich traue der reinen Rechnung

nicht, wenn diese nicht am Modell überprüftwerden kann (I cannot trust the pure calculation, if this cannot be verified with a model). Frei Otto and model testing". In: James W. P. Campbell et al. (Hg.): *Proceedings of the first conference of the Construction History Society.* Cambridge 2014, S. 445–453.

Weber 2015a
Christiane Weber: „L'utilisation de maquettes simulant le comportement statique à l'École polytechnique de Stuttgart (1930–1970)". In: Guy Amsellem / Mireille Grubert (Hg.): *La Maquette. Un outil au service du projet architectural. Actes du colloque qui s'est entue les 20–21 mai 2011 à la Cité de l'architecture & du patrimoine.* Paris 2015, S. 97–112.

Weber 2015b
Christiane Weber: „The last witnesses – physical models in architecture and structural design, taking the Technical University in Stuttgart as an example". In: Brian Bowen et al. (Hg.): *Proceedings of the 5th International Congress on Construction History, Chicago, 03.-07.06.2015,* Vol. 3. Chicago 2015, S. 569–576.

Weber 2019
Heike Weber: „Zeitschichten des Technischen: Zum Momentum, Alter(n) und Verschwinden von Technik". In: Martina Heßler / Heike Weber (Hg.): *Provokationen der Technikgeschichte. Zum Reflexionszwang historischer Forschung.* Paderborn 2019, S. 107–150.

Weber 2021a
Christiane Weber: „Physical modelling at the University of Stuttgart". In: Bill Addis (Hg.): *Physical Models. Their historical and current use in civil and building engineering design.* Berlin 2021, S. 415–440.

Weber 2021b
Heike Weber: „Unter Zeitdruck. Zur Relevanz der historischen Zeit-Expertise für die Technikgestaltung und -bewertung im Anthropozän". In: *Technikgeschichte* 88 (2021), S. 399–408.

Weber / Schöll 2021
Christiane Weber / Maximilian Schöll: „The Gothic Town Hall Model of Augsburg". In: João Mascarenhas-Mateus / Ana Paula Pires (Hg.): *History of Construction Cultures. Proceedings of the Seventh International Congress on Construction History.* Boca Raton u.a. 2021, S. 100–106.

Weber / Ziegler 2011
Christiane Weber / Volker Ziegler: „Otto Graf (1881–1956) und die Baustoffprüfung an der Technischen Hochschule Stuttgart". In: *Beton- und Stahlbetonbau* 106 (2011), Nr. 8, S. 594–603.

Weihe 1918
Carl Weihe: *Max Maria von Weber. Ein Lebensbild des Dichter-Ingenieurs mit Auszügen aus seinen Werken.* Berlin 1918.

Wendt 1906
Ulrich Wendt: *Die Technik als Kulturmacht in sozialer und in geistiger Beziehung.* Berlin 1906.

Wengenroth 2001
Ulrich Wengenroth: „Vom Innovationssystem zur Innovationskultur. Perspektivwechsel in der Innovationsforschung". In: Johannes Abele / Gerhard Bankleit / Thomas Hänseroth (Hg.): *Innovationskulturen und Fortschrittserwartungen im geteilten Deutschland.* Köln u.a. 2001, S. 21–32.

Wengenroth 2002
Ulrich Wengenroth: „Die Flucht in den Käfig: Wissenschafts- und Innovationskultur in Deutschland 1900–1960". In: Rüdiger vom Bruch / Brigitte Kaderas (Hg.): *Wissenschaften und Wissenschafts- politik. Bestandsaufnahmen zu Formationen, Brüchen und Kontinuitäten im Deutschland des 20. Jahrhunderts.* Stuttgart 2002, S. 52–59.

Wengenroth 2012
Ulrich Wengenroth: „,Von der unsicheren Sicherheit zur sicheren Unsicherheit'. Die reflexive Modernisierung in den Technikwissenschaften". In: ders. (Hg.): *Grenzen des Wissens – Wissen um Grenzen.* Weilerswist 2012, S. 193–213.

Wengenroth 2014
Ulrich Wengenroth: „Brücken in die Moderne". In: Ulrich Beck / Martin Mulsow (Hg.): *Vergangenheit und Zukunft der Moderne.* Frankfurt am Main 2014, S. 183–231.

Wengenroth 2015
Ulrich Wengenroth: „Technik der Moderne – Ein Vorschlag zu ihrem Verständnis, Version 1.0", veröff. 06.11.2015. In URL: https://www.mcts.tum.de/wp-content/uploads/2018/11/TdM-gesamt-1.0.pdf [Zugriff am 30.06.2022, 10:45].

Wieland 2006
Thomas Wieland: „Innovationskultur. Theoretische und empirische Annäherungen an einen Begriff". In: Reinhold Reith / Rupert Pichler / Christian Dirninger (Hg.): *Innovationskultur in historischer und ökonomischer Perspektive.* Innsbruck u.a. 2006, S. 21–38.

Wieland 2009
Thomas Wieland: *Neue Technik auf alten Pfaden? Forschungs- und Technologiepolitik in der Bonner Republik. Eine Studie zur Pfadabhängigkeit des technischen Fortschritts.* Bielefeld 2009.

Wiens / Peter 2022
Klaus Wiens / Boris Peter: „Rewe Green Farming – ein Supermarkt der Zukunft". In: *26. Internationales Holzbau-Forum (IHF) 2022: Aus der Praxis – Für die Praxis* [Forum Holzbau, International], Bd. II. Biel 2022, S. 46–56

Wissenschaftliche Dienste 2020
Wissenschaftliche Dienste des Deutschen Bundestages: „Sachstand – Fachkräftemangel nach Berufsgruppen und Wirtschaftsbereichen", Aktenzeichen: WD 6 - 3000 - 085/20, 21.9.2020. URL: https://www.bundestag.de/resource/blob/801478/7cddb3fc504b90dd5a7aa24865a88b59/WD-6- 08520-pd f-data.pdf [Zugriff am 16.7.2024, 19:06].

Wöhrle 2013
Patrick Wöhrle: „Das Denken und die Dinge. Intellektuelle Selbstverortungen in den 1960er und 1970er Jahren am Beispiel der ‚Technokratie'-Debatte". In: Thomas Kroll / Tilman Reitz (Hg.): *Intellektuelle in der Bundesrepublik Deutschland. Verschiebungen im politischen Feld der 1960er und 1970er Jahre.* Göttingen 2013, S. 55–69.

Woschech 2019
Anke Woschech: *Ingenieure auf der Leinwand. Technische Visionen und Ordnungsvorstellungen im deutschen Zukunftsfilm der 1930er Jahre.* Berlin u. a. 2019.

Wrottesley et al. 1849
[John Lord Wrottesley / Robert Willis / Henry James / George Rennie / William Cubitt / Eaton Hodkinson]: *Report of the Commissioners appointed to inquire into the Application of Iron to Railway Structures. Presented to both Houses of Parliament by Command of Her Majesty.* London 1849.

Z... 1890
Dr. Z...: „Récréations scientifiques. La tête de l'inventeur". In: *La Nature. Revue des sciences et de leurs applications aux arts et à l'industrie* 18 (1890), Nr. 872 (15.2.), S. 176.

Zachmann 2004
Karin Zachmann: *Mobilisierung der Frauen. Technik, Geschlecht und Kalter Krieg in der DDR.* Frankfurt am Main / New York 2004.

Zachmann 2006
Karin Zachmann: „Vom Industrie- zum Staatsangestellten: Die Ingenieure in der SBZ/DDR 1945–1989". In: Walter Kaiser / Wolfgang König (Hg.): *Geschichte des Ingenieurs. Ein Beruf in sechs Jahrtausenden.* München 2006, S. 269–307.

Zastavni 2012
Denis Zastavni: „Robert Maillart's Innovative Use of Concrete". In: *Docomomo journal* [23] (2011), Nr. 45 [2], S. 12–21.

ZdB 1891
„Flußeiserne Ueberbauten der Weichselbrücke bei Fordon". In: *Centralblatt der Bauverwaltung* 11 (1891), Nr. 40, S. 392.

Zumbrägel 2018
Christian Zumbrägel: *„Viele Wenige machen ein Viel". Eine Technik- und Umweltgeschichte der Kleinwasserkraft (1880–1930).* Paderborn 2018.

Zweig 1985 (1944)
Stefan Zweig: *Die Welt von gestern. Erinnerungen eines Europäers.* Berlin (Ost) 1985 (Originalausg. Stockholm 1944).

Bildnachweis

Lorenz, May: Einführung (S. 6–27)
Bild 1: Universitäts- und Landesbibliothek Darmstadt, Sign. H0443_406; Bild 2: Bundesingenieurkammer, Nachlass Friedrich Voß; Bild 3: Museum des Heimatvereins Hörde, Andreas Brücher / Raimund Schroeder (CC BY-NC-SA); Bild 4: Foto Spielvogel (Wikimedia Commons; CC BY 2.0); Bild 5: Le Monde Illustré, 2.3.1889, S. 140; Bild 6: Archiv des Amtes für Bauordnung und Denkmalpflege der Stadt Leipzig, Foto-Sammlung Großmarkthalle, Nr. 54; Bild 7: Montage der Verfasser auf Basis von Dischinger 1949, S. 196, u. Kraus / Dischinger 1928, S. 325; Bild 8: Deutsche Fotothek, Dresden, df_pos-2022-e_0000005_018_002; Bild 9: Universitätsarchiv der Technischen Universität Berlin, 423 Nachlass Dischinger, Nr. 113, Ph628; Bild 10: Vorläufige Leitsätze 1909 (1904), Titelblatt.

Hänseroth: Der Wissenschaft verpflichtete altruistische Bürgen des Fortschritts (S. 40–61)
Bild 1: Dienel 1998, S. 14; Bild 2: Samter 1909, Cover; Bild 3: Z… 1890, S. 176; Bild 4: Weihe 1918, Frontispiz; Bild 5: Wendt 1906, Titelblatt; Bilder 6, 12 u. 13: Kustodie der TU Dresden; Bilder 7, 9 u. 16: Fotos Thomas Hänseroth; Bild 8: TU Berlin; Bild 10: Geitel 1913, S. 3; Bild 11: Dienel 1998, S. 19; Bild 14: Eyth 1899, Cover; Bild 15: Brinkmann 1908, Cover; Bild 17: Harry S. Truman Presidential Library, Sign. 72-929.

Bauer: Innovationen (S. 62–73)
Bild 1: museum für energiegeschichte(n), Helmstedt; Bild 2: AT&T Archives and History Center; Bild 3: Demag Cranes & Components GmbH; Bild 4: Müller / Schüller 2004, S. 1325; Bild 5: Archiv Wienstrom; Bild 6: DaimlerChrysler AG; Bild 7: Werbeanzeige für Auerlicht von 1907; Bild 8: State Library of Victoria, Allan C. Green collection of glass negatives; Bild 9: Jin Ding, China Daily, 22.03.2021.

Grillich, May: Beton-Demonstrationsobjekte in Offenbach (S. 76–81)
Bild 1: Album Offenbach 1879, unpag.; Bild 2: Haus der Stadtgeschichte – Museum und Archiv, Stadt Offenbach am Main; Bild 3: Stadtarchiv Düsseldorf, 0-1-3-11059; Bild 4: Historische Ansichtskarte (Wikimedia Commons); Bild 5: Foto Christos Vittoratos (Wikimedia Commons); Bilder 6 u. 9: Fotos Philipp Grillich; Bilder 7 u. 8: Fotos Michael Auras.

May: Mast 17 in Königs Wusterhausen (S. 82–87)
Bilder 1 und 6: Sender- und Funktechnikmuseum Königs Wusterhausen; Bild 2: Meyer 1928, S. 28; Bild 3: Foto V. Boldychev, 2021 (Wikimedia Commons); Bild 4: Foto Steffen Kahl (flickr.com); Bilder 5 und 7: Fotos Pete Shacky (flickr.com); Bild 8: Ansichtskarte Nr. 1428, Verlag W. Meyerheim, 1932.

Lorenz: Sternbrücke Hamburg-Altona (S. 88–93)
Bild 1: Foto Hamburg-Motiv.de; Bild 2: Die Bautechnik 5 (1927), Nr. 1, S. 3; Bilder 3, 4, und 6: Fotos Werner Lorenz; Bilder 5 u. 7: Fotos Stephan Pflug, Initiative Sternbrücke.

Engelmann: Autobahnmeisterei München-West (S. 94–101)
Bilder 1, 7, 8 u. 9: Fotos Iris Engelmann, 2022, VG Bild; Bilder 2, 5, 6 u. 10: Architekturmuseum der TUM, Sign. tod-3-1003, tod-3-1007, tod-3-1000 u. tod-3-1004 (Fotos Hans Steinmetz, 1939); Bilder 3 u. 4: Sammlung Autobahnmeisterei München-West, Die Autobahn GmbH des Bundes – Niederlassung Südbayern (Aufnahmen: 1939).

Schmid, Weber, May: Modell Alsterschwimmhalle Hamburg (S. 102–107)
Bild 1: Foto Christiane Weber; Bilder 2–18: Archiv des Instituts für Leichtbau Entwerfen und Konstruieren, Universität Stuttgart.

Schuetz, Schneider et al.: Ein Denkmal des Bauens in der Hochmoderne (S. 110–129)
Bilder 1, 4, 9, 10 u. 15: Fotos Werner Lorenz; Bild 2: Freyssinet 1956.; Bild 3: Diamant-Berger 1955, S. 8 (bearb.); Bilder 5, 6 u. 12: Archiv Rathaus Überherrn; Bild 7: Rene Sarger: Note du calcul du bâtiment A, Manuskript, o.D., S. 5 (Archiv Rathaus Überherrn, oben) – Misch 1956, S. 214 (unten); Bild 8: Eberhard Schaeffer / Ludwig Cezanne: Gutachten über die Feststellung und Beschreibung des baulichen Zustands […], 14.11.1980 (Archiv Rathaus Überherrn); Bild 11: Böcker / Schreiber 2020, S. 18 (oben) – Foto Alexandra Schmölder (unten); Bild 13: Foto Franziska Rehde;
Bild 14: Foto h.kaefer (Wikimedia Commons, CC BY-SA 4.0).

Rinke: Aushandlung des Limits (S. 130–149)
Bild 1: Archiv Knut Stegmann; Bild 2: SBZ 1899, S. 83; Bild 3: Maillart 1934, S. 2; Bilder 4, 5, 7 u. 9: ETH-Bibliothek Zürich, Bildarchiv, LBS_MH03-1603 1918, Ans_05450-01-015-FL 1883 (Foto Romedo Guler), PI_32-E-0092, Hs_1085-1909-5-547 (oben) – ETH-Bibliothek Zürich, Bildarchiv, Hs_1085-1909-5-546 (unten); Bild 6: SBZ 1906, S. 116; Bild 8: Ritter 1899, S. 60 (oben) – Mörsch 1908, S. 169 (unten).

Addis: Building at the limit (S. 150–167)
Figure 1: Ansichtskarte, The Valentine & Sons Publishing Co. Ltd., Montreal and Toronto, 106.614 JV., o. D.; Figure 2: Giedion 1941, Cover; Figure 3: Le Corbusier 1935, S. 27; Figure 4: Batellier 1978, Cover; Figure 5: Freitag 1895, Frontispiz und S. i.; Figure 6: The Builders Journal and Architectural Record 21 (1905), Nr. 531, S. 184; Figure 7: Rankine 1856, S. i – Rankine 1858, S. i; Figure 8: Joint Committee on Reinforced Concrete, Second Report. London 1911, S. i.; Figure 9: Bow 1873, Tf. XI; Figures 10 u. 11: Archivo Eduardo Torroja Miret, CEHOPU-CEDEX, Madrid; Figure 12: Cement and Concrete Association Archive, London; Figure 13: Foto Bill Addis.

Weber: Verheißung Modellstatik (S. 168–183)
Bilder 1, 3 u. 5: saai Karlsruhe – Bestand Fritz Leonhardt; Bilder 2, 4, 6 u. 7: Universitätsarchiv Stuttgart; Bilder 8, 10 u. 11: Fotos Benjamin Schmid; Bild 9: Foto Mareike Stöber; Bild 12: Foto Christiane Weber.

Bauingenieur in der DDR (S. 186–205)
Bild 1: VEB Bild und Heimat, Reichenbach i.V. (Foto Heribert Darr); Bilder 2–10, 12, 13 u. 15: Archiv Rolf Heider; Bild 11: Herzog / Aust / Witt 1973, S. 358; Bild 14: Klaus Pieper (links) – Archiv Rolf Heider (rechts); Bild 16: Foto Simone Claudia Hamm; Bild 17: Foto Wolfgang Bittner.

Drei Pioniere hochmodernen Bauens (S. 206–229)
Bilder 1, 3, 5, 6, 8, 10, 11 u. 15–22: Archiv Rainer Graefe; Bild 2: Graefe 1989, Cover; Bild 4: Foto Chappsnet (Wikimedia Commons, CC BY-SA 4.0); Bilder 7 u. 14: Archiv Vladimir F. Šuchov; Bild 9: Archiv Nicolai Ivanovič Andreev; Bilder 12 u. 13 : Archiv der Russischen Akademie der Wissenschaften (ARAN); Bild 23: Museo Colónia Güell (oben) – Foto Klaus Bach (unten), Montage Simone Claudia Hamm; Bild 24: Museo Colónia Güell; Bild 25:Foto Jorge Royan (Wikimedia Commons, CC BY-SA 3.0); Bild 26: Foto Simone Claudia Hamm.

Gengnagel: Robustheit, Vielfalt und Zirkularität (S. 232–261)
Bild 1: KET, UdK Berlin, nach Steffen et al. 2015; Bilder 2 u. 7: Fotos © HG Esch, Hennef; Bilder 3 u. 5: KET, UdK Berlin, nach Carroll et al. 2021; Bild 4: KET, UdK Berlin; Bild 6: KET, UdK Berlin, nach Daten in Watson 2020; Bilder 8, 25 u. 28: Fotos © Marcus Ebener, Berlin; Bild 9: Bundesarchiv, Bild 183-Z0609-022 (Foto Jan Peter Kasper); Bilder 10, 12, 13 u. 16: Foto © SIGNA / Linus Lintner, Berlin; Bild 11, 14, 18, 20–24, 26 u. 27: Grafik Bollinger+Grohmann; Bild 15: Foto Bollinger+Grohmann; Bild 17: Bollinger+Grohmann; Bild 19: Grafik Bollinger+Grohmann / Staab Architekten.

Scheible: Das Bauen neu denken (S. 262–275)
Bilder 1 u. 2: Fotos © Thomas Ott, Mühltal; Bilder 3–5: Fotos soma, Wien; Bild 6: Foto © Marcus Ebener, Berlin; Bilder 7 u. 8: Fotos © Roland Halbe, Stuttgart; Bild 9: REWE Group (Foto Jeva Griskjane); Bild 10: HPP Architekten GmbH (Foto © Ralph Richter).

Startbilder der einzelnen Kapitel
S. 28: Ansichtskarte Nr. 4455, J. Velten Verlag Karlsruhe, um 1936; S. 74: Architekturmuseum der TUM, Sign. tod-3-1006 (Aufnahme: Hans Steinmetz, 1939); S. 108: Foto Werner Lorenz; S. 184 u. 230: Foto Wolfgang Bittner/Landesdenkmalamt Berlin; S. 276: Montage Miriam Bergmann.

Kurzbiografien

Bill **Addis**, *1949, arbeitete 15 Jahre zunächst als Dozent für Bauwesen an der Universität Reading, danach war er für 15 Jahre als beratender Ingenieur im Buro Happold (London) tätig. Im Ruhestand war er Gastprofessor für Bautechnikgeschichte an mehreren Universitäten, darunter Zürich, Innsbruck und München. Er hat mehrere Bücher und über 100 Aufsätze zur Bautechnikgeschichte verfasst und war Mit-Herausgeber der Zeitschriften *Construction History* und *Engineering History and Heritage*. Sein Hauptinteresse gilt der Geschichte der von Bauingenieuren angewandten Entwurfsmethoden, einschließlich der Geschichte der Entwurfsregeln seit dem Mittelalter und der Verwendung von Messmodellen als Grundlage für den technischen Entwurf von Gebäuden.

Reinhold **Bauer**, *1965, studierte Wissenschafts- und Technikgeschichte, Neuere Geschichte sowie Kraftfahrzeugtechnik an der TU Berlin. Diese interdisziplinäre wissenschaftliche Sozialisation prägt seine Arbeit bis heute. Neben der Historischen Innovationsforschung interessiert er sich besonders für Mobilitätsgeschichte sowie für die Geschichte von Produktionsorganisation und -technik. Nach Professur-Vertretungen an der Ruhr-Universität Bochum und der Helmut-Schmidt-Universität der Bundeswehr in Hamburg leitet Bauer seit 2011 die Abteilung für Wirkungsgeschichte der Technik am Historischen Institut der Universität Stuttgart. Darüber hinaus ist er seit 2019 Direktor des ebendort angesiedelten Internationalen Zentrums für Kultur- und Technikforschung (IZKT).

Richard **Blum**, *1994, studierte Kunstgeschichte und Geschichte sowie anschließend Denkmalpflege. Von 2021 bis 2024 war er wissenschaftlicher Mitarbeiter an der Professur für Denkmalpflege und Baugeschichte der Bauhaus-Universität Weimar im Projekt „Strategien und Methoden für eine denkmalpflegerische Bewertung und denkmalgerechte Erhaltung von Raumfachwerkkonstruktionen (DENKRAUM)" im Rahmen des DFG-Schwerpunktprogramms „Kulturerbe Konstruktion".

Iris **Engelmann**, *1979, studierte Architektur an der TU Dresden, der KTH Stockholm und der La Cambre, Brüssel. 2008 bis 2020 war sie wissenschaftliche Mitarbeiterin an der Professur Denkmalpflege und Baugeschichte der Bauhaus-Universität Weimar, wo sie 2015 zur Konstruktionsgeschichte von Holzglockenstühlen promovierte. 2021 bis 2025 leitete sie zusammen mit Werner Seim das Teilprojekt „Brett- und Bohlenbinder als materialsparende Holzkonstruktionen der Hochmoderne" im DFG-Schwerpunktprogramm „Kulturerbe Konstruktion". Sie ist als freiberufliche Bauforscherin und Denkmalpflegerin in Mitteldeutschland sowie beim Denkmalnetz Sachsen tätig.

Jens **Fischer** studierte bis 2018 Bauingenieurwesen mit der Vertiefung Konstruktiver Ingenieurbau an der Universität Kassel. Nach mehrjähriger Ingenieurtätigkeit im vorarlbergischen Dornbirn wirkte er 2021/22 als wissenschaftlicher Mitarbeiter am Fachgebiet Bauwerkserhaltung und Holzbau der Universität Kassel im Teilprojekt „Brett- und Bohlenbinder als materialsparende Holzkonstruktionen der Hochmoderne" des DFG-Schwerpunktprogramms „Kulturerbe Konstruktion". Seit 2023 ist er in Münster i. W. mit dem Schwerpunkt Holzbau wieder als Tragwerksplaner tätig.

Konrad **Frommelt**, *1988, studierte Architektur und Bauingenieurwesen an der BTU Cottbus-Senftenberg und war dort zunächst als Akademischer Mitarbeiter am Fachgebiet Tragwerkslehre tätig. 2020–23 erarbeitete er, assoziiert mit dem DFG-Schwerpunktprogramm „Kulturerbe Konstruktion", im Rahmen des an der BTU angesiedelten DFG-Graduiertenkollegs „Kulturelle und technische Werte historischer Bauten" (GRK 1913) seine Dissertation zur Entwicklung von Typentragwerken in der DDR. Seit 2024 ist er in einem Leipziger Ingenieurbüro für die Untersuchung und Instandsetzung historischer Brückenbauwerke verantwortlich.

Christoph **Gengnagel**, *1965, ist Professor für Konstruktives Entwerfen und Tragwerksplanung im Studiengang Architektur an der UdK Berlin. Er studierte Tragwerksplanung und Architektur an der Bauhaus-Universität Weimar und der Technischen Universität München, wo er 2005 promoviert wurde. Seine Forschungsschwerpunkte liegen in den Bereichen neuer Struktur- und Werkstoffsysteme, computergestützter Entwurfsprozesse sowie in der Entwicklung transdisziplinärer Forschungsmethoden. Christoph Gengnagel verfügt über mehr als 30 Jahre Berufserfahrung als Bauingenieur und war Mitbegründer und Partner von a.k.a.ingenieure. Seit 2013 ist er Beratender Partner bei Bollinger + Grohmann Ingenieure.

Philipp **Grillich**, *1997, studierte Bauingenieurwesens mit der Vertiefungsrichtung Bautechnik – Baukonstruktion an der Hochschule RheinMain in Wiesbaden und anschließend Denkmalpflege an der Otto-Friedrich-Universität Bamberg. 2022/23 arbeitete er im Institut für Steinkonservierung e.V. am Teilprojekt „Gealterte Hochmoderne in Stahlbeton" des DFG-Schwerpunktprogramms „Kulturerbe Konstruktion". Nach einer Beschäftigung am Institut für Baustoffuntersuchung und Sanierungsplanung GmbH in den Jahren 2024/25 ist er seit 2025 als Konservator beim Denkmalamt der Stadt Frankfurt am Main tätig.

Thomas **Hänseroth**, *1952, nahm nach dem Studium des Wirtschaftsingenieurwesens und Bauwesens an der TU Dresden ebenda ein Forschungsstudium der Technik- und Wirtschaftsgeschichte auf. Ab 1980 forschte er im dortigen Wissenschaftsbereich Geschichte der Produktivkräfte zur Technik- und Technikwissenschaftsgeschichte. Zwischenzeitlich promoviert und habilitiert, wurde er 1993 auf den Lehrstuhl für Technik- und Technikwissenschaftsgeschichte der TU Dresden berufen. Seit 2020 ist er Seniorprofessor. Zu seinen Forschungsschwerpunkten zählen Wissens- und Ideengeschichte von Technik, Professions-geschichte des Ingenieurs und vergleichende Geschichte von Innovationskulturen. Er war Projektleiter u. a. in einem BMBF-Forschungsverbund und einem DFG-Sonderforschungsbereich. Aktuell ist er u.a. Mitglied der Forschergruppe und des Graduiertenkollegs „Die Technische Hochschule Dresden im Nationalsozialismus. Transformationen von Wissen und Wissenschaft im 20. Jahrhundert".

Annkathrin **Heinrich**, *1997, studierte Bauingenieurwesen an der TU Braunschweig. Ebendort wirkte sie 2021 bis 2024 als wissenschaftliche Mitarbeiterin in Lehre und Forschung an den Instituten für Stahlbau sowie für Bauwerkserhaltung und Tragwerk. Hierbei bearbeitete sie im DFG-Schwerpunktprogramm „Kulturerbe Konstruktion" das Teilprojekt „Stahl- und Metallleichtbau in der DDR" mit Schwerpunkt auf dem Metallleichtbaukombinat Leipzig. Seit 2021 arbeitet sie im Büro SCHOLZ+PARTNER mbB als Bauingenieurin für Tragwerksplanung und Baukonstruktion von Neu- sowie Bestandbauten, wo sie den konstruktiven Nachhaltigkeitsgedanken weiterverfolgt.

Ulrich **Herbert**, *1951, wurde 1985 an der Universität Essen promoviert und 1992 an der Fernuniversität Hagen habilitiert. Von 1992 bis 1995 war er Direktor der Forschungsstelle für Zeitgeschichte in Hamburg, danach bis 2019 Professor für Neuere und Neueste Geschichte an der Universität Freiburg, an der bis heute als Leiter der Forschungsgruppe Zeitgeschichte wirkt. Seine Forschungsschwerpunkte sind deutsche und europäische Geschichte des 20. Jahrhunderts, Migrationsgeschichte, Nationalsozialismus und Holocaust. Zu seinen neueren Veröffentlichungen zählen: „Geschichte Deutschlands im 20. Jahrhundert" (2020), Best. Biographische Studien über Radikalismus, Weltanschauung und Vernunft. 1903–1989 (2016), „Geschichte der Ausländerpolitik in Deutschland" (1.Aufl. 2001).

Werner **Lorenz**, *1953, sammelte nach dem Bauingenieurstudium zunächst erste Praxiserfahrungen in einem Berliner Ingenieurbüro. Sein wissenschaftlicher Weg begann 1984 am Fachgebiet Tragwerkslehre der TU Berlin, später war er u.a. Gastdozent an der ENPC in Paris. Nach einer Promotion zu den Anfängen des Bauens mit Eisen im Berliner Raum wurde er 1992 auf den neu gegründeten Lehrstuhl für Bautechnikgeschichte an die BTU Cottbus berufen. Den Praxisbezug wahrte er durch ein auf historische Tragwerke spezialisiertes Ingenieurbüro in Berlin. 2018 pensioniert, leitet er als Honorarprofessor der BTU heute u.a. das DFG-Schwerpunktprogramm „Kulturerbe Konstruktion".

Roland **May**, *1969, studierte Architektur und Stadtplanung an der TU Darmstadt. Anschließend wirkte er ebendort als Wissenschaftlicher

Mitarbeiter und Lehrbeauftragter am Fachgebiet für Geschichte und Theorie der Architektur, wo er 2007 zur Tätigkeit des Architekten Paul Bonatz im Brückenbau promoviert wurde. Ab 2009 war er als Akademischer Mitarbeiter am Lehrstuhl für Bautechnikgeschichte und Tragwerkserhaltung der BTU Cottbus an verschiedenen Forschungsprojekten beteiligt (u.a. Franz Dischinger, Bauingenieure und das Neue Bauen, Ingenieurbaukunst in Berlin). Seit 2021 steuert er als Wissenschaftlicher Kurator gemeinsam mit Werner Lorenz das DFG-Schwerpunktprogramm „Kulturerbe Konstruktion".

Johanna **Monka-Birkner**, *1991, studierte Architektur an der Leibniz Universität Hannover und der RWTH Aachen. Seit 2020 bearbeitet sie das Teilprojekt „Eisenbahnbrücken – Denkmale im Netz" des DFG-Schwerpunktprogramms „Kulturerbe Konstruktion" am Institut für Massivbau der TU Dresden und promoviert dort zum Thema des Projekts. Seit 2024 ist sie zudem am Niedersächsischen Landesamt für Denkmalpflege beschäftigt.

Tobias **Nolteklocke**, *1980, studierte Technik- und Umweltgeschichte sowie Soziologie an der Ruhr-Universität Bochum. Seine Masterarbeit befasste sich mit der Kriegsbedeutung des baulichen Luftschutzes und der Rolle der damaligen Forschung zum Stahlbeton. Weitere Interessengebiete sind Edelstahl, die Rolle der Liegenschaftsverwaltung von Konzernen und der Erzbergbau der deutschen Stahlindustrie. Seit 2015 arbeitete er als Records Manager und Archivar für thyssenkrupp, ab 2021 dann in Stuttgart im Teilprojekt „Innovationssysteme der Stahlindustrie" des DFG-Schwerpunktprogramms „Kulturerbe Konstruktion". Im Sommer 2024 wechselte er zum Stadtarchiv Düsseldorf.

Franziska **Rehde**, *1984, studierte Architektur an der Technischen Universität Dresden. Nach ihrem Abschluss war sie ab 2013 als wissenschaftliche Mitarbeiterin am Institut für Baukonstruktion der Fakultät für Bauingenieurwesen der TU Dresden tätig. Ihre Forschungsschwerpunkte lagen in den Bereichen Nachhaltigkeit, Energieeffizienz und Bauhistorie, wobei sie in verschiedenen Projekten mitwirkte. Von 2021 bis 2024 wirkte sie im Teilprojekt „MatGlas" des DFG-Schwerpunktprogramms „Kulturerbe Konstruktion" mit. Seit 2025 ist sie als Bauingenieurin in einem großen Bauunternehmen beschäftigt.

Mario **Rinke**, *1979, ist Professor an der Fakultät für Designwissenschaften der Universität Antwerpen. Ausgebildet als Bauingenieur, lehrt er im Bereich Konstruktion in der Architektur und erforscht Transformationsprozesse von Materialien, Gebäuden und Wissen. Nach Tätigkeiten in London und Zürich führte er ein eigenes Büro. Er promovierte an der ETH Zürich und war dort sowie an der Hochschule Luzern als Dozent tätig. Er gibt regelmäßig internationale Design & Build-Workshops, in denen er die Rolle der Technologie im Bauen befragt. Er ist Gründungsmitglied und Vize-Präsident des IASA-Vorstands und war Co-Chair der 6th International Conference on Structures and Architecture 2025 in Antwerpen.

Florian **Scheible**, *1973, ist Architekt und Co-Gründer des Ingenieurbüros Schöne Neue Welt Ingenieure. Mit seinem Partner Jan Mittelstädt und seinem Team fokussiert er sich auf Tragwerksplanung und die Planung von Gebäudehüllen ressourcenschonender Projekte. Dabei werden insbesondere Strategien zu Dekarbonisierung und Kreislaufwirtschaft untersucht und angewandt. Er studierte Architektur in Braunschweig und Stuttgart und arbeitete anschließend im Büro knippershelbig. Scheible ist Vorsitzender des Arbeitskreises Digitalisierung der Architektenkammer Berlin und federführend in der adhoc-Gruppe Künstliche Intelligenz der Bundesarchitektenkammer.

Benjamin **Schmid**, *1994, studierte Architektur an der Universität Innsbruck und war dort von 2021 bis 2023 wissenschaftlicher Mitarbeiter im Teilprojekt „‚Die letzten Zeugen'. Messmodelle im Ingenieurbauwesen" des DFG-Schwerpunktprogramms „Kulturerbe Konstruktion". 2024 wurde er mit einer bautechnikhistorischen Dissertation zu personellen und institutionellen Netzwerken in Architektur und Bauingenieurwesen des 20. Jahrhunderts promoviert. Bereits seit 2017 ist er außerdem als Projektingenieur in der Fiby ZT-GmbH, einem auf Bauphysik spezialisierten Büro, in Innsbruck tätig.

Alexandra **Schmölder**, *1960, studierte zunächst Kunstgeschichte in London. Nach einem Masterstudium im Studiengang Denkmalpflege der Universität Bamberg wurde sie wissenschaftliche Mitarbeiterin im Kompetenzzentrum für Denkmalwissenschaften und Denkmaltechnologie (KDWT) der Universität. 2021–2023 forschte sie dort im Rahmen des Teilprojekts „Glas und Glaskonstruktionen" des DFG-Schwerpunktprogramms „Kulturerbe Konstruktion" zu profanem Fensterglas und seinen Herstellungstechniken. 2025 wurde sie mit diesem Thema promoviert.

Peter **Schneider**, *1973, ist seit seinem Architekturstudium in der archäologischen Bauforschung an verschiedenen Grabungsplätzen um das Mittelmeer und in Deutschland tätig. An der Schnittstelle zwischen Baugeschichte, Archäologie und Denkmalpflege wirkt er seit den 2010er Jahren in unterschiedlichen Funktionen am Institut für Bau- und Kunstgeschichte der BTU Cottbus-Senftenberg und forscht im Rahmen des interdisziplinär angelegten DFG-Projekts „Die baugeschichtliche Erforschung der F1 in Peenemünde als Beitrag zur archäologischen Erschließung materieller Hinterlassenschaften an kontaminierten Kulturerbestätten" zu Fragen des Heritage Management und zur Baugeschichte der NS-Zeit.

Thomas **Schuetz**, *1971, studierte Wissenschafts- und Technikgeschichte in Stuttgart und Frankfurt. 2011 wurde er wissenschaftlicher Mitarbeiter am Historischen Institut der Universität Stuttgart in der Abteilung Wirkungsgeschichte der Technik unter der Leitung von Reinhold Bauer. Ab 2018 war er dann dort zunächst im Projekt „Inno – Uhren / Innovationen und Kompetenzerhalt in regionalen Netzwerken – Umbrüche in der gesamtdeutschen Uhrenindustrie von 1975 bis heute" beschäftigt, bevor er 2021 die Bearbeitung des Teilprojekts „Bauen mit Stahl / Innovationssysteme und Innovationskulturen" des DFG-Schwerpunktprogramms „Kulturerbe Konstruktion" übernahm. Zu seinen Forschungsschwerpunkten zählen unter anderem Industriespionage und Technologietransfer sowie regionale Industrie- und Unternehmensgeschichte.

Mareike **Stöber** studierte Restaurierung, Kunsttechnologie und Konservierungswissenschaft an der TU München. Nach dem Masterabschluss 2016 war sie seit 2018 als Konservatorin und Restauratorin für Sammlungen und in der praktischen Baudenkmalpflege tätig. Seit 2020 arbeitet sie als wissenschaftliche Mitarbeiterin an der Professur für Neuere Baudenkmalpflege der TU München mit Fokus auf Erfassung und Erhaltung moderner Materialien und Bausubstanz, u.a. bis 2023 im Teilprojekt „‚Die letzten Zeugen'. Messmodelle im Ingenieurbauwesen" des DFG-Schwerpunktprogramms „Kulturerbe Konstruktion".

Ruth **Tenschert** studierte Kunstgeschichte und Denkmalpflege / Heritage Conservation. Sie war ab 2015 wissenschaftliche Mitarbeiterin an der Professur für Restaurierungswissenschaft und am Lehrstuhl für Digitale Denkmaltechnologien der Otto-Friedrich-Universität Bamberg. Seit 2018 wirkt sie als wissenschaftliche Mitarbeiterin am Kompetenzzentrums für Denkmalwissenschaften und Denkmaltechnologien (KDWT) in verschiedenen Projekten, u.a. im Teilprojekt „MatGlas" im Rahmen des DFG-Schwerpunktprogramms „Kulturerbe Konstruktion". 2021 promovierte sie zu Veränderungsgeschichten mittelalterlicher Portale (Restaurierungswissenschaft).

Christiane **Weber** ist seit Dezember 2023 Universitätsprofessorin für Architekturgeschichte an der Universität Stuttgart. Zuvor hatte sie die Professur für Bautechnikgeschichte an der Universität Innsbruck inne, wo sie sich 2019 habilitierte. Ihr Forschungsschwerpunkt ist Bautechnikgeschichte des 19. und 20. Jahrhunderts. Aktuell leitet sie ein FWF-ANR gefördertes Projekt mit dem Titel „Engineering Nationality" zur bautechnischen und kulturhistorischen Bedeutung der Sanierung des Straßburger Münsters und im Rahmen des Stuttgarter Exzellenzclusters IntCDC das Teilprojekt „From analogue to automated – early studies on integrated computational simulation and design".